文脉寻根——重新发现中国文化

U1076229

国学真相

翟玉忠　著

感谢福建蓝田书院理事长余云辉博士的长期真诚支持！

华龄出版社
HUALING PRESS

图书在版编目（CIP）数据

文脉寻根：重新发现中国文化 / 翟玉忠著 . —北京：华龄出版社，2022.4

ISBN 978-7-5169-2208-8

Ⅰ. ①文… Ⅱ. ①翟… Ⅲ. ①中华文化—研究 Ⅳ. ① K203

中国版本图书馆 CIP 数据核字（2022）第 052967 号

策划编辑	南川一滴	**责任印制**	李未圻
责任编辑	郑　雍	**装帧设计**	赵　博

书　　名	文脉寻根：重新发现中国文化	**作　者**	翟玉忠
出　　版 发　　行	华龄出版社 HUALING PRESS		
社　　址	北京市东城区安定门外大街甲 57 号	**邮　编**	100011
发　　行	（010）58122255	**传　真**	（010）84049572
承　　印	运河（唐山）印务有限公司		
版　　次	2022 年 7 月第 1 版	**印　次**	2022 年 7 月第 1 次印刷
规　　格	710mm × 1000mm	**开　本**	1/16
印　　张	49.5	**字　数**	610 千字
书　　号	ISBN 978-7-5169-2208-8		
定　　价	198.00 元（全三册）		

总　序

初见玉忠是二十年前，已记不得为什么事情、在什么场合了，留在印象中的只有一副眼镜和红红的脸庞。后来有回在什刹海后海的九门食府，三个朋友坐一起，交谈和静而悠长，就像湖边从高处垂到水面的柳条。水中的云聚了又散了，树上的鸟落了又飞了。不知不觉间，玉忠人到中年，我也老之已至。

玉忠这些年沉潜经史、出入百家，主持着一个有影响的思想网站，还出版了数种专著，正所谓卓然有成、不负岁月。他不久又将有一部三卷本的文集付梓，来邀作序，我遂得先睹之快。集中有网络文章、朋友通信、会议发言、甚至韵语联语，形式不一而足，而一以贯之的是他对复兴“中华大道”的热忱和执著。

浏览了文集的大部分文字后，曾怀疑自己是否作序的最佳人选，因为我和玉忠对一些重要问题的看法不尽一致。新作问世犹如店铺开张、孩子满月，作序题跋往往等于凑份子送红包。但存同去异净拣好听的说，也有违君子坦诚相见之义、友朋疑义共析之趣。我向玉忠讲了自己的顾虑，他让我“尽管去写，不同处正好补我不足”。百家之中，玉忠最推重黄老，而老子正是以虚怀为天下溪谷。解释人类的过去非一家一派所能独任，构建世界的未来更需集思广益、融汇众流。

玉忠今日之有成、他日之大成，理有固然乎！那我就不揣浅陋，就书中几个要点与玉忠切磋商量，并就正于四方高明。

一

文集中有一个核心观点，我试着复述一下：中国早在西周即形成大一统的基本政治格局；中央政府各部门官员从各自角度思索社会治理之道，形成包括“六艺”的“王官之学”；王官之学又衍化为诸子百家；百家统属于政府，彼此配合，相须而非相害，相和而非相争。玉忠这个观点本于传统旧说，但加入己意后更形极致。百家争鸣公认是中国思想史上最绚丽的一章，如何理解它与中国政治传统的关系，不仅关乎历史也关乎现实。

秦并天下，思想上的“百虑”渐归“一致”。刘歆、班固的诸子出于周官之说，即儒家出于司徒、道家出于史官、法家出于理官、墨家出于清庙之守、纵横家出于行人之官等等，虽不无根据，但也未尝不含汉代君臣对横行竖列的好尚以及从现实倒推历史的可能。刘、班的说法一直延续到近代，颇让顾颉刚纳闷：悠悠两千载，怎么就没人质疑呢？

胡适发难，否定诸子出于王官，并不是第一声，但声最大。他认为诸子应时而兴，救世之弊，与王官无涉甚至不共戴天。其后有柳诒徵等对否定之否定，不过二次否定与一次否定的差别并不很大，柳也承认诸子之学既“出于古代圣哲”，又“激发于当日之时势”，只不过前者为正后者为副罢了。再后来，胡边的傅斯年，虽视胡说为“公直”，却不以其忽略了“凭籍”为然，“百家之说皆由于才智之士在一个特殊的地域当一个特殊的时代凭籍一种特殊的职业而生”。而柳门下的缪凤林则谓，“诸子之起，除受时代之影响为当时之因外，必以王官所守之学为前因”，则虽有前后之分已无主次之别。“王官所守”与“特殊职业”虽不相同却很相近了。其实早在班固那里，也没有否认诸子与当世的关系，他除了说九流“亦六经之支与流裔”外，还说它们“起于王道即微，诸侯力政，时君世主，好恶殊方，是以九家之蜂出并作”。王官衰而诸子兴，这虽不是汉儒理想的历史，却是连汉儒都承认的历史事实。

古代文化资源匮乏，学在王官，就像今天高尔夫球的知识技能都在“高端人士”手里一样，这很好理解。但要说诸子百家是由衙门统一规划布置出来的，真就不好理解了。王官固有其用，官学自有其长，但官学缺少想象力、创造力以及生命冲动，则是普遍的事实。司马迁是一个很好的例子：没有他世袭来的官守，则不会有《史记》；没有其惨烈的人生遭遇所激发的壮烈人生抱负，则《史记》不会异彩夺目、照耀千古。大凡超迈的思想、奇丽的表达都需要思想者表达者独立不羁的意志，能包容这种意志的空间，是“行人之官”的厅堂里多些呢，还是几不管的诸侯边界上多些？我想答案不言自明。百家所发皆“一家之言”，其祖籍或在官学，其“现居住地址”实在私学，孔子就是私学的老前辈。各家固然都盼望天下一统、别家出局，但他们的“蜂起并作”实非一统的天下所培养和乐见。至于说诸子价值观上有相交，术语上有共用，客观上有互补，那也无碍他们形成不同的思想倾向、各异的治国路径以及你上我下的竞争的关系。街上相距不远、卖一样糖葫芦的摊贩尚且背后互相打假，何况那些颇具规模且各具面目的流派思潮呢？

二

与上面那个核心观点密接的，是玉忠的一个核心主张，即恢复

“六经”的神圣性及权威性。玉忠认为中华的初心在六经，六经的主旨为礼义，礼义的灵魂即“因人情节人欲”。

经，直截了当说，就是绝对真理，不用想也不能疑。管理国家统治人民外靠刑罚、内靠教化，而拿来就信、信了就做的绝对真理实乃成本最低、效率最高的教化。六艺本为相对真理，大概相当于今天的文、史、数、音、思政各科的教材，没有多不得了。其中有些也实在不像个“经”。如果哪天一声霹雳把我轰回两千年前、扔在汉帝的位置上，我可能会诏令老子《五千言》为五经之首。六经其实是被一代代儒门经师从相对真理揉成了绝对真理。就以《诗经》开篇那首大家都会背的《关雎》为例，“窈窕淑女，君子好逑”，到了以礼笺诗的郑玄那里，成了淑静的王妃协助夫君搞好三妻六妾的关系；而“窈窕淑女，寤寐求之”则是讲，该妃团结了众姐妹之后，又朝思夜虑，从中精选出特别贤良的一位帮她张罗祭祀大事。无论什么样的书，旁边站着这样一些讲政治的翻译，不成经几无可能。我这样说，并不是要否定六经在过去时代作为伦理教本的积极意义。即便对其有点可笑的权威化、神圣化过程，也应存一种历史的同情：要在捉襟见肘的资源条件下实现较好的教化目标，找几本书出任“恒久之至道，不刊之鸿教”应该是很不错的选择。

对近人的疑古包括把群经请下神坛，我们应同样给予理解。毕竟时代改了，天地换了，构成“古人”的经济、社会以及文化因素都发生了变化，《山海经》的世界观被地球仪的世界观取代，郑玄、朱熹所不会疑的，胡适、顾颉刚则不会信了。现代的疑古思潮确有过头失当之处，具体问题尽可继续争论，前不久还读到一篇论文，沿着《毛诗》的古道论证“窈窕淑女”即莘国公主、周文王的妃子大姒，《关雎》作于合阳。但总的说，要让诗、书等六位重新“神圣”“权威”起来，即便真有这个需要也早无这种可能，道理无须烦言，到大街上走走就清楚了。六经不是没有现代意义，它们宛如奇妙的琥珀，珍藏了我们民族早期的记忆，其中不少关于人生社会的智慧也历久弥新，值得后人诵习把玩。让它们的某些章节像古今中外其他优秀读物一样浸润少年人的心性、丰富成年人的思想，这应该是六经在当今所能得到的最佳职位、所能发挥的最大余热了。

玉忠主张的“因人情而节人欲”不但面对了人类社会尤其是现代生活的一个根本性问题，而且也抓住了儒家人性说相较于佛家和自由主义更近乎中道的特点。当今之世，市场经济、不平等的社会结构、平等主义的价值观等诸多因素协力联手，将社会成员的平均欲望推向新高，穷的难受，富的没够，亿万条肾上腺忙得都快冒烟了。如何认识并安顿好欲望，亟需社会思想来贡献真知灼见。玉忠提出“因情节欲”，我虽不能肯定“因情”的确切含义，不过节制人欲而不过分意思是清楚的，对此我非常认同，但还想提几点意见或建议。

其一，玉忠对“人情”“人欲”的理解似有偏颇，因为他认为“人性本静”。人性是人世的源头、人文的基础，对人性的理解差一个字，对社会的构想就能差半边天。人性确有静的一面，但也有动的一面。有人好动，有人喜静，少年奋起，老来躺平，实难一概而论。不过就文明发展的总趋势看，人欲不可能不强，不强则人类还在树上望月，不可能飞向月球和火星；不过争心也不可太强，太强则烽烟四起、社会土崩瓦解。动静大致平衡而动稍胜，这也许才是思想者所要立足的客观人性吧。社会要健康的发展，动的进步与静的保守，犹如人之两足、艇之两桨，缺一不可。其二，欲望的管理不止“节”“纵”两端，“导”也是一途，所谓“性犹湍水，导之东则东流，导之西则西流”，沙子可做建筑材料，洪水可肥沃土壤，合理引导、利用欲望的空间不可谓小。其三，因人情节人欲是玉忠对六经的极度提纯，很难想象一位普通的大学生或研究生能从《周礼》《易传》读出这样的意思来——假定他们真能读得进去。这意思并非六经独有，况且时代变了，有的是生香活色的新方式新形式，所以倒不如让提取物跟原料脱钩，把“因人情节人欲”的主张放在其他花花绿绿的胶囊或糖衣里给需要的人服用。

三

上面说了对前人信古的理解，也说了对近人疑古的理解，下面再说说对今人尤其是玉忠崇古的理解。

自上上个世纪下半叶，地处欧亚大陆东部、一向自行其道的中国遭逢欧美现代文明的全球扩张，天倾西北、地陷东南，一时人仰马翻，至今犹在震荡之中。有冲击就有反弹，何况是如此大地山川、如此历史文明的神州呢？冲击大体分前后两波，一波近代，一波当代。近代那次我们读过没经过，当代这次我们经过还写过。以我本人为例，近二十年前写作舞台剧《我们走在大路上——近三十年的社会心理史》，对上世纪末西风中如醉如痴的人心世态多有慨叹、极尽讽刺，引两句戏中的台词：

> 路人甲过路人乙：瞅中国这路面，我妹回国省亲，一下飞机高跟儿就撅了！
>
> 路人乙伸手拭面：瞧中国人这他妈素质，吐沫星子喷我一脸！！

我是想说，同在反弹系列，我能体会玉忠作为中国读书人的民族情感，能理解他对“西方文化”的积怨，也能同情他“返本开新”的思路。

不过对于“本”，我的理解和玉忠若有不同。在我看，天地间只有生生不息的人民方为一切之本——不违其本性谓之“守本”；满足其基本需求谓之“固本”；实现其根本利益谓之“务本”；从人民出发走到人民对面或上面谓之“忘本”；拿人民说事儿却不给人民办事谓之“本末倒置”；拨乱反正回归人民谓之“返本”。至于上下古今中西内外种种学说方略路径手段包括六经，都只是“用”。“用”是“本”的雇员，干得好干，干不好走人。

也许玉忠要返的“六经”“礼义”“中华初心”原是就“用”而言，只不过认为那才是真正有用于我们人民的根本不易之道。中国的事，没有理由不向中国想办法。但办法而已，也不必画地自限，非“中”不可。老百姓从来不拘柴锅电饭煲，怎么方便怎么来，什么合适用什么。玉忠断言六经为未来“人类文明的灯塔”，则对中国办法的自信流于自是了。入山深而执念重，以为大道存焉、万物备焉亦属人之常情。中学如此，西学又何尝例外？玉忠“返本”，取中取古不错，唯中唯古则过。兴起于西方的现代文明改天换地，影响人类发展至深至远，虽然其间多有不公不义，但否定了它，我们非但衣食住行要停摆，恐怕十句话有八句都说不齐全。同样，佛教的东来为古代中国人的精神世界开辟了新的局面，给中国文化转来新的基因。由此而生的理学，使中国哲学及思想在思辨、形而上方面更上一层楼，实不宜以“空谈”“虚言”一笔抹杀。“天下之中”本来仅限于晋南豫西一隅，华夏是在不断的汉化与胡化过程中才变得广大深厚、多姿多彩。毛主席在上个世纪倡导的“古为今用，洋为中用”，应成为这个世纪思想者应有的胸怀和气局。

和那些追风赶潮、拿古文辞当唇膏用的人，和那些由白宫向故宫仓促转轨、跑得从上气不接下气的人不同，玉忠几十年研习古代文献下的是真功夫，带的是真感情，否则不会对新出土文书的某字某义那样津津有味、孜孜以求、乐此不疲。他考辨墨家“非攻”与“无斗”的区别，洞幽烛微，让人钦佩其心思细密之际感叹他真没入错行。类似的例子集中俯拾皆是，这里就不再罗列。孔子说“吾未见好德如好色者也”，玉忠见了美女什么样我缺少观察，但此人之好学，当不逊世人之好色。

为中华文化的重生再造，几代读书人觅道求索，把能找的地方都找了。有人以为探骊得珠，结果发现竹篮打水；有时欢呼终点在望，走近了竟是起点。来路迢迢，前路隐隐，时代需要诚心正意的思想者究天人之际、通古今之变。实话说，揽活儿的不少，值得信赖的不太多，但玉忠是其中一位。本文喋喋哓哓，商榷复挑剔，正是期之殷而责之重也。

黄纪苏*

2022年5月22日

* 黄纪苏，中国社会科学院马克思主义研究院研究员，社会学家，剧作家。编创的剧本有《一个无政府主义者的意外死亡》《切·格瓦拉》等。

目 录

Contents

《国学真相》上编　总论

《国学真相》中编　经学

《国学真相》下编　子学

《国学与现实》上编　身家事

《国学与现实》中编 国事

《国学与现实》下编　天下事

《醉春秋》上编　美文

《醉春秋》中编　对答

《醉春秋》下编　诗作

自 序

“破坏过去是严重的道德犯罪。”

面对19世纪埃及疯狂的盗墓和文物破坏行为，科学考古学之父、英国埃及学家弗林德斯·皮特里（Flinders Petrie，1853~1942年）愤怒地写下了上面的文字。

我们永远感谢皮特里，他在考古学和文物保存方面首创了成体系的方法，拓展了人类自身的知识，延长了历史本身。

对文物的破坏是野蛮行为，对文化的破坏是更为野蛮的行为。

当太多人将中国文化等同于儒家，将百家之母《诗》《书》《礼》《乐》《易》《春秋》六经等同于儒家经典的时候，中华文化的真相被野蛮地屏蔽了。

有人问我：如何用最简洁的文字概括中华文化的博大与精深？每当这个时候，我都想起唐代诗人李白《庐山谣寄卢侍御虚舟》中的诗句：“登高壮观天地间，大江茫茫去不还。黄云万里动风色，白波九道流雪山。”

站在全球文明的视野，考察绵延不断近万年的中华文化，你会看到它震撼人类文明的气势、波澜壮阔百家争流的恢弘！

说它震撼人类文明，因为“不仅摆脱了巫术，中华文明也摆脱了一切宗教束缚，是这个地球上唯一超越神和神话信仰的复杂文明体系。中华文明脱去了宗教形式的外衣，直指内外不二，修身、齐家、治国、平天下一以贯之的大道；反观西方文化，尽管已进入21世纪科学昌明的时代，但其基础仍然是犹太一神神启宗教。中国文化不是这样，在人与神的关系上与西方文化相反，她主张‘道在帝先’、‘民为神本’‘神不胜道’。”（本书下编十三《人命关天——中医背后光芒万丈的中华文明》）

说它波澜壮阔百家争流，因为中国文化“‘一龙生九子’‘茫茫九派流中国’，西周王官学《六经》衍生出诸子百家。在公元前800年~公元前200年的轴心时代，从经学到子学，中国文化逐步走向了成熟。《汉书·艺文志》说诸子是‘六经之支与流裔’，将诸子比作六经的支流与衣裳末尾。”（本书上编一《中华政教一龙生九子，中国文化一花开四叶》）

中国学术源于大一统的西周政府官方学术“王官学”，锚定了其学术本身统一性（相通）特点。王官学主要指当时治国必备的《诗》《书》《礼》《乐》“四术”。这种学术框架影响深远，直到春秋时代的孔子，仍以《诗》《书》《礼》《乐》教育弟子。《史记·孔子世家》记载：“孔子以诗、书、礼、乐教，弟子盖三千焉。”

《礼记·王制第五》说，负责大学教育的乐正应特别重视大学生必修的四门课，每门课都要设有老师——用先王传下来的《诗》《书》《礼》《乐》培养人才。春秋两季教以《礼》《乐》，冬夏教以《诗》《书》。“乐正崇四术，立四教，顺先王《诗》《书》《礼》《乐》以造士。春秋教以《礼》《乐》，冬夏教以《诗》《书》。”《礼记·文王世子第八》也提道：“秋学《礼》”“冬读《书》”。

周代《诗》《书》几乎是政治教科书的代名词。《国语·周语下》载公元前550年太子晋的话说：“观之《诗》《书》，与民之宪言。”对春秋时代的精英来说,《诗》《书》具有崇高的地位。饱读诗书,遵守礼乐是德行高尚的象征。公元前633年,晋国作三军,选择元帅,赵衰推荐郤縠,其理由是郤縠喜爱礼乐而重视《诗》《书》。并说《诗》《书》是道义的府库,礼乐是道德的表率。《左传·僖公二十七年》载:“于是乎蒐于被庐,作三军,谋元帅。赵衰曰:‘郤縠可。’臣亟闻其言矣,说礼乐而敦《诗》《书》。《诗》《书》,义之府也。礼乐,德之则也。德义,利之本也。”

春秋时期,熟知礼乐、心系天下的孔子怀着重建社会秩序的理想,开始了对西周王官学的系统整理和改造。他最大的贡献是将《春秋》和《易》高度义理化了,大大提高了两书的地位,使之与“四术”并列,合称“六经”(六艺)。

不过直到战国时,《六经》之说仍不见得十分流行。先秦儒家也极少称引《易》,却大量引用《诗》《书》。在1993年湖北荆门郭店楚墓出土的战国中期竹简《六德》中,我们才开始读到后来儒家“六艺”的内容:“观诸《诗》《书》,则亦在矣;观诸《礼》《乐》,则亦在矣;观诸《易》《春秋》,则亦在矣。”但在同一墓出土的《性自命出》中,仍将《诗》《书》《礼》《乐》称为“四术”,没有提《易》和《春秋》。

孔子一方面上承西周王官学,开创了《六经》学术体系,另一方面,其弟子和再传弟子发挥《六经》,分化出德行、政事、言语、文学“四科”。诸子百家由是生焉!

德行,即礼义修为,为百家所共修。因为儒者主教化,所以其德行科有很强的普世性。这方面突出的有颜渊,闵子骞,冉伯牛,仲弓。

政事,即处理政治、经济、法律、军事、社会诸事务,后流为黄老道家、法家、兵家诸家。这方面突出的有冉有,季路。

言语,包括名家和纵横家,修习言语科的人先秦被称为“辩者”

或“辩士”。这方面突出的有宰我，子贡。

文学，即古代经书，也是后世“游文于六经之中”的儒家所研究、传习的内容。唐代颜师古《汉书·西域传》下解释“为文学”说：“为文学，谓学经书之人。”这方面突出的有子游，子夏。

至战国，“孔门四科”终于流变为分属不同社会功用，相辅相成的诸子百家。子夏、荀子这样的文学大儒，皆传授后世的百家之学，比如子夏的学生包括墨家的禽滑釐、兵家的吴起、道家的田子方等，法家著名人物李悝也受业于子夏门人。

可惜，汉以后，孔子所传四科之学渐次分崩离析——道术为天下裂，内圣外王一以贯之的大道沉沦！礼义之学强分为大戴、小戴，名学散入墨家与名家，纵横术理论与实战案例分列纵横家和史学，中国古典经济学轻重术长期埋没于《管子》一书……

至宋代，儒家独尊开始真正形成。除了与儒家多有相关的德行、文学两科，诸子百家皆成异端。德行科受佛教禅宗的影响，被高度佛学化了——脱离中华文化在人事中修行的根本，落入空谈心性的泥潭不能自拔。

进入20世纪，随着西式大学教育的全盘引进，许多学者开始用西方思维方式、话语体系、学术框架肢解中学。

悲夫，斯文危矣！

是我们恢复国学真相的时候了。面对数千年中国未有之大变局，面对数百年整个人类未有之大变局，我们不仅需要新的政治学、经济学、生活方式……我们还需要的是一种崭新的文明范式，一种足以支撑人类持久和平与可持续发展的文明范式。

这，迫使我们将目光投向崛起的中国，重整文化山河，从中国古典学术体系的金矿中找到一条有迹可寻的可替代道路。

我们的工作才刚刚开始。

本书的目的是让海内外学人一览中国文化的巍巍群峰。如果在狭隘的儒家独尊视野之外，读者能看到另一个中国文化，笔者幸甚。

乌云可以遮蔽阳光，但乌云不可能永远遮蔽阳光！

我们坚信这一点！

翟玉忠

2021年6月29日星期二

上编

总论

中国文化是在大一统的政府中衍生出来的大一统知识体系，可以精练地概括为：一龙生九子，一花开四叶。

中国古典政治经济（政）和社会教化（教）之学经历了以六经为代表的西周王官学“一龙”，再到九流十家“九子”的演化，从内在修养到外在事功，内圣外王一以贯之，是“一龙生九子”。

经学和子学构成中华政教、中国文化的核心，这个核心之外按文、武、天、人，形成四种实用性知识体系，分别是《诗赋略》文学诗赋、《兵书略》军事兵法、《术数略》自然数术、《方技略》医学养生，“一花开四叶”。

中国文化的底色不是九流之一的儒学，此编让我们看到中国文化的本来面目——“白波九道流雪山”的磅礴气派！

一、中华政教一龙生九子，中国文化一花开四叶

北京徐慎檀女士多次嘱托我，用尽量简明的语言写出中国文化精华，让感兴趣的朋友能一睹其全貌。

最早对中国文化进行系统整理的是两千年前的刘向、刘歆父子，他们校理国家图书，将中国古籍按经、子、文、武、天、人六个维度，分为“六略”，即《六艺略》《诸子略》《诗赋略》《兵书略》《术数略》《方技略》。魏晋以后经、史、子、集的四部分类也本于此。

中国古典政治经济（政）和社会教化（教）之学经历了以六经为代表的西周王官学“一龙”，再到九流十家“九子”的演化，从内在修养到外在事功，内圣外王一以贯之，是“一龙生九子”。从形式到内容，可以概括为毛泽东主席《菩萨蛮·黄鹤楼》词的开头两句：“茫茫九派流中国，沉沉一线穿南北。”

经学和子学构成中华政教、中国文化的核心，这个核心之外按文、武、天、人，形成四种实用性知识体系，分别是《诗赋略》文学诗赋、《兵书略》军事兵法、《术数略》自然数术、《方技略》医学养生，是“一花开四叶”。

1. 内圣与外王，道术一统

“一龙生九子”“茫茫九派流中国”，指西周王官学六经衍生出诸子百家。在公元前800年~公元前200年的轴心时代，从经学到子学，中国文化逐步走向了成熟。《汉书·艺文志》说诸子是“六经之支与流裔”，将诸子比作六经的支流与衣裳末尾。

这个比喻容易误解经、子关系，认为经重于子。实际上子学是2.0版的经学，是经学的高度发展。进而言之，经是源，子是流——无经，则子成为无源之水；无子，则经成为一潭死水。宋以后子学衰落，清末民初经学亦失去生命力，原因就在于此。

中国文化与西方文化一个重要不同点是中国文化源于王官学、王道——中央政府的知识学术体系，而不是如西方文化一样源自先知和私人学术。所以古人说，百家务为治，都是为政治、社会治理服务的。又因为西周中央政府是大一统的政治中枢，所以其知识体系按社会功用展开，自然成为一个相辅相成、系统圆融的体系。

作为政治经济、社会教化的应用知识形态，西周王官学主要内容包括六经：《诗》《书》《礼》《易》《乐》《春秋》。因为《乐》早已亡佚，只剩五经。诸子将六经进一步发展、精细化，最后演化为九流十家，包括：儒家、道家、阴阳家、法家、名家、墨家、纵横家、杂家、农家、小说家，最重要的是前九家。

在六经向诸子百家演化的过程中，孔子及其弟子占据重要地位。孔子曾根据弟子学识能力不同，将他们分为四科：德行、政事、言语、文学，其后学又进一步演化为诸子百家。为了让读者对于西周王官学术、诸子百家与孔门四科的关系一目了然，我们根据《汉书·艺文志》和《史记·仲尼弟子列传》等相关资料，列表如下：

孔门四科	诸子百家	西周王官
政事科	道家	史官
	法家	理官
	杂家	议官
	农家	农稷之官
	阴阳家	羲和之官
言语科	纵横家	行人之官
	名家	礼官
文学科	儒家	司徒之官
	墨家	清庙之守

需要注意的是，上表“孔子四科”一列，没有“德行科”。因为诸子百家与现代西方学术不同，不仅仅是实用知识系统，还是道德智慧之学，内圣与外王、内养与外用、做人与做事是一体的。古代诸子教育学生，都是内圣修养与外在技艺一起教授，道、术一统。

受宋明理学的影响，儒家内圣修养部分世人较为熟知，如《大学》《中庸》等。但对于道家、纵横家等家的心法却很少人关注。纵横家心法《鬼谷子·本经阴符七术》长期为人忽视，黄老道家经典《管子》心术四篇《心术》上下、《白心》《内业》，也鲜有人研究。法家与道家、名家与墨家有重要的学术血缘关系——法家的内圣之学实际就是道家的内圣之学。

中国文化内圣外王的特点可以概括为“沉沉一线穿南北”。和西方文化比较，诸子百家内圣外王之学大体相当于现代大学学术与基督教教化的统一体。

“茫茫九派流中国，沉沉一线穿南北”，从外在形式到内在实质，很好地概括了中国文化的核心。这种圆融统一的大气派是其他文化中少有的，是人类文明的宝贵财富，值得我们特别珍惜。

2. 文武天人，一花开四叶

中国文化整体上一花开四叶。

除了代表中国文化核心，中华政教的经、子两大类，《汉书·艺文志》按文、武、天、人四个维度，将应用知识体系书目依次分成《诗赋略》《兵书略》《术数略》《方技略》。加上代表经、子的《六艺略》、《诸子略》，以及对各家总论性的《辑略》，共“七略”，这是西汉末年刘向、刘歆父子校理天下图书的结晶，是对中华原生文明的第一次系统整理，班固《汉书·艺文志》即据刘歆《七略》写成。

和诸子一样，《诗赋略》《兵书略》《术数略》《方技略》也来自王官所行的王道，其与经子相比较，更重实用技艺。比如兵书出自古司马一职；数术出自明堂、羲和、史卜之职，里边有很多古代自然科学知识，包括数学、天文等。与其他古代民族一样，这些自然科学知识同预测吉凶紧密相连；《诗赋略》当相于后世的文学、集部，代表执政阶层士人的普遍修养，古人云“登高能赋可以为大夫”；《方技略》主要涉及医学养生，为国人健康保驾护航一直到今天，可真谓“生生之具”了。

西晋荀勖《晋中经簿》将除《辑略》之外的六略改为四部，甲部录经书（六艺），乙部录子书，诸子、兵书、数术、方技“四略”一并收入，丙部录史书，丁部录诗赋等，从而奠定了后世经、史、子、集四部分类的基础。清人编《四库全书》时，道教、佛教、西方学术相关著作皆列入子部——这时子书极度扩大。

今天我们熟悉的中医来自《方技略》，抗击新冠肺炎的过程中，在没有特效药和疫苗的情况下，中医发挥了现代西方医学所不具备的重要作用。中国文化历久弥新、超越时代的特点，让人叹为观止！

中国古典知识体系内部互通、圆融。还是以中医为例，其理论体系主要源自《方技略》的医经，其中《黄帝内经》一直流传到今天，仍是中医学者的必读书目。中医养生与现代西方医学不同，它上通心性、下达政教。古语云“上士养心，中士养气，下士养身”，修心是中医养生的基础；《汉书·艺文志》总论方技，也提到“论病以及国，原诊以知政”，议论病理而涉及国家的治理，探求病理以明察政事。

中国文化是大一统的知识体系！知识的统一，直到今天还是东西方学人不断追求的目标——从理论物理学家到大历史学家，我们的先贤两千多年前就实现了知识基本架构的统一，实在让人叹为观止！

遗憾的是，随着时间推移，世势变迁，中国文化中蕴含的内圣外王大道分崩离析。清末民初西方学术大规模引入时，已经成为一堆大杂烩。以至蔡元培在1918年断言：“中国古代学术从没有编成系统的记载。”[①]

此乃当时学人的共识，代表了清末中国古典知识体系的现状。学者们怎么办？就是削足适履，饮鸩止渴，用碎片化的西方学术“系统”整理国故，结果经学被肢解为哲学、史学、文字学诸科，中国古典知识体系越发碎片化。今日学人，只会谈论孔子经济思想、墨子经济思想、管子经济思想、老子经济思想、秦国经济思想、两汉经济思想……至于中国古典经济学轻重术，则无人问津。

学亡则天下亡，吾辈生于斯世——敢不惊心，敢不奋起！

---

① 胡适：《中国哲学史大纲》.上海古籍出版社.2000年第1版，蔡元培序第1页。

3.诸子百家同归而殊途

汉代以前，特别是先秦时期，许多学者都贯通经子、融汇百家。不会因为诸子是私学，立场不同就视其为异端。当时学人，通过适当取舍，取其所长，去其所短，折中诸子，用于治国理政。所以《汉书·艺文志》说诸子百家“天下同归而殊途，一致而百虑”“今异家者各推所长，穷知究虑，以明其指，虽有蔽短，合其要归，亦六经之支与流裔。使其人遭明王圣主，得其所折中，皆股肱之材已。”

为何这样？因为诸子源于政府各部门的知识体系，统一的中央政府必然相互协调运作。尽管诸子社会功用不同，有的侧重于教化，如儒家；有的侧重于政治经济，如道家、法家；有的侧重于外交，如纵横家。但它们都能相互补充。只有合和诸子，才能见到中华政教的全貌！

《汉书·艺文志》已经为后学做了很好的工作，通过解析诸子“所长”与“蔽短”，让我们取其精华，去其糟粕。以诸子之一儒家为例，其社会功用和长处是：“儒家者流，盖出于司徒之官，助人君顺阴阳明教化者也。游文于六经之中，留意于仁义之际，祖述尧舜，宪章文武，宗师仲尼，以重其言，于道最为高。孔子曰：‘如有所誉，其有所试。’唐虞之隆，殷周之盛，仲尼之业，已试之效者也。”其流弊所致：“然惑者既失精微，而辟（音pì，浅陋）者又随时抑扬，违离道本，苟以哗众取宠。后进循之，是以五经乖析，儒学寖衰，此辟儒之患。”

没有想到，千载之后，除了儒家，诸子其他八家都被污名化了。先贤认为子学中应当抛弃的部分“蔽短”成了诸子本质。汉朝时，就有人认为法家就是刻薄寡恩、专任刑法；名家就是到处诡辩；纵横家都是奸诈失信的小人；墨家抛弃上下礼义……

事实上，汉以后九家中较彻底异化的只有儒、道两家。治国理政的“君人南面之术”黄老道家，演化为“绝去礼学，兼弃仁义，曰独任清虚可以为治”的出世道教。《庄子》本来以寓言讲游世之道，表面汪洋恣肆，实则实事求是，最为中道，却被解读成离世逍遥。

汉以后少有综合百家的大儒，成为越来越狭隘，“随时抑扬，违离道本”的辟儒，浅陋的儒生——先是宋儒引佛入儒，将内圣之学从善起修、止于至善的根本宗旨颠覆；又引入佛教“道统”“异端”思想，将除了儒家之外的诸子统称异端，诸子百家几成绝学——中华文化“茫茫九派流中国，沉沉一线穿南北”的浑厚气派成了儒家一家的涓涓细流。

进入20世纪，受港台殖民文化的影响，一些人打着“新儒家”的旗号，硬要从超越党派的王道政治中开出西方基于党派竞争的自由民主来，背离王道，到了荒唐可笑的地步！

在通讯发达、科学昌明的今天，还有太多学人将儒家视为中国文化的主体，甚至是中国文化的代名词。我同意南怀瑾先生的见解：鉴于宋以后儒家独尊的现实，儒家可以作为研究中国文化的线索，但绝不是中华文化的主体。否则，我们复兴的最多只是异化的儒学！

如果非要论中国文化的主体，也是从西周王道王官学到西汉治道黄老道家（非道教）一系，前者孕育百家，后者集成百家。可惜唐以后史官多将道教，乃至佛教，与道家诸书一并录入丙部道家类，清谈老庄，世人已不知君人南面之术黄老道家为何物了。宋以后“以学代政”，其道统主体由先秦孔孟到两宋程朱，已经从王政转入学术，春秋大一统的王道至今不能彰显，中国文化无独立宗教传统，政教一统，内圣外王高度发展、高度融合的本来面目大失！

4.宗经、征圣、原道的学习方法

下面，我们谈谈修习中国文化的方法。

现代文化精神源自对西欧中世纪烦琐经院哲学的革命，重批判性、创造性，有其历史进步意义。物极必反，我们不能用之过度。事物的发展总有一个因革损益的过程，无论怎样批判和创造，都包括对前人成果的继承——这是批判和创新的基础。

对于中国这样一个在东亚持续发展数千年的复杂巨型文明，积累了人类最为系统宝贵的文化财富，我们更要在继承的基础上创新，不可将古人验证了数千年的正道弃如敝履，用西方新旧思想任意置换掉。

所以，学习中国文化首先要“宗经”。经是数千年人类智慧的结晶，没有范式的根本改变，不能丢掉经典。如同基督教教化要以《圣经》为基础一样，学习中国文化也要以西周王官学五经，以及五经的“2.0版”诸子百家为基础。

中国文化与现代大学学术不同，他不仅是理性系统知识，更是一种生活方式。所以先贤重实践，轻言理。西汉扬雄《扬子法言·学行卷第一》开篇即说：“学，行之上也，言之次也，教人又其次也。”

中国文化是合乎中国人特点和中国历史文化特点的知识体系，是我们安身立命、安邦治国的基础。中国文化的生命力不仅在于其解释力，更在其实践性和实用性——这是我们研习中国文化特别要注意的，一定要落实到行上。

如何行？关键是经史相参，效法圣人的言事德行，所以研习中国文化的第二点是要“征圣”，向圣贤学习。

最后，学习中国文化的最终目的是使我们的言行合乎宇宙人生的大道，达到与天地合其德，参赞天地化育的目的，所以要“原道”，悟到天下为公、无私无我的大智慧，成就盛德大业。

《扬子法言·问道卷第四》说："道也者，通也，无不通也。"只有我们言行合乎大道，才能达到圆融无碍的生命境界，成圣成贤。

5.先易后难，先子后经

宗经、征圣、原道是研习中国文化的三个次第，宗经是基础。

读古代经典以孔门四科为线索较好，这样不易背离中国文化内圣外王不二、政教不二的本质。过去十几年来，笔者对孔门四科之学所涉及的绝学进行了系统整理，可以作为学人的入门参考书。

孔子所传四科之学的简介，及笔者出版的孔门四科相关著作如下：

德行科，礼义修为，为百家所共修。因为儒者主教化，所以其德行科有更强的普世性。这方面突出的孔子弟子有颜渊，闵子骞，冉伯牛，仲弓；笔者主要著作：《性命之学：儒门心法新四书阐微》（2014年），《礼之道：中华礼义之学的重建》（2014年）。

政事科，处理政治、经济、法律、军事、社会诸事务，后流为黄老道家、法家诸家。这方面突出的孔子弟子有冉有，季路；笔者主要著作：《国富策：中国古典经济思想及其三十六计》（2010年），《国富新论》（2013年），《中国拯救世界：应对人类危机的中国文化》（2010年），《道法中国：二十一世纪中华文明的复兴》（2008年）。

言语科，包括名家和纵横家，修习言语科的人先秦被称为"辩者"或"辩士"。《战国策·秦策一·陈轸去楚之秦》秦惠王说纵横家陈轸"天下之辩士也"。《庄子·天下篇》称名家"桓团、公孙龙，辩者之徒"。这方面突出的孔子弟子有宰我，子贡；笔者主要著作：《正名：中国人的逻辑》（2013年），《说服天下：〈鬼谷子〉的中国沟通术》(2018年)。

文学科，古代经书，经学，是后世“游文于六经之中”的儒家所研究、传习的重要内容，为百家所宗。唐初颜师古在《汉书·西域传》下解释“为文学”说：“为文学，谓学经书之人。”这方面突出的孔子弟子有子游，子夏；笔者主要著作：《斯文在兹：中华文化的源与流》(2014年),《人类文明的基因：人类二元观念与世界文化的分野（图文版）》(2017年),《智慧简史：从史前到21世纪（图文版）》(2021年)。

参阅这些书，可以先从德行科开始，修身是根本，道德智慧乃人所共修。在世俗中修行，积人道之善成天道之德，体悟中国文化内养外用、修齐治平一以贯之的大道。然后根据自身的需要和兴趣、以“天下为公”的大道为轴心，以诸子的社会功用指导，折中诸子，会通中西。最后再读五经，五经自然更明了起来。

总之，我们学习宇宙人生的大道也要先易后难，先子后经。梅花香自苦寒来，深入无执、无处、无为、无私的大道，要在理论与实践，学与行中不断磨炼。若认为死读经典，不求甚解，就会终有一天灵光乍现，悟入大道，这样很容易自欺欺人，害人害己！

空谈天理人欲，不行人伦礼义；空谈天下观，不行王霸术，又有何用？

孔子云：“朝闻道，夕死可矣。”让我们为生在中国，超越自然科学与人文学科，有更多机缘听闻宇宙人生的大道而庆幸吧！

二、中华大道文化的“四大突破”

1943年，中华民族风雨如晦、山河破碎。英国汉学家李约瑟提出了“四大发明”一说，认为造纸术、印刷术、指南针和火药是中国对世界作出巨大贡献的科技创新。

今天，“四大发明”已成为妇孺皆知的常识。尽管科技史告诉我们，“四大发明”技术的改进和传播，阿拉伯文明和西方文明同样有巨大贡献。

相对于科技领域的“四大发明”，笔者认为中国在人文社科领域的“四大突破”更为重要。直到今天，西方人还没有实现这种突破，他们以及中国西化的知识界也不能理解这种突破——更别说应用了！

“四大突破”包括：道在帝先，内圣外王，建中立极，无为而治四个方面。分述如下——

1.道在帝先，神不胜道

从四五万年前旧石器时代晚期开始，人类就有了以神为中心的宗教信仰。世界各地古老的洞穴壁画表明，如同今天残存的萨满教一样，大型动物神在早期信仰中意义重大。

万物有灵的多神教以血缘和地域为基础。随着超越血缘和地域的大型政治组织出现，多神教在凝聚社会认同上的弱点突显。

如何超越多神教的局限性，文明史上大致有两个方向：一是走向排他性的普世一神教，二是超越以神为中心的宗教信仰，建立以宇宙人生基础法则为中心的道论。前者指亚伯拉罕一神教（特别是基督教和伊斯兰教）、印加帝国和古埃及阿赫那吞太阳崇拜的路线，后者则是中华文化的基本路线。

三四千年前，中国先贤就认为人的德行力量可以超越神。超越神不是否定神，而是认为神的后面还有更为根本性的形而上形态——道。《老子·第四章》描述道："吾不知谁之子，象帝之先。"不知如何产生了道，但它在天（上）帝之前就存在。

据《史记·殷本纪》，帝太戊在位时，朝堂上不知怎得冒出桑树和楮树，一夜之间竟然疯长到双手合围那么粗，于是帝太戊问当时的宰相——伊尹的儿子伊陟。伊陟说，"妖不胜德"，只要施行善政，德行不亏，人的德行定会战胜任何神妖。所以后世就有了"神不胜道，妖不胜德"的说法。(《新序·卷第二·杂事二》)

道在帝先、神不胜道，先人事、敬鬼神而远之的观念，是人类精神领域的巨大突破。应该看到，包括西方在内的世界广大地区，排他性一神教仍居于人们生活的中心。

全球化时代如何超越排他性一神教的宗教边界，实现不同族群的和谐共处，已成为一个现实性的、关系人类生死存亡的大问题。中国超越宗教的宇宙人生大道，为我们指示了一条未来新路。

"万物并育而不相害，道并行而不相悖"，这种大道观念使中国历史上没有陷入一神教世界残酷的宗教战争。在道的视野之下，不同宗教只是适应于不同族群心性特点的教化——建立一个持久和平的世界，不可能建基于某种排他性宗教，只能建基于包容万有的大道！

2.天人不二，内外不二

道与西方科学最大的不同是：它没有隔离主体与客体，不是如西方科学一样研究“客观”世界的规律。道描述的是宇宙与人生、自然与社会、内在修养内圣与外在事功外王的整体规律。中华文化打通了内圣与外王的边界，这是人类文明史上的重大突破。要知道，西方基督教世界过去几百年来，宗教和科学之间一直存在巨大的张力。造成这种张力的原因，除了复杂的政治经济因素，学理上的原因是宗教着重神圣的灵魂层面，与世俗生活无法很好地兼容，所以二者只能分立，“让上帝的归上帝，凯撒的归凯撒”。

这种分立造成的紧张，目前具体表现为：随着西方世界社会生活不断世俗化，自然、社会科学领域越来越去道德化。其弊端显而易见，特别是在政治和经济领域。因为智慧是一切行为事功的基础，情感道德又是智慧安乐的基础。如果道德被强行剥离，那社会必将走向蒙昧化。

可悲的是，在中国这样一个缺乏建制性宗教的国家，近代西式中国大学只教授西式学术，培养的都是纯粹理性的“精致利己主义者”和“理性知识武装的工具”——事实上，中国的去道德化最为彻底，国人越来越以“有利无利”为标准思考问题，而不是道德观念上的对与错。

今日之中国大学已成为培养蒙昧主义的温床。

中国先贤所谓的“学”与中国大学学术迥异。

西汉扬雄《法言·学行》说：“学者，所以修性也。视、听、言、貌、思，性所有也。学则正，否则邪。”学，是对性情、行为的修正、提升。

“建安七子”之一，东汉学者徐干《中论·治学》更明确指出，学习的根本目的不是在理性专业知识的培养，而是通过疏通涵养心神、情性，成圣成贤。教学内容德、行、艺“三教”，只有“艺”属实用技艺，仍与德、行紧密相关，特别是其中的礼、乐、射。他写道：“昔之君子成德立行，身没而名不朽，其故何哉？学也。学也者，所以疏神达思，怡情理性，圣人之上务也……学者，心之白日也。故先王立教官，掌教国子。教以六德，曰：智、仁、圣、义、中、和；教以六行，曰：孝、友、睦、婣（同“姻”，亲于外亲——笔者注）、任（指担当，敢于任事——笔者注）、恤；教以六艺，曰：礼、乐、射、御、书、数；三教备而人道毕矣。”

“三教备而人道毕矣”，中国文化与印度文化、西方宗教不同，不脱离人事言天道，不重出离心，否定现世。从世俗人道之善入手（《大学》所谓“止于至善”），在人道中实践天道——天人不二，内外不二，这是中国文化的伟大、高明、简易之处！

随着世俗化、市场化、全球化趋势加强，离世修行的现实条件削弱，中国内圣外王、修齐治平一以贯之的大道文化，必将为人类做出更大的贡献。

3.建中立极，选贤与能

“大道之行也，天下为公，选贤与能，讲信修睦……”（《礼记·礼运》）

孔子这段话描述了王道政治“公天下”的根本特点。如何在现实层面实现“公”呢？就是《尚书·洪范》讲的建立“皇极”，“建中立极”，这里“极”的意思也是“中”，指建立一个超越党派，吸纳社会各阶层精英贤能，代表社会整体利益（天下社稷）的强大执政中枢。《尚书·洪范》中称之为“王道”，上面说：“无偏无党，王道荡荡；无党无偏，王道平平；无反无侧，王道正直。”

也只有存在“中”，才能实现社会的公正、公平。

相对于西方立法、司法、行政的三权分立制衡机制，中国古典社会公平机制更为稳固，也更符合宇宙自然的基本规律。我们周遭的世界，从小的原子到大的太阳系，之所以如此稳定，是因为原子和太阳系内部存在“中极”——原子核占原子质量的99.96%；太阳占太阳系总质量的99.86%。

《老子·第四十二章》总结了生生大道，可持续发展原则：“道生一、一生二,二生三,三生万物，万物负阴而抱阳，冲（中）气以为和。”只有超越阴阳对立的中（气）存在，才能实现公正与和谐。

社会治理层面，“建中立极”包括政教、政经、军政和社政的统一。职业化的执政集团是整个社会的大脑，一切教化、经济、军事和社会事务都统一于政治，这是过去数千年来，直到21世纪中国政治的不变特征。以司法权为例，尽管夏代就出现了独立的司法官员，但直到今天，行政与司法仍然紧密相关，基层（政权）调解仍是中国司法的一个重要特点，它高效而廉价。

在实行三权分立的美国，资本早已垄断了权力，民主机制近乎失效。这从2020年美国人对新冠疫情失控的反应中可见一斑，他们不再将三权分立看成“让政府对人民负责”的机制。

2020年7月14日，《纽约时报》发表了Michelle Goldberg女士的《美国的新冠噩梦还要持续多久》一文，这位评论家感叹：“然而我们居然听不到要求总统辞职的呼声。人们似乎感到太过无助了。抗议者可以向州长和市长发出要求，尤其是那些民主党官员，因为在地方层面，广义上的民主问责还是存在的。全国层面上已经没有了这种担当：没人会指望总统恪尽职守，或因为渎职而遭到问责。这时候你就知道，这个国家在疫情到来前就已经病了。”

无论Michelle Goldberg女士的政治立场如何，她将美国疫情失控归因于“人祸”是有道理的。美国在疫情之前就病了，是说美国民主政治本身的病态！

国际关系层面，西方流行均势理论。历史一次次证明：均势只能维系战争间隙的存在，而不能建立持久和平的国际秩序，20世纪人类“一战”、“二战”、冷战的苦痛经历，就是均势理论破产的证明。

而“建中立极”的王道政治不仅在国内，在不同政治中心（国家）之间也能维系长期的和平。与国内政治的“建中”相联系，中国古典外事理论强调“先内而后外”，《管子·大匡》提出“内政不修，外举事不济”。事实上，中国文化一直反对利用战争、殖民手段夺取他人利益。相反，先贤重国际关系的厚往薄来，大国以谦下对待小国，“大国以下小国”。(《老子·第六十一章》)

三权分立的民主政治存在内在的矛盾：在所谓自由、公正、民主的竞选中，人民失去了参政自由、社会公正、政治民主。今天，世界范围内的民主政治已经普遍退化为金主政治！

未来人类如何和平共处，是以“建中立极”为中心的中华治道？还是以权力制衡为中心的民主政治？我们需要重新选择——后者意味着金钱决定政治，霸权主义和霸凌政治！

为了便于读者理解，我们将王道政治与民主政治图示如下。其中左边的方框代表“中”，两边的箭头代表内外各种力量；右边的三角形代表三权分立的民主体制，两个相对的三角形表示国际关系中不稳定的均势。

建中立极的王道政治

权力制衡的民主政治

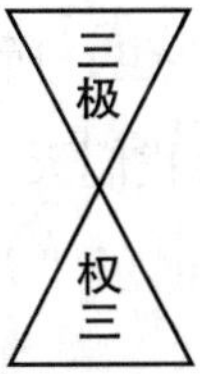

4. 天下为公，积极有为

自汉代，就有人将《老子》“无为而治”误解为清静出世，什么也不做。所以《淮南子·修务》专论何谓“无为”。《淮南子·要略》论其写作目的：世人对大道并不理解、精通，只会望文生义，反而将清静当成常态，恬淡当做根本。不再深入研学，只图舒适，放纵情志，苟且偷生，对真正大道一窍不通。（原文：《修务》者，所以为人之于道未淹，味论未深，见其文辞，反之以清静为常，恬淡为本，则懈堕分学，纵欲适情，欲以偷自佚，而塞于大道也。）

什么是无为大道呢？简单来说，就是以大公无私之心，按事物发展的自然规律顺势而为。

《淮南子·修务》开篇否定了将无为理解为“活死人”，消极应世的观点。这种观点认为：“无为者，寂然无声，漠然不动，引之不来，推之不往。”

然后，作者提出了自己的无为思想：“若吾所谓‘无为’者。私志不得入公道，嗜欲不得枉正术，循理而举事，因资而立（‘立’下当有‘功’字，这种用法在该书中多次出现——笔者注），权自然之势，而曲故（曲故，指奸巧——笔者注）不得容者，事成而身弗伐（伐，夸耀——笔者注），功立而名弗有。”

请注意，老子在提及无为时，常常提到“无不为”。比如《老子·第三十七章》说：“道常无为而无不为。”《淮南子·原道》解释说："所谓无为者，不先物为也；所谓无不为者，因物之所为。所谓无治者，不易自然也；所谓无不治者，因物之相然也。"

"无为"要求我们天下为公，积极有为——可惜，后世太多学人，只知无为，而忘记了"无不为"。两千多年后的今天，仍然是这样。大道难明久矣！

无为而治是天道在社会治理领域的具体化，要求执政者抱法处势，循名责实，定分止争。制度设计上，主要包括基层的四民分业理论和科层中的爵制，后者也称社会功勋制或功次制度，指从基层开始，按一个人对社会贡献的大小依法分配权力和资源。

四民分业理论是中国古典政治学的伟大创造，也是人类政治学的伟大突破。它有效防止了权力与资本的结合，在资本与权力之间建立起一道防火墙。看看西方社会合法的游说机制，以及政商旋转门导致的社会不公、资本垄断，我们就清楚这一制度多么伟大和超前！

《大学》在讨论经济问题时，将道德放在第一位，主张"以义为利"，反对"聚敛之臣"，就是利用权力获得经济利益的人。可叹的是，后儒将四民分业思想极端化，甚至主张儒者不言利，导致中国宏观经济理论轻重术长期无人问津，成为绝学。

"以义为利"，指站在国家整体，天下社稷的立场上，特别是站在弱者的立场上思考问题，政策上向弱者倾斜，通过重新分配等手段，实现包容性的社会均衡。这就是《老子》所说的"天道"，《老子·第七十七章》："天之道，其犹张弓与？高者抑下，下者举之，有余者损之，不足者补之。天之道，损有余而补不足。人之道，则不然，损不足以奉有余。"

20世纪80年代，里根总统执政以来美国长期实行自由主义经济政策，违背"损有余而补不足"的天道，"损不足以奉有余""劫贫济富"。为了给"劫贫济富"的恶政辩护，里根政府抛出了著名的"涓滴效应”，认为政府在救济政策上“无为”，随着经济总量的增加，经济蛋糕增大，财富自然会从富人口袋流向穷人口袋。

问题是，“涓滴效应”从来没有发生过。发生的，只是不断扩大的社会鸿沟——这是导致目前美国社会大分裂的经济基础。据统计，仅1980~1984年，里根政府通过减税和改变预算支出比例，造成低收入人群230亿美元的收入损失，同时为高收入家庭增加了350亿美元收入；1989年至2018年间，最底层50%的美国家庭财富净增长基本为零，贫富差距为50年来最高。

从生活方式到社会经济，人类不能背离宇宙人生的基本规律——大道，否则，我们会受到天道的惩罚。

超越科学与宗教，对大道的阐发是中华文化对人类文明的巨大贡献，其潜在价值远远高于科技领域的“四大发明”。

历史上，中国科技上曾经落后，但在人文领域，我们不仅不是落后的，反而有数千年社会知识财富的持续积累。这在其他文明中罕见！这一宝贵财富值得面对各式危机，陷入精神迷茫的现代人重视。

“周虽旧邦，其命维新”——古老的、复兴的中国文化，给人类带来了新希望、新愿景！

三、中华文化在人类知识体系中的位置

对于习惯于“言必称希腊”的诸多学人来说，中华文化在人类知识体系中的位置是一个不辩自明的问题——中国文化是传统、落后的，它是中国走向西式现代化的巨大障碍。

有时为了装出大英帝国绅士般的高雅风度和包容心态，有学人引用后现代或“前现代”某位西方学者的名言，不痛不痒地宣称：文化不分优劣，皆为平等。

上述观念根深蒂固，溯其源，又多似是而非。

中华文化在人类知识体系中的位置到底如何呢？一言以蔽之，它以超越名相的道为基础，是人类最深层的智慧，相对于现代西方学术，中华文化在人类知识体系中处于根本地位。

我们图示如下：

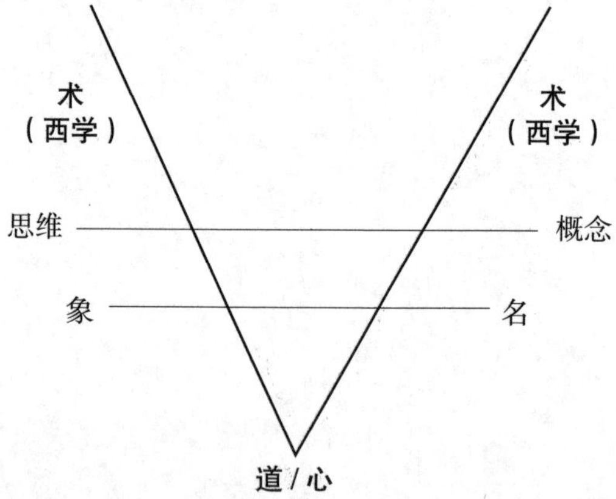

1. 圣贤之学是一切知识的大本大源

中国文化有道与术之别。

道是什么？《周易·系辞上》说："形而上者谓之道，形而下者谓之器。"

这里的"形而上"不同于西方哲学中的"形而上"（metaphysics），在中国文化中，西方的"形而上"仍然属器的层面，属于形而下。纽约圣约翰大学哲学系教授陈张婉莘罗列了希腊形而上学和道家形而上学的四个不同点，包括：在希腊形而上学中最神圣的原理称为"有"，在道家形而上学中它是"无"；在希腊形而上学中最神圣的原理是不变的，在道家形而上学中它是变的；柏拉图和亚里士多德的最神圣原理是"六合之外"的，道家却在"六合之内"；在希腊形而上学中我们藉思维以达到最神圣的原理，在道家形而上学中思辨是一种阻碍。①

中国学者最初接触西学时，将metaphysics轻率地译为"形而上学"，随着中国本土学术的全盘西化，"形而上"的本意反而无人知晓了，这种"无名化"，西方学术概念对中国学术概念的屏蔽现象已经成为复兴中国文化的巨大理论障碍。

连现代著名历史学家、文献学家张舜徽先生（1911~1992年）都将"主道"解释为"装""装糊涂"，就是人主不说话、不做事。并引用《管子·心术上》"必知不言，无为之事，然后知道之纪"以证明

---

① 陈张婉莘：《追求道家形而上学的中心思想——希腊形而上学和道家形而上学的比较》，《道家文化研究》第4辑．上海古籍出版社．1994年第1版，第381页。

之！[①]

这是怎样可怕的学术悲剧啊！

中国文化中的道没有名相。《管子·心术上》说："虚无无形谓之道，化育万物谓之德。"但道也不是等同虚空，它可以心感，并通过修行证得，关键是在日常心地上下功夫，这是圣贤之学的基础。所以《管子·枢言》开篇即引管子言："道之在天者，日也；其在人者，心也。"荀子更明确指出："人何以知道？曰：心。 心何以知？曰：虚壹而静。"(《荀子·解蔽篇》)

先贤认为，只有在道这个层次上的成就，才能获得真正的智慧和安乐。《管子·内业》论道德、智慧与安乐的关系时说："是故此气也，不可止以力，而可安以德；不可呼以声，而可迎以音（即'意'字——笔者注）。敬守勿失，是谓成德，德成而智出，万物毕得。"文中的"气"乃道之用，由气而入道。唐代尹知章注："不失气，德自成。德成，智自生也。以智安物，物皆得宜。"

儒家心法《五行》论天道（即德）、与智慧、安乐的关系更为清楚。上面说："君子亡中心之忧则亡中心之智，亡中心之智则亡中心之悦，亡中心之悦则不安，不安则不乐，不乐则亡德。"[②]

需要强调的是道与智的关系。这种智慧不单纯是知识或专业技艺，而是一种朗照万物的清明觉性，是守经达权的圣人境界。孔子云："所谓圣人者，知通乎大道，应变而不穷，能测万物之情性者也。大道者，所以变化而凝成万物者也。情性也者，所以理然、不然，取、舍者也。"(《大戴礼记·哀公问五义》) 荀子亦云："道者，体常

① 张舜徽：《张舜徽集：周秦道论发微 史学三书平议》.华中师范大学出版社.2005年第1版，第15~16页。

② 翟玉忠：《性命之学：儒门心法新四书阐微》.中央编译出版社.2014年第1版，第27~30页。

而尽变，一隅不足以举之。”(《荀子·解蔽篇》)《礼记·丧服四制第四十九》直言：“权者智也。”

道通达权变，超乎万物的特质，使其超乎一切专业知识——术，我们的先贤一向重道而轻术。《孔丛子》记载说，有一次卫国的国君打算放弃对大道的探求，向孔子的孙子子思学术，子思劝他，只有道才是一切知识的根本，它“逸而不穷”，而那些单纯的专业知识常常“劳而无功”。古代修道的君子，生、死、利、害都不足以使其改变自己向道的志向。文中说：“卫君曰：‘夫道大而难明，非吾所能也。今欲学术。何如？’子思对曰：‘君无然也。体道者逸而不穷，任术者劳而无功。古之笃道君子，生不足以喜之，利何足以动之？死不足以禁之，害何足以惧之？故明于死生之分，通于利害之变。虽以天下易其胫毛，无所槩（通‘概’，变易——作者注）于志矣。是以与圣人居，使穷士忘其贫贱，使王公简（意为放弃——作者注）其富贵，君无然也。’卫君曰：‘善。’”(《孔丛子·抗志第十》)

荀子形象地说明了道、术间的关系。“心者，形之君也，而神明之主也”，心意识统领眼、耳、鼻、舌、身诸感官，所以修心、精于道超越对外在知识的寻求，具有更为本质的意义。他举例说，农民精于种田，却不能做管理农业的官吏；商人精于买卖，却不能做管理市场的官吏；工人精于制造器物，却不能做管理器具制造的官吏。而有些人呢，不会这三种技术，却可以让他们来做这三种人的管理者。所以说：有精于道的人，有精于具体事物知识的人。精于具体事物的人只能懂得支配某种具体事物，精于道的人则能够支配各种事物。所以君子专心于道，用它来考察万物。专心于道能公正无偏见，用它来考察万物能看得清楚明白；用公正无偏见的思想去做明确的论断，万物就治理好了。(《荀子·解蔽篇》原文：农精于田而不可以为田师，贾精于市而不可以为市师，工精于器而不可以为器师。有人也，不能此三技而可使治三官。曰：精于道者也，精于物者也。精于物者以物物，精于道者兼物物。故君子一于道而以赞稽物。一于道则正，以赞稽物则察。以正志行察论，则万物官矣。）

古代道与术常常被冠以不同名称。有时称术为“下学”、“见闻之知”“科举之学”等，称道为“上达”“德性所知”“圣贤之学”等。但我们不能认为道术截然两分，要知道中国文化道、名、法（术）一以贯之，是一种圆融无碍的伟大知识体系。[①]

中华文化最宝贵的地方就是有圣贤之学在焉，它重心法、心术，是一切知识的大本大源。

过去一百多年来，面对西化的滚滚洪流，当代国人有眼无珠，弃圣贤之学如敝履，诚可叹也！可悲也！可恨也！

2. 中华文化，人类智慧之王者归来

现代西方文化重视向外，向所谓的客观世界探求知识，欠缺中华文化“形而上”层面的知识，除了西方宗教神秘主义派别有所关注外，事实上只有术，分科的专业知识。这使西方学术不能由博返约，归于大道，呈现高度碎片化的特点——学科间壁垒森严，甚至同一学科的不同研究范围亦“老死不相往来”。

一旦具有狭窄专业知识的学者利用其名声评述其他领域，有时就会产生严重的后果。美国经济学家托马斯·索维尔（Thomas Sowell）在《知识分子与社会》一书中，用大量史实证明，那些拥有专业知识的知识分子为社会病症所开出的“药方”，经常被实践证明并非对症下药，反而会带来巨大的、灾难性的后果。他的理由很简

① 翟玉忠：《性命之学：儒门心法新四书阐微》. 中央编译出版社. 2014年第1版，后记“中国有通天人之际的大学问”。

单：“如果没有任何人拥有目前所有知识总量（还不算那些有待发现的数量巨大的知识）的哪怕百分之一，那么由于知识分子深信其自身拥有的超级知识和美德，而由他们从上而下给社会强加以知识精英所偏爱的观念，这就必定会是一个招致灾难的程式。”[①]

西方学术的问题是内在的、本质性的，不单由于知识分子们缺乏社会责任感。托马斯·索维尔身处庐山之中，很难看到这一点。

如陈张婉莘教授所说，由于西方知识体系是“藉思维以达到最神圣的原理”。它忽视事物本身动态的系统性过程，将理论建立在思维与概念（原理）的基础之上，其表达工具则是记言的拼音文字，所以当一种理论或论断很难进行实践检验的时候，知识就易退化为一种小圈子内自娱自乐的概念游戏。索维尔评论道：“知识分子的工作开始于理念并终结于理念，不管这些理念可能会对具体事情带来何种影响；理念所影响的这些事情和理念所带来的这些影响，往往并非由知识分子所承担，而是由别人所承担、承受的。亚当·斯密从未经营过商业，卡尔·马克思也从未管理过古拉格。亚当·斯密和卡尔·马克思都是知识分子。理念本身不仅是知识分子功能的核心，而且也是知识分子成就的评判标准，同时还是这种职业经常具有的危险诱惑力的根源。”[②]

中国学术体系不是这样，它重意象而轻抽象思辨，其表达工具不是西方的表音文字，而是象形的汉字，这有助于立象尽意。意以先言，因此，中国学术思想容易达到更精深的层次。《庄子·秋水篇》云：“可以言论者，物之粗也；可以意致者，物之精也。”

中国文字和中国学术范式都有利于对意的阐发，有利于把握事物本身动态的系统性过程，这与希腊人认为最神圣的原理是不变和定

---

① 马斯·索维尔：《知识分子与社会》.中信出版社. 2013年第1版，第23页。
② 同①，第5页。

型的完全不同。司马谈对黄老道家的评判很能说明中国学术的这一特点，他在《六家要指》中写道："道家无为，又曰无不为。其实易行，其辞难知。其术以虚无为本，以因循为用，无成势，无常形，故能究万物之情。不为物先，不为物后，故能为万物主。有法无法，因时为业，有度无度，因物与合。故曰：圣人不朽，时变是守。"《易经·系辞下》也说："《易》之书也不可远，为道也屡迁，变动不居，周流六虚，上下无常，刚柔相易，不可为典要（典要，经常不变的准则、标准——笔者注），唯变所适。"

儒家与道家同归于大道。据《孟子·万章下》，孟子称赞孔子是"圣之时者"，识时务的、顺势而为的圣人。

再加上中国人重视实践参验，重名实相副。名学专门论述名与实之间复杂的关系；墨家提倡"三表法"，一个理论要"有本之者，有原之者，有用之者"，历史经验、现实情况和理论效果三者并重，这使中国学术整体上没有陷入烦琐经院哲学的泥潭！

更有甚者，由于数学工具的过度应用，经济学和政治学这类人文学术已经成为现代"玄学"，西方政治学连西方政治家都无法看懂。北京大学国际关系学院潘维教授指出："在方法上，学术论文普遍倚重数据与模型建构，采用数学模式和回归分析，让政治学几乎变成了统计学家和博弈论专家的天下。从此，公众和政治家们再也无法读懂美国政治学的核心学刊《美国政治学评论》(American Political Science Review)。尽管定量研究是有效方法之一，但用数学方程式推导政治决策和瞬息万变的国际情势就荒唐了。"[①]在该书"内容提要"中我们能读到这样的文字："作者还试图避开'现代'学术的形式，在文风和著述体例上回归传统，追求'后现代'的直接、朴实、散漫。"[②]

---

① 潘维：《比较政治学理论与方法》.北京大学出版社. 2014年第1版，第14页。
② 同①，"内容提要"。

潘维教授并没有完全回归以《九章算术》为代表的中国古典学术范式，[①]但我们不得不佩服他的学术勇气！

《列子·说符篇》指明单纯用术（西式学术）的巨大局限性，认为即使有孔子那样渊博的知识、姜太公那样的计谋，如果不达时变，没有智慧，也不足以应对复杂多变的现实。上面有这样一则故事：

鲁国施氏有两个儿子，一个爱好学问，一个爱好打仗。爱好学问的用仁义之术去劝说齐侯，齐侯认可了他，并让他做公子们的老师。爱好打仗的到了楚国，用战术去劝说楚王，楚王很高兴，并让他做军正。二人的俸禄使家境富裕起来，爵位使亲人荣耀起来。施氏的邻居孟氏同样有两个儿子，所学的东西也相同，却为贫困所迫。他们羡慕施氏的富有，便去请教出仕的方法。这两人把真实情况告诉了孟氏。于是孟氏的一个儿子到了秦国，用仁义学说劝秦王。秦王说："现在各国诸侯用武力竞争，所做的不过是征集兵士与粮食罢了。如果用仁义来治理国家，便是灭亡的道路。"于是对他施以宫刑并驱逐了他；另一个儿子到了卫国，用战术去劝说卫侯。卫侯说："我国是个弱小的国家，夹在大国之中。对大国我顺服，对小国我安抚，这是求得平安的方法。如果依靠兵权，灭亡也就不远了。如果让你保全身体回去，到了别的国家，那么我国的祸患就不轻了。"于是砍断了他的脚，送他回到了鲁国。回家以后，孟氏的父子捶胸顿足责骂施氏。施氏说："凡是适合时事的人便昌盛，违背时事的人便灭亡。你们的求入仕与我们相同，结果却与我们不同，是违背时宜的缘故。天下的道理没有长久是对的，事情没有长久是错的。以前所用的方法，今天有可能抛弃；今天所抛弃的方法，以后有可能使用。用与不用，没有一定的是非标准。抓住机会，适应时宜，处理事情不用固定的方法，这

---

① 翟玉忠：《国富新论：中国经济学轻重之术》. 中央编译出版社. 2013年第1版，第158~161页。

要靠智慧。如果智慧不够，即使博学像孔丘、计谋如吕尚，到什么地方不困窘呢？”（原文：鲁施氏有二子，其一好学，其一好兵。好学者以术干齐侯，齐侯纳之，以为诸公子之傅。好兵者之楚，以法干楚王，王悦之，以为军正。禄富其家，爵荣其亲。施氏之邻人孟氏同有二子，所业亦同，而窘于贫。羡施氏之有，因从请进趋之方。二子以实告孟氏。孟氏之一子之秦，以术于秦王。秦王曰：“当今诸侯力争，所务兵食而已。若用仁义治吾国，是灭亡之道。”遂宫而放之。其一子之卫，以法干卫侯。卫侯曰：“吾弱国也，而摄乎大国之间。大国吾事之，小国吾抚之，是求安之道。若赖兵权，灭亡可待矣。若全而归之，适于他国，为吾之患不轻矣。”遂刖之，而还诸鲁。既反，孟氏之父子叩胸而让施氏。施氏曰：“凡得时者昌，失时者亡。子道与吾同，而功与吾异，失时者也，非行之谬也。且天下理无常是，事无常非。先日所用，今或弃之；今之所弃，后或用之；此用与不用，无定是非也。投隙抵时，应事无方，属乎智。智苟不足，使若博如孔丘，术如吕尚，焉往而不穷哉？”）

西方学术重理论建构而轻时变，其弱点是它本身难以克服的——面对西方学术，特别是西方人文学术的困境，是我们反观中国学术，重新评价中华文化在人类知识体系中的位置的时候了！

如果不抛弃中国文化是传统的、落后的观念，我们可能随西方学术潮流陷入烦琐经院哲学的泥潭——尽管不再以欧洲中世纪神学的形式，而以当代数学的形式。

圣贤之学，以及建立在大道基础上的整个中国文化，是人类智慧的王者——她终将归来！

四、全球化时代中华大道智慧必将流行

无论是19世纪初英国工人捣毁机器（卢德运动），还是21世纪初美国政客针对中国的贸易制裁，都无法阻止科学技术的发展，以及由此引发的经济全球化。

今天，一部手机和一架飞机背后的产业生态波及数以千计的企业。商品将这颗小小的蓝色星球改造为分工细致的地球村。

经济基础决定上层建筑。经济的全球化必然导致生活方式、文化观念、政治组织等方方面面的全球化，这是不可逆转的历史大势。

在全球70亿人口中，很多人信仰某种形式的宗教，其中基督教信众约30亿。宗教为很多人提供了安身立命的基础。但宗教具有排他性特点——除了自己的信仰系统，其他宗教皆是外道、异教。相对于萨满教、犹太教这类特定族群信仰，世界性宗教超越了地域性族群的界线，但它仍以排他性的神话传说和神的信仰为核心，无法摆脱宗教形式的束缚。

中国文化中蕴含的宇宙大道（天道）不是这样。道法自然——道法万物之自然！中华大道超越族群、超越宗教、超越时空，最适用于全球化时代。

这当是中国文化对人类未来最大的贡献，其影响可能超过促进了西方现代化转向的“四大发明”。

1. 宇宙大道超越族群

考察中国的人口构成，会发现它是过去数千年来不同族群互相融合的结果。两千年前南蛮北狄，东夷西戎早已接受了中华礼义，以及基于礼义道德的生存智慧，成为今天汉民族的有机组成部分。想想近代以民族国家为主体的欧洲，就不难理解族群问题的解决给人类带来了怎样的和平红利，族群冲突会带来怎样持续的人道主义灾难。

身在庐山之中，许多国人难以理解先民依照春秋大义，统一语言文字，统一政治经济、社会生活各项制度取得的惊人成就——那是人类最宝贵的精神遗产，值得全球化时代的我们高度关注。

反观印度文明，就能看到语言统一多么不易。1950年印度共和国成立后，语言差异、宗教差异以及其他社会分裂危险十分突出。为促进国家统一，印度政府决定将北印度的主要语言——印地语确定为官方语言。此举遭到其他语言族群的强烈抑制，在法令即将生效的1965年1月，印度南方爆发了流血骚乱，政府不得不宣布，英语仍将作为“准官方语言”。

随着人类交往越来越便捷和密切，以及智能翻译技术的进步，诸多小语种必然消失。未来人类要统一于什么语言，仍难以预料。可是我们不能违背“并行而不相悖”的大道，如中国狭隘民族主义者一样，激烈反对学校普及英文课，毕竟英语是目前极重要的国际语言；我们也不能迷信西方“民族自决”之类的口号，放弃统一语言、语言规范工作，否则中华文化如何能在全球传播。

2. 宇宙大道超越宗教

“万物并育而不相害”，宇宙大道不反对宗教，它包容世界一切宗教形式，从地域性的原始萨满教到高度发展的一神教。因为，宇宙大道和其他一切宗教形式一样，都从人道之善起修，要得大智慧、大安乐。用中国古话，我们将之概括为：积善成德、德成智出、智者乐——功德、智慧、安乐三位一体。

如何成就“与天地合其德”的“大人”境界，得智慧成就。《礼记·大学》开宗明义：“大学之道，在明明德，在亲民，在止于至善。”“止于至善”是修行的起点，所以后面解释说：“知止而后有定，定而后能静，静而后能安，安而后能虑，虑而后能得。”这里的“止”是止于最基本的日常人伦（至善），担当应尽的社会责任；“得”是得理义，圆融广大的智慧安乐。

人道之善为本，天道之德为末。所以《礼记·大学》总结道：“物有本末，事有终始，知所先后，则近道矣。”不幸的是，宋明理学家受禅宗“悟后起修”的影响，多将“明明德”为本，“止于至善”为末，颠倒本末、终始、先后，割裂大道，遗毒至于今日。

《礼记·大学》阐发的宇宙大道是一切宗教的精华所在，能够与其他宗教互相启发、互相促进，“并育而不相害”。犹太教的《旧约·箴言》同样强调智慧，且区分了运用知识的智慧和知识本身，指出：“智慧人大有能力，有知识的人力上加力。”《新约·哥林多前书》直接用耶稣表征智慧。

中华大道能够整合不同宗教！今天，社会主义中国几乎包含世界上一切形式的宗教。自古以来，中国人就认为宗教只是一种教化形式，与宇宙大道作为一种教化形式没有根本的区别。只要不与代表社会整体利益（社稷）的王道政治相冲突，一个人有信教的自由，也有不信教的自由；有信一种宗教的自由，也有信另一种宗教的自由——中国没有“国教”，几乎没有发生过宗教战争，这是真正天下为公的信仰自由！

同在地球村，不同宗教社区必须并存共处，我们没有选择——以宇宙大道为基础的宗教政策和信仰自由是全球化时代人类所必需的！

3. 宇宙大道超越时空

受西方科技迅猛发展，物质生活变迁的影响，现代人很大程度上放弃了文明多样性，拥抱进步假象——认为一切都是进化的，从低级到高级线性发展。最后，西方现代性成了唯一的文明标准，其他文明的毁灭及至其他种族的灭绝都被贴在了“现代”“进步”“文明”的大标签下。

《易经·系辞》开篇以“乾坤大义”言天道，指出宇宙大道有“不易”“变易”“简易”的三个特点。天地间除了“日月运行，一寒一暑”的变易，还有重要的方面——“不易”。比如天上地下的自然秩序以及相应的人间上下秩序，这些长久不变，特殊场合才需要权变。上面说，天尊而高，地卑而低，乾坤的位置确定了。卑低、尊高一经确定，事物的显贵与低微各居其位。天的动和地的静有一定规律，阳刚阴柔的性质就分明了。（原文：天尊地卑，乾坤定矣。卑高以陈，贵贱位矣。动静有常，刚柔断矣。）

具体到文化上，“不易”表现为经，那是一个族群长久尊奉的经典。古往今来，地球上几乎所有族群都有自己的经典，有些长时期内以口头流传的形式存在。比如基督教世界的《圣经》和许多原始部族的神话。

中国文化中蕴含的宇宙大道也有“经”，即诗、书、礼、易、春秋五经，以及由五经衍生的诸子百家。可悲可叹的是，进入20世纪，由于复杂的历史原因，我们体制性抛弃了自己的经典。今天很少人能够静下心来，全面研究中国自己的社会人生、政治经济理论。

学人甚至对人类最完善、最纯粹的大道到了“见面不相识”的地步。无论左派还是右派，多不承认中国有自己的、合乎天道的政治学、经济学、伦理学……地球上只有西方的学术体系！即使承认诸子百家之一儒学的“政治正确”性，也将儒家理解为宗教，或宗教、道德、哲学的统一体，就是看不到中国文化已经超越了西方神话传说和神的信仰，建基于人本之上——与西方近乎相反，中国人强调的是：“道在帝先”“民为神主”“天生万物人为贵”。

中国文化是人类文明的超新星爆发，她太耀眼，以至今天只有极少数人意识到：中国文化中蕴含着全球化时代急需的宇宙大道。

基于人道之善、天下为公的宇宙大道不是玄学，而是普通中国人常常“日用而不知”的生活方式、社会主义中国在某种程度上实践着的政治经济体系。让中国人在文化上早日觉醒吧——让全世界都沐浴宇宙大道的真理光芒！

“天地之大德曰生”，(《易经·系辞下》) 宇宙生生不息——只有合于这种大道，人类才能生生不息。没有人能阻止大道的彰显，特别在这样一个生态和社会危机频发的全球化时代。

全球化时代中华大道智慧必将流行！

五、道术为天下裂——两千年酿制的文化苦酒

每读《庄子·天下篇》，笔者都有一种沉重的感觉。与《庄子》一书汪洋恣肆、逍遥死生的风格大相径庭，此篇论大道分裂，透露出一种难以名状的悲愤。

2300年前，《庄子·天下篇》的作者，处于战国大争之世的庄子或其后学已经看到，诸子百家可能会撕裂内圣外王一以贯之，站在人类文明峰巅的中华大道。于是，作者发出了那足以响彻宇宙的呐喊：道术将为天下裂！

我曾一遍又一遍地诵读下面的段落——不为是咀嚼两千年酿制的文化学术苦酒，而是回想道术未为天下裂时，中华文明可能达到的辉煌程度：

> "天下大乱，贤圣不明，道德不一。天下多得一察焉以自好。譬如耳目鼻口，皆有所明，不能相通。犹百家众技也，皆有所长，时有所用。虽然，不该（通'赅'，音gāi，完备——笔者注）不遍，一曲之士也。判天地之美，析万物之理。察古人之全，寡能备于天地之美，称神明之容。是故内圣外王之道，暗而不明，郁而不发，天下之人各为其所欲焉以自为方。悲夫！百家

往而不反（通‘返’——笔者注），必不合矣！后世之学者，不幸不见天地之纯，古人之大体，道术将为天下裂！”

作者感叹：当今天下大乱，贤圣都韬光晦迹，道德不能统一。学者们又多是各得一偏而自以为是。就像耳目鼻口各有知觉，而不能相通。就像百家众技一样，都有所长，有时也能用。虽然如此，但都不完备、普遍，皆是偏执于一端的人。他们分割天地的完美，离析万物的常理。观察古代内圣外王的全德之人，也很少如天地般完美，通于阴阳大化，入神明之域，何况那些执着于一端的人呢？所以内圣外王的大道，幽暗不明，抑郁不发，天下人各以自己想法为学术。可悲啊！诸子百家全都迷途而不知返，不能合于大道！后世的学者，其大不幸在于，不能看到天地的本来，不能看到古圣先贤的无为大道——道术将要为天下人所割裂！

“道术将为天下裂”早已成为现实。代表教化的儒家内圣之学自汉以后基本失传，宋以后儒家看不到诸子中包含的道与术，视诸子为异端，欲除之而后快——不能合和诸子，回归大道岂不成空谈！

《庄子·天下篇》的作者更不会想到：2300年后，遍布中国的西式学校只“授业”，不复“传道”，学人只讲术而不讲道，还将源自西方的高度碎片化学术称为“现代学术”和“现代文化”——大道分崩离析，近乎磨灭！

于是，在科学昌明的时代几乎所有中国学人和中国人都迷信：

道德直接源于法律教化，而不是三省吾身，心地的修持。

智慧直接源于知识积累，而不是德成智出，道德的成就。

幸福直接源于欲望实现，而不是身心安乐，智慧的结果。

智慧、美德、安乐“三位一体”的宇宙大道已经没有人知道了——这是怎样的现代性愚昧啊！

我也曾看到走入丛林和没有走入丛林，出家或在家，自称修道的人。他们与社会上多数人十分不同，甚至行为怪异。即使不大谈灵魂、神通，大体也都是：

只知有道，不知体用不二，亦要有术；

只知圣人，不知圣人独治，也需圣法；

只知正心，不知依法治国，还要正政。

他们宣称：同类相感，自己心地的修为，足以感天动地，再造宇宙。《管子·宙合第十一》上说“圣人博闻多见，畜道以待物”，但在这些先生们看来，道在内而不在外——内外、主客、人我、俗圣被折为两段，何其悲也，又何来大道！

道术为天下裂久矣！人类还将在黑暗中摸索更长的时间。最近发生在笔者身边的几件事加强了我这种认识。

1. 内圣外王之学存在于诸子百家之中

一位好学深思的美国友人，从中国大陆游学归，刚刚回到美国家中就写信给我，激昂之情溢于言表：

“玉忠兄：刚回到美国密西根家中，此次中国之行，与您和其他几位学人相识交往，甚是幸运。也带了很多新的思考和问题，有待探索。一个最突出的问题是：中学学理中，‘内时空修行’的内涵占据了重要的地位，这是与西学学理的一个十分突出的差异……虽然西方社会也有宗教信仰和灵性修习，但是似乎与中学的心性学理是不同的。不知道玉忠兄是否认为，这个问题的梳理会是一个重大学术挑战。一般现代学理研究的学者，由于内修心性的不可印证，而将其排斥在学理之外。虽然，佛学朋友告知，目前他们也是对普通弟子传播‘可印证层面’的心性修习，这样可以引导他们进入心性修习的路径。这里请教玉忠兄，如何看此问题。”

这位朋友显然是疑惑如何从学理层面看待内圣修行，因为只有解决了这个问题，内圣之学才有了同西学宗教、学理一样的“政治正确性”。

道不可眼见、身触，却可心感，修行者冷暖自知，怎来得“不可印证”。难道酸不能眼见，就不是客观存在的吗？

美国朋友实际上是谦虚，不耻下问，因为他大概已经有了自己的答案，据他介绍：“四川大学的陈兵教授，已经开始将学术学理的研究和自身的内在修习结合起来”，“鞠曦先生在办书院时，将‘书院’作为第一层的学习（同时分为中哲院、西哲院），而将‘道院’作为更高一级的学习”。

看完他的答案，我反倒担心起来。

与西方世俗与精神的两分，“凯撒的物归凯撒，上帝的物归上帝”不同，中国文化中，内在心性修持与外在学术学理整合比西方复杂得多。其修法是从人道起修，不离人道，儒家和道家（不是道教）的修法都是这样。陈兵教授研究佛学，怎能将灵性知识与外王的学理统一起来？鞠曦先生难道不知中国的“学”是“所以治己也“（尸佼《尸子·劝学》），“所以修性也”（扬雄《法言·学行》），怎么“书院”外还有了“道院”？

明明内圣外王之学存在于诸子百家之中，只要如黄老学一样集成百家就行了，怎么又要搞什么“大创新”？

我没有深入研究过陈兵教授和鞠曦先生的学问，只是感觉他们的做法有些奇怪，才杞人忧天地“替别人担忧”。但愿我的看法是错误的，并希望有机缘深入交流。

“天下之人各为其所欲焉以自为方”——现代有的学人傲慢，不原道、不征圣、不宗经、师心自用，这令人担忧。

2.诸子百家是相须为用的统一整体

河北一位书法家朋友多年来坚持弘扬儒学，百折不挠，要建立自己的道场，其精神令人赞叹。

他搞了个微信群，国内许多知名新儒家都在里面。我看到其中大体只是西方哲学化的儒学知识，少数谈不合时宜的古礼，所以就想多讨论些内外兼修、经世致用的东西。孔子之学本来就兼容百家，亦不要只谈儒家教化。

一次，这位深研佛理的朋友发起了话头，要大家参究：“宗教儒学、政治儒学、哲学儒学、伦理儒学、生活儒学等，皆是儒学的应有之意，是一不是五！是一不是多！会吗？诸同道！”

我感觉他说得很好，但想到中国政统在道家、法家，就答：“对！但一有儒学框架就坏了，言心正就不知政正，（而有人谈正心）常常比王林大师都玄。”

没想到这位朋友私下对我说：“翟兄于法家深有研究，佩服佩服！不过是否还请仁兄在‘儒学学者群’多说儒家，少说法家或不说法家为好！”

我当时大为惊讶，中国文化是统一的整体，各家相须为用，言儒家怎能不言法家？于是答复他说："中国文化大道一贯，孔子亦言阴阳家、言道家、言法家，现代学人怎不谈了——不过还是听君意见，只谈儒！"

他大笑，拱手表示感谢。

我却有种说不出的滋味。

道术为天下裂！他坚守儒家，无可指摘。但相对于道统，他们越固守一家，离大道就越远……

"百家往而不反，必不合矣"——真是这样啊，祝福他们吧！

3.道术未为天下裂的新时代终将来临

内圣外王必同修，方得真智慧成就。

最近整理诸子百家中的心法，发现墨家亦重心法，它大体汲取了道家、儒家，中华政、教两方面的心法，极为高明。墨家甚至如佛家一样，讲身、口、意"三密加持"。《墨子·修身第二》中说："君子之道也：贫则见廉，富则见义，生则见爱，死则见哀。四行者不可虚假，反之身者也。藏于心者，无以竭爱；动于身者，无以竭恭；出于口者，无以竭驯。畅之四支，接之肌肤，华发隳颠，而犹弗舍者，其唯圣人乎！"

君子之道：贫穷时表现出廉洁，富足时表现出恩义，对生者表示出慈爱，对死者表示出哀痛。这四种品行不是可以装出来的，而是身心自然发出的。凡是内心所想的，是无穷的慈爱；凡是身体行为的，是无比的谦恭；凡是嘴上言说的，是无比的雅驯。上述行为贯穿全部身心，直到白发秃顶时仍不舍弃，大概只有圣人能这样吧！

在研读赵清文先生《墨家修身观初探》一文时，[1]笔者发现胡适、

① 赵清文：《墨家修身观初探》，包头《职大学报》，2009年第1期。

梁启超这样的大家竟然因为《修身》等篇与儒家思想近似，就认为是后人伪托——20世纪的中国学人对内圣之学已经到了十分无知的程度，根本不理解这类文章才是其思想核心。

今天，随着西式大学的建立，碎片化的西方学术垄断了中国人的头脑，内圣外王的大道分崩离析，连国学也普遍被专业化、史学化、哲学化了。这增加了我们复兴中国文化的困难，无论在学界还是在社会生活中都是这样。

笔者并不悲观。物极必反，过去五百年来，随着资本主义生产生活方式给人类带来的生存困境以及世界范围内德性的普遍沦丧，超越神本宗教、直言自然大道的中国文化必将在未来扮演重要角色。

前面提到的那位美国朋友甚至正在现实层面推动：如何让美国的新式商学院教育与中学的“穷理尽性”进行有机结合——大道是天下人的道，她不仅将造福中国人民，亦将造福美国人民，造福天下所有人！

多少沉沉的暗夜，在无限孤寂中，我的耳边总响起《庄子·天下篇》作者那发自心底的呐喊：“道术将为天下裂！”

在大道分崩的21世纪，我却总能依稀看到汉以前，以《五经》为教化，百家皆言内圣外王、道术一统的辉煌时代——她的万丈光芒映照着广漠无边的黑暗宇宙！

“道之大原出于天，天不变，道亦不变。”（《汉书·董仲舒传》）万物皆有生灭，唯有宇宙道统或隐或显，生生不息。

道统不会消亡——以道治身、理国，道术未为天下裂的新时代终将来临！

六、人类文化·中国文化·儒家

当前中国文化研究中的致命问题是：学人多以中国文化为研究材料，生硬地将之塞入西方学术概念、理论框架。这类研究对于我们了解中国历史的某些方面或许有益，却与修齐治平大道无关——表面上，专家们满嘴都在宣讲中国文化，有时慷慨至听者动容，实际却未言什么中国文化！

真应了禅宗那句话："终日吃饭没咬着一粒米，终日穿衣没挂着一丝纱。"

看来这些先生们都大彻大悟了，说不定明天就会与鸡犬共升天堂，如高僧坐脱立亡。

专家们多在西式大学里工作，总要符合（西方）学术范式吧！在此意义上我们还要理解人家，多一些宽容。

但宽容也当有限度。对于从学术角度看很不严谨，甚至不负责任的论断，我们必须指出来，无论这些话自何方大老，听起来如何理直气壮。

中国文化研究中以下几个方面首先要弄清楚——

1. 中西学术有着本质上的不同

首先，学习、学术的目的是什么？

在西方以理性（一般定义为符合逻辑的推理）为基础的知识体系内，学习是为获得知识（技能），这没有什么错误。西方走出中世纪神学的禁锢后，理性和怀疑精神觉醒，西方现代知识体系在理性阳光的照耀下，喷薄而出。所以弗朗西斯·培根（Francis Bacon，1561~1626年）宣布：以知识替代信仰！

在中国，理性精神在三千年前，甚至更早已经主导中国精英的生活。所以在中国文化中，理性知识并不像西方一样是学习的目的，它只是学习的一个起点，学习的根本目的是成圣成贤，得大智慧！

孔子将自己的修习之路一言以蔽之：下学而上达。他曾慨叹没有知音，说："不怨天，不尤人，下学而上达。知我者其天乎！"（《论语·宪问》）南朝皇侃疏云："下学，学人事。上达，达天命。我既学人事，人事有否有泰，故不尤人。上达天命，天命有穷有通，故我不怨天也。"①

荀子对于学习的目的讲得更为清楚。他指出学习要从做一个普通读书人开始，终极目的是成为圣贤。这需要长期不懈的努力，死而后已！他说："学恶乎始？恶乎终？……其义则始乎为士，终乎为圣人。真积力久则入，学至乎没而后止也。"（《荀子·劝学第一》）

千载之后，南宋大儒朱熹再次重复了荀子的学习观。他说："则所谓学者，果何学也？盖始乎为士者，所以学而至乎圣人之事。伊川先生所谓'儒者之学'是也。盖伊川先生之言曰：今之学者有三，辞

① 程树德：《论语集释》（三）. 中华书局. 1990年第1版，第1020页。

章之学也，训诂之学也，儒者之学也。欲通道，则舍儒者之学不可。尹侍讲所谓‘学者，所以学为人’也。学而至于圣人，亦不过尽为人之道而已。”①

在《劝学》篇的末尾，荀子指出成圣成贤（成人）、完善德行的步骤及其境界，值得学人认真研读。他说：“君子知夫不全不粹之不足以为美也，故诵数以贯之，思索以通之，为其人以处之，除其害者以持养之。使目非是无欲见也，使耳非是无欲闻也，使口非是无欲言也，使心非是无欲虑也。及至其致好之也，目好之五色，耳好之五声，口好之五味，心利之有天下。是故权利不能倾也，群众不能移也，天下不能荡也。生乎由是，死乎由是，夫是之谓德操。德操然后能定，能定然后能应。能定能应，夫是之谓成人。天见其明，地见其光，君子贵其全也。”

荀子告诉我们：君子知道仁义德行不彻底不纯粹是不能够称为完美的，所以诵读群书以求融会贯通，思考探索以求领会通晓，效法良师益友来实践它，去掉自己坏习气来持养它。使眼睛不合礼义的东西就不想看，使耳朵不合礼义的东西就不想听，使嘴巴不合礼义的东西就不想说，使脑子不合礼义的东西就不想思虑。等到极爱好礼义之时，就好像眼睛喜爱青、黄、赤、白、黑五种颜色，耳朵喜欢宫、商、角、徵、羽五种音调，嘴巴喜欢甜、咸、酸、苦、辣五种味道，一心考虑如何有利天下。因此权势利禄不能够使他倾倒，人多势众不能够使他变心，整个天下不能够使他动摇。活着是这样，到死也这样，这就叫做道德操守。有了这样的道德操守，然后才能有定力；能够有定力，然后才能因应万变。能够既有定力，又能够因应万变，就叫“成人”。天显现出它的明亮，地显现出它的广阔，君子可贵之处

① 程树德:《论语集释》(三).中华书局.1990年第1版，第3页。

则在于德行的完美。

“诵数以贯之，思索以通之，为其人以处之，除其害者以持养之”，与佛学中的闻、思、修三大次第相似。而西方文化，至晚从柏拉图（约公元前427年~公元前347年）开始，对现象世界的贬低，对完美“理念”的追求，最终导致其世俗知识大体只到了“闻”和“思”的层次。“修”后来存在于基督教修道实践之中。

这里的修，是修得超越理性的大智慧。中国先贤认为，各种理性知识本身就会产生认知上的偏见，即所谓的“蔽”，“解蔽”，消除认知偏见的唯一方法就是修心得道，成就圣人境界。

《荀子·解蔽篇》对此层层论述，终归于清静心的养成。文中说：

> “欲为蔽，恶为蔽；始为蔽，终为蔽；远为蔽，近为蔽；博为蔽，浅为蔽；古为蔽，今为蔽。凡万物异，则莫不相为蔽，此心术之公患也。”
>
> “圣人知心术之患，见蔽塞之祸，故无欲、无恶，无始、无终，无近、无远，无博、无浅，无古、无今，兼陈万物而中县（通悬）衡焉。”
>
> “何谓衡？曰：道。故心不可以不知道。”
>
> “人何以知道？曰：心；心何以知？曰：虚壹而静。”

理性是不完备的——从名学角度看西方逻辑本身就是不完备的。不仅中国文化，印度文化中也有清楚地表述。古印度著名经典《薄伽梵歌》中说：“感官游荡不定，思想围着它们转，就会剥夺智慧，犹如大风吹走船。”[①] 巴坦加里《瑜珈经》中明确地指出：“这个特殊的真理，与

① 《薄伽梵歌》. 黄宝生译. 商务印书馆. 2010年第1版，第30页。

聆听、研读经文或推论认知所获得的知识，是完全不一样的。”[①]

对于东西方学术的本质不同，我们图示如下：

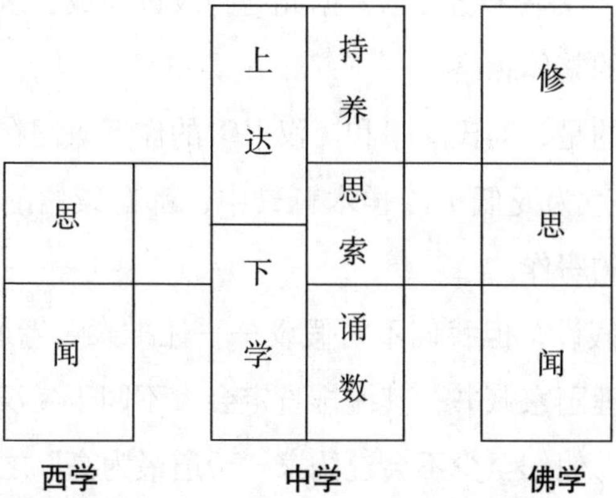

过去一百多年来，中国学人不知圣贤之学的本来面目，将当代西方学术中的理性知识体系等同于中国学术中的身心智慧之学，令人痛心——此乃文化思想上的买椟而还珠，何其愚蠢！

中国身心智慧之学超越西方理性知识体系，是人类文明的“牟尼宝珠”，古今多少圣贤为法忘躯，舍身求法——现代学人对其却充耳不闻、弃如敝履。儒学也成了纯粹的（西式）学术、哲学，甚至是宗教——至于儒学心法本身，近乎成为绝响。[②]

悲夫！

2. 儒家在中国文化中的位置

许多学者常常不自觉地将中国文化等同于儒家。我们考察儒家在中国文化中的位置——必须首先弄清楚中国文化的全体及其源流。

---

① 沙吉难陀：《巴坦加里的瑜珈经》.陈景圆译.安徽出版集团、黄山书社.2007年第1版，第98页。

② 翟玉忠：《性命之学：儒门心法新四书阐微》.中央编译出版社.2014年第1版。

历史上对中国知识体系及其载体书籍的大规模整理，是西汉末年刘向、刘歆父子领导的国家校书。刘歆辑成政府新校本图书总目录《七略》，现存《汉书·艺文志》据此增删改撰而成，从中我们基本能看到中国文化的整体脉络。

需要指出的是，刘氏父子和《汉书》的作者班固在汉朝“儒道互绌”（音chù，意为贬低）的学术背景中，都有崇儒的倾向，这可能会影响到他们的写作。

历史不容假设，但我们不妨假设——让推崇黄老道家的司马谈、司马迁父子整理国家藏书，其编排肯定会大不同于《汉书·艺文志》，在评价儒家时，他们至少不会说儒家“于道最为高”之类的话吧。

不管怎样，就目前我们能掌握的材料，《汉书·艺文志》仍然是最权威的，儒家在其中的地位昭然可见——儒家是源于西周王官学的诸子百家之一家，其根本不同于六艺之学（六艺不只是儒家经典，亦为百家之经典），也不同于孔子之学，尽管儒家“游文于六经之中”，且“宗师仲尼，以重其言”。

《汉书·艺文志》按社会功用，依书而非依人（诸子），将中国典籍分为六大类：六艺、诸子、诗赋、兵书、术数、方技。其中西周王官学六艺类的地位最高，它们分别属易、书、诗、礼、乐、春秋。易与春秋由于孔子的编辑、阐发，才得以列入六艺。西周时，易类书籍并没有特别显著的学术地位，但《汉书·艺文志》却将言天道的易列为六艺之首，且评述百家时多引用孔子及《易经》之言。

除了易、书、诗、礼、乐、春秋六类，荣列六艺的还有三类书——论语、孝经、小学。前两者皆为孔子之学，后者则为学童所学文字类书籍。

清末王先谦（1842~1917年）在其《汉书补注》中解释说：“序六艺兼及《论语》以下诸书者，别《论语》于儒家，尊孔子也。侪

《孝经》于六艺，尊其书也。”此论有失偏颇，他似乎没有看到孔子之学上承六艺，下启诸子，包含百家，博大精深的特点。

1933年，章太炎先生（1869~1936年）在《儒家之利病》的演讲中就注意道：“孔子之门甚广大，非皆儒也，故云：‘夫子之门，何其杂也？’子贡纵横家，子路任侠之士而又兼兵家。然儒家之有权谋者，亦仍本乎道家。”①

唐君毅先生（1909~1978年）明确指出：孔子之学不能等同于儒家，是超越诸子的。他说：“大家要知道，在汉儒乃以孔子位居九流之上，儒家以孔子为宗师，但孔子上承六艺之学，下开诸子之学，其地位在一般之儒家之上。大家可以看看班固之《汉书·艺文志·诸子略》，对九流之学，皆引孔子或五经之言为证；便知当时人乃以孔子之道，兼通诸子之学。故当时人之尊崇孔子，乃尊崇孔子之上承六艺，下开诸子之承先启后的地位。”②

唐先生在1974年初所著专论《孔子在中国历史文化的地位之形成》中，对孔子上承六艺，下开诸子的学术地位，有更为详细的论证。他引《史记·儒林列传》，证明孔子再传弟子，已经散为百家，比如田子方为道家、禽滑厘为墨家、吴起为兵家，三人皆是孔子著名弟子子夏的学生。司马迁写道：“自孔子卒后，七十子之徒，散游诸侯，大者为卿相师傅，小者友教士大夫，或隐而不见。故子路居卫，子张居陈，澹台子羽居楚，子夏居西河，子贡终于齐。如田子方、段干木、吴起、禽滑厘之属，皆受业于子夏之伦，为王者师”。

① 章太炎：《章太炎讲国学》.吉林人民出版社.2008年第1版，第67页。

② 引自1974年12月24日唐君毅先生在孔圣堂中小学、孔圣会小学毕业典礼的讲词《孔子在中国历史文化中之地位如何形成》。《中华人文与当今世界补编》上.广西师范大学出版社.2005年第1版，第318~322页。

唐先生进一步指出："此亦可证前文所说道、墨、法之流，皆后孔子而次第兴起。故孔子不特为孟子、荀子所推尊，即墨子非儒，亦说孔子之言，自有其'当而不可易'者（《墨子·公孟篇》）。墨子只非儒家之礼乐，故责孔子之'盛容修饰''弦歌鼓舞'。但墨子称诗书，尚仁义，明承孔子之教而来。故《淮南子要略》谓墨子乃初'学儒者之业，受孔子之术'。而在道家之徒，如庄子之游心于天地之道，万物之初，自不以孔子所言之仁义礼乐自足。然他对孔子之人格德行之境界，则亦多推崇。如就《庄子》内篇而言，则如《人间世》《德充符》《大宗师》诸篇，对孔子与其弟子颜渊等之人格、德行之境界，皆倍加称道。庄子之学与颜回之学，明有相契应之处。唯在《庄子》外篇如《盗跖》《渔父》等，乃多贬抑孔子之语。然此诸篇，昔人皆已谓其非庄子所著。而外篇中如《秋水》《寓言》《达生》《田子方》等数篇，亦皆有尊崇孔子之语。至于在后之法家，如韩非，则其论政尚刑罚，固更显然异于儒者为政之重德化者。但韩非子于其《外储说》中，亦数次说到孔子亦不去刑之事。此固意在借孔子以自重。但亦同时证明在韩非子心目中，对孔子尚存敬意。《韩非子·五蠹篇》，谓'仲尼，天下圣人也，……鲁哀公，下主也，……而仲尼反为臣'。其意原是在证明仲尼之仁义，不敌鲁哀公之势，而成其贵权势之论。但其贬哀公为下主，称仲尼为圣人，亦正见其深心，未尝不尊崇孔子。要之，孔子后之道、法、墨诸家，以及其余先秦诸子之思想，自与孔子有所异。然对孔子之言行，则皆各有所称述。"①

孔子之学涵盖百家，百家推重孔子。只有理解这一点，才会清楚何以将孔子之学列于诸子之前，六艺之后。

---

① 唐君毅：《孔子在中国历史文化的地位之形成》，收入《中华人文与当今世界补编》上.广西师范大学出版社.2005年第1版，第289~290页。

马白非（不等于）马，被推重的孔子之学非孔学——儒家非孔学。

为了让读者能够形象地认识儒家在中国知识体系中的位置，我们依《汉书·艺文志》，列下表：

六略	种类	略说
六艺略	易	六艺之文：乐以和神，仁之表也；诗以正言，义之用也；礼以明体，明者著见，故无训也；书以广听，知之术也；春秋以断事，信之符也。五者，盖五常之道，相须而备，而易为之原。故曰：“易不可见，则乾坤或几乎息矣”，言与天地为终始也。至于五学，世有变改，犹五行之更用事焉。
	书	
	诗	
	礼	
	乐	
	春秋	
	论语	
	孝经	
	小学	
诸子略	儒家	诸子十家，其可观者九家而已。皆起于王道既微，诸侯力政，时君世主，好恶殊方，是以九家之说蜂出并作，各引一端，崇其所善，以此驰说，取合诸侯。其言虽殊，辟犹水火，相灭亦相生也。仁之与义，敬之与和，相反而皆相成也。易曰：“天下同归而殊途，一致而百虑。”
	道家	
	阴阳家	
	法家	
	名家	
	墨家	
	纵横家	
	杂家	
	农家	
	小说家	

（续表）

六略	种类	略说
诗赋略	屈原赋之属	传曰："不歌而诵谓之赋，登高能赋可以为大夫。"言感物造端，材知深美，可与图事，故可以为列大夫也。
	陆贾赋之属	
	荀卿赋之属	
	杂赋	
	歌诗	
兵书略	兵权谋	兵家者，盖出古司马之职，王官之武备也。洪范八政，八曰师。孔子曰为国者"足食足兵"，"以不教民战，是谓弃之"，明兵之重也。
	兵形势	
	兵阴阳	
	兵技巧	
数术略	天文	数术者，明堂羲和史卜之职也。史官之废久矣，其书既不能具，虽有其书而无其人。易曰："苟非其人，道不虚行。"
	历谱	
	五行	
	蓍龟	
	杂占	
	形法	
方技略	医经	方技者，皆生生之具，王官之一守也。太古有岐伯、俞拊，中世有扁鹊、秦和，盖论病以及国，原诊以知政。
	经方	
	房中	
	神仙	

注：以上"略说"部分均引自《汉书·艺文志》。

战国以来，儒家即为显学。无论世人多么推重它，儒学都不过是诸子之一，远远不能代表中国文化全体。

为何这样说？

因为诸子百家所代表的中国文化与现代西方文化不同，不是直接发端于私学（如古希腊诸先哲），而是流源于中央政府内的不同职守，诸子百家作为一个有机整体而存在。所以九流之一的儒家同其他诸家，必然是相辅相成、相须为用的。

3. 诸子百家的取与舍

《汉书·艺文志》认为，诸子百家相对于西周王官学六艺，即诗、书、礼、乐、易、春秋六经，如水之下流，衣之末裔（裔，衣服的边缘）。诸子百家源于六经，是六经的分化、细化和发展，由于六艺之学去古太远，真义难求。所以百家之说正好可补其不足，若能正确取舍，必得其大用。

《汉书·艺文志》总述诸子十家："诸子十家，其可观者九家而已。皆起于王道既微，诸侯力政，时君世主，好恶殊方，是以九家之术蜂出并作，各引一端，崇其所善，以此驰说，取合诸侯。其言虽殊，譬犹水火，相灭亦相生也。仁之与义，敬之与和，相反而皆相成也。《易》曰：'天下同归而殊途，一致而百虑。'今异家者各推所长，穷智究虑，以明其旨，虽有蔽短，合其要归，亦《六经》之支与流裔。使其人遭明王圣主，得其所折中，皆股肱之材已。仲尼有言：'礼失而求诸野。'方今去圣久远，道术缺废，无所更索，彼九家者，不犹愈于野乎？若能修六艺之术，而观此九家之言，舍短取长，则可以通万方之略矣。"

这里明确告诉我们，对于诸子九家（"诸子十家"中去除小说家），关键在于如何取舍，如何"舍短取长"。这里"长"，指诸子百家的中正思想，"短"则指的是诸子百家的极端派别。《汉书·艺文志》每一类的后论中表达得十分清楚，我们列表如下：

诸子	所长	所短
儒家	儒家者流，盖出于司徒之官，助人君顺阴阳明教化者也。游文于六经之中，留意于仁义之际，祖述尧舜，宪章文武，宗师仲尼，以重其言，于道最为高。孔子曰："如有所誉，其有所试。"唐虞之隆，殷周之盛，仲尼之业，已试之效者也。	然惑者既失精微，而辟者又随时抑扬，违离道本，苟以哗众取宠。后进循之，是以五经乖析，儒学寖衰，此辟儒之患。
道家	道家者流，盖出于史官，历记成败存亡祸福古今之道，然后知秉要执本，清虚以自守，卑弱以自持，此君人南面之术也。合于尧之克攘，易之嗛嗛，一谦而四益，此其所长也。	及放者为之，则欲绝去礼学，兼弃仁义，曰独任清虚可以为治。
阴阳家	阴阳家者流，盖出于羲和之官，敬顺昊天，历象日月星辰，敬授民时，此其所长也。	及拘者为之，则牵于禁忌，泥于小数，舍人事而任鬼神。
法家	法家者流，盖出于理官，信赏必罚，以辅礼制。易曰："先王以明罚饬法"，此其所长也。	及刻者为之，则无教化，去仁爱，专任刑法而欲以致治，至于残害至亲，伤恩薄厚。
名家	名家者流，盖出于礼官。古者名位不同，礼亦异数。孔子曰："必也正名乎！名不正则言不顺，言不顺则事不成。"此其所长也。	及警者为之，则苟钩鈲析乱而已。
墨家	墨家者流，盖出于清庙之守。茅屋采椽，是以贵俭；养三老五更，是以兼爱；选士大射，是以上贤；宗祀严父，是以右鬼；顺四时而行，是以非命；以孝视天下，是以上同：此其所长也。	及蔽者为之，见俭之利，因以非礼，推兼爱之意，而不知别亲疏。
纵横家	纵横家者流，盖出于行人之官。孔子曰："诵诗三百，使于四方，不能专对，虽多亦奚以为？"又曰："使乎，使乎！"言其当权事制宜，受命而不受辞，此其所长也。	及邪人为之，则上诈谖而弃其信。

（续表）

诸子	所长	所短
杂家	杂家者流，盖出于议官。兼儒、墨，合名、法，知国体之有此，见王治之无不贯，此其所长也。	及荡者为之，则漫羡而无所归心。
农家	农家者流，盖出于农稷之官，播百谷，劝耕桑，以足衣食，故八政一曰食，二曰货。孔子曰："所重民食。"此其所长也。	及鄙者为之，以为无所事圣王，欲使君臣并耕，誖上下之序。

当前最大的问题是，学人在研究中国文化时无视诸家之所长、所短。研究政治经济，亦以为是儒家之所长——明明"君人南面之术"是道家所长，中国古典经济理论的基础轻重之术存于黄老道家经典《管子》之中，怎能脱离道家谈中国古典政治经济理论！胡搞什么儒家经济学、政治儒学、儒家宪政……

孟子云："苟为无本，七八月之间雨集，沟浍皆盈。其涸也，可立而待也。"（《孟子·离娄下》）

吾信之！

中国文化犹如一个有机体，各个部分不能机械地拆分代替。用儒家代替诸子百家，乃至六艺之学、孔子之学，太过荒唐！如果我们理解了儒家在中国文化，乃至世界文化中的位置，我们将会少走很多弯路。至少，那些师心自用、向壁虚造、混淆视听的理论不会再大行其道、横行霸道、胡说八道了！

——这也是笔者作此文的初衷。

七、宇宙中的文明之花——中国文化

中国文化博大精深，博大精深得超越许多人的想象。不谈中国文化主体内圣外王之道——我在北京的中国书店曾看到，玩蛐蛐的书都出了很厚的一大本。

中国文化那么博大精深，我们如何在一个小时左右的时间里去概述它呢？我觉得可以用一个很好的形象比喻中国文化：她就像广袤宇宙中的一朵文明之花。一如经历了北方漫长的冬季，我们初春时节在街角撞见的怒开的迎春花！

为何这样说？接下来，我就把自己学习中国文化的心得跟大家汇报一下。

1.人类的渺小与伟大

人类在宇宙中的位置比一般人认为的要微小得多。比如说我们估算的宇宙的直径约920亿光年。可是大家知道吗？就在100年前，我们并不知道宇宙有这么大。

相对于广袤的宇宙，银河系只是它的百万分之一；而银河系中，像太阳系这样的恒星有两千多亿颗，比较起来地球就更小了。换言之，即使整个太阳系在银河系中也如沙粒一般。

可是在中国文化中，为什么把人列为天地人的三才之一呢？人和天地并列在一起，凭什么？这是个严重的问题！

人类从空间上看很渺小，从时间上看我们人类就更渺小了。

如果我们把地球46亿年的历史压缩成5年的话，你会发现人类的出现只是在53分钟前，还不到一个小时！农业社会只存在了5分钟的时间。而你的政治观念，生活观念，你对朋友的态度，这些观念都来自于这5分钟。有人会说我们是现代人，身处信息时代，但你可能不知道信息时代对人类基础的改变微不足道。比方说信仰，人类的诸多信仰都是在农业时代发生的，还包括我们衣食住行的所有东西都源自于农业时代几千年的创造——就是在农业社会的这5分钟里面，奠定了文明的初基。

也是在约一万年前开始的农业社会，中国这个地方产生了一种文明体系。我们的先贤开始了对天人、外在客观规律与内在人生规律的探索，对大道的孜孜以求。

过去一万年来，人类各个主要文明既是相对独立，又是相互联系的。“全球化”时代不是开始于20世纪——这完全是西方中心论的幻觉。

举个例子，大家可能想象不到元朝的时候，世界经济自由化程度要比现在高。当时在欧亚大陆的广大区域内，任何人任何地方，都能以3%的营业税随便做生意，不会有像今天这么多的贸易壁垒；有人认为现在上海那么多外国人，国际化程度多高啊！如果你在泉州考察，就会发现，在宋元的时候，泉州有大量的阿拉伯人——为什么这些外国人不来自于欧洲呢？因为欧洲那时没有什么东西能出口，根本就没有深度融入这个世界体系。

在农业时代，人类已经分出了东西方，它大体是以帕米尔高原为分界的。

在当时的四大古文明中，中国的地理环境十分特殊，她为戈壁和群山所阻隔，这使它产生了独特的大道文化——绵延不绝的道统！

2. 大道并不神秘

大道不是什么神秘的东西。先贤认为人类的理性（逻辑）不完备，可以通过自身后天的努力改善这种不完备性，使自己更为智慧、更为安乐、更为高尚。怎么办？就是通过一种我们叫圣贤之道的修养方法提升自己。

现代西方文明是建立在理性观念的基础之上。两千多年前，古希腊出现了一种哲学，这种哲学影响着我们每一个人——它相信人类理性是符合逻辑的思辨，会解决一切问题，包括商业问题、道德问题等。这种观念从柏拉图就开始了，他有一个很著名的观念，认为人类情绪是不可靠的，理性就像一个车夫一样驾驭着人类感情的野马，这样人类才会很好地向前走。

这种观念一直持续到今天。直到前些年，随着神经科学的发展，人类能够观测到大脑皮层的反应，才知道人并不单纯靠理性来决策，情绪与理性同样重要。

现代神经科学家发现，如果大脑受到了损伤，情感部分被破坏了，只剩下理性脑起作用，人几乎不能思考和行动。这样的人买一支笔，要用几个小时决策，要不断思考我要不要买这支笔，买什么样的才好？

人的决策是理性脑与情绪脑相互作用的结果。只有情绪也是不行的。临床显示：大脑产生病变以后，人如果失去了理性思维，即使一个很好的人也会变得疯狂堕落。

中国先贤早就知道理性本身是不完备的，他们把理性的不足叫做“蔽”或“囿”，就是说人很容易为既有知识、理性思维所蒙蔽。

孔子的弟子中，流传着不同的内圣之道——心法。有一个叫做“思孟学派”，还有一派是荀子那一派，后者一个重要概念就是消除理性的蒙蔽，叫“解蔽”,《荀子》一书中有“解蔽篇”。

除了中国文明之外，从印度河到尼罗河存在一个宗教文化区，包括了古埃及、古巴比伦、古印度三大古文明，它们之间没有大山戈壁的阻隔，至少四千五百年前就实现了广泛的交流。这种宗教文化与大道文化完全不同，当然也不是截然两分，只不过他们的大道文化呈现为隐性状态，也没有中国这样精深博大，内圣外王一以贯之的知识体系。

宗教文化两三千年前走向了一神教，西方理性主义是在17、18世纪启蒙运动后才大兴的。一神教也有大道修行，比方犹太教的卡巴拉、基督教世界的修道。

一神教修行大体都讲与上帝合一，形式千差万别。印度教瑜伽的本质也是修心，通过修心，实现“梵我合一”。

瑜伽很好，特别是行瑜伽，主张在生活中修行，有点类似于儒家心法——重人道。印度文化既不同于中国，也不同于西方的一神教，起源于印度的佛教重视大道的修持——后来佛教在印度衰落了，反倒在中国兴盛至今，这不能不说与中国的大道文化相应有关。

现在想来，将佛教传入中国的人真是伟大。因为去印度要穿过大山戈壁。当时穿越戈壁的死亡率高得惊人，在90%以上。为什么玄奘法师厉害，他是用自己的生命求法。

中国的文化本质上是大道文化，她直接提升人类的生命品质和决策品质。

唐代大医孙思邈说过，一个真正的好中医，必须修成虚静的心，来对应外界条件无限的变化。其实商道也是一样，范蠡是商圣，古书记载说他是修道的人。

修习大道，提升生命品质，不是物质的享乐主义，而是心灵的轻安境界。极端的享乐是一种灾难。科学家用电极刺激老鼠的大脑，让它长期处在兴奋中，结果是：老鼠不吃不喝，动都不想动，直到渴死。

我知道北京有一个美食杂志女主编，她到处去吃，三十几岁就死掉了，说是得了胃癌。因为她老吃很香的东西，而香的东西需要去炸，要加入很多佐料，她老吃这种东西，就得胃癌了。所以说，物质的享乐千万不能走到极端去。

中国文化有道术统一的知识，几乎无所不包。比如说经济方面有轻重术，它有三个要点：一是市场不能自动实现均衡，必须由政府去调节；二是经济调控的目标是平衡而不是发展，这与中医有相通的地方，都强调“以平为期”；三是市场应该由资本与商品双向调节。不能单用资本调节市场。西方主要国家20世纪80年代以后不断用货币调节经济，增加流动性——长期看，这不一定是好事。

为何中国大道文化，中华道统目前不绝如缕呢？原因很多，一个重要的原因是现代西方理性文明的崛起。随着西方的扩张，“杨柳千条尽向西”，西方理性文明成为当代主流。

3. 超越西方理性的大道

近代西方不是不先进，在科技上它是先进的。但在精神文化上，中国的大道文化是超越西方现代理性文化的。西方整个学术架构是以客观研究为基础的，重闻和思，中国圣贤之学不是这样，除了闻、思，她更讲求——修！

修，就是通过反省自身、节制人欲，提升自己的智慧、美德和身心境界。中国文化认为人和动物的区别就在于人能反求诸己，修行。列子说过："人而无义，唯食而已，是鸡狗也。强食靡角，胜者为制，是禽兽也。"一个人不懂道义，只知吃喝而已，不过是鸡狗罢了！逞强争食，相互角斗，胜者为王，这不过是禽兽罢了。

环顾当今世界，到处都是国与国之间的斗争，身边得跟同事竞争，与商业伙伴竞争，大家知道吗，这种观念成为主流大概只有一百年左右的历史——它完全是现代西方文化病态的产物！西方传统文化也反对竞争。比如《旧约·箴言篇》屡屡言及竞争之害："设筵满屋，大家相争，不如有块干饼，大家相安。""喜爱争竞的，是喜爱过犯。高立家门的，乃自取败坏。"

理性本身靠形式逻辑推动，而逻辑本身就不完备。亚里士多德的形式逻辑有三大基本规律：同一律、矛盾律、排中律。

同一律的内容：同一个思维过程中，每一思想与其自身是同一的；即"A就是A"；这完全是抽离了时间一维的结果，因为任何事物总是变化的，今天的你不同于昨天的你，也不同于一秒钟之前的你，而同一律的前提条件却没有人告诉我们。

矛盾律的内容：同一思维过程中，两个互相否定的思想不能同真，必有一假；即"非（既A又非A）"；从整体上看，阴阳常常是互根、互系，互相转化的，很难说一个人有病或无病。矛盾律完全忽视了世界本身的复杂性。

排中律的内容：同一个思维过程中，两个相互矛盾的思想不能同假，必有一真，即"要么A要么非A"；而我们中国先贤恰恰追求中道，执两而用中，明确反对"两末之议"的，认为那样会陷入诡辩之中，永远不能解决问题。

事实上大家熟悉的矛盾故事，《韩非子》中只讲到了一半，中国真正的矛盾故事不是这样的。墨家典籍《胡非子》中有一个弓箭之喻，说有一个人拿着箭对别人说："你看我这支箭，没有一个良弓可以配得上这支箭"。另外有一个人说："你看我这个弓，没有一支箭可以配得上我这张弓"。古代有一个善于射箭的人叫羿，羿说："如果没有弓，那箭怎么射出去呢？如果没有箭，怎么射中靶心呢？于是羿让两个人将弓和箭合在一起，教他们射艺。（原文：一人曰："吾弓良，无所用矢。"一人曰："吾矢善，无所用弓。"羿闻之曰："非弓何以往矢？非矢何以中的？"令合弓矢而教之射。）

这个故事，表达了中国关于矛盾的重要观念——弓矢（矛盾）相济！

中国以大道为基础的知识体系在秦汉达到了相当的高度。据《汉书·艺文志》，它分六大类（六略），基础是西周的六艺之学。后来六艺之学演化为春秋战国的诸子百家，大体相当于政治学和经济学。诗赋略大体相当于文学类，兵书略大体相当于军事学，数术略大体相当于科学类，方技略大体相当于医学养生类。

"百家争鸣"的诸子百家其实是一家，它们只是应用方面不同，百家相须为用。它们都有自己的心法，法家与道家的心法相通，墨家的心法也很高明。

《论语》上说："学而时习之，不亦乐乎。"中国人的"学"指的是道德修养、智慧成就。古人对什么叫"学"是有定义的，西汉扬雄《法言·学行》说："学者，所以修性也。"

学什么内容呢？要学内圣与外王之道，二者缺一不可，不可偏废！早在两千多年前，荀子就曾感叹人类认知（知识）的无限性，要人学会有所依止。依止于何处呢？就是内圣外王之道，即以圣王之学为学——以圣王为师，以圣王之制为法。只有这样，才能成就圣贤境界。《荀子·解蔽篇》说："故学也者，固学止之也。恶乎止之？曰：止诸至足。曷谓至足？曰：圣也。圣也者，尽伦者也；王也者，尽制者也；两尽者，足以为天下极矣。故学者以圣王为师，案以圣王之制为法，法其法以求其统类，以务象效其人。向是而务，士也；类是而几，君子也；知之，圣人也。”

那么，我们学习圣贤之学的终极目的是什么？不是成专家、当博士、成功，而是要战胜一切困难、烦恼，成就通达无碍的生命境界——这是超越穷达、贫富、生死的！孔子说：“君子之学，非为通也，为穷（意为困窘——笔者注）而不困、忧（意为忧患——笔者注）而意不衰（意为恐惧、慌乱——笔者注）也，知祸福终始而心不惑也。夫贤不肖者，材也；为不为者，人也；遇不遇者，时也；死生者，命也。今有其人不遇其时，虽贤，其能行乎？苟遇其时，何难之有？故君子博学、深谋、修身、端行以俟其时。”（《荀子·宥坐篇》）

孔老夫子告诉大家：博学之，审问之，慎思之，明辨之，笃行之。藏器于身，修身以俟命——只有这样才能不误此生，才能有所成就。

（此文是2015年4月26日，笔者在上海善因2015“文化引领商业”新商业文明论坛上的讲演记录稿。）

八、目前的国学热依然是“虚热”

当今社会上流行着一种浮燥、自大的文化气氛，我们绝对不能赶这个时髦，追这股风！

随着国家经济的强大，国人自信心增强是可以理解的。如果我们细致观察就会发现，这种自信相当程度上是“他信”，就是从他者的眼光看自我，背后并没有真正的自觉和信心。那些先生们的殖民心态逻辑永远不变：如果连哈佛的博士、华尔街的银行家、西方政要都赞赏中国，那中国一定成了世界的中心，万邦来朝的上国。

网络上，充斥华而不实的各种崩溃论和捕风捉影的各式阴谋论。美国要崩溃，资本主义要崩溃；希腊史是伪史，罗马帝国不存在，共济会的代理人就在我们的后院……

诸位同道，我们不能卷入这个新版的“以西释中”潮流，仍然要坚持返本开新、脚踏实地践行宣传中华文化、宇宙大道。

返本开新，先要找到中国文化的大本大源，再将之因革损益地应用于现实之中。这是我们同目前中国左、右派的根本不同之处。现在我们的力量小，理论宣传不够，但不能丢掉这根弦——否则会流为轻浅的、思维严重西化的左派。

文化领域，目前最流行的是巫、医、卜、筮各类小道，大体都是在自己或他人身体上弄来弄去，搞长生不老、生命“科学”什么的。有朋友开玩笑说：如果新法家研究《易经》，给人看看风水，经济上也会比这好得多。你看，多少人不懂中医，仅仅搞中医文化就去“治病救人”，也能挣到不少钱。退一万步说，即使搞道教（文化）、祭孔子、穿汉服也能吸引眼球，也会有基金会愿意支持——你们搞内圣外王一以贯之的大道何苦呢？值几个钱？不仅要复兴“残酷”的法家，还要复兴“狡诈”的纵横家，甚至是“诡辩”的名家，这不是找骂吗？

这些朋友是善意的，但我们应明确告诉他们：天地之大德曰生，生生之谓易。百家集成的中华文化蕴含宇宙大道，是人类安身立命、生生不息的根本——21的人类需要宇宙人生的大本大源，否则幸福安乐、可持续发展就会成为一句空话，一种永远停留在梦中的理想！

我们公开承认，不仅在社会上，在学术界我们也不入主流。目前中国文化研究的大方向是“四化”，即儒家化、西学化、玄学化、口号化，我们要针锋相对地反对这“四化”。因为这“四化”推动的国学热是虚热，长期发展下去是灾难性的。我们不可推波助澜，助纣为虐。

1.反对将中国文化儒家化

你看那些儒学专家，几乎没有人会谈及大道智慧，如何实现仁的功夫。就是满嘴仁义道德，大体都是电脑中一搜就能搜到的陈词滥调。

你看那些在日本等国刺激下搞“实学”的，不仅不懂政治（黄老），也不懂经济（轻重术），更别说当代世界大势，古今之变了。

你看那些搞佛、道的（包括千奇百怪搞养生的），人人都口吐莲花，就是不做功德，为社会大众服务。

无执、无我、无私地投入到为社会、为国家、为全人类服务中去才是大定，才是大道，否则，修齐治平都是空话！

为什么我们反对将中国文化儒家化？因为诸子百家是相须为用的，用《中国古代的社会主义》的作者李学俊先生的话说是：复兴中国文化，诸子百家一个也不能少。

不能搞21世纪隐性的“儒家独尊”！因为中国文化的源头是王官学，学术来自政府的不同部门。我们只搞儒家，就相当于在学术上将中国的外交部、国防部、工业和信息化部、商务部等全部解散，只留下教育部。大家想一想，这样的国家不衰弱下去还会有什么结果。所以宋以后儒家大兴，中国的国运也就走向了衰落——在文化上，有其必然性的。过去千年来，中国国运的真正改变发生在20世纪儒家制度化解体，特别是新中国成立，彻底消灭了儒家的社会基础士绅阶层之后！

目前改变儒家化的趋势很不容易，不仅有历史惯性的因素，还有国外的因素。西方人将儒家学说翻译为confucianism，实际上是将儒家学说等同于孔子（Confucius）学说，而孔子在中国文化中根本不是儒家，而是上承经学下开诸子百家的一代圣贤。他本人师事道家的老子，兄事法家的子产，春秋战国诸子百家多可上溯到孔门，孔子哪里只是什么儒家！

西方人，即使是汉学家也很少能深入理解中国文化。明代，来中国的西方传教士看到中国人学习四书五经，都祭孔子，将confucianism（孔子学说）说成中国文化的主流是可以理解的，尽管很难说孔子本人创造了什么“主义”（ism）。但我们将confucianism译成“儒家”就驴唇不对马嘴了——中国学人有义务让西方人理解这一点，怎能学习西方，将错就错，将中国文化儒家化，把儒家当成主流呢？那样的话，五经何在？诸子何在？中国本土技术、艺术何在？

我去外边讲演，看到那些热衷宣传儒学的人为西方汉学跑龙套而不自知，感到很遗憾！从汉至清，中国人对于经学、子学（儒学为子学之一）划分得很清楚，我们怎能混淆经子，到处大搞confucianism！现在连一个几十万人的城市都有了儒学学会！

2.反对将中国文化西学化

为什么我们反对将中国文化西学化？中国文化是有生命力的、有机的整体，不能随便被西学概念理论肢解。将中国古典经济思想轻重学肢解为孔子经济思想、老子经济思想、汉朝的经济思想、明朝的经济思想，这是文化犯罪！我们不反对研究某个人、某个学派或时代的经济思想，但不能为了研究树木，就将森林点燃！

无论当面还是背后，我常常赞叹国外一些汉学家研究中国文化深入。这不是客套，是真诚地赞许。但我们是不是要照搬西方汉学家的研究方法，绝对不能！西方汉学家站在自己文化的角度，用比较分析的方法研究中国文化，是自然的现象。对于我们来说，这种研究则是灾难性的。比如美国的安乐哲（Roger T. Ames）教授，认为与西方的个人主义伦理不同，中国人强调“角色伦理”，注重社会中人与人的相互关系，人在家庭社会中的角色。他的研究很有见地，但我们中国伦理起源于人的本性和社会的自然分层，安乐哲所说的“角色”大致相当于中国文化观念中的名位和职分，或称名分，后面则有名学作为支撑。如果我们亦步亦趋，只讲“角色”，就无法将名学深入到自然科学和社会科学各个领域去，结果反倒屏蔽了中国文化的根脉。

细思极恐！中国文化常常就这样被“温柔”地阉割了，这是目前大学国学院的主流！那么多从研究西式哲学转过来的国学家都在以复兴中国文化的名义消灭中国文化，大家要清醒啊！

当然这些国学家也值得同情，中国完全西化的领域不在政治、经济，也不在科技，而在教育。大学里搞国学的为了同全盘西化的大学接轨，不得不将国学窄化为儒学（confucianism）、碎片化为某某哲学、僵尸化各类史学。但即使这样也不行，目前国学在中国大学体系中基本上仍处于“虚位”，建立较早的人大国学院也好不到哪去。

这样也好，反正那些先生搞的多是“无用”之学，几乎没听见过他们谈论内圣外王一以贯之，知识统一的大道——那才是东西方大学（university）的学术理想啊！

3.反对将中国文化玄学化

为什么我们反对将中国文化玄学化？这里所说的玄学化不是命理、数术、风水这些东西。我本人也曾经向别人讨教数术问题，也在这方面下过功夫，尽管只有皮毛，也有不少收获。因为不理解五行八卦，就不可能理解中国文化，特别是汉以前的中国文化。比如我们读《尚书·洪范篇》，不知道一点五行学说，就读不懂古人的治国大法。还有中医，一定要研究数术，古代数术和方技的关系很大。

目前中国文化玄学化的主力是所谓的大陆新儒家，他们有一个通天大骗局，其主要内容包括以下两点：

一、只要道德、内在修养提升了，一切个人问题、社会问题、生态问题“自然”会迎刃而解。

二、提升道德、内在修养靠读经，一时不理解经典没有关系，长大了“自然”会顿悟其精髓。

十几年前，一位目前被儒学界称为“某子”的先生，约我去北京国子监“读经”。记得他们在读《春秋》，我问他：“老师，经典如何解决现实问题？”这位先生回答：“经典犹如基督教的《圣经》，人学好了，道德提高了，社会一切问题自然而然就解决了！”听了他的话，我就再也没有去国子监“读经”，因为孔子这样的大圣人都在不断学习各类知识技能，释迦牟尼佛成了佛还在做功德，社会问题怎能“自然”“自动”解决呢？这不是骗人吗！

没有想到，在某些人的鼓吹下，今天读经班在中国遍地开花。这害了多少人啊！多少孩子上了全日制读经班，已经不能适应现代社会！每当面对这些孩子家长的哭诉，我只能说一句话：快让他们回到公立学校去吧，那里至少不吃人，不害人！

我们研习中国文化，提倡本乎经（宗经）、师乎圣（征圣）、体乎道（原道）。第一点就是以经典为根本。但宗经不是“读经”，阅读经典只是我们修习中国文化的起点，重要的是消化、体悟经典，得其义理，那样“得鱼而忘筌”可也。只让孩子“读经”，然后就撒手不管，让其自然“顿悟”，这相当于只管孩子吃饭不管孩子消化，是“以经杀人”！

前些天我遇到一位曾在儒家网工作，连专业工作都不去找的年轻人，听说我们搞“新法家”网站，就大不以为然，用我听不太懂的经学古文，大谈仁义道德——我赶紧劝他快去找工作，因为他的专业不历练就会变得一文不值。我们为什么拈出“道、名、法、德”四个字来，就是怕学人只讲道德仁义，修齐治平，无所依托。空谈误己，空谈误人，空谈误国！

我们反对将中国文化玄学化，至少不要让自己的孩子去全日制“读经班”，要引导孩子适当阅读中国经典、理解中国经典，引导他们逐步认识内圣外王的大道——这才是人生最大的福报。

再强调一遍，光读经不会“自然”悟入圣贤大道。我都四五十岁了，有关儒学的书也写了几本，还在不断参学，因为自己对圣贤大道还把握不深，境界还远远不够。过去几十年，读那么多经典，哪里有什么“自然”悟入这回事——满世界跑，向贤达请教，吃了多少苦，才有一点点心得！

4. 反对将中国文化口号化

为什么我们反对将中国文化口号化？目前国家强调文化自信，认为文化自信是“更基础、更广泛、更深厚的自信”。于是乎，关于文化自信、中国话语权、理论创新的文章满天飞，大体是政府政策的放大版——天上地下，无所不谈，就是没有实质内容。

比如谈政治的，只知道源于西方城邦治理的“politics”，连君人南面之术“黄老”、“道家”这些观念都不理解，怎么会有基于中国历史和现实的理论创新呢？一些人说自由民主好，一些人说西方既然都有抓阄选举了，中国干脆搞协商民主，反正就在西方民主的大概念中绕。别说指导中国现实，就是能自圆其说已经不错了！

谈经济的，满脑子“economics”，中国经世济民的治国原则早忘记了。因为西方引入的政治经济理论远离中国本土现实，我们的理论家什么都用“中国特色”搪塞，有几个经济学家知道中国本土的经济理论呢？不用说古典的轻重术，连毛泽东时代的经济理论都被视为垃圾。在中国经济学家的脑子里，最多的是结构、制度、共享这类西方名词！

过去五百年来，西方殖民事业最大的成功就是让西方文化和西方文化体制深入到地球上每个角落。在西式大学垄断学界的今天，其他领域西化程度同上述政治、经济领域没有本质的区别。我们应该清醒地认识到：中国人学会用自己的眼光看世界，用自己的大脑思考问题，用自己的话语向世界发声，还有漫长的路要走。

所以，在别人风风火火，大张旗鼓搞中国文化“四化”的大背景下，我们要有“八风吹不动”的大定力。任凭风吹浪打，坚持自己的理念不动摇！

过去十几年来，我们在天人之际，古今之变，东西之分这三个领域做了基础性的工作。不仅我本人、陆寿筠先生、付金才先生，还有太多朋友都做了巨大的努力。大家真是有才的出才，有财的出财——我们不要忘记他们啊！

可以自豪地说：我们无愧于古今圣贤，无愧于子孙后代……

德不孤，必有邻。比较十年前，我们的进步多大啊！相对于一年前，我们微信的订阅数翻了一番。目前我们遇到的困难，无论是体制上，是经济上，还是理论宣传上，都是前进过程中的困难——是巨舰乘风破浪前进时的颠簸，是母腹中婴儿临盆前的骚动。

从事于道者同于道，得道多助。只要我们以足够的战略定力，坚持践行宣传中华文化、宇宙大道不动摇，一步一个脚印地走下去，目前的一切困难都会克服！

等待我们的，将是日新的地平线和崭新的生命！

谢谢大家！

（新法家网站第六次编辑例会于2017年11月25日下午在北京陶然亭公园举行，以上是笔者所作的主旨发言。）

中编

经学

《诗》《书》《礼》《乐》《易》《春秋》谓之六经，奠定了中国文化的初基，源自夏、商、周等三代——中华文明生成期的王官之学，从尧舜禹时代一直到21世纪的今天，锚定了中华文明的发展路径。

中国文化不能等同于儒家文化，《六经》也不仅是儒家经典，而是诸子百家的公共经典。

全球化、智能化、世俗化不可遏止，已成当代大趋势。西方思想资源枯竭，其基于宗教信仰、过度强调理性、依凭民族国家的近代文明体系，更显得与时代要求格格不入。当我们将目光转向东方，中华文化大一统天下观、注重智慧安乐、强调人伦礼义的特点，则合乎历史潮流，中华文明初心《六经》必将成为人类走向未来的灯塔！

这意味着人类文明范式的根本变革。在一切领域，从西方现代性到中国文化传统的返本开新。

一、《六经》是人类走向未来的灯塔

经孔子整理、阐发的《诗》《书》《礼》《乐》《易》《春秋》，称为《六经》或六艺。

太初元年（公元前104年）武帝改制，将以前的“数用六”改为“数用五”，万物以五为纪，《诗》《书》《礼》《易》《春秋》五经正式确定，而《乐》经竟散失。

《六经》是中华文明的初心，人类未来的灯塔。

为何这样说？

1.《六经》是中华文明的初心

夏、商、周是中华文明的生成期，《诗》《书》《礼》《乐》《易》《春秋》六经源自三代官方学术——王官之学，奠定了中国文化的初基，锚定了中华文明的发展路径，从尧舜禹时代一直到21世纪的今天。

以《尚书》首篇《尧典》为例。

开篇，《尧典》就描述了尧帝修身、齐家、治国、平天下的事功。先说修身。尧为人庄敬严肃，明达事理，外表风度文雅，头脑思虑精明，宽厚温和，包容大度。行事恭勤认真，推贤让能，重用人才。他的道德光辉照耀四方。“（尧）钦、明、文、思、安安，允恭克让，光被四表，格于上下。”

其次说齐家。他能广施德泽，因而能够使上至高祖下至玄孙的九族和睦。“（尧）克明俊德，以亲九族。”

再次说治国。尧九族和睦了，就设官分职，选贤与能，辨明奖励朝中百官。“九族既睦，平章百姓。”

最后说平天下。遵循后世王霸术由内及外的原则。朝中百官同心协力，团结万国诸侯。结果天下庶民亲善和乐，风俗淳美。“百姓昭明，协和万邦。黎民于变时雍。”

孔子及其弟子发扬修齐治平，内圣外王一以贯之的帝尧之道，《礼记·大学》将总结为格物、致知、诚意、正心、修身、齐家、治国、平天下八个次第——八目：“古之欲明明德于天下者，先治其国；欲治其国者，先齐其家；欲齐其家者，先修其身；欲修其身者，先正其心；欲正其心者，先诚其意；欲诚其意者，先致其知；致知在格物。物格而后知至；知至而后意诚；意诚而后心正；心正而后身修；身修而后家齐；家齐而后国治；国治而后天下平。”

以尧为人生榜样，通过修、齐、治、平，学而优则仕、仕而优则学的具体实践，在尘世中超越自我、成就自身，锁定了中华文明重现世的文化品格，其影响至整个东亚大陆。

除了人生观，《尚书·尧典》重民主推荐、政绩考核的选举制度影响深远。2021年3月24日，《纽约时报》中文版刊登专栏作家托马斯·弗里德曼（Thomas L. Friedman）的《中国不再尊重美国，他们有理由这样做》一文，这位称中国“非常邪恶”的先生不得不承认：对于美国许多政治领导人，“执政已经成为体育竞技、娱乐或仅仅是无脑的部落战争”，而中国政府却“非常专注于教育人民、建设基础设施、采用商业和科学最佳实践以及凭业绩提拔政府官员”。[①]

“凭业绩提拔政府官员”，选贤与能，至战国秦汉时期发展为完整的社会功勋制（功次制度），是中国古典政治的基本选举原则，与西方通过党派竞争、多数决原则选举官员迥然不同。

战国时代，先贤就对社会心理学及民众在政治决策中的作用有清醒的认识，认为复杂的政治战略判断不能简单地从众，并对多数决限定了条件。《商君书·更法第一》引用当时的俗语、名言劝秦孝公变法：“语曰：‘愚者暗于成事，智者见于未萌。民不可与虑始，而可与乐成。’郭偃之法曰：‘论至德者，不和于俗；成大功者，不谋于众。’”这两句意思是说：愚笨的人在办成事之后还不明白，智慧的人对那些还没有显露的事就能预知。不可以同百姓讨论开拓之事，却能同他们一起享受成功；德行崇高的人，不去附和那些世俗偏见。成就大事业的人，不去同民众决断——但会参考他们的意见，《诗经·大雅·板》说“询于刍荛”，刍荛（chú ráo）指割草打柴的人。

只有在贤者的意见相持不下的情况下，才奉行少数服从多数的原则。《左传·成公六年》所谓“善均从众”。事情是这样的：公元前585年，楚国攻打晋的盟国郑国，晋国大臣栾书率军去救援，和楚军遇于绕角，楚军自动撤退。于是晋军就转而侵袭蔡国，楚国公子申、公子成带领两支劲旅在桑隧抵抗晋军。当时晋军将领多数欲出战，有人劝栾书说：“圣人的愿望和大众相同，所以能成功。您何不听从大家的意见？您是执政大臣，应斟酌大家的意见。您辅佐者有十一人，不想出战的仅三人。想要出战的人可以说是大多数。”于是栾书说：“贤德都相同才服从多数，贤德才是大众应服从的。三位卿主张不出战，也算多数了，听从他们的意见不出战，不也可以吗？”文中说：

① 托马斯·弗里德曼：《中国不再尊重美国，他们有理由这样做》. 网址：https://cn.nytimes.com/opinion/20210324/china-america/，访问日期：2021年3月29日。

“善钧（通‘均’）从众。夫善，众之主也。三卿为主，可谓众矣。从之，不亦可乎？”

从贤不从众，决定了中国政治文化的底色。钱穆先生总结说：“中国政治上的传统观念，对一意见之从违抉择，往往并不取决于多数，如西方所谓之民主精神。而中国人传统，则常求取决于贤人。春秋时即有‘贤均从众’之说（见《左传》）。哪一人贤，就采纳哪一人的意见，假若双方均贤，则再来取决于多数。贤属质，众属量，中国传统重质不重量。中国人认为只要其人是贤者，就能够代表多数。不贤而仅凭数量，是无足轻重的。”[①]

选举贤能，选贤与能的思想源头是《尚书·尧典》的尧舜禅让。舜是作为一位贤德之士被尧廷众官员（师）推荐的，经三年考核，登上帝位。后来“三载考绩，三考，黜陟幽明，庶绩咸熙”，三年考察一次政绩，考察三次后，罢免昏庸的官员，提拔贤明的官员，成为舜时普遍的选举制度。

三年考核其间，尧无论在政治治理，还是在社会教化方面都成绩显著。据《尚书·尧典》，尧甚至将两个女儿嫁给她，考察其齐家、治国能力。结果舜能把父义、母慈、兄友、弟恭和子孝的五常之教推行好。又让舜领导百官，他能整饬百官，使之各尽所能。又让他接待各方诸侯，能使诸侯宾客肃穆地敬重他。舜入山林川泽行祭事于泰山之麓，烈风雷雨不迷乱。“慎徽五典，五典克从。纳于百揆，百揆时叙。宾于四门，四门穆穆。纳于大麓，烈风雷雨弗迷。”

受西方文化天堂、超越经验的理念世界等文化观念的影响，当代学者常常将禅让制度、大同之世，想象为超越现实的虚幻理想。其实，先贤是用上古圣王的实践，立象尽义，表达中国人基本、普世的

---

① 钱穆：《中国历代政治得失》.生活·读书·新知三联书店. 2001年第1版，第39页。

社会规范，必须践行的原则。禅让反映的注重事功的贤能政治原则，至今影响不衰。

解释源远流长的中华治道、当代中国选举制度，不能靠柏拉图和亚里士多德，也不能靠卢梭和福山，更不能以西方政客之标准为标准，那样的结论只能是与西方自由民主选举相反的威权或专制。

当代西方主流学术体系基于资本主义长期发展的历史经验，不可能解释清楚中国现实，更不能指导我们的未来。再不能胡搞“拿来主义”，“以西释中”的老路——坚持返本开新，还是固守以西释中、“以西人之话语，议中国之问题”，是中国学人必须做出的历史抉择！

读史明智。过去四五千年中华文化与印欧文化的交流史表明：西方和印度等印欧文明的成果，只有那些较“异类”和具有革命性的理论能在中国扎根，如佛教和马克思主义。印度教和自由主义等过去不会，将来似乎也不会在中国产生深刻影响。

我们必须走“返本开新”的理论路线才能理解当代之中国。绵延不绝的中华文化从四千多年前的尧舜时代，一直演化到全球化、智能化、世俗化的今天。

2.《六经》是人类走向未来的灯塔

现在看来，全球化、智能化、世俗化不可遏止，已成为世界大趋势。

第二次世界大战以后，没有任何发明如计算机和集装箱的发明那样，改变人类生产生活的整体面貌。前者解放了人的脑力，后者则将世界市场连接为一个整体。

在笔者写作本文的时刻，埃及苏伊士运河管理局2021年3月29日发布公报说，被巨型集装箱船“长赐号”堵塞六天的苏伊士运河恢复通航。一场交通事故何以引发全球关注？甚至成为全球能源价格上涨的因素之一？因为作为欧亚交通的大动脉，苏伊士运河断航意味着世界产业链被打乱，根据彭博社的分析，堵塞期间每天被困的货物价值高达96亿美元。

20世纪50年代集装箱的发明改变了全球贸易，随着单船装载集装箱数量呈指数级增长，全球化生产成为可能。据航运保险公司安联全球企业及特殊风险有限公司（Allianz Global Corporate and Specialty）的数据，航运运力在过去半个世纪里增长了150%，仅在过去十年里就几乎翻了一番。①

生产力决定生产关系。生产的全球化催生全球治理的需要，西方基于民族国家的均势战略理论只会撕裂全球化，这在此次新冠疫情中变得更加突出。最近，23个国家的领导人与欧洲理事会主席查尔斯·米歇尔、世界卫生组织总干事谭德塞联合发表了一篇文章，称“未来将发生其他流行病和重大卫生紧急事件，没有一个政府或多边机构能够独自应对类似的威胁”。“各国必须共同努力，制定新的国际条约，为应对流行病做好准备”。②

人类需要一种将世界作为整体考量的现实主义战略，中华治道大一统的天下观，为我们提供了重要的思想资源。

在大一统的天下观中，不是消灭敌人。共存共荣、衣养天下才是终极目标。“王者无外”，大一统首先意味着整个世界政教的统一。公元前636年，周襄王因为得罪了同母弟叔带，为了躲避叔带叛乱逃离京城，跑到郑国的汜地。《春秋》记载说：“冬，天王出居郑。”《春秋

① Peter S. Goodman:《苏伊士运河堵塞事件：过度全球化敲响的警钟？》. 网址：https://cn.nytimes.com/business/20210329/ship-suez-canal/，访问日期：2021年3月29日。

② 《23国领导人呼吁建立国际条约 应对未来的流行病》. 网址：https://chinese.aljazeera.net/news/2021/3/30/，访问日期：2021年4月3日。

公羊传·僖公二十四年》解释为何天子拥有四海却用“出”字时，指出这是因为周王不能见容于母亲。“王者无外，此其言出何？不能乎母弟也。”晋代葛洪《抱朴子·逸民》论述道：“王者无外，天下为家，日月所照，雨露所及，皆其境也。”

后来春秋大一统的观念演化为墨子“非攻”、管子王霸之术以及诸子义战思想。墨子“非攻”不是幼稚的世界主义和天真的和平主义。它由非攻、诛讨、备战三个有机部分构成。诛讨指讨伐那些当罪当亡国家的正义战争，比如禹征有苗、汤伐桀、武王伐纣等。①

《管子》统一天下的具体战略思想集中在《管子·七法第六》《管子·大匡第十八》《管子·中匡第十九》《管子·小匡第二十》《管子·霸形第二十二》《管子·霸言第二十三》六篇中，大致包括先内而后外、先近而后远、先文而后武三个方面，拙著《智慧简史：从旧石器到人工智能》曾详加阐发。②

计算机大幅度将人从脑力劳动中解放出来，对理性知识的生产、储存和传播产生了革命性影响，知识和信息从稀缺资源转为过剩，人类在很大程度上被千百年来所创造的知识“淹没”了。Google这类高科技公司更是雄心勃勃，其世界头脑（World Brain）计划，企图通过将全世界书籍扫描储存，打通人与知识时空上的障碍。

未来，我们需要的将不再是知识记忆与获得能力，而是知识的选取、创造和应用能力——更多基于情感的权变智慧。中国文化中，超越宗教情感，基于人伦道德的智慧之学，会在未来不断世俗化的世界中发挥重要作用。

世俗化一般指政治与宗教的分离，宗教信仰自由以及社会生活越

① 参阅《墨子·非攻下》。

② 翟玉忠：《智慧简史：从旧石器到人工智能》.华龄出版社. 2021年第1版，第133~141页。

来越远离清规戒律的约束。在某种意义上说，西方近代史就是一部世俗化历史，特别是18世纪启蒙运动之后，这一进程加速并影响到全球。

“二战”以后，世俗化趋势更为明显。在英国表现为“宗教信仰的危机”，去教堂做礼拜的人越来越少。同时，宗教本身呈多元化发展，如20世纪以来的佛教一样，越来越“人间化”，诸多宗派深入百姓日常生活，参与到教育和慈善等事业中。①

《六经》与基督教的《圣经》、印度文明的吠陀经、两河流域的《吉尔伽美什》等其他诸多文明的公共经典（Canon）不同，脱胎于社会治理，而非宗教信仰——本身是世俗的，而非宗教的。

反观现代西方，其基于宗教信仰、过度强调理性、依凭民族国家的近代文明体系，显得与时代格格不入。事实上，20世纪西方三大理论体系都遇到了严重挫败。以色列历史学家尤瓦尔·赫拉利悲叹：“来自纽约、伦敦、柏林和莫斯科的全球精英讲述了三大故事，号称能够解释人类过去、预测全球未来。这三大故事是：法西斯主义故事、共产主义故事以及自由主义故事。第二次世界大战打倒了法西斯主义故事，于是从20世纪40年代末到80年代末，世界成为共产主义故事和自由主义故事的战场。等到共产主义受挫，自由主义故事就成为人类了解过去的主要指南，未来无法取代的使用手册……但自从2008年全球金融危机以来，全球人民对自由主义这套故事越来越感到理想幻灭。”②

西方现代思想资源的枯竭要求我们将目光转向东方。中华文化大

① 张伟伟，杨光：《二战后英国宗教的世俗化》. 载《深圳大学学报》2008年3月号。

② 尤瓦尔·赫拉利：《今日简史：人类命运大议题》. 中信出版社. 2018年第1版，第3~4页。

一统天下观，重智慧安乐，强调人伦礼义的特点，合乎历史潮流！中华文明的初心——《六经》必将成为人类走向未来的灯塔！

3.收拾文化山河，重整《六经》

首先要清楚，《六经》并不专属儒家，《六经》是包括儒家在内的诸子百家思想之源，是公共经典。所以班固在《汉书·艺文志》中称诸子百家是继承《六经》的不同流派。他说："今异家者，各推所长，穷知究虑，以明其指，虽有蔽短，合其要归，亦《六经》之支与流裔。"唐代颜师古解释说："裔，衣末也。其於《六经》，如水之下流，衣之末裔。"

儒家的社会功用是教化，对《六经》思想的阐释传播起了重要作用。《汉书·艺文志》总论儒家时说："儒家者流，盖出于司徒之官，助人君顺阴阳明教化者也。游文于六经之中、留意于仁义之际……"但在政治经济领域，践行《六经》原则的主要是历代德才兼备的各级官员，他们必然依赖中国古典政治经济学法家，黄老（道家）。所以人们描述中华政教总是说"内法外儒"或"内用黄老、外示儒术"。

仍以《尚书》为例。事实上，先秦典籍引用《尚书》最多的并不是儒家，而是墨家。据刘起釪先生《尚书学史》统计：诸子中的《墨子》称引《尚书》，所引达47次，其所引篇数也最多，达22篇。再次《礼记》43次，亦达13篇；《孟子》38次，7篇。自余《国语》、《荀子》各20余次，篇名各有数篇，《论语》8次，未出篇名。法家则《管子》6次，《韩非子》7次，道家《庄子》只引了2次。

刘先生因此认为："这里看出当时诸子百家中，唯儒墨两家是重视《尚书》作用的，两家都以《书》为各自学派的主要教本，而儒墨是当时‘显学’，就使《书》篇成了当时许多知识分子所共读的要籍。”①

《六经》不只是儒家经典。有学人将儒家等同中国文化，《六经》诠释只重教化，无视其政治、经济、军事、外交等丰富内涵。许多腐儒不通百家，表面上宣传经典，实际废经灭典，搞得《六经》支离破碎、面目全非。过去百年，立志“不徇情地消灭经学”的经学史家，直接将经学“僵尸”化了！

中国经学史家的终极目标竟然是以史学为裹尸布埋葬经学。近代经学史名家周予同（1898~1981年）宣言：“明显地说，中国经学研究的现阶段是在不徇情地消灭经学，是在用正确的史学来统一经学。”②

所以，我们必须满怀温情和敬意，重新整理《六经》，囊括其全部文本，澄清其政教真意。兹分述如下：

（一）《乐》

先秦六艺除了《五经》，还包括《乐》。《乐》后来散入礼学，隐而不彰。

无论民族学资料还是上古遗文，都证实乐教是最早的教化。不过我们不能将上古的“乐”理解为现代音乐，它集古代艺术形式之大成，一如今天的影视，包括音乐、诗歌、舞蹈等诸多艺术形式。所以《礼记·乐记》就说：“德者，性之端也；乐者，德之华也；金石丝竹，乐之器也。诗言其志也，歌咏其声也，舞动其容也。三者本于心，然后乐气从之。”

道始于情。乐教是情感智慧的教育，由政府主导，是中华治道政教一体的具体体现。《礼记·乐记》将之以礼教、刑法、政令并列，

---

① 刘起釪：《尚书学史》.中华书局.1989年第1版，第64页。

② 周予同：《治经与治史》，收入《周予同经学史论著选集》.上海人民出版社.1996年第1版。

“故礼以道其志，乐以和其声，政以一其行，刑以防其奸。礼乐刑政，其极一也，所以同民心而出治道也。”

今天，诸多学者试图以西方资本主义世界的学术体系解释中国现实，导致政治与教化关系严重扭曲，值得我们警醒！艺术与政治应是相辅相成的关系，绝不能照抄西方的“艺术自由”“艺术独立性”之类——艺术不能脱离其社会背景、背离其社会责任。

政教统一始于尧舜时代。帝舜命夔担任乐官，教导年轻人，目的是使他们正直而温和，宽宏而严肃，刚直而不粗暴，简约而不傲慢。用诗教涵养他们的情操，用歌唱表达诗中思想感情。歌唱需要宫商角征羽五声以成歌，五声的音高用律管来确定，由律成调以和声。做到金、石、丝、竹、匏、土、革、木八种乐器和谐演奏，不混乱诸音旋律。这种和谐的旋律，用之于神则神和，用之于人则人和了。(《尚书·尧典》原文：夔！命汝典乐，教胄子，直而温，宽而栗，刚而无虐，简而无傲。诗言志，歌永言，声依永，律和声。八音克谐，无相夺伦，神人以和。)

当今日常生活中汇集了东西古今诸多艺术形式，如何让这些艺术形式服务于社会，其理论基础在《乐经》。

传世文献关于乐的理论主要集中于《礼记·乐记》，据《汉书·艺文志》，西汉刘向校书得《乐记》23篇，目前仅存11篇，尚不及一半。我们有必要重新整理先秦、秦汉诸子的乐论（如《吕氏春秋》“大乐”等篇章），包括出土文献乐论的内容，让现实文艺政策有经典理论依托。

李学勤先生认为，1993年出土的郭店楚简《性自命出》前半部分当独立出来，称为《乐说》。[①]但1994年上海博物馆入藏的战国楚竹书《性情论》，与《性自命出》内容基本相同，也是一篇文章。总

---

① 李学勤:《郭店简与〈乐记〉》，收入李学勤《重写学术史》.河北教育出版社.2001年第1版。

之，里边论乐的内容值得我们重辑《乐经》时重视。

（二）《诗》

“诗言志，歌永言，声依永，律和声”，古代乐与诗紧密相连。

汉代传诗学者主要有齐、鲁、韩、毛四家，前三家依据的是秦以后成书的今文经，分别出自鲁人申培、齐人辕固和燕人韩婴。他们在西汉立于学官，地位尊显。

开始毛诗只在民间流传，西汉平帝年间（公元前9年~公元前6年）置博士，旋即被废。经过西汉前期今古文之争，毛诗流传渐广。郑玄总结古文经研究成果，兼采今文经，为毛诗作笺，《毛诗传笺》一书问世后，毛诗后来居上，大为流行，三家诗反而逐步消亡。一般认为《齐诗》亡于曹魏、《鲁诗》亡于西晋、《韩诗》亡于北宋，只有《韩诗》流派的《韩诗外传》10卷幸存。

不要小看《韩诗外传》，这是除《毛诗》外唯一完整的诗学文献，对于理解诗学传授的本来面目以及中国智慧之学十分重要。

清代学者王先谦辑三家诗佚文成《诗三家义集疏》，是我们理解今文三家诗的门户。

传世诗《风》《雅》《颂》三部分共计有305篇，另外还有6篇有题目无内容，称为笙诗。故《诗经》有“诗三百”之称。

由于近半个世纪以来简帛文献的大量出土，民间文艺工作者在湖北房县发现的民歌《诗经》，以及宋代以来学者的辑佚工作，今天我们能看到的诗近四百首，未来可能会有更多的诗被发现，所以称《诗经》“诗四百”才对。

胡宁先生在《楚简逸诗：〈上博简〉〈清华简〉诗篇辑注》中，录有上博简《逸诗》2首，清华简《耆夜》4首，清华简《周公之琴舞》9首，清华简《芮良夫毖》2首，逸诗共17首，该书由上海古籍出版社2018年11月出版。另外，《上博简》（一）中的《孔子诗论》，是先秦诗学的宝贵文献，汉代四家诗的先驱。其论诗重情志，似乎更接近诗的本来面目。

我们整理《诗经》，首先要使风、雅、颂各得其所，以民歌解民歌，以宫廷乐歌解宫廷乐歌，以祭祀乐歌解祭祀乐歌。在此基础上参考三家，发掘古义。

（三）《书》

《尚书》被称为“政书之祖，史书之源”，其传世文献有三种，即《今文尚书》29篇，《古文尚书》25篇，《逸周书》59篇。

经唐以后诸多学者考证，许多学者认为《古文尚书》是后人伪作——但包括孔安国的序和注在内，我们依然不能轻易下结论说这些是伪书——即使在《清华简》尚书类文献问世之后依然是这样。[①]我们当本着对人类诸文明经典应有的“先信后疑”态度，重视《古文尚书》内在的人文价值。

《逸周书》在先秦被称为《周书》，等同于《尚书》的《周书》。《汉书·艺文志》已著录，列尚书类，“《周书》七十一篇，周史记”。但其价值直到今天才为人所重视。

黄怀信教授著《逸周书汇校集注》《逸周书校补注译》《逸周书源流考辨》三书。他指出：“《逸周书》是一部极堪珍贵的历史文献。这部文献，不仅是研究西周和商、周之际历史及年代的重要材料，同时也是研究周人治国治民的政治思想、管理思想、经济思想、道德思想和军事思想的重要材料。对于研究管、商、孟、荀等先秦诸子的思想渊源及中国古代思想史、民族关系史，乃至天文、地理史和文学史，

① 杨善群：《清华简〈尹诰〉引发古文〈尚书〉真伪之争——〈咸有一德〉篇名、时代与体例辨析》.《学习与探索》2012年第9期。

也都十分有用。特别是对研究周公及孔子儒学思想的渊源，更有不可替代的作用。由于其长期以来没有得到足够重视，加之世无善本，文多涩晦，学者鲜能卒读，致使这些价值大多数迄今没有被发见。”①

在研究中国古典经济学轻重术时，《逸周书》给笔者很大启发。中国古典经济理论在周文王时代已形成理论基础，包括政府用储备物资干预、平衡市场。“其中两章最值得我们关注，一是《籴匡解第五》，二是《大匡解第十一》。表面看来，两者都是讲殷末周人是如何救灾救荒的，但《籴匡解第五》主要是靠救济和政府到市场买粮，措施包括：施舍用物以赈济穷困，国君亲自巡察各方灾情，卿大夫参与告籴，庶子协助运粮。开仓同吃，民不藏粮……《大匡解》首先讲了文王召集各级官员共同商讨救济之道，然后阐述了具体政策，其中储备和金融手段变得极为重要。”②

另一类尚书类文献源自2008年清华大学收藏的战国竹简，目前为止已经整理出来的有十多篇，包括《金縢》、《傅说之命》、《皇门》、《祭公之顾命》、《命训》、《尹诰》、《程寤》、《尹至》、《保训》、《厚父》、《封许之命》、《成人》等。

据《汉书·艺文志》，孔子整理的《书》有百篇，还阐明义理为每一篇写了序。目前可以看到的《尚书》类文献也是百篇左右，再不能对其熟视无睹。否则，我们不可能理解自身的政治经济制度之源流——只有为往圣继绝学，才能为万世开太平！

（四）《礼》

基于社会自然分层人伦，高度世俗化的礼是中华文明的主要特

---

① 黄怀信：《逸周书校补注译》（修订本）.三秦出版社.2006年第1版，第1页。

② 翟玉忠：《道法中国：二十一世纪中华文明的复兴》.中央编译出版社.2008年第1版，第160~161页。

征。礼是一切礼仪规范、政治制度和伦理价值的总和。与此相对应的是《仪礼》、《周礼》和《礼记》三礼。

和世界上其他民族一样，中华礼制源于对鬼神的祭祀，首先表达宗教功能。据《礼记·礼运》，古礼是从饮食开始的，那时人们尚未发明陶器，就把谷物、小猪放在烧热的石头上烤，挖个小坑当酒杯，双手捧起来喝，用土抟成鼓槌，垒个小土台子当鼓，人们认为可用这种方式致敬鬼神，于是便有了原始祭礼。上面说："夫礼之初，始诸饮食，其燔黍捭豚，污尊而抔饮，蒉桴而土鼓，犹若可以致其敬于鬼神。"

这种古代祭祀很快政治化了，三代演化成高度理性、世俗化的政治形态。随着春秋战国礼乐的崩溃，礼伦理教化的功用越发突出。从宗教祭祀为重心到政治制度为重心，再到人伦道德为重心，展现出中华礼文化发展的一般历史进程。钱穆先生总结道："'礼'本是指宗教上一种祭神的仪文，但我们在上文述说过，中国古代的宗教，很早便为政治意义所融化，成为政治性的宗教了。因此宗教上的礼，亦渐变而为政治上的礼。但我们在上文也已述说过，中国古代的政治，也很早便为伦理意义所融化，成为伦理性的政治。因此政治上的礼，又渐变而为伦理上的，即普及于一般社会与人生而附带有道德性的礼了。我们现在为'礼'字下一简括的定义，则礼即是'当时贵族阶级的一种生活习惯或生活方式'。这一种习惯与方式里，包括有'宗教的、政治的、伦理的'三部门的意义，其愈后起的部门，则愈占重要。"[①]

在高度世俗化的当代，基于现世生活的社会秩序、社会价值的礼越发重要。因为所有社会中都有上下、父（母）子、夫妇三纲，维系

① 钱穆：《中国文化史导论》（修订本）.商务印书馆.1996年第1版，第72页。

这三纲的基本原则就是“因人情节人欲”的礼义。可以预见，在被理性科学侵蚀殆尽的宗教伦理面前，中华礼义超越族群、宗教和党派的普世特征，将为人类文明作出巨大贡献。

《仪礼》又称礼经，它是先秦一大堆烦琐的礼节单，已失去实用价值。但通过演礼，可以深入体会我们不同于西方的人文精神，所以《仪礼》仍需重视；《周礼》是对周代政治制度的追记。汉武帝时藏于宫庭，很少有人知其存在。同时代的河间献王从民间收得《周礼》，也未流行开来，后世甚至以为刘歆伪作《周礼》。清代以后，学者通过文献考据和金文材料，才证实其不是伪书，《周礼》的重要性成为共识。

无论是《仪礼》还是《周礼》，都是对过去礼仪和政制的追记，而《礼记》阐发礼超越时代的价值意义，所以唐以后《礼记》大兴。清代学者焦循（1763~1820年）在《礼记补疏》中写道：“以余论之，《周官》《仪礼》，一代之书也。《礼记》，万世之书也。必先明乎《礼记》而后可学《周官》《仪礼》。《记》之言曰：礼以时为大。此一言也，以蔽千万世制礼之法可矣。”

《礼记》现存《大戴礼记》和《小戴礼记》两种，《汉书·艺文志》并未著录二者，只有“记，百三十篇”，班固注：“七十子后学者所记也。”汉末郑玄始分别大、小《礼记》，《小戴礼记》在郑玄作注后开始流行，唐代孔颖达整理五经，《礼记正义》也是用郑玄的注本。特别是宋儒将其中的《大学》《中庸》两篇抽出列为四书后，《小戴礼记》大行于世，与其居同等地位的《大戴礼记》则备受冷落。唐以前只有北朝卢辩作过注，清以后注者增多。

我们整理《六经》，有必要将《大戴礼记》和《小戴礼记》平等看待。依此精神，2014年拙著《礼之道：中华礼义之学的重建》由中央编译出版社出版，可算笔者恢复礼义之学全貌的初步尝试。

（五）《易》

上古《易》有三种。据《周礼·春官·太卜》："太卜掌三《易》之法，一曰《连山》，二曰《归藏》，三曰《周易》。"

汉人尚见过《连山》、《归藏》。东汉学者桓谭在《新论》中说："《连山》八万言，《归藏》四千三百言。""《连山》藏于兰台，《归藏》藏于太卜。"

一般认为《连山》为夏代筮书，《归藏》为商代筮书，《周易》为周代筮书，东汉王充《论衡·正说》认为："列山氏得河图，夏后因之，曰《连山》；归藏氏得河图，殷人因之，曰《归藏》；伏羲氏得河图，周人因之，曰《周易》。"

1993年3月，湖北江陵王家台15号秦墓中出土了《归藏》，其中尽管有商以后内容，但当是比《周易》更早的筮书，与《连山》《周易》并存的筮法。李学勤先生的说法较为公允："我们研究这个《归藏易》的结果，可以证明，这个《归藏易》实际上没有那么古，这种秦代的竹简上的《归藏易》，估计在战国时代已经有了，可是这种《易》看起来还是模仿《周易》的，不管从它的思想高度上来看，还是从它内容的历史事实上来看，都完全比不了《周易》。所以虽然发现有《归藏易》，我们还是要说《周易》是我们最重要的古代这方面的文献。"①

《周易》为何重要？因为春秋时人，特别是孔子，将其义理化了，脱离巫史的卜筮书而成为言天道性命的《经》。

子贡（即子赣）对于孔子晚年精研《周易》感到大惑不解，因为孔子一贯反对"索隐行怪"。孔子解释说：对于《周易》，我撇开它祝

① 李学勤：《〈周易〉讲稿——2001年春在清华大学出版社的演讲》，收入《清华简及古代文明》.江西教育出版社.2017年第1版。

卜成份，考察其天道义理。暗中受神明之助而不通达于筮策数，就是巫；明了筮策数而不通达于天道，就成了史。史巫的占筮，我喜欢它又不以为然。后世怀疑我的，或者就因为《周易》吧！我求其天道之德而已，与史巫同路而目标不同。有德的人靠自己的品德行为去追求幸福，因此祭祀求神少；有道德的人靠行仁义去追求吉利，因此很少卜筮。《帛书周易·要》记载："子赣曰：夫子亦信其筮乎……子曰：《易》，我后其祝卜矣！我观其德义耳也。幽赞而达乎数，明数而达乎德，又仁守者而义行之耳。赞而不达于数，则其为之巫；数而不达于德，则其为之史。史巫之筮，乡之而未也，好之而非也。后世之士疑丘者，或以《易》乎？吾求其德而已，吾与史巫同途而殊归者也。君子德行焉求福，故祭祀而寡也；仁义焉求吉，故卜筮而希也。"

今天，有人忘记了数术易与经学易的区别，迷信卜筮，拿着《易经》到处招摇撞骗。《汉书·艺文志》数术略总论龟卜与易卜（蓍龟）说："蓍龟者，圣人之所用也……及至衰世，懈于斋戒，而屡烦卜筮，神明不应。"吾辈非圣贤，岂敢轻用卜筮——君子慎之！君子慎之！

《易经》称为经，在其义理价值。除了传世本《周易》，1973年长沙马王堆西汉墓出土的帛书《周易》十分重要，当属楚地不同的传经系统。孔子十翼之外，通过帛书《易之义》《要》《缪和》《昭力》，能看到更多孔子对《周易》的解读，真是千载幸事！

我们不可株守一家，有必要整合传世《易》传与帛书《易》传，让《周易》天人之际的深刻义理造福全世界。

（六）《春秋》

研究《春秋》，首先要明白《春秋》是先秦东亚大陆的世界史、"全球史"。因为周朝有史官赴告制度，各国史官，将该国所发生的大事呈报中央周王室，且一并报给其他各国史官。所以孔子因鲁史作

《春秋》，包括了当时各国大事件。钱穆先生说："当知史官分布，乃是周代一制度，而孔子作《春秋》则是私家一著述。由政治转归了学术，遂开此下中国之史学。所以孟子说：其文则史，其事则齐桓晋文，其义则丘窃取之矣。这是说《春秋》一书的底材，还是鲁史旧文。但从孔子笔削以后，则此《春秋》既不是一部鲁国史，也不是一部东周王室史，而成为一部诸夏的国际史，亦可称为乃是那时的一部天下史或称世界史。"①

孔子是用什么样的人文精神——史义，赋予《春秋》灵魂呢？是以礼义为基础的大一统中华治道，目的是重建当时的国际秩序——超越族群和特殊利益集团（党）、中央集权的政教大一统。

司马迁写《史记》深受孔子作《春秋》的激励，他在《史记·太史公自序》中对《春秋》的宗旨论述详尽：《春秋》这部书，上阐明三王的治道，下辨别人事的纪纲，辨别嫌疑，判明是非，论定犹豫不决之事，褒善怨恶，尊重贤能，贱视不肖，使亡国复存，断绝了的世系继续下去，补救衰敝之事，振兴废弛之业，这是最大的王道……做人君、人父若不通晓《春秋》，必定会蒙受首恶之名。做人臣、人子如不通晓《春秋》，必定会陷于篡位杀上被诛伐的境地，蒙死罪之名。其实他们都认为是去做好事，只因为不懂得《春秋》大义，受史家口诛笔伐也不敢推卸罪名。如不明了礼义的要旨，就会弄到君不像君、臣不像臣、父不像父、子不像子的地步。君不像君，就会被臣下干犯，臣不像臣就会被诛杀，父不像父就会昏聩无道，子不像子就会忤逆不孝。这四种恶行，是天下最大的罪过。把天下最大的罪加在这样的人身上，也只得接受而不敢推卸。所以《春秋》是礼义的根本所在。他写道："夫《春秋》，上明三王之道，下辨人事之纪，别嫌疑，

① 钱穆：《中国史学名著》.生活·读书·新知三联书店. 2000年第1版，第17页。

明是非，定犹豫，善善恶恶，贤贤贱不肖，存亡国，继绝世，补敝起废，王道之大者也……为人君父而不通于《春秋》之义者，必蒙首恶之名。为人臣子而不通于《春秋》之义者，必陷篡弑之诛、死罪之名。其实皆以为善，为之不知其义，被之空言而不敢辞。夫不通礼义之旨，至于君不君，臣不臣，父不父，子不子。夫君不君则犯，臣不臣则诛，父不父则无道，子不子则不孝。此四行者，天下之大过也。以天下之大过予之，则受而弗敢辞。故《春秋》者，礼义之大宗也。”

西方史学重史实，轻史义——忽视选择史学材料的根本精神，历史之魂！

西方历史学根深蒂固的史义是以自由主义为基础的现代性。从个人自由主义到自由市场经济、自由民主政治。

多年来，笔者欲摆脱西方以自由主义为基础的现代性，代之以礼义为基础的中华治道，重写世界史。人类文明是一个开放、互动、共生的有机整体。21世纪全球化时代的世界史——世界春秋写作，必须抓住一点两线。

一点：以人类历史展开的自然分野，世界第三极青藏高原为坐标原点。在青藏高原以西诞生了现代西方文化，其底色是希腊-希伯莱文化；青藏高原以东滋养了中华文化，她是历史上唯一超越神话宗教的文化体系，强调道在帝先，民为神本，神不胜道，是人文精神的巨大突破。

两线：一条线索，人类历史是社会不断复杂化、一体化的历史，其最高发展形态是超越族群、宗教和特殊利益集团（党）的大一统政治；另一条线索，人类历史是人自我觉醒、自我解放的历史，其最高发展形态是基于社会自然分层、世俗化的人伦礼义。

关于第一条线索，大历史的作者们多有论述。大历史学派将整个宇宙的演化加入了人类史，他们认为这一令人畏惧的工作仍有规律可循："有一条线索贯穿整个故事：那就是宇宙出现138亿年以来越来越复杂的事物的出现。复杂事物具有多种组成部分，它们精确地排列，从而产生新的属性。我们将这些新属性称为突现属性（emergent properties）。"①

关于第二条线索，笔者在新近出版的《智慧简史：从旧石器到人工智能》指出："人的自我发现是过去一万年来人类文明发展的强大趋势，它包括神性的逐步消解、世俗性的增强。"②

另外，传世的《春秋》三传：《左氏传》重史实，《公羊传》和《穀梁传》重义理。我们有必要如《春秋三传》③一样，以经为纲，按内容将三传依次放到经文后面，然后根据时代特点折中三家。在这样一个霸权主义横行的时代，为重建世界秩序提供宝贵的思想资源。

孔子离世已经2500年了，经学的历史尽乎成为消解、矮化、神化经学的历史——是对经学拨乱反正的时候了！

自西汉末年刘向校书，首开大规模重整《六经》之滥觞，逮至煌煌大唐，《五经正义》横空出世，迄今已有两千多年。立足中国，放眼世界，我们重新整理《六经》，将充分汲取历代经学研究成果，包括汉儒诸家师法，清代以来考据、辑佚，当代考古学、人类学的新发现等，充分阐发《六经》的时代性、开放性和统一性。

时代性指返本开新，守经达权，如何将《六经》的灵魂运用到当代。比如《尚书·洪范》阐述了超越党派、吸纳社会各阶层的中央集权中华治道。我们这个时代，重新阐述"建中立极"是不够的，还要将它与基于党派竞争的现代民主政治进行比较，说明为何中国没有走

① 大卫·克里斯蒂安、辛西娅·斯托克斯·布朗、克雷格·本杰明：《大历史：虚无与万物之间》.北京联合出版公司.2016年第1版，第6页。

② 翟玉忠：《智慧简史——从旧石器到人工智能》.华龄出版社.2021年第1版，第78页。

③ 元人：《春秋三传》，中国书店.1994年第1版。

上以党派竞争和多数决为基础的西式民主政治，以及西式民主政治与中华治道的不同。“不识庐山真面目，只缘身在此山中”，只有超越西方学术范式，我们才能更清楚地看到，西方民主如何退化为“富民作主”的金主政治。

在形式上，所有古文同时要译成现代白话文。阐释性文字力求通俗易懂，不可用文言或半文言。

开放性不仅指综合中外一切有关《六经》的发现、研究成果，平等对待，择善而从。还要在形式上用网站、微信、微博等媒体，随时调整相关内容，随时与读者互动。让经学从庙堂走入寻常百姓家，成为凝聚时代共识的基础。

统一性指无论言礼、言乐（诗）、言政、言刑，都要归之于大一统、超越特殊利益集团（党）的中华治道。这也是孔子整理《六经》的目的。西汉刘向《战国策书录》认为东周礼乐崩溃，孔子整理《六经》，王道才变得清楚明白，只是因为孔子无权无势，大一统才不能实现。他说：“及春秋之后，众贤辅国者既没，而礼义衰矣。孔子虽论《诗》《书》，定《礼》《乐》，王道粲然分明。以匹夫无势，化之者七十二人而已，皆天下之俊也，时君莫尚之。是以王道遂用不兴。故曰：非威不立，非势不行。”

基于礼义的中华治道是《六经》的主旨，我们要牢牢抓住这一总纲领，让它深入全球化、智能化、世俗化的世界。这意味着人类文明范式的根本变革——从西方的现代性到中国文化传统的返本开新。

述往圣之初心，筑太平之基业。《六经》的时代化、大众化、国际化是大势所趋。我们当如巨象过河，脚踏实地，稳步前行。

唯人能弘道。值此千年大变局的时代，吾辈任重而道远。收拾文化山河，重整《六经》，尚赖弘毅君子同心协力，共襄盛举！

二、中华文明的脊梁——经学及经学的现代转化

过去一百多年，世界上多少古老帝国尽成废墟。

日出东方，改革开放以来绵延数千年中华文明凤凰涅槃般地崛起，让太多人目瞪口呆。

从文明型国家、新结构主义经济学到超越西方特殊利益集团的新型政党制度……中外学人绞尽脑汁，试图根据东西方某些不同点，堆砌西学概念解释这一现象。

那些理论能解释一些现实，也容易获得“政治正确”，占领各类讲坛和报纸版面。却不能向世人说清楚：中国为何不是一个充满异教徒的国家？中国政治体制为何不是威权专制？诸多中国特色源自哪里？内涵又是什么？

最后，许多理论沦为自说自话的文字游戏，甚至成为宣传鸡汤。

现实是历史文化的因革损益，历史文化是现实的演化基因。脱离历史文化的主根经学，我们必将在精神文化上空壳化。

今天，有必要将经学——这一中华文明的基因图谱绘制出来，展现给全世界。只有这样，我们才能理解21世纪的中国现实，以及诸多中国特色的根源。

佛教西来两千年的历史表明：印欧文明西来学术在中国的生命

力取决于其成功的中国化，而不是一味以西代中，拆了故宫建白宫——大乘佛教契合了天下为公的中华大道，才在其本土势危之时，在东方重获新生！

这里，必须首先认清承载中华大道经学的权威性和神圣性。

1.经史传统与科学实证

中华经史传统实质是经学传统。

太史公司马迁以前，无独立史学，史学依附于春秋学。后代史家注重正统，著二十四史阐明大一统的春秋大义。可惜，近代人不理解这一点，梁启超1902年发表《新史学》，极力抨击传统史学“知有朝廷而不知有国家”，称“二十四史非史也，二十四姓之家谱而已”。[①] 他忘了，世界上很少有哪个文明如此强调家国天下！

不仅有文字的族群有经学传统，没有文字的狩猎采集部落也有口头流传的“经”，那是数万年文化演进的集体智慧结晶——包括神话、信仰、习俗、禁忌等社会生活的方方面面。

古老经学传统与现代科学实证的最大不同是：前者源自祖辈们集体的历史实践和坚定信念，是对自然环境和社会环境长期适应改造的结果。后者来自个体的直觉和经验，是个人理性思考的产物。

经学传统并不遵从严格的因果律，作为一种文化适应，人们只知道那样做是对的、好的。常常在经过现代科学实证后，人们才明了一些习俗所具有的科学原理，以及违背某些信仰习俗的恶果。

对于“经”中智慧的非凡价值，哈佛大学人类进化生物学系教授约瑟夫·亨里奇（Joseph Henrich）写道：“文化演进往往比人类更

① 梁启超:《新史学》.商务印书馆.2014年第1版，第85页。

加聪明。在漫长的岁月中，处在社会中的个体无意识地学习更成功、更有声望以及更加健康的社会成员，通过这样的演化过程激发出文化适应。虽然这些设计精良的复杂技术很好地回应了当地的挑战，但这并非个体在应用因果模型、理性思维或成本效益分析后的产物。一般来说，虽然大部分人或所有人都对这种自适应练习很熟练，然而他们并不知道其运作原理，甚至他们在任何事情上都只是这样'做'而已。这种复杂的适应行为的出现恰恰是因为自然选择倾向于那些经常将信仰与文化遗产——从祖辈的实践与信念里衍生出的事物暗含的积累的智慧——强加于个人直觉与个人经验的人。在许多关键的情况下，个人直觉与个人经验往往会导致其误入迷途。"①

约瑟夫·亨里奇在书中举了主要农作物木薯的解毒技术。木薯在南美和南太平洋地区十分常见，由于没有经过磨碎、清洗、煮、放置等步骤处理的木薯释放出氰化物，会导致食用者慢性中毒，引发神经系统、肌肉、免疫系统的严重疾病。

南美亚马逊丛林里的土著并不知道木薯解毒技术的科学原理（如下图），但他们却年复一年地重复煮熟这样的习俗。不幸的是，17世纪早期，葡萄牙殖民者将木薯从南美洲带到了非洲西部，却没有带去木薯加工习俗。结果，西非广泛种植的木薯在当地成为严重的健康问题。一些非洲族群也发展出了有效的除氰化物技术，但这类文化并没有广泛传播出去。

中国拥有世界上极为发达的经学传统，是先民万年积累的集体智慧结晶，是中国人安身立命、安邦治国的基础——中华文明的脊梁！说它发达，因为其突破了人类文明普遍以神话为基础的文化体系，四五千年绵延不绝。

① 约瑟夫·亨里奇：《人类成功统治地球的秘密》.中信出版集团.2018年第1版，第122页。

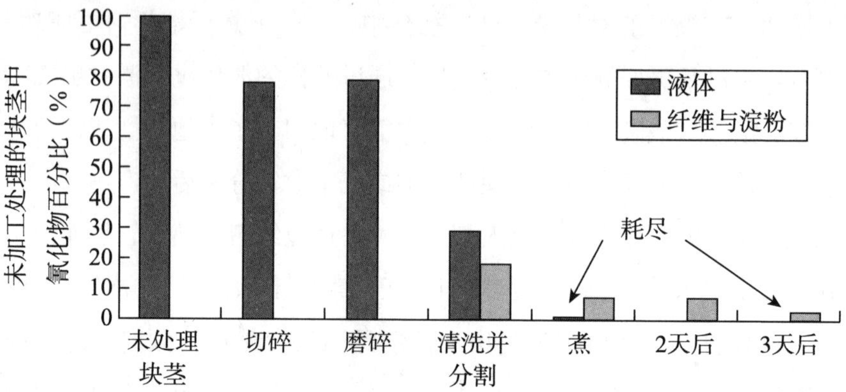

哥伦比亚的亚马逊流域图卡诺安人木薯加工技术中每个主要步骤的。氰化物百分比是对于块茎而言。①

然而，世界上极少有族群如过去一百年来中国人所做的一样，主动放弃自己的经学传统。民国初年，为建立所谓“合乎共和政体”的学制，废除了清末学制改革中小学一直存在的经学一科。1915年，曾任中华民国首任教育总长的蔡元培撰文，为其积极推动的废除读经大唱赞歌。他说：“学校之中，初有读经一科，而后乃废去，亦自千九百年以来积渐实行，亦教育界进步之一端也。”②

事实上，蔡元培自1912年1月4日就任南京临时政府教育总长，到袁世凯上台辞职，总共任职不到7个月。但就在这7个月的时间里，蔡元培出台了影响巨大的《普通教育暂行办法通令》14条，其中第8条规定小学读经科一律废止。从体制上将经学排除在教育之外，由此开始。

很快，中学、大学等各类学校中的经学教育被删除。由于西化

① 图片来源：约瑟夫·亨里奇：《人类成功统治地球的秘密》.中信出版集团.2018年第1版，第120页。

② 蔡元培：《1900年以来教育之进步》,《蔡元培全集》第2卷.浙江教育出版社.1997年第1版，第369页。

教育的改革者不能也没有勇气完全否定经学的价值，他们干脆野蛮地肢解了它，使之成为西学学科的研究对象。此种恶行持续到今。根据1912~1913年间民国政府制定公布的壬子癸丑学制，普通教育、师范教育以及实业教育，都不再专设经学独立分科。高等教育阶段比照西学分科办法，整合到哲学、文学与史学三门中：《周易》《毛诗》《仪礼》《礼记》《春秋公·谷传》《论语》《孟子》《周秦诸子》《宋理学》划归到哲学门下中国哲学，《说文解字》及音韵学、尔雅学、词章学划归为文学门下国文学，《尚书》《春秋左传》则划归为历史学门下中国史，《周礼》则划归为历史学门下法制史。①

自断慧根。废除经学留下的伦理道德和治国理念真空，西学一直无法填补。历史证明：所谓以美学、科学代替德育，不过是民国知识分子天真且愚蠢的幻想。

——对软实力在国际竞争中越来越重要的信息时代来说，这近乎是灾难性的！

今天，我们必须尽快恢复经学的权威性与神圣性，回归我们的道德和治道家园。如西方人对待基督教《圣经》一样，重视经学及经学教育。要实现这一点，必须完成经学的现代性转化。

2.经学的变与不变

恢复经学的权威性与神圣性，请回经学，不能简单地回到清末。笔者建议回归西周经学属大学教育的本来面目，先从大学教育开始，从上至下地恢复经学教育。史学家吕思勉先生指出，古代“六艺”有大、小学之别。“予谓《诗》《书》《礼》《乐》《易》《春秋》，大学之

① 朱有瓛主编：《中国近代学制史料》第三辑下册.华东师范大学出版社.1992年第1版，第4~5页。

六艺也。礼、乐、射、御、书、数，小学及乡校之六艺也。”[①]事实上，儿童读经，也从宋明以后，科举制盛行后才流行起来的，是为利禄之门铺路。

因为对于成人的安身立命、安邦治国来说，经学有不可替代的价值。也只有成人，能深入理解经学的微言大义。

近年来，在“国学热”中出现了新的神秘主义思潮。这些人似乎深受工业时代自动化观念的影响，认为一个人少年读经，长大后“自动”会读通经典；社会总体道德水平提高了，社会“自动”会治理好；经典不需要随时代变化再行阐释，其“自动”是普遍真理。

这些认识是荒诞的。以笔者个人为例，研读经子二十多年，参访了诸多大德、写了多部专著，感觉自己对经典的理解仍多不安之处。中国文化博大精深，何来“自动”读通？若社会总体道德水平提高了就能治理好，那西方基督教世界就只需要上帝，不需要凯撒了——连开车、游泳这些事都需要专门学习，何况社会治理这么复杂的事！

南朝梁刘勰《文心雕龙·宗经》说：“经也者，恒久之至道，不刊之鸿教也。”认为经典是长久的真理，不可改易的伟大的教导。

经典之所以成为经典，在于其永恒的生命力。但大家不要忘了孔子的话，“人能弘道，非道弘人”。大公至道要传下去，非有人去做不可，否则就是死的文字。由于数千年时代环境语言的变化，经典中某些部分也会过时，比如《仪礼》这类书，在周代相当长时期内都不可或缺，但在秦汉以后，其重要性就逐步让位于《礼记》了。

为何，因为“礼，时为大”(《礼记·礼器》)，礼仪规范是一个族群不断继承和发展的结果，具有鲜明的时代特征。千古不变的是礼仪中蕴含的人文精神——礼义。所以重礼义的《礼记》三国时期已升

① 吕思勉：《吕思勉文集：先秦学术概论》.译林出版社.2016年第1版，第45页。

格为经。南北朝时，三礼中能通《周礼》《仪礼》的学者已经很少。清代焦循在《礼记补疏序》中一语道破了这种现象的实质："《周官》《仪礼》，一代之书也。《礼记》，万世之书也。必先明乎《礼记》，而后可学《周官》《仪礼》。《记》之言曰：'礼以时为大'。此一言也，以蔽千万世制礼之法可矣。"

甚至连孔子的孙子，注重德行的修持的《中庸》作者子思（公元前483—前402年，名孔伋）都不再遵守其祖父周游列国时见诸侯的礼仪。这引起了孔子高足——子思的老师曾子的不满。因为曾子目睹过孔子如何行人臣礼，而子思见诸侯时，则完全不管这一套。"述圣"子思为何不守孔子之礼，这是因为时移世变。在"凡有血气者皆有争心"的战国时代，布衣驰骛，大争于天下，哪里还有功夫讲习西周复杂的旧礼。子思辩解说，舜禹因禅让而得到天下，汤武靠用兵而获得政权，并非这些人本来互相矛盾，而是由时世不同决定的。《孔丛子·居卫第七》记载：

曾子谓子思曰："昔者吾从夫子游于诸侯，夫子未尝失人臣之礼，而犹圣道不行。今吾观子有傲世主之心，无乃不容乎？"子思曰："时移世异，各有宜也。当吾先君，周制虽毁，君臣固位，上下相持若一体然。夫欲行其道，不执礼以求之，则不能入也。今天下诸侯方欲力争，竞招英雄以自辅翼，此乃得士则昌，失士则凶之秋也。伋于此时不自高，人将下吾。不自贵，人将贱吾。舜禹揖让，汤武用师，非相诡也，乃各时也。"

这就涉及经典的变与不变，以及我们如何处理变与不变。

以《尚书·洪范》为例。它是夏商周三代的治国大法，开头有个引子讲此篇的来源。

早期周人一直处于西北农牧交界地带，政治经济都不发达，这从周文化的发祥地、灭商之前周人的聚居地——周原考古遗址中也能看出来。

缺乏大国治理经验的周灭商后面临的第一个问题就是：如何治理这样一个领土广袤国家——这是生死问题！

所以周武王在灭商后立刻请教商朝遗老，纣王的叔父和大臣箕子。《尚书·洪范》中，箕子向武王陈述了传自夏禹的治国大法九条（九畴），它们按洛书顺序排列，南宋学者蔡沈（1167~1230年）在洛书河图于北宋年间问世后，制成了“九畴本洛书数图”。（见下图）

圖數書洛本疇九

“九畴本洛书数图”有个缺点，没有标出中间最重要的第五“皇极”。我们知道，以图文的形式表达治国方法，是先秦相当普遍的做法。除了《尚书·洪范》,《管子·幼官第八》等篇也保存着这样的形式，只是图已遗失。《管子·幼官第八》诸篇与历法联系在一起、开月令之先河。感兴趣的朋友可以参阅拙著《斯文在兹：中华文化的源与流》第一章“河图、洛书图说考”。[1]

① 翟玉忠：《斯文在兹：中华文化的源与流》.中央编译出版社.2014年第1版，第2~35页。

《洪范》九条大法中，如洛书一样，相邻两条都是阴阳相对应的。其中第一条“五行”及第二条“五事”、第五条“皇极”及第六条“三德”，可以说是经典是变与不变的极好例证。

开篇箕子说禹的父亲鲧治水不成功，打乱了五行（“汩陈其五行”），引起上帝震怒，所以没有赐给鲧《洪范》，鲧也被杀死。禹德行合乎常道，治水大功告成，上帝才将洪范九畴赐给禹。

这里的“五行”，是五行家天人感应观念中的“五行”。五行家认为，人，特别是统治者的行为会引发自然界的灾异。《汉书·艺文志》总论数术中的五行家说：“五行者，五常之形气也。《书》云‘初一曰五行，次二曰羞用五事’，言进用五事以顺五行也。貌、言、视、听、思心失，而五行之序乱，五星之变作。”从《汉书·五行志》中，我们能找到很多具体的“汩陈其五行”事例。

千百年来，诸多注家都对《洪范》中的五行观念感到困惑，因为五行家早已不为学人所熟知。今天我们研究它，不是要复兴五行家，而是要研究五行观念的演变。因为上古五行观念是后世五常仁、义、礼、智、信的源头，长期影响中国文化的思孟五行学派也源于此。只有理解了从数术五行到儒家五行的演变，我们才能清楚宋以后儒家如何照抄禅宗，颠倒了中华大道的本末。

正是在新出土的思孟学派核心经典《五行》中，我们清楚地看到：“德”包含“善”，达到“德之圣”，才能达到圆融无碍的智慧境界。《大学》修行次第当从“止于至善”始，终于“明明德”，而非如宋明理学家认识的那样，从“明明德”开始，终于“止于至善”。《五行》上说：“德之行五，和谓之德；四行和，谓之善。善，人道也。德，天道也。”根据上下文，这段话意思是说，德行有仁、义、礼、智、圣五类，五者和谐称为德。仁、义、礼、智四者和谐叫做善。善属于人道，德属于天道；感兴趣的朋友可以参阅拙著《性命之学：儒门心法新四书阐微》。[①]

进而言之，对于经典是变的部分，甚至失传的学问，我们重点要研究其流变，这种流变会深深影响今人对经典的理解。

《尚书·洪范》第五条“皇极”及第六条“三德”分别论述政治组织原则和政治德行原则，从公元前21世纪到公元后21世纪，无论有意识还是无意识，它们都为中国历代政治家所遵奉，这是经典不变的典型——从中能看到经典四五千年持续的生命力！

理解以“皇极”，大中之道为核心的政治组织原则，才能理解中国政体、国体，及它同以地方自治的基础西方政治体系的本质区别。

顾颉刚、刘起釪写道：“《汉书》《后汉书》及汉人著作都释‘皇’爲‘大’、‘极’爲‘中’，释‘皇极’爲‘大中’或‘大中之道’……《汉书·五行志》释云：‘皇，君也。’马融、郑玄以下至蔡沈遂都用此训。”[②]学术史上，“皇极”从最初释为“大中之道”到释为“君王进行统治的准则”，掩盖了中华政教基础的中道义——不得不说这是一种严重的误读。

“皇极”是大同思想在政治中的具体体现。《礼记·礼运》引孔子言：“大道之行也，天下为公，选贤与能，讲信修睦。”这里的“极”、“中”，即“公”，目的是超越特殊利益集团的党争，建立一个下级服从上级，政教统一、贤能参与国家管理的强大中央政府。

《尚书·洪范》强调：“无偏无陂（音pō，不平坦——笔者注），遵王之义；无有作好（好指私好，偏好——笔者注），尊王之道；无有作恶，遵王之路。无偏无党，王道荡荡（荡荡，宽广的样子——笔者注）；无党无偏，王道平平；无反无侧，王道正直。会其有极，归

① 翟玉忠：《性命之学：儒门心法新四书阐微》. 中央编译出版社. 2014年第1版，第24~27页。

② 顾颉刚、刘起釪：《尚书校释译论》. 中华书局. 2005年第1版，第1150页。

其有极。”这句话告诉我们，不要邪僻，世人应遵循君王的正义。不要只顾私人爱好，当遵循君王所指的大道前进。不要为非作恶，要遵循君王开辟的正路。不要有偏私，不要结朋党，王道是宽广的。不要结朋党，不要有偏私，王道是平坦的。不要背离法度，王道是正直的呀！大家要团结在中央政府之下，坚持大中之道。

大中之道强调中央政府要有足够的权威和资源，用以保障民生及人民的幸福，只有这样才能得到人民的拥护。上面说：“敛时五福，用敷锡厥庶民。惟时厥庶民于汝极。”据下文，“五福”包括长寿、富贵、健康平安、修行美德做好人、长寿善终五个方面。

重民生，重百姓福祉，成为诸子百家的基本治国理念。《管子·牧民第一》开篇就说：“凡有地牧民者，务在四时，守在仓廪。国多财则远者来，地辟举则民留处；仓廪实则知礼节，衣食足则知荣辱。”据说孟子曾问子思，“牧民何先？”子思回答：“先利之。”（《孔丛子·杂训第六》）

实现大中之道，政教大一统是关键。

教化的统一指人们要对中央政府有基本的价值认同，同时君王要包容所有人。庶民都不得结成邪党，人们不能朋比为奸，都应遵循大中之道。上面说：“凡厥庶民，无有淫朋，人无有比德，惟皇作极。”

政治上的大一统，要求公平对待贵族和平民，防止特殊利益集团的出现。选贤与能，依法赏罚。文中说：“无虐茕独而畏高明。人之有能有为。使羞（羞，通“修”——笔者注）其行，而邦其昌。”

与西方从马基雅维利开始的政治去道德化趋势不同，中国先贤主张一种务实主义的政治德行（“三德”），软硬兼施，牢牢掌握赏罚“二柄”，防止大权旁落，破坏大中之道，直接威胁国家稳定。具体内容包括：对平正康宁的人，要以正直方式对待；对倔强不亲附的人，要以强硬方式对待；对和顺可亲的人，要以温和方式对待。对下面群众，要以强硬方式统治；对显要贵族，要以温和方式拉拢。只有君王才有权赏赐给人们幸福，只有君王才有权给予人们惩罚，只有君王才有权享受锦衣玉食的生活。臣下无权赐人以幸福、予人以惩罚及不按礼制消费。假如臣下擅权，就会最终倾覆国家。文中说："平康，正直；强弗友，刚克；燮友，柔克；沈潜，刚克；高明，柔克。惟辟作福，惟辟作威，惟辟玉食。臣无有作福、作威、玉食。臣之有作福、作威、玉食，其害于而家，凶于而国。"

我们要真正理解过去四千年生生不息，中国政府的政治组织原则和政治德行原则，必须了解黄老道家以及归本于黄老道家的法家。比如说法家经典《韩非子》一书，就在《主道》《二柄》等篇中，将《洪范》三德思想发挥到了细致入微的地步。

千百年来，学人视《韩非子》政治德行（术）为阴谋权术，现代人甚至说其《五蠹》《显学》等篇章"完全是一种法西斯的理论"。[①]这显然是不通经子的缘故！

不是依靠柏拉图与亚里士多德，不是依靠孟德斯鸠与洛克，不是依靠奥尔森和罗尔斯，只有透过自己的经典，我们才能理解自己和自己的国家！

3.超越汉宋、得意忘言

经学与子学是源与流、母与子的关系。如果说经学是中国文化的1.0版，子学则是经学的进一步演化，是中国文化的2.0版。

《汉书·艺文志》说"天下同归而殊途，一致而百虑"，诸子百家"亦六经之支与流裔"。近人章太炎先生指出："九流皆出王官，及其

① 郭沫若:《十批判书》.东方出版社.1996年第1版，第497页。

发舒，王官所弗能与；官人守要，而九流究宣其义。”何谓“究宣其义”，吕思勉先生解释说：“究宣其义者？遭直世变。本其所学，以求其病原，拟立方剂。见闻既较前人为恢廓，心思自较前人为发皇（发达兴盛，发展提高——笔者注）。故其所据之原理虽同，而其旁通发挥，则非前人所能望见也。”①

无经学，则子学成无源之水；无子学，则经学成一潭死水。汉武帝为实现政教统一，听从董仲舒的建议“罢黜百家，表彰六经”（注意：不是妄传的“罢黜百家，独尊儒术”），设立经学博士、断子学利禄之途——结果经子断裂，经学迅速经院哲学化、玄学化、僵化。

两汉经学沦为烦琐哲学、神秘的谶纬之学大行，经目（中央政府所尊“经书”的范围）在利禄之途上固化。这些都与汉武帝割裂经子的前因分不开！

直至清代，考据之学兴盛，学人始以子证经，再离经而治子，子学于清末民初大盛。但也昙花一现——随着新儒学的崛起，今天子学又衰矣。其学术水平、学术气象，远不及上个世纪前半叶。

经学与子学是母子关系，一损俱损，一荣俱荣。何以故？经学核心思想为百家的传承。所不同之处，儒、墨、道、法各有侧重而已，其中黄老道家与法家的界限尤其模糊。《管子》《汉书·艺文志》列入道家，《隋书·经藉志》才列入法家，而“管商”，法家代表人物商鞅与管仲并称，先秦已有之。

经学为诸子百家的公共经典，它们基本的政治理念，无甚差别。上面提到的“皇极”大中之道，为百家所认同。顾颉刚、刘起釪在解释“皇极”论证说：“（皇极）实同于《墨子》‘尚同’的思想。《尚同上》云：‘上之所是，必皆是之；所非，必皆非之。’《尚同中》云：

① 吕思勉：《吕思勉文集：先秦学术概论》. 译林出版社. 2016年第1版，第12页。

‘举天下之万民以法天子，夫天下何说而不治哉。’显然就是这里的‘皇极’。《尚同中》又云：‘凡国之万民上同乎天子，而不敢下比。’又：‘是以皆比周隐匿而莫肯尚同其上。’更就是本篇的‘凡厥庶民无有淫朋，人无有比德，惟皇作极’。‘比德’之‘比’即‘下比’之‘比’，其渊源尤爲明显。《尚同下》云：‘若苟义不同者，有党。’则就是‘无偏无党’之‘党’……这种统一于君主的思想，法家完全接受了，而且更加以强调，加以发展。《韩非子·有度》云：‘贤者之为人臣……顺上之为，从主之法，虚心以待令而无是非也。故有口不以私言，有目不以私视，而上尽制之……先王之法曰，臣毋或作威，毋或作利，从王之指；无或作恶，从王之路。’可知建立君主统治之道的最高准则——‘皇极’的这一思想，由《洪范》的这种诗歌形式的鼓吹，墨家摩顶放踵地进行宣传，到法家加以批判继承，充类至尽。”①

我们不仅需要以子证经，会通经子，通经致用，还需要以史证经。因为经，特别是《尚书》《春秋》，是史官所记，有亦经亦史的特点。《汉书·艺文志》载：“左史记言，右史记事，事为《春秋》，言为《尚书》。”

比如司马迁作《史记》，不仅其史学精神直接继承自春秋（见《史记·太史公自序》），三代历史多直接用当时的语言改写《尚书》之文，通过《史记》相关篇目，我们可以知道西汉人如何理解《尚书》——这对今人大有裨益。

由于经学在中国历史上的重要地位，再加三代距今太远，所以解释经典，常常众说纷纭，聚讼千载不已。我们不能执着于史实或其他细枝末节不放。要在会通诸经、会通经子、会通经史的基础上，“得

① 顾颉刚、刘起釪：《尚书校释译论》.中华书局.2005年第1版，第1171~1172页。

意忘言”。

比如《尚书·尧典》，表面上叙述尧舜的功德，重头戏在禅让，尧禅位给舜。但禅让的本质是“天下为公、选贤与能”的中华治道。最能体现尧大公无私的，是大臣放齐推举尧的儿子丹朱做官时，被尧一口否定，还批评丹朱言语虚妄，好争辩。

1993年出土于湖北省荆门市郭店的战国楚简《唐虞之道》，大力称赞尧舜的禅让，认为这是选举贤能的表现，足见中国成贤、选贤、从贤，内圣外王一贯的治道之悠久。这一深入国人生活方式、人生理想的选举制度，与西方追求个人自我实现、党派竞争、“从众”的民主制度迥异。《唐虞之道》写道：“尧舜之行，爱亲尊贤。爱亲故孝，尊贤故禅。孝之方，爱天下之民。禅之传，世亡隐德。孝，仁之冕也。禅，义之至也。”①

尧舜都是中华治道的榜样，所以后世干脆用“尧天舜日”比喻天下太平，相信如尧舜一样不任人唯亲，不用坏人，选贤任能，以功取士，就会世界大同，天下太平。

今天我们重视的考核、问责制度，也源于《尚书·尧典》。舜时，就有了“三载考绩，三考黜陟”和“五载一巡守”的考绩之法，根据功勋的大小对官员进行奖惩。因为此种精神与法家循名责实的用人之道相合，顾颉刚、刘起釪二先生就认为《尚书·尧典》必定晚出，甚至认为乃秦汉时书，这就颠倒了经子源与流、母与子的关系。②

我们不能因为某一事实出现在后世，就认为先前必无此一事实。也不能因为上古事实真伪难辩，就否定国人的千载实践。

三晋地区流传否定尧舜禅让的历史，《竹书纪年》记载，尧晚年德行衰弱，舜囚禁了尧，并为难丹朱，使丹朱不能见其父。“昔尧

① 荆门市博物馆：《郭店楚墓竹简》.文物出版社.1998年第1版，第157页。

② 顾颉刚、刘起釪：《尚书校释译论》，中华书局.2005年第1版，第329~330页。

德衰，为舜所囚。舜囚尧，复偃塞丹朱，使不与父相见也。”《韩非子·说疑》也说：“舜逼尧，禹逼舜。”没有必要因为这些记载，学人就否定选贤与能的中华治道！

今天我们要做的，是拨开文献和历史的迷雾，将经学永恒的灵魂、不朽的生命基因提取出来——这是恢复经学活力的起点，也是时代赋予我们的历史使命。

经学不朽！中华文明不朽！我们重新整理经学的事业不朽！

（2021年10月4日，春耕园第四届经学论坛在山东曲阜召开。本文是作者的会议论文）

三、会通诸经·会通诸子·会通经子

任何事物都有两面性。

全球化的另一面是本土化。现代中国，传统文化兴起是本土化的重要表现。

公众将中国文化理解为琴棋书画、诗词歌赋、中医、武术，京剧（脸谱）之类是可以理解的，因为它们形象且有益——或陶冶情操，或增进健康，经常二者兼而有之。

问题是，如果我们将上述文化当成中国文化的核心，到处宣传，恐怕不仅误中国，也误外国。有一位学经济的蒙古朋友，欲了解中国经济崛起的原因，去乌兰巴托一家中国驻外文化机构参访，发现那里不过是汉语学校。

任何国家文化的核心都是其政治经济（政）和社会教化（教）体系。我们不能说美国的文化核心是摇滚乐、《泰坦尼克号》等好莱坞大片，美国软实力核心是其政教体系，包括自由民主政治、自由市场经济、基督教、个人主义……

中国文化的核心也是其政教体系。古代中国政治经济体系主要包括黄老（道家）、法家；社会教化体系主要包括儒家以及释道两教。进入21世纪，植根于中国文化、中国特色的社会主义是其政教体系核心——中国传统文化与中国特色社会主义一以贯之，都实践一种超越党派竞争、代表人民整体利益的政治体制，国家参与其中的市场经济，以及超越神话及神的信仰、大公无私的追求人间美好的生活方式。

如果我们将琴棋书画作为文化核心，自废武功，同美国自由主义政教体系进行对话，简直文不对题，哪里还有什么话语权！更别谈包括香港、台湾在内的海内外同胞对中国社会价值与政治经济体系的认同了——清醒啊！警惕啊！同胞们！

雪上加霜的是：由于千年历史惯性，今日中国不幸又陷入“独尊儒术”的泥潭。不知何时起，所有研究中国文化的人都成为“新儒家”，儒家简直成了中国文化的代名词。这种儒家并不是先秦研习经典的“文学”之士，而是佛教化的宋明理学。

今天，有学者哪怕只研究了一本《易经》、一部《论语》、一点礼仪，就如半仙附体似的，立刻成了《论语》专家、《易经》专家或礼学大师。这些学者用西方专业分科的眼光看待中国文化，不知道中国文化体系是一个有机的整体——诸经、诸子以及经子之间都是相通的，其中做人与做事，修齐治平，内圣外王连续统一。

中国人将成圣成贤、智慧通达作为人生目标。《尚书·洪范》有“睿作圣”，西汉孔安国传曰：“于事无不通谓之圣。”东汉许慎《说文解字》：“圣，通也。”

所以，研究中国文化，不能得少为足，要融会诸经、诸子、经子。这样，才得见中华政教之全体。

1. 孔子整理五经的根本目的——明王道

所谓经，指《诗》《书》《礼》《易》《春秋》五类经典。我们不能将“五经”理解为几本书——随着大量文献的出土和一些文献的重要性被重新发现，必须打破传统经学界限。进而言之，我们需要一种开放的“大五经”观念。

以《尚书》为例，除了大家熟知的《今文尚书》，还有传世又长期被忽视的《逸周书》以及正在陆续出版的清华大学藏战国竹简《尚书》，对于理解中华政教，它们同样重要。

通经的关键，是要理解孔子整理五经的根本目的——明王道，阐述一种超越党派，吸纳社会各个阶层、具有强大中央政府的中华治道。西汉刘向《战国策·叙录》说：“孔子虽论《诗》《书》，定《礼》《乐》，王道粲然分明。以匹夫无势，化之者七十二人而已，皆天下之俊也，时君莫尚之，是以王道遂用不兴。”可见，孔子整理五经的目的是明王道。

礼、乐、诗、书为西周官方的教学内容，自然用以阐明王道，《春秋》“大一统”言王道也很明显。《易经》表面讲天道，实际仍归为“易简”王道，告诉我们如何成就内圣外王，盛德大业。《易经·系辞上》用乾坤两卦，强调平易、简约的重要意义，是真正的“成功学”。因为只有能平易、简约，号召人，团结人，同志者齐心协力，才可能成就圣贤德业。上面说：“乾以易知，坤以简能。易则易知，简则易从。易知则有亲，易从则有功。有亲则可久，有功则可大。可久则贤人之德，可大则贤人之业。”

长沙马王堆出土的《帛书周易·昭力》专论“卿大夫”以及“国君”治国理政之道，强调“卫国以德”，对于21世纪软实力的构建具有重要的现实意义——《帛书周易》同传世本《易经》同样重要！

中华治道（王道）从4000年前的大禹时代，一直持续到奉行中国特色社会主义的21世纪。按照《尚书·洪范》的说法，《洪范》阐述的王道传自大禹。遗憾的是，今天诸多学者只会用西方现代竞争性党派政治衍生的词汇描述中华治道，结果，同西方比较，中国共产党执政成为威权政治、独裁政治，多么荒唐啊！

五经是中华政教的基础、是中国文化的基因，必须尽快恢复她的神圣性和权威性。普通人读不懂五经，学者们有责任讲清楚五经的时代意义。如果我们顽固坚持过去一百年的方向，以史学化、文学化、西学化的路子研究五经，那是对中华文明的犯罪！

2. 道家“无为”即儒家“中庸”

诸子主要指《汉书·艺文志》中道家、法家、墨家、儒家、阴阳家、名家、杂家、农家、纵横家、小说家这十家，后人将医家、兵家等也列入诸子。

媒体上常用“百花齐放，百家争鸣”形容民主，这是对百家争鸣的极大误解。因为诸子皆出自西周官方学术经学，皆言治道，如人有四肢，相辅相成，相须为用。比如道家、法家重政治，儒家重教化，纵横家重外交等，一个人常常不仅是法家，也是儒家，比如法家著名人物韩非子、李斯熟读经学，刘向就称他为“名儒”。(《孙卿书录》)

百家争鸣存在，但不是百花齐放，而是“一花开多叶”——诸子百家都是西周官方实用知识体系经学的枝叶。《汉书·艺文志》说百家是“《六经》之支与流裔”，唐代颜师古注：“裔，衣末也。其于《六经》，如水之下流，衣之末裔。”

且古代诸子百家教人，都是内圣外王，内在德行智慧与外在事功之学一起教授，道术一统，这是中国文化的根本特点。比如纵横家讲内圣有《鬼谷子·本经阴符七术》，即使重践行的墨家，也讲“不怒”——“克己勤俭，故不怨怒于物也”。(《庄子·天下篇》成玄英疏)《墨子·贵义》提到去除“六种邪僻”，包括“去喜，去怒，去乐，去悲，去爱，去恶(此据前后文补——笔者注)。”这是很高的修养境界。

明白了诸子百家内在和外在的统一性，始可以读通诸子百家。比如我们研读道家《老子》，从治国理政的角度才是正解。至于魏晋，《老子》如何与《庄子》《周易》并称“三玄”，则是后人向内圣方向极端化诠释的结果。

本质上，《老子》的主要思想“无为”与儒家天下为公的中庸大道，无二无别。“无为”不是什么也不做，而是做事无过与不及，恰到好处！“大道之行也，天下为公”，从心法上，无为首先要做到无私；从实践上，要做到“因物之所为”自然而为。《淮南子·修务训》雄辩地批驳了将无为理解成不作为的错误观点：依中国西高东低的地势，水多由西流向东，但必须经过人的治理疏导，才能使水顺着河道奔流；庄稼在春天生长发育，人必须耕耘管理，五谷秋天才能丰收。假若任水自流，苗自长，那么鲧和禹的功绩就无从建立，后稷的智慧同样无一是处。所以说“无为”指个人私欲不掺杂到公道之中，个人嗜欲不干扰正确判断。做事应遵循事理——根据实际情况，权衡自然之势，不用什么巧伪奸诈。事情成功了也不夸耀，功业树立了不执为己有。无为并不是说别人触动你也毫无反应，别人推拉你也无动于衷。作者写道：“夫地势，水东流，人必事焉，然后水潦得谷行；禾稼春生，人必加功焉，故五谷得遂长。听其自流，待其自生，则鲧、禹之功不立，而后稷之智不用。若吾所谓‘无为’者，私志不得入公道，嗜欲不得枉正术，循理而举事，因资而立，权自然之势，而曲故不得容者，事成而身弗伐，功立而名弗有，非谓其感而不应，攻而不动者。”

道家“无为”即儒家“中庸”。西汉司马迁《史记·老子韩非列传》说："世之学老子者则绌（同'黜'，贬低——笔者注）儒学，儒学亦绌老子。"不能看到西汉或唐代儒、道两家互相攻击，就认为二者截然对立，或者断言政治经济上儒家主张有为，道家主张无为——上述观点都是割裂政教、不通诸子的表现。

3.《六经》是源，诸子是流

可以将"经"比作中国文化的1.0版，"子"是中国文化的2.0版。经是中国文化的基因，子是中国文化的身体，二者血肉相连，不可分割。

汉武帝出于统一国家意识形态的需要，听从董仲舒的建议"罢黜百家，表彰六经"(《汉书·武帝纪·赞》)。请注意：不是"罢黜百家，独尊儒术"，因为在中国古典学术体系中，儒家也是"百家"之一，在逻辑上不可能"罢黜儒家"，又"独尊儒家"。

"罢黜百家，表彰六经"是灾难性的。它直接导致了经、子对立，中华道统的断裂。今天《六经》成了儒家《六经》，诸子成了可有可无的异端——鲜有人深入研究。

《六经》是源，诸子是流。会通二者，我们才能看到中华文化"白波九道流雪山"的雄伟气势。若只讲《六经》，没有流，中国文化就会成为一潭死水。这是宋以后中国文化的现实；若只讲诸子，那么中国文化就成了无源之水、无本之木——我们就会脱离中国文化的大本大源。

比如《尚书·洪范》讲中华治道的最高原则"建中立极"："无偏无党，王道荡荡。无党无偏，王道平平。无反无侧，王道正直。"尽管略作解释，仍显得过于简略。

如果我们参照中国古典政治经济理论轻重术，就知道一个国家如何通过强大的国有资本，培育、稳定、调控市场。所以中国古典政治经济学原典《管子·牧民第一》开篇即说："凡有地牧民者，务在四时，守在仓廪。"轻重术理论基础《管子·国蓄第七十三》也指出："利出于一孔者，其国无敌；出二孔者，其兵半诎（通'屈'，削弱——笔者注）；出三孔者，不可以举兵；出四孔者，其国必亡。"《管子·国蓄第七十三》主要讲经济生活中如何具体施行中华治道。

所以，会通经子，知本末很重要。今天，我们不仅要会通诸经、会通诸子、会通经子，同时还要会通中西——知其同，别其异。比如近几十年，信息技术产品"收益递增"的特点催生了以"非均衡"为基础的复杂经济学，它与轻重术的基本理念异曲同工。但复杂经济学并不强调国家参与市场经济，这可能与西方自由主义经济传统有关。

走出过去一百多年来"西是中非""以西释中"的西方中心论，平等看待东西方异同，返本开新，为陷入困境的西式现代文明找到一条可替代道路，是我们研究中华政教的根本目的——生生不息的中华文明必将为人类可持续发展提供重要的思想资源！

不仅中国人安身立命需要中华政教，构筑中国软实力需要中华政教，人工智能时代人类同样需要中华政教。对中华政教的全面研究刚刚开始，因为我们强调中华文化的整体性、系统性和独特性，遭到了太多学者的野蛮反对——我们拒绝用西方学术框架肢解中国古典学术体系，这触犯了"唯西学马首是瞻"者的根本利益。

没有人能够阻止东方文明的太阳在21世纪地平线上升起——她从轴心时代欧亚文明的母体中走来，走向全球化、世俗化、智能化的新时代！

因为中国文化与西方排他性的一神教不同，"敬鬼神而远之"，是包容性的。

因为中国文化与西方以神为本的宗教信仰不同，"民为神主"，是世俗性的。

因为中国文化与西方神权、王权的两分不同，其内圣外王的德行智慧一以贯之。

面对西方现代文明范式的整体危机，脑力解放引发的世界大变局，中华政教体系为人类指明了新的前进方向。让我们站在历史的潮头，以深邃的历史眼光，广阔的世界视野——乘风破浪，奋勇前行！

四、《六经》是21世纪中国屹立于世界的基础

大一统是《春秋》大义的核心。

大一统首先是政令的统一，中央政府政令能够贯彻到国境所及的区域，进而实现普遍的法律秩序和公正——同其他诸多文明一样，二者也是中国礼义文明的政治追求。

话语权和政治正确性的基础是文化。中国文化的基础是西周官方学术，《诗》《书》《礼》《易》《乐》《春秋》六经。它们决定了中华文明的特质，是中国人安身立命的根本，中华政教的灵魂。

中国文化中没有西方高度组织化、超越现世的宗教，其道德建立在社会自然分层（人伦）基础之上。人生目标不是死后的天堂，而是不朽的功德。具体表现为修身、齐家、治国、平天下，内圣外王一以贯之的人生理想。

数千年来，中国人以尧为榜样，其功绩被后人广为传颂。《尚书·尧典》开篇叙述了尧修身、齐家、治国、平天下的伟大人生：古时候有帝尧，名叫放勋，为人庄敬严肃，明达事理，形于外者风度文雅，蓄于内者思虑精明，宽厚温和，包容大度，对于工作恭勤认真，又能推贤让能，重用人才。他的道德光辉，充塞四海之外，至于天地上下。尧高尚其德，以身作则，亲和九族；九族和睦了，就辨明彰显

朝中百官；朝中百官协调好后，进而协和团结万国诸侯。因而天下庶民都亲善和乐，风俗淳美。文中说：“帝尧曰放勋，钦明文思安安，允恭克让，光被四表，格于上下。克明俊德，以亲九族。九族既睦，平章百姓。百姓昭明，协和万邦，黎民于变时雍。”①

尧的榜样力量对中国文化影响极大。《大学》讲的修、齐、治、平即本于此。

修、齐、治、平涵盖生活的方方面面。所以中国没有西方教堂那样明显的宗教性建筑，因为人们生活的所有场所都是中国人的教化道场；中国更没有西方那样独立的教士阶层，中国人认为，内在修养与外在事功是一致的，教化与政治是统一的——西周政教合一，官师不分，代表国家权力的君主不仅要“为之君”，还要“为之师”。

“为之师”，教化靠诗、书、礼、乐，四者是《六经》的基础。

1.“六经皆史”不等于“六经皆史料”

后世何以贬斥中华文明的灵魂《六经》？关键是近代胡适等人偷换清人“六经皆史”的概念，将之解释为“六经皆史料”。从此，《六经》在中国文化中的神圣性、权威性几尽消失。它们成了博物馆橱窗中的文物，不再指导现实生活。

清代中期史学家章学诚（1738~1801年）强调“六经皆史”，本意是纠正宋明理学重经学、空言心性之弊，强调作为政治典章的《六经》与史义（道、理）的有机联系。他在《文史通义·卷一·易教上》开宗明义：“古人未尝离事而言理，六经皆先王之政典也。”

受西方实证主义思想的影响，近代学者将章学诚的“六经皆史”

① 对《尚书》原文的理解，参考了顾颉刚、刘起釪：《尚书校释译论》.中华书局.2005年第1版，第351页。

解读为“六经皆史料”。胡适的说法具有代表性：“我们必须先懂得‘盈天地间，一切著作，皆史也’这一句总纲，然后可以懂得‘六经皆史也’这一条子目。‘六经皆史也’一句孤立的话，很不容易懂得；而《周易》一书更不容易看作‘史’，故先生的《易教》篇很露出勉强拉拢的痕迹。其实先生的本意只是说‘一切著作，都是史料’。”①

到了“古史辩”学派那里，经学成了靠不住的、待“证而后信”的古史。这些先生们没有搞清楚：经以载道，经阐扬义理。作为史的经亦以载道，其义理经过中华民族数千年的实践检验，并不需要今人重新去证明——如同发射火箭，不需要再去证明牛顿的物理学定律，只需要将之作为理论应用于实践就行了。

从“六经皆史”到“六经皆待证而后信的史料”，中华文化的地基被野蛮掏空了。吉林大学文学院刘雄伟博士评价道：“尽管近代史学以一种实证主义的眼光来看待六经，把六经当作普通史料来处理，在古史研究方面取得了实质性的进展，但它在客观上却彻底地终结了传统史学的原初语境，使得人们再也无法回到传统史学话语体系中来理解六经的原有意义及经史关系。六经在传统语境中的形上意义、道德追求在近代实证主义那里被彻底消解掉了。”②

今日之中国，人文教育建基于“待证而后信的史料”——《六经》文化废墟之上。所以，除了生吞活剥地引入西学，诸多中国人已经不知如何言语了。

一个失去灵魂的族群注定是一个没有希望的族群。面对“六经皆史料”的思想遗毒，我们当振臂高呼：“六经非史”“六经皆魂”！

---

① 胡适：《章实斋年谱》. 安徽教育出版社. 1999年第1版，第154页。

② 刘雄伟：《“六经皆史”的近现代误读》. 载《天津社会科学》2017年第2期。

2.“表彰六经”不等于“独尊儒术”

关于《六经》的另一个严重误解，是将《六经》矮化为儒家之学，仿佛汉以后儒家就独尊了，中国文化成了儒家文化，经学亦是儒家经学——这是彻头彻尾的以讹传讹、将错就错，极大限制了我们对《六经》义理的阐发。

在中国学术史大变局中，与南宋朱熹曾经“退五经、进四书”相似，两千多年前汉武帝曾经“进六经、退百家”，却没有“罢黜百家，独尊儒术”。请注意，这里的“进”“退”不是“独尊”或“消灭”之意，只是说二者地位的相对变化。用班固在《汉书·武帝纪》中的话说就是：“孝武初立，卓然罢黜百家，表彰《六经》。”

在中国文化观念中，百家指包括儒家在内的诸子百家，儒家虽为显学，亦是百家之一；因为孔子以《六经》教人，所以董仲舒曾将“六艺之科”与“孔子之术”并列，都指源自西周王官学的《六经》。

“罢黜百家，独尊儒术”演绎自董仲舒上汉武帝的“天人三策”，主要根据《汉书·董仲舒传》中下面一段话：“《春秋》大一统者，天地之常经，古今之通谊也。今师异道，人异论，百家殊方，指意不同，是以上亡以持一统。法制数变，下不知所守。臣愚以为诸不在六艺之科孔子之术者，皆绝其道，勿使并进。邪辟之说灭息，然后统纪可一而法度可明，民知所从矣。”这句话的大意是说，《春秋》经重视天下的统一，这是天地永恒的原则，古今共通的道理。如今老师讲述的道理彼此不同，人们的议论也彼此各异，诸子百家研究的内容不同，主旨不一，所以人君不能掌握统一的准绳，法令制度屡次改变，在下的百姓不知道应当怎样遵守。臣认为凡是不属于六艺的科目、孔子所教之术的都一律禁止，不许它们同样发展。这样，邪僻的学说消失，然后政治纲纪可以统一，法令制度可以明白，人民也知道跟从什么了。

董仲舒上述“学术一统于王官学”的建议，在20世纪初中国社会风雨飘摇之际，竟被讹传为“罢黜百家，独尊儒术”，仿佛汉武帝按照董仲舒的建议“兴儒灭子”，于是乎以后中国文化之天下即儒家之天下——中国文化的主体即儒家。

据中国青年政治学院宋定国教授考证，此一论断的始作俑者是35岁就跳海自杀的近代革命家易白沙。[①]

1916年2月，易白沙在《新青年》杂志（1卷6号）发表《孔子平议》[上]，打响了新文化运动中批评孔子和儒学的第一枪。文章中，这位深受西方自由民主思想影响的革命家首次提出“罢黜百家，独尊儒术”一说，并指出，是汉武帝利用儒家，“独尊儒术”，才使天下人失去思想之自由。他写道：“汉武当国，扩充高祖之用心，改良始皇之法术，欲蔽塞天下之聪明才志，不如专崇一说，以灭他说。于是罢黜百家，独尊儒术，利用孔子为傀儡，垄断天下之思想，使失其自由。”

然后，易白沙总结了孔子学说容易被汉武之类“野心家”利用的四大缺陷：一、“孔子尊君权，漫无限制，易演成独夫专制之弊”；二、“孔子讲学不许问难，易演成思想专制之弊”；三、“孔子少绝对之主张，易为人所借口”；四、“孔子但重作官，不重谋食，易入民贼牢笼”。

按常理，易白沙错误总结了汉武帝“进六经、退百家”的史实，无中生有地树立起了“罢黜百家，独尊儒术”的反儒靶子，尊儒尊孔者当据理力争，还历史以清白才对。吊诡的是，20世纪后来的各色

① 宋定国：《国学纵横》. 首都师范大学出版社. 2013年第1版，第121页。

“新儒家”完全接受了易氏“罢黜百家，独尊儒术”之说，并以此证明两千年来中国文化的主流就是儒家，因为自汉代起，已经儒术独尊了！

倒是易白沙本人，在《孔子平议》中是明确反对以儒家代表中国文化的，反对“今之董仲舒，欲以孔子一家学术代表中国过去、未来之文明也”。(《孔子平议》[下])

在1916年9月出版的《新青年》杂志第2卷第1号上发表了《孔子平议》[下]，易白沙雄辩地论证说：“以孔子统一古之文明，则老、庄、杨、墨、管、晏、申、韩、长沮、桀溺、许行、吴虑，必群起否认，开会反对。以孔子网罗今之文明，则印度、欧洲，一居南海，一居西海，风马牛不相及。闭户时代之董仲舒，用强权手段，罢黜百家，独尊儒术；开关时代之董仲舒，用牢笼手段，附会百家，归宗孔氏。其悖于名实，摧沮学术之进化，则一而已矣。”

“孔子之学只能谓为儒家一家之学，必不可称以中国一国之学。盖孔学与国学绝然不同，非孔学之小，实国学范围之大也。朕即国家之思想，不可施于政治，尤不可施于学术。三代文物，炳然大观，岂一人所能统治？”

当代诸多所谓“新儒家”可不管这些，只要能为我所用，错误的也是正确的，正确的也是错误的——这就是为什么“罢黜百家，独尊儒术”这类谬论流传，滔滔不息，至于今日的原因——此说表面上是维护儒家，推崇孔子，实际是坑害儒家，丑化孔子。

宋定国教授详细考证了“罢黜百家，独尊儒术”一说产生的源流，对于学界这一广为流传的常识性错误，他近乎悲愤地写道：“时至今日，以‘汉武帝采纳董仲舒建议罢黜百家，独尊儒术’为题的讲座，几乎充斥各种‘国学’讲坛。我不知道授课的‘国学大师’们是否辨过其真伪？而不断冠之于‘新’的‘儒学’，则更是被好多人津津乐道。每每看到这种情况，我就禁不住反思再三，感慨万千。”[①]

百年来，“罢黜百家，独尊儒术”“半部《论语》治天下”[②]这类学术谎言，不仅影响到了学界，甚至还影响到了整个社会。将博大精深的中国文化窄化为儒学，如以管窥天，以锥指地，那样只会屏蔽中华文明的万丈光芒。

让我们恢复《六经》在中国文化和历史中的本来面目吧——六经是21世纪中国屹立世界的基础！

因为在以资为本、霸权主义横行的21世纪，《尚书》《春秋》告诉我们何为“以民为本”的中华治道。那是一种超越特殊利益集团、吸纳不同阶层的高效中央集权（大一统）体制。

因为在个人主义、自由主义泛滥的21世纪，《礼记》《易经》告诉我们何为礼义道德。与现代西方社会“因人情、纵人欲”不同，那是一种“因人情、节人欲”的道德生活方式。前者导致人的普遍物化和异化，后者走向智慧和安乐。

从内修（内圣）到外用（外王），是我们回归《六经》所承载的宇宙大道的时候了——经载天道！在此意义上，《六经》不仅是中国人安身立命的基础，也是人类走向未来的重要思想资源。

“六经皆魂”——归来兮，中华魂！

① 宋定国：《国学纵横》.首都师范大学出版社.2013年第1版，第126页。

② 同①，第63~68页。

五、为何作《世界春秋》
——超越西方中心论的全球史

历史学是仁爱的艺术。

历史学不是生产傲慢、偏见与仇恨的温床。

1.重建人类文明的基础标准、根本价值、演化规律

千百年来，东西方史家过度重视有文字族群的历史，忽视甚至贬低无文字族群。尽管很少有文字的草原民族和海洋民族是世界史的主要动力之一。正是他们，在工业革命以前统治了文化间交流的高速路。如果没有欧亚大草原上诸多族群，青铜时代东西方之间不可能存在广泛交流，并形成大帝国；现代西欧航海民族之所以能很快征服太平洋，得益于南岛语族数千年积累的航海经验。

文明的标准不是文字和城市，南美洲的印加帝国没有文字，却创造了高效的政府；一万多年前的哥贝克力（Göbekli Tepe）石阵建造者没有城市，却有复杂的文明。

文明的标准是因人情，节人欲的礼义大道——具体表现为对内节制欲望，对外节制资本（物资），这一生生大道是人类生存及可持续

发展的基础；在此意义上，西方消解道德及一切社会规范，以自由主义为基础的现代化——对内放纵欲望，对外放纵资本，并非“文明的进步”，而是文明的倒退。

受基督教《旧约》和近代进化论的影响，一种线性演化史观在东西史学界牢固树立起来。西方工业文明高居历史之巅，充满种族偏见地将其他族群斥为原始、落后、保守，其他文化在不同阶段走向现代工业文明。这是一种“文化灭绝”！他们忘记了，因革损益才是宇宙人生演化的基本规律，不同文化在地球具有多线发展、并存继起的特点——许多古老文化因子会长期存在，新文化现象不断涌现。越来越多证据表明，狩猎采集族群的生活并不比现代人更坏，充满灵性的世界观也不比现代科学世界观落后——相对于近代科学提供的物质宇宙观，万物有灵对萨满医学及其社会实践更具解释力。

在世界广大地区，人类早已摆脱狩猎采集时代，进入农业或工业时代。但狩猎采集时代的萨满文化现象广泛存在于现代社会，无论是伊朗、伊拉克边境上信仰伊斯兰教的库尔德苦修士（Dervishes of Kurdistan），还是中国儒家传统深厚的乡村。

“上帝死了”，垄断资本披上学术和慈善外衣取代了上帝。当代西方世界遵从个人自由主义的世界观，泛滥的自由意志、自由民主、自由市场……野蛮地摧毁了包括西方文明在内的人类文明基石。这种世界观认为，只有个人自由主义能够创造足够的自由空间，让人从道德规范、社会习俗和贫困专制的枷锁中解放出来。事实证明，自由主义是一种病毒。今天，欲望取代了爱情，冷漠竞争取代了社会互助，资本专制取代了政治专制。2008年金融危机之后，西方学者更是认识到其反文明（anticulture）的本质。[①]“道始于情”，剥离了公私道德

① Patrick J. Deneen: Why Liberalism Failed, Yale University Pres, 2018.

情感，社会行为不再优先考虑对错，而是优先考虑利害——自由主义将人类带入消费主义、物欲主义的城市水泥丛林。

不能将西方发达的物质文明及其意识形态作为历史发展的目的，应将人的智慧觉醒和幸福安乐作为文明社会的根本价值。也必须走出西方自由主义世界观，历史学才能真正摆脱西方中心论。这就是为什么，过去几十年来，诸多学人反对西方中心论，仍原地打转，走不出西方中心论阴影的原因。美国约翰·霍普金斯大学历史学教授菲利普·D.柯丁（Philip D. Curtin）20世纪80年代就指出："我尝试从'非欧洲中心论'的角度来研究人类历史，但也遇到了一个重要的难题。任何一位社会学家都困在了自己所处文化与时代所编织的网络中。即使他们试图把研究建立在本族中心论的基础上，但历史不得不使用我们这个时代西方文化共同的社会科学概念解释并用西语进行阐述。"[①]

为人类立法，为文明正名。

我们必须重建人类文明的基础标准，人类文明的根本价值，人类文明的演化规律。

2.西方现代史学太关注"客观"史实，忽略史义

"因人情、节人欲"的礼义大道是人类文明更为普世的标准——它不仅让我们超越西方中心论，也使我们不落入东方中心论！

因此，我们试图用中国《春秋》史观去看世界，将以自由主义现代性为基础的世界史，转化为以社会自然秩序、人伦礼义，以超越血缘裙带、天下为公的大一统治道（王道）为基础的世界史——因为人

① 菲利普·D.柯丁：《世界历史上的跨文化贸易》前言.鲍晨译.山东画报出版社.2009年第1版。

类历史就是一部人的自我觉醒，自我解放的历史；人类历史就是整体上不断走向复杂化和统一的历史。

同其他古老民族一样，中国早期历史也以押韵的诗歌形式流传，后来才发展出散文记述。战国时孟子论中国史学传统，言及《春秋》。他指出，圣王的事迹已成绝响，《诗》就消亡了；《诗》消亡，孔子的《春秋》便应运而生。各国史书，晋国的叫《乘》，楚国的叫《梼杌》（音 táo wù），鲁国的叫《春秋》。其所载之事包括齐桓公、晋文公之类，其文风是一般史书的笔法。孔子作《春秋》则不同，以王道义理选择史实，褒贬人物，要人识礼义，明王道，弃恶从善。孔子说过："《诗》三百篇所蕴含的褒贬善恶大义，我私下在《春秋》里借用了。"《孟子·离娄下》载："孟子曰：王者之迹熄而《诗》亡，《诗》亡然后《春秋》作。晋之《乘》，楚之《梼杌》，鲁之《春秋》，一也。其事则齐桓、晋文，其文则史。孔子曰：'其义则丘窃取之矣。'"

著史过程中，孔子如何彰显礼义王道呢？司马迁总结道，《春秋》以鲁国为中心记述，尊奉周王室为正统，以殷商为借鉴，上推三代道统，文辞简约意图广博。所以吴、楚自称为王，在《春秋》中被贬称为子爵；晋文公在践土与诸侯会盟，实际是召周襄王参会，《春秋》避讳说"周天子巡狩来到河阳"。依此类推，《春秋》这样来褒贬时事，若后起的君王能够践行《春秋》大义，天下那些乱臣贼子自然就害怕，不敢胡作非为了。《史记·孔子世家》写道："据鲁，亲周，故殷，运之三代。约其文辞而指博。故吴、楚之君自称王，而《春秋》贬之曰'子'；践土之会实召周天子，而《春秋》讳之曰'天王狩于河阳'。推此类以绳当世。贬损之义，后有王者而开之，《春秋》之义行，则天下乱臣贼子惧焉。"

史学不是发现并堆积过去的事实。历史具有深刻的教化功能，史家总是根据某一价值观念对历史事实取舍、拼接、褒贬。

从司马迁、希罗多德开始，东西方史家皆重史实。但历史女神头戴面纱，让人难睹其风采。

由于资讯交通等条件的限制，某些历史事实当事人（包括史家）可能意识不到。研究大范围、长时段的历史，史学家能够发现被人们忽略的史实。此类史实，并不一定都是隐秘的，有些因为时空过于宏大。比如智人走出非洲以来，人类文明所具有的整体性。这种全球不同文化间的有机联系在公元1500年以前就存在，并非发生在当今全球化时代——全球化时代只是加强了不同文化间的有机联系。

历史学家禀承的“价值观念”在中国文化中称为史义。如果说史实是史学的肉体，史义则是史学的灵魂。受自然科学影响，西方现代史学太关注“客观”史实，忽略了史义。

不是说西方的世界史没有史义，如同我们不能说某某没有灵魂。西方世界史也有史义，只不过，他们将史义狭隘地理解为以个人自由主义为基础的现代性，并将之称为先进、文明、进步。仿佛，只有以西方现代性为基础的世界史才是真正的、唯一的、客观的世界史或全球史。

我们深陷这种史义之中，不能自拔！

3.将世界史建立于更为普世的春秋大义之上

写作《世界春秋》，就是要摆脱以自由主义为基础的现代性，将世界史建立于更为普世的、以礼义为基础的大一统——春秋大义之上！

礼义，是维系社会秩序的基本原则，可以概括为“因人情，节人欲”，具体表现为对内节制欲望，对外节制资本。

不同文化中，礼义表现形态迥异。比如狩猎采集社会，礼义蕴含在当时的宪法——神话，以及与神话相关的祭祀、禁忌等社会习俗之中；在基督教、伊斯兰教等一神教社会，礼义普遍存在于宗教教义和信仰实践之中。

先圣制礼义的目的，是实现人的无限欲望与有限自然资源之间的平衡，“因人情，节人欲”的礼义之道是人类生生不息，可持续发展的基石。鉴于资源稀缺与欲壑难填间的永恒张力，礼义因此具有超越时代的普世特点。违背礼义之道，只能是社会失序，乃至灭亡。

战国末年的荀子谈到礼的起源，精辟地论述道：人生而有欲望；如果想要什么却不能得到，就不能不去追求；如果一味追求而没有标准限度，就会发生争夺；发生争夺就会产生祸乱。古圣王厌恶祸乱，所以制定礼义来确定人们的名分权责，用以调养人们的欲望、满足人们的需求，使人的欲望不会由于物资稀缺得不到满足，物资不会因为人们的欲望而枯竭，使物资和欲望两者在互相制约中平衡发展——这就是礼的起源。《荀子·礼论》开篇说：“礼起于何也？曰：人生而有欲。欲而不得，则不能无求；求而无度量分界，则不能不争；争则乱，乱则穷。先王恶其乱也，故制礼义以分之，以养人之欲，给人之求，使欲必不穷乎物，物必不屈于欲，两者相持而长，是礼之所起也。”

礼义，其社会秩序的最高形态是整个世界体系的秩序。在中国文化中，这一体系称为天下。

天下的原则即大一统治道王道。其基本特征包括：超越血缘族群、党派或其他特殊利益集团，吸纳社会各个阶层参政，代表社会整体利益的强大政治中枢。中国古典政治学元典《尚书·洪范》称之为大中之道“皇极”，上面说：“无偏无党，王道荡荡；无党无偏，王道平平。”这里“荡荡”有宽阔、广大之义。

对于礼义与王道的关系，司马迁在《史记·太史公自序第七十》

谈到《礼书》的写作目的：“维三代之礼，所损益各殊务，然要以近性情，通王道，故礼因人质为之节文，略协古今之变。作《礼书》第一。”意思是说，夏、商、周三代之礼，各有所增减而不同，但总体来看，都下切近人的情性，上通于王道。礼根据人的质朴本性并加以节制，大体顺应了古今之变。所以作《礼书》第一。

“近人情，通王道”。司马迁曾到礼官那里考察礼义制度，深感礼对于天下（世界）秩序的意义，他说，我曾到大行礼官那里，研究夏、商、周三代礼制的演变，才知道按照人情制定礼义，依据人性制定礼仪，由来已久。做人的道理，千条万条，无不贯穿一条基本准则，就是诱导人们，使知仁义，并以刑罚相约束。所以，德厚之人，地位尊显贵重；俸禄多的享受荣耀，以此来统一天下民众，整齐人心。《史记·礼书第一》说：“余至大行礼官，观三代损益，乃知缘人情而制礼，依人性而作仪，其所由来尚矣。人道经纬万端，规矩无所不贯，诱进以仁义，束缚以刑罚，故德厚者位尊，禄重者宠荣，所以总一海内而整齐万民也。”

晚年失意的孔子，担心自已天下大一统的政治理想中绝，于是根据鲁国的历史作了《春秋》——春秋大义是以礼义为基础的统一天下之道。

很少人如司马迁那样理解孔子及孔子作六艺之《春秋》的目的。谈到孔子一生，他说：孔子时代周王室已经衰落，诸侯恣意而行。孔子伤感礼乐崩废，因而深入探讨经术，以重建王道，匡正乱世，使之返于正道，观其著述，为天下制定礼仪法度。留下《六艺》纲纪传于后世。《史记·孔子世家》上说：“周室既衰，诸侯恣行。仲尼悼礼废乐崩，追修经术，以达王道，匡乱世反之于正，见其文辞，为天下制仪法，垂《六艺》之统纪于后世。”

司马迁又依春秋大义作《史记》，锁定了以后两千多年中国史学发展的路径。

在这样一个危机频发、世界失序、全球大争的新战国时代，人类需要超越西方文明的新愿景，构建全球化、世俗化、智能化时代的天下秩序。持续发展至今的中国文化，以节制资本对治资本的膨胀、以节制欲望对治欲望的膨胀，让人类从“因人情，纵人欲”的自由主义回归“因人情，节人欲”的礼义大道，给世人指出了一条崭新的发展道路。

在此意义上，我们书写《世界春秋》正当其时！

为此，笔者准备了八年。作为中间成果，出版了两本书：《人类文明的基因：人类二元观念与世界文化的分野（图文版）》；[1]《智慧简史：从旧石器到工人智能》。[2]

《世界春秋》应由世界上不同族群的学者共建，是一个开放、有机、动态的过程——我们目前的尝试只是万里长征第一步。

希望不同文化、国家的学者，能够参与到《世界春秋》的写作之中。

——世界史由人类共同创造，理应由人类共同完成。

① 翟玉忠：《人类文明的基因：人类二元观念与世界文化的分界（图文版）》，中央编译出版社2017年版。

② 翟玉忠：《智慧历史：〈旧石器到人工智能〉》，华龄出版社2021年版。

六、现代人更要敬畏圣贤之言

笔者有个顽固的习气：逛书店。

即使在海外，也要去汉文书店走一遭，搞得当地朋友到处去问警察——这个习气恐怕难以改掉了。

逛书店，除了博览群书、购买研修所需的书箱，重要的是了解当代人的思想、学术动态——后者更为重要。

若说逛书店有什么刻骨铭心的感受，就是现代人，特别是现代学人太傲慢——无所敬畏，尤其不知敬畏圣人之言！

有一次去北京琉璃厂中国书店，发现台湾一位知名学者刚刚出版的《儒门修证法要》，里面一会儿论儒、一会儿论佛、一会儿论道。言之凿凿，大师气派，却又云山雾罩，让人不得要领，我不禁想写这篇文章了。目的是告诉大家：现代人更要敬畏包括《六经》及诸子百家在内的经典、圣贤之言。

《荀子·劝学第一》论学习的方法与目的终始时，要求学习科目要从读经开始，以《礼》经结束，学习的目的是成圣成贤。他说："学恶乎始？恶乎终？曰：其数则始乎诵经，终乎读《礼》；其义则始乎为士，终乎为圣人。"

1.究竟什么是“三畏”

“畏圣人之言”，语出《论语·季氏篇第十六》，上面引孔子的话说：“君子有三畏：畏天命，畏大人，畏圣人之言；小人不知天命而不畏也，狎大人，侮圣人之言。”

如所有语录体文本常具有的负面效应一样：一句简单的话，却被诸多人误解。特别是对于“大人”的解释，最容易出偏差。文中“大人”并不单指地位高贵的人，主要是指有道德成就和智慧成就的“大人”“成人”。[①]

比如杨伯峻先生（1909~1992年）的《论语译注》，尽管提到先秦对有道德的人也叫“大人”，但依旧将之解释为“在高位的人”“王公大人”。他说：“古代对于在高位的人叫‘大人’，如《易·乾卦》‘利见大人’，《礼记·礼运》‘大人世及以为礼’，《孟子·尽心下》‘说大人，则藐之’。对于有道德的人也可以叫‘大人’，如《孟子·告子上》‘从其大体为大人’。这里的‘大人’是指在高位的人，而‘圣人’则是指有道德的人。”[②]

因此，杨先生将整段话解释为：“君子害怕的有三件事：怕天命，怕王公大人，怕圣人的言语。小人不懂得天命，因而不怕它；轻视王公大人，轻侮圣人的言语。”[③]

中国古典政治的基本特点是“选贤与能”，所以“大人”自然包括政治地位高与道德修为高两重含义。不过联系前后文，我们能看

---

① 翟玉忠：《性命之学：儒门心法新四书阐微》.中央编译出版社.2014年第1版，第120~125页。

② 杨伯峻：《论语译注》.中华书局.1980年第1版，第187页。

③ 同②。

出，“畏大人”没有后世所谓的“是官当敬”之意。这里孔子是从敬畏的层面讲穷理、尽性，以至于命的道理——“畏圣人之言”，并敬畏圣学，是穷理的基础；“畏大人”，以道德成就的人为榜样去修习，是尽性的基础；“畏天命”是知天命，顺天命，通达无碍，“至于命”的基础。[①]

综上所述，这段话更合理的解释是：

“君子所敬畏的有三件事：敬畏天命，敬畏道德智慧上成就的人，敬畏圣人的学说言语；小人不懂得天道天命，因而不知敬畏它，轻视道德智慧上成就的人，轻蔑侮辱圣人的学说言语。”

从闻道、到修道，再到证道，从畏圣人之言、到畏大人，再到畏天命，不难看出，“畏圣人之言”是一个人修学的起点，其重要性怎么强调都不过分。

2. 国学专家“举着红旗反红旗”

随着20世纪90年代国学热的兴起，以及近年政府的大力提倡，直接轻蔑侮辱“圣人之言”的现象变少了。目前普遍的状况是那些所谓的国学专家“举着红旗反红旗”。他们以“圣人之言”为获取名利的工具，处处有心得、时时在发现，恨不得马上成通天教主，明天就万古流芳——至于“圣人之言”的本义以及圣贤之道的实践，就不是这些人关心的了。

具体到当前学术界，“侮圣人之言”主要包括两种表面上相反的趋势：

一是将中国学术西学化，无原则地国际化，这是目前国学研究的

① 翟玉忠：《性命之学：儒门心法新四书阐微》. 中央编译出版社. 2014年第1版，第215~220页。

主流。有容乃大，自一百多年前西学东渐，我们学习西方本来不是什么坏事——西学不仅为我们打开了研究世界的新视野，也为我们提供了学术研究的新方法。

但应用这种方法要有限度，因为中西文化、中西学术具有本质的不同。中国学术重实践、重以象尽意，而西方学术重理论、重抽象概念；中国学术以得大智慧，成圣成贤为目的，而西方学术重获取知识，以知识技能见长。从整体上说，西方学术只到了知识这个层面，而中国学术已经到了守经达权，应变无方的智慧层面——如果我们将中国圣贤之学等同于西方哲学、思想、文化，简直是买椟还珠式的愚昧。

可怕的是：国学专家剥离了中国文化内圣外王的内核，将国人安身立命的基础，鲜活的中国文化变成了枯燥干瘪的文化标本，并用书法、京剧脸谱以及西化的中医装饰一新，要将它推向全世界——真是造孽！

“侮圣人之言”的第二种趋势是研究中国文化狭隘地株守一隅（抓住一个学派、一本书、一句话不放），不知诸子百家皆圣贤之学，不能会通百家，甚者还以反对西学为能事。他们表面上高唱圣贤之道，实际是败坏圣贤之道，这在大陆“新儒家”中表现得尤其明显。

中国文化与西方文化起源不同。中国文化出于西周礼制下的政府官员（王官），各家相须为用。直到春秋时代，人们还将诗、时（历法）、春秋、行（道路）、易卜称为“官技”“君柄”，懂得这些技艺的人亦由国家供养。

《管子·山权数第七十五》引管子言曰：“诗者所以记物也，时者所以记岁也，春秋者所以记成败也，行者道民之利害也，易者所以守凶吉成败也，卜者卜凶吉利害也。民之能此者皆一马之田，一金之衣。”民众中懂诗的可用来记述社会事物，懂时历的可用来记述年景丰歉，懂春秋的可用来记述国事的成败，懂出行的可指导行路的顺逆，懂易的可用来掌握吉凶与成败，懂卜的可以预测凶吉与利害。百姓中凡有上述技艺者，国家都赐给一匹马所能耕种的土地，一斤金所能买到的衣服。

政府作为一个整体，下属部门诸王官专司一职。诸子出于王官，诸子百家自然是相辅相成的有机体——我们治国、平天下，不懂《管子》不行，因为那里边细致讲了如何管理经济，如何一平天下。光研究儒家，治国、平天下极易成为一句空话；再比如我们研究名家，不研究墨家几乎不行，因为后来的名家祖述《墨子》中的《墨经》，名家有些论题，不通过《墨经》根本就不可能理解；再比如法家，他的思想基础是道家，不研究道家，读懂法家是相当困难的。

现在诸多所谓的"国学专家"不管这些。他们喜欢株守一家，师心自用。乃至穷诸玄辩，大搞什么政治儒学、儒家经济学、公民宗教……花样百出，让人目不暇接。

因为这些"新儒家"不存在思想内核，所以他们的学术观点大多是披上了儒家外衣的西学，常常越是激烈反西方的"新儒家"越会显示这个特点——在西方文化的强势之下，这种现象的出现也有必然性。

一些人满嘴都是圣贤之言，"上至三皇五帝，下至计划生育"，无所不言，就是不言内圣外王，一以贯之的大道。《管子·戒第二十六》云："博学而不自反，必有邪。"博学而不会反省，一定产生邪恶——真的是这样啊，笔者十几年来看到这样的人太多了！

以前面提到的《儒门修证法要》一书为例，讲修行讲得令人头晕目眩，就是不讲儒家经典中由人道向天道修行的路线——从《大学》中抓到几句话，"知止而后有定，定而后能静，静而后能安，安而后能虑，虑而后能得"，就开始胡说八道，好像自己已经达到"六经注我”的境界……

明明《大学》对其首章有细微阐发，但在那位台湾大师眼里变得不值一提。自己说得痛快就好，就是大学问——其“侮圣人之言”如此！

中国文化的一个重要特色就是“言以载道”。所以，我们无论是读书，还是写作，都要“畏圣人之言”，不能拿着圣人之言，卖自己的狗皮膏药。否则，可真成了清代大儒颜元所说的“率古今之文字，食天下之神智”。

曹魏大臣桓范（？～公元249年）在其《世要论》中，专门讨论了学人写作的原则。千百年后，我们读来仍倍感亲切。兹从《群书治要》中摘录下来，供有志于学的诸君共勉：

> “夫著作书论（书与论——笔者注）者，乃欲阐弘大道，述明圣教，推演事义，尽极情类，记是贬非，以为法式。当时可行，后世可修。且古者富贵而名贱废灭，不可胜记，唯篇（疑为‘笃’）论俶傥之人，为不朽耳。夫奋名于百代之前，而流誉于千载之后，以其览之者益，闻之者有觉故也。岂徒转相放效，名作书论，浮辞谈说而无损益哉？而世俗之人，不解作体，而务泛溢之言，不存有益之义，非也。故作者不尚其辞丽，而贵其存道也；不好其巧慧，而恶其伤义也。故夫小辩破道，狂简之徒，斐然成文，皆圣人之所疾矣。”

桓范劝告世人：写作的目的在于阐扬光大圣贤大道，叙述说明圣贤教化的道理，推演事情背后的义理，尽力抒发情感，记述真理，针砭错误，以此作为标准和法度，不仅可以在当时施行，也可以让后世修习。自古以来富贵之人名字早已经消亡的，不能逐一记述。唯独留下著作于后世的潇洒风流之士才能不朽。他们的声名振起于百代之前，而声誉却流传到千年之后，是由于其文章让看到的人能够受益，听到的人能够觉悟的原因啊！怎么能够把那些凭空转相仿效、充满浮夸的言辞和议论、于世无益无损的文章称作书论呢？可是，世俗的人，不懂什么叫做写作的本质，只是追求空泛溢美的言语，而没有有益于人的义理，这是错误的。因此，作者不应崇尚言辞的华丽，贵在阐述道义，不应称道其聪明巧饰，而应厌恶其损害道义。因此，辩说琐碎的小事破坏大道，志大才疏者华丽的长篇大论，这些都是圣人所厌恶的。

3. 圣人之言是必须学习的首要知识

这是一个信息高度泛滥，知识高度碎片化的时代。

信息技术的发展一方面使知识的传播变得迅捷，又使资本和权力对信息的控制变得更为简单。天天面对海量的信息，现代人最重要的一项生存技能就是区分什么知识是主要的？什么知识是次要的？什么是信息垃圾？

否则，沉湎于大众娱乐化的信息垃圾中，“拥抱愚蠢”会成为我们生活的病态和常态。[①]

要知道，信息泛滥并不是什么新事物，战国时代的先哲们已经发现了这个问题。庄子曾感叹人类有限的生命无法去穷尽浩瀚的知识：“吾生也有涯，而知也无涯。以有涯随无涯，殆已！”（《庄子·内篇·养生主第三》）

① 《港刊：“拥抱愚蠢”已成无坚不摧的社会潮流》一文. 中国新闻网2015年4月14日，网址：http://www.chinanews.com/hb/2015/04-14/7206942.shtml，访问时间：2015年4月16日。

荀子也说过类似的话："以知，人之性也；可以知，物之理也。以可以知人之性，求可以知物之理，而无所疑止之，则没世穷年不能遍也。其所以贯理焉虽亿万，已不足以浃万物之变，与愚者若一。"(《荀子·解蔽篇》) 这段话的意思是说：能够认识事物是人的本性，可以被认识是事物的规律。凭借可以认识事物的本性去探求可以被认识的规律，如果对此没有一定的限制，那么过完一辈子、享尽天年也不能遍及可以认识的事物。人们学习贯通事理的方法即使有成亿上万条，但如果最终不能够用它们来通晓万事万物的变化，就和蠢人一样！

在先贤看来，西方专业化、碎片化的知识体系本质上是愚蠢的——在这样一个"每天大量生产愚蠢"（台湾诗人余光中语）的大众娱乐化时代，这值得我们三思！

如何解决人之知与物之理间的矛盾？答曰：知止，依止于圣贤之道，守经而达权，无论内圣（道德修为）和外王（社会治理）两个方面都是这样。荀子接着写道："故学也者，固学止之也。恶乎止之？曰：止诸至足。曷谓至足？曰：圣也。圣也者，尽伦者也；王也者，尽制者也。两尽者，足以为天下极矣。故学者以圣王为师，案以圣王之制为法，法其法以求其统类，以务象效其人。"

在物质高度繁荣、知识大爆炸的今天，我们更要像战国先贤那样：知止，老老实实地依止于圣贤之道，圣人之言。这是我们安身（心）立命，得大智慧、大安乐的根本，是必须学习的首要知识。

两千多年前，面对西周礼乐社会的崩溃，孔子告诉世人："君子有三畏：畏天命，畏大人，畏圣人之言。"

今天，面对资本主义世界体系的无序与无望，我们更要知所敬畏，有所敬畏。这里边，首先要"畏圣人之言"！

诸君谨记！

七、关于《现代人更要敬畏圣贤之言》答付老师书

付兄：

谢谢你4月19日的来信。每次向你请教，你不仅认真作答，还帮我校对——君真是我的良师益友！

为什么我要向你确认自己对孔子“三畏”的理解是否正确呢？因为心有不安处。这种不安与我对《论语》《道德经》这类大家耳熟能详经典的态度有关。

《论语》和《道德经》分别是儒家和道家的核心经典，我不赞成学人将这类书作为研究文本过度阐发，也不赞成将这类书在中小学生和普通公众中大力推广，甚至通过“神话”这些书籍加以推广——如在民间读经运动中。

不久前媒体报道说，《论语》《道德经》将成为国内高中传统文化通识教材，更增加了我的担心。

为什么我如此“异类”呢？

我深深感觉到，语录体的《论语》和格言体的《道德经》在形式上具有致命的弱点——它切断了与背景的联系，会导致圣贤本义被误读，而注家常常各说各话。

东晋的葛洪早就注意到了格言体五千言《道德经》这一弱点，感叹五千言虽老子所作，但多是简略泛泛的言说，其中完全不肯自始至终地讲明事理，提供可以察考的线索。假如只诵读这一经典，而得不到要旨，那简直是白费功夫。他说："五千言虽出老子，然皆泛论较略耳，其中了不肯首尾全举其事，有可承按者也。但暗诵此经，而不得要道，直为徒劳耳。"（《抱朴子内篇·释滞篇》）

举两个例子，我们能看到这个问题的严重性。

《论语·泰伯篇第八》记录了孔子的两句话："民可使由之，不可使知之。"就这两句话，没头也没尾，成了孔子愚民主义的铁证。直到1993年10月，湖北省荆门市郭店村出土了战国文献《尊德义》，我们才知道孔子这句话的真义：人民可以教育引导，却不能强迫，教育引导要如春风化雨一般，润物无声。文中说："尊仁、亲忠、敬庄、贵礼，行矣而无遗，养心于子谅（子谅，慈爱诚信——笔者注）。忠信日益而不自知也。民可使道之，而不可使知之。民可道也，而不可强也。"

再比如，《道德经》第三章开篇有"不尚贤，使民不争"，好在它有后文，严肃的学者还不至于简单得将老子列入愚民主义。但对于"不尚贤"的本义，却很少有人理解到位。

《道德经》是写给治国者看的，讲内圣外王的大经。先秦道家即治国的南面之术，然后我们才能结合道家其他原典理解这句话的本义。

"不尚贤"针对君主，讲定分止争，社会分层，权责分明的重要性——君主不能自恃贤能，要用贤，"役贤"，进而实现选贤与能。《管子·侈靡第三十五》中说："祭之，[1]时上贤者也，故君臣掌。君

① 郭沫若先生认为当为"察之"之误，可从；若从"祭"字，亦不影响我们对"不上贤"的理解。

臣掌则上下均，此以知上贤无益也，其亡兹适。上贤者亡，而役贤者昌。”人君亲自察问细事，是自恃贤能的表现。这样，将导致君臣共管小事的局面。君臣共管则二者地位拉平。可见，君主自恃贤能没有好处，适足以危亡。人君自恃贤能者国亡，而使用贤能者国昌。

付兄，您想一想，假如学生读了《论语》《道德经》，极易误解原文，会造成什么样的后果？《论语》开篇就讲“学而时习之”，问题是这个“学”字是讲道德的修习，不是西式学校里知识的学习。可要讲清楚这一点，涉及中国文化的本质，中西学术的根本区别，要下很大功夫才行——谁会做这些事呢？不用说普通公众，就是一般大学学者都很难获得正解，现在宣讲中国文化的师资严重不足啊……

所以我主张，大家多读《孔子家语》《管子》这类论说甚详的经典，少读语录体《论语》和格言体的《道德经》。

再回到对“三畏”的理解上来。诚如你信中说：“孔子说君子有三畏，应该是在某种特殊场合的专门论述。”问题是我们很难知道这些话是在什么场合说的。您将《论语·宪问》孔子对管仲的议论与“畏大人”联系起来，推出大人指“管仲等在政治等领域为当时的中国做出贡献的人”，显然也有欠妥之处。

我是从儒家心性之学的角度来理解孔子“三畏”的。您显然受佛家的影响，将“畏”字更多地理解成了“惧”，但我觉得更应理解为“敬”字。如南怀瑾先生所说的“这里所谓的畏就是敬”，[①]这是一种外敬，是达到内静的外在条件。

我意，“以佛释儒”要特别小心，因为二者的修行路线完全不同。二者互释有好处，也有极大的理论风险——这是我切切实实的感受。

实际上，即使按我的解释，大人指“道德智慧上成就的人”，也

① 南怀瑾：《南怀瑾选集》第一卷《论语别裁》.复旦大学出版社.2003年第1版，第667页。

不能说“大人和后面圣人的内涵与外延基本重合。既然基本重合，孔子就不需要说‘畏天命、畏大人、畏圣人之言’的三畏，而改为‘畏天命，畏圣人之言’或‘畏天命，畏大人之言’等二畏则更加简洁。”按《管子·内业第四十九》中的说法“凡物之精，此则为生。下生五谷，上为列星。流于天地之间，谓之鬼神；藏于胸中，谓之圣人”，既然圣人与化育成物的天道有相合之处，我们总不能将这句改为“畏大人，畏圣人之言”吧？

事实上圣人与圣人之言是不同的，一如佛教中有佛、法、僧的区分。

总之，圣贤之言难解，尤其是语录体，格言体经典中的圣贤之言更是这样。

我写作《现代人更要敬畏圣贤之言》，本是有感于现代人忽视返本开新，迷信西方理性，轻辱圣贤之言的普遍现实而发，没想到引出了这么多问题，也花费了你好多精力，讨论一种很难有结果的问题，真是抱歉。

来信中你对环境问题——现代人不从消费主义上反省，怨天尤人态度——的批评，极有深度，令人深思。由此我想到，未来我们的信都可以收录在相关书中，也算是一种小的发心。君意如何？

再次感谢你的批评和指正。

翟玉忠

2014年4月20日

附付金才《读〈现代人更要敬畏圣贤之言〉致翟玉忠先生书》

玉忠好：

邮件收到，下面是我对君大作的一些浅识，望指正。

孔子说君子有三畏："君子有三畏：畏天命，畏大人，畏圣人之言；小人不知天命而不畏也，狎大人，侮圣人之言。"

孔子说，君子至少应该有三种敬畏或畏惧。这里孔子强调的是君子的三种敬畏。其实普通人也有畏惧，并且普通人的畏惧更多。普通人的畏惧相当于楚简《性自命出》中所言"好恶，性也"的恶。并且普通人的畏惧，君子也有，例如《大戴礼记·曾子立事第四十九》说："君子见利思辱，见恶思诟，嗜欲思耻。"《中庸》中说："知耻近乎勇。"《荀子·性恶》提出人对饥、寒、劳的厌恶。所以人畏惧的对象极多。佛祖释迦摩尼对人性、尤其是对人的存在之苦有深刻体会。何谓存在之苦？指和生命存在伴生的苦恼。政治清明、经济繁荣、分配公平、理性消费，只能减少一部分苦的产生，但不能消除存在之苦。下面是佛教大小乘关于畏惧的论述——佛经将畏惧和厌恶多称为恐怖。

"如是我闻。一时佛住舍卫国祇树给孤独园，尔时世尊告诸比丘：'有四力，何等为四？谓觉力、精进力、无罪力、摄力，如上说。若比丘成就此四力者，得离五恐怖。何等为五？谓不活恐怖、恶名恐怖、众中恐怖、死恐怖、恶趣恐怖，是名五恐怖。'佛说此经已，诸比丘闻佛所说，欢喜奉行"（《杂阿含经》卷二十六）

"善男子！我修行此大悲行门，愿常救护一切众生；愿一切众生，离险道怖，离热恼怖，离迷惑怖，离系缚怖，离杀害怖，离贫穷怖，离不活怖，离恶名怖，离于死怖，离大众怖，离恶趣怖，离黑暗怖，离迁移怖，离爱别怖，离怨会怖，离逼迫身怖，离逼迫心怖，离忧悲怖。”(《大方广佛华严经》卷六十八)

所以，孔子说君子有三畏，应该是在某种特殊场合的专门论述，不是说君子只有这三种敬畏或畏惧，应该说至少有这三种敬畏。因为这三种敬畏是人向上的动力。因为有的畏惧积极作用小，消极作用大。孔子主要强调君子应该具有能使人向上的三种敬畏。

首先看畏天命。“天地之大德曰生”，(《周易·系词下》)“日新之谓盛德”。(《周易·系词上》)

天命指天地宇宙涵化、生育、滋养万物的功能。天地生化万物的方式多种多样。比如沙尘暴虽然带来风沙，让人感觉到环境的险恶，但正是风沙造就了广袤的平原沃野。正因为如此，孔子主张不要怨天。人可以发挥主动性，努力形成适合自己的生存环境。《易·贲卦·彖传》:“刚柔交错，天文也。文明以止，人文也。观乎天文，以察时变。观乎人文，以化成天下。”人文明的前提是刚柔交错，我们不能要求夏天不热、冬天不冷，但夏天我们可以用扇子、空调，冬天可以用棉衣、空调。如果没有四季交错，便不会有万物生发，人便失去了赖以生活的资源。想一想当代社会不少人抱怨环境污染和雾霾，岂不知雾霾的加剧恰恰是因为消费主义的生活方式，正可谓“小人不知天命而不畏也”。

其次关于畏大人。《周易·文言》有:“夫大人者，与天地合其德，与日月合其明，与四时合其序。与鬼神合其吉凶。先天而天弗违，后天而奉天时。天且弗违，而况于人乎？况于鬼神乎？”

《孟子·离娄下》说:“大人者，言不必信，行不必果，惟义所在。”“大人者，不失其赤子之心者也。”《孟子·尽心上》:“有事君人者，事是君则为容悦者也；有安社稷臣者，以安社稷为悦者也；有天民者，达可行于天下而后行之者也；有大人者，正己而物正者也。”《孟子·尽心下》：“说大人，则藐之，勿视其巍巍然。堂高数仞，榱题数尺，我得志，弗为也。食前方丈，侍妾数百人，我得志，弗为也。般乐饮酒，驱骋田猎，后车千乘，我得志，弗为也。在彼者，皆我所不为也；在我者，皆古之制也。吾何畏彼哉？”

先秦儒家文献中我主要引用了《周易》和《孟子》关于大人的讨论。从两书中关于大人的言论来看，大人的主要含义符合你所说的有道德成就和智慧成就的“大人”“成人”。不过按照这个意思诠释孔子所说大人之意，那么大人和后面圣人的内涵与外延基本重合。既然基本重合，孔子就不需要说“畏天命、畏大人、畏圣人之言”的三畏，而改为“畏天命，畏圣人之言”或“畏天命，畏大人之言”等二畏则更加简洁。

纵观《论语》一书，孔子主要在两处提到管仲并作出不同的评价。《论语·八佾》：“子曰：‘管仲之器小哉！’或曰：‘管仲俭乎？’曰：‘管氏有三归，官事不摄。焉得俭？’‘然则管仲知礼乎？’曰：‘邦君树塞门，管氏亦树塞门。邦君为两君之好，有反坫，管氏亦有反坫。管氏而知礼，孰不知礼？’”

孔子认为管仲没有宏大的政治抱负和高洁的为臣准则。从《论语·宪问》可看出孔子对管仲的不同评价：“子路曰：‘桓公杀公子纠，召忽死之，管仲不死。曰：未仁乎？’子曰：‘管仲九合诸侯，不以兵车，管仲之力也。如其仁，如其仁！’子贡曰：‘管仲非仁者与？桓公杀公子纠，不能死，又相之。’子曰：‘管仲相桓公，霸诸侯，一匡天下，民到于今受其赐。微管仲，吾其披发左衽矣。岂若匹夫匹妇之为谅也，自经于沟渎，而莫之知也。’”

子路议论管仲，认为管仲不仁，孔子对子路的议论进行了批评，认为不应从教条的忠君来评价管仲，而要从管仲对中国政治和文化的贡献来评价。子路认为管仲不仁的看法，十分接近于孔子在《论语·八佾》中对管仲的看法。从孔子对管仲的评价看，《论语·宪问》中的看法更为客观、理性和成熟。并且《论语·宪问》中孔子对管仲的评价是针对子路认为管仲不仁的看法而发的。孔子说小人“狎大人，侮圣人之言人”，可见大人和圣人指的不是一类人，那么“大人”指哪类人呢？我以为指的是管仲等在政治等领域为当时的中国做出贡献的人。“狎大人”是以不敬畏、不尊重的态度妄加评判在各个领域为中国做出贡献的先人，更有甚者将其妖魔化。网络上流行的污蔑黄继光、邱少云、草原英雄小姐妹的段子，包括最近《星光大道》主持人的视频事件更有利于我们认识“狎大人”的含义。

所以我觉得像杨伯峻先生将大人诠释为“王公大人”确实不妥，从文字上，君将大人诠释为有道德成就和智慧成就的“大人”“成人”是没有问题的。但是若结合孔子的三畏和《论语》一书中关于管仲的评价，尤其是《论语·宪问》中孔子对管仲的议论，显然是针对子路“狎管仲大人”而发的。

上面是我关于君大作的一些看法，望君批评。

石家庄学院　付金才

2015年4月19日

八、关于《现代人更要敬畏圣贤之言》再答付老师书

付兄：

我也对“近现代的新史学以瓦解中国先贤圣人为能事”深感遗憾，因为大家都受西式现代教育，都要学习新史学观念。这样，青年人对本土历史文化的敬畏感就没有了，更别说“畏天命，畏大人，畏圣人之言”，以后再培养起这种敬畏就难了。

消除国人对历史文化的敬畏，就如同将宗教剥离西方的社会生活一样可怕。那将导致我们失去安身（心）立命的基础——人类将失去对超越神话和信仰的宇宙大道的认知。

本来，学习西方不是坏事，但学习西方不能囫囵吞枣，那会引起消化不良，弄不好整个身体都垮了——因为在医家五行理论中，肠胃系统是中央“土”啊，生成万物。

我们学习西方考古学，不能将什么都变成死物，弄到博物馆里让人去参观。特别是那些对中国历史文化作出巨大贡献者的墓，绝对不能乱挖！因为这些遗迹承载的不单是过去的历史信息，更是一种绵延至今的文化精神——如霍去病的墓，本身就是中华民族不朽之精神丰碑！

西方人可以满天下去考古发掘，因为现代西方人与五千年前的文明不存在文化上的亲缘关系——我们不同，我们永远是炎黄子孙，我们中还有张骞和诸葛亮的后人……

当然，学习西方建博物馆也是大好事。我去一地，都爱看当地的各种博物馆。为何？因为博物馆里浓缩了这个地方数千甚至上万年的历史，对于了解当地的文化，以及当地文化与中国文化的关系特别重要，比一一去访古要好得多。

问题是，不能因为建了博物馆，我们连各地家族祠堂、乡贤祠和名宦祠都不要了。我去福建一些地方，当地的朋友带我去参观那里的乡贤祠和名宦祠，里边不仅有古代的先贤，还有中国革命战争时期的英烈，他们当地人表现的那种自豪感、那种庄重感、那种亲近感，是其他教育难以企及的——它直接给人一种见贤思齐的动力，那是中华民族的精神脊梁！

引入西方考古学极大丰富了我们对古史的认识，但不能如古史辨学派那样轻易否定古史和古书。这一百年来考古学发展表明，当时许多学术观点过于武断，所以目前学界才有了“走出疑古时代”的提法。

当然我们也不能走向另一个极端，就是迷信古史、迷信古书。因为古史、古书的形成有其深厚的历史背景，是动态的历史过程。考古学有利于我们对古史及中国经典的理解，而不是相反。比如说夏商周三代，今天我们甚至能够证实，当时就存在一个青铜时代的世界体系，在这个世界体系内部，实物和思想得到了广泛的交流。中国文化既有自己的独特之处，又和整个人类的文明进程密不可分。乃至我们所说的六畜，也由本土起源的猪、狗、鸡和外来的牛、马、羊组成的。我的好友，中国社会科学院民族学与人类学研究所的易华先生在这方面下了很大功夫，成果斐然！

金才兄，谢谢你支持我对反对中学普遍诵读《论语》和《道德经》的看法，因为我的观点过于“异类”，相信很多人都不会理解。你说得对，“我们本来有系统反映和体现中国古典智慧的文本，人们却不用。改变这种情况很难，不过我们也无须抱怨甚至失望，从基层一点点做起，总是有希望的。”

就写到这里，再联系！

玉忠

2015年4月24日

附付金才先生原信

玉忠老弟好：

邮件收到，已阅，因为系里工作，今天才回复。你太客气，以后咱们可以益友相称，你说我是你的良师益友，“良师”二字我好不羞愧。在学术思想上，对我影响最大的两个人，我们首次谋面时就告诉你了，一是南师怀瑾大士，一是你。能够跟你成为益友，我都惭愧，何况良师？羞煞我也！羞煞我也！

读你的大作，和你交流，比较随意，在措辞上不严谨。我引用荀子和大小乘佛典的材料，是想说明，恐惧、厌恶是人们的基本情绪。而孔子则提出君子有三畏，君子之畏，不同于常人的恐怖或者厌恶，君子的畏是对天命、大人、圣人之言的敬畏。上封邮件，我没有表达清晰，我之过也。大众的恐怖是本能的，君子的敬畏更大的程度上是文化的、自省的。君子因对天命、大人、圣人之言的敬畏，进而敬仰天命、大人、圣人之言，进而信奉天命、大人、圣人之言。所以敬畏之情是君子进步成长的起点。

再有，大人和圣人应该是彼此交合的，圣人好像有道统的味道，大人之所指可以包含圣人，而有的大人则似乎不是圣人，比如孔子心目中管子似乎不是圣人。

敬畏对当代人而言太重要了，当代人缺少的也是敬畏。敬畏之情是情绪或感情，但对大人、对圣人之言的敬畏涉及历史文化认同。近现代的新史学以瓦解中国先贤圣人为能事，尤其是古史辨学派，顾颉刚以瓦解中国以三皇五帝为主的古史系统作为自己的一大学术贡献。顾先生可能没有认识到西方的文化认同是以信仰上帝为基础，而中国的文化认同是以历史、以历史上的大人和圣人而建立。瓦解摧毁了历史以及大人、圣人，敬畏感没有了，文化认同也没有了。西方中世纪的经院哲学不惜以烦琐、甚至矫情的方式论证上帝的存在，而近代以来中国学者却以烦琐的方式摧毁自身文化认同的基点。再往前追溯，梁启超说二十四史就是帝王将相的历史，现在想起这些，副作用太大了。

现在各个地方都有自己的博物馆，博物馆里放的是物，创造这些物的人却消失了。看地方志材料时发现，各个州县都有自己的乡贤祠、名宦祠，为确立文化自信和认同，古代治国理政的实践有很多值得我们借鉴。博物馆本来是列强展示自己战利品的地方，中国用博物馆陈列古人的财富。当然不是说古人的成就不重要，创造这些财富的人远比财富本身重要，先人前辈先烈更值得我们敬仰和纪念。

对于中学读诵《论语》和《道德经》，我支持你的看法，对中国文化没有一定的了解和修习，就来读他们的语录和格言，很可能将高度浓缩的智慧当作心灵鸡汤，更可怕的是将圣贤之言当教条。我们本来有系统反映和体现中国古典智慧的文本，人们却不用。改变这种情况很难，不过我们也无须抱怨甚至失望，从基层一点点做起，总是有希望的。

中国文化从黄帝起绵延到现在已有5000多年，他们留下的宝贵财富，在他们的智慧德行滋养下成长起来的世世代代的中国人，总有一天会接收到先人的智慧，总有一天会自觉地认同、运用先人的智慧，指导自己的工作和生活。

祝好

石家庄学院　付金才

2015年4月23日

下编

子学

如果说经学是母，则子学是子。子学发端于经学，又发展了经学。

中国文化自古就有“大乘气象”，诸子百家社会功用不同，皆“务为治”，着眼于政治经济，解决现实社会问题。其心法不离人事，从人道中修，内外不二，俗圣不二，世出世入不二——是最为直接，最为稳健的大道！

无论是中国古典医学中医，还是中国古典政治学黄老道家、中国古典经济学轻重术、中国古典逻辑学名学……我们一个也不能丢。中国人不是没有信仰，中华文化不是停滞、落后，中华文明是地球上唯一没有中断的复杂原生文明，唯一突破神和神话信仰的思想体系，唯一内圣外王高度融合发展的文化体系！

她如同不灭的星辰，照耀在人类文明的上空。

一、从《太一生水》看黄老之学的特点

1993年，湖北省荆门市郭店一号楚墓出土了一篇让人大惑不解的战国文献《太一生水》。北京大学哲学系的许抗生教授这样描述初读此文的感受："我感到这一篇文字很奇特，它所表达的思想几乎在现在的先秦诸子百家思想中从未遇见，是一种十分新颖的与众不同的思想。它虽可属于道家的著作，但它的宇宙论思想既不同于《老子》《列子》《庄子》，也不同于《黄老帛书》的思想，而是一种到目前为止在先秦哲学文献中尚未见过的新宇宙论思想。所以它的发现在中国哲学史上有着十分重要的意义。"①

许教授指出了《太一生水》"所怪"之处，就是它的宇宙论。即《太一生水》的前半部分。

《太一生水》不长，我们将全文抄录如下，其简序按裘锡圭先生的意见作了调整，并用了裘先生的分章法和拟加章名。②文中出土时缺失的字以"□"，据文意补的字放在"[ ]"，简序用"( )"表示。

---

① 许抗生：《初读"太一生水"》.《道家文化研究》第17辑.三联书店1999年第1版，第306~307页。

② 裘锡圭：《〈太一生水〉"名字"章解释——兼论〈太一生水〉的分章问题》.收入作者《中国出土古文献十讲》.复旦大学出版社.2004年第1版，第242~258页。

原文墨块用来表示一章结束。

“太一生水”章

太一生水，水反辅太一，是以成天。天反辅太一，是以成地。天地［复相辅］（第1简）也，是以成神明。神明复相辅也，是以成阴阳。阴阳复相辅也，是以成四时。四时（第2简）复相辅也，是以成沧热。沧热复相辅也，是以成湿燥。湿燥复相辅也，成岁（第3简）而止。故岁者，湿燥之所生也。湿燥者，沧热之所生也。沧热者，［四时之所生也］。四时（第4简）者，阴阳之所生［也］。阴阳者，神明之所生也。神明者，天地之所生也。天地（第5简）者，太一之所生也。是故太一藏于水，行于时，周而又［始，以己为］（第6简）万物母；一缺一盈，以己为万物经。此天之所不能杀，地之所（第7简）不能埋，阴阳之所不能成。君子知此之谓［□，不知者谓□。■］（第8简）

“名字”章

下，土也，而谓之地。上，气也，而谓之天。道亦其字也，请问其名。以（第10简）道从事者必托其名，故事成而身长。圣人之从事也，亦托其（第11简）名，故功成而身不伤。天、地、名、字并立，故过其方，不思相［当。天不足］（第12简）于西北，其下高以强；地不足于东南，其上［□□□。■］（第13简）

“天道贵弱”章

天道贵弱，削成者以益生者，伐于强，责于［□。是故，不足于上］（第9简）者，有余于下；不足于下者，有余于上。■（第14简）

由上文我们看到，裘锡圭先生的所说的“太一生水”章，其表达的宇宙生成关系很清楚。细读之，前两句“太一生水，水反辅太一，是以成天。天反辅太一，是以成地”，是讲天、地的形成。可图示如下：

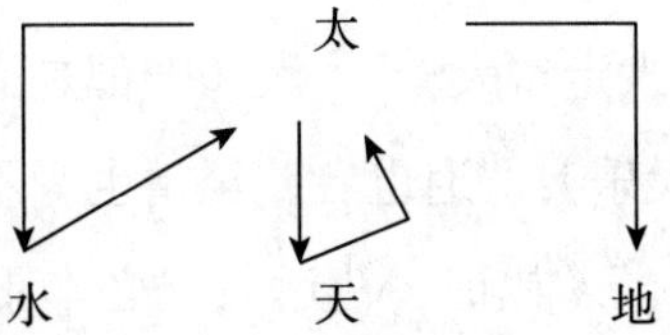

这是令今日学人困惑之处。因为明明是水生天地之间，在这里却成了万物的本原，这与常识不是自相矛盾吗？

于是，诸多学人找到了《管子·水地篇》作为证据。因为文中明确指出：“水者何也？万物之本原也，诸生之宗室也，美恶、贤不肖、愚俊之所产也。”

事实上《水地篇》只是讲万物离不开水，文中水并不具有万物之源的性质。《管子·水地篇》开篇就讲：“地者，万物之本原，诸生之根菀（音yù，意为郁结）也，美恶、贤不肖、愚俊之所生也。水者，地之血气，如筋脉之通流者也。”这里的“根菀”是“结而积之于根”之意，[①]显然地比水更具有本质意义。所以将水理解为组成万物的基本元素文不对题。

为何海内外诸多学者错误地将水理解为组成物质的元素呢？因为他们长期受西方科学范式的影响，重本体而轻关系。从医学到物理学，一切都要找到本体，从本质上找原因；而中国科学范式不是这样，它重关系，习惯于类比于具体的象，再杂之以数来说明。

那么，这里的“太一生水”究竟何义？

① 黎翔凤：《管子校注》. 中华书局. 2004年第1版，第816页。

1. “太一生水”究竟何义

太一，又称天一。有时二者又不同，分别指称天球上北极位置相近的两颗星。

太一，简文也可隶定“大一”，大和一都是道的别称，“太一”代指道，《吕氏春秋·大乐》：“道也者，至精也，不可为形，不可为名，强为之名，谓之太一。”《礼记·礼运》：“必本于太一，分而为天地，转而为阴阳，变而为四时。”本篇也说太一是“万物母”“万物经”。

太一还代表北辰（北极）之神，此时与“天一”意义相同。《易纬乾凿度》郑玄注曰：“太一者，北辰之神名也。居其所曰太一。常行于八卦日辰之间。曰天一，或曰太一。出入所游息于紫宫之内外。其星因以为名焉。故《星经》曰：‘天一、太一。主气之神。’行犹待也。”李学勤先生注意到“太一藏于水，行于时”一语，就断定“太一生水与天文数术有关，并明确指出“这里所说的是后世所谓太一行九宫数术的雏型”。[①]

李先生注意到太一生水与天文数术有关，但他的解释有误。在汉人的心中，“太一生水”同以河图为基础的宇宙时空模式有关。太一生水，即“一生水”“道生水”，加上“天”字，反映的是数术上以“天”和“地”表示的阴阳、奇偶观念。因此，天一生水不过是“太一生水”更为数术化的表达方式。

“天一生水”为古代一习惯用语，唐代孔颖达《礼记正义》引东汉郑玄注云：

① 李学勤：《太一生水的数术解释》.《道家文化研究》第17辑. 三联书店. 1999年第1版，第297~300页。

天一生水于北，地二生火于南，天三生木于东，地四生金于西，天五生土于中。阳无耦，阴无配，未得相成。地六成水于北与天一并，天七成火于南与地二并，地八成木于东与天三并，天九成金于西与地四并，地十成土于中与天五并也。

《尚书大传·五行传》亦有：

天一生水，地二生火，天三生木，地四生金。地六成水，天七成火，地八成木，天九成金，天五生土。

这明明讲的是河图。如下图所示：

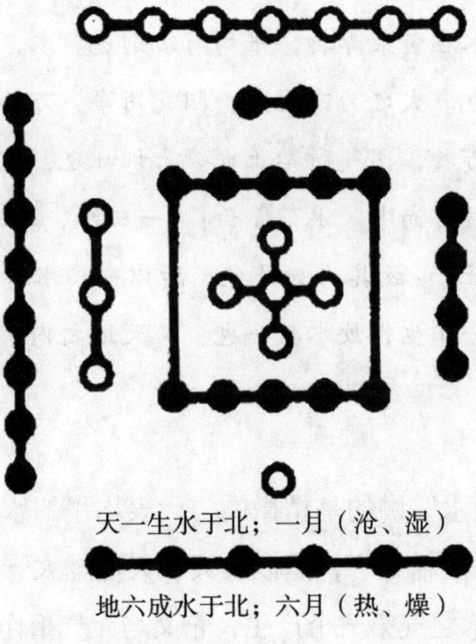

那么，为什么讲“天一”呢？郑玄在给《礼记·月令》“孟春之月……其数八”作注时说：

> 数者，五行佐天地，生物成物之次也。《易》曰：“天一地二，天三地四，天五地六，天七地八，天九地十。”而五行自水始，火次之，木次之，金次之，土为后。木生数三，成数八，但言八者，举其成数。

这里的“一”是代表次序的第一，而“天一”则是对一奇偶的描述，又引申为宇宙大道。所以《太一生水》一面讲：“太一生水”，另一面又讲“天地者，太一之所生也”。

孔颖达《礼记正义》进一步解释说：

> 五行谓金木水火土。谓之五行者，按《白虎通》云：“行者，言欲为天行气也”。谓之水者，《白虎通》云“水训准，是平均法则之称也，言水在黄泉养物，平均有准则也。木，触也，阳气动跃，触地而出也。火之为言化也，阳气用事，万物变化也。金训禁也，言秋时万物，阴气所禁止也。土训吐也，言土居中，总吐万物也”……按《尚书·洪范》云：“一曰水，二曰火，三曰木，四曰金，五曰土。”故其次如是也。所以一曰水者，乾贞于十一月子，十一月一阳生，故水数一也，又天地之内，水体最微，故水为始也。

所以，“太一生水”讲的是精微的，代表均平的水之气第一个产生。“太一生水，水反辅太一，是以成天。天反辅太一，是以成地”。意思是说，均平的水之气第一个产生，它又与元气相作用，由此形成了天；天又与元气相作用，进而形成了地。

笔者在《河图、洛书图说考》中曾详细考证，河图为上古阴阳五行历法，[①]其过年在“水季”结束后，阳气产生，起始一年，故形成“一生水”之说。

又由于上古阴阳五行历以阴阳黑白点示月序，气温相对的月被组合在同于行（方位）中，所以才有了阴阳成四时，四时生沧热，沧热成湿燥，湿燥成岁之说。其具体次序为：

太一→天地→神明→阴阳→四时→沧热→湿燥→岁

需要指出的是，河图所示的阴阳五行历，有五季，而《太一生水》却言四时，这显然与洛书所示的四时八节历，以及后世已经习惯分一年为四季（时）有关——在《管子》一书遗存的河图、洛书图说中，即《管子·五行第四十一》《管子·幼官第八》《管子·四时第四十》《管子·轻重已第八十五》，我们也能看到类似现象。

2. 黄老学道、名、法一以贯之

通读《太一生水》，太一生水是其思想核心，天、地是其脉络，行文由天道推演人道。

《说文解字》释水云：“水，准也。北方之行，象众水并流，中有微阳之气也。”正因为在古人心中水具有均平、平准的性质，才用以说明天道损有余补不足的大法。文中说：“天道贵弱，削成者以益生者。”

在中国文化中，损有余补不足的大法被贯彻到从中医到中国古典政治经济学的方方面面。《黄帝四经·道法》所谓：“应化之道，平衡

① 翟玉忠：《斯文在兹：中华文化的源与流》.中央编译出版社. 2014年第1版，第2~35页。

而止。"《老子·第七十七章》释天道云："天之道，其犹张弓与？高者抑之，下者举之，有余者损之，不足者补之。天之道，损有余而补不足。人之道，则不然，损不足以奉有余。孰能有余以奉天下，唯有道者。"

道非名不立，"以道从事者必托其名"，以名分治国，这也是先秦诸子的基本共识。《韩非子·扬榷第八》云："用一之道，以名为首。"正因为天地、道为时空最基本的名，所以"'名字'章"论名才先言天地。《战国策·魏策三》云："吾所大者，无大天地，天地名。"

在结构上，《太一生水》道、名、法层层展开论述，圆融无碍，甚得黄老学道、名、法一以贯之的特点。

黄老学，即西汉学人所称的道家，其内在思想结构就是刘向在《尹文子叙》中所言的"自道以至名，自名以至法。"

这里的道是超越名相的形上之道（不同于西方哲学中的metaphysics），[①]法属于有名相的形而下范畴，而名则贯通形上形下。黄老学道、名、法一以贯之的学术特点不仅表现在传世和出土的黄老书中，也是《太一生水》这类道论文章的重要特点。

比如上博简《恒先》，在论述了天道之后，马上论及名与事（实），上面说：

> "有"出于"域"，"生"出于"有"，"音"出于"生"，"言"出于"音"，"名"出于"言"，"事"出于"名"；"域"非"域"，无谓"域"；"有"非"有"，无谓"有"；"生"非"生"，无谓"生"；"音"非"音"，无谓"音"；"言"非"言"，无谓"言"；

---

① ［美］陈张婉莘：《追求道家形而上学的中心思想——希腊形而上学和道家形而上学的比较》，《道家文化研究》第4辑.上海古籍出版社.1994年第1版，第381~395页。

"名"非"名"，无谓"名"；"事"非"事"，无谓"事"。[①]

这里的相生顺序是：域、有、性、音、言、名、事，重点强调的是名家名实相副的道理。

《恒先》的结尾，则论述了复归清静，自然无为的道理。上面说：

举天下之为也，无舍也，无与也，而能自为也。举天下之生，同也，其事无不复。[②]

再比如马王堆帛书《道原》，也是先论天道，再论以名法治国。上面说：

故唯圣人能察无形，能听无声。知虚之实，后能大虚.乃通天地之精，通同而无间，周袭而不盈。服此道者，是谓能精。明者固能察极，知人之所不能知，服人之所不能得。是谓察稽知极。圣王用此，天下服。无好无恶，上用□□而民不迷惑。上虚下静而道得其正。信能无欲，可为民命。上信无事，则万物周遍。分之以其分，而万民不争。授之以其名，而万物自定。[③]

3.集百家之大成的黄老之学

那么，为何黄老学能够道、名、法兼备呢?

因为战国至西汉黄老道家折中诸子，集百家之大成，所以其在中华文化中具有独特的地位——在西周王官学之后，将中国文化推向了

① 赵建功:《〈恒先〉意解》.《华中科技大学学报》(社会科学版).2006年第2期，第15~20页。

② 同①。

③ 谷斌、张慧姝、郑开:《黄帝四经注译、道德经注译》.中国科学出版社.2004年第1版，第89页。

一个新的巅峰！

西周王官学与黄老道家皆言治道，皆为南面之术，后者经过春秋战国诸子百家的研习，已经是一种高度发展了的思想体系，成为西汉初治国指导方针，对后世产生了深远影响。

司马迁的父亲司马谈曾习道论于黄子，故其《六家要旨》论黄老学术，最为精当。其论道家体用云：

> 道家使人精神专一，动合无形，赡足万物。其为术也，因阴阳之大顺，采儒墨之善，撮名法之要，与时迁移，应物变化，立俗施事，无所不宜，指约而易操，事少而功多。

这里的“阴阳之大顺”“采儒墨之善”“撮名法之要”，是诸子合于中道的可取之处。对于以大道为标准，黄老道家对于百家的所取、所去，我们不妨按司马谈的论述列表如下：

黄老道家对百家的去取

诸 子	所去者	所取者
阴阳家	大祥而众忌讳，使人拘而多所畏	序四时之大顺，不可失也
儒家	博而寡要，劳而少功，是以其事难尽从	序君臣父子之礼，列夫妇长幼之别，不可易也
墨家	俭而难遵，是以其事不可遍循	强本节用，不可废也
法家	严而少恩	正君臣上下之分，不可改矣
名家	使人俭而善失真	正名实，不可不察也

集百家之大成，才有了黄老学的博大恢宏。在《六家要旨》的开篇，司马谈引《易大传》中的话说：“天下一致而百虑，同归而殊途。”（今本《周易·系辞下》作：“天下同归而殊途，一致而百虑。”）

百家同归于何处呢？归于南面之术黄老道家。司马谈指出：

夫阴阳、儒、墨、名、法、道德，此务为治者也，直所从言之异路，有省不省耳。

百家和合，殊途同归的看法，是汉人对诸子百家的基本认识。《淮南子·齐俗》上说："故百家之言，指奏相反，其合道一体也。"《淮南子·氾论》也说："百川异源而皆归于海，百家殊业而皆务于治。"

若我们将《汉书·艺文志》对阴阳、儒、墨、名、法、道家的去取与司马谈对诸子的去取相比较，会发现二者多有相通之处。只不过《汉书·艺文志》已经有了强烈的崇儒倾向，甚至称儒家"祖述尧舜，宪章文武，宗师仲尼，以重其言，于道最为高"。（见下表）

《汉书·艺文志》对阴阳、儒、墨、名、法、道家的去取

诸子	所取者（所长）	所去者
阴阳家	敬顺昊天，历象日月星辰，敬授民时	及拘者为之，则牵于禁忌，泥于小数，舍人事而任鬼神
儒家	助人君顺阴阳明教化者也。游文于六经之中，留意于仁义之际	辟者又随时抑扬，违离道本，苟以哗众取宠。后进循之，是以五经乖析，儒学寖衰
墨家	茅屋采椽，是以贵俭；养三老五更，是以兼爱；选士大射，是以上贤；宗祀严父，是以右鬼；顺四时而行，是以非命；以孝视天下，是以上同	及蔽者为之，见俭之利，因以非礼，推兼爱之意，而不知别亲疏
法家	信赏必罚，以辅礼制。易曰："先王以明罚饬法。"	及刻者为之，则无教化，去仁爱，专任刑法而欲以致治，至于残害至亲，伤恩薄厚。
名家	古者名位不同，礼亦异数。孔子曰："必也正名乎！名不正则言不顺，言不顺则事不成。"	及警者为之，则苟钩釽析乱而已
道家	历记成败存亡祸福古今之道，然后知秉要执本，清虚以自守，卑弱以自持，此君人南面之术也	及放者为之，则欲绝去礼学，兼弃仁义，曰独任清虚可以为治

《汉书·艺文志》中道家也有激进的“放者”，他们“绝去礼学”“兼弃仁义”“独任清虚”。此类竟然成为后来道家（教）的演进方向，而黄老之学几尽失传——道家失中道而落入偏狭，这是中国文化的极大不幸！

今天，学人言百家，不知取舍，过度强调百家争鸣。以至谈大道，亦有了儒家之道、法家之道、道家之道的不同，岂不怪哉——百家同归于黄老，岂虚言哉！

两千多年前，《庄子·天下篇》慨叹：“……内圣外王之道，暗而不明，郁而不发，天下之人各为其所欲焉以自为方。悲夫，百家往而不反，必不合矣！后世之学者，不幸不见天地之纯，古人之大体，道术将为天下裂。”

两千多年后，如果我们仍不识大道，不知学术之大本大源，于诸子百家不知取舍——光看到百家之异，不见百家之合，继续走过去一百多年来西方学术碎片化的道路，我们只能离中国文化内圣外王，道、名、法一以贯之的大道愈来愈远。

——这是国人必须面对的严肃课题！

二、《管子》道家心法四篇浅说

星辰满天，我们才能识别出最闪亮的星星。

立足全球大视野，通过各个主要文明的比较研究，我们才能看到中国文化的根本特点。

中国文化的根本特点是什么？

内在修养与外在事功、内圣外王高度发展，高度融合——道与术（器）一以贯之。

人生活于天地之间，无论任何文明体系都有其世俗化的一面。比如源于印度的佛教和印度教，尽管有强烈的出世倾向，仍关心人间事物。佛教有“法王”观念，印度教教徒也是晚年（“有了第一个孙子之后”）再进入森林离家修行，去发现自我；再比如，欧亚西部以犹太教《旧约》为基础的一神教，注重在人间以先知为榜样修行，伊斯兰教还发展了较全面的社会福利性教义，其五功之一“课功”，要求教徒每年交纳四十分之一的财产济贫税，用以帮助穷人。

中国与这些文明不同。作为古代世界最大的巨型人口—经济复合体，她突破了血缘、族群和宗教（文化）界限，开出较西方远为成熟的世俗文明——内在的道德修养与外在的政治经济高度统一，修身、齐家、治国、平天下一以贯之。

至战国，集成百家的（黄老）道家产生。道家与受佛教影响的道教不同，指治国理政的南面之术。《汉书·艺文志》总述道家云："道家者流，盖出于史官，历记成败、存亡、祸福、古今之道。然后知秉要执本，清虚以自守，卑弱以自持，此君人南面之术也。"

古代君王在朝堂上讨论政务时面南背北，所以将国家治理称为南面之术。这里的"南面之术"不一定特指天子治国理政，泛指社会治理之术。《论语·雍也篇》引孔子言："雍也可使南面。"是说可以让冉雍从政，管理一方。

所以说，中国文化自古就有"大乘气象"，百家"务为治"，皆着眼于政治经济，解决现实社会问题。其心法不离人事，从人道中修，内外不二，俗圣不二，世出世入不二——是最为直接，最为稳健的大道！！

东汉以后，黄老道家隐而不彰，百家沉沦，儒家独盛——修齐治平的道术（法）残破，至于今日。除了空谈仁义的儒家，以西释中"国学"，目前流行者多巫医卜筮了。

大道沉沦，有志者，敢不自奋！

黄老道家核心经典《管子》中的心法，重在内圣的"心术四篇"，分别指《心术上》、《心术下》、《白心》和《内业》。《心术下》是《内业》不同师传的不同版本，二者详略、文字多有差别，可以互相参考。

四篇篇名不同，所言皆治国用心之术。近人张舜徽先生在《管子四篇疏证》"心术上篇疏证"中曾贯通百家，详细阐发这一点。他写道："心术者，犹云主术也；君道也。篇首开端即曰：'心之在体，君之位也。'不啻自释其题旨矣。本书《枢言篇》曰：'道之在天者，日也，其在人者，心也。'彼篇以心、日对举，亦即此意。百家殊业，皆务为治。故其立言，莫不有专篇以阐明南面之术。顾标题各有不同耳。若荀卿书中有《君道篇》,《韩非》有《主道篇》,《吕览》有《君守篇》,《淮南》有《主术篇》，此易明者也。亦有拟诸物象，以明道之体用，而立篇题者。譬诸自然，则谓之天，故《庄子》有《天道篇》。比诸形状，则谓之圆，故《吕览》又有《圆道篇》。远象诸物，则谓之内，故《管子》又有《内业篇》。近拟诸身，则谓之心，此篇是已。题无常准，而旨趣不殊，在学者之善得其会归耳。抑百家言主术，同归本乎内洁其心。”[①]

美国学者罗浩（Harold D. Roth）称“《内业》没有显示在政治问题上的兴趣”，[②]此说真可谓离题万里——以西方出世隐修色彩浓重的神秘主义理解中国内圣外王大道，就会导致这样的结果。

为了方便读者领悟，笔者特别在每篇加上导读，以为进一步研读的门径。

1.得道在于善心，静心——《内业篇》导读

《周易·系辞上》说：“举而措之天下之民，谓之事业。”

本文论述事业的心地基础——内业，心性的涵养，智慧的修证。

《管子·枢言篇》云：“(道）其在人者，心者。”东西古今圣贤，无一不在心地上用功，舍心求道，一无是处。得道在于善心，静心，本篇云：“凡道无所，善心安爱。心静气理，道乃可止。”

心地功夫，关键在于立志，“执一不失”。所谓执一者，非空虚无物，而是心无杂念妄想，意志专一，廓然大公，内静外敬，因应万

---

① 张舜徽:《张舜徽集：周秦道论发微 史学三书平议》.华中师范大学出版社.2005年第1版，第211页。

② ［美］罗浩:《原道:〈内业〉与道家神秘主义基础》.学苑出版社.2009年第1版，第168页。

变。本篇云："一物能化谓之神，一事能变谓之智。"若不知"中得"，只知外求，则离道远矣。那样只会成物欲的奴隶，如何达到意行云天的境界？

内圣外王，修齐治平的大道。修身、内圣为本，外王、治平为末，二者不可断为两截——这是中国文化的高明之处。大道的"大"、"其大无外"意义正在于此。《淮南子·诠言训》云："为治之本，务在于安民。安民之本，在于足用。足用之本，在于勿夺时。勿夺时之本，在于省事。省事之本，在于节欲。节欲之本，在于反性。反性之本，在于去载。去载则虚，虚则平。平者，道之素也；虚者，道之舍也。能有天下者，必不失其国，能有其国者，必不丧其家，能治其家者，必不遗其身，能修其身者，必不忘其心，能原其心者，必不亏其性，能全其性者，必不惑于道。"

试观当今天下，知识爆炸，物欲横流，圣言扫地，大道衰微。天下熙熙，舍本逐末，欲社会大治，人生幸福，真缘木求鱼、掘地寻天！

天下无道，有志之君子，敢不以身殉道！

2. 执一而应万——《心术上篇》导读

心术，即心法，治心之道。

《淮南子·人间训》分别论心、术、道："发一端，散无竟（犹言永无止境——笔者注），周八极，总一管，谓之心；见本而知末，观指而睹归，执一而应万，握要而治详，谓之术；居智所为，行智所之，事智所秉，动智所由，谓之道。"心与物，术与一，智与道的关系，这里表达得十分清楚——学人当细参。

儒道两家皆用心术这一概念。儒家经典《韩诗外传·卷二》有：

“原天命，治心术，理好恶，适情性，而治道毕矣。原天命则不惑祸福，不惑祸福则动静修。治心术则不妄喜怒，不妄喜怒则赏罚不阿。理好恶则不贪无用，不贪无用则不害物性。适情性则不过欲，不过欲则养性知足。四者不求于外，不假于人，反诸已而存矣。夫人者，说人者也，形而为仁义，动而为法则。诗曰：‘伐柯伐柯，其则不远。’”此段黄老经典《淮南子·诠言训》作：“原天命，治心术，理好憎，适情性，则治道通矣。原天命，则不惑祸福；治心术，则不妄喜怒；理好憎，则不贪无用；适情性，则欲不过节。不惑祸福，则动静循理；不妄喜怒，则赏罚不阿；不贪无用，则不以欲用害性；欲不过节，则养性知足。凡此四者，弗求于外，弗假于人，反己而得矣。”

上述论心术的内容，《韩诗外传·卷二》与《淮南子·诠言训》必有同一来源。《淮南子·氾论训》云：“百川异源而皆归于海，百家殊业而皆务于治。”在内圣层面，汉代儒道已同流矣！

我的同乡，晚清名臣，河北省唐山市丰润县（现已改为“丰润区”）的张佩纶曾注《管子》，他注意到《管子·七法篇》有“实也、诚也、厚也、施也、度也、恕也，谓之心术”，并指出：“此篇（指《心术上篇》——笔者注）大旨主于虚静无为，似与《七法》所言‘心术’微戾。不知虚静其体也，而实诚厚施度恕其用，未有不虚静而能实诚厚施度恕者也。”[①]

——张氏之言，可谓通达之见！

3. 外物变化而心志不动——《心术下篇》导读

《心术下篇》与《内业篇》文句多雷同，但不能认为《心术下篇》

---

① 黎翔凤：《管子校注》. 中华书局. 2004年第1版，第758页。

是《内业篇》的错简，或是后者的解。

因为春秋时无私人著述，不同弟子记录、发挥先生之言，总有出入之处。张舜徽先生在《管子四篇疏证》“心术下篇疏证”解释说：“上世道术，所起甚早，初但口耳相传而已。迨著之竹帛，则人各有记，故语多雷同。而百家言主术，咸归于执本秉要，清虚自守。记礼之人，各述所闻，故其论不嫌复出叠见。周秦古书，大抵然矣。《管子》书既非出于一手，成于一时，则其中虽有彼此近似之篇，无足怪也。”①

本篇论圣人的“不动心”境界说：“与时变而不化，应物而不移，日用之而不化。”“岂无利事哉？我无利心。岂无安处哉？我无安心。”

真正的“不动”在变中，外物变化而心志不动，若古镜映大千——大千世界瞬息万变，而古镜不变，这就是所谓的“龙变”境界。《淮南子·人间训》云：“得道之士，外化而内不化，外化，所以入人（犹言与世人和谐——笔者注）也，内不化，所以全其身也。故内有一定之操，而外能诎（通‘屈’——笔者注）伸、赢缩、卷舒，与物推移，故万举而不陷。所以贵圣人者，以其能龙变也。”

孔子困于陈蔡之间，危及生命。弟子多有怒色，看到子贡脸色都变了，于是问子贡：“你认为我是博学强记的人吗？”子贡肯定，孔子说，不是啊，我只是能做到“一以贯之”——至于危难仍不变其心。(《史记·孔子世家》原文：子贡色作。孔子曰：“赐，尔以予为多学而识之者与？”曰：“然。非与？”孔子曰：“非也。予一以贯之。”)

冉有为季氏统率军队，赢得胜利后，季康子问他军事技能由何

① 张舜徽：《张舜徽集：周秦道论发微 史学三书平议》.华中师范大学出版社.2005年第1版，第250页。

而来，他说学自孔子。季康子又问："孔子是怎样的一个人呢？"冉有回答说："任用他要符合名分，他的学说不论是传布到百姓中，还是对质于鬼神前，都无愧于心。我按照老师的教导，即使战功积累到千社的封赏，老师也不会以利害观之。"《史记·孔子世家》记载："冉有为季氏将师，与齐战于郎，克之。季康子曰：'子之于军旅，学之乎？性之乎？'冉有曰：'学之于孔子。'季康子曰：'孔子何如人哉？'对曰：'用之有名，播之百姓，质诸鬼神而无憾。求之至于此道，虽累千社，夫子不利也。'"

大矣哉——孔子可谓"应物而不移""无利心"者！

4.不求得，不辞福——《白心篇》导读

"白心"本义清白其心，使之归于素朴。《庄子·天下篇》有："不累于俗，不饰于物，不苟于人，不忮（音zhì，违逆——笔者注）于众，愿天下之安宁以活民命，人我之养毕足而止，以此白心。古之道术有在于是者，宋钘、尹文闻其风而悦之。"

郭沫若先生据此认为《管子》心术四篇是宋钘、尹文的遗著，显然过于武断——已有多位学者指出其误。①

"白心"还有道心的意思。《淮南子·俶真篇》有："虚室生白。"东汉高诱注："白，道也。"

"白心"关键在于效法天地运行，静因自然，达到与天地合一、与日月长久的境界。《淮南子·原道篇》说："是故达于道者，反于清静；究于物者，终于无为。以恬养性，以漠处神，则入于天门。所谓天者，纯粹朴素，质直皓白，未始有与杂糅者也。"《淮南子·诠言

① 胡家聪：《管子新探》.中国社会科学出版社.2003年第1版，第308页。

训》也说："不为善，不避丑，遵天之道；不为始，不专己，循天之理；不豫谋，不弃时，与天为期；不求得，不辞福，从天之则。"

"白心"不是无心，不是消极避世，而是中道之心。所以在不求有所得的同时，还应不辞福禄、福报；不机心、算计的同时，还要不弃时，牢牢抓住时机……

三、美国新经济运动与老子“小国寡民”思想

过去两百年来，资本主义崛起给人类带来巨大物质财富的同时，也带来了自身的异化。在无所不在的工业资本和金融资本面前，在延伸到全球最偏僻角落的商品和市场面前，本来智慧、道德、安乐的人被最大程度“物化”了，成了社会机器上一个全速运转、能繁殖的零件。

先是工业资本不断在世界范围催生独立的消费者和生产者，漫长农业社会生产与消费合一的家庭组织不断受到侵蚀。而家庭以及家庭所在的社区曾经是人类道德与文明的基础。

然后金融资本又不断削弱工业化时代艰辛取得的工人权利、公共利益和民族权力，以自由的名义剥夺一切自由——除了金融寡头和资本权贵的自由。

物极必反。

在当代资本主义的中心——美国，人们开始自觉探索和实践新的文化、社会、经济和政治形态，这就是近年来兴起的美国新经济运动。

1. 正在兴起的美国新经济运动

这种基于社群建设和经济民主的社会创新发端于20世纪末期，

西方国家学者和民众反对公司主宰力量及其主导的全球化的浪潮，2008年爆发的金融危机，为新经济运动带来了新的推动力。

美国新经济运动尚处于发展阶段，世界范围内推动这一运动的主要机构包括：英国新经济基金会（New Economy Foundation），美国的民主协同组织（The Democracy Collaborative）、新经济联盟（New Economy Coalition）和新经济工作小组（New Economy Working Group）等。

新经济运动兴起有以下三个深层原因：

（1）人性层面对家庭和社区这种“厚重”道德情感的内在诉求，这在工业化和后工业化过程中被法律规范的群体社会组织所压制，造成个体的道德情感成长不完整。

（2）社会机制在后工业化出现了一个结构性的经济真空，即生产关系的技术结构发生变化，造成资本大比例替代劳动力，后工业化社会就业必然是结构性不足，因此中产阶层必然出现衰落的趋势。重组本地经济就成为学理上和实践上的一个选择。

（3）旧的工业时代人文思想已经无法应对当下，到处呈现一个奇怪的“能力前所未有的进步”和“问题前所未有地恶化”交织在一起的景象。后工业社会人文思想已经到了荒谬的程度，未来可能造成整体性的危机，包括生态气候恶化、社会运动崛起、军事冲突等。此种情势下，新经济运动和其他进步运动成为时代的呼唤。

新经济运动包括以下核心思想：洞察人文规模的困境而倡议社区建设；新经济转型的根本在于改变所有权制度；节制资本而融入社会和自然的商业变革；分布式社会格局引领新的人文变迁。①

笔者注意到，美国新经济运动与老子的“小国寡民”思想有着穿

① 游小建：《美国新经济运动的人文思想和社会创新刍议》. 网址：http://www.xinfajia.net/12933.html，访问日期：2015年6月21日。

越时空的相似诉求，节制资本、节制消费、节制欲望也是《老子》的重要主张，或许老子“小国寡民”思想能够为西方这场新兴的社会运动提供重要的文化资源——毕竟，西汉黄老道家作为国家指导思想，成就了称道千载的“文景之治”，对后世中华文明的持续发展产生了重大影响。世人言及中国传统政治，有“内用黄老，外用儒术”之说。

司马迁这样描写西汉文帝盛世：百姓内外都无徭役，得到休息以致力于农事，天下殷实富足，粮食每斗降至十余文钱，国内鸡鸣狗吠相闻，万里人烟不断，可谓一派和平安乐的景象……人民安心生产，顺从百姓意愿，不乱折腾，所以百姓安居乐业。就连六七十岁的老翁也有未曾到过集市之中的，终日守在乡里悠游玩耍，像孩子一样。《史记·律书第三》记载：“故百姓无内外之徭，得息肩于田亩，天下殷富，粟至十余钱，鸣鸡吠狗，烟火万里，可谓和乐者乎……人民乐业，因其欲然，能不扰乱，故百姓遂安。自年六七十翁亦未尝至市井，游敖嬉戏如小儿状。”

无疑，老子的“小国寡民”思想有着深厚的思想基础和坚实的实践基础。《老子》一书为格言体，且成书于两千多年前，这影响了后世对老子“小国寡民”思想的理解。简直到了人人异说，师心自用的地步。现代更有学者将之与西方近代社会科学联系起来，说老子是开历史倒车，主张回到西方主流学界理解的、经济落后的原始共产主义社会中去。

2. 老子“小国寡民”思想真义

所以，我们理解老子“小国寡民”思想真义并不容易。笔者认为，正确解读《老子》必须做到以下三点：立宗旨；辨文本；参百家。

立宗旨，要理解《老子》想要阐述什么？作为道家思想的核心经典，《老子》的宗旨是“君人南面之术”，即社会治理的原则方法。

何谓道家？

《汉书·艺文志》记载得清清楚楚。上面说：“道家者流，盖出于史官，历记成败存亡祸福古今之道，然后知秉要执本，清虚以自守，卑弱以自持，此君人南面之术也。”道家重“政”，儒家重“教”，中国文化儒、道两家各有侧重，既有政教之分、又政教互济。

道家容易产生什么样的流弊呢？《汉书·艺文志》接着说：“及放者为之，则欲绝去礼学，兼弃仁义，曰独任清虚可以为治。”

历史有时不可思议。现实是：汉以后，道家的流弊，“独任清虚”的道教大行于世，正统的“君人南面之术”黄老一派反倒鲜为人知。

近代治诸子大家孙德谦（1869~1935年）先生曾对此作了清晰地说明：“道家一流，后世混入神仙，而君人南面之术遂无有知之者矣。夫神仙家者，乃方伎之一，与古道家判然不同。《班志》（即《汉书·艺文志》——笔者注）分析甚明，而昧者犹杂视之，可谓不善读书矣。不善读书而于道家肆力诋之，此家学之所以不彰也。”[①]

对于道家无为而治的基本政治理念，孙先生作了精当的阐释，无为而治除了高尚的社会自治理念，还包括合理的社会分工理论，“无为”不是什么事也不做，而是积极有为地做事。他说：“即其‘无为’之说，后人不知，或失之因循坐废，讵（音jù，岂——笔者注）知惟为南面之术，故以无为为贵。尝譬之君者，心也；百官者，耳目手足也。百官俱有职守，人君则南面出治，以庶事任之百官，而不必躬亲也。此犹人之一身，耳目手足各尽其劳，心焉者，非处之甚逸、无所动作，而以思虑为之主乎？老子曰：‘圣人云：我无为而民自化，

① 孙德谦：《诸子通考》卷三．华东师范大学出版社．2013年第1版，第115页。

我好静而民自正，我无事而民自富，我无欲而民自朴。’若是，道家言‘无为’，专就君道言之，盖可见矣。昔舜之治天下也，忧心焦思，勤于民事，而孔子赞之曰：‘无为而治者，其舜也与？夫何为哉？恭己正南面而已矣。’则道家所以尚无为者，观于大舜，不尤显然易知乎？”①

所以孙先生劝诫修习《老子》的学人：“吾愿习其书者亦以君道求之，慎毋与神仙并论也。”②

历史惯性巨大。太多人将道家之流弊看成道家之正统。2009年1月，一批从海外回归的西汉竹简入藏北京大学，整理者从中发现了久佚的道家经典《周训》，内容是讲东周之君昭文公对共太子的教训，其以史为鉴，多侯王的事迹。

很明显，《周训》“历记成败存亡祸福古今之道”，是“君人南面之术”。《汉书·艺文志》亦将其归入道家，称“《周训》十四篇”。但现代一些学者看到《周训》缺乏后世道家的玄理，就开始怀疑该书就是《汉书·艺文志》著录的《周训》——即使此书标题明明为《周训》，且与《汉书·艺文志》所载篇数相合。

北京大学中国古代史研究中心阎步克教授介绍说：“《汉书·艺文志》将《周训》归入道家类之中，这个原因还值得探讨。在竹书《周训》所见内容中，看不到多少道家哲理的探讨阐述。这一问题，我们最初向学界通报此书时，就指出来了。由此引起了疑问。甚至有人提出，如果竹书《周训》没讲无为而治的黄老之术，那就绝不是《汉书·艺文志》著录的那部《周训》。”③

如果这些学者懂得何谓道家，何谓“无为而治”，恐怕就不会产

---

① 孙德谦：《诸子通考》卷三．华东师范大学出版社．2013年第1版，第115页。
② 同①，第117页。
③ 阎步克：《北大竹书〈周驯〉简介》．载《文物》2011年第6期。

生如此模棱两可的认识——既不会怀疑《汉书·艺文志》著录错误，也不会怀疑《周训》本身了。

《老子》宗旨讲为君之道，社会治理，其言说对象是社会管理者，主要是侯王、君主。

明乎此，我们还要辨清楚《老子》阐发“小国寡民”思想的文本。如同论《老子》宗旨要先论道家宗旨，研究《老子》“小国寡民”思想的文本也要先研究《老子》本身。

总体来说，《老子》文本分两大类，一类是出土简帛本，包括马王堆汉墓出土的帛书《老子》甲、乙本（西汉）、郭店本（战国）、北大汉简本（西汉）四种；另一类是传世诸本，种类很多，其中包括较古的刻本、刻石和敦煌石室中的诸多残卷。较著名的有通行本（晋朝王弼本），东汉河上公本，西汉严遵本，唐朝傅奕本等。

《老子》阐发“小国寡民”的文本集中于通行本第八十章。全文如下：

> 小国寡民。使有什伯之器而不用，使民重死而不远徙。虽有舟舆，无所乘之；虽有甲兵，无所陈之。使人复结绳而用之。甘美食，美其服，安其居，乐其俗，邻国相望，鸡犬之声相闻，民至老死不相往来。

郭店本无此章，出土简帛本与传世诸本重要不同是“使民重死而不远徙”一句。出土简帛本皆作“使民重死而远徙”。事实上二者没有本质的不同，“远徙”之意亦当为远离迁徙，即不远徙。

《老子》文本最大的差别还在于第二句“使有什伯之器而不用”。

北大汉简本作：使有什佰，人之氣（器）而勿用。

帛书甲本作：使十百，人之器毋用。

帛书乙本作：使有十百，人器而勿用。

河上公本作：使有什伯，人之器而不用。

严遵本作：使人有什伯之器而不用。

不难发现，从西汉起，《老子》此章就出现了明显的异本，包括“什伯”独立成文，“什伯之器”连读两大类。学人对它们解释也不同，但也不是二元对立、互相矛盾。

阐释“小国寡民”思想，必须合参百家，特别汉代道家尚未蜕变为道教时代的解释。幸运的是，西汉严遵的《老子指归》和成书于东汉的《老子道德经河上公章句》（河上公本）分别对两大类文本作了解释。

据《史记·乐毅列传》，我们知道河上公为战国时人，传黄老学，六传至西汉丞相曹参，深深影响了西汉治国理念。但托名河上公的《老子》注作者当非河上公本人，因为西汉典籍未提及此书。王卡先生考证：“《河上公章句》应成书于西汉之后，魏晋之前，大约在东汉中后期。王明先生《老子河上公章句考》推测《章句》约为后汉桓帝或灵帝时黄老学者伪托战国时河上丈人所作，其说大体可信。”[①]

先看《老子指归》，严遵本《小国寡民篇》全文如下：

> “小国寡民，使有什伯之器而不用，使民重死而不远徙。虽有舟舆，无所乘之；虽有甲兵，无所陈之。使民复结绳而用之。甘其食，美其服，安其居，乐其俗。邻国相望，鸡犬之声相闻，民至老死，不相往来。”

这里的“小国”，并非指现代以种族为基础、排他性的民族国家，

① 王卡：《老子道德经河上公章句》.中华书局.2011年第1版，“前言”第3页。

而是指周代统一政权下的地方行政单位。在老子时代，礼乐崩坏，诸侯力征的趋势已经十分明显，周天子的权威名存而实亡。老子言小国，实际上是小以言大，因为小国治理得好，大国更能治理得好。所以说："国有大小，地有险易，民有众寡，货有多少，形有高卑，途有远近，势有强弱，权有轻重。大胜小，易胜险，富胜贫，众胜寡，高胜卑，近胜远，强胜弱，轻胜重，物之理也。"而"小国者危亡之枢而安宁之机也。"（《老子指归·小国寡民篇》）

3.精神与物质良性互动才能实现社会大治

圣人如何治理小邦呢？包括以下几个方面：

一是经济高度发展。《老子》不反对发展经济，而是大力主张发展生产。只有富有程度比邻近的国家强得多，甚至十倍、百倍于他们，人民才会安居乐业，才不会流离失所。家家富有，家家都有车船、也就不需要什么乘运业了；家家都有甲兵，别人的兵力也不敢轻易侵犯了。《老子指归·小国寡民篇》说："是以，圣人之治小国也，转祸为福，因危为宁。富以舟舆，实以甲兵。器械便利，衣食有余。牛马蕃息，畜积充满。什伯邻国，以固民心。""当此之时，无钟鼓而万物足。百姓和洽，臣主相得。安土乐生，故死于岩穴。迁徙去乡，利虽百倍，不离其国。家有舟舆，无所运乘。户有甲兵，无所施力。何则？将相明知，人君有道，民务耕织，多积为好。"

发展经济本是道家的核心思想。黄老经典《管子·治国第四十八》开篇指出："凡治国之道，必先富民。民富则易治也，民贫则难治也。奚以知其然也？民富则安乡重家，安乡重家则敬上畏罪，敬上畏罪则易治也。民贫则危乡轻家，危乡轻家则敢凌上犯禁，凌上犯禁则难治也。故治国常富，而乱国常贫。是以善为国者，必先富民，然后治之。”此论与《老子》“小国寡民”思想异曲同工。

遗憾的是，道家集中言经济，为国理财的轻重术长期被埋没，直至今天仍少有人重视；笔者曾出版《国富策：中国古典经济思想及其三十六计》（2010年）及《国富新论：中国经济学轻重之术》（2013年）两书，力图为往圣继此绝学——那是人类经济学的“经”，不可弃啊！

“仓禀实而知礼节”，“小国寡民”思想要求上位者以身作则，教化民众，移风易俗，建立一个家家富足、没有剥削、法治清明、风俗质朴的社会。《老子指归·小国寡民篇》说：“（君主）能而不为，知而不作。滋味不活（不活犹言不调换——笔者注），庖厨不饰。绝身灭色，身为之式。饮而后食，劳而后息。暑服一单，寒衣一复。期于和适，不厚其服。务以便生，不为口腹。赋鲜徭寡，民有余力。并兼之原绝，而增加之流息。风俗敦厚，遵俭忠悫（音què，诚实，谨慎——笔者注）。有而若亡，能而若劣。”

只有精神与物质良性互动，才能实现社会大治，建立起一个罪犯率低，安定和谐的社会。这是一种自治，法治，分布式的社会格局，没有国家的命令，人人皆怡然自得，乐享天年。《老子指归·小国寡民篇》说：“道隆德盛，和睦鳏寡。接地邻境，各自保守。精神不耗，魂魄不毁。性命全完，意欲穷尽。鸡狗之音相闻，民人薪菜（通‘采’——笔者注）登山相视，涧溪共浴，相去甚近，君臣不相结，男女不相聚。自生至老，老而至死，非传主命，莫有来往。”西汉初年写定的银雀山汉简《守法守令等十三篇》也说：“臣闻古之王者，鸡狗之声相闻，其人民至死不得相问见也。上非禁其相问见之道也，法立令行而民毋以相问见为也。”

《老子道德经河上公章句》《小国寡民篇》标题作“独立第八十”，全文如下：

“小国寡民，使有什伯，人之器而不用。使民重死而不远徙。虽有舟舆，无所乘之。虽有甲兵，无所陈之。使民复结绳而用之。甘其食，美其服，安其居，乐其俗。邻国相望，鸡犬之声相闻，民至老死不相往来。”

《老子道德经河上公章句》对于《小国寡民篇》的解释，与《老子指归》没有本质的不同。比如“小国寡民”，作者将之解释为：“圣人虽治大国，犹以为小，俭约不奢泰。民虽众，犹若寡少，不敢劳之也。”这是说圣人治国，“以大为小”，与《老子指归》“以小言大”相类似。

最大的不同，还是第二句，《老子道德经河上公章句》更重视基层组织的制度建设，将“什伯”解释为古代兵制。这种用法古籍中也有，比如《史记·秦始皇本纪》载：“陈涉……蹑足行伍之间，而倔起什伯之中，率罢散之卒，将数百之众，而转攻秦。”

对于“使有什伯”，《老子道德经河上公章句》注云：“使民各有部曲什伯，贵贱不相犯也。”实际上这是编户齐民，卒伍军事制度的另一种说法，是连带责任制度在国家治理中的应用，它重社会整体，强调社会责任大于个人权利。[①]《管子·小匡第二十》上说：“故卒伍之人，人与人相保，家与家相爱，少相居，长相游，祭祀相福，死丧相恤，祸福相忧，居处相乐，行作相和，哭泣相哀。是故夜战其声相闻，足以无乱；昼战其目相见，足以相识，欢欣足以相死。是故以守则固，以战则胜。”

《老子道德经河上公章句》更强调清静无为而治，所以他解释“民至老死不相往来”一句时说：“其无情欲。”而不是如《老子指归》

① 翟玉忠：《道法中国：二十一世纪中华文明的复兴》. 中央编译出版社. 2008年第1版，第217~224页。

一样从制度上去解释。尽管《老子道德经河上公章句》并没有流入道教“独任清虚”的思想泥潭。

美国新经济运动也是社会文化和经济建设“两手抓”，极重教育文化，移风易俗——真是东西古今同此心！

大道是宇宙之根，建立在大道基础上的社会文化具有普世性特点。在此意义上，美国新经济运动与老子“小国寡民”思想相通就不值得奇怪了。

历史证明，人类伟大的社会进步常常发生在不同文明的大碰撞、融汇之中，碰撞的火花点燃新世界的未来！我们希望，西方能够早日摆脱五百年前传教士们定型的、以西解中的危险学术路径，站在东方的立场上、平等地理解东方，“以中释中”，这样才有可能真正理解中国及东方。

古人说“和实生物，同则不继”，世间万物，只有在不同中互相促进，才能改变旧物，创造新物。在这一视角下，摆脱西方文化附庸地位的东方和中国文化可以是异质的，甚至有些异类，那是人类共存、共生、共荣的基础。在此基础上，东西方碰撞才能开创人类更为美好的未来。

——我们期待这一天早日到来！

四、法家为民请命的大公无私精神

站在广大人民群众的立场上，不避权贵，为民请命，是法家精神的内核。

宋以后儒家独尊，几乎所有法家政治家和思想家都被矮化、丑化。以法治国、勤政的秦始皇成了暴君的代名词，法家理论的集大成者韩非子则被说成“惨礉少恩”（惨酷苛刻缺少恩义）。秦二世而亡被说成历史对法家的报应。

是我们为中华民族脊梁正名的时候了。法家精神是人类政治文明的峰巅，表现在——

1. 与时俱进、实事求是的进取精神

法家始终强调打击侵蚀人民整体利益（社稷）的官僚特权阶层，所以必然遭到那些既得利益集团的强烈反对。此时，精英集团的改革意志变得尤其宝贵，改革的原动力直接来源于法家与时俱进的进取精神。

2300年前，面对秦国世袭贵族集团的诘难，商鞅指出：“三代不同礼而王，五霸不同法而霸”“当时而立法，因事而制礼”“治世不一

道，便国不必法古”（《商君书 · 更法第一》）。

目前世界和中国的社会经济生态发生了本质的变化，改革进入了“深水区”。如果我们在思想上刻舟求剑、邯郸学步，结果只能是作茧自缚、自毁长城。

今日之中国是古今中外思想风起云涌、相互激荡的大变局时代，西学、新儒家、新法家、共产主义、资本主义、合作主义……可谓洋洋大观！

如何辨别学说的优劣呢？要用实践作为标准去检验。就是韩非所说的“夫言行者，以功用为之的彀（音gòu，的彀，目标）者也。”（《韩非子 · 问辩》）

韩非形象地比喻：新磨出来的利箭，张开弓弩射出去，即使闭着眼睛乱射，箭头也没有不射中细微东西的，但不能再射到原来的地方，这当然不能算是会射箭，因为没有固定的箭靶作为目标。设置直径为五寸大的箭靶，后退十步，不是后羿、逄蒙那样的神箭手不一定能完全射中，因为有固定的靶子。有标准就难办，没有标准就容易做。有固定的靶子，后羿、逄蒙认为射中五寸大的靶子是手艺高超；没有固定的靶子就是乱射，虽射中微小的东西也是笨拙。因此没有标准来衡量言论，善辩的人长篇大论，设立了标准来衡量言论，即使聪明人也怕失言不敢乱说。现在君主听取言论不用标准衡量，却喜欢巧辩；不用实际去衡量，赞扬他们的行为却不依照标准。《韩非子 · 外储说左上》上说：“夫新砥砺杀矢，彀弩而射，虽冥而妄发，其端未尝不中秋毫也，然而莫能复其处，不可谓善射，无常仪的也；设五寸之的，引十步之远，非羿、逄蒙不能必全者，有常仪的也。有度难而无度易也。有常仪的，则羿、逄蒙以五寸为巧；无常仪的，则以妄发而中秋毫为拙。故无度而应之，则辩士繁说；设度而持之，虽知者犹畏失也，不敢妄言。今人主听说不应之以度，而说其辩，不度以功，誉其行而不入关。”

韩非认为，对于一种理论，不用事实加以检验就对事物作出判断，那是愚蠢；不能正确判断就引为根据，那是欺骗！“无参验而必之者，愚也；弗能必而据之者，诬也。”（《韩非子・显学》）

今天中国有太多逻辑上自恰、自圆其说的“巧辩”了，可那些东西一放到功用的阳光下就融化了。韩非讥笑这种理论家说：“今听言观行，不以功用为之的彀，言虽至察，行虽至坚，则妄发之说也”。（《韩非子・问辩》）在选择关乎国运的治国理念的时候，我们不能不谨慎啊！

2. 为民请命的大公无私精神

法家主张所有人在法律面前一律平等，因此其主张必然会触动某些集团的既得利益。韩非指出，正是由于法家剥夺了官僚集团的特权，才使得他们的处境常常变得十分危险，特别是在没有代表国家整体的最高首脑强力支持的情况下。他说：“且法术之士与当途之臣，不相容也。何以明之？主有术士，则大臣不得制断，近习不敢卖重；大臣、左右权势息，则人主之道明矣。今则不然，其当途之臣得势擅事以环其私，左右近习朋党比周以制疏远，则法术之士奚时得进用，人主奚时得论裁？故有术不必用，而势不两立。法术之士焉得无危？”（《韩非子・人主》）

法家人物反对韬光养晦，明哲保身的“贪鄙之为”，有义无反顾为民请命，舍身为国的伟大气慨。诚如刘向《新序论》对商鞅的评价：“夫商君极身无二虑，尽公不顾私，使民内急耕织之业以富国，外重战伐之赏以劝戎士。法令必行，内不私贵宠，外不偏疏远。是以令行而禁止，法出而奸息。故虽《书》云‘无偏无党’，

《诗》云‘周道如砥，其直如矢’，司马法之励戎士，周后稷之劝农业，无以易此。”

《韩非子·问田》中记有韩非同堂谿公的一段对话，从中能看到韩非子伟大的人格精神。

堂谿公对韩非说：“我听说遵循古礼、讲究谦让，是保全自己的方法；修养品行、隐藏才智，是顺心如意的途径。现在您立法术，设规章，我认为会给您带来生命危险。为何？听说您曾讲道：‘楚国不用吴起的主张而国力削弱，社会混乱；秦国实行商鞅的主张而国家富足，力量强大。吴起、商鞅的主张已证明是正确的，可是吴起被肢解，商鞅被车裂，是因为没碰上好世道和遇到好君主而产生的祸患。’遭遇如何是不能肯定的，祸患不能排除。放弃保全自己和顺心如意的道路而不顾一切地去冒险，为您着想，我认为这不可取。”韩非回答：“我明白您的话了。整治天下的权柄，统一民众的法度，很不容易施行。但之所以要废除先王的礼治，实行我的法治主张，是由于我认定：立法术、设规章有利于广大民众。我之所以不怕昏君乱主带来的祸患，坚持考虑用法度来统一民众的利益，是因为这是仁爱、明智的行为。害怕昏君乱主带来的祸患，逃避死亡的危险，只知明哲保身，看不到广大民众的利益，那是贪生而卑鄙的行为。我不愿选择贪生而卑鄙的做法，不敢毁坏仁爱明智的行为。您有爱护我的心意，实际却又大大伤害了我。”《韩非子·问田》记载：“堂谿公谓韩子曰：‘臣闻服礼辞让，全之术也；修行退智，遂之道也。今先生立法术，设度数，臣窃以为危于身而殆于躯。何以效之？所闻先生术曰：楚不用吴起而削乱，秦行商君而富强。二子之言已当矣，然而吴起支解而商君车裂者，不逢世遇主之患也。逢遇不可必也，患祸不可斥也。夫舍乎全遂之道而肆乎危殆之行，窃为先生无取焉。’韩子曰：‘明先生之言矣。夫治天下之柄，齐民萌之度，甚未易处也。然所以废先王之教，而行贱臣之所取者，窃以为立法术，设度数，所以利民萌便众庶之道也。故不惮乱主暗上之患祸，而必思以齐民萌之资利者，仁智之行也。惮乱主暗上之患祸，而避乎死亡之害，知明而不见民萌之资利者，贪鄙之为也。臣不忍向贪鄙之为，不敢伤仁智之行。先生有幸臣之意，然有大伤臣之实。'"

韩非子最终没有逃脱"死亡之害"，却以"仁智之行"，为自己、为中华民族树立了永恒的精神丰碑——《韩非子》是人类政治文明的宝珠！

法家，正是凭着韩非、商君那样大公无私的牺牲精神，曾经主导华夏民族的成长史——她亦将影响人类文明的未来！

五、法家的“去刑”与儒家的“无讼”

儒家“无讼”思想为人们所熟知，但对于法家“去刑”思想，学界却少有人研究，甚至将之作为法家“刻薄少恩”的证据。在世风浮躁的今天，法家“去刑”思想尤其值得我们关注。

儒家的“无讼”（或称“息讼”）可以上溯到《论语·颜渊篇第十二》，上面引述孔子的话说：“听讼，吾犹人也。必也使无讼乎！”

先贤常常这样描述“无讼”的奇迹：法官或仲裁者德行如此之高，在他的感化下，矛盾双方很快化干戈为玉帛，言归于好——有时两个冲突中的国家会因此实现和平，比如与周文王同时代虞、芮两国著名的虞芮之讼。

事情是这样的：虞（在今山西平陆县）、芮（在今陕西大荔县）两国争田，久而不决，两位国君说：“西伯昌是有德之人，让他来为我们裁判吧。”于是二人来到周，到了边境，看到周人耕田互相让地边，走路互相让道；进入都邑，看到男女不同路，斑白老人不提重物；到了朝廷，发现周士让大夫，大夫让卿，有礼有节。于是两国国君大为感慨：“我们真是小人，不要再踏进君子的朝廷里啦。”后来二人让出所争之地作为闲田。

没有诉讼当然是好事，问题是光靠道德感化实现无讼，不能从根本上解决诉讼发生的原因，减少犯罪的发生。

明人王士晋在《宗祠条规》中一方面肯定无讼会带来太平世界，另一方面指出了诉讼的害处，他说："太平百姓，完赋役，无讼事，便是天堂世界。盖讼事有害无利，要盘缠，要奔走。若造机关（犹言设计周密而巧妙的计谋——笔者注），又坏心术。"

1. 法家如何从根本上解决犯罪和诉讼发生

法家是如何从根本上解决犯罪和诉讼发生的呢？这就是重其轻者，以刑去刑的"去刑"思想。

《商君书》完整提出了以刑去刑的思想，作者认为，在刑事政策上，对轻罪实行重罚，不仅有惩治罪犯的作用，更重要的是，这样做还有强大的法律震慑作用，使那些想犯罪的人不敢再越雷池。反之，如果对重罪实行轻罚，或对轻罪实行轻罚、重罪实行重罚，会导致犯罪的不断发生。《商君书·勒令第十三》云："行罚，重其轻者，轻者不至，重者不来。此谓以刑去刑，刑去事成；罪重刑轻，刑至事生，此谓以刑致刑，其国必削。"《商君书·说民第五》有类似的观点："故行刑，重其轻者，轻者不生，则重者无从至矣，此谓治之于其治者。行刑，重其重者，轻其轻者，轻者不止，则重者无从止矣，此谓治之于其乱也。故重轻则刑去事成，国强；重重而轻轻，则刑至而事生，国削。"

《韩非子·内储说上》从学理上解释了《商君书》"去刑"思想，认为重其轻者的刑事政策会使人们改掉小错，不去触犯重刑，这样就可以实现"无罪"。上面说："公孙鞅之法也重轻罪。重罪者，人之所难犯也；而小过者，人之所易去也。使人去其所易，无离（读为'罹'，遭受——笔者注）其所难，此治之道。夫小过不生，大罪不至，是人无罪而乱不生也。"

《内储说上》有孔子与弟子子贡的一段对话，阐发法家“去刑”思想。据说商朝的法令规定，街上倒灰的人就要处以刑罚（一说断其手），子贡认为定刑太重，孔子则认为，严惩倒灰这样的小过，会减少更大的社会矛盾，让人们做不倒灰这样容易办到的事情，而不去触犯他们所厌恶的刑罚，这合乎治理的原则。上面说：“殷之法，刑弃灰于街者。子贡以为重，问之仲尼。仲尼曰：‘知治之道也。夫弃灰于街必掩人，掩人，人必怒，怒则斗，斗必三族相残也。此残三族之道也，虽刑之可也。且夫重罚者，人之所恶也；而无弃灰，人之所易也。使人行之所易，而无离所恶，此治之道也。’”

《管子》也主张“以刑去刑”，认为法禁的轻重要“随时而变，因俗而动”，在“民躁行僻”的社会环境下，必须用重刑，如用轻刑，犯罪分子不畏惧法律制裁，结果只能是以刑致刑，犯罪不断发生，“邪人不止”。《管子·正世第四十七》云：“夫民躁而行僻，则赏不可以不厚，禁不可以不重。故圣人设厚赏，非侈也；立重禁，非戾也。赏薄则民不利，禁轻则邪人不畏。设人之所不利，欲以使，则民不尽力；立人之所不畏，欲以禁，则邪人不止。”

在人民贪利而性行急躁的社会环境中，当政者本着仁人之心用轻刑，使罪犯不被检举揭发，结果不是“爱人”，而是“伤人”。《正世第四十七》说：“夫民贪行躁，而诛罚轻，罪过不发，则是长淫乱而便邪僻也，有爱人之心，而实合于伤民，此二者不可不察也。”

2.被后世严重异化的法家“去刑”思想

汉以后，法家“去刑”思想被严重异化，甚至将之作为法家“刻薄少恩”的证据。西汉学者不再如战国辩士一样咒骂秦是虎狼之国（《战国策》这类内容很多），他们开始在理论上攻击法家思想，一个重要手法就是将秦二世而亡归之于严刑峻法，将周八百年基业归因于仁爱之德。晋葛洪指出，周得天下并不是单纯依靠仁德，秦失天下也不仅因为严刑所致，后者一朝土崩的主要原因是财政上开支过大，特别是军事上的开支。葛洪《抱朴子外篇·用刑卷第十四》论证说："秦之初兴，官人得才。卫鞅由余之徒，式法於内。白起王翦之伦，攻取於外。兼弱攻昧，取威定霸，吞噬四邻，咀嚼群雄，拓地攘戎，龙变虎视，实赖明赏必罚，以基帝业。降及杪季（末年——笔者注），骄於得意，穷奢极泰，加之以威虐，筑城万里，离宫千余，钟鼓女乐，不徙而具。骊山之役，太半之赋，闾左之戍，坑儒之酷，北击猃狁，南征百越，暴兵百万，动数十年。天下有生离之哀，家户怀怨旷之叹。白骨成山，虚祭布野。徐福出而重号啕之雠（令人号啕大哭的仇恨——笔者注），赵高入而屯豺狼之党。天下欲反，十室九空。其所以亡，岂由严刑？此为秦以严得之，非以严失之也。"

秦朝灭亡还有一个重要原因，"二世更法"将秦律按"督责之术"的原则进行了重新修订，《史记·李斯列传》对此有明确记载，却为历代史家所忽视。笔者在《道法中国：二十一世纪中华文明的复兴》一书中曾详加阐释，这里不再赘述。[①]

可贵的是，葛洪注意到重其轻者的刑事政策是治未病的"全民之术"，还同魏时的许多人一样（如陈群、钟繇）主张恢复"肉刑"。《抱朴子外篇·用刑卷第十四》说："故诛一以振万，损少以成多，方之栉发（用篦子梳头——笔者注），则所利者众。比於割疽，则所全者大。是以灸刺惨痛而不可止者，以痊病也。刑法凶丑而不可罢者，以救弊也……是以安于感深谷而严其法，卫子疾弃灰而峻其辟。夫以其所畏，禁其所翫（玩忽、轻视——笔者注），峻而不犯，全民之

① 翟玉忠：《道法中国：二十一世纪中华文明的复兴》. 中央编译出版社. 2008年第1版，第50~52页。

术也。明治病之术者，杜未生之疾。达治乱之要者，遏将来之患。若乃以轻刑禁重罪，以薄法卫厚利，陈之滋章，而犯者弥多，有似穿阱（捕野兽用的陷坑——笔者注）以当路，非仁人之用怀也。”

葛洪的类比使人想起中西医之别。中医崇尚治未病，《黄帝内经·素问·四气调神大论篇》云：“是故圣人不治已病治未病，不治已乱治未乱，此之谓也。夫病已成而后药之，乱已成而后治之，譬犹渴而穿井，斗而铸锥，不亦晚乎！”《黄帝内经·灵枢·逆顺》亦云：“上工治未病，不治已病。”

现代西医主流还是对抗疗法，治已病。最为可怕的是，目前西方这种二元对立思维已渗透学人骨髓，他们很容易将“重重而轻轻”的错误刑事政策理解为“公正”或“正义”，尽管正如《商君书》所说，实际结果将是“刑至而事生”，国家衰弱。

综上所述，法家的“去刑”思想是治本之策，儒家的“无讼”思想是治末之策，而西学“重重而轻轻”的“公正”思想则是乱国之策——是我们恢复伟大的法家刑事原则的时候了，因为只有实行法家重其轻者，以刑去刑的刑事政策，才会造就一个清静世界，才能真正实现王士晋所梦想的“无讼事”的“天堂世界”。

那不就是2200年前，风尘仆仆从东方来的荀子在秦国看到的景象吗——自身安逸却治理得好，政令简要却详尽，政事不繁杂却有成效，这是政治的最高境界。《荀子·强国第十六》感叹：“佚而治，约而详，不烦而功，治之至也。”

六、墨家遗说考

近读南北朝著名子书《刘子·九流第五十五》，该篇简述九流思想。论墨家则云："墨者，尹佚、墨翟、禽滑、胡非之类也。俭啬、兼爱、尚贤、右鬼、非命、薄葬，无服、不怒、非斗。然而薄者，其道大觳（音què，瘠薄——笔者注），俭而难遵也。"

读到这里，笔者不禁疑惑了，墨家向来以"十论"为治世之良药，随机说法。用墨子本人的话说叫"择务而从事"，自墨子活着的时候就如此。据《墨子·鲁问》，魏越问墨子，他外出见诸侯都说些什么，墨子回答说："凡入国，必择务而从事焉。国家昏乱，则语之尚贤、尚同；国家贫，则语之节用、节葬；国家憙音湛湎（憙同'喜'，喜好声乐、沉迷于酒——笔者注），则语之非乐、非命；国家淫僻无礼，则语之尊天、事鬼；国家务夺侵凌，即语之兼爱、非攻。"

"尚贤、尚同、节用、节葬、非乐、非命、尊天（即天志）、事鬼、兼爱、非攻"为世人所熟知，怎么《刘子·九流第五十五》中出现了"无服、不怒、非斗"三论？

《墨子》刘向校书时有71篇，约于隋唐之际亡18篇，[①]现存53

① 王长民：《〈墨子〉古本"目录"及佚篇考说》.《管子学刊》，2004年第2期。

篇。幸运的是，今本《墨子》“墨家十论”残而不缺，皆有相关专篇论述。却鲜有“无服，不怒，非斗”的论述，那么别出“三论”究竟是何意呢？

求教于香港、大陆的“新墨家”诸君，全部热情回答，大体人人异说，有些甚至迂曲荒谬。故作此文，对“三论”分别考证如下：

1.“无服”指不按传统礼制行资葬之服

考证最好的方法是“证之于内”，即内证，用相关经典中作者本人的解释。但这显然不可能，因为《墨子》中没有“不怒”等的专论。所以我们不妨采取迂回战术，先“证之于外”，考察其他经典对“三论”的解释，再“证之于内”，看看现存《墨子》文本中有没有对“三论”的点滴阐释。

与“无服、不怒、非斗”相关的最全面论述是《庄子·天下篇》对墨家学说的总结性概括，参考晋代郭象的注和唐代成玄英的疏（那时《墨子》可能还没有散佚），我们基本能理解三论的本义。

我们先看《庄子·天下篇》是怎么说的：“（墨家）墨翟、禽滑厘闻其风而说之。为之大过，已之大循。作为《非乐》，命之曰《节用》，生不歌，死无服。墨子泛爱兼利而非斗，其道不怒。”

成玄英疏释“无服”云：“生不歌，故非乐；死无服，故节用，谓无衣衾棺椁等资葬之服，言其穷俭惜费也。”

“无服”也称“不服”，《庄子·天下篇》下面还有：“古之丧礼，贵贱有仪，上下有等，天子棺椁七重，诸侯五重，大夫三重，士再重。今墨子独生不歌，死不服，桐棺三寸而无椁，以为法式。”

我们再参考《墨子·节用中》和《墨子·节葬下》“古者圣王制为节葬之法”的内容，和《墨子·节葬下》“墨子制为葬埋之法”的内容，就知道“无服”指不按传统礼制行资葬之服。

“古者圣王制为节葬之法”和“墨子制为葬埋之法”的内容大同小异，后者认为：“棺三寸，足以朽骨；衣三领，足以朽肉；掘地之深，下无菹漏，气无发泄于上，垄足以期其所，则止矣。”就是说棺材厚三寸，衣衾三件，足以使死者骨肉在里面朽烂。掘地的深浅，以下面没有湿漏、尸体气味不要泄出地面上为度。坟堆足以让人识别就行了。

《墨子·节葬下》主要是反对当时厚葬久丧的习俗，“无服”是反对厚葬的另一种说法，故《刘子·九流第五十五》将“薄葬，无服”放在一起。

2.“非斗”指反对不义的私斗

对于《庄子·天下篇》提到的非斗，郭象注释云：“夫物不足，则以斗为是，今墨子令百姓皆勤俭，各有余，故以斗为非也。”成玄英疏：“普泛兼爱，利益群生，使各自足，故无斗争，以斗争为非也。”

幸运的是，在《墨子》和墨子弟子胡非子的著作中，我们还能看到相关论述。

儒者子夏的弟子问墨子：“君子之间有争斗吗？”墨子回答说：“君子之间没有争斗。”子夏弟子说：“狗猪尚且有争斗，怎么士就没有争斗的呢？”墨子说道：“痛心啊！你们言谈则称举商汤、文王，行为却与狗猪相类比，真让人痛心啊！”据《墨子·耕柱》：“子夏之徒问于子墨子曰：‘君子有斗乎？’子墨子曰：‘君子无斗。’子夏之徒曰：‘狗豨犹有斗，恶有士而无斗矣？’子墨子曰：‘伤矣哉！言则称于汤文，行则譬于狗豨，伤矣哉！’”

显然，“无斗”是墨子学说的重要内容，所以才遭到儒者的质疑。问题是，“无斗”是不是“非攻”的另一种说法呢？看来不是，因为从清人马国翰所辑的《胡非子》佚文中我们看到，“非斗”主要在个人修养方面，与“非攻”在国家战争层面，有很大不同。

佚文说：“胡非子修墨以教。有屈将子好勇，闻墨者非斗，带剑危冠往见胡非子，劫而问之曰：‘将闻先生非斗，而将好勇，有说则可，无说则死。’胡非子曰：‘吾闻勇有五等。夫负长剑，赴榛薄，析兕豹，搏熊罴，此猎徒之勇也；负长剑，赴深泉，斩蛟龙，搏鼋鼍，此渔人之勇也；登高陟危，鹄立四望，颜色不变，此陶匠之勇也；剽必刺，视必杀，此五刑之勇也。昔齐桓公以鲁为南境，鲁公忧之，三日不食。曹刿闻之，触齐军，见桓公曰：“臣闻君辱臣死。君退师则可，不退，则臣请击颈以血溅君矣。”桓公惧，不知所措。管仲乃劝与之盟而退。夫曹刿，匹夫徒步之士，布衣柔履之人也，唯无怒，一怒而劫万乘之师，存千乘之国。此谓君子之勇，勇之贵者也。晏婴匹夫，一怒而沮崔子之乱，亦君子之勇也。五勇不同，公子将何处？’屈将悦，称善，乃解长剑，释危冠，而请为弟子焉。”（《玉函山房辑佚书·胡非子》）

这就是著名的胡非子说“五勇”。我们看到，“非斗”是反对不义的私斗，主张“君子之勇”。在某种意义上，它与道家“大匠不斫，大勇不斗”相通。

另外，《庄子·天下篇》提到墨家别派宋钘、尹文时[①]，说他们：“见侮不辱，救民之斗；禁攻寝兵，救世之战。”也是将“非斗”与“非攻”分开讲，则“非斗”非“非攻”明矣。

《胡非子》佚文中还提到了墨家主张的“无怒”，显然也不是忍气

---

① 蔡德贵：《宋鈃、尹文为墨家一派》.《东岳论丛》，1982年第5期。

吞声之意。

3.“不怒”指自省而不怨怒于物

《庄子·天下篇》郭象注“不怒”云：“但自刻也。”“自刻”的意思是自责自励。成玄英疏：“克己勤俭，故不怨怒于物也。”

从散见于《墨子》的相关论述中可知，“不怒”，自省而不怨怒于物，是墨家修身的重要内容。

《墨子·贵义》提“六种邪僻”，其中就包括“去怒”。上面说：“必去六辟。默则思，言则诲，动则事，使三者代御，必为圣人。必去喜，去怒，去乐，去悲，去爱，[去恶]（此据前后文补——笔者注），而用仁义。”

《墨子·贵义》将无怨怒之心作为君子修身的重要方面，上面说：“吾闻之曰：‘非无安居也，我无安心也。非无足财也，我无足心也。’是故君子自难而易彼，众人自易而难彼，君子进不败其志，内究其情，虽杂庸民，终无怨心，彼有自信者也。”我听说：“我不是没有安定的住处，而是自己没有安定之心；不是没有丰足的财产，而是怀着贪得无厌的心。”所以君子严以律己，宽以待人。而一般人则宽以律己，严以待人。君子仕进顺利时不改变他的素志，不得志时心情也一样；即使杂处于庸众之中，也没有怨怒之心，因为他们是自信的人。

《墨子·修身》也说：“是故先王之治天下也，必察迩来远，君子察迩而迩修者也。见不修行，见毁，而反之身者也，此以怨省而行修矣。”近人王焕镳先生解释说：“此谓君子如不修其行而见毁于人，则不应怨人，而宜反之于身而自修焉。故结句云：‘此以怨省而行修矣。'"①

另外，《荀子·正论》保存了墨家别派宋钘对"见侮不辱，救民之斗"的解释："子宋子曰：'明见侮之不辱，使人不斗。人皆以见侮为辱，故斗也；知见侮之为不辱，则不斗矣。'"宋钘先生说："宣明了被人侮辱而不以为耻辱，就能使人们不争斗。人们都把被侮辱当作为耻辱，所以会争斗；如果懂得了被侮辱算不上是一种耻辱，就不会争斗了。"

同篇中，荀子又称宋钘"诎容为己"，以屈辱容忍为己之道，也足以说明墨家对忍辱以去怒的重视。

在享乐主义、消费主义盛行，竞争、不安成为社会生活常态的21世纪，大家有必要认真看待墨家诸多思想，包括重要遗说。因为我们只有懂得了自省而不怨怒，勇敢而不斗狠，节俭而不浪费，人类才有可能建立一个安定和谐的新世界！

这是墨家"无服、不怒、非斗"三论给我们的宝贵启迪！

---

① 王焕镳：《墨子集诂》．上海古籍出版社．2005年第1版，第33页。

七、帛书《五行》所见名学类推法发微

1973年底，湖南长沙马王堆三号汉墓出土的大量帛书中，《老子》甲本后有《五行》一篇。帛书有经、有说，思想囊括儒、道、名、法诸家，反映了战国时代大道未为天下裂时，百家争鸣与诸子合和共存的特点。遗憾的是，长期以来学界对百家争鸣关注过多，对诸子合和关注过少，以致今天大道不彰，西学独步学林。

池田知久先生写道："尽管在《五行》中有色彩浓重的《孟子》思想的烙印是自不待言的，但是正如在后面将要详述的，其中也积极地吸收了荀子的思想。不仅如此，更进一步说，道家、墨家、法家的各种思想也在其中起着重要的作用。这样看来，《五行》作为诸子百家思想复杂地纠缠在一起的时代的产物，要想对其成书年代和作者学派所属进行有说服力的分析，还应该尽可能地从狭窄视野下的单纯思考中解放出来。"[①]池田知久所说的"狭窄视野"，指许多中国学人将其思想单纯归属于思孟学派的观点。

据池田知久的意见，帛书《五行》篇抄写年代大概是高祖时期至

① 池田知久:《马王堆汉墓帛书五行研究》.王启发译.中国社会科学出版社.2005年第1版，第28页。

吕后时期，即公元前206年至前180年抄写成的。[1]

20年后，湖北荆门郭店村一号楚墓出土的众多竹书中，《五行》再次出土，只是该篇有经而无说，且章节次序略有不同（这种不同对于我们的研究十分重要）。湖北省荆门市博物馆在《荆门郭店一号楚墓》报告中指出：郭店M1具有战国中期偏晚的特点，其下葬年代当在公元前4世纪中期至公元前3世纪初。

关于《五行》哲学思想方面的研究已经很多，但很少人注意到有关名学的重要内容，即文中的侔、譬、喻、几四种类推方法（类行法）。这四种类行法中，侔、譬在《墨子·小取》篇中有详细说明，喻、几却不见诸传世古籍。

1.《墨子·小取》的四种类推法

我们首先了解一下《墨子·小取》的四种类推法。它们分别是辟、侔、援、推，文中解释说："辟（同'譬'——笔者注）也者，举他物而以明之也。侔也者，比辞而俱行也。援也者，曰：子然，我奚独不可以然也？推也者，以其所不取之同于其所取者予之也。'是犹谓'也者，同也；'吾岂谓'也者，异也。"

有学者还将上述四种类推法前面的三种判断形式或、假、效列入，这种做法欠审慎，因为小取中接着就论述了辟、侔、援、推可能导致逻辑错误的原因，并提醒说："是故辟、侔、援、推之辞，行而异，转而危，远而失，流而离本，则不可不审也，不可常用也。"这里"辟、侔、援、推"并列提出，与或、假、效不同类。

什么是譬呢，"辟也者，举他物而以明之也"。简单来说就是打

---

① 池田知久：《马王堆汉墓帛书五行研究》.王启发译.中国社会科学出版社.2005年第1版，第6页。

比方，但打比方时要注意事物之间有相似的地方，也有十分不同的地方，不能乱比方，就是文中说的“夫物有以同而不率遂同”。

墨子善用譬。《墨子·非攻下》开篇引墨子言曰：“对于当今天下赞美的人，有何道理在？他上能符合上天的利益，中能符合鬼神的利益，下能符合人民的利益，所以大家才赞誉他呢？还是他在上不能符合上天的利益，中不能符合鬼神的利益，下不能符合人民的利益，所以大家才赞誉他呢？即使最愚蠢的人，也必定会说：‘是他在上能符合上天的利益，中能符合鬼神的利益，下能符合人民的利益，所以人们才赞誉他。’天下所共同认为是义的，是圣王的法则。但现在天下诸侯大概还在尽力于攻战兼并，那就只是仅有誉义的虚名，而不考察实际。这就像瞎子与常人一同能叫出白黑的名称，却不能辨别那个物体一样，这难道能说会辨别吗？”文中说：“今天下之所誉善者，其说将何哉？为其上中天之利，而中中鬼之利，而下中人之利，故誉之与？意亡非为其上中天之利，而中中鬼之利，而下中人之利，故誉之与？虽使下愚之人，必曰：将为其上中天之利，而中中鬼之利，而下中人之利，故誉之。今天下之所同义者，圣王之法也。今天下之诸侯，将犹多皆免攻伐并兼，则是有誉义之名，而不察其实也。此譬犹盲者之与人，同命白黑之名，而不能分其物也，则岂谓有别哉？”

这里墨子以不辨黑白的盲者比喻不辨是非的天下人。

什么是侔呢？“侔也者，比辞而俱行也”。过去，包括笔者在内一些学者认为，“白马，马也；乘白马，乘马也”，通过字加减推理的方法才是侔式类推法，这种理解显然过于狭窄。[①]根据帛书《五行》篇，事物之间的并列比较就是侔。只是这种比较要知止，就是文中说的“有所至而止”。

① 翟玉忠：《正名：中国人的逻辑》.中央编译出版社.2013年第1版，第14页。

墨子从正反两个方面论述兼爱的重要性，用的都是侔式类推法。《墨子·兼爱上》说："圣人以治理天下为己任，不可不考察混乱产生的根源。混乱从哪里产生的呢？起于人与人不相爱。臣与子不孝敬君和父，就是所谓乱。儿子爱自己而不爱父亲，因而损害父亲以自利；弟弟爱自己而不爱兄长，因而损害兄长以自利；臣下爱自己而不爱君上，因而损害君上以自利，这就是所谓混乱。反过来，父亲不慈爱儿子，兄长不慈爱弟弟，君上不慈爱臣下，这也是天下的所谓混乱。父亲爱自己而不爱儿子，所以损害儿子以自利；兄长爱自己而不爱弟弟，所以损害弟弟以自利；君上爱自己而不爱臣下，所以损害臣下以自利。为何？都是起于不相爱。"文中说："圣人以治天下为事者也，不可不察乱之所自起。当察乱何自起？起不相爱。臣子之不孝君父，所谓乱也。子自爱，不爱父，故亏父而自利；弟自爱，不爱兄，故亏兄而自利；臣自爱，不爱君，故亏君而自利，此所谓乱也。虽父之不慈子，兄之不慈弟，君之不慈臣，此亦天下之所谓乱也。父自爱也，不爱子，故亏子而自利；兄自爱也，不爱弟，故亏弟而自利；君自爱也，不爱臣，故亏臣而自利。是何也？皆起不相爱。"

这里"子自爱""弟自爱""臣自爱"的说法就是比辞。

什么是援呢？"子然，我奚独不可以然也"。这是在彼我同类的情况下，彼有以此为然，推论出我有此亦当然。此时要注意肯定本身与肯定原因的区别，因为有时"其然也同，其所以然不必同"。

《墨子·非攻上》有一则援式类推："假如现在有一个人，看见少许黑色就说是黑的，看见很多黑色却说是白的，人们就认为此人不懂得白与黑的区别。少尝一点苦味就说是苦的，多尝些苦味却说是甜的，那么人们就认为这个人不懂得苦和甜的区别。现在小范围内做不对的事，人们都知道指责其错误；大范围内做进攻别国的坏事，却不知道指责其错误，反而跟着称赞他为义举。这可以算是懂得义与不义的区别吗？”文中说：“今有人于此，少见黑曰黑，多见黑曰白，则以此人不知白黑之辩矣；少尝苦曰苦，多尝苦曰甘，则必以此人为不知甘苦之辩矣。今小为非，则知而非之；大为非攻国，则不知非，从而誉之，谓之义。此可谓知义与不义之辩乎？”

这里“黑白之辩”与“苦甘之辩”为然，我“义不义之辩”奚独不可以然也？故作者发出“此可谓知义与不义之辩乎”之叹。

什么是推呢？“以其所不取之同于其所取者予之也。‘是犹谓’也者，同也；‘吾岂谓’也者，异也。”就是通过先肯定对方诸“所取者”，然后与双方“所不取者”相比较，求证对方论题的矛盾，常常用“是犹谓”或“是犹”表示。有时则用明显正确的“所不取者”直接反驳对方，常常用“吾岂谓”或“岂可谓”等表示。这种类推要注意“其取之也同，其所以取之不必同”。在《正名——中国人的逻辑》中，笔者曾将推式类推法比之于西方逻辑学中的演绎、归纳推理，这显然是不对的。[①]用西方学术概念、学术框架衡量中国学术，是十分危险的——学人慎之！慎之！

墨子连续用了数个推式类推反驳曾子弟子公明仪的观点，上面说：“公孟子说：‘没有鬼神。’又说：‘君子一定要学习祭礼。’墨子说：‘主张没有鬼神却劝人学习祭礼，这就像没有宾客却学习接待宾客的礼节，没有鱼却结鱼网一样。’公孟子对墨子说：‘您认为守三年丧期不对，那么您主张的守三日丧期也不对。’墨子说：‘你用三年的丧期攻击三日的丧期，就好像裸体的人说掀衣露体的人不恭敬一样。’公孟子对墨子说：‘某人的所知，有胜过人家的地方，那可以说他是智慧聪明的人吗？’墨子答道：‘愚者的所知，有胜过他人的地方，然而难道能说愚者是智慧聪明的人吗？’公孟子说：‘守三年的

① 翟玉忠：《正名：中国人的逻辑》. 中央编译出版社. 2013年第1版，第14页。

丧期，这是仿效孩子依恋父母的情意。’墨子说：‘婴儿的智慧，唯独希慕自己的父母而已，父母不见了，就大哭不止。这是什么缘故呢？是愚笨到了极点。儒者的智慧，难道有胜过小孩子的地方吗？’”《墨子·公孟》记载：“公孟子曰：‘无鬼神。’又曰：‘君子必学祭祀。’子墨子曰：‘执无鬼而学祭礼，是犹无客而学客礼也，是犹无鱼而为鱼罟也。’公孟子谓子墨子曰：‘子以三年之丧为非，子之三日之丧亦非也。’子墨子曰：‘子以三年之丧非三日之丧，是犹倮谓撅者不恭也。’公孟子谓子墨子曰：‘知有贤于人，则可谓知乎？’子墨子曰：‘愚之知有以贤于人，而愚岂可谓知矣哉？’公孟子曰：‘三年之丧，学吾（俞樾云：“‘吾’下脱‘子’字。”——笔者注）之慕父母。’子墨子曰：‘夫婴儿子之知，独慕父母而已，父母不可得也，然号而不止，此其故何也？即愚之至也。然则儒者之知，岂有以贤于婴儿子哉？’”）

上文四个交锋中，前两个为“是犹谓”推式，后两个为“吾岂谓”推式。

2. 帛书《五行》的四种类推法

帛书《五行》四种类推法为侔、譬、喻、几。其中喻、几类推法传世文献没有记载，值得特别注意。

由于郭店简本《五行》篇没有“说”，显得行文紧凑，我们将涉及四种类推法的部分录在这里，先给读者一个整体的印象。简本先“喻”后“譬”，正好说明在作者心中喻、几与侔、譬一样属于类推法。文章说“目（通‘侔’）而知之，谓之进之。喻而知之，谓之进之。譬而知之，谓之进之。几而知之，天也。‘上帝临汝，毋贰尔心’，此之谓也。”

我们借帛书《五行》篇中的“说”分别论述之，顺序亦按帛书《五行》篇。文字释读和白话译文我们参考了池田知久先生的《马王堆汉墓帛书五行研究》一书。

什么是侔呢？帛书《五行》篇“说”云：“弗侔也，侔则知之矣，知之则进耳。侔之也者，比之也。‘天监在下，有命既杂’者也，天之监下也，杂命焉耳。循草木之性，则有生焉，而无好恶焉。循禽兽之性，则有好恶焉，而无礼义焉。循人之性，则巍然知独有仁义也。不循其所以受命也，循之则得之矣，是侔之已。故侔万物之性而知人独有仁义也，进耳。‘文王在上，於昭于天’，此之谓也。文王源耳目之性而知其好声色也，源鼻口之性而知其好臭味也，源手足之性而知其好佚愉也，源心之性则巍然知其好仁义也。故执之而弗失，亲之而弗离，故卓然见于天，箸于天下，无他焉，侔也。故侔人体而知其莫贵于仁义也，进耳。”如果将各种事物排列比较，就能够明白道理。能够明白道理，就能够进德。所谓将各种事物排列，就是将若干的事物排列比较，探究其本质。《诗经》中说“天之纵览下界，将命集中在这里”。不外是讲天纵览下界，将命集中在了人那里。如果思考草木的本性，其虽然有生命，但是没有好恶的感情。如果思考鸟兽的本性，其虽有好恶的感情，但没有礼义之德。如果思考人的本性，就能够明确知道只有人被赋予仁义之德。如果思考有关人接受天命的情况，就能够把握人的本性。这不外就是通过排列比较各种的事物。因此，如果排列比较万物的本性，就会明白只有人类被赋予仁义之德，就能够进德；《诗经》上说：“文王君临天啊，其德耀天。”就是这个意思。文王探求耳目的本性，知道其喜好声色。探求鼻口的本性，知道其喜好臭味。探求手足的本性，知道其喜好安逸。接着探求心的本性，知道其明明喜好仁义。因此，守仁义而不失，亲仁义而不离。所以，文王的仁德就出类拔萃，光耀天下。其不在于别的什么，而是排列比较各种事物明白了本性。因而，如果排列比较耳目、鼻口、手足、心等，理解了没有比喜好仁义的心更高贵的，就能够进德了。

“侔之也者，比之也”，《墨经·小取》亦言：“侔也者，比辞而俱行也。”侔重比，重排列比较，是一种横向的类行。

什么是譬呢？帛书《五行》篇“说”云：“弗譬也，譬则知之矣，知之则进耳。譬丘之与山也，丘之所以不如名山者，不责也。舜有仁，我亦有仁，而不如舜之仁，不责也。舜有义，而我亦有义，而不如舜之义，不责也。譬比之而知吾所以不如舜，进耳。”大意是说：如果运用比喻就能够明白道理，如果明白道理，就能进德。以丘和山为喻，丘不及于高山的理由，是因为没有积累土。舜有仁之德，我也有仁之德，可是不及于舜之仁，是因为我没有积累仁之德。舜有义之德，我也有义之德。可是不及于舜之义，是因为我没有积累义之德。比喻后又比较，如果明白我不及于舜的原由，就能够进德了。

这里以丘山喻人之仁义，丘山有高有低，人亦然，也是“举他物而以明之”，与《墨子·小取》篇全同。

什么是喻呢？帛书《五行》篇“说”云：“弗喻也，喻则知之矣，知之则进耳。喻之也者，自所小好喻乎所大好。‘窈窕淑女，寤寐求之’，思色也。‘求之弗得，寤寐思伏’，言其急也。‘悠哉悠哉，辗转反侧’，言其甚急也。急如此其甚也，交诸父母之侧，为诸？则有死弗为之矣。交诸兄弟之侧，亦弗为也。交诸邦人之侧，亦弗为也。畏父兄，其杀畏人，礼也。由色喻于礼，进耳。”大意是说：如果以水平低的事物为基础与水平高的事物来比较。就能够明白道理。如果明白道理，就能够进德。所谓“比较”，就是以稍微喜好的事物为基础，与大为喜好的事物比较。《诗经》中所讲的“婀娜的淑女，寤寐求之不已”，是想念美色。“求之不得的话，就睡也想醒也想”，是讲其急切的程度。“思来想去，不断地翻身”，是讲其非常急切的程度。尽管急切程度是这样，在父母的附近和淑女进行交往，行吗？即使被威胁处以死刑也肯定不去进行交往，在兄弟的附近和淑女交往也不行，在国人附近和淑女交往也不行。像这样，先是畏惧自己的父母、兄弟，其次是畏惧广大的众人，就是礼。如果以好色之事为基础，通过比较而知道好礼的话，就能够进德。

喻与侔不同，它是一种纵向的比较，自小而喻大是其显著特征。喻式类推法《墨经》中 没有强调，但在《墨子》一书中我们较容易找到它的语例。《墨子·非攻上》有：“杀一人，谓之不义，必有一死罪矣。若以此说往，杀十人，十重不义，必有十死罪矣；杀百人，百重不义，必有百死罪矣。当此天下之君子皆知而非之，谓之不义。今至大为不义攻国，则弗知非，从而誉之，谓之义。情不知其不义也，故书其言以遗后世。”这里“杀一人”“杀十人”“杀百人”“攻国”层层递进，显然是一种纵向比较，为喻式类推法。

什么是几呢？帛书《五行》经文说：“几而知之，天也。《诗》曰：‘上帝临汝，毋贰尔心。’”帛书《五行》篇“说”云：“‘几而知之，天也。’几也者，赍数也。唯有天德者，然后几而知之。‘上帝临汝，毋贰尔心’。上帝临汝，言几之也。毋贰尔心，俱几之也。”大意是说：“在事物有预兆的阶段就能够知道它的，就是天德，”所谓“有预兆”就是有数（道理）。只有合天德（道）的圣人，才能“在事物有预兆的阶段就能够知道它”。《诗经》中有“上帝御临于你，你不要有贰心”，所谓“上帝御临于你”，就是有征兆显示的意思。所谓“你不要有贰心”，就是要与天合其精微之几。

将几作为一种类推法，值得我们重视。因为它要靠洁静精微之心，见微知著，通达权变，此是处理所有复杂事务所必须的，《易经》

有明确论述。《周易·系辞下》引孔子言曰：“知几其神乎，君子上交不谄，下交不渎，其知几乎。几者，动之微，吉之先见者也，君子见几而作，不俟终日。《易》曰：‘介于石，不终日，贞吉。’介如石焉，宁用终日？断可识矣。君子知微知彰，知柔知刚，万夫之望。”《周易正义》唐代孔颖达疏：“故此章明知几入神之事，故引《豫》之六二以证之。云‘《易》曰：介于石，不终日，贞吉’。‘知几其神乎’者，神道微妙，寂然不测。人若能豫知事之几微，则能与其神道合会也。‘君子上交不谄，下交不渎’者，上谓道也，下谓器也。若圣人知几穷理，冥於道，绝於器，故能上交不谄，下交不渎。若于道不冥而有求焉，未能离於谄也；于器不绝而有交焉，未能免于渎也。能无谄、渎，知几穷理者乎？”

又于“几者，动之微，吉之先见者也”条下，《周易正义》注云：“几者去无入有，理而无形，不可以名寻，不可以形睹者也。唯神也不疾而速，感而遂通，故能朗然玄昭，鉴于未形也。合抱之木，起于毫末。吉凶之彰，始于微兆，故为吉之先见也。”

古代圣贤，知几知微，几近于神，甚至超越数百年预知未来，真所谓“唯有天德者，然后几而知之”。一则历史上广为流传的故事说：“昔者太公望、周公旦受封而见，太公问周公：‘何以治鲁？’周公曰：‘尊尊亲亲。’太公曰：‘鲁从此弱矣。’周公问太公曰：‘何以治齐？’太公曰：‘举贤尚功。’周公曰：‘后世必有劫杀之君矣。’后齐日以大，至于霸，二十四世而田氏代之。鲁日以削，三十四世而亡。由此观之，圣人能知微矣。”（《韩诗外传·卷十》）

西方文化重外在，向外寻求真理、信仰，不强调心性的修持，使他们对超越形式逻辑的“几”没有完整的论述；将“几”并列于诸类推法，反映了先贤对这种认知事物方式的高度重视。合于道方能知几、知微，可谓难矣——有志君子当时时用功，勉哉！

3.《五行》与《墨子·小取》有不同的学术源流

《墨子·小取》言类推法称辟、侔、援、推。帛书《五行》篇言四种类推法为侔、譬、喻、几，二者何以不同？

事实上，即使在《墨经》中，也有这种现象。比如对于类推中前后两辞的关系，《墨子·小取》篇中有五类：

“夫物或乃是而然，或是而不然，或不是而然，或一周而一不周，或一是而一非也。”

而《墨子·大取》篇中有四类，且其中只有前两个与《墨子·小取》篇同：

“一曰乃是而然，二曰乃是而不然，三曰迁，四曰强。”

之所以出现这种情况，是因为中国古籍有随时代层层累积的特点，而《墨子·小取》篇和《墨子·大取》篇是积聚古说，分别成篇的。这里的取，通“冣”，为积聚之意。[①]

由此我们可以推知，帛书《五行》与《墨子·小取》有不同的学术源流，所以会产生类推法取舍上的差异。不可否认，帛书《五行》篇极大地深化了我们对中国名学类推法的认识，特别是“喻”“几”式类推法的发现，对于现代人认知世界方式的拓展具有革命性意义——因为“几而知之，天也”，对天道的认知践履，是长期浸淫于西方思维逻辑中的当代学人极度陌生和欠缺的。

① 李耽：《先秦形名之家考察》.湖南大学出版社.1998年第1版，第202页。

八、中国名学与西方逻辑学互补

过去一百年来，诸多学人已经习惯于以西方逻辑学概念研究名学，结果名学成了“二等逻辑学”，用更加冠冕堂皇的学术语言说是“朴素的逻辑学”。

事实上，中国名学本是与西方逻辑学互补的学问，它们具有迥异的学术品质。

1. 名学更适用于处理复杂的系统

二者相比较，名学更适用于处理复杂的系统，比如社会系统、生物系统等。名学将名位与职责相参验，可以直接用于社会治理，这使名学成为儒家名教之学和法家名法之学的基础，而西方逻辑学显然没有这样实用性的社会治理功能。

《战国策·韩策二》一则故事很能说明名学的社会功用。据说史疾为韩国出使楚国，楚王问他在研究哪方面的学问，史疾回答说自己学列御寇的正名之学。楚王感到不解，问史疾：“正名可以用来治理国家吗？”史疾说：“当然可以。”楚王又问：“楚国盗贼很多，用它可以防范盗贼吗？”回答说：“当然可以。”楚王接着问：“那么如何用正名来防盗？”正在这时，有只喜鹊飞来停在屋顶上，史疾问楚王：“请问你们楚国人把这种鸟叫什么？”楚王说：“叫喜鹊。”史疾又问：“叫它乌鸦行吗？”楚王回答说：“当然不行。”史疾就说：“现在大王的国家设有柱国、令尹、司马、典令等官职，任命官吏时，一定要求他们廉洁奉公，能胜任其职。现在盗贼公然横行却不能加以禁止，就因为各个官员不能胜任其职，这就叫做‘乌鸦不称其为乌鸦，喜鹊不称其为喜鹊啊！’”文中说：“史疾为韩使楚，楚王问曰：‘客何方所循？’曰：‘治列子圉寇之言。’曰：‘何贵？’曰：‘贵正。’王曰：‘正亦可为国乎？’曰：‘可。’王曰：‘楚国多盗，正可以圉盗乎？’曰：‘可。’曰：‘以正圉盗，奈何？’顷间有鹊止于屋上者，曰：‘请问楚人谓此鸟何？’王曰：‘谓之鹊。’曰：‘谓之乌，可乎？’曰：‘不可。’曰：‘今王之国有柱国、令尹、司马、典令，其任官置吏，必曰廉洁胜任。今盗贼公行，而弗能禁也，此乌不为乌，鹊不为鹊也。’”

2. 名学能让我们认识西方逻辑学的局限性

另外，名学能让我们充分认识西方逻辑学的局限性。西方学术建立在对现实的抽象定义和系列假设基础之上，一旦沿着逻辑链条推演下去，常常发生《韩非子·外储说左上第三十二》所谓的“文辩辞胜而反事之情”的现象。就是道理上行得通，却与现实不着边际——“理胜情”已成为现代西方人文学术的痼疾，这在西方经济学中表现得尤为明显。

现代西方经济学数学工具的应用已经高度复杂化，逻辑形式上也更加完美，但它除了为华尔街贪婪的银行家提供骗人的金融产品之外，根本不能拿出应对现实经济多重危机的方案，这在西方经济学界内部引起了强烈不满。中国人民大学贾根良教授不久前在接受《海派经济学》记者采访，谈到风起云涌的"经济学改革国际运动"时提到了经济学回归现实，回归以问题为中心的新方向——要知道，"以问题为中心"正是以《九章算术》为代表的中国学术范式的根本特点之一。

贾根良指出："西方主流经济学在西方国家控制的教学科研是以西方主流经济学的理论工具和数学工具为中心的，即根据工具选择所要考虑的经济现实类型，其结果是大量的经济现实被从教学科研中排除掉了，甚至是数学工具的教学和运用也与现实问题毫不相关，他们教授和分析的对象是一个虚构的世界。这实际是主流经济学教条主义的体现，是以教条为中心的。针对这种现状，法国经济学学生在引发改革运动的请愿书中大声疾呼：要摆脱虚构的世界，反对滥用数学。在后续讨论中，经济学改革国际运动主张要彻底颠倒这种工具和经济现实之间的关系，以问题为中心，即不顾教条的束缚，根据所需分析的经济现实问题来选择或发展工具，工具运用本身不是目的，与分析的问题相关的工具才有存在价值。这种问题中心论，就是要求经济学的教育与科研要以当前重大的、紧要的经济问题（如收入分配、贫困、失业、社会排斥、生态危机、能源危机、国际金融体系等）为导向，以现实相关性为中心，使理论实质重于技巧、内容重于形式，真实压倒虚构，从而恢复和加强经济学的经验基础，将经济学带回现实。"①

3. 名学建立起文明间交流的"学术海关"

最后，中国名学（特别是"伪名"和"鄙名"这样的理论）能

① 《"经济学改革国际运动"十周年：回顾与反思》. 网址：http://blog.jiagenliang.mshw.org/post/153/1665，访问日期：2012年1月5日。

够为本土学术体系提供牢靠的思维防火墙，建立起不同文明间交流的“学术海关”，避免出现逻辑概念的混乱，这一点是西方逻辑学难以胜任的。

19世纪末，面对西方的坚船利炮和中国军事科技的一时落后，在救亡图存的生死关头，中国学人将目光转向了西方。过去一百年来，一波波囫囵吞枣地引入西学，导致了中国学术和中国社会名与实的严重混乱。具体表现为，我们引入的西方学术概念和理论（名）常常与中国现实情况格格不入，结果学人不仅不能很好地解释历史，也不能解释现实，何谈为国人提供可资利用的思想资源！

许多学人拿着中国百姓血汗钱所作的，就是如何相隔万里，为西方学术添砖加瓦，并以在西方学术刊物上发表文章为荣、为准。至于我们急需的，植根于中国现实土壤的思想学术，简直成了可遇而不可求的东西，因为中国本土学术的千年古树已经被“西风”连根拔起，如果不是持续地吸收外部的学术养料，中国太多学人将不知如何生存和写作。特别需要指出的是，他们在做断灭自己文化之根的工作时常常怀有强烈的爱国心。日本人不是说中国没有逻辑学吗？胡适博士不是说“我们事事不如人”吗，我们就是要将中国的形式逻辑找出来，于是穷年累月，绞尽脑汁，终于写出了“墨家的形式逻辑”之类的文章或著作，奢谈“辞”就是西方逻辑学中的判断——中国名辩之学就这样被西方学术堂而皇之地肢解了！这些人不理解，研究名辩之学不能随意引入西方形式逻辑体系，否则诸多没有现实基础的“伪名”会被引入，西学名立，中学实从，其结果就是中学的西学化，中国学术成为在中国土地上的西学——这不禁让人想到“曲线卖国”。

总之，名学就是名学，西方逻辑学就是西方逻辑学。二者区别明显，我们在研究方法上一定要摆脱西方逻辑学的框架，按照名学本身内在的逻辑去研究它。那种以中学比附西方的研究方法，不会有研究成果，只会成学术祸害——无论这些所谓的“研究成果”能够拿到多少学术荣誉，得到世界多少“权威机构”的认可，都是这样！！！

九、为中国古典经济学轻重术正名

每当笔者宣讲中国古典经济学轻重术时，常遇到几乎同样的质疑：轻重之术是农业时代的产物，它还能否适应信息化时代?

这些朋友显然受了西方线性进步史观的影响，认为西方代表现代最先进，东方代表古代多落后。为了反驳他们，我们必须证明轻重术的基本原则至今仍然适用。

1.轻重术从未过时

以外贸理论为例。中国古典外贸理论的基本原则是“内守国财而外因天下”（语出《管子·地数第七十七》），在保有国家财富的同时学会从外部取得财富。与西方近代早期重商主义不同，这里的财富主要不是指奢侈品、贵金属和纸币，而是指重要的战略物资。

中国古典外贸理论由来久远。现存最完整的轻重之术经典，《管子》轻重十六篇中的“伊尹之谋”“纂茈之谋”等以案例说明“内守国财而外因天下”的道理。“伊尹之谋”甚至可以上溯到商朝初年。[①]

① 翟玉忠：《国富策——中国古典经济思想及其三十六计》，“权谋篇”.中国友谊出版公司.2010年第1版。

从战国至汉朝，从古代中国至当代美国，中国古典外贸理论一直为决策者有意识或无意识地应用着。

孔家多俊杰，从记录孔氏家族人物事迹的《孔丛子》中我们能明显看到这一点。孔子八世孙孔谦，字子顺，生于战国末年，在相魏期间曾作为使节出访赵国，当时赵孝成王（？~公元前245年）在宴会上问子顺降北方游牧民族之计，孔谦的回答即是应用轻重之术，用通商的手段来诱降他们。

赵孝成王担心通商会使本国财货外流，子顺回答：如果我们用华而不实的商品换取他们实用的商品，通商就是弱化北方游牧民族的办法，用子顺的话说就是："夫与之市者，将以我无用之货取其有用之物，是故所以弱之之术也。"于是赵王追问，什么是我们华而不实的商品，他们实用的商品呢？子顺答道："比如衣饰之物，如珍珠、美玉和各种丝织品；饮食之物，则有酒和各种美味商品。这是我们有的而他们认为有利可图的东西。北方游牧民族，有牛马、皮毛制品，弓箭等，这是他们富足又轻易给人的东西。用我们有的，来换取他们丰富的商品，那么他们的钱财就会浪费在衣食这类消费品上，我们就会不战而屈人之兵，用短木棍就会把他们打败了。"

《孔丛子·陈士义第十五》记此事说："魏王使相国修好邻国，遂连和于赵。赵王既宾之而燕，问子顺曰：'今寡人欲求北狄，不知其所以然。'答曰：'诱之以其所利而与之通市，则自至矣。'王曰：'寡人欲因而弱之，若与交市，分我国货散于夷狄，是强之也，可乎？'答曰：'夫与之市者，将以我无用之货取其有用之物，是故所以弱之之术也。'王曰：'何谓我之无用，彼之有用？'答曰：'衣服之物，则有珠玉五彩；饮食之物，则有酒醪五熟，此即我之所有而彼之所利者也。夷狄之货，唯牛马旃裘弓矢之器，是其所饶而轻以与人者也。以吾所有，易彼所饶，如斯不已。则夷狄之用将糜于衣食矣，殆可举棰而驱之，岂徒弱之而已乎？’赵王曰：‘敬受教！’”

我们对赵孝成王是否与北狄通商不得而知。不过在汉朝初期，这一“不战而屈人之兵”的政策似乎被实施了。在公元前81年的盐铁会议上，汉武帝时长期主持经济政策的桑弘羊将“内守国财而外因天下”的中国古典外贸理论精辟地概括为：“天下之下我高，天下之轻我重。以末易其本，以虚荡其实。”认为这样就能：“外国之物内流，而利不外泄也。异物内流则国用饶，利不外泄则民用给矣”。

对于会上儒生片面强调农业的观点，桑弘羊以“富国何必用本农，足民何必井田”驳斥之。他指出：有才能的人治家的方法不止是一种，使国家富裕的途径也并非一个。从前，管仲以（经济）权谋辅助齐桓公成就了霸业，而纪氏由于只搞农业亡了国。如果为了一家人的生活必须从事农业，那么舜就不应去制作陶器，伊尹也不应当去当厨师。所以善于治理国家的人，应该是天下人认为低贱的，他要高其价值；天下人所轻视的，他却重视。用工商业代替农业，用无用的东西换取有用的。现在从山林川泽取得财富，实行均输法所获得的积累，是为了施用轻重之术来役使天下的诸侯。汝、汉一带的金子，各地进贡的丝织品，可以引诱外国人和换取胡、羌的珍贵财物。用我们两丈丝绸，就能买到匈奴很多贵重物品，从而减少了他们的财物。这样，骡、驴、骆驼成群结队地进到边塞之内，各种良马都变成了我国的牲畜，鼠皮、貂皮、狐貉等各种贵重皮料，彩色的毡子，有花纹的毯子将充满仓库，璧玉、珊瑚、琉璃也都成了我国的宝贝。外族各种物品源源不断地运进来，而内地的财物不外流。外族东西运进来，国家财用就充足，自己的财物不外流，人民家用就丰足。

《盐铁认论·力耕第二》记桑弘羊言：“贤圣治家非一宝，富国非一道。昔管仲以权谲霸，而纪氏以强本亡。使治家养生必于农，则舜不甄陶而伊尹不为庖。故善为国者，天下之下我高，天下之轻我重。

以末易其本，以虚荡其实。今山泽之财，均输之藏，所以御轻重而役诸侯也。汝、汉之金，纤微之贡，所以诱外国而钓胡、羌之宝也。夫中国一端之缦，得匈奴累金之物，而损敌国之用。是以骡驴馲驼，衔尾入塞，驒騱騵马，尽为我畜，鼲貂狐貉，采旃文罽，充于内府，而璧玉珊瑚琉璃，咸为国之宝。是则外国之物内流，而利不外泄也。异物内流则国用饶，利不外泄则民用给矣。”

2.“二战”以后美国仍在应用轻重术

令人遗憾的是，东汉以后，轻重之术和其中的古典外贸理论长期为学人所轻视，至今依然。

最早对轻重术发难的当属魏晋学者傅玄。他在《傅子》一书中称：“《管子》书，过半是后之好事者所加，《轻重篇》尤鄙俗。”[①]

傅玄对中国古典经济理论的评判一直影响至清代。宋代黄震（1213~1280年）说：“若‘轻重篇’则何其多术哉，管子虽多术，亦何至如此之屑屑哉？”（《黄氏日抄》卷五十五）。明代张岳说：“吾读《管子》盐铁书（指轻重十六篇——笔者注），至于日食升两及一刀一钱，莫不榷算详尽。使利出一孔，悲夫！霸者之用心也？彼尝劝其君务农重谷，分业四民，亦足以富国制敌而售其术矣，何乃琐琐若是？”（《小山类稿》卷十九）清代《四库全书总目提要》则称：“轻重篇尤复鄙俗。”

近代西方经济思想涌入后，中国学者认为西方学术是现代的、先进的，中国本土学术则为古代的、落后的。他们开始切割中学以比附西学，为引入西学铺路。在这种学术大背景下，轻重术作为失去现实

① 刘治立：《〈傅子〉评注》.天津古籍出版社.2010年第1版，第145页。

使用价值的“古董”被纳入经济思想史。

倒是美国，“二战”以后不自觉地运用轻重术，在国际贸易领域“以我无用之货取其有用之物”“以虚荡其实”，做到了“内守国财而外因天下”。在人类早已经从根本上脱离了以物易物的商业时代，这里的“虚”主要指的是纸币，而“实”则指各种商品。

“二战”以后，美国通过向世界市场大量注入美元，同时实施保护主义的贸易和投资政策，实现了“内守国财而外因天下”——尽管美国表面上一直鼓吹自由贸易，但它只是鼓励贸易伙伴国的经济学家相信并宣传自由贸易理论。

美国密苏里大学堪萨斯分校教授迈克尔·赫德森描述20世纪60年代末70年代初美国与德国的贸易关系时写道：“新形势对于德国来说尤其棘手。德国外向型的发展繁荣成果被美国国库吸走了。德国工业雇用了来自土耳其、希腊、南斯拉夫及其他地中海国家的数以百万计的移民。到1971年为止，希腊人口中大约有3%生活在德国，他们生产汽车和其他出口商品，为德国公司赚取利润和外汇。许多私人公司从外销中获利。然而当大众汽车和其他商品运往美国时，德国经济却遭受了损失。公司可以用其收到的美元与德国央行兑换马克，因而可以确保外销的利润，但是德国央行只能用这些美元购买美国短期国库券和债券。在1970~1974年间当美元与马克相比贬值52%时，德国央行失去了其美元存款1/3的价值，其主要原因是美国国内的通货膨胀侵蚀了美元34%的本国购买力。更糟糕的是，德国发现自己和日本、加拿大、瑞士一起为美国的国内外开支项目融资，包括东南亚战争和对以色列的军事支援，而他们是不愿支持美国的这些政策的。”①

---

① 迈克尔·赫德森：《全球分裂：美国统治世界的经济战略》.中央编译出版社.2010年第1版，第19页。

如果我们将20世纪70年代初换成21世纪初，德国换成中国，将希腊移民换成中国农民工，将马克换成人民币，将东南亚战争换成反恐战争，就会发现历史是何其相似！我们今天还是很难购买美国的公司和资源，只能大量购买美国的国库券。随着美元的升值，我们的外汇储备在不断贬值……

这一切不过是轻重术"纂茈之谋"的美国版本，美国正是用轻重之术宰制天下的！"纂茈之谋"是这样的：从前莱国擅长染色工艺，紫色绢和紫青色丝絛在莱国的价钱一纯只值一镏金子，而在周地则值十斤黄金。莱国商人知道后，很快把紫绢收购一空。周国却拿出筹码（马）作为抵押，从莱国商人手里把紫绢收购起来，莱国商人只握有等于货币的筹码。因此莱国失掉了收集起来的紫绢，而只好用筹码收回钱币了。这则故事出自《管子·轻重丁第八十三》，作者总结说："故可因者因之，乘者乘之，此因天下以制天下。"[①]

今天美国人手里没有"马"，却拥有同"马"相似的美元。

如许多知识会因革损益而不会过时一样，中国古典经济学轻重术也不会过时。当美国人灵活运用轻重术宰制天下时，任何一个有良知的人都应为自己对中国古典经济思想的无知感到羞耻！

知耻近乎勇。今天，为"往圣继绝学"不应再是一句华而不实的漂亮口号，应是当代学人义不容辞的历史责任！

---

① 翟玉忠：《国富策——中国古典经济思想及其三十六计》．中国友谊出版公司．2010年第1版，第209~212页。

十、西方经济学的逻辑陷阱与轻重术

现代西方经济学有严重缺陷的理论假定（如理性经济人假设）和过度数理化，导致理论与现实严重脱节。这已是世人熟知的事实，前些年，甚至引发了西方经济学系学生的抗议活动。

但对于西方经济学内在的逻辑错误，却鲜有提及。

这是个严重的问题。如果西方经济学逻辑本身就有问题，那将导致西方经济学理论，及西方人文学术基础的塌陷。因为逻辑是理性的核心，如果逻辑出了问题，西方中世纪以来理性主义的胜利岂不被大打折扣。

不识庐山真面目，只缘身在此山中。通过对中国古典经济理论轻重术的研究，我们能清楚看到西方经济学的逻辑陷阱。

1.科学方法不能平移到人文领域

西方现代人文学术集中兴起于19世纪，那是科学高唱凯歌、横扫一切的时代。所以，包括经济学在内的西方人文学术深受科学方法的影响。学者们假定：人文领域也如物理学这样的“标准”科学一样，研究对象是客体；他们忘记了，人文领域的研究对象是人，在这一领域中无法如物理学一样，严格区分主体和客体，为保持客观性让主体尽量少影响客体。进而言之，科学方法并不能平移到人文领域，但19世纪人文学者却这样做了，他们将科学方法无原则地引入了人文领域——结果是灾难性的！

以西方自由市场经济理论为例。它假定在一个不受干预的市场中，诸经济要素会自动实现均衡。经济学家喜欢提及的一个例子是：

“在未被开发的原始森林中，植物和动物都不是随意地或杂乱无章地分布。植物生长在山地上，在不同的海拔高度上呈现出系统性的差别。一些树木大量生长于较低的海拔地区，而另一些树木则生长在更高的海拔地区。超过一定的海拔高度以后就根本没有树木能够在那一地带上生长；而在珠穆朗玛峰上，则没有任何植物能够生存。很显然，这些都不是植物所做出的任何决定的结果。”①

这位经济学家忘记了根本的植物学常识，在“不受干预”的原始森林中，大树是会影响底层灌木成长的，是生态系统中大的要素在影响其他要素的分布。原始森林中的有序性，恰好是“干预”的结果。

在经济学中，人如森林中的树木，是市场的参与者。市场要想实现均衡，必须由大的系统要素（如国家）进行干预，否则市场必将崩溃。

所以中国古典经济学的核心经典《管子》轻重十六篇明确指出：“不能调通民利，不可以语制为大治。”（《管子·国蓄第七十三》）

为何这么说？因为即使在相同的初始条件下，由于能力等因素的不同，也会导致经济地位以及经济政治体系的严重失衡。《管子·国蓄第七十三》举例说：“分地若一，强者能守；分财若一，智者能收。智者有什倍人之功，愚者有不赓本（抵偿成本——笔者注）之事。然

① ［美］托马斯·索维尔：《知识分子与社会》.张亚月，梁兴国译.中信出版社.2013年第1版，第62页。

而人君不能调，故民有相百倍之生也。夫民富则不可以禄使也，贫则不可以罚威也。法令之不行，万民之不治，贫富之不齐也。”

所以轻重术认为，经济调控的目标不是增长，而是平衡。只有平衡才会使经济稳步地、长期来看也是最快地增长。

2. 西方经济学株守机械的二分原则

西方经济学植根二元对立思维的文化土壤。不仅是上面提到的主、客对立，西方学界习惯于将世间万物都非黑即白，非彼即此地两极化，忽视现实世界的丰富性和复杂性。

在经济领域，西方经济学株守机械的二分原则，其主要范畴包括：

市场与计划；

私有与公有；

政（官）与商（民）；

一个社会，要么实行市场经济，要么实行计划经济；要么实行私有制，要么实行公有制；要么是政界精英统治，要么是商界精英操纵。在西方经济学理论中，不存在国家参与的市场经济、公私共存相分、政商合作这样的范畴——而国家参与的市场经济、公私相分、政商合作，恰恰是中国古典经济学轻重术的理论核心。

轻重术研究“国家参与其中的市场经济”，[①]即国家利用公共资本为国家理财。具体表现为国有经济成分自周朝以来三千年中，在经济生活中的重要作用。20世纪中国逐步实现工业化后，则表现为国有企业在国家经济生活中的战略地位。

---

① 翟玉忠：《国富策：中国古典经济思想及其三十六计》，第一章“计划与市场之间——国家参与其中的市场经济”.中国友谊出版公司. 2010年第1版，第52~67页。

先贤看来，西式二元对立思维是一种逻辑错误，被韩非子称为“两末之议”，认为坚持这种逻辑的结果是“积辩累辞，离理失术”。（《韩非子·难势》）

面对汗牛充栋的西方经济学著作，以及西方经济学在现实面前的苍白无力，是我们三思韩非子这句话的时候了！

20世纪以来，中国学界以日本为中介，引入大量西方二元对立概念，影响至普通民众——这样一种乱码不断自我繁殖，其破坏力极大。中国温柔敦厚的传统没有了，代之以五花八门的极端主义和激进主义。直到今天，还有不少人将经济计划和公有经济视为“国家公敌”，欲除之而后快。

3.西方经济学成了为少数人谋利的工具

西方经济学缺乏整体观念，自身沦为少数人谋利的工具。随着大量行业资金进入研究人员的口袋，学术中立性越来越差。

现代西方经济学最有用的领域似乎只残存在两个方面：一是利用复杂的数学工具在市场上圈钱，二是利用光鲜的理论忽悠其他国家的政府和人民。

比如前几年学界和决策层热议的中国资本账户开放问题。美国学界早就拿出了现成的理论，证明资本账户开放如何有利于发展中国家。但那种理论根本就是游说别人的工具，只是逻辑上自恰的说辞而已——如果中国知识分子为了一纸外国文凭，囫囵吞枣、良莠不分地学习这类“先进”学说，简直是与虎谋皮式的愚蠢行为——结果很可能被“老虎”吃掉。

北京大学国家发展研究院教授、世界银行前首席经济学家林毅夫先生一针见血地指出了这一点，他在谈及自己为什么不支持资本账户开放时说："在美国学界提出的资本账户开放有利于发展中国家资本配置和经济发展的理论中，一般资本是同质的，没有金融资本和实体资本的区分。在那样的理论模型中不会有货币错配、期限错配的问题，也没有储备货币发行国可以用货币虚拟资本去换取非储备货币国真实产品和服务的利益不对称问题，发达国家和发展中国家也没有产业结构和技术结构的差异，所不同的只是资本禀赋的差异。资本账户开放在这样的理论模型中对资本短缺的发展中国家只有好处，而不会有坏处。有了这些理论，华尔街和国际金融机构在发展中国家推动资本账户开放的问题上就变得理直气壮。"①

总之，西方经济学正在异化为某些利益集团的工具，经济学经世济民的本来价值正在衰退，更不用说中国"圣人养贤以及万民"（《周易·颐卦·彖辞》的崇高理想了。

由于西方经济学根深蒂固的二元对立逻辑，使它不仅远离了现实，也远离了应用轻重术损上益下、均平经济的可能性——不仅在西方世界是这样，在被西方逻辑思维和经济学理论殖民的中国学界也是这样。或许，这就是为什么面对一波波经济危机，中国古典经济理论轻重术显得越发重要的原因吧！

---

① 2013年7月21日，林毅夫教授在中国金融四十人论坛双周圆桌内部研讨会上的主题演讲，网址:http://money.163.com/13/0805/08/95GIGHG3002534M5.html，访问时间：2016年9月13日。

十一、上通心性，下可治国的中医

此次抗击新冠大疫，在没有特效药和疫苗的情况下中医发挥了重要的作用，也引起了国际社会的重视。意大利希望得到更多中药连花清瘟，卡塔尔希望成都中医药大学尽快派出医疗队……

中医理论历久弥新、超越时空的大道本质再次彰显！

2020年3月23日国务院新闻办公室举行的新闻发布会上，中央指导组成员、中医药局党组书记余艳红披露了一组数字，让我们看到中医在抗疫之战中的重要作用："全国新冠肺炎确诊病例中，有74187人使用了中医药，占91.5%，其中湖北省有61449人使用了中医药，占90.6%。临床疗效观察显示，中医药总有效率达到了90%以上。中医药能够有效缓解症状，减少轻型、普通型向重型发展，提高治愈率、降低病亡率，促进恢复期人群机体康复。"

中国文化的核心，中国传统学术不同于碎片化的现代西方学术，也不同于研究客观事物的西方科学，她是一个内在修养与外在事功、自然科学与人文学术有机统一的知识系统，中国人称为道、大道、内圣外王之道。

中医是这一体系重要的组成部分，是大道之医。她上通心性，下可治国——在全球新冠疫情大流行的背景下，我们可以通过中医，让世界上更多的人理解五千年生生不息的中国文化，中华政教——包括超越血缘、地域和宗教，大公无私的人文价值和天下为公的政治经济理念。

1.为何说中医上通心性?

中医养生分三个层次：“上士养心，中士养气，下士养身（形）。”

中医养生是培养正气，这样才能实现“正气存内，邪不可干”。养气的根本在于养心，控制情欲，只有心善、心静、心美，才能合于道；养气指吐纳、导引、气功之类；养身则指对身体的物质补给，属营养学范畴，这是最下一等的养生方法。

《吕氏春秋·季春纪第三·尽数》专讲养生，什么是养生之本？不是医药，而是“去害”，去掉、避开超过正常状态的物质、情欲、环境，回归中道，使体内精气流行，不郁结，这才是养生之本。上面说：“过甜、过酸、过苦、过辣，过咸，吃这五种食物，生命就会受到危害；过喜、过怒、过忧、过恐、过哀，这五种东西与精神交接，那生命就受到危害了；过冷、过热、过燥、过湿、过多的风、过多的雨、过多的雾，这七种东西摇荡体内精气，生命就受到危害了。所以说，凡是养生，没有比懂得这个根本再重要的了，懂得了根本，疾病就无从产生。”文中说：“何谓去害？大甘、大酸、大苦、大辛、大咸，五者充形则生害矣。大喜、大怒、大忧、大恐、大哀，五者接神则生害矣。大寒、大热、大燥、大湿、大风、大霖、大雾，七者动精则生害矣。故凡养生，莫若知本，知本则疾无由至矣。”

最后，《尽数》的作者总结说：“故巫医毒药，逐除治之，故古之人贱之也，为其末也。”所以，中国自古就有“上医医国，中医医人，下医医病”之说，因为医学到治病，根治病原体这个层次，已经是最后，不得已的方法了。

中国文化中的养心之法（内业、心术），相当于西方宗教在社会中的作用，百家皆有，各不相同，大体是从人伦事业开始，积善成德，成圣成贤，大公无私，舍生取义，得大智慧。这与印欧传统的启示性宗教不同，特别适用于科学昌明，世俗化的当代。如中医与西医，西方宗教文化与中国内圣之学完全可以相互补充，相得益彰。

中医养心不是神秘的玄学。此次抗击疫情一线的众多医务工作者，基层公务员，多少人抛弃了自己的小家，大公无私，舍生取义，不惧生命危险履行自己的职责——这是中国抗疫成功最宝贵的精神财富，是人间大道、中华文脉的不朽丰碑！

2. 为何说中医可以治国？

“上医医国”，为何说中医上可治国呢？不是说学了中医就可以管理公共事务，当宰相、总理了，而是说治道和医道本质上相通。所以《吕氏春秋·审分览第五·审分》说：“夫治身与治国，一理之术也。”中医核心经典《黄帝内经·灵枢·师传第二十九》也说：“上以治民，下以治身，使百姓无病。”

由于中国古典政治经济理论道家（不是道教）和法家很少有人研究，所以对于治道与医道的关系，学者也多语焉不详。事实上，中医理论体系道、虚、精、神、气、形、阴阳、五行这些概念明显来自于道家。中国古典政治经济学，黄老道家经典《黄帝四经》与《黄帝内经》之间的理论亲缘关系，当代学者多有论述。[①]

治道与医道最大的相通之处是二者都重视系统的动态平衡，并

① 战佳阳、陈珩、赵明山：《〈黄帝四经〉》对〈黄帝内经〉阴阳思想的影响》.《辽宁中医杂志》. 2004年第1版。

通过损有余、补不足的中道、天道维系动态平衡。《黄帝内经·素问·玉版论要篇第十五》引岐伯的话说："必先度其形之肥瘦，以调其气之虚实，实则泻之，虚则补之。必先去其血脉而后调之，无问其病，以平为期。"中国古典政治经济学经典《黄帝四经·道法》则强调："应化之道，平衡而止。"追求社会与自然，社会内部各阶层间的动态平衡。

中国古典经济学轻重术，本身就是经济系统平衡之术。感兴趣的朋友可以参阅拙著《国富策：中国古典经济思想及其三十六计》。[①]

这些观念与《老子》相关，《老子·第七十七章》以张弓射箭为喻："天之道，其犹张弓与！高者抑之，下者举之，有余者损之，不足者与之，天之道损有余而补不足。人道则不然，损不足，奉有余。孰能有余以奉天下？其唯有道者。"

笔者在阅读《黄帝内经》的过程中，曾作《〈黄帝内经〉中的中国古典政治经济原则》一文，收入《中国拯救世界：应对人类危机的中国文化》，[②]兹将重要条目列在这里，供诸君参考：

1.不治已乱、治未乱，是中国许多政治家的治国要术。

2.动态平衡是中国古典政治经济学的重要原则，《黄帝内经》中此类论述很多。

3.将人体系统和社会系统进行同型比较，突出了选举贤能、国家元首的重要意义。

4.损有余、补不足达到动态平衡是中国重要的哲学方法，中国古典政治原典《黄帝四经》所谓"应化之道，平衡而止"。

---

① 翟玉忠：《国富策：中国古典经济思想及其三十六计》.中国友谊出版公司.2010年第一版（中国书籍出版社2018年第二版；韩国The SOUP Publishing Co.2010年韩文版）。

② 翟玉忠：《中国拯救世界：应对人类危机的中国文化》.中央编译出版社.2010年第1版。

5.中国古典政治经济学与中医理论都重视系统整体和整体的“通”，西汉官员谈论经济问题时也说要“灸刺稽滞”。(《盐铁论·轻重第十四》)

长期以来，世人对中国特色社会主义理论和制度多有偏见，不是将之误读为可恶的国家资本主义，就是将之理解为修正了的马克思主义。如果我们从中医、中国古典政治经济学的角度，就能理解这种中国化了的马克思主义是人类政治经济领域的伟大创新，她将中国大一统的王道政治与西方最具革命性的马克思主义有机结合了起来。政权直通最基层，全国一盘棋。以民为本，以资为末，依靠人民，动员人民，这是中国抗疫经验的另一个重要方面。

中医不仅是一种医学，更是中国文化的一面。透过这个面，我们能看到中华文化这一人类文明史上最为系统、圆融的文化体系——她旧邦新命，生生不息已经五千年，必将为21世纪人类的可持续发展提供宝贵的人文资源!

让中医成为东西方文化沟通的桥梁吧!

因为，在这个小小的星球上，文化的多样性，不同文明间的互相理解，才是全球化时代人类同舟共济、战胜一切天灾人祸、持久和平繁荣的基础。

十二、恢复中医内圣外王大道的本来面目

这里，我们见证一个伟大时刻的来临——参加合抱命脉文化暨叁叁医社揭牌仪式。

对中医传承来说，这是有历史意义的一天。

为何这样说？

因为中医不仅是一种医术，更是一种身心性命之学。发起人黄拓博士，还有在座诸君，立志恢复中医内圣外王的大道、联通道术。在中医已成为一门医疗技术的时代，这是历史性的。

我们是未来的种子。会有越来越多的有识之士觉悟：中医是内圣外王大道的医学形式，这才是中医的本来面目。

过去几天，我有幸同黄博士交流，收获很大，更深刻地理解了中医，以及中医在人类医学中的地位。

两千多年前，黄老学经典《淮南子·泰族训》上说，性命，一个人的心性才是医学的基础，是本。“治身，太上养神，其次养身；治国，太上养化，其次正法。”并解释说，“神清意平，百节皆宁，养生之本也。肥肌肤，充腹肠，供嗜欲，养生之末也。”

请大家注意，中国文化中“本末”不是二元对立的，而是相辅相成、相须为用。中医治身是内在心性与外在气脉的统一，这也是黄拓

博士高唱“命脉医学”的原因。我们应以此为基础，在21世纪复兴中医。

“五色令人盲”，西方科技一日千里的发展，物质生活日新月异的变化，太多人忘记了中医之本，忘记了中国文化的根本。他们表面要中西结合，实际是片面西学化。

“杨梅千条尽向西”，有些人按“西是中非”的逻辑，肢解中医。长期以来，中医从大道医学，变成了科学说不清楚的小道医术！

不是说西医不好，西方科技不好。问题是：不失根本，方能容纳万流。若我们连中医的基础、性命大道都失去了，中医只能被西方“万流”冲毁——大家要警惕啊！

中医不再讲命脉，反而大谈中西结合、现代化……

政治不再讲王道，反而大谈自由、民主……

社会不再讲内圣，不是讲纵欲就是讲灭欲……

经济不再讲《管子》轻重术，不是讲私有企业就是讲自由市场……

如此下去，中华文明的核心还剩什么？大道之行也，天下为公。基于西方个人主义、私有制和私人企业信条，无法指导中国的未来。只靠长城和脸谱，GDP和导弹，我们无法立足于21世纪！

遗憾的是，身处全球化、信息大爆炸时代的国人，在很大程度上已经失去了睁眼看世界的能力，因为我们已经依赖于文化“拿来主义”，用别人的眼睛看世界。结果只配数人家的宝贝，自己的宝贝反而忘了。

以中医为例。如果从中医角度看西医，用自己的眼睛看世界，我们就会发现中医不仅不是传统、落后，反而是一种比西医更为高度发展的医学。

从医术角度看，中医不仅注重形而下的物的维度，还注重形而上的神的维度。古书中多有以情绪治顽疾、怪疾的医案。而西方医学则更重解剖、形的层次，近代西医的发展与解剖及显微技术的发展同步。

《黄帝内经·灵枢·九针十二原》上说“粗守形，上守神”。唐代孙思邈《备急千金要方·诊候》说：“古之善为医者，上医医国，中医医人，下医医病。”在中国文化中，神是本，医学丢了本，会出大问题。司马迁《史记·太史公自序》说：“凡人所生者神也，所托者形也。神大用则竭，形大劳则敝，形神离则死……神者生之本也，形者生之具也。”

战国成书的《荀子》直接指出：礼义法度、执一不二的大道才是“治气养心”的根本。《荀子·修身第二》上说，理气养心的方法，没有比遵循礼义、法度更直接，没有比得到良师更重要，没有比专一其德行更神妙。“凡治气养心之术，莫径由礼，莫要得师，莫神一好。”在此意义上，西医并不先进、现代。

从逻辑角度说，西医还原论将人解剖得越来越精细，多有只见树木、不见森林的问题。中国古典逻辑学名学中有个著名的论题“白马非马”，这里，“非”不是“不是”，而是“不等于”的意思。“白马非马”是说白马不等于马，天下除了白马，还有黑马、青马等。我们按名学推理方法可以得出如下论断：“死人非人”“切片的细胞非细胞”。问题是，现代西医已习惯于将死人等同于人、将切片的细胞等同于细胞——这是怎样的逻辑错误啊！

西方医学界自己也意识到这个问题。比如哈佛医学院、加州大学旧金山分校教授斯蒂芬·罗思曼（Stephen Rothman）的《还原论的局限——来自活细胞的训诫》一书，就是讲这个问题。大家可以参阅。

名学中还有“尧善治”的论题，讲帝尧善于治理国家，是指过去善于治理国家，而非现在，强调具象、时间要素在逻辑推理中的重要性。而西医常常用某种药治某种病，将动态的病与静态的药对应起来，缺乏辩证。

的确，西方越来越精细的人体解剖会造福人类，但我们对它内在逻辑问题不能视而不见，并一味将之称为先进、现代。

知识统一是人类最坚韧的智力追求之一。《黄帝内经·师传第二十九》上有："上以治民，下以治身，使百姓无病。"《吕氏春秋·审分览》也说，修养自身与治理国家，其方法道理是一样的。"夫治身与治国，一理之术也"。

十年前，我写了《中国拯救世界：应对人类危机的中国文化》一书，其中有"《黄帝内经》中的中国古典政治经济原则"一节，当时我就发现，不治已乱（病）、治未乱（病），损有余、补不足达到动态平衡，人体系统和社会系统同构等方面，中医和中国古典政治经济学黄老之学相通。[①]（参阅《中国拯救世界：应对人类危机的中国文化》，中央编译出版社，2010年版，第160~162页。）

医学与政治学、经济学具有相同的理论架构，这在西方看来是不可思议的。所以说中医比西医更具有兼容性和统一性。

《老子》说"三生万物"。希望叁叁医社能够在一波波西化大潮中，不忘初心，一步一个脚印地前行。没有人能永远阻止真理的光芒，如同没人能永远阻止太阳的光芒一样。

此时此刻，我们是幸运的，也是幸福的。因为大家能够合抱在一起，踏上这一伟大新征程——让我们为这个伟大的时刻鼓掌！

（2019年5月18日下午，杭州华荣时代大厦，笔者应邀参加合抱命脉文化暨叁叁医社揭牌仪式，并作了题为《恢复中医内圣外王大道的本来面目》的讲演。）

---

① 翟玉忠：《中国拯救世界：应对人类危机的中国文化》.中央编译出版社. 2010年第1版，第160~162页。

十三、人命关天——中医背后光芒万丈的中华文明

在此次抗击新冠肺炎疫情的过程中，中医的实用性、有效性、时代性再次显示出来。比如国家卫健委推荐的重要中医方剂“清肺排毒汤”，其组方全部源自中医经典《伤寒杂病论》。

为何医圣张仲景的《伤寒杂病论》中1800年前的古方适用于21世纪人类从未接触过的新型病毒？现代西方科学产生之前的中国古典医学为何能够治疗科学尚未精确了解的病毒？

这是因为，中西医的思维方法、理论体系完全不同。

西医整体上仍然是对抗性疗法，需要找到致病源头，然后用适当药物、方法对其进行精准打击。假如既不能定位病因，又不能立刻找到适当药物、方法，那么西医基于微观解剖，还原论研究方法的局限性就凸显出来。

中医不是这样，它是根据疾病外在表现，根据阴阳五行诸理论，从整体上判断病因，再用中医方法扶正祛邪。利用人体自身功能，建立起围堵、抑制疾病的大堤，努力使人体重新恢复平衡的常态。所以对于突如其来的疫情，中医能在不了解病毒源头、机理的情况下，根据疾病的外在表现，辨证施治。在此意义上，中医更善于治疗急症。

《伤寒杂病论》是中医在理论上成熟的重要标志。尽管随着时代不同，中医紧随时代发展（今天中医已经将基因、CT图像等西方技术纳入辨证施治的范畴），但其理论核心没有本质变化。

这就是中国文化变与不变辩证统一的道理。接受西方教育的现代人受进化论的影响，认为古代落后，现代先进，实际上只看到了宇宙人生变化的一面，没有看到其不变的一面。《易经·系辞上传》开篇讲不易、变易、简易三原则，首先就是讲“不易”。

所以中国先贤提倡守经达权。对于事物不变、常态的一面，要“守经”，谨遵经典理论；对于事物变化、发展的一面，要“达权”，适当权变，这才是真正的大智慧。

中国古典医学只是中华文明冰山的一角，中医背后是光芒万丈的中华文明。除了中医，中国古典经济学轻重术、中国古典政治学黄老法家、中国古典逻辑学名学、中国古典外交理论纵横术等，都没有过时，只不过其实用性、有效性、时代性尚鲜为世人所知而已！

想一想，如果我们没有大一统的春秋大义，深入农村、社区的基层政权，怎能调配全国资源，以举国之力抗击此次疫情！

相对于西方文明，中华文明处处都体现出早熟的特征！为何这样？

一个重要的原因是：中国文化与人类文明共生，持续发展至今，是这个地球上唯一没有中断的原生文明。近代西方接受了古希腊罗马的文明成果，但古希腊罗马本身就是次生文明；印度宗教传统可以追溯到四五千年前，但它的政治体系已是纯粹西方式的。

中华文明不是这样，她沉淀、积累、融汇了旧石器时代萨满文化以来，东西方最宝贵的文明成果，至战国秦汉时期，随着诸子百家的崛起，在各个领域走向成熟——其中中医属于中华文明体系的方技类。

如果我们细致考察中医，就会发现它残存着许多人类狩猎采集时代萨满文化的特征，比如其精气理论，和诸多原始民族的宇宙观念相似；再比如祝由术，本身就是萨满医学的遗存。但中医并没有和古希腊医学一样，很大程度上停留在巫术的层面，而是摆脱了巫术的束缚，发展了复杂的理论体系。

不仅摆脱了巫术，中华文明也摆脱了一切宗教束缚，是这个地球上唯一超越神和神话信仰的文明体系。中华文明脱去了宗教形式的外衣，直指内外不二，修身、齐家、治国、平天下一以贯之的大道；反观西方文化，尽管已进入21世纪科学昌明的时代，但其基础仍然是犹太一神神启宗教。中国文化不是这样，在人与神的关系上与西方文化相反，她主张“道在帝先”“民为神本”“神不胜道”。

——这是人类文明的超新星大爆炸，对于全球化时代的人类价值认同具有重要的意义。只有中华文明，超越了血缘、地域和宗教信仰的界限，建立起了以宇宙人生普遍大道为核心的文明体系。中国有五花八门的宗教，但都能在中华政教的框架内和平相处，从来没有爆发过残酷的宗教战争。

4200年前，全球气候急剧变化，面对大洪水等灾难，欧亚大陆诸多原生文明新生帝国陆沉，埃及尼罗河流域古王国衰落，西亚两河流域阿卡德帝国衰落，古印度河文明衰落……大难临头，许多民族认为自己有罪，并将生存希望寄托给神的时候，只有中华民族逆势崛起，没有向灾难低头！大禹治水，不仅奠定了中华民族“大道之行，天下为公”的大公无私人文精神，也奠定了超越党派竞争、吸纳代表社会不同阶层、拥有强有力中央政府的政教制度——王道。据说源自大禹治国理论的《尚书·洪范》写道：“无偏无党，王道荡荡；无党无偏，王道平平。”

在霸凌主义行径、私人垄断资本横行全球的时代，以统一性、包容性、均平性为特征的中华治道如同此次战“疫”大显身手的中医一样，不仅没有过时，还显得特别宝贵！

与基于神启的一神教文明和基于个人启示（开悟）的印度文明不同，中华文明建基于中华治道，其内圣外王高度融合，又高度发展，内在修养与外在事功统一。印度的内圣之学发达，但却没有建立起基于内圣之学的政治经济体系。考底利耶是公元前4世纪古印度政治家、哲学家，曾协助旃陀罗笈多一世建立孔雀王朝。其《政事论》是古印度重要政治文献，却与个人道德相差甚远，以至被后人称为“印度的马基雅维利”。

基督教文明则将内在个人修养与外在政治经济两分，“上帝的归上帝，凯撒的归凯撒”。尽管其性恶论等观念深刻影响了西方政治经济体系，但基督教神圣权力与西方世俗政权长期处于巨大张力之下，有时演变为激烈的冲突和战争。

中国文化不是这样，内圣与外王高度发展、高度统一于中华治道之下。国家不仅要治国理政，还要教化人民，不仅要“为之君”，还要“为之师”。今天，诸多学人迷信西方政教分立，盲目学习西方理论，导致我们政治经济理论的弱化和社会教化严重脱离现实。中国软实力、话语权的弱势与经济军事实力的巨大进步相比，问题显得十分突出。

生吞活剥西方现成理论永远解释不了中国现实，更别说指导我们前进的方向。过去一百年来，西医不断地挤压中医的生存空间。假如没有了中医，面对疫情，我们将会遭受怎样的损失？

人命关天！国运关天！大道关天！

所以，无论是中国古典医学，还是中国古典政治学、中国古典经济学、中国古典逻辑学、中国古典外交理论……我们一个也不能丢。中国人不是没有信仰，中华文化不是停滞、落后，中华文明是地球上唯一没有中断的原生文明，唯一突破神和神话信仰的思想体系，唯一内圣外王高度融合发展的文化体系！

中华文明在秦汉间已经成熟，她如同不灭的星辰，照耀在人类文明的上空。

要像爱护眼睛一样爱护包括中医在内的中国古典文化体系——那是中华文明之根，我们安身立命、安邦治国的基础，中国人的灵魂家园！

让每个人都成为接续人类最宝贵文明成果的光！

为往圣继绝学，我们不愧先贤、不愧人生、不愧后人……

文脉寻根——重新发现中国文化

国学与现实

翟玉忠　著

感谢福建蓝田书院理事长余云辉博士的长期真诚支持！

华龄出版社
HUALING PRESS

自 序

“风声雨声读书声，声声入耳。家事国事天下事，事事关心。”

明代思想家顾宪成（1550—1612）这句名联激励着一代代中国人投入滔滔社会洪流，修身、齐家、治国、平天下，超越自我，成就事功。

本书是笔者过去十多年做人做事、研习内圣外王的心得。

感触最深的一点是：学术乃时代之元气，国无学不立。学术弱则人弱、国弱，学术强则人强、国强——中国不能放弃自己的古典学术体系，以西方学术取而代之。

过去两千年，中华文明主要与域外两大文明发生了碰撞。一是东汉以后与印度文明的碰撞，结果是佛教的引入；一是明以后与欧洲文明的碰撞，西学大规模引入。

作为一种教化形式，更作为一种文化现象，佛教丰富了中国文化，改造了中国文化。值得反思的是宋明理学援佛入儒，内在修养方面颠倒本末、高推圣境，以佛家明心见性的逻辑理解《大学》《中庸》，使中华文化积善成德、下学上达，由人道之善成就天道之德的修行路线被埋没；外在事功方面，按佛家判教的逻辑，宋明理学将本土政治、经济、外交等诸子之学，皆视为异端，导致中国文化空疏，国势衰弱千载，两度被北方游牧民族全面占领。

中国文化最鲜明的特色是摆脱了神话和神的信仰，社会生活高度世俗化，理性化。内圣外王一以贯之，体用不二。人在日常世俗生活中成就自己，安时处顺，敦伦尽分——处处直心道场，人人可成圣贤。

宋明理学对中国内圣外王之学破坏力巨大，最后沦为士绅地主阶级的意识形态工具，直到20世纪随着新文化运动和激烈的社会革命，宋明理学作为主流意识形态才退出历史舞台。

恢复中华内圣之学的本来面目，这是本书上编“身家事”的主要内容。

明末西学始东来。在20世纪工业化浪潮席卷全球的大背景下，西学涌入波澜壮阔。西方文化改变了中国文化的整体面貌，将中国从一个落后的农业国推向一个工业门类最齐全的工业强国，何其了得！

事物发展总有两面性。百年来，诸多学人不加批判，生吞活剥地引入西方人文学术，导致学术与现实脱节，本本主义泛滥，话语权旁落，软实力疲弱。

只要某种学术思想在西方人文学界流行，中国学人就将之作为普遍真理引入。这种学术思想是否否定中国历史和文化，都不在考虑范畴之内。他们关心的，是如何成为西方人文学术的中国代言人，成为“镀西学之金”的学术大腕。

做为中国人却反对中国文化——一些人文学者不仅不以此为耻，反而认为天经地义，甚至到处吹嘘如何坚持“学术自由”，如何“思想独立”！

改革开放以来，汗牛充栋的西方人文学术思想被引入中国，这些学术大多与中国历史、现实无关，带有抹不掉的欧洲殖民主义色彩。它们不仅无用，且有害！因为殖民主义不仅会切断古老的贸易路线，还会切断其他族群的宝贵历史。

于是乎，今日之中国大学，成了西方人文学术任意横行的场所。大学学术思想越来越碎片化，越来越混乱，社会缺乏基本价值认同。

长期以来，人文学界努力掩盖以下常识：人文学术不同于自然科学！对于历史文化迥异的文明，一个族群的人文学术很难在其他族群中扎根。比如中国和印度文明交往的历史已有数千年，我们并没有将印度丰富多彩的哲学和宗教引入，在中国文化土壤上扎根的只有高度本土化的佛教。

过去四五百年前，中国同西方文明有了较深入的交流。由于历史文化背景、工业化路线不同，所以我们主要引入了社会主义，其他人文思想都难以在中国开花结果——就算西方文明的主脉基督教，在中国也不过是诸多宗教之一，影响力并不算大。

知识界忘记了文明传播的基本规律，将五花八门的西方学术奉若神明，中国古典学术则被淡化、妖魔化。由于泊来的西方学术常常与中国历史、现实无关，所以学者们就大搞玄学，生搬硬套，用自己熟悉的西方概念胡乱肢解中国现实——上骗政府，下欺公众。

近些年，美国学者曼瑟尔·奥尔森（Mancur Olson）的集体行动理论被引入中国，他的三本主要著作《集体行动的逻辑》《国家的兴衰》和《权力与繁荣》都有了中文版。

本来，奥尔森的理论有利于我们对马克思主义阶级分析学说，以及中国古典政治学（黄老道家、法家）赏罚观念的理解。但诸多知识分子可不管什么现实，他们不顾奥尔森反对“专制主义”的主张，硬将其“共容性组织”套在中国共产党身上：“我们认为，从中国共产党本身来看，之所以能够以经济治理的身份介入经济增长，可能与中国共产党是一个共容性组织的属性和特点有关系。共容性组织（Encompassing Organizations）是奥尔森在其《国家的兴衰：经济增长、滞胀和社会僵化》一书中提出的一个重要概念和理论……”①

表面看来，将中国共产党定义为“共容性组织”是一种创新，实际上，这样只会带来思想混乱。作者们根本不能解释，也不屑思考：为何中国共产党没有如奥尔森笔下的苏共一样（也是一个共容性组织），变成特殊利益集团，对社会巧取豪夺。

笔者并不反对引入西方学术。我们反对的，是对这些思想不加批判地引入，肆无忌惮地传播。只有站在中国本土学术的立场上，不失思想的主体性，才谈得上对西方人文学术实行“拿来主义”。否则，我们会因为消化不良生病，乃至死人！

醒醒吧，人文学者们！

西方讲自由主义政治经济学，不同于中国古典政治经济学轻重术，我们没有必要亦步亦趋；

西方讲基于均势的国际关系理论，不同于中国一统天下的王霸术，我们没有必要亦步亦趋；

西方讲党派竞争选举，乃至抽签选举，不同于中国选贤与能的选举制度，我们没有必要亦步亦趋；

西方讲以现代性为中心的全球史学，不同于中国以礼义王道为核心的春秋大义，我们没有必要亦步亦趋；

……

若只会跟随西方邯郸学步，不会站在自己的立场上观照世界，我们将变得不会走路，成为思想的残废，匍匐而归。

从南部非洲的采集游牧部落到西欧发达的资本主义国家，所有族群都有自己的经典，尊崇自己的经典——即使没有文字的族群也通过口头或图画等形式传承经典。因为经典是超越个体生命的集体智慧结

① 权衡、高帆、乔兆红：《复兴与增长：共容性组织推动的经济制度变迁（1921—2011）》.中国大百科全书出版社.2011年，第20页。

晶，是一个族群适应环境、安身立命的根。

过去一百多年，我们最大的失误是抛弃了以经学和诸子百家为核心的经典，失去了建基于其上的中国古典学术体系，失去了中华民族精神上的立足点，这是目前软实力远远落后于经济实力、军事实力的根本原因。

收拾破碎的文化山河，返本开新，以中格西，我们才能走出这一百年历史误区。历史证明：简单否定自我，盲目引入西学，“以西释中”是条邪路、死路！

在21世纪全球大争的时代，在文化软实力已经上升为主要战略力量的条件下，返中华文化之本，开人类文明之新——时不我待！

翟玉忠

2021年7月6日星期二

上编

身家事

受佛教禅宗的影响，宋明理学家引佛入儒，不是颠倒本末，就是高推圣境，使中国文化内圣外王一以贯之的大道千载隐晦不明，国人失去了安身立命的根本。

本编让我们看到中国文化最鲜明的特色：内在修养（内圣）与外在事功（外王）一以贯之，体用不二，于外用中内养，直入不二法门。

具体表现为中华文明早已摆脱了神话宗教阶段，社会生活高度世俗化、理性化。由人道而天道，止于人道之善，上达天道之德。在日常生活中，敦伦尽分，闲邪存诚——处处直心道场，人人可成圣贤。

与此相对应，修行上不废人事，重人事物理的学习，参究。由博返约，由知而行，成就应变无方、知行合一、理事圆融的圣贤智慧境界。

一、知识只是工具，智慧才是力量

“知识就是力量”是英国哲学家弗兰西斯·培根（1561—1626）的名言。

与强调信仰和神启的中世纪经院哲学不同，培根重视感性经验，重视科学实验。在科技文明高唱凯歌的过去几个世纪，一句“知识就是力量”响彻全球。中国科学技术协会主管的一本杂志，名为《知识就是力量》，1956年创刊以来，对于普及科技知识起了很大的作用。

培根倡导的理性知识一方面丰富了人类的物质生活，另一方面也使人文领域智慧之学沉沦。随着现代社会持续去道德化，人类社会灵（人文生活）与肉（物质生活）的分裂已经到了危机的程度。

具体表现在，更长的寿命，普遍的温饱并没给人类带来更多幸福安乐。相反，人类生活在越来越多的焦虑与不安之中。文化大家南怀瑾先生警告：21世纪是精神病世纪！

为何会这样？

因为浸淫于现代教育的我们，用探求外物的理性知识遮蔽了安身立命的道德智慧。

知识与智慧的不同包括以下三个方面。

1.智慧基于知识，智慧超越知识

我们可以把人类对周围世界的认识，理性知识比作一把刀。它可以服务于人类，用以砍柴做饭，也可以加害于人类，用于杀人抢劫。这方面典型的例子就是原子科学。人类掌握了核能，能够用这种知识造原子弹，也可以将这种知识用于临床医疗。

如何让知识造福于人类？需要一种恰当运用知识的能力，智慧。所以东西古今，一切文明的基础都是智慧之学。

先贤直接将“学”定义为智慧觉悟，成就君子的德行。东汉许慎《说文解字》中有：“学，觉悟也。”南朝梁经学家皇侃（488—545）解释《论语·学而第一》首句，“子曰：学而时习之，不亦悦乎”说：“学者，觉也，悟也。言用先王之道导人情性而去非取是，积成君子之德也。”（《论语集解义疏》）

皇侃解释得很清楚：学习的本质是知晓是非，觉悟道德智慧，基础在于人的本性情感；终极目的是人的幸福安乐，而非理性知识的获取。所以专论学习的《礼记·学记》中说：“记问之学，不足以为人师。”北宋理学家程颐（1033—1107）解释说：“记问文章，不足以为人师。以其所学者外也。师者何也？谓理义也。学者必求师，从师不可不谨也。”①

理性知识基于外在经验，不能代替源于人心、人性的道德智慧。反观现代教育，智慧之学普遍缺失，教师多以理性知识消解智慧之学。今天，中国学术智慧之学的本质已经鲜有人知。大学毕业后，由于学生没有深入过智慧之学，只知一些模糊的道德观念，又学得大量

① 程颐、程颢：《二程集》.中华书局1981年版.第1198页。

知识技能。真如童子操刀，其伤必多！

太多大学生退化为“精致的利己主义者”，不知是非，只知利害，聪明而无智慧。

2.智慧植根情感，知识植根理性

《大学》《中庸》、楚简《五行》《性自命出》是中国智慧之学的核心经典，无不植根于日常人伦性情，积小善为大德，德成智出——成就广大圆融的智慧。

《中庸》先以性情未发、已发论中庸之道。上面说：“喜、怒、哀、乐之未发，谓之中。发而皆中节，谓之和。中也者，天下之大本也。和也者，天下之达道也。致中和，天地位焉，万物育焉。”

《大学》尤其强调道德情感的基础地位。《大学》开篇即说：“大学之道，在明明德，在亲民，在止于至善。”“止于至善”是依止于最为基本的人道之善，非如宋明理学家讲的，达到“无一毫人欲之私”的“天理之极”——这是内修其身的着实下手处。[①]《大学》引用孔子对《诗》“缗蛮（文采繁密的样子——笔者注）黄鸟，止于丘隅”的评论：“于止，知其所止，可以人而不如鸟乎？”并进一步解释日常生活中我们当如何行事：“为人君，止于仁；为人臣，止于敬；为人子，止于孝；为人父，止于慈；与国人交，止于信。”

西方文化与中国文化一个重要不同点，就是神与人，神圣与世俗的两分。神圣宗教重在道德智慧的培养，世俗社会重在理性知识的教育。神、人两分导致内圣与外王的割裂，“上帝的归上帝，凯撒的归凯撒”，这不仅引发了后世教权与王权的激烈斗争，也为文艺复兴后

① 翟玉忠：《性命之学：儒门心法新四书阐微》，中央编译出版社2014年，第1版，第120~125页。

一切领域的去道德化打开了大门。

先是在政治领域去道德化，1532年马基雅维利《君主论》的出版，是现代文明去道德化的一个重要节点。该书中，生活在动荡血腥佛罗伦萨的马基雅维利劝说君主：要想统治下去，就必须像野兽一样行事，要模仿狮子的凶猛和蛇的狡猾。之后，经济、社会生活等方方面面去道德化成了普遍潮流。今天，在自由的名义下，诸多社会道德已经失去公信力，成了可有可无的个人选择——难道每个人都有孔子、耶稣一样的智慧？何其荒唐！

更为不幸的是，近代中国学人没有意识到西方文化的基础是宗教道德，将包括科学在内的理性知识作为其文明核心。过去一百多年来，在本土知识体系的废墟上，我们引进西方现代大学的理性知识体系，却无法全面引入其宗教信仰体系——面对道德信仰真空，国人失去了安身立命的根本。

一些学者也注意到中国伦理道德的缺失。但他们开出的药方都是幻想。比如胡适主张以科学取代宗教，蔡元培主张以美育取代宗教，冯友兰主张以哲学取代宗教……这些先生们根本没搞清楚西方理性知识与宗教信仰的相互关系。

中国人有超越宗教与科学，基于社会自然分层（人伦）的智慧之学，它修齐与治平，内圣外王一以贯之（非如西方社会一样两分），是最为高度发展的文明体系。学人于自家珍宝视而不见，盲目学习西方，何日能够回头——知识分子的觉悟是一个社会觉悟的开始！

3.知识终于理论，智慧终于实践

表面上，西方宗教信仰与理性知识迥异，历史上甚至发生过多次激烈冲突——特别是教会与科学的冲突，令人印象深刻。但在底层结构上，二者有异曲同工之妙。它们都认为现实世界是虚幻的，甚至是恶的，所以要在现实世界之外寻求一种更本质、完美的存在。

这种本质主义（essentialism）思维方式一方面促进了现代科学的诞生以及人文学术的发展，另一方面也使人文学术玄学化，因为人文学术很难如自然科学一样用实验验证——今天，通过似是而非的假设和复杂数学理论的包装，经济学、政治学等已经成为少数学者不负责任的自娱自乐。

脱离实践，以理论为归依是危险的，特别是在中国。因为西方文明与中国文明迥异，基于西方历史、现实经验的人文学术理论与中国经验可谓“驴唇不对马嘴”。今天，我们的学术体系几乎都是从西方引进的，结果，中国人文学术不仅不能解释和指导中国实践，反而会成为西方国家指责中国的理论依据，指责中国“不民主”“不自由”“不开放”，等。

以名害实，国人警惕啊！中国名学注重名（理论）与实（实践）的统一性，是一门重要的、亟待世人关注的学问。它不仅是一种逻辑体系，也是一种认识论、方法论，能很好地解决中国人文学术的本质问题。

智慧之学与理性知识不同，它终于实践。智者，权也。《黄帝内经·灵枢·本神篇》说，通过思考推理，确定处理事物的相应方法叫做智，“因物而处物谓之智”。只有在活生生的实践中，才能看到一个人如何合宜、圆融的行事。

困境中最能体现人的道德智慧境界。公元前489年，孔子师徒在去楚国的路上，经过陈国和蔡国，被两国发兵困于荒野，绝粮七日，许多弟子因困饿而病倒。此时，子路为行善而不得善报感到困惑。他问孔子：“我听说：‘行善的人，上天用幸福报答他；作恶的人，上天用灾祸报复他。’现在老师积累功德、奉行道义、怀有美好的理想，行善的日子很久了，为什么处境这样窘迫呢？”《荀子·宥坐第二十八》记载：“子路进，问之曰：‘由闻之：为善者，天报之以福；为不善者，天报之以祸。今夫子累德、积义、怀美，行之日久矣，奚居之隐也？’”）

孔子在列举了历史上诸多忠臣被残害的事例后，告诉子路学习的本质。这不仅是2500年前对孔门弟子的教导，对身处人工智能时代的今人，也是金玉之言：

> “君子之学，非为通也，为穷而不困，忧而意不衰也，知祸福终始而心不惑也。夫贤不肖者，材也；为不为者，人也；遇不遇者，时也；死生者，命也。今有其人不遇其时，虽贤其能行乎？苟遇其时，何难之有？故君子博学、深谋、修身、端行以俟其时。”

由博学始，至于端行俟时，修身俟命，这是不断学习的根本。只有这样，才能做到不为窘迫所困，不为忧愁所毁，懂得祸、福、死、生的道理而不迷惑——这才是超越生死的大修行，大智慧。学习哪里是什么得到文凭，获取名利的敲门砖呢？

18世纪启蒙运动以来世俗化不断加强，宗教式微导致了普遍的去道德化，智慧之学的衰落成为必然——这是对人类文明的釜底抽薪。

因为人类获得的物质力量越强大，越需要基于道德情感的智慧去驯服这种力量。若听任物质力量及物欲的无限膨胀，结果将是灾难性的！

石家庄学院的付金才老师常说：“现代人几乎拥有一切自由，唯独没有觉悟的自由！”

学者，觉也。在科学昌明的现代社会，人类竟然忘记了学习的本质——智慧的修习。不得不说，这是时代最大的悲剧。

觉醒吧，人们！

知识只是工具，求知不会自动导向幸福未来。只有智慧才是人及人类文明的永恒助力——智慧才是力量！

二、何为最好的教育——《中庸》“十五字心传”

古今中外，教育都是社会家庭关注的焦点。

因为教育牵涉到一个族群的未来，一个家庭的希望，一个人的前途。

什么是最好的教育？《礼记·中庸》开篇的答案是：“天命之谓性，率性之谓道，修道之谓教。”

这十五个字，可说是教育的“十五字心传”，古圣先贤教育思想的精髓所在。

它告诉我们：来自于宇宙自然，赋予人的特质称为性。按照一个人的禀性气质，防止作恶，劝导向善就是道，完善提升人的自然禀性是真正的教化。

具体说，除了社会公德，艺术情感的培养，专业上孩子擅长美术，文学，家长就应当帮助他提升这些禀性，特长，让他从事艺术、文学相关的工作（不一定成名成家，只要有一技之长）；若孩子不擅长数学、音乐，非让孩子学奥数、钢琴，违背其禀性、特长，拔苗助长，弄不好苗死禾枯。

——多少望子成龙的大爱理想因此成为整个家庭的悲剧！

为何教育“十五字心传”长期得不到家长的重视，一个重要的原因是宋明理学对经典的误读。

宋明理学引佛入儒，颠倒天道为本，人性为末的《中庸》本意，将性解释为理，为形而上之天道——高推圣境，使《礼记·中庸》朴实的教育真理长期被埋没。

请看朱熹《四书章句》的解释："命，犹令也。性，即理也。天以阴阳五行化生万物，气以成形，而理亦赋焉，犹命令也。于是人物之生，因各得其所赋之理，以为健顺（指乾道健，坤道顺而言——笔者注）五常之德，所谓性也。"

理、气是宋明理学家探讨的核心主题之一。朱熹认为："天地之间，有理有气。理也者，形而上之道也，生物之本也；气也者，形而下之器也，生物之具也。"（《朱文公文集》卷第五十八）

既然性即理，性即道，那还有什么"率性"而"修"，岂不是率性，体道而行就好了——这是朱子颠倒本末，错解《中庸》带来的必然矛盾之处。

值得一提的是，受宋明理学的影响，孟子性善论成为主流。历史上孟子性善论却是异类，汉以前性有善恶才是主流。[①]东汉王充专著《论衡·率性篇》，他论"率性"说："论人之性，定有善有恶。其善者，固自善矣；其恶者，故可教告率勉，使之为善。凡人君父，审观臣子之性，善则养育劝率，无令近恶；近恶则辅保禁防，令渐于善。"

宋代以前，先贤对性的理解，犹如中医对中药气性的理解，寒、热、温、凉四种不同药性，实实在在。性是处于形而下的范畴，是末——好恶、喜怒、生而具有的禀性气质都是性。

《孝经》说："性者，生之质命，人所禀受度也。"

《孔子家语·本命解》有："分于道谓之命，形于一谓之性。"

---

① 翟玉忠：《性命之学：儒门心法新四书阐微》. 中央编译出版社. 2014年，第1版，第6~10页。

《性自命出》解释得更清楚，性就是形而下之气："喜怒哀悲之气，性也。"

唐代孔颖达《礼记正义》解释说："但人自然感生，有刚柔好恶，或仁、或义、或礼、或智、或信，是天性自然，故云'谓之性'。"

有人说，如此解释《中庸》降低了《中庸》的境界。笔者不这样认为。《中庸》确是讲内在心性修养的经典，与中国传统文化中的心性修法一样，反对离世修行，主张积善成德，从人道之善起修，达及天道之德。

如《中庸》所说的那样：君子修养中庸之道，就像走远路一样，定要从近处开始；就像登高山一样，必定要从低处起步。"君子之道，辟如行远，必自迩；辟如登高，必自卑。"

所以《中庸》开篇讲人生教育的基本道理，又有什么奇怪呢！

我们从《中庸》下面的行文，也可以看出"率性之谓道"讲的是礼乐人道，如同楚简《五行》重"德形（成）于内"，所以才将具体礼乐落实在与可见闻之"物"相对——不睹不闻的心地上，主张在小处，隐微之处下功夫，反省自已。

《中庸》接着说："道也者，不可须臾离也，可离非道也。是故君子戒慎乎其所不睹，恐惧乎其所不闻。莫见乎隐，莫显乎微。故君子慎其独也。"

千百年来，诸多学人从禅宗内观的角度解释这段话，实则大谬不然。因为中华大道源于礼乐王道，《礼记·乐记》清楚地告诉我们，须臾不可离的指礼乐，因为礼乐是治心的，它要求我们时刻保持内和乐而外庄敬，这才是"慎独"功夫的落脚点，根本不是什么"灵光独耀，迥脱根尘"的佛性、空性。文中说："礼乐不可斯须去身。致（犹言深入研究探求——笔者注）乐以治心，则易（和易——笔者注）、直（正直——笔者注）、子（慈爱——笔者注）、谅（诚信——

笔者注）之心油然生矣。易直子谅之心生则乐，乐则安，安则久，久则天，天则神。天则不言而信，神则不怒而威，致乐以治心者也。致礼以治躬则庄敬，庄敬则严威。心中斯须不和不乐，而鄙诈之心入之矣，外貌斯须不庄不敬，而易慢之心入之矣。”

道不可离，指维系社会人心的社会秩序和情感艺术——礼、乐不可离，指和乐、庄敬之身心不可离，这才是教育的终极目的。放弃对孩子一生幸福的关怀，将教育聚焦于获取名利的专业，是对下一代生命的漠视！

可悲的是，这样伟大的圣贤教导被忽视了两千年，圣贤之学本身也成为功名利禄的敲门砖。加上20世纪以后，西式专业教育逐渐成为主流，学校变成高效生产体力和脑力劳动者、残酷竞争的工厂——教育的本质和目的变得越发模糊不清！

是我们回归经典本来面目的时刻了，不仅为我们自己，也为了下一代的健康成长！

——警醒吧，家长们！

三、儒道本来是一家
——《中庸》“喜怒哀乐之未发”本义

中国文化与西方文化最大的不同之一：它源自政府行政经验的总结王官之学，而非私人学术。春秋战国，王官学散入诸子百家，但百家仍然相辅相成，相须为用，绝非互为异说，截然对立的关系。

其中儒家与道家（指折衷百家的黄老），分别代表政府的社会教化和政治经济两大端，为中华政教之本源。

两家的代表人物，老子与孔子相互切磋，相互学习，更成为千古美谈。孟子称赞孔子是“圣之时者也”，(《孟子·万章下》) 合乎司马谈《论六家要旨》对道家的描述：“有法无法，因时为业。有度无度，因物与合。故曰：圣人不朽，时变是守。”(《史记·太史公自序》)

——孔子可谓得道家的精髓！

从汉初开始，儒家与道家互相贬低已为常态，甚至到了剑拔弩张的地步。比如好黄老的窦太后与景帝《诗经》博士辕固（又名辕固生）之争。司马迁感叹：“世之学老子者则黜（chù，意为贬低——笔者注）儒学，儒学亦黜老子。道不同不相为谋，岂谓是邪！”(《史记·老子韩非列传》)

不幸的是，两千年后的今天，诸子百家争鸣成为中国版的西方私人“学术自由”，儒家成了中国文化的代名词——道术为天下裂，已经到了道术分崩，学界只知学习术，不知修习道的地步！呜呼哀哉!

先秦本无百家之说，春秋时周礼尚存，政教一统，儒道本来是一家。我们学习经典，参考百家，更能理解圣贤微言大义。

笔者研读《中庸》多年，总感到不能拿捏“喜怒哀乐之未发，谓之中”一段的本义。近来重读《韩非子·主道第五》，恍然大悟：子思子之中庸，与道家、法家之无为，都是修齐治平之道，本质无二无别——皆从节制心欲始，最后至于人人各安其位，各尽其职，天下太平。

先看《中庸》“喜怒哀乐之未发，谓之中”一段：

“喜怒哀乐之未发，谓之中；发而皆中节，谓之和。中也者，天下之大本也；和也者，天下之达道也。致中和，天地位焉，万物育焉。”

汉唐人解经与宋明理学家解经多有不同，后者常引佛入儒——表面上排斥儒家为异端，实则以佛理解释经书。

朱熹《四书集注》受禅宗“悟后起修”路线的影响，颠倒《大学》“大学之道，在明明德，在亲民，在止于至善”的本末，以“明明德”为始，以“止于至善”为末，殊不知，在中国文化中“明德”指极高的功德成就，还哪里有什么“止于至善”？岂不荒唐！印顺法师写道：“程、朱着重了人人以修身为本的大学，所以撇开政治理想，以明明德为显发已心的明德；然后推己及人叫新民；而后自明与新他，达到至善的地步……以明明德为先，止于至善为后（这是受了禅宗影响的新说）。但探求大学的本义，必须注意‘在’字，一定要着落到知止于至善为下手处，才能与下文相呼应。”[①]

然而谬种流传，理学解经逻辑至今仍为解释《大学》的主流。

再比如朱熹解释《中庸》“天命之谓性”，认为“性即理也”，与气相对，性是形而上的道。他说：“天地之间，有理有气。理也者，形而上之道也，生物之本也；气也者，形而下之器也，生物之具也。”（《朱文公文集》卷第五十八）这显然受了佛家“佛性”抽象概念的影响。在中国文化语境中，性有禀性、气性，特质，功用的意思，指形而下层面。所以唐代孔颖达《礼记正义》解释说：“但人自然感生，有刚柔好恶，或仁、或义、或礼、或智、或信，是天性自然，故云‘谓之性’。”

解释“喜怒哀乐之未发，谓之中”一段时，孔颖达如下的解释显得模糊不清：

“‘喜怒哀乐之未发谓之中’者，言喜怒哀乐缘事而生，未发之时，澹然虚静，心无所虑而当於理，故‘谓之中’；‘发而皆中节谓之和’者，不能寂静而有喜怒哀乐之情，虽复动发，皆中节限，犹如盐梅相得，性行和谐，故云‘谓之和’；‘中也者，天下之大本也’者，言情欲未发，是人性初本，故曰‘天下之大本也’；‘和也者，天下之达道也’者，言情欲虽发而能和合，道理可通达流行，故曰‘天下之达道也’；‘致中和，天地位焉，万物育焉’，致，至也。位，正也。育，生长也。言人君所能至极中和，使阴阳不错，则天地得其正位焉。生成得理，故万物其养育焉。”

到了朱熹《四书集注》那里，不是喜怒、哀乐、好恶本身是性，

① 释印顺：《我之宗教观》. 中华书局. 2011年，第1版，第47~48页。

这些情感未发，无所偏颇才是性，是中。“喜、怒、哀、乐，情也。其未发，则性也，无所偏倚，故谓之中。发皆中节，情之正也，无所乖戾，故谓之和。”

至于“致中和”，简直成了唐代卧轮禅师“能断百思想，对境心不起”的境界，即所谓的“至静”。《四书集注》说：“自戒惧而约之，以至于至静之中无少偏倚，而其守不失，则极其中而天地位矣。自谨独而精之，以至于应物之处无少差谬，而无适不然，则极其和而万物育矣。盖天地万物本吾一体，吾之心正，则天地之心亦正矣；吾之气顺，则天地之气亦顺矣。”

这里仿佛在说神通，人心正，天地也随着正了，人气顺，天地也顺了——说到底，还是汉儒神秘主义那一套！

《韩非子·主道第五》主旨讲王者用心之道。韩非其学“归本于黄老”（司马迁语），以虚静无为为本，所以开篇论人君当效法大道，虚静无为，以待臣下之有为。文中说：“道者，万物之始，是非之纪也。是以明君守始以知万物之源，治纪以知善败之端。故虚静以待，令名自命也，令事自定也。虚则知实之情，静则知动者正。有言者自为名，有事者自为形，形名参同，君乃无事焉，归之其情。”意思是说，道是万物的本原，是非的准则。因此英明的君主把握本原，了解万物的起源，掌握纲纪，了解成败的起因。所以虚心冷静地对待一切，让名称自然命定，让事情自然确定。虚无了，才知道实在真相；冷静了，才知道行动的准则。进言者自会形成主张，办事者自会形成效果，效果和主张相互验证，君主就安闲无事，事物的真相也就清楚了。

那么，现实生活如何实现虚静无为而治呢？《韩非子·主道第五》认为，做君主的不要随意显露他的欲望和意图，去除好恶、成见，万物自然会各安其位，臣下自然会恪守职责，各尽其能。若君主显露他的欲望，臣下将自我粉饰；君主显露他的意图，臣下将自我伪装。这样，君主不仅不能治理国家，还只会受到欺骗。文中说："君无见（通"现"，表现——笔者注）其所欲，君见其所欲，臣自将雕琢；君无见其意，君见其意，臣将自表异。故曰：去好去恶，臣乃见素；去旧去智，臣乃自备。故有智而不以虑，使万物知其处；有贤而不以行，观臣下之所因；有勇而不以怒，使群臣尽其武。是故去智而有明，去贤而有功，去勇而有强。君臣守职，百官有常，因能而使之。"

这里的"君无见其所欲""君无见其意"，才是"喜怒哀乐之未发"的"中"的状态；"君臣守职，百官有常，因能而使之"，就是政治上的"天地位焉，万物育焉"。

进而言之，喜怒哀乐"未发"不是没有喜怒哀乐好恶，而是节制，不随意显露日常情绪情感，这才是真正的"中"，真正的虚静。"发"指依法度赏罚，彰显喜怒哀乐好恶。

儒道两家在内圣外王之学上大同小异。《中庸》之"中"一方面要人主动化解掉日常事务引发的情绪情感，这是"虚"，另一方面让核心关切即修齐治平确立起来，这是"实"；如果说儒家《中庸》之"中"是虚掉日常之情欲，确立平天下之大愿，那么道家、法家更重视将大愿转化为法度赏罚等治国理政实践。

大家知道，韩非的老师是战国末年大儒荀子，从趋利避害的人情论到依法治国，韩非深受其师影响。我们从《解荀子·解蔽第二十一》中，能看到韩非所说的"虚静"本意。其与孔颖达"未发之时，澹然虚静，心无所虑而当於理"不同——孔氏似乎也受到佛家的影响。

同古今中西内圣之学一样，荀子认为，人要知晓大道，须在心地上用功。如何体道，关键是用心要合乎三要素："虚""一""静"，达到虚一而静的"大清明"智慧境界。

什么是“虚”？不是没有。荀子解释说：“心未尝不臧（同“藏”，指记忆——笔者注）也，然而有所谓虚……人生而有知（指认识能力——笔者注），知而有志（这里是记忆的意思——笔者注）；志也者，臧也；然而有所谓虚，不以所已臧害所将受谓之虚。”

什么是“一”？不是不多，荀子解释说：“心未尝不满（据下文，疑当为“两”——笔者注）也，然而有所谓一……心生而有知，知而有异；异也者，同时兼知之；同时兼知之，两也；然而有所谓一，不以夫一害此一谓之一。”

什么是“静”？不是不动。荀子解释说：“心未尝不动也，然而有所谓静……心，卧则梦，偷（苟且偷安——笔者注）则自行，使之则谋，故心未尝不动也；然而有所谓静，不以梦剧（幻想和乱想——笔者注）乱知谓之静。”

由上我们看到，“中”的境界不是心的不动、不行、不用，而是在动、行、用的过程中不为杂乱的情绪情感左右，保持虚静——智慧的清明，这才是“喜怒哀乐之未发”的本义！

它要求我们学识通达，用心专一。只有惟精惟一，方能允执厥中。

——这是古今圣贤所传的不二心法！

四、中庸与两端
——宋以后学人对《中庸》的误读

在中国文化中，千百年来似乎没有一个概念像“中庸”这样深刻影响国人，也没有一个概念像“中庸”这样被普遍误读，对整个社会造成了难以估量的危害。

这种误读甚至传到了国外。

20世纪30年代初，国民党元老胡汉民访问苏联。斯大林问他中国文化精髓是什么，胡汉民回答说是中庸之道。斯大林听了之后大加讽刺：“中庸没有特性，没有立场，一下子中立主义，一下子投机主义，好像墙头草，风吹两边倒。”胡汉民听了很生气，向斯大林解释：中庸之道如射箭，射箭时正好中的，就是中庸之道，中庸不是不讲原则的投机。①

为什么高明的圣贤之学会成为“三条大道走中间”的市侩主义？

笔者认为这与宋儒对中庸的解读有直接关系。

朱熹《四书集注》解释《中庸》，直接释“中”为“不偏不倚、无过不及之名”，更引程颐（1033—1107）的话说：“不偏之谓中，

① 刘达临：《孔子与性文化》.东方出版社.2012年9月，第1版，第56页。

不易之谓庸。中者，天下之正道。庸者，天下之定理。”

这与唐代官方定本《礼记正义》中的解释十分不同。按东汉郑玄的说法，《中庸》：“以其记中和之为用也，庸，用也。”唐代孔颖达疏云：“‘喜怒哀乐之未发谓之‘中’者，言喜怒哀乐缘事而生，未发之时，澹然虚静，心无所虑而当于理，故‘谓之中’。‘发而皆中节谓之和’者，不能寂静而有喜怒哀乐之情，虽复动发，皆中节限，犹如盐梅相得，性行和谐，故云‘谓之和’。”

“中”为心的境界，宋以后儒者将其解释为“不偏不倚”很容易误导人。

1. 阴阳两端，皆可为“中”

另外，朱熹《四书集注》将“执其两端，用其中于民”释为：

“两端，谓众论不同之极致。盖凡物皆有两端，如小大、厚薄之类。于善之中又执其两端而量度以取中，然后用之，则其择之审而行之至矣。然非在我之权度精切不差，何以与此？此知之所以无过不及，而道之所以行也。”

朱子恐怕是将“执其两端”理解成了“弃其两端”而“取中”，这是很有问题的，因为只有“把握阴阳”两端才能达到和的境界。

的确，《中庸》“执其两端，用其中于民”一节与上一节是联系在一起的。其内容如下：

“子曰：‘道之不行也，我知之矣，知者过之，愚者不及也。道之不明也，我知之矣。贤者过之，不肖者不及也。人莫不饮食也，鲜能知味也。’”

《礼记正义》郑玄注：“‘两端’，过与不及也。‘用其中于民’，贤与不肖皆能行之也。”孔颖达人的解释更为明确：“‘执其两端，用其中于民’者，端谓头绪，谓‘知者过之，愚者不及’，言舜能执持愚、知两端，用其中道于民，使愚、知俱能行之。”

我们看，“执其两端，用其中于民”没有“量度以取中，然后用之”的意思，而是让“愚、知（通‘智’——笔者注）俱能行之”。宋儒显然是受了将“中”解释为“不偏不倚”的影响，然后错上加错。

西汉一代儒宗董仲舒《春秋繁露·循天之道第七十七》以天道言养生，直接将四季中的春分、秋分说成两“和”，将冷热两个极端冬至和夏至说成两“中”，认为中之用合于阴阳，为天地的起始，是圣人要执持的。

《中庸》上说：“喜怒哀乐之未发，谓之中；发而皆中节，谓之和。”这是讲喜怒哀乐的动与静。其实止与动，发与不发都可以是中庸的境界，关键是否得宜，依时而发。《中庸》上说：“君子之中庸也，君子而时中。”

什么是“执其中”呢？不是压抑喜怒哀乐的“活死人”才是“中”，真正的“中”是当喜则喜，当怒则怒，当哀则哀，当乐则乐，而不著于喜怒。董仲舒以阴阳喻喜怒，解释“执其中”的道理。天不离阴阳之气，人亦不可失喜怒之性。他说：阴阳之气在天也在人。在人的表现为喜好、厌恶、高兴、忿怒，在天的表现为温暖、清爽、寒冷和暑热。出入上下、左右、前后，与人同在，从未停止过，没有一点留滞。其中在人的，也应该是随人而行不留滞，如同四季有条不紊地运行。喜好、忿怒、悲哀和快乐的停止或运动，这是上天所赋予的人的本性。本性当表现的时候，它们就表现出来与之呼应，这也是上天的反应。和温暖、清凉、寒冷和暑热出现的时候，它们就表现出来没有区别。如果留滞恩德等待春夏二季时，留滞刑罚等待秋冬二季时，这种做法有顺随四季的名声，实际上违逆天地的原则。在人也是在天，为什么长久滞留上天之气，让它们郁滞不行，不能正常运行……因此春季施行仁爱而寻求美善，秋季施行正义而寻找丑恶，冬季施行刑罚而使清明实现，夏季施行恩德而实现宽大。这是用来随顺天地、体现阴阳的方法。然而正在寻求美善的时候，见到丑恶就不轻饶；正在寻找丑恶的时候，见到美善便立即实行；正在追求清廉时，见到大的美善就立即举荐；正在追求宽缓时，见到大的丑恶立即去除。以便效仿天地刚刚生出万物时有衰败，刚刚衰败时有生长。因此意志想法随顺天地，宽缓、急切仿效阴阳二气。然而人类事物中应该实行的，没有留滞之处，况且对人宽恕，对天随顺，天人之道并举，这叫做把握适中。《春秋繁露·如天之为第八十》记载：阴阳之气在上天亦在人，在人者为好恶喜怒，在天者为暖清寒暑，出入上下，左右前后，平行而不止，未尝有所稽留滞郁也，其在人者，亦宜行而无留，若四时之条条然也。夫喜怒哀乐之止动也，此天之所为人性命者，临其时而欲发，其应亦天应也，与暖清寒暑之至其时而欲发无异，若留德而待春夏，留刑而待秋冬也，此有顺四时之名，实逆于天地之经，在人者亦天也，奈何其久留天气，使之郁滞，不得以其正周行也……是故春修仁而求善，秋修义而求恶，冬修刑而致清，夏修德而致宽，此所以顺天地，体阴阳；然而方求善之时，见恶而不释，方求恶之时，见善亦立行，方致清之时，见大善亦立举之，方致宽之时，见大恶亦立去之，以效天地之方生之时有杀也，方杀之时有生也，是故志意随天地，缓急仿阴阳，然而人事之宜行者，无所郁滞，且恕于人，顺于天，天人之道兼举，此谓执其中。）

董仲舒这里说得很清楚，或阴或阳，直道而行，顺天应人，万事得宜，就是“执其中”。诸君试想，如果一位中医，不用药性极寒或极热的药，只用药性很平的药，那么这个人一定是庸医，哪里还能如调和阴阳，以平为期？

进而言之，阴阳两端，皆可为“中”，关键是用之宜——这才是中庸大道！

2. 孔子至圣，岂止仁人

“中庸”“执其中”“执两用中”的思想和实践源远流长，影响到从道德到治国理念，内圣外王的方方面面。在此意义上，国人以“中”名国，其意深矣，远非（地域）地理观念所能囊括。

从文献的记载看，三代以前，中庸之道已经树立了起来。尧舜禹三代皆重之，至商代亦然。

《论语·尧曰》记三代训辞说：“尧曰：‘咨！尔舜！天之历数在尔躬，允执其中。四海困穷，天禄永终。’舜亦以命禹。”尧是说：“舜啊！上天的大命已经落在你的身上了。诚实地护持那中道吧！假如天下百姓都困苦和贫穷，上天赐给你的禄位就会永远终止。”舜也这样告诫过禹。

尧“允执其中”的思想当来自其父帝喾，《大戴礼记·五帝德第六十二》引孔子语说帝喾：“其动也时……执中而获天下。”

尧的继承者，帝舜孜孜探求中庸之道。清华大学藏战国竹简尚书类文献有《保训》一篇，讲到舜作为普通人时如何用功。上面说：“昔舜旧作小人，亲耕于历丘，恐求中，自稽（稽，考察——笔者注）厥志，不违于庶万姓之多欲。厥有施于上下远迩，乃易位迩稽（易位，改变自己的地位。整句意思是舜能够设身处地，考察民众疾苦——笔者注），测阴阳之物，咸顺不逆。舜既得中，言不易实变名，身兹备惟允（允，诚信；整句意思是舜更加谨慎，重诚信——笔者注），翼翼不懈，用作三降之德。”

《孟子·离娄下》记载商代立国君主：“汤执中，立贤无方。”

中庸之道影响如此深远，中庸之道在德行上是不是也执持阴阳两端呢？

回答是肯定的。《尚书·周书·酒诰》中有“作稽中德”，指阴阳兼备，相反相对，相济为用的两种德行。古圣先贤对这类德行十分重视。

《大戴礼记·五帝德第六十二》孔子论帝喾，就说他：“顺天之义，知民之急；仁而威，惠而信，修身而天下服。”这里，仁爱与威严是相对的两种德行。

《尚书·虞夏书·皋陶谟》中，舜帝的大臣皋陶提到九种德行，也是两两相对，它们分别是：“宽而栗，柔而立，愿而恭，乱而敬，扰而毅，直而温，简而廉，刚而塞，强而义。”唐代孔颖达疏：“九德皆人性也。郑玄云：‘凡人之性有异，有其上者，不必有其下，有其下者，不必有其上。上下相协，乃成其德。’是言上下以相对，各令以相对兼而有之，乃谓一德。此二者虽是本性，亦可以长短自矫。宽弘者失于缓慢，故性宽弘而能矜庄严栗，乃成一德。九者皆然也。”

大连大学中国古代文化研究中心葛志毅教授认为：“此兼取相对的两端成一德，应即所谓中德，相应又引伸出中正、中和乃至中庸诸概念。《书·舜典》：‘直而温，宽而栗，刚而无虐，简而无傲’，据孔疏所言，亦犹此九德之义。《礼记·中庸》‘执其两端用其中’，应有助于对此九德的理解。此乃追求君子道德修养之中正圆融，品性兼济周备，是对孔子中庸的提出，应前有启发。”①

① 葛志毅：《释中——读清华简〈保训〉》.《邯郸学院学报》，2012年第9期。

葛志毅教授所引《今文尚书·虞夏书》原文是："帝曰：'夔！命汝典乐，教胄子，直而温，宽而栗，刚而无虐，简而无傲。诗言志，歌永言，声依永，律和声。八音克谐，无相夺伦，神人以和。'"舜帝说："夔！任命你主持乐官，教导年轻人，使他们正直而温和，宽厚而庄重，刚毅而不粗暴，简约而不傲慢。诗是表达思想感情的，歌是唱出来的语言，五声是根据所唱而制定的，六律是和谐五声的。八类乐器能够调和，不使它们乱了次序，那么神和人都会和谐了。"

不难看出，这些两端之德目相辅相成，目的是达到"和"的境界。

《淮南子·人间训》中的一则故事对我们理解何谓中庸之德特别有帮助：

有人问孔子："颜回是什么样的人？"孔子回答："是个仁慈爱人的人。我不如他。"有人又问："子贡是怎样的人？"孔子回答说："是个善于辞令的人。我不如他。"又问："子路是怎样的人？"孔子回答说："是个勇敢的人。我不如他。"那个人就说了："他们三个人都比你行，可都成为你的学生，听你教诲，这是为什么呢？"孔子说："但我既能仁慈爱人又刚狠决断，既善于辩说又有时显得嘴笨，既勇敢又胆怯。拿他们三个人的长处换我这种应世之道，我还不情愿呢。"（《淮南子·人间训》记载："人或问孔子曰：'颜回何如人也？'曰：'仁人也。丘弗如也。''子贡何如人也？'曰：'辩人也，丘弗如也。''子路何如人也？'曰：'勇人也，丘弗如也。'宾曰：'三人皆贤夫子，而为夫子役，何也？'孔夫子曰：'丘能仁且忍，辩且讷，勇且怯，以三子之能，易丘一道，丘弗为也。'"）

孔子至圣，"圣之时者也"。应变无方，岂止仁人！

我们读《史记·孔子世家》《孔子家语》这些书，观孔子杀少正卯，武子之台用兵、夹谷之会腰斩众侏儒，即可知至圣先师孔子仁人之德的另一面——忍，刚狠。

现在有些学人，一谈儒家不是仁义礼智信，就是温良恭俭让，完全不讲圣贤能佛能魔、勇猛刚狠的德行。譬如中医医人，只知用补药，害人可谓深矣！

3. 经史相参，中庸大道

宋以后儒家极重《伪古文尚书·大禹谟》“人心惟危，道心惟微，惟精惟一，允执厥中”十六字，认为是尧舜禹以来道统心法精髓所在。

不幸的是，宋儒对这十六个字误解太大。“人心惟危，道心惟微”出自《荀子·解蔽篇》所引古《道经》，其本义不是人心私欲危险，道心天理精微，而是说我们修心戒惧自省，成就大道精妙无为。[①]

那么，后八个字“惟精惟一，允执厥中”来自哪里呢？笔者认为，上古必有类似的表述，思想核心则与《管子·法法第十六》“精德立中以生正”有关。上面说：“政者，正也。正也者，所以正定万物之命也。是故圣人精德立中以生正，明正以治国。故正者，所以止过而逮不及也。过与不及也，皆非正也；非正，则伤国一也。勇而不义伤兵，仁而不法伤正。”

《管子·法法第十六》主旨强调法治的重要性，论述中庸之道是从政治角度来讲的。其中“精德”当与“惟精惟一”相通，“立中”与“允执厥中”相通。精德是道家修行的圣人境界，《管子·内业》多是讲“惟精惟一”的大道修行，感兴趣的读者可以参阅。

而“允执厥中”的政治意义，关键是以法正之。所以《管子·法

---

① 见本编八。

法第十六》接着便说："故军之败也，生于不义；法之侵也，生于不正。故言有辨（通"辩"——笔者注）而非务者，行有难而非善者。故言必中务，不苟为辩；行必思善，不苟为难。规矩者，方圆之正也。虽有巧目利手，不如拙规矩之正方圜也。故巧者能生规矩，不能废规矩而正方圆。虽圣人能生法，不能废法而治国。故虽有明智高行，背法而治，是废规矩而正方圆也。"

为政之器，除仁德与法治并行，亦有猛宽两端，学人当相须为用，这样才能达到社会的整体和谐。当然，不是说不用较为平和的政策，我们要根据实际情况作变通。一个出名的故事是"子产论政宽猛"。

郑国执政子产病重，就对（正卿）子太叔说："我死后，您必定执政。只有有德行的人能够用宽大来使百姓服从，其次就莫如严厉。火势猛烈，百姓看着就害怕，所以很少有人死于火。水性懦弱，百姓轻视它，很多人就死在水中。所以宽大不容易。"不久子产去世，子太叔执政，不忍心严厉并奉行宽大政策。导致郑国盗贼很多，依托芦苇荡为乱。子太叔后悔，说："我若听从他老人家的话，就不至于到这一步。"于是发兵攻打盗贼，全部杀死他们。后来盗贼稍稍收敛了一些。

孔子听说后不禁赞叹："好啊！政事宽大，百姓就怠慢，怠慢就用严厉来纠正。政事严厉，百姓就受到伤害，伤害就实施宽大。用宽大调节严厉，用严厉调节宽大，因此政事调和。《诗经》上说，'百姓已经很辛劳，差不多可以稍稍安稳。赐恩给中原各国，用以安定四方'，这是实施宽大；'不要放纵随声附和的人，以约束不良之人。应当制止侵夺残暴的人，他们从来不怕法度'，这是用严厉来纠正；'安抚边远，柔服近邦，用来安定我国王'，这是用平和来安定国家。又说，'不争强不急躁，不刚猛不柔弱。施政平和宽裕，各种福禄都聚集’，这是和的极点。”《左传·昭公二十年》记载孔子的话：“善哉！政宽则民慢，慢则纠之以猛。猛则民残，残则施之以宽。宽以济猛，猛以济宽，政是以和。《诗》曰：‘民亦劳止，汔可小康。惠此中国，以绥四方。’施之以宽也。‘毋从诡随，以谨无良。式遏寇虐，惨不畏明。’纠之以猛也。‘柔远能迩，以定我王。’平之以和也。又曰：‘不竞不絿，不刚不柔。布政优优，百禄是遒。’和之至也。”

君子为政，当宽则宽，当猛则猛；君子为德，当仁则仁，当狠则狠——这才是伟大的中庸之道。当今有些儒家大谈仁义礼智、空谈仁政王道，离中道远矣！喋喋不休，害己害人，何日可止！

宋以来，中国文弱不武的主流文化，备受侵凌的千年历史，亦与这种背离中庸之道关系巨大。

孔子云：“中庸其至矣乎，民鲜能久矣！”

——历史，又何尝不是这样！

五、至善与明德
——宋以后学人对《大学》的误读

积善成德，由人道之善起修，上达天道之德，成圣成贤，这是中国文化内圣外王不二法门的精髓所在。

所以《大戴礼记·劝学第四十六》说："积善成德，神明自传，圣心备矣。"黄怀信等著《大戴礼记汇校集注》按："神明自传无义，'传'必'得'字之误，诸校是。"①

孔门心法的核心经典《五行》解释说："善，人道也。德，天道者。"具体地说，在《五行》中仁、义、礼、智属于人道之善的范畴，圣属于天道之德的范畴。

《礼记·大学》开篇也是讲"积善成德，神明自传（得），圣心备矣"的道理，只不过说得稍微详尽些。上面说："大学之道，在明明德，在亲民，在止于至善。"

1. 现代大学教育的本质是学习实用技能的"小学"

何谓大学之道？

---

① 黄怀信等：《大戴礼记汇校集注》. 三秦出版社. 2004年8月，第1版，第823页。

《礼记·学记第十八》着重从教与学实践的角度讲了这个问题，《礼记·大学第四十二》着重从修道进德的角度讲了这个问题，二者所谈角度不同，完全可以互参。

《学记第十八》开篇讲学习的重要性："君子如欲化民成俗，其必由学乎！"东汉郑玄注："所学者，圣人之道在方策。"唐代官方编纂的《礼记正义》孔颖达疏："郑恐所学惟小小才艺之事，故云'所学者，圣人之道'。以其化民成俗，非圣人之道不可。云'在方策'者，下篇'文武之道，布在方策'是也。"

换言之，要经世济民，必须学习圣贤之道，这是"大学"的应有之义。什么是"大学之道"的呢？《学记第十八》写道："一年视离经辨志。三年视敬业乐群，五年视博习亲师，七年视论学取友，谓之小成；九年知类通达，强立而不反，谓之大成。夫然后足以化民易俗，近者说服，而远者怀之，此大学之道也。"

大学最后学成谓之"大成"，《礼记正义》解释说："'九年知类通达，强立而不反'者，谓九年考校之时，视此学者，言知义理事类，通达无疑。强立，谓专强独立，不有疑滞。'而不反'，谓不违失师教之道，谓之大成。'此大学之道也'者，言如此所论，是大学贤圣之道理，非小学技艺耳。"

不难看出，"大成"是一种于万事万物圆融无碍、应化无方的智慧境界。我们参考孔子对圣人的理解，能够更清楚理解这种境界。据《大戴礼记·哀公问五义第四十》，鲁哀公问孔子什么是圣人，孔子回答说："所谓圣人者，知通乎大道，应变而不穷，能测万物之情性者也。大道者，所以变化而凝成万物者也。情性也者，所以理然、不然、取、舍者也。故其事大，配乎天地，参乎日月，杂于云蜺（亦作"云霓"，喻圣人风采境界非凡——笔者注），总要万物，穆穆纯纯，其莫之能循；若天之司，莫之能职。百姓淡然，不知其善。若此，则可谓圣人矣。”

圣人智慧应变无方，处世和光同尘。正是因为大学之道乃是圣贤智慧之学，所以汉唐注家特别强调“大学贤圣之道理，非小学技艺耳”。在古人的心目中，礼、乐、射、御、书、数这六种生产生活技能是小学所教内容。古代八岁入小学，儒者（保氏）教之。《周礼·地官司徒第二·保氏》述其职责云：“保氏掌谏王恶，而养国子以道。乃教之六艺，一曰五礼，二曰六乐，三曰五射，四曰五驭，五曰六书，六曰九数。乃教之六仪，一曰祭祀之容，二曰宾客之容，三曰朝廷之容，四曰丧纪之容，五曰军旅之容，六曰车马之容。”

现代大学重工具理性，将专业技能作为教学的主体，近乎完全忽视了圣贤智慧之学。特别是在中国，连“方策”中的圣贤经典也被史学化、（西方）哲学化了——对于一般现代大学教授来说，“知通乎大道”与海外玄谈没有什么区别。在此意义上说，现代大学教育的本质是学习生产生活实用技能的“小学”！

2. 宋儒颠倒“积善成德”为“积德成善”

如何成就圣人之道？

《大学》指示我们：“在明明德，在亲民，在止于至善。”其中“止于至善”居于基础地位。

宋以前，对《大学》积善成德的修法学人没有太多异义。但从南宋朱熹开始，他竟颠倒因果，将大学之道变成了“积德成善”，简直是佛家“悟后起修”的儒家版。朱熹在《大学章句》中写道：“新（他妄改“亲民”为“新民”——笔者注）者，革其旧之谓也，言既自明其明德，又当推以及人，使之亦有以去其旧染之污也。止者，必至于是而不迁之意。至善，则事理当然之极也。言明明德、新民，皆当至于至善之地而不迁。”

由于朱子学宋以后成为官方科举定本，其影响所及，直到21世纪的诸多学人。

通观《大学》全书，其行文结构极为清楚，共分三大部分：

从“大学之道”至“在止于至善”四句，是全书的总纲。《礼记正义》孔颖达疏：“言大学之道，在于此三事矣。”此三事，即明明德、亲民、止于至善三事，分别对应天下、国家、个人三个层面。

接下来，“更覆（‘覆’同‘复’——笔者注）说‘止于至善’之事。”全文是“知止而后有定，定而后能静，静而后能安，安而后能虑，虑而后能得。物有本末，事有终始，知所先后，则近道矣”，这是文章的第二部分，强调个人修身，止于至善是大学之道的“始”和“先”。

受千百年来“以佛释儒”风气的影响，学人们老是将这段话同佛家禅定开悟联系起来，画蛇添足，高推圣境。实际上其内容极为朴实细致。我们不防将孔颖达的解释录在这里：“‘知止而后有定’者，更覆说‘止于至善’之事。既知‘止于至善’，而后心能有定，不有差贰也。‘定而后能静’者，心定无欲改，能静不躁求也。‘静而后能安’者，以静故情性安和也。‘安而后能虑’者，情既安和，能思虑于事也。‘虑而后能得’者，既能思虑，然后于事得安也。”至于“得”什么，郑玄解释得十分清楚：“得，谓得事之宜也。”即得事之义理，做事恰当合宜。

从孔颖达的疏中我们能清楚地看到“既知‘止于至善’，而后心能有定”，“止于至善”是起点，到了朱熹这里则成了终点。这里的“至善”当理解为最根本、最细处的善，因为后面的“诚意章”进一步解释了止于何处，即“为人君，止于仁；为人臣，止于敬；为人子，止于孝；为人父，止于慈；与国人交，止于信”——修行的关键就是在日用伦常处下功夫！

最后，从“古之欲明明德于天下者”一直到结尾，是第三部分。主要是讲“格物、致知、诚意、正心、修身、齐家、治国、平天下”中的后六目。大学八目中，修身为本，所以文中说：“自天子以至于庶人，壹是皆以修身为本。”“诚意”，在心意识上用功，是修身的落脚点。而诚其意，“止于至善”是基础，所以在释“诚意”的部分“诚意章”，又再次解释了“止于至善”。

那么“亲民”怎么没有解释呢？实际上它包括在“所谓平天下在治其国者”这部分中，治国即“亲民”。

总之，“古之欲明明德于天下者”这部分，既包括对“亲民”的解释，又包括对“止于至善”的解释，足见其当是大学之道的终点，而非朱熹讲的起点。

3.《中庸》“明善”与《大学》“止善”

除了《大学》,《中庸》也是子思学派的重要作品。《中庸》强调“不明乎善，不诚乎身矣”“诚之者，择善而固执之者也”。上面说：“在下位不获（获，得也——笔者注）乎上，民不可得而治矣。获乎上有道，不信乎朋友，不获乎上矣；信乎朋友有道，不顺乎亲，不信乎朋友矣；顺乎亲有道，反诸身不诚，不顺乎亲矣；诚身有道，不明乎善，不诚乎身矣。诚者，天之道也；诚之者（指学而诚之者——笔者注），人之道也。诚者不勉而中，不思而得，从容中道，圣人也。诚之者，择善而固执之者也。”

文中，作者以“诚”论德，言“天之道”，以“诚之”论善，言“人之道”，“诚”之一字，沟通天人——诸君留意焉！！！

欲“事君”（与“明明德于天下”不同，主要是从修身层次上说），其次序是：明乎善—诚乎身—顺乎亲—信乎朋友—获乎上。这里明乎善，以及后面的“择善而固执”，与大学“止于至善”是相通的，都是修行的根本，因为明（择）善才有诚意可言。

在拙著《性命之学：儒门心法新四书阐微》一书中，笔者解释《礼记·大学》时，曾对宋儒对《大学》的肆意篡改和严重误读做了细致剖析，感兴趣的朋友可以参阅。①

本文重新提出这个问题，除了找到一些新证据证明宋儒对圣贤之学的误解，更是因为我们修行，找到落脚点十分重要，“止于至善”、诚意才是修行的根本，这一点不容商量。颠倒黑白，以末为本，要不得！这是关乎人的性命、智慧的大问题，不得不一再申述。

① 翟玉忠：《性命之学：儒门心法新四书阐微》. 中央编译出版社. 2014年3月，第1版，第117~153页。

六、宋儒错改《大学》“亲民”为“新民”及其危害

宋儒任意改写经典、师心自用解释经典，以《礼记·大学》为甚。

对《大学》的误读，以颠倒《大学》“三纲”本末，错改《大学》“亲民”为“新民”为甚。

《大学》是思孟学派的代表作，但直到1973年长沙马王堆汉墓出土了思孟学派的思想核心经典《五行》，我们才确定宋儒颠倒了《大学》“三纲”本末。

“三纲”是《大学》的总纲，包括明明德、亲民、止于至善。《大学》开篇即说：“大学之道，在明明德，在亲民，在止于至善。知止而后有定，定而后能静，静而后能安，安而后能虑，虑而后能得。物有本末，事有终始。知所先后，则近道矣。”

南宋朱熹误读《大学》，除了以“明德为本，至善为末”，以至抹杀至善外，更严重的是错改《大学》原文，采纳北宋程颐的意见，将“亲民”改为“新民”。他不知道，在思孟学派的概念体系中，德是包括善的，善指仁、义、礼、智相和，而德指仁、义、礼、智、圣相和。显然，德是末，善是本。《五行》篇说：“德之行五，和谓之德；

四行和，谓之善。善，人道也。德，天道也。”

《大学》“三纲”的本义：成就大学之道要先明明德；明明德先亲民、亲民先止于至善——后者是前者的起点和根本。

在中国“以人为本”的世俗性社会里，善为本，德为末，积善成德——实践人道之善成就天地之德，是人生修养的不二法门。

朱熹颠倒三纲本末，以“明德为本”。问题是“明德”之后，就要起用，结果不得不将“亲民”改为“新民”，从个人修养一步跨入社会改造，大失《大学》成就“大人之学”的本义。朱子《大学章句》解释说：“程子曰：‘亲，当作新。’新者，革其旧之谓也。言既自明其明德，又当推以及人，使之亦有以去其旧染之污也。”

更为麻烦的是，三纲以“明德为本”，就必然以“止于至善”为末，朱子《大学章句》也是这样解释的：“止者，必至于是而不迁之意。至善，则事理当然之极也。言明明德、新民，皆当止于至善之地而不迁。盖必其有以尽夫天理之极，而无一毫人欲之私也。”

问题是，“止于至善”之后，马上是“知止六步”，“止于至善”显然是本。为了调和这一矛盾，朱熹干脆将“三纲”变成了“二纲”，即“明德为本，新民为末。知止为始，能得为终”，这样才理顺了本末、终始关系——而对“止于至善”的理解，则前后矛盾。

1.“新民”不是解释“亲民”，而是解释“盛德”

为了证明“亲民”即“新民”，朱熹割裂《大学》原文，硬是给“三纲”加了传。这些传本在《大学》“诚意章”。为了全面认识它们的本义，我们将原文抄录如下：

《诗》云：“瞻彼淇澳，菉竹猗猗。有斐君子，如切如磋，如琢如磨。瑟兮僩兮，赫兮喧兮。有斐君子，终不可喧兮！”“如切如磋”者，道学也；“如琢如磨”者，自修也；“瑟兮僩兮”者，恂栗也；”赫兮喧兮“者，威仪也；“有斐君子，终不可喧兮”者，道盛德至善，民之不能忘也。《诗》云：“於戏！前王不忘。”君子贤其贤而亲其亲，小人乐其乐而利其利，此以没世不忘也。

《康诰》曰：“克明德。”《大甲》曰：“顾諟天之明命。”《帝典》曰：“克明峻德。”自明也。汤之《盘铭》曰：“苟日新，日日新，又日新。”《康诰》曰：“作新民。”《诗》曰：“周虽旧邦，其命维新。”是故君子无所不用其极。

《诗》云：“邦畿千里，惟民所止。”《诗》云：“缗蛮黄鸟，止于丘隅。”子曰：“于止，知其所止，可以人而不如鸟乎？”《诗》云：“穆穆文王，於缉熙敬止！”为人君，止于仁；为人臣，止于敬；为人子，止于孝；为人父，止于慈；与国人交，止于信。子曰：“听讼，吾犹人也，必也使无讼乎！”无情者不得尽其辞，大畏民志。此谓知本。

朱子《大学章句》将第二段“汤之《盘铭》”之前，作为“明明德”的解释，将“汤之《盘铭》”之后，作为“新民”的解释。同时将第一段放在第三段“与国人交，止于信”后边，作为“止于至善”的解释。

因为对“亲民”的解释中屡见“新”字，且《康诰》有：“作新民”，则“亲民”自然成为“新民”。

如果我们细读“诚意章”原文，就知道这三段是一个有机的整体，后两段是对第一段的中心思想“盛德至善”的解释。第二段解释如何日新其德，成就“盛德”。第三段则解释如何达到“至善”。之所以没有解释“亲民”，是因为后面齐家、治国、平天下的内容都是“亲民”的学问！

第二段中的“新”，指日日增新其德行，不是指日日革新其“民”。君子当日三省吾身，参赞天地生生之大德。《易经·系辞上》明确指出：“富有之谓大业，日新之谓盛德。”隋唐间学者王凯冲注：“物无不备，故曰‘富有’；变化不息，故曰‘日新’。”《易经·大畜·象》也说：“大畜，刚健笃实，辉光日新其德。”

《大学》中的“德”也应如《五行》中强调的那样，是一种发于内心的“德行”。古人认为：“德行，内外之称，在心为德，施之为行。”（《周礼·地官·师氏》郑玄注）有时也用“德”字代表德行，所以西汉贾谊的《贾子·道术》说：“施行得理谓之德。”

朱子将“德”理解为类似佛性的德性显然是错误的。《大学章句》解释“明德”说：“明德者，人之所得乎天，而虚灵不昧，以具众理而应万事者也。但为气禀所拘，人欲所蔽，则有时而昏。然其本体之明，则有未尝息者。故学者当因其所发而遂明之，以复其初也。”

如果“止于至善”为本，只有“亲民”，方能“明明德”，则德必然指德行。这涉及我们对“亲民”的理解。

2.“亲民”即“仁民”——孔子的“大学之道”

一个人，如何超越个人之小我，成就宇宙天地之大我，关键是超越个人之爱，实现对天下苍生的大爱，这就是仁。亲爱家人，是仁的起点。《中庸》引孔子言：“仁者，人也，亲亲为大。”孟子也说：“亲亲而仁民，仁民而爱物。”（《孟子·尽心上》）

《五行》的论述更为详细，作者认为心中充满喜悦会感染到兄弟，兄弟们会更易接近。互相接近且诚于待人，就会亲近。亲近笃信，就是兄弟之爱。首先爱父亲，随后再推及他人，这就叫仁。文中说："中心悦焉，迁于兄弟，戚也。戚而信之，亲。亲而笃之，爱也。爱父，其攸爱人，仁也。"

所以说，"亲民"的意思，实际是"仁民"，就是将对亲人的爱扩展到整个社会。《贾子·道术》一言以蔽之："心兼爱人谓之仁。"

透过《论语》我们看到，尽管仁的基础是爱人，但成就仁德实际很难。孔子从不轻易许人以仁。

在孔子眼里，只有那些能舍身奉公，为民请命，救民于水火，为民立命的人，才称得上仁者。

据《论语·公冶长》，孟武伯问孔子，他的三个重要弟子子路、冉求、公西赤是否做到了仁，孔子一一承认其专长，却否认他们做到了仁："孟武伯问：'子路仁乎？'子曰：'不知也。'又问，子曰：'由也，千乘之国，可使治其赋也，不知其仁也。''求也何如？'子曰：'求也，千室之邑，百乘之家，可使为之宰也，不知其仁也。''赤也何如？'子曰：'赤也，束带立于朝，可使与宾客言也，不知其仁也。'"

孔子的弟子曾问德行高尚的令尹子文和陈文子是否做到了仁，孔子认为二人忠实、高洁，尽管到了不为外物所动的境界，仍没能做到仁。

令尹子文几次做楚国宰相，都没有显出高兴的样子，几次被免职，都没有显出怨恨的样了。而且每次被免职，他一定把政事全部告诉继任的新宰相；齐国大夫崔杼杀了其君主齐庄公，陈国大夫陈文子家有四十匹马都舍弃不要离开了齐国。到了另一个国家，他看到那里的执政者和崔子差不多，就离开了。到了另一个国家，看到那儿的执政者也和崔子差不多，又离开了。文中说："子张问曰：'令尹子文三仕为令尹，无喜色；三已之，无愠色。旧令尹之政，必以告新令尹。何如？’子曰：‘忠矣。’曰：‘仁矣乎？’曰：‘未知；焉得仁？’‘崔子弑齐君，陈文子有马十乘，弃而违之。至于他邦，则曰，犹吾大夫崔子也。违之。之一邦，则又曰：犹吾大夫崔子也。违之。何如？’子曰：‘清矣。’曰：‘仁矣乎？’曰：‘未知，焉得仁？’”

我们再看被孔子称仁的人。孔子说“殷有三仁”，分别是纣王的同母兄弟微子，纣王的叔父箕子和比干。三人以不同方式对抗暴政和强权。微子明智地离开了商纣王，箕子装疯成了奴隶，比干因强谏被杀。《论语·微子》上说：“微子去之，箕子为之奴，比干谏而死。孔子曰：‘殷有三仁焉。’”

孔子也感叹管子是仁人。要知道孔子一生欲复兴周礼，但对于“不知礼”的管子（《论语·八佾》孔子云：“管氏而知礼，孰不知礼？”），他却反对弟子们称其“不仁”，孔子认为管仲曾辅佐齐桓公维持天下秩序，维系中华文明，他说：“桓公九合诸侯，不以兵车，管仲之力也。如其仁！如其仁！”“管仲相桓公，霸诸侯，一匡天下，民到于今受其赐。微管仲，吾其被发左衽矣。”

如何实践仁呢？孔子的答案就是“大学之道”，从日常人伦之善开始，走亲民路线，要积极地“己欲立而立人，己欲达而达人”，而不只是“己所不欲，勿施于人”。《论语·雍也》载：“子贡曰：‘如有博施于民而能济众，何如？可谓仁乎？’子曰：‘何事于仁，必也圣乎！尧、舜其犹病诸！夫仁者，己欲立而立人，己欲达而达人。能近取譬，可谓仁之方也已。’”

仁，后来成为中国人人文精神的精髓。但其内涵也在不断变化。从自身的“亲民”，为大众服务，到“推以及人”的“新民”。在好为人师造就“新民”的过程中，我们失去了治国、平天下的坚实起点。宋明理学最后沦为“袖手谈心性”，有其逻辑上的必然性——其危害极大！南怀瑾谈到宋儒擅自将“在亲民”改为“在新民”时指出：

"岂不知下文由格物、致知，到诚意、正心、修身的个人学养成就以后，跟着而来的齐家、治国、平天下都正是真实做到亲民的学问吗？如果要人们天天换作新民，那就要随时变更政策，常常要来一次什么大革命才对吗？所以这个思想，后遗的流毒太大了！"[①]

抛弃文明规范，乱解经典，大造"新民"，无论动员多少资源，不是成为灾难，就是流为闹剧——这是中国近代史给我们的重要启示！

① 南怀瑾:《原本大学微言》.复旦大学出版社2008年版，第1版，第48页。

七、《大学》“善行、安乐、智慧”三位一体的幸福密码

近年来，海内外越来越多的学者发现，宋明理学对《礼记·大学》存在严重误读——将大学之道误解为以“明明德”为始，终于“止于至善”，颠倒了中国文化“积善成德”“为善最乐”“德成智出”的根本特征。

中国台湾印顺法师（1906—2005）认为，宋儒之所以犯这个错误，是因为受了禅宗的影响。他说：“以明明德为先，止于至善为后（这是受了禅宗影响的新说）。但探求大学的本义，必须注意‘在’字，一定要着落到知止于至善为下手处，才能与下文相呼应。”①

历史上，朱熹教导人常用禅宗的方法、语言。他甚至要学生将“明明德”作为话头来参。②

日本学者浅野裕一对《大学》的篇章结构和思考模式作了细致分析，也发现“止于至善”为本、为始、为先，“明明德”为末、为终、为后。他指出：“(《大学》）论述不断重复了由近、小至远、大，逐级

① 释印顺：《我之宗教观》. 中华书局. 2011年10月，第1版，第47~48页。

② 付金才：《朱熹以禅误读《大学》“明明德”，遗害千年》，网址：http://www.xinfajia.net/16371.html，访问日期：2020年6月23日。

而上不断扩大的思考模式……‘止于至善’之下，仍有止→定→静→安→虑→得不断相续的次第阶梯，据此，‘止于至善’又不过是出发点而已。”①

河北石家庄学院的付金才老师也曾多次撰文，从文字学、经典内证等角度，阐释宋明理学颠倒“大学之道”本末的原因及其恶果——由于很少人悟到朱熹所谓“虚灵不昧”的“本体之明”，学人也就失去了修齐治平、治身理国的落脚之处。宋以后中国文化变得越发空疏，与宋明理学“援佛入佛”关系很大。

拙著《性命之学：儒门心法新四书阐微》②收入子思学派楚简《五行》、楚简《性自命出》《大学》《中庸》，结合出土文献，力证宋明理学对儒家的误读。先秦儒家对德与善定义：“善，人道也。德，天道也。”（楚简《五行》）明明人道之善为修行之起点，天道之德为修行的终点。

朱熹在《大学章句》中解释“在止于至善”，称“至善，则事理当然之极也。言明明德、新民，皆当止于至善之地而不迁。盖必其有以尽夫天理之极，而无一毫人欲之私也”。将“至善”理解为类似佛家修行的最高境界，简直荒唐！

1.“止于至善”要求学人在日常人伦，点滴善行处用功

《礼记·大学》整篇是以成就大学之道的“三纲”——“在明明德，在亲民，在止于至善”为中心展开的。分两大部分，前面的经，全文如下：

---

① 浅野裕一：《〈大学〉篇之创作意图——‘大学之道’再考》，收入《简帛·经典·古史》，上海古籍出版社，2013年。

② 翟玉忠：《性命之学：儒门心法新四书阐微》.中央编译出版社.2014年，第1版。

“大学之道，在明明德，在亲民，在止于至善。

“知止而后有定，定而后能静，静而后能安，安而后能虑，虑而后能得。物有本末，事有终始。知所先后，则近道矣。（唐代孔颖达《礼记正义》认为此段“更复说‘止于至善’之事”）

“古之欲明明德于天下者，先治其国；欲治其国者，先齐其家；欲齐其家者，先修其身；欲修其身者，先正其心；欲正其心者，先诚其意；欲诚其意者，先致其知；致知在格物。物格而后知至；知至而后意诚；意诚而后心正；心正而后身修；身修而后家齐；家齐而后国治；国治而后天下平。自天子以至于庶人，壹是皆以修身为本。其本乱而末治者否矣。其所厚者薄，而其所薄者厚，未之有也！此谓知本，此谓知之至也。”（唐代孔颖达《礼记正义》认为此段“故此经明‘明德’之理”）

经又分三部分，第一部分开宗明义，指出大学三纲；第二部分按大学由近、小至远、大的思维模式，论由“止于至善”始，得“理义智慧”的道理；第三部分阐述如何“明明德”，造福社会——“古之欲明明德于天下者”。

无论是阐述“止于至善”，还是阐述“明明德”，作者特别强调本末次序的重要性。宋明无论是程朱理学还是陆王心学，皆颠倒本末，背离了《大学》阐释的内圣外王大道——我们不得不说，这是中国文化的大悲剧！

经后面是对经的解说“传”，是大学“八目”的展开，分别是：格物、致知、诚意、正心、修身、齐家、治国、平天下。《大学》传的次序为：

“所谓诚其意者……”

“所谓修身在正其心者……”

“所谓齐其家在修其身者……”

“所谓治国必先齐其家者……”

“所谓平天下在治其国者……”

传中没有解释“止于至善”，主要对“三纲”中“明明德于天下”做了解读，且用大量篇幅解释如何“诚意”、如何“平天下”——这当与作者如世间一切修心方法、从意识心起修，以及中国文化内外不二、不失世间关怀有关。

不过，在“所谓诚其意者……”部分中，包含对三纲的解读。作者先用夏商周三代的言行，言明己之德的重要性。引言皆出自中国古典政治学核心文献《尚书》，突出了“明明德”与“平天下”的关系。文中说：

> “《康诰》曰：‘克明德。’《大甲》曰：‘顾諟天之明命。’《帝典》曰：‘克明峻德。’皆自明也。”

接着解释“亲民”，全心全意，念兹在兹，改造自身，改造社会，日新其德，即是亲民。文中说：

> “汤之《盘铭》曰：‘苟日新，日日新，又日新。’《康诰》曰：‘作新民。’”《诗》曰：‘周虽旧邦，其命维新。’是故君子无所不用其极。”

最后论“止于至善”，作者明确指出，“至善”所止之处，是平常日用人伦。“止于至善”为三纲之本、之始、之先，在此表现得特别突出。上面说：

> “《诗》云：‘邦畿千里，惟民所止。’《诗》云：‘缗蛮黄鸟，

止于丘隅。’子曰：‘于止，知其所止，可以人而不如鸟乎？’《诗》云：‘穆穆文王，於缉熙敬止。’为人君，止于仁；为人臣，止于敬；为人子，止于孝；为人父，止于慈；与国人交，止于信。”

“止于至善”是大学之道的落脚点，要求学人在日常人伦，点滴善行处用功，这是先贤修身的下手处。与印度和西方文化强调出离心，离世修行相比较，最为稳当，易行！

“知止而后有定，定而后能静，静而后能安，安而后能虑，虑而后能得”，由“止→定→静→安→虑→得”六个阶梯，得身心安乐、理义智慧。东汉郑玄注“得”云：“得，谓得事之宜也。”

其中，善行、智慧、安乐三而一，一而三，三位一体——这是《礼记·大学》“善行、安乐、智慧”三位一体的幸福密码，人生大道！尽管《大学》中没有展开论述，导致“止于至善”为修身落脚点的六次第长期为人忽略，但在中国文化其他经典中，多有论述。

2.善行、智慧、安乐三位一体的人生大道

《黄帝内经·灵枢·本神篇第八》论精、神、魂、魄、心、意、志、思、虑、智等精神活动的产生过程，其次序与《大学》相似，皆以心为重要基础，以智慧为终点——东西古今，一切圣贤之学皆为智慧之学！

《本神篇第八》写道：“故生之来谓之精，两精相搏谓之神，随神往来者谓之魂，并精而出入者谓之魄，所以任（使，引申为支配——笔者注）物者谓之心，心有所忆谓之意，意之所存谓之志，因志而存变谓之思，因思而远慕谓之虑，因虑而处物谓之智。”

与《礼记·大学》一样，同属子思一派（子思氏之儒）的《五行》，论智慧、安乐、德行的关系更为清楚，作者指出：君子内心没有对天道的忧思向往就不会产生内在的智慧，没有内在智慧就不会有内心的喜悦，没有内心的喜悦就不会身心安适，没有身心安适就不会有真正的快乐，没有内在的快乐也就不能成就德行。（原文：君子亡中心之忧则亡中心之智，亡中心之智则亡中心之悦，亡中心之悦则不安，不安则不乐，不乐则亡德。）

《礼记·乐记》同样提到合乎礼乐的善行、身心安乐，与所信如天，所畏如神的智慧境界三者之间的关系。上面说："礼乐不可斯须去身。致乐以治心，则易、直、子、谅（意为平易、正直、慈爱、诚信——笔者注）之心油然生矣。易、直、子、谅之心生则乐，乐则安，安则久，久则天，天则神。"

总之，善行、智慧、安乐三者，犹如人生之鼎的三个足，缺一不可，三者互为因果——没有善行，不可能有真正的智慧、安乐；没有智慧，不可能有真正的安乐、善行；没有安乐，不可能有真正的智慧、善行。

幸福，是善行、安乐、智慧三者不断磨炼、成长、圆满的结晶——这才是大学之道的本质。在此意义上，源于"止于至善"的六次第，再怎么强调，都不为过。

学人当于此幸福密码，仔细参究，认真践行!

否则，对人生大道浑浑噩噩，真愧对先贤，枉费此生矣!

八、《大学》“格物致知”本义考

中国文化最鲜明的特色就是内在修养（内圣）与外在事功（外王）一以贯之，体用不二，于外用中内养，直入不二法门。

具体表现为：中华文明早已摆脱了神话宗教阶段，社会生活高度世俗化，理性化。由人道而天道，止于人道之善，上达天道之德。在日常生活中，敦伦尽分，闲邪存诚——处处直心道场，人人可成圣贤。

与此相对应，修行上不废人事，重人事物理的学习、参究。由博返约，由知而行，成就应变无方、知行合一、理事圆融的圣贤智慧境界。

《荀子·宥坐篇》引孔子言，论及为学目的及修学次第，十分精当。同以理性知识为基础的现代教育不同，中国人的教化介于西方宗教与西方学术之间，既重事理物理的研究，又重道德智慧的成就，德成智出，后者才是学习的最终目的。孔子曰：“君子之学，非为通也，为穷（困窘——笔者注）而不困、忧（忧患——笔者注）而意不衰（恐惧、慌乱——笔者注）也，知祸福终始而心不惑也。夫贤不肖者，材也；为不为者，人也；遇不遇者，时也；死生者，命也。今有其人不遇其时，虽贤，其能行乎？苟遇其时，何难之有？故君子博学、深谋、修身、端行以俟其时。”

博学、深谋、修身、端行这一修行次第孔门十分重视。《中庸》论如何达到诚的境界，“择善而固执之”的道理，也指出由知而行的次第，“博学之，审问之，慎思之，明辨之，笃行之。”

《大学》讲得更为细致，条理清晰，这就是著名的三纲领、八条目，简称“三纲八目”。“三纲”即“明明德”“亲民”“止于至善”；“八目”即“格物”“致知”“诚意”“正心”“修身”“齐家”“治国”“平天下”。

如果我们将三纲的次序倒过来：“止于至善”——“亲民”——“明明德”，就会发现三纲、八目实际上是一个东西的两面，八目不过详细阐发了三纲而已。

怎奈，汉以后中国文化深受西来佛教、特别是禅宗的影响，重悟后起修，结果将“明明德”作为修行起点，最后达到“止于至善”的境界。颠倒本末，遗害极大。

关于宋以后儒家对三纲的严重曲解，笔者在拙著《性命之学：儒门心法新四书阐微》一书已经做过详细论述。[①]

这里，我们着重论述后儒对“格物致知”的误读。

1.王阳明错在哪

儒家有一则著名的学案——守仁格竹。

人类历史总会在某个点上产生巨大分野。当西方人将目光投向遥远世界的时刻，中国人的目光却愈发转向内在。

1492年，就是哥伦布向西寻找印度，最终发现美洲新大陆的那

① 翟玉忠：《性命之学：儒门心法新四书阐微》.中央编译出版社.2014年3月第1版，第117~153页。

一年。21岁的王阳明沉迷于宋儒眼中的“格物”之学，并践行之。他约一位朋友对竹穷思，日夜不息，结果不仅没有悟出大道，反倒病倒了。明代钱德洪《王文成公年谱》记此事说：“是年为宋儒格物之学。先生始侍龙山公（其父王华——笔者注）于京师，遍求考亭（以朱熹为代表的理学学派又称考亭学派——笔者注）遗书读之。一日思先儒谓‘众物必有表里精粗，一草一木，皆含至理’，官署中多竹，即取竹格之；沉思其理不得，遂遇疾。”

青年王阳明错在哪呢？

他相信朱熹对格物致知的禅宗化理解。“青青翠竹尽是法身，郁郁黄花无非般若”，只要一念悟入，即得大智慧。这是禅宗的法门，适用于根器很高的人，但用来解释《大学》，文不对题——这和今天大学国学院生产的学术论文，用西方哲学概念、学术范式肢解中国文化没有太大区别。

《大学》是《礼记》的一篇，由汉至唐皆有注解。汉代学者郑玄释“致知在格物”时释格为“来”，似乎物随心转，让人难得其解。他说：“格，来也。物，犹事也。其知于善深则来善物，其知于恶深则来恶物，言事缘人所好来也。”唐代孔颖达编纂的《礼记正义》大体继承了郑玄的说法。

朱熹著《大学章句》时，在很大程度上摆脱了汉儒朴实的解经风格，多以佛家理路去随意割裂儒家经典，“格物致知”在朱子那里成了“顿悟的儒家版本”。

他解释“致知在格物，物格而后知至”一语时说：“致，推极也。知，犹识也。推极吾之知识，欲其所知无不尽也。格，至也。物，犹事也。穷至事物之理，欲其极处无不到也……物格者，物理之极处无不到也。知至者，吾心之所知无不尽也。”

朱子似乎忘了，人类的生命感官是有限的，根本无法知无不尽，穷至事物之理。难怪王阳明和他的朋友日夜格竹，双双“劳思致疾”。《庄子·养生主》有句名言：“吾生也有涯，而知也无涯。以有涯随无涯，殆已！”

战国大儒荀子也曾论及人类知识的局限性，知识是不能穷尽的。《荀子·解蔽篇》从心与物关系的角度论述说：“凡以知，人之性也；可以知，物之理也。以可以知人之性，求可以知物之理，而无所疑（通“凝”——笔者注）止之，则没世穷年不能遍也。其所以贯理焉虽亿万，已不足以浃（音jiā，通“挟”，意思是掌握，应对——笔者注）万物之变，与愚者若一。学，老身长子，而与愚者若一，犹不知错（通“措”——笔者注），夫是之谓妄人。故学也者，固学止之也。恶乎止之？曰：止诸至足。曷谓至足？曰：圣也。”

荀子告诉我们，认识事物，是人的本性；万物可以被认识，是因为事物有内在的规律。凭借可以认识事物的本性，去探求可以被认识的万物规律，如果没有一定的限度，用一辈子时间也不能遍及事理。人们学习事理的方法很多，如果最终不能应对万事万物的变化，那就和蠢人相同了。这样学习，就算自己老了、子女长大了，仍和蠢人相同，这是无知妄人。学习本来就要有所知止。依止在哪里呢？要依止于较圆满的境界，即圣贤之道。

2.朱熹画蛇添足

朱熹注意到，《大学》对八目，除格物、致知之外，都有进一步的阐述。所以他认为《大学》当有阙文，散佚的内容是对格物、致知的解释。于是朱老夫子为圣人“代言”，干脆自己补充了一段。这部分对于理解朱熹“以佛释儒”的内在理路十分重要，我们录在下面：

“所谓致知在格物者，言欲致吾之知，在即物而穷其理也。盖人心之灵莫不有知，而天下之物莫不有理，惟于理有未穷，故其知有不尽也。是以大学始教，必使学者即凡天下之物，莫不因其已知之理而益穷之，以求至乎其极。至于用力之久，而一旦豁然贯通焉，则众物之表里精粗无不到，而吾心之全体大用无不明矣。此谓物格，此谓知之至也。”

这里，朱子不仅告诉我们要穷尽万物之理，还指出“至其极”的目的：“豁然贯通”，了悟大道——既然格物致知是为学的基础，到朱熹这里竟成了“众物之表里精粗无不到”“吾心之全体大用无不明”的超凡境界，岂不是自相矛盾？！

到目前为止，还没有出土有关《大学》的简帛，所以不能肯定它是不是有散佚的部分。但至少从其义理和行文上，我们看不出有散佚。

同诸多宗教和教化的心法一样，《大学》也是在心意识上起修，落脚点是诚意。所以《大学》八目，先讲诚意，再依次讲“正心”“修身”“齐家”“治国”“平天下”。而格物、致知只是学理上的准备，似乎不需要画蛇添足地加上“格物致知”一段。另外，我们看《大学》相关论说的基本结构：

“所谓诚其意者……

“所谓修身在正其心者……

“所谓齐其家在修其身者……

“所谓治国必先齐其家者……

“所谓平天下在治其国者……

不难看出，《大学》并未如后面诸目一样，讲“所谓诚其意在致其知者……”，而是直言“所谓诚其意者……”，足见对诚意功夫的重视；孔门心法的关键就是以一念之诚建无边直心道场——学者留意焉！

另外，朱熹还将《大学》释诚意部分的诸多文句提前，进一步解说三纲，这似乎没有必要。因为“知止而后有定，定而后能静，静而后能安，安而后能虑，虑而后能得。物有本末，事有终始。知所先后，则近道矣”，显然是承接“止于至善”，解释三纲，何需再度解释，反倒让人难解！

随意改字（如将“亲民”改为“新民”），随意剪贴、随意增饰，导致原本《大学》面目全非——宋儒之过也。

3.“格物致知”本义考

事实上，孔子曾经对“格物致知”做过阐发。《礼记·缁衣篇》引孔子言，论格物的目的，以及如何做到致知，使我们对“格物致知”本义有基本的理解。上面说：“言有物而行有格也，是以生则不可夺志，死则不可夺名。故君子多闻，质而守之；多志，质而亲之；精知，略而行之。”

“言有物而行有格”，《周易·家人卦》象传作“言有物而行有恒”，意思大体相同，都是主张言行有恒。所以《礼记·缁衣篇》上述引文前即说：“身不正，言不信，则义不一，行无类也。”

据《礼记正义》郑玄注：“物，谓事验也。格，旧法也……质，犹少也。多志，谓博交泛爱人也。精知，孰虑于众也。”唐代孔颖达疏云：“‘言有物而行有格也’，物，谓事之征验；格，谓旧有法式。言必须有征验，行必须有旧法式。既言行不妄，守死善道，故‘生则不可夺志，死则不可夺名’。言名、志俱善，欲夺不可也。‘故君子多闻，质而守之’者，虽多闻前事，当简质而守之。‘多志，质而亲之'者，谓多以志意博交泛爱，亦质少而亲之。'精知，略而行之'者，谓精细而知，孰虑于众，要略而行之。此皆谓闻见虽多，执守简要也。"

根据上下文，以及《礼记·缁衣》的注疏，可知"格物致知"中，格字当释为"法"，这里是动用，格物指寻求物理人事的规律；致知，指博学明辨，抓住主要矛盾、主要问题，也就是孔颖达所说的"闻见虽多，执守简要"。

"格物致知"是学习宇宙人生道理的重要原则，不仅适用于两千多年前的古人，对于身处信息大爆炸时代的现代人来说，显得尤其重要。面对滚滚而来的信息洪流，今天重要的不是获取信息，而是选择信息——悲夫，这个世界上还有多少人依止于圣贤之道呢！

在拙著《性命之学：儒门心法新四书阐微》一书中，笔者释格为"正"，认为格物即"正物"，指正确理解性（心）与物的关系，重在了心法层面，显然有偏颇之处。[①]

大道精微，圣学难明，学人敢不孜孜以求……

① 翟玉忠：《性命之学：儒门心法新四书阐微》.中央编译出版社．2014年3月第1版，第129页。

九、“人心惟危，道心惟微”本义考

中国文化，圣人精德立中，内圣外王的宗旨，由来远矣。据现今发现的战国文献资料，当可推至尧的时代。①

“人心惟危，道心惟微，惟精惟一，允执厥中”，源自东晋才问世的《伪古文尚书·大禹谟》，南宋朱熹在《中庸章句序》中大加推崇，被后学称之“十六字心传”（又称“虞廷十六字”），影响中国文化甚巨。

朱熹认为，这十六个字是道统的核心，是古圣先贤一脉相随的不二法门，传到居功甚伟的孔子。他说：“夫尧、舜、禹，天下之大圣也。以天下相传，天下之大事也。以天下之大圣，行天下之大事，而其授受之际，丁宁（通“叮咛”——笔者注）告戒，不过如此。则天下之理，岂有以加于此哉？自是以来，圣圣相承。若成汤、文、武之为君，皋陶、伊、傅、周、召之为臣，既皆以此而接夫道统之传，若吾夫子，则虽不得其位，而所以继往圣、开来学，其功反有贤于尧舜者。”②

按照朱熹的理解，“十六字心传”的核心是讲人心与道心的差异，

---

① 清华简《保训》中有：“昔舜久作小人，亲耕于历丘，恐求中……”

② 朱熹：《四书集注》.凤凰出版社.2008年，第1版，第15页。

人心是“危殆而不安”的，道心是“微妙而难见”的。学人当治人心，并归于道心，使天理战胜人欲，实现“危者安、微者着（‘着’通‘著’——笔者注）”。朱熹《中庸章句序》说：“心之虚灵知觉，一而已矣。而以为有人心、道心之异者，则以其或生于形气之私，或原于性命之正，而所以为知觉者不同，是以或危殆而不安，或微妙而难见耳。然人莫不有是形，故虽上智不能无人心，亦莫不有是性，故虽下愚不能无道心。二者杂于方寸之间，而不知所以治之，则危者愈危，微者愈微，而天理之公卒无以胜夫人欲之私矣。精则察夫二者之间而不杂也，一则守其本心之正而不离也。从事于斯，无少闲断，必使道心常为一身之主，而人心每听命焉，则危者安、微者着，而动静云为自无过不及之差矣。”

在朱熹看来，“精”“一”才是真正的下手处，而“人心惟危，道心惟微”，是对两分的人心、道心的描述。

朱熹的错解不是偶然的，与《伪古文尚书》同出的孔安国传中，已经有将人心、道心两分的倾向。上面说：“危则难安，微则难明，故戒以精一，信执其中。”伪孔传语虽简洁，但其核心思想与朱熹异曲同工。

唐代在孔颖达《尚书正义》中将“十六字心传”看成“为君之法”，认为明道必精心，安民必一意，它显然也是受了伪孔安国传的影响。他说：“民心惟甚危险，道心惟甚幽微。危则难安，微则难明，汝当精心，惟当一意，信执其中正之道，乃得人安而道明耳。”[①]“居位则治民，治民必须明道，故戒之以‘人心惟危，道心惟微’。道者经也，物所从之路也。因言‘人心’，遂云‘道心’。人心惟万虑之主，道心为众道之本。立君所以安人，人心危则难安。安民必须明

① 孔颖达：《十三经注疏·尚书正义》.北京大学出版社.1999年，第1版，第94页。

道，道心微则难明。将欲明道，必须精心。将欲安民，必须一意。故以戒精心一意。又当信执其中，然后可得明道以安民耳。”①

北宋程颐则将人心与私欲，道心与天理联系起来，这直接为朱熹所继承。他说：“人心，私欲，故危殆；道心，天理，故精微。灭私欲则天理明矣。”②

要理解儒家心法的精义，我们需要正本清源，看看“十六字心传”究竟传自哪里，其本义是什么。

清初阎若璩（璩音qú，1638—1704）在他影响巨大的《古文尚书疏证》中，曾精细论述了“十六字心传”的造伪因缘。他说：“此盖纯袭用《荀子》，而世举未之察也。《荀子·解蔽篇》‘昔者，舜之治天下’也云云，‘故《道经》曰：人心之危，道心之微，危微之几，唯明君子而后能知之’。此篇前又有‘精于道’‘一于道’之语，遂隱括（yǐn kuò，就原有的文章、著作加以剪裁、改写——笔者注）为四字，复续以《论语》‘允执厥中’以成十六字。”③

为便于读者理解先贤对儒家心法的严重误读，笔者已将《荀子·解蔽篇》论“治心之道”部分附在文后，这里只谈其精要。

首先，《荀子》同先秦其他先哲一样，极力推崇三代无为而治的善政，认为它们是内圣外王的典范。《荀子·大略篇》就说：“主道，知人；臣道，知事。故舜之治天下，不以事诏而万物成。农精于田而不可以为田师，工贾亦然。”这是说，为君之道，在于了解人；为臣之道，在于精通政事。从前舜治理天下，不用事事发布命令各种事情就自然办成了。农夫对种地很精通却不能因此而做管理农业的官吏，

---

① 孔颖达：《十三经注疏·尚书正义》.北京大学出版社．1999年，第1版，第94~95页。

② 《二程遗书》卷二十四。

③ 阎若璩：《尚书古文疏证》.上海古籍出版社．1987年影印本，第244~245页。

工人和商人也是这样。

《荀子·大略篇》风格简约，《荀子·解蔽篇》则不同，他详细论述了舜是如何达到“不以事诏而万物成”的，文中写道：“昔者舜之治天下也，不以事诏而万物成。处一危之，其荣满侧；养一之微，荣矣而未知。故《道经》曰：‘人心之危，道心之微。’危微之几，惟明君子而后能知之。”很明显，这里的“人心”“道心”不是二元对立的关系，“危”不是凶险之意，否则何来“其荣满侧”。

那么何谓“危”和“微”呢？据上下文，历代注家并没有太多歧异。比如唐代杨倞注云：“一，谓心一也。‘危之’当为‘之危’。危，谓不自安，戒惧之谓也。侧，谓迫侧，亦充满之义。微，精妙也。处心之危，言能戒惧，兢兢业业，终使之安也。养心之微，谓养其未萌，不使异端乱之也。处心之危有形，故其荣满侧可知也。养心之微无形，故虽荣而未知。言舜之为治，养其未萌也。”

参考《荀子·解蔽篇》“治心之道”，杨倞“微”注为“未萌”似乎有失准确。荀子文中进一步论述了“危微之几”，他以事例说明，人为的勉强、克制、戒惧都没有达到自在无为的“微”的圣境，仁圣的境界是恭谨且和乐的。他说：“夫微者，至人也。至人也，何强？何忍？何危？故浊明外景，清明内景。圣人纵其欲，兼其情，而制焉者理矣。夫何强？何忍？何危？故仁者之行道也，无为也；圣人之行道也，无强也。仁者之思也，恭；圣人之思也，乐。”

综上所述，“人心惟危，道心惟微”的本义不是人心私欲危险，道心天理精微，而是说我们修心戒惧自省，成就大道精妙无为。

笔者查遍群籍，发现自《伪古文尚书》出世一千七百年来，惟清代学者阮元明确指出解读《道经》“人心之危，道心之微”，当内证于《荀子》，不可从《伪古文尚书》。至于“人心惟危，道心惟微”本义，他置而不论。阮氏的注被收入清末王先谦的《荀子集解》中，如下：

“此篇言知道者皆当专心壹志，虚静而清明，不为欲蔽，故曰‘昔者，舜之治天下也’云云。案后人在《尚书》内解此者姑弗论，今但就《荀子》言《荀子》，其意则曰：舜身行人事而处以专壹，且时加以戒惧之心，所谓危之也。惟其危之，所以满侧皆获安荣，此人所知也。舜心见道而养以专壹，在于几微，其心安荣，则他人未知。”①

在儒家独尊的时代，为了“政治正确”，身为封疆大吏的阮元似乎对所谓“儒家心法”不敢置评；但对于21世纪的我们来说，再也不能迷信旧注，以讹传讹了——在学术上不能“为尊者讳”，即使错误涉及宋以来儒家最核心的理念！

百家殊途而同归，若不是学人长期以来割裂诸子（儒家之内的孟、荀两大家亦被割裂），恐怕这一致命误读不会遗害至今！

这，是最值得今人反思的……

附《荀子·解蔽篇》论“治心之道”部分原文及译文

中国文化内圣外王的宗旨，诸子百家多有论述。与《伪古文尚书》及《荀子》相似，黄老经典《管子》中所言亦极为精当，足可与《荀子·解蔽篇》相参。《管子·法法第十六 》说：“政者，正也。正也者，所以正定万物之命也。是故圣人精德立中以生正，明正以治国。故正者，所以止过而逮不及也。过与不及也，皆非正也。非正，则伤国一也。”

“人心惟危，道心惟微，惟精惟一，允执厥中”——重要如此！

① 王先谦：《荀子集解》.中华书局. 2013年，第1版，第473页。

以下是《荀子·解蔽篇》论“治心之道”部分原文及译文。

心者，形之君也，而神明之主也；出令而无所受令；自禁也，自使也；自夺也，自取也；自行也，自止也。故口可劫而使墨（通“默”——笔者注）云，形可劫而使诎申，心不可劫而使易意，是之则受，非之则辞。故曰：心容，其择也无禁，必自见；其物也杂博，其情之至也不贰。《诗》云：“采采卷耳，不盈顷筐。嗟我怀人，寘（通“置”——笔者注）彼周行。”顷筐易满也，卷耳易得也，然而不可以贰周行。故曰：心枝则无知，倾则不精，贰则疑惑。以赞稽之，万物可兼知也。身尽其故，则美。类不可两也，故知者择一而壹焉。

［译文］

心，是身体的统帅，是精神智慧的主宰；它发号施令而不从什么地方接受命令。它自己限制自己，自己驱使自己；它自己决定抛弃什么，自己决定接受什么；它自己行动，自己停止。所以，嘴巴可以强迫它沉默或说话，身体可以强迫它弯屈或伸直，心不可以强制着改变意志，它认为什么对就接受，认为什么错就拒绝。所以说：心的选择是不受限制的，一定根据自己的见解；它认识的事物虽然繁杂而广泛，精诚时却不会三心二意。《诗》云：“采呀采呀采卷耳，老装不满斜浅浅的筐。我怀念心上人，把筐放在大路上。”浅筐容易装满，卷耳容易采到，但不可以三心二意地待在大路上。所以说：思想分散就不会有知识，思想偏颇就不会精当，思想不专一就会疑惑。如果拿专心致志的态度考察万物，那么万物就可以全部被认识了。亲自透彻地了解万事万物的所以然，就完美了。所以认识事物不能三心二意，明智的人选择一种事物并专心于它。

农精于田而不可以为田师，贾精于市而不可以为市师，工精于器

而不可以为器师。有人也，不能此三技而可使治三官。曰：精于道者也，精于物者也。精于物者以物物，精于道者兼物物。故君子壹于道而以赞稽物。壹于道则正，以赞稽物则察。以正志行察论，则万物官矣。

［译文］

农民精于种田，却不能做管理农业的官吏；商人精于买卖，却不能做管理市场的官吏；工人精于制造器物，却不能做管理器具制造的官吏。有些人，不会这三种技术，反而可以让他们来管理这三个部门。所以说：有精于道的人，有精于具体事物的人。精于具体事物的人只能支配某种具体事物，精于道的人则能够全面处理各种事物。所以君子专心于道而用它来帮助自己考察万物。专心于道就能正确无误，用它来帮助自己考察万物就能看得非常清楚；用中正的心志去考察各种言论，就能管理万物了。

昔者舜之治天下也，不以事诏而万物成。处一危之，其荣满侧；养一之微，荣矣而未知。故《道经》曰："人心之危，道心之微。"危微之几，惟明君子而后能知之。故人心譬如槃水，正错（通"措"——笔者注）而勿动，则湛浊在下，而清明在上，则足以见须眉而察理矣。微风过之，湛浊动乎下，清明乱于上，则不可以得大形之正也。心亦如是矣。故导之以理，养之以清，物莫之倾，则足以定是非、决嫌疑矣。小物引之，则其正外易，其心内倾，则不足以决庶理矣。故好书者众矣，而仓颉独传者，壹也；好稼者众矣，而后稷独传者，壹也；好乐者众矣，而夔（音kuí——笔者注）独传者，壹也；好义者众矣，而舜独传者，壹也。倕作弓，浮游作矢，而羿精于射；奚仲作车，乘杜作乘马，而造父精于御。自古及今，未尝有两而能精者也。曾子曰："是其庭（通"筳"——笔者注）可以搏鼠，恶能与我歌矣？"

［译文］

从前舜治理天下，不用事事发布命令各种事情自然办成。我们治心，专心于道，戒惧自省，安荣就会时时都在身边；涵养大道，达到精妙无为的境界，就会安荣而不显示出来。所以《道经》说："我们修心戒惧自省，成就大道精妙无为。"这戒惧与精妙的区分，只有明智的君子才能了解它。人的思想就像盘中的水，端正地放着而不去搅动，沉淀污浊的渣滓就在下面，清澈透明的水就在上面，这就能够用来照见胡须眉毛看清楚皮肤的纹理了。如果微风从上面吹过，渣滓就会在下面泛起，清澈透明的水就会被搅乱，就不能靠它获得完整的映像了。思想也像这样。如果用正确的道理来引导它，用高洁的品德来涵养它，外物就不能使它倾斜不正，就能够用来判定是非、决断嫌疑。如果有小事牵制了他，那么对外部的正解认识会发生变化，思想也会发生偏颇，就不能够用来决断各种事理了。古代爱好文字的人很多，只有仓颉一个人的名声流传了下来，这是因为他用心专一啊；喜欢种庄稼的人很多，但只有后稷一个人的名声流传了下来，是因为他用心专一啊；爱好音乐的人很多，但只有夔一个人的名声流传了下来，是因为他用心专一啊；爱好道义的人很多，只有舜一个人的名声流传了下来，这是因为他用心专一啊。倕制造了弓，浮游创造了箭，而羿善于射箭；奚仲制造了车，乘杜发明了用四匹马拉车，造父精通驾车。从古到今，还从来没有过一心两用而能专精的人。曾子说："唱歌的时候看着打节拍的棍棒，心想可以用它来打老鼠，这类人怎能和我一起唱歌呢？"

空石之中有人焉，其名曰觙。其为人也，善射（射覆，古代游戏，将物件预为隐藏，供人猜度——笔者注）以好思。耳目之欲接，则败其思；蚊虻之声闻，则挫其精。是以辟（通“避”——笔者注）耳目之欲，而远蚊虻之声，闲居静思，则通。思仁若是，可谓微乎？孟子恶败而出妻，可谓能自强矣。有子恶卧而焠掌，可谓能自忍矣，未及好也。辟耳目之欲，可谓能自强矣，未及思也。蚊虻之声闻则挫其精，可谓危矣，未可谓微也。夫微者，至人也。至人也，何强？何忍？何危？故浊明外景，清明内景。圣人纵其欲，兼其情，而制焉者理矣。夫何强？何忍？何危？故仁者之行道也，无为也；圣人之行道也，无强也。仁者之思也，恭；圣人之思也，乐。此治心之道也。

［译文］

空石这个地方有个叫觙的人，他生性善于猜测而喜欢思考。但耳朵一听到声音眼睛一看到美色，就会干扰他的思考；蚊虻的声音一传到他耳朵里，就会妨害他聚精会神。因此他避开耳朵、眼睛所向往的音乐、美色，并远离蚊虻的声音，独自静静地思考，于是他的思路就畅通了。如果思考仁德也像这样，可以说达到精妙境界了吗？孟子怕败坏了自己的仁德而把妻子休出家门，这可以说能够自己勉力向上了，但还没有能达到思考仁德的地步。有子怕打瞌睡用火烧灼手掌，这可以说能够自我克制了，但还没有能达到爱好仁德的地步。觙避开耳朵、眼睛所向往的音乐、美色，远离蚊虻的声音，可以说是自我戒惧了，但还未达到精妙无为的境界。那达到了精妙无为境界的人，就是至人。既然至人，还要什么勉强？还要什么克制？还要什么戒惧？所以一般浅尝大道的人只在外表表现出来，得道的人才能在心灵深处散发光芒。圣人顺从人的欲望，尽有人的情感，但他处理一切事情都合理。那还要什么勉强？还要什么克制？还要什么戒惧？所以仁者行道，不先物而为；圣人行道，没有什么勉强的。仁者的思虑恭敬慎重；圣人的思虑轻松愉快。以上就是治心的大略方法。

十、人是什么——论“人之所以异于禽兽者”

人是什么?

这是人类孤独面对自身及宇宙提出的首要问题。它不仅决定了人如何看待自身，还决定了人在自然界中的位置以及我们的全部生活观念。

过去两千多年来，东西方哲人对这一千古之问分别作了回答。当代中国人普遍接受西式教育，所以对西方哲人的见解耳熟能详。自初中时代起，老师就告诉了我们这一问题的标准答案，其中重要的一点就是:

人能制造工具，这是人类区别于动物的显著标志。

感谢珍妮·古道尔（Jane Goodall）这样的动物学家们坚韧不拔的努力，20世纪60年代以来科学家对黑猩猩等高级灵长类的长期观察研究表明：我们近亲灵长类不仅是复杂的社会性动物，且会有目的地制造工具。

五十多年前，当珍妮·古道尔夫妇的摄像机第一次对准利用加工过的枝杆，从蚁穴中钓白蚁的非洲黑猩猩时，人与动物间的鸿沟在世人面前被瞬间冲破了——人类必须重新定义自身!

现代科学告诉我们：从基因组成到好恶情感，人和动物的分界实在太模糊——人仅仅是没有皮毛的动物吗？

难以释怀的困惑让笔者转向中国文化有关人的观念——这种观念似乎有一种超越时空的魅力，值得我们特别重视和反思。

1. 天地之性人为贵

与西方宗教根深蒂固的原罪观念以及被18世纪末法国大革命放大的“人生而平等”观念不同，中国先贤将人与天、地并列，作为三才之一，认为人的天然本性最为高贵，且能够通过心地上的修持提升人的本性。

传播甚广的蒙学经典《三字经》说：“三才者，天地人。三光者，日月星。”

性是来自天道、天命。郭店楚简《性自命出》说：“喜怒哀悲之气，性也。及其见于外，则物取之也。性自命出，命自天降。道始于情，情生于性……好恶，性也。所好所恶，物也。善不善，性也，所善所不善，势也。”

喜、怒、哀、悲之气，就是性。性外在显现出来，则是由外境所引发的。性源自于分于道的命，而命是天生的。人道生于情，情又从性来……好恶，是人的本性，而好恶的对象则是物。善不善是人的本性，而造成善不善的原因则是外在的环境。

“性自命出，命自天降”，与《礼记·中庸》开篇所讲的“天命之谓性”是同一个意思，《孔子家语·本命解》中说：“分于道谓之命，形于一谓之性。”都是讲天道赋予人的就是性。

在哲学层面，先贤普遍认为人（性）为贵。

郭店战国楚简《语丛一》中说：“夫天生百物，人为贵。”

《孝经·圣治篇》引孔子言曰：“天地之性（性，生命，生物——

笔者注），人为贵。”

《礼记·曾子大孝》引述曾子闻诸孔子言：“天之所生，地之所养，人为大矣。”

人为贵、人为大的观念给了中国人积极向上、乐天知命的精神基因。《列子·天瑞篇》载荣启期答孔子问云：“吾乐甚多，天生万物，唯人为贵，而吾得为人，是一乐也。”

西汉大儒董仲舒曾详论人在宇宙中的位置，认为礼义、仁义与“人最贵”相辅相成；人能行仁义，超然于万物之上，与天地相参，所以人最贵。《春秋繁露·人副天数》上说：“天地之精所以生物者，莫贵于人。人受命乎天也，故超然有以倚；物疢疾（疢音chèn，疢疾指弊端——笔者注）莫能为仁义，唯人独能为仁义；物疢疾莫能偶天地，唯人独能偶天地。”

公元前140年，在上汉武帝的《天人三策》中，董仲舒认为礼义源于人天性的高贵。他指出：“人受命于天，固超然异于群生，入有父子兄弟之亲，出有君臣上下之谊（通“义”，下同——笔者注），会聚相遇，则有耆老长幼之施，粲然有文以相接，欢然有恩以相爱，此人之所以贵也。生五谷以食之，桑麻以衣之，六畜以养之，服牛乘马，圈豹槛虎，是其得天之灵，贵于物也。故孔子曰：‘天地之性人为贵。’明于天性，知自贵于物；知自贵于物，然后知仁谊；知仁谊，然后重礼节；重礼节，然后安处善；安处善，然后乐循理；乐循理，然后谓之君子。”（《汉书·董仲舒传》）

人上承天道，本来是超越其他生物的。在家里有父子兄弟之亲，在外面有君臣上下之义，人们聚会相遇，有尊敬老人和分别长幼的规范，有礼节相互接待，欢愉地互相恩爱，这就是人可贵的地方。人类能够种植五谷作为食物，播种桑麻用来做衣服，饲养六畜，驾牛骑马，圈养虎豹，这是因为人为天之灵，比万物更可贵。所以孔子说：

“天地之间，人是最可贵的。”人们明了天性，就知道自己比万物可贵；知道自己比万物可贵然后知道礼义；知道礼义，然后注重礼节；注重礼节，然后安心行善；安心行善，然后喜欢遵从道理；做事能够遵从道理，就可以称为君子了。

在政治实践层面，“人为贵”应是中国历史上没有形成奴隶制，平民社会盛行数千年的重要因素。东汉初年，孔子“天地之性人为贵”亦作为解放奴婢的基本理论，与林肯总统依《独立宣言》“人人生而平等”的原则给黑奴自由，解放奴隶没有实质上的区别，尽管其理论产生的文明背景有巨大的差异。

东汉光武帝即位次年就宣布释放奴婢，前后下过多次诏书，反对残害奴婢，要求释放他们。《后汉书·光武帝纪》载建武十一年（公元35年）诏曰：“天地之性人为贵。其杀奴婢，不得减罪。”

光武帝解放奴婢，也同美国南北战争时林肯总统解放黑奴一样，对于稳定社会经济，起到了良好的效果。

“天地之性人为贵”的理念使中国人摆脱了宗教传说时代的迷信，将人放在宇宙人生的本来位置上做理性有考察——这是人类文明的巨大进步，两千年前是这样，21世纪全球化信息时代依然是这样！

2.物之不齐物之情也

先贤主张人性最贵，但反对抽象地看待命、性与情。因为人生来禀赋不同，素质有高下之别，若空谈抽象的平等、自由之类概念，不仅无益，反而有害。

因为人各方面禀赋不同，才要我们通过修习，成圣成贤。在社会治理中，让智与愚，贤与不肖，能与不能，各司其职，各安其位，定分止争，实现无为而治的政治理想。

只有正确看待人类天生的不平等，才能实现实质上的平等，这就是“维齐非齐”。中国人的礼义观念建基于此！

孟子说：“夫物之不齐物之情也，或相倍蓰（音xǐ，五倍——笔者注），或相什百，或相千万。子比而同之，是乱天下也。”（《孟子·滕文公上》）孟子的意思是说，物类之间不相一致是万物的性质，或者相差一倍五倍，或者相差十倍百倍，或者相差千倍万倍。若你要把它们等量齐观，是扰乱天下的做法。

战国另一位大儒荀子则是从社会治理角度看“物之不齐”。他认为，如天与地有上有下一样，万物本来就不是均等的，制礼是使这些不均等的人和谐共处。《荀子·王制第九》上说：“分均则不偏，势齐则不壹，众齐则不使。有天有地而上下有差，明王始立而处国有制。夫两贵之不能相事，两贱之不能相使，是天数也。势位齐，而欲恶同，物不能澹，则必争；争则必乱，乱则穷矣。先王恶其乱也，故制礼义以分之，使有贫富、贵贱之等，足以相兼临者，是养天下之本也。《书》曰：‘维齐非齐。’此之谓也。”

名分职位相等了就谁也不能统率谁，势位权力相等了就谁也不能统一谁，大家平等了就谁也不能管理谁。有天有地，就有上下的差别；英明的帝王一出现，治理国家就有了一定的等级制度。两个同样高贵的人不能互相帮助，两个同样卑贱的人不能实现管理，这是自然的道理。如果人们的权势地位相等，爱好与厌恶又相同，由于财物不能满足需要，一定会发生争夺。一旦发生争夺就会混乱，社会混乱就会陷于困境了。古圣王痛恨这种混乱，所以制定了礼义来分别他们，使人们有贫穷与富裕、高贵与卑贱的差别，使自己能够凭借这些来管理，这是社会治理的根本所在。《尚书》上说：“要整齐划一，在于不整齐划一。”说的就是这个道理。

《礼记·乐记》一言以蔽之：“天高地下，万物散殊，而礼制行矣。”

董仲舒则是从性命、教化的角度论“物之不齐”，他强调圣人的作用，认为圣王是教化治理天下的重要环节。据《汉书·董仲舒传》：“臣闻命者天之令也，性者生之质也，情者人之欲也。或夭或寿，或仁或鄙，陶冶而成之，不能粹美，有治乱之所在，故不齐也。孔子曰：‘君子之德风，小人之德草，草上之风必偃。’故尧、舜行德则民仁寿，桀、纣行暴则民鄙夭。夫上之化下，下之从上，犹泥之在钧，唯甄（作瓦之人——笔者注）者之所为。犹金之在熔，唯冶者之所铸。”

董仲舒认为，命是天所确定的，性是生来的本质，情是人的欲望。有人夭折，有人长寿，有人仁慈，有人卑鄙，好比造瓦铸金，不可能都纯粹美好，由于社会治乱的影响，所以人的寿命、品行不一样。孔子说：“君子的德行像风，小人的德行像草，风向哪边吹，草就向哪边倒。”所以尧、舜实行德政，人民就仁慈长寿；桀纣肆行暴虐，人民就贪鄙夭亡。在上的人君教化在下的人民，下面的人民服从在上的人君，好像泥土放在模型里，听凭陶匠的加工；好像金属放在容器里，听凭冶匠的铸造。

纵横家经典《鬼谷子·捭阖第一》也指出：“圣人之在天地间也，为众生之先。”社会治理是通过圣贤实现的，这是中国传统贤能政治的普遍观念。上面说：“变化无穷，各有所归，或阴或阳，或柔或刚，或开或闭，或驰或张。是故圣人一守司其门户，审察其所先后，度权量能，校其伎巧短长。夫贤不肖、智愚、勇怯有差。乃可捭，乃可阖，乃可进，乃可退，乃可贱，乃可贵，无为以牧之。”

事物是变化无穷的，又各归其位。有的阴，有的阳；有的柔，有的刚；有的开放，有的闭合；有的松弛，有的紧张。因此，圣人专一地把握关键，周密地考察事物的先后，衡量人们的权谋和才能的优劣，比较他们技艺的短长，因材而用之。贤能和不贤能，聪明和愚蠢，勇敢和怯弱是有差别的。区别对待，有的可以捭，有的可以阖；有的可以进，有的可以退：有的可以轻贱，有的可以珍视，要根据他们各自才能任用他们，进而实现无为而治。

我们学习，就是要成圣成贤——达到圣贤的生命境界。学习的内容分为圣人（圣）和圣法（王）两个方面，前者重内圣修持，后者重外王治理，内圣外王一以贯之。

《荀子·解蔽篇》说："故学也者，固学止之也。恶乎止之？曰：止诸至足。曷谓至足？曰：圣也。圣也者，尽伦者也；王也者，尽制者也；两尽者，足以为天下极矣。故学者以圣王为师，案以圣王之制为法，法其法以求其统类，以务象效其人。向是而务，士也；类是而几，君子也；知之，圣人也。"学习也要知止。把学习止在哪里呢？把它限制在最圆满的境界。什么叫做最圆满的境界？就是通晓圣王之道——圣人，就是完全精通事理的人；王者，就是彻底精通制度的人。这两个方面都精通的人，就成为天下最高的师表了。所以学习，要把圣王当作老师，要把圣王的制度当作法度，效法圣王的法度而探求他们的要点，并努力效法他们的为人。向往这种圣王之道并努力修习的，就是士人；效法这种圣王之道而近于它的，就是君子；真正通晓这种圣王之道的，就是圣人。

荀子将人的不同境界分为士、君子、圣人三个层次，《庄子·天下篇》则将之分为天人、神人、至人、圣人、君子五个层次。诸书的区分不甚严格统一，这是因为中国文化中，心性的修持皆从人道中修，不重次第的原故。

3.人之所以异于禽兽者几希

现代科学模糊了人与动物边界，那么中国文化如何界定人呢？

先贤认为：人与动物的根本区别在于人知礼义，能够时时反省节制身心，而动物则不能做到这一点。

荀子认为，相对于普通物质、动物、植物，人类兼有生命、知觉和礼义，这是人的独特之处，也是人（性）最贵的原因。《荀子·王制》上说："水火有气而无生，草木有生而无知，禽兽有知而无义。人有气有生有知，亦且有义，故最为天下贵也。"

1973年长沙马王堆汉墓出土的帛书《五行》说中有类似的说法。文中用一种叫做侔，将若干事物排列比较的名学类推法论证说，修道进德是因为人类知晓自己独有仁义。上面说："'天监在下，有命既杂'者也，天之监下也，杂命焉耳。循草木之性，则有生焉，而无好恶焉。循禽兽之性，则有好恶焉，而无礼义焉。循人之性，则巍然知独有仁义也。不循其所以受命也，循之则得之矣，是侔之已。故侔万物之性而知人独有仁义也，进耳。"

《诗经·大雅·大明》中说"天纵览下界，将命集中在这里"。如果考察草木的本性，其虽然有生命，但没有好恶的感情。如果考察鸟兽的本性，其虽有好恶的感情，但没有礼义道德。如果考察人的本性，就能够知道只有人类被赋予仁义之德。如果考察有关人类接受天命的情况，就能够把握人的本性。这不外是通过排列比较各种事物。因此，如果排列比较万物的本性，就会明白只有人类被赋予仁义之德，就能够更主动地修道进德。

进而言之，人与动物的根本区别就在于，人行礼义，而动物不知礼义。孟子甚至认为，人若无礼义教化，其与禽兽差不多——即使人有良好的物质生活条件；所以圣人出，教人礼义之道。《孟子·滕文公上》说："人之有道也，饱食、暖衣、逸居而无教，则近于禽兽。圣人有忧之，使契（音xiè，商的始祖，尧时任司徒——笔者注）为司徒，教以人伦：父子有亲，君臣有义，夫妇有别，长幼有序，朋友有信。”

孟子由衷地感叹：人之所以不同于禽兽的地方极其细微，普通人把它丢弃了，君子把它保留了。舜懂得万物的原理，明白做人的道理，内心依从仁义行事，而不是去刻意强行仁义。《孟子·离娄下》上说：“人之所以异于禽兽者几希，庶民去之，君子存之。舜明于庶物，察于人伦，由仁义行，非行仁义也。”

《礼记·曲礼上》雄辩地论述了礼在社会生活中的重要作用，认为人若无礼，虽外表与禽兽不同，实际上还是“禽兽之心”。上面说：“道德仁义，非礼不成；教训正俗，非礼不备；分争辩讼，非礼不决；君臣、上下、父子、兄弟，非礼不定；宦学事师，非礼不亲；班朝治军，莅官行法，非礼威严不行；祷祠祭祀，供给鬼神，非礼不诚不庄。是以君子恭敬、撙节、退让以明礼。鹦鹉能言，不离飞鸟；猩猩能言，不离禽兽。今人而无礼，虽能言，不亦禽兽之心乎！夫唯禽兽无礼，故父子聚麀。是故圣人作，为礼以教人，使人以有礼，知自别于禽兽。”

道德仁义诸德目，没有礼落不到实处；教育训导，整饬民俗，没有礼就会顾此失彼；辨别争讼的是非曲直，没有礼就无法判断；君臣、上下、父子、兄弟的名分，没有礼就无法确定。学习做官的本领和六艺，如果弟子侍奉老师无礼，师生之情就不会近密。百官在朝廷上的班位，将帅的治军，官员的到任履行职务，没有礼就无法体现威严；求福之祷，谢神之祠，以及常规的种种祭祀，供给鬼神的祭品都有规定，不按照礼数来做就显得内心不诚，外貌不庄。所以，作为君子，就要用恭敬、抑制、退让的精神来显示礼。鹦鹉虽然能学人说话，但终究还是飞鸟；猩猩虽然也能说话，但终究还是禽兽。如果作为人而不知礼，虽然能说话，难道不也是禽兽之心吗！正因为禽兽不知礼，才父子共妻。所以圣人制定了礼来教化人，使人人有礼，知道自己有别于禽兽。

那么礼之义、圣人制礼的基本原则是什么呢？这是出于人性本静的大道。在外境面前，人只有反观自己的身心，节制自己的行为，才能不为外物所化。反之，如果“灭天理而穷人欲”，只会使社会陷入混乱无序的野蛮战争（竞争）状态。《礼记·乐记》上说：“人生而静，天之性也。感于物而动，性之欲也。物至知（此“知”通智——笔者注）知，然后好恶形焉。好恶无节于内，知诱于外，不能反躬，天理灭矣。夫物之感人无穷，而人之好恶无节，则是物至而人化物也。人化物也者，灭天理而穷人欲者也。于是有悖逆诈伪之心，有淫泆作乱之事。是故，强者胁弱，众者暴寡，知者诈愚，勇者苦怯，疾病不养，老幼孤独不得其所，此大乱之道也。是故先王之制礼乐，人为之节。”

古圣贤或许不会想到，过去五百年来，随着资本主义在全球范围内的野蛮蔓延，在个人（选择）自由和社会（公平）竞争的口号下，人类真的进入了一个“穷人欲”“强者胁弱”时代。

两千多年前，列子痛骂为富求道，重利轻道的严恢：“人而无义，唯食而已，是鸡狗也；强食靡角（野兽以角相斗，争食——笔者注），胜者为制，是禽兽也。”《列子·说符第八》

这不是现代世界的真实写照吗！

在盛行丛林竞争，胜者为王的21世纪，人类该反思自身了——面对内心和社会极度不安的时代，在物质和物欲极度膨胀的背后，我们到底失去了什么，我们到底最需要什么。

两千年前中国圣贤给我们的答案是：礼义！

因为人与动物的根本区别在于人能反观自心，节制自己，回归清静本性。

在浩瀚宇宙中，人因此高贵……

十一、超越西式现代教育，智慧之学王者归来

这是道法学行班第一次会讲。

今天由我任主讲，付金才老师任副讲，毛正云先生任养生教授，徐光梅女士负责诵经。希望大家踊跃自讲，共享心得。

历史将会记住这一时刻，这是一个新时代的开始。那是信息时代倒逼而来的智慧时代——超越西式现代教育，智慧之学王者归来！

智慧之学，内圣外王大道沉沦太久了。战国时代的庄子就发出了“道术为天下裂”的呐喊，时势所至，西汉末年，随着集百家大成的黄老之学的落幕，道统近乎成为明日黄花。

1.道统为何会在21世纪复兴

是什么激发了道统在21世纪的复兴。我认为有以下两个重要因素：

一是面对全球范围内的大争，中国为了图存，不得不汲取人类文明史上一切宝贵思想资源。古今中外一切外王应世的东西，在20世纪似乎都得到了国人的重视，到了饥不择食的地步。

西方的，我们尝试了资本主义、合作主义（Corporatism）和共

产主义……

中国的，我们企图复兴儒家、法家、佛教……

这一切都使袖手谈心性的宋明理学受到前所未有的冲击。现实使我们反思：中国文化演进的历史和她在人类文化中的位置？中国文化的核心到底是什么？儒家本是诸子之一怎成了中国文化的代表？

最后，我们发现，集诸子百家之大成、内圣外王一以贯之的黄老之学才是中国文化的最高发展形态和载体，也是人类道统的精髓所在。

司马迁的父亲司马谈在《论六家要旨》中曾论述过黄老道家集成百家的特点，无奈两千年来被无数学人忽视了，直到20世纪一系列重要黄老文献的出土——其中就包括今天我们要讲的《黄帝四经》。

二是新资料的发现打开了新学术大门，地不爱宝，这是一个幸运的时代，过去几十年不仅出土了大量指导内圣外王的经典文献，还出土了大量的秦汉档案、法律文件，使我们复原西汉黄老治下的辉煌成为可能——放在一百年前，一千年前，这是学人连想都不敢想的。

2.宇宙间最广大的禅堂

我们体悟到内圣外王的人间大道，由人道起修的不二法门，想把她弘传出去，采取什么样的形式，这是个大问题！

大道是百姓日用而不知的东西，道在人，就是心性，是智慧的作用。它不受时空和形式的限制，“至小无内，至大无外”。所以修习道的场所可以是任何地方，可以是家庭，可以是工作单位，也可是以朋友交流聚会的场合。

由于东西古今圣贤之道一也，所以可以在基督教的教堂讲道，可以在伊斯兰教的清真寺讲道，也可以在佛道的寺庙里讲道，这一切都要看机缘，并没有固定的形式。

道无所不在，整个宇宙都可作为道统的禅堂——所以，我们决定开办道法学行班。

道法学行班有名号，却没有固定资产。学员，来也可，去也可，不执着一物。正是因为“无”，所以她才会有小草般顽强的生命力，将来也会像小草一样遍及天涯海角。

本着参究经典（宗经），师法圣贤（征圣），体悟大道（原道）的原则，道法学行班随缘聚散，没有阶级，也没有领袖——《易》云：群龙无首，吉！

3. 学的本质与“学行”

为什么学习圣贤之道叫“学行”呢？这是由“学”的本质决定的。

与现代西式大学教授的理性知识不同，圣贤之道超越理性，是圆融无碍、应变无方的智慧之学，它建基于美德基础之上。所以《扬子法言·学行》说：“学者，所以修性也。视、听、言、貌、思，性所有也。学则正，否则邪。”《礼记·大学》也说：“自天子以至于庶人，壹是皆以修身为本。”

美德的实践在行，积人道之善，成就天道之德，达及安乐之境，这是入圣的不二法门。所以《荀子·儒效》说：“学至于行之而止矣。行之，明也。明之，为圣人。”

史上甚至有行而不学者，尽管这只是极端的例子，也说明行的重要。《说苑·反质》中就曾记载：“公明宣学于曾子，三年不读书。曾子曰：‘宣，而居参之门，三年不学，何也？’公明宣曰 ：‘安敢不学？宣见夫子居宫庭，亲在，叱咤之声未尝至于犬马，宣悦之，学而未能；宣见夫子之应宾客，恭俭而不懈惰，宣悦之，学而未能；宣见夫子之居朝廷，严临下而不毁伤，宣悦之，学而未能。宣悦此三者学而未能，宣安敢不学而居夫子之门乎？’曾子避席谢之曰：‘参不及宣，其学而已 。’”《扬子法言·学行》开篇一言以蔽之：“学，行之上也；言之次也。”

行胜于言！

先贤讲修学次第，亦终于行。《礼记·大学》说：“博学之，审问之，慎思之，明辨之，笃行之。”《荀子·宥坐》对于学习的目的，学习的方法表达得更清楚，千载之后读之，对于西式大学以职业和成功为导向的现代教育来说，简直是当头棒喝。那是困于陈蔡时，孔子告诫弟子子路的话：“君子之学，非为通也，为穷而不困，忧而意不衰也，知祸福终始而心不惑也。夫贤不肖者，材也；为不为者，人也；遇不遇者，时也；死生者，命也。今有其人，不遇其时，虽贤，其能行乎？苟遇其时，何难之有！故君子博学深谋，修身端行，以俟其时。”

我们参加这个道法学行班，就是为了修行君子之学。德无止境，修行没有终点；道无方所，修行没有边界。无论你是经商，还是教书，无论你是年老，还是年少，希望诸君能明了我们会讲的真精神——有了这个愿力，现实生活中能不为困难所击倒，不为胜利冲昏头脑，逐步达到理无碍、事无碍、理事无碍的圣贤境界——这是道法学行班可以给诸位的最宝贵财富。

从新疆到深圳，从杭州到天津，大家千里求学，有古人之风，实在令人感动！

谢谢大家！

（2016年12月18日，道法学行班第一次会讲在北京中国农科院众创空间大会议室举行。来自全国各地的18名参会者，打破师与生、教与学、身与心的界线，共同参究内圣外王一以贯之的大道，这必将成为21世纪智慧时代的基本教育范式——历史将会记住这一时刻！这是笔者开班仪式上的主旨演讲。）

中编

国事

大一统的中华治道超越党派，吸纳各阶层贤能以法治国，对人民承担无限的责任。大一统以政治中枢（“皇极”）为核心，主要包括军政、社政、政经、政教的统一。

中国高度世俗化社会与西方一神教社会最大的不同在于：前者没有独立于政权的教化手段——宗教，也没有形成独立的宗教势力，当然没有出现过西方惨烈的政教冲突；在中国文化中，政治与教化统一——政教一统，学而优则仕，仕而优则学，内圣外王相互贯通，相互依存，相互促进。内养外用，修齐治平一以贯之。

西方理论不仅不能解释中国历史和现实，更不能指导中国未来。“以西释中”是条死路、邪路，只有返本开新，才是中国学界的正确路线！

终有一天，人类会意识到：迥异于西式民主政治的大一统中华治道不仅是治疗大疫的“良药”，也是解决人类诸多政治、经济、社会问题的“良药”。因为它植根于宇宙人生的基本法则——天下为公的大道！

一、边疆长治久安之本——政治经济与社会教化的统一

长期受欧洲均势理论的影响，学界普遍深陷西式战略思维——将领土统一作为国家统一的首要标准。

这在地缘政治上长期散裂、动荡的欧洲意义重大，但对于数千年来雄居东亚、整体上持续发展的中华文明命运共同体来说，并没有抓到统一的本质。

中国传统战略思维模式中，世界是作为一个整体考量的，只有远近之别，没有截然对立的敌我；统一的关键不是领土的统一，而是政治经济和社会教化的统一，即中华政教的大一统。

在全球化进程风起云涌的21世纪，这种战略思维变得更加重要。特别是对边疆治理来说，我们亟需将超越地方社会、文化习俗和宗教信仰的中华政教深入贯彻到边疆地区，夯实中华文明共同体。以此为基础，按照中国传统战略思维（《管子》王霸术）先内而后外、先近而后远、先文而后武的逻辑，重建世界文明新秩序，构建人类命运共同体！

对于中国本土战略思维模式，诸多学人不能理解天下观与夷夏之辨的有机联系。这导致，一方面有人将天下观理解为庸俗的世界主义，另一方面有人将夷夏之辨误读成狭隘民族主义，甚至荒唐地将现

代中国称为夏，大行霸权主义的西方称为夷。

事实上，夷夏不是以血缘和民族标准划分的，而是以是否遵守当时的世界秩序和国际准则——周礼为标准。据春秋大义，中原国家若不遵守周礼也会被称为夷。既然王者无外，天下一统，为何要分别夷夏呢？因为中国传统战略思维重视先近而后远，认为一统天下，必须从近开始，由近及远。

所以，那些受中华文明影响较小，处于边疆的地区，常常被称为夷，但夷绝对不是西方战略思维中的外国或敌国，而是中华文明共同体的边缘，也是重要的战略边疆。当中央政权衰落的时候，国家才会以地方诸侯为屏障。《左传·昭公二十三年》说："古者天子守在四夷；天子卑，守在诸侯。"《淮南子·泰族训》进一步解释说："故天子得道，守在四夷；天子失道，守在诸侯。"

据《春秋》经，公元前576年十一月，鲁国大夫叔孙侨如会见晋国大夫士燮、齐国大夫高无咎、宋国大夫华元、卫国大夫孙林父、郑国公子鰌、邾娄国人。在钟离这个地方同时还会见了吴国人。

为何单说叔孙侨如会见吴人？因为相对于鲁国和中原诸国，吴为外。统一天下，一定要从近处开始，由近及远。《春秋公羊传·成公十五年》写道："曷为殊会吴？外吴也。曷为外也？《春秋》内其国而外诸夏，内诸夏而外夷狄。王者欲一乎天下，曷为以外内之辞言之？言自近者始也。"

《管子》王霸诸篇详细阐述了中华传统战略思维。其中"内""近""文"，都是就政治经济和社会教化的统一而言，是国家统一的基石，其重要性远远超过领土的统一。

如果说领土分裂是癣疥之疾，那么政教分裂是心腹之患。

先贤眼中的世界秩序，首重政教一统。其内涵包括两个方面，一是政教本身的统一，学而优则仕，仕而优则学，打通学术与政治，实现“以政统教、以教辅政”；二是通过社会组织化、将国家政教贯彻社会每个角落，乃至影响到自然秩序。

《春秋》首书“元年春王正月”，《公羊传》解释道：“何言乎王正月？大一统也。”东汉经学家何休注：“统者，始也，总系之辞。夫王者，始受命改制，布政施教于天下，自公侯至于庶人，自山川至于草木昆虫，莫不一一系于正月，故云政教之始。”

对待边疆的少数民族，重要的一点就是将中华政教推广到他们中去。《礼记·王制》将这种边疆政策总结为：“修其教，不易其俗；齐其政，不易其宜。”修教齐政，成为后世国人基本的政治原则之一。

反之，政教不统一是社会失序的重要标志。《毛诗序》中说：“至于王道衰，礼义废，政教失，国异政，家殊俗，而变风、变雅作矣。”变风、变雅是一种人们表达不满之情的诗。

我们有些同志片面强调“物质主义”，认为边疆落在经济物质层面的落后上。君不见，现代太多分离运动发生在经济高度发展之后。

对于目前边疆治理来说，如何通过高度的组织化，将边疆纳入全国统一的大市场？如何巩固边疆基层政权，让政令畅通到底？如何在理论和机制上凝聚边疆不同信仰族群的价值共识？仍是摆在我们面前的艰巨任务。关键要牢牢把握政教统一才是边疆稳定之锚这一大方向，让中国特色的社会主义政治经济体制和包括马克思主义红色文化在内的中华文化在边疆扎根。

——这要求我们做好政教本身的统一工作。

习近平总书记说：“文明因交流而多彩，文明因互鉴而丰富。文明交流互鉴，是推动人类文明进步和世界和平发展的重要动力。”[①]中国特色社会主义是西方马克思列宁主义与东方中华文明交流互鉴的结

① 习近平：《习近平谈治国理政》第一卷.外文出版社.2018年，第1版，第258页。

晶。它不仅包括马克思主义的中国化，也包括用马克思主义观点看待中华文明、中国文化。

历史上佛教之所以能在中国落地生根，并发扬光大到全世界，一个重要原因是佛教的中国化和中国文化的佛教化。前者包括禅宗、密宗等宗派的发展，后者包括宋明理学、心学的崛起。对于宋明学人援佛入儒的本质，陈寅恪先生一针见血地指出："宋儒若程若朱，皆深通佛教者，既喜其义理之高明详尽，足以救中国之缺失，而又忧其用夷变夏也。乃求得两全之法，避其名而居其实，取其珠而还其椟。采佛理之精粹，以之注解四书五经，名为阐明古学，实则吸收异教。声言尊孔辟佛，实则佛之义理，已浸渍濡染。与佛教之宗传，合而为一。"①

如何推进马克思主义与中华文明的深度融合，是摆在我们面前的重大历史课题，也是政教一统的关键所在。

过去100年，摆脱西学迷信，历经千辛万苦，中国共产党人在马克思主义中国化方面已经取得举世瞩目的成绩，但如何实现中华文明，中国文化的马克思主义化，还有相当长的路要走。可以肯定：中国文化超越党派之争，"天下为公"、通过吸纳社会各个阶层，建立强大中央政治中枢（建中立极）的治道，会为社会主义公有制的建立提供重要的思想资源。同时，历经五四运动风潮洗礼、反对地主阶级腐朽儒家思想的马克思主义也激活了中华治道——那将意味着一个没有西方垄断资本霸权的崭新政治形态。

在此意义上，政教一统，正确的边疆战略不仅是国家长治久安的支点，也是世界新秩序、人类命运共同体构建的起点。

"君子务本，本立而道生"，让我们回归中华治道之本、边疆安定之本、人类未来之本！

---

① 吴宓著，吴学昭整理：《吴宓日记》第2册. 三联书店. 1998年，第1版，第102页。

二、宇宙人生大道的具体内容是诸子百家

自由、平等、博爱，人权、民主、理性……

在西方情报安全机构和中国西化知识分子的共同努力下，今天，上述“普世价值”已成为妇孺皆知的老生常谈。但对于蕴藏在现存唯一古典文明——中华文明中的、超越时空的宇宙人生大道，却鲜为人知。

所以笔者主张：少谈些普世价值，多谈些宇宙人生大道。

什么是宇宙人生大道?

宇宙人生大道是东西方文明在中华大地上碰撞、沉淀的结晶，从政治经济到社会教化，她内圣外王高度发展、高度统一，是中国人数千年安身立命的根本。称其连接天地、宇宙，是因为她贯通形上形下，内外不二，在人事中修天道；称其“大”，是因为她超越主客、人我，超越一切宗教、一切族群。

宇宙人生大道的主要表现为成熟于轴心时代的“孔门四科”，包括德行、政事、言语、文学，囊括诸子百家，中华政教由是生焉。

一提“宇宙人生大道”“中华政教”“中华大道”，就容易引起好多朋友的误解。他们善意地担心：我们在玩玄学，如同今天诸多国学家那样，穷诸玄辩，毫无用处——说得什么都对，都好，就是不落

地，没有用处。

有读者将中华大道与西方科技相比较，言辞激烈地批评道："你们说'中华大道分崩离析'，'中华大道'是什么玩意儿？子曰："吾道丧矣"，这是明明白白记录在《论语》上的。在夫子晚年，自己已经对此非常明了——不管'中华大道'是个什么玩意儿，比之过去几百年来，西方科学技术对人类福祉的卓越贡献，都不算什么。反过来说，在没有获得工业革命带来的、对外部物资与能源的巨大获取能力之前，什么狗屁'大道'，都是扯淡。"

还有朋友劝我们，别搞什么"宇宙人生大道"了，不如西方"普世价值"以及包括"普世价值"其他口号市场广阔；你不是讲古典经济学轻重术吗，用这东西搞点钱吧，也算真本事。古人云："宁为百夫长，胜作一书生。"

上述朋友都是善意的，苦口婆心。为什么他们会产生这些的误解，根本原因是：大道智慧沉沦太久，我们的宣传远远不够。

有人一言中国文化，就数歪嘴，大谈儒、释、道；读了几部儒释道的书，就宣称儒释道皆通。殊不知，作为人类唯一幸存的原生文明，中华文明政治经济、社会文化体系绵延数千年，其中变化亦大。

佛家唐宋以前与唐宋以后多有不同，唐宋以后禅、净二家独盛；儒有横通百家的先秦大儒，亦有汉以后只习四书五经的文学（即经学）小儒；道有治国平天下的黄老大道，又有避世修行的道教。

宇宙人生大道产生于青藏高原东部，是四千年前青铜时代欧亚文明大交流过程中，东西方诸多文化因子在中华文明腹地大碰撞，爆发的文明超新星。为什么宇宙人生大道产生于中国，而不是青藏高原以西的其他文明中呢？

这是因为，以青铜为核心的技术革命和以畜力开发为核心的次级产品革命（*Secondary Products Revolution*）流入青藏高原以东时，引发了黄河、长江流域超大文明体的巨变、整合和升华，而青铜时代次级产品革命最早出现的青藏高原以西，却因此陷入长期的冲突、分裂和动荡之中。距今约四千年前，印度河流域、两河流域和尼罗河流域古文明普遍走向了衰落、消亡，欧亚大陆上只有中华文明凭后发优势，容纳万流，逆势雄起！

在这一东西文明大碰撞的过程中，欧亚大草原上的印欧人、我国从东北至西南的半月形文化传播带族群发挥了重要作用，三代文明初始的夏王朝，也与地处半月形文化传播带核心的羌族有关。

夏王朝建立起一个超越宗教、族群、地域的政教体系。据史料记载，大禹选择了尊重所有地方信仰风俗的政策，《淮南子·原道训》中说："禹之裸国，解衣而入，衣带而出，因之也。"行静应之大道，抱法处势，无为而治，而不用一神教整合不同的地方性族群认同，使中国走向了迥异西方的文明路线，直到今天。

中国没有青藏高原以南发达的个人启示性宗教，如印度教、佛教。也没有青藏高原以西上帝启示、追求拯救的——天启宗教。中华文明以世俗为中心，在人事中寻求大道智慧，安身立命，生生不息。

今天总有些人，表面上热爱中国及中国文化，却非要邯郸学步，仿效西方。要推孔子为教主，改儒学为儒教，甚至以儒家思想取代社会主义意识形态，这是极其危险与荒谬的！

正是以毛泽东为首的中国共产党人，通过肃清弱化国家的士绅地主阶层，扫除了工业资本积累的制度障碍，一举扭转了中华文明的千年弱势；不同于西方依靠殖民和掠夺的工业化，中国人民通过艰苦劳动和内生性积累，实现了"文明"的工业化，铸就了人类历史上真正的工业文明——在精神文化上，他们主张大公无私，去私立公，为人民服务；在政治上，他们主张大道之行，天下为公，人民当家作主；在经济上，确立公有制的基础地位，多种经济形式协调发展，消费、积累、投资统筹安排。

东汉至中华人民共和国成立前的近两千年历史清晰证明：独尊儒术，只重儒家教化，中央集权国家必然削弱，乃至陷入分裂割据！民众必然陷入贫困，流离失所。因为儒家文化既反对中央集权，又反对民众觉醒，最后堕落为彻头彻尾地维护士绅阶层眼前利益的文化。

大道出于治道，归于治道。道的本意即是治道——治国理政之道。道之大，在于其治国、平天下的事功，包括儒家在内的诸子百家皆出于融治身、理国为一体的古道术。《汉书·艺文志》直接指出，道家之学是国君治理国家的政教理论体系和实践经验的凝练，“道家者流，盖出于史官，历记成败存亡祸福古今之道，然后知秉要执本，清虚以自守，卑弱以自持，此君人南面之术也。”

《汉书·艺文志》中，诸子百家都是依古代官职，按不同社会治理功能分类的。除了道家出于史官，还有儒家出于司徒之官，法家出于理官等等。诸子百家用于治国平天下是一致的。所以《汉书·艺文志》说：“易曰：‘天下同归而殊途，一致而百虑。’今异家者各推所长，穷知究虑，以明其指（通“旨”——笔者注），虽有蔽短，合其要归，亦六经之支与流裔。使其人遭明王圣主，得其所折中，皆股肱之材已。”

如果将宇宙大道，中华政教比作一尊巨鼎，那么孔门四科是巨鼎之四足，诸子百家构成了孔门四科的具体内容。其与诸子百家的关系大体如下：

德行——理性知识只是力量，不是智慧。美德才是智慧的基础，德成智出，德行为百家所共修。特别是儒道二家，前者主教化立德，后者主政事行权，尤其需要大智慧。

政事——黄老（道家）、法家、兵家等。

言语——名家、纵横家。

文学——儒家。

上述具体内容，需要在理论和实践上长期研习，方能有所受用。现代人对中国文化，多叶公好龙，不能修身、齐家，不敢治国、平天下，连名学、纵横术、法家、黄老都不知为何物。枯守四书五经之本本，不明四书五经之真义，以标榜四书五经为门面，抓住其中片言只语，奉为启示性真理，不为小善，自吹自擂，拉帮结党，追名逐利，还美其名曰“行道”“修道”“成道”，岂不荒唐！

未来，当西方学术不再垄断中国人的头脑时，我们要像今天学西方经济学、西方政治学、西方逻辑学、西方伦理学一样，在大学里讲习孔门四科——那样，中国人就会找到自己安身立命的根本，中华文化就会改变千年的发展路线，脱虚向实。那时，世人就会发现：宇宙人生大道，中华政教，真实不虚！

学习中国文化，不是反对西方科技，西方科技也是人类文明的物质文化结晶。想一想，没有伊斯兰的哲学和科学积累，哪里会有西方现代科学技术。但科学技术也需要文化的引领，若被垄断资本俘获，将是灾难性的。所谓“童子操刀，其伤实多”，这也是现代无孔不入的西方文明体系的大问题。

南怀瑾先生认为：中国累积数千年的文化精神，足可补救物质文明的缺陷。只有将现代科学技术纳入东西方古典人文的轨道，对外节制资本（不是消灭资本），对内节制人欲（不是消灭人欲），精神文明和物质文明才能平衡发展，人类才能真正享受科学发展的成果——这也是笔者多年来努力的方向。

金温铁路是南怀瑾先生发起推动、造福一方的大事功。1997年，金温铁路建成通车时，南师已近八旬，他曾作诗一首，表达老骥之志：

“铁路已铺成，心忧意未平。世间须大道，何只羡车行。”

先贤大志，谁人承之？多少崎岖路，尚待吾辈修！岂敢长揖别人间，妻梅子鹤随波流！

独立寒秋，冷暖自知。作此文，一并答长期关爱我们的诸君。

三、资本主义学术——“美国心”解决不了中国问题

长期以来，人文社科界过度西化，以及西方文明的特殊性，导致我们习惯于用一些形容词模糊地说明时代新发展，最多抓住当代中国的某个表面特征，比如“集中力量办大事”。这些先生们永远说不清楚，当代中国的“集中力量办大事”，与第二次世界大战期间资本主义和法西斯国家的“集中力量办大事”有何不同？

历史和现实表明，靠西方资本主义国家的学术资源和理论体系解释不了中国社会主义的实践，依靠“美国心”解决不了中国问题。那样做出来的理论，实际是邯郸学步，结果不是缘木求鱼，就是饮鸩止渴。

中国特色的社会主义不可能脱离中国历史文化而存在，诞生于西方的社会主义理论成长于中国历史文化沃土。中华人民共和国成立之初，我们就强调大一统国家结构的重要性。

比如1958年8月4日，周总理在全国人民代表大会民族委员会召开的民族工作座谈会上就指出，中国的国家结构形式既不同于苏联这样的社会主义国家，也不同于美国这样的联邦制国家。社会主义新中国的国家结构形式，主要是根据中国领土范围内各族群长期互相同

化、融合的历史现实制定的。他说："我们是根据中国民族历史的发展、经济的发展和革命的发展，采取了最适当的民族区域自治政策，而不采取民族共和国的制度。中华人民共和国是单一体的多民族的国家，而不是联邦国家，也无法采取联邦制度。"①

在当时的战略格局之下，为何我们在国家结构形式上"不一边倒"，照抄苏联"老大哥"呢?

周总理指出："汉族同化别的民族，别的民族也同化汉族，回族是这样，满族是这样，其他民族也是这样。这种情况，越向内地越多。历史的发展使中国各民族多数是杂居的，互相同化，互相影响。中国民族多，而又互相杂居，这样的民族分布情况，就不可能设想采取如同苏联那样的民族共和国办法。因为要构成一个民族共和国，需要构成一个独立的经济单位，绝大多数的民族人口要聚居。"②

显而易见，中国共产党人继承了中国大一统的国家结构形态。

正是因为中国共产党人继承了中国大一统的国家结构形态，所以中国特色的社会主义才奉行春秋大一统的原则!

西方学界一般将国家结构形式分为单一制国家和复合制国家。单一制国家是由若干普通行政单位或自治单位组成的单一主权的国家，各单位都是国家不可分割的组成部分。单一制国家只有一部宪法和一个法律体系。只有一个中央政权机关，各地方的自治单位或行政单位受中央统一领导。

由于中国和联邦制这类复合制国家明显不同，与单一制国家比较相像，学界就照搬西方的概念，将中国称为单一制国家。

---

① 中共中央文献研究室编辑委员会编:《周恩来选集》下卷.人民出版社. 1984年，第1版，第260页。

② 中共中央文献研究室编辑委员会编:《周恩来选集》下卷.人民出版社. 1984年，第1版，第256页。

这如同西方人依照其二元对立思维方式，声称世界是只有黑色和白色，只有民主和专制，中国人就不能说世界本是五颜六色，世界政治形态多元；假如西方人说自己的白色，中国人只能说自己是黑色；西方人说自己是民主，中国人只能说自己是专制……

这是怎样的愚蠢啊——对太多的人来说，这却是常识！代表着“政治正确”。

实际上，中国大一统的国家形态完全不同于西方以基督教为文化根基，民主自治为原则的单一制国家或联邦制国家。春秋大一统除了政治本身的统一，还包括军政、社政、政教和政经的统一。

汉朝人重视《尚书·洪范》，因为它是夏、商、周三代政治的总结，中华治道之根。

《尚书·洪范》按洛书的阴阳规律排布，最重要是中央第五“皇极”，大中之道，它描述了王道政治的基本特征。据《尚书·洪范》，王道政治有如下特征：超越党派、吸纳社会各个阶层、存在公正代表社会整体（社稷）的强大政治中枢。文中说：“无偏无颇，遵王之义；无有作好，遵王之道；无有作恶，遵王之路。无偏无党，王道荡荡；无党无偏，王道平平；无反无侧，王道正直。会其有极，归其有极。”

在具有操作层面，中国政治的大一统与西方现代政治形态都有不同层级的行政单位，超越血缘、非人格化的官僚制度。二者最大不同体现在组织原则上，大一统的政治要求下级服从上级，地方服从中央，全国一盘棋，官员的任命权最终归在超越党派的中央。这与西方基于自由民主的地方自治迥然不同，在美国这样的联邦制国家，总统甚至无法指挥市长和州长，别说行政处罚或撤职了——这在此次新冠疫情中能够清楚地看出来。

需要指出的是，中国共产党作为中国的执政党，是超越党派的，没有自己的特殊利益。这与西方的“Party”不同。最近40年来，特别是2000年“三个代表”重要思想提出后，中国共产党越发“士”化为一个职业执政集团，而非如西方一些政论家期待的那样，成为代表某个利益集团的西式政党。

除了政治本身的大一统，春秋大一统还包括军事、社会、教育、经济等方面统归于政治，表现为党领导一切，主要是军政、社政、政教和政经的统一领导。

在军政统一方面，近来最大的举措就是对武警部队和预备役领导体制的改革。据中共中央前不久印发的《关于调整预备役部队领导体制的决定》，自2020年7月1日零时起，预备役部队全面纳入军队领导指挥体系，由现行军地双重领导调整为党中央、中央军委集中统一领导。①

在社政统一方面，近些年国家加强了对社会组织的管理，特别是一些公益慈善组织的管理。资本主义崛起的过程中形成了西方强大的、五花八门的社会组织，从共济会一直到今天的各种基金会。中国从未经历过资本主义野蛮崛起的过程，中国政府的职责是“天子作民父母，以为天下王”(《尚书·洪范》)，生老病死，中国政府要对人民承担全面、无限责任，所以不存在西方那种社会与政府的对立，以及由于罗马帝国以来外族的军事控制，政府与社会之间根深蒂固的不信任。

政经统一主要是由中国人对市场经济的认知决定的。与西方古典经济学强调市场的自动均衡不同，中国古典经济学轻重术强调市场不能自我均衡，若国家不运用庞大的国家资本，参与市场的培育、稳定和协调发展，贫富扩大会撕裂整个社会，并带来灾难性结果。信息时代的复杂经济学理论越来越证明轻重术的时代意义，可惜今天对它的

① 《中共中央印发〈关于调整预备役部队领导体制的决定〉》网址：http://www.gov.cn/zhengce/2020-06/28/content_5522419.htm，访问日期：2020年8月24日。

研究才刚刚开始。感兴趣的朋友，不防将美国经济学家布莱恩·阿瑟的《复杂经济学——经济思想的新框架》一书与中国古典政治经济学经典《管子》中的轻重十六篇，对照学习——你会看到，中国文化那种令人惊叹的，历久弥新的万丈光芒！

中国存在经济学之道，它不是来自任何神或人的启示，而是来自先秦数千年市场经济的经验总结。

目前我们最为严重的问题是政治与教化的不统一。由于教育体制的原因，多数学人只会用产生于西方资本主义的思维方法、概念体系，学术范式解释现实。即使描述了一部分中国现实，也是人人异说，整体上犹如雾里看花；迷信西方理论，依附“美国心”是不行的。在这方面，我们也要学习华为，自力更生，大讲南泥湾精神，越早“去美国化”越好。

在信息时代的全球化过程中，意识形态，文化思想已经成为一种最突出、最常用的战略武器，其功效远远大于远程战略核导弹。若我们的软实力不能强大起来，甚至监守自盗，挥刀自宫，主动放弃软实力，将是灾难性的。

在中国，究竟有多少学者西方意识形态根深蒂固？个人认为，这个数字触目惊心！

大家想一想，中国所谓国际问题专家，即使是最具爱国心的，有几人怀疑过西方的均势理论、海权论之类的各类理论，他们的全部内在逻辑都是西方的——“学我者生，似我者死”，战略上更是这样。大家看看，问题到了怎样严重的程度，意识形态，软实力的安全不能不讲啊！

中国历史上不存在建制化的宗教承担社会教化功能，教化与政治、内圣与外王一直是统一的。政治与教化的分立意味着国家精神与肉体的分裂，若照搬基督教资本主义的教育内容和教育制度，实际是精神自残。

《礼记·乐记》将社会教化比作农业社会的天气，风雨寒暑，认为不及时教化会导致社会败坏，足见教化在中国政治的地位。上面说："天地之道，寒暑不时则疾，风雨不节则饥。教者，民之寒暑也，教不时则伤世。"

是我们认识中国政教关系的时刻了——以政统教，以教辅政。①

中国特色社会主义必须有中国特色社会主义的教育！基于中国历史文化和社会现实的教育，这样培养出来的人，才能安身立命、安邦治国！

① 付金财：《从石家庄寺院碑记看明朝士大夫对佛教的认识》，载《石家庄学院学报》2019年第2期。

四、程咬金的三板斧与美国崩溃论

小时候听单田芳先生的评书《隋唐演义》，每到程咬金三板斧那段，总是笑个不停。程咬金这家伙人高马大，却武功平平。只熟练三种拿斧子砍人的招数，就混迹江湖。与人交手，虚张声势，先拿三板斧吓唬人，砍完三板斧，就没招了！

至今我还记得这三招儿的名子：劈脑袋、小鬼剔牙、掏耳朵。

这些年，随着中国的崛起，中美冲突加剧。一些有留洋经历的左派迎合众人既崇洋又爱国的心理，一下子成了主流。这些人的“专业”是如何讲好中国故事，讲坏美国故事？他们有两板斧，竟然屡试不爽，大有一揽江湖，骂倒美国之势。

这两招儿的名子是：美国崩溃论，中国第一论。

传说程咬金三板斧由神仙传授，原有八八六十四路，可惜老程比较笨，只学会了三招儿。

中国那些左派比程咬金还笨，因为他们连西方厕所都找遍了，也没找到神仙，所以干脆拜美国反华政客为师。

本来，向敌人学习，以其人之道还治其人之身也不错。但这些左派不是这样，他们学习美国反华政客最垃圾、最失败，弃之不用的东西，再拿到国内忽悠人。

他们如此成功，笔者在电视上看到：讲演结束后，一位阿姨激动地站了起来，问主讲嘉宾，我们如何帮助世界上其他受苦受难的人，让他们脱离苦海。因为主讲先生的全部逻辑就是，中国已经成为世界的救世主——救世主当然要救世了！

先看这些左派两板斧的第一招：美国崩溃论。它源自美国反华右翼政客鼓吹多年的中国崩溃论。今天，美国主流学者已经很少相信这种论调了，甚至认为正是中国崩溃论遮蔽了自己的眼睛，看不到中国崛起的现实，导致和平演变战略破产。

当然，中国左派的胆没有这么肥，没有一套关于未来世界的整体愿景，以此来和平演变美国。但他们在鼓吹美国崩溃上却不惜余力。目的是讲坏美国，突出中国。他们甚至扬言，能将美国打回一个农业国——一个处于势弱的力量渺视自己的对手极其危险，自古以来莫不如此！

再看这些左派两板斧的第二招：中国第一论。今天美国右翼政客搞美国第一，美国优先，本质是作为世界上唯一的超级大国，美国在政治、经济、军事等领域衰退的政策反应，他们不得不在全球收缩自己的力量，专注于自身利益和发展。

中国左派可没有美国优先政策的现实主义内容。中国第一论是一种玄学，声称：刚刚吃饱饭没几天的中国已是天下第一，中国几乎是万邦来朝的大国了，“老子天下第一”，据说清华大学教授用数学方程式证明了这一点——满清末年中国士大夫的短视、混乱逻辑，在21世纪中国知识界死灰复燃！

得了美国政客天真和满清官员狭隘的真传，如打了鸡血一般，这些左派不再关注世界的基本现实，只是通过一个又一个激动人心的讲演，一个又一个新奇的海外故事，一个又一个凭空想象的点子，如念佛机一般，不断重复美国崩溃论和中国第一论。

表面上看，他们激起了国人的自信心，实际上通过引入美国的文化思想毒药，坑害中国！

这里，我们不是否定中国的崛起，也不是否定美国内政外交上的衰势。但我们一定要看到，一个大国的衰落和一个国家的崛起常常是相当长的历史进程，其过程高度复杂、高度曲折、高度艰辛，需要我们做大量具体细致的工作，需要付出太多的汗水，乃至牺牲自己的生命。

今日世界之变局是过去五百年没有过的，不是城头变幻大王旗，一个霸权取代另一个霸权——我们面临人类文明范式的根本性变革。

善良的人们，让我们从虚骄自大的狂热中猛醒吧——无论软实力还是硬实力，我们和西方发达国家相比还有不小的差距！在那些老牌帝国主义国家的联合打压下，中国真正屹立于世界民族之林，还有漫长的路要走。

我们改天换地的新长征，才刚刚开始……

五、经济大国VS文化小国——人文学界的堕落

世界著名管理咨询公司麦肯锡全球研究院发表了《2019麦肯锡报告〈中国与世界〉》[①]，一个事实触目惊心：

中国经济体量上已成为无可争议的经济大国，在文化上却是个小国。

该报告称：中国是世界第一大货物贸易国、世界第二大外国直接投资（FDI）目的地国和来源国。按购买力平价计算，中国早在2014年已成为全球第一大经济体；按名义GDP总量来计算，中国在2018年达到美国的66%，成为全球第二大经济体。

与经济上的骄人成绩相比，中国在文化上投入了大笔资金，但对世界主流文化并没有产生任何实质性影响。报告说："中国为了向世界发扬本国文化而投入了大笔资金，其中一个表现就是全球孔子学院数量已从2010年的298所增加到了2017年的548所。近年来中国正在积极为全球文化娱乐产业提供融资，辅之以有竞争力的制作设施，已经吸引了越来越多的影片来华拍摄：2017年全球票房前50强的电影中，有12%的影片至少在中国拍摄了一部分内容，而2010年仅有

① 《2019麦肯锡报告〈中国与世界〉完整版》，网址https://www.thepaper.cn/newsDetail_forward_5186170，访问日期：2020年3月9日。

2%。不过，尽管投资甚巨，但中国尚未对全球范围内的主流文化产生显著影响。”

软硬实力如此不相称，为何？答案很简单：

学界对本土古典学术的否定！

只有民族的，才会是世界的。两千多年前，西汉政府开始系统整理本土学术体系，其成果保存在成书于东汉的《汉书·艺文志》中，包括六大知识系统，即《六艺略》《诸子略》《诗赋略》《兵书略》《术数略》《方技略》。

这六大知识体系，除了《兵书略》和《方技略》，古典军事学和古典医学（中医）由于显著的实用性保存相对完整外，中国文化政教体系的核心《六艺略》和《诸子略》只剩下关注社会教化的诸子之一儒家，且今天的儒家也是佛化的宋明理学和西化的所谓“新儒家”——二者与先秦儒家有天壤之别！

中国古典政治经济学道家、法家，

中国古典逻辑学名学，

中国古典外交理论技巧纵横家

……

近代，这些古典学术体系被中国人文社会科学界全面否定。他们宣称：

中国没有自己的学术系统，有的只是思想碎片，只有西方学术才叫学术！

即使研究中国文化，也要如诸多西方汉学家一样，将中国文化削足适履，用西方学术框架、学术概念去解析她。比如中医，许多人只承认中药的部分作用，却不承认中医理论的有效性和时代性。尽管中药的基础是中医理论！

殊不知，中国是全世界唯一现存的原生古文明，中国文化积淀了人类最深厚的智慧成果；中国学术源于大一统的西周政府官方学术，是内在修养和外在事功（内圣外王）最为一贯、系统的知识体系。直到今天，西方研究外在事物的科学与培育内在灵魂的宗教仍存在巨大的张力，怎么能说西方知识体系才算系统知识，放之于四海而皆准？

一个否定自己古典学术体系的族群不可能成为文化大国。以现代化和西化的名义，野蛮砍断自己的文化之根，这是中国人文学界的整体堕落，也是我们这样一个经济大国沦为文化小国的根本原因。

今天，有些人大谈中国文化的复兴，但一谈到中国古典政治学、中国古典经济学、中国古典逻辑学……他们就大加鞭挞。

否定自身学术体系的文化复兴，岂不是缘木求鱼！

复兴中国古典学术体系，不是否定外来文化，但引入外来文化，并不是对外来文化不加选择、生吞活剥地引入。

长期以来，中国文化在欧亚大陆东部相对独立地发展，与青藏高原以西的文化有较大差异。青藏高原以外的文化成果到了中国，常因为“水土不服”在中国夭折。所以，过去两千年来，成功地大规模引入外来文化成果只有两次。

第一次东汉从犍陀罗地区引入佛教，这是一种希腊化了的佛教，佛陀本身已经由一位导师演化为神，多了佛的本生故事，也有了佛的造像。

佛教对中国文化影响巨大，尽管其可以为部分国人提供安身立命的基础，但也有许多负面作用。

佛教促进了道家向道教的转化，也使先秦儒学退化为宋明理学。宋明理学参照佛家法脉发明了以“孔孟”为核心的道统，将对中国文化传承居功至伟的荀子等诸多大儒排除在外；与先秦包含百家的儒学不同，宋明理学将儒家之外的诸子百家异端化，中华文化“白波九道流雪山”的波澜壮阔成了明日黄花；宋明理学修养上颠倒本末，主张先悟天道（明明德），再在事上磨炼，止于至善，导致儒家的禅宗化。

又由于近代学人用西方理论和概念重写中国文化时，并未弄清楚宋明理学的本质狭隘性，极大阻碍了我们复兴中国古典学术体系的进程。

对外来文化的第二波引入浪潮发生在1894年甲午战争以后，西方学术体系的全面引入。但从长时段大历史的角度看，中国似乎不太可能转化为自由资本主义，可能只有马克思主义能在中国扎下根。

就如同两千年前引入印度文化一样，事实上只有佛教实现了中国化，印度教在中国的影响力微不足道——印度本土，佛教在宋代已基本消亡。

中国特色的社会主义与中国文化血脉相连。美国政治学者弗朗西斯·福山敏锐地观察到了这一点，他写道："我认为，1978年改革以来在中国出现的国家，不像之前的毛式国家，也不像中国人试图复制的苏维埃国家，反而更像上述的古典国家。当代中国一直在从事对悠久历史传统的光复，不管这一过程的参与者是否意识到这一点。"[①]

当代中国政治上正在回归超越党派、吸纳社会各个阶层的中华治道；经济上正在回归国家主导的公私相分的市场经济体制；在社会生活中，政教仍然具有高度的统一性，执政党坚持对教育和意识形态的领导地位……

遗憾的是，我们许多理论家已经不知中国古典学术为何物，只会从西方文化中选择某些概念描述中国现实——他们所谓的"理论"，除了一条条地描述部分现实之外，根本无法从哲学和系统理论层次解释当代中国的惊人成就，也不能指导我们的未来。

中国古典学术体系是中国人的灵魂，只有灵魂强大，一个国家才

① 弗朗西斯·福山：《政治秩序与政治衰败：从工业革命到民主全球化》. 广西师范大学出版社. 2015年，第1版，第372页。

会真正强大。只有文化上成为一个大国、强国，中华民族的伟大复兴才有了坚实的基础。

中国古典学术体系是中国人安身立命、安邦治国的基础。如同中医能为中国人的健康保驾护航，中国古典学术体系也能为社会主义建设事业保驾护航。

今天，我们应该清醒地看到，尽管国家强调中国文化创造性转化、创新性发展，由于历史的惯性，西方学术概念和思维方式已深入学人的骨髓，走出西方学术和宋明理学的阴影，超越西方汉学的范式，中国文化正本清源，返本开新，还有漫长的路要走。

整体上，“国学热”中的人文学界对中国文化还处在叶公好龙，真的看到中国古典学术就望风而逃的阶段。所以，我们的奋斗，将是长期的和艰苦的——要有长期坐冷板凳的准备！

“道之所存，虽千万人吾往矣”，复兴中华文化呼唤无畏的学术勇士！

六、治国离不开法家
——从孔夫子诛少正卯立信谈起

2019年9月29日，北京人民大会堂举行中华人民共和国国家勋章和国家荣誉称号颁授仪式，表彰那些在各个领域为共和国做出重大功勋的个人。

此次颁授仪式受到各界广泛关注，却很少有人知道，以功取士，而非以言取士，根据一个人对社会贡献的大小授予相应的荣誉和奖励，官职和俸禄，是中国最为久远、基础的政治制度，叫社会功勋制，也叫功次制度。

这一制度可以追溯到四千多年前，《尚书·舜典》记载舜每五年巡视天下一次，诸侯朝见，每人都要报告自己的政务，然后舜考察他们的政绩，并相应地赏赐车马衣物作为酬劳。文章说："五载一巡守，群后四朝。敷奏以言，明试以功，车服以庸。"

至秦汉，社会功勋制已经发展为完美的军功、事功制度，功勋成为授爵选官的基础。据1993年江苏东海县尹湾村出土的西汉官方档案，西汉末年东海郡76%的官员都靠社会功勋获得升迁。

为何社会功勋制今天鲜为人知呢？

因为它是依照法家循名责实、赏功罚罪的原则建立，两千年来，为诸多儒家所不齿。在21世纪的今天，许多学者只知道西汉有察举制，唐以后有科举制，却不知比察举制、科举制更为重要的选举制度——功勋制。

功勋制赋予“选贤与能”政治理想客观的衡量标准，是伟大的政治创新，是人类政治史上一个具有决定意义的进步。不能因为它是中国古典政治学法家的主张，就弃之不用。

过去一百多年来，我们受西方学术传统的影响，认为战国百家争鸣是学派之间互相竞争。这是典型的“以西释中”。与西方古老的私人学术传统不同，诸子百家发端于西周政府各部门的实用性知识体系（王官学），诸子之间有不同，但主要是互补的。如人有不同器官，只有配合起来，才能发挥完好的功用。

儒家主教化，源自古代的教育部；法家主政治，源于司法等权力部门。二者不是截然对立，一个人搞教育，就是儒家；一个人搞政治，就是法家。

鲁定公十年（公元前500年），孔子任鲁国的大司寇，一上台就依法杀了鲁国著名知识分子少正卯，以刑去刑，以杀立信。上台三个月，鲁国路不拾遗，社会大治，连邻国齐国都害怕了——这是典型的法家作风，与商鞅“徙木立信”没有本质的区别，只不过孔子以罚立信，商鞅以赏立信罢了。

数百年后，西汉刘向在《说苑·指武篇》中对孔子“以杀立信”高度赞赏。他说：“昔尧诛四凶以惩恶，周公杀管蔡以弭乱，子产杀邓析以威侈，孔子斩少正卯以变众，佞贼之人而不诛，乱之道也。易曰：‘不威小不惩大，此小人之福也 。’”

刘向引文出自《易经·系辞下》孔子语：“小人不耻不仁，不畏不义，不见利不劝，不威不惩。小惩而大诫，此小人之福也。《易》曰：‘履校灭趾，无咎。’此之谓也。”孔子是说，小人不知羞耻，不明仁德，不畏正理，不行道义，不见到利益就不努力，不受到威胁就不戒惧，受到小的惩罚而得到大的告诫，这是小人的幸运。《周易·噬嗑》初九说："足着刑具而伤灭脚趾，不致有什么大害。"讲的就是这个道理。

无论是对个人施以小的刑罚，防止其犯更大的罪过。还是通过对某人施以重刑，教育整个社会，都是"以刑去刑"的法家原则。

少正卯因言获罪，后儒不识真孔子。所以宋朱熹以后直到近代，都有学者怀疑孔子杀少正卯一事的历史真实性。殊不知，在中国这样一个政治与教化统一的文化中，媒体言论和文化教育是一种教化手段，如世界其他民族的教化一样，不可能"自由化"，必须法制化！《礼记·王制第五》有这样的法律条文："行伪而坚，言伪而辩，学非而博，顺非而泽，以疑众，杀。"并认为这是重罪。《孔子家语·刑政第三十一》此段引为孔子言，行文略有差异："行伪而坚，言诈而辩，学非而博，顺非而泽，以惑众者，杀。"而据《荀子》等古籍记载，这四点正是孔子杀少正卯的主要理由。

孔子生活在礼乐崩坏、社会失序的春秋末期，乱世用重典。综合考察史书，就知道尽管孔子主张宽猛相济，"政是以和"，(《左传·昭公二十年》) 但他自己的行政风格刚狠、严猛，这是势所必然。《韩非子·内储说上七术》记载，孔子赞赏商朝"刑弃灰于街者"的做法，认为轻罪重罚的刑事政策是"知治之道"。

孔子治国用法家。从孔夫子到当代，两千五百年的历史证明：任何时代，无论是谁，治国理政都不可能离开法家。在此意义上，将中国过去两千多年的历史总结为"外儒内法"，以儒家为教化之术，以法家为治国之本，是有一定道理的。

儒家所主的教化是涵育社会正气，指明发展方向。法家所主的治国理政，是以道生法、依法行政、以严治吏。二者相辅相成，提高了中华文明的教化和治理水平，保证了中华文明历久弥新的生命力，是政以统教、教以辅政的最佳典范。

七、反对“亲亲相隐”入刑事法律法规

2008年，在武汉举行的一次学术会议上，笔者听到武汉大学郭齐勇教授谈论“亲亲相隐”问题。当时友人建议说：“翟先生，您研究法家，法家是推动当代法治建设的重要传统资源，重视社会连带责任，与儒家强调“亲亲相隐”不同，你应加入这场争论。”

我拒绝了。

原因很简单：孔子论“亲亲相隐”，所能引证的材料主要是《论语·子路篇》的一小段对话。如同所有语录体文本一样，这段对话缺乏对历史背景和当时语境的说明，所以很难理解说话人的真实意图。

当时我想：“亲亲相隐”问题的争论，最后只能是个公说公有理、婆说婆有理的笔墨官司，何必参与到这种无头公案的争论中去。

直到最近浏览郭齐勇教授的博客，笔者才发现问题的严重性。

1.当“亲亲相隐”物化为刑事法律

在郭齐勇教授的博客上，转载了发表在《学术月刊》2014年第2期的一篇文章，题目叫《线性思维、化约主义与高台“说教”——评梁涛等学者对“亲亲相隐”等相关文本的误读》，作者是武汉大学哲学学院中国哲学专业博士研究生张志强先生。在这篇文章里，作者透露了这样一件事：

> “由于容隐权的伸张亦是现实法治建设的需要，经郭齐勇先生草拟，全国人大代表彭富春先生提交了关于‘亲亲相隐’的提案（2007年），已于当年得到全国人大常委会法制工作委员会的肯定，并于2012年3月4日十一届全国人大第五次会议通过的刑事诉讼法中部分地得到体现。新刑事诉讼法的修改，充分说明孔孟儒家‘亲亲相隐’的内在精神是符合现实需要的，因为它源于人性的基本关怀。由此可见，学理首先应立足于现实，一味空谈‘回归学理’的口号不切实际。郭先生等一贯主张发掘儒家的优秀思想资源，辩证吸收，为现代社会发挥力所能及的作用。”①

天啊！在很难或者根本没有弄清“亲亲相隐”真义的时候，“亲亲相隐”已经物化为刑事法律，这是不是有点太荒唐！据张文的注，我赶紧去查相关法律的条文。

新的《中华人民共和国刑事诉讼法》第一百八十八条规定：“经人民法院通知，证人没有正当理由不出庭作证的，人民法院可以强制其到庭，但是被告人的配偶、父母、子女除外。”

原来，“亲亲相隐”作为法律准则，目前亲属证人只享有可拒绝出庭作证的权力，并不代表亲属证人作证的豁免权——也就是说，按照法律，亲属仍有作证的义务，社会公义仍重于私人道德。

2013年，薄熙来案件公审之后法律界的反应，让笔者重新担忧

---

① 张志强：《线性思维、化约主义与高台“说教”——评梁涛等学者对“亲亲相隐”等相关文本的误读》，网址：http://blog.sina.com.cn/s/blog_4a03f1ea0101iqss.html，访问日期：2015年6月26日。

了起来。

四川大学法学院的陈林先生明确提出要将“亲亲相隐”贯彻到侦查机关侦查案件的过程中，认为建立健全亲属证人作证豁免制度才是我国司法改革的最终出路。他写道：

> “在举世瞩目的薄熙来案件审理中，被告人薄熙来在山东省济南市中级人民法院受理其贪污受贿，滥用职权罪时，薄谷开来虽未出庭指证其夫薄熙来，但法庭通过播放了2013年8月10日询问证人薄谷开来的同步录音录像，并宣读了薄谷开来的证人证言，充分呈现了薄谷开来对薄熙来犯罪的指证。这种不出庭的指证不仅没有很好维护家庭关系，也没有体现出我国传统法制的‘亲亲相隐’的思想文化，呈现出司法实践与立法目的相背离。新刑诉关于亲属证人享有的可拒绝出庭作证的制度并不代表亲属证人可以得到作证的豁免权，并没有从根本上解决亲人对质公堂的尴尬局面，这也是我们司法亟待改革的对象。”[①]

在社会和谐和家庭道德这类冠冕堂皇的口号之下，将模糊混乱的“亲亲相隐”思想随意乱用，建立作证豁免制度，是灾难性的——不仅会给案件的侦查与审判带来难度，还会极大地破坏社会安定。因为它破坏了社会稳定的基础，让私人道德凌驾于社会公义之上。

尽管陈林先生出于现实考虑，在《新刑诉法下对我国亲属证人出庭作证制度的思考》一文中也主张“对于危害国家安全的罪犯和使用极其残忍的手段实施的暴力的犯罪分子，其亲属不具有作证豁免权”，问题是：这如何具体规定，有现实操作的可能性吗？定案前亲属证人

① 陈林：《新刑诉法下对我国亲属证人出庭作证制度的思考》.《法制与社会》2013年第36期。

有必需的判断能力吗？难道我们要回到汉以来法制儒家化后人治大行的社会中去吗，不是要“发掘儒家的优秀思想资源”吗？

陈先生忘了：法理上，社会生活中法律不仅是法律条文本身，法律还告诉我们什么行为是对的，什么是错的，它具有引导人们行为的功能。用法家的话说就是德法相济，“法生德、德固法”。建立亲属证人作证豁免制度，将全面否定亲属举报的道德合理性！

在我国，大量刑事案件（包括近年来对国家社会造成巨大伤害的暴力恐怖事件）是由亲属举报破获的。据新疆维吾尔自治区的官方统计资料：现在的暴恐案件有95%都是提前发现和打掉的，这其中既有专门机关的侦查，但相当部分由人民群众提供线索，包括暴恐分子的亲属、邻居。[①]

想一想，如果我们一味强调“亲亲相隐”，为了社会整体利益，不提倡亲属举报和作证，就等于在道德上和法律上为那些同情、包庇恐怖分子和其他严重刑事犯罪分子的人开了绿灯——这是绝对不能接受的。

不作充分的学理考证就大力提倡“亲亲相隐”，哪里是什么“容隐权的伸张亦是现实法治建设的需要”，它客观上支持了恐怖主义，遗害无穷，绝不能让这股歪风再刮下去。

因此，我们有必要首先在学理上搞清楚：孔子所说的“亲亲相隐”是不是意味着私人情感，道德凌驾于社会公义，公法之上？

答案是否定的。

孔子主张公义高于私德，公法高于私利。亲亲相隐，“父为子隐，子为父隐”是有前提条件的，即小的过失。

---

① 《95%暴恐案件被提前发现打掉》，载《京华时报》2015年03月11日第009版。

2.“父为子隐，子为父隐”本义

孔子论“亲亲相隐”的内容，集中于《论语·子路篇》中叶公与孔子的两句对话，内容是东周诸子百家都喜欢引用的“直躬证父”故事。情节很简单：一个叫直躬的人（直躬，以直道立身，古人喜欢以德立名），他的父亲偷了人家的羊，直躬告发了父亲。

按《韩非子·五蠹》和《吕氏春秋·当务》的说法，直躬是楚国人，东汉高诱注《淮南子》，甚至说他是楚国叶县人——战国诸子为立己说，喜欢改编故事，学人但得其意而已，不必太注重细节。

总之，叶公对孔子讲了这件事后，孔子评论说：“我们那里正直的人和你讲的正直人不一样：父亲为儿子隐瞒，儿子为父亲隐瞒。正直（又有一些学者主张译为“率直”，参照整个故事，多有欠妥处）就在其中了。”

《论语·子路篇》原文如下：“叶公语孔子曰：“吾党有直躬者，其父攘羊，而子证之。”孔子曰：“吾党之直者异于是，父为子隐，子为父隐，直在其中矣。”

诸子百家在引用这则故事时，多认为直躬的“直”是不可取的，《庄子·盗跖篇》就说：“直躬证父，尾生溺死，信之患也。”《淮南子·氾论训》也说：“直躬其父攘羊而子证之，尾生与妇人期而死之。直而证父，信而溺死。虽有直信，孰能贵之！”

《吕氏春秋·当务》将“直躬证父”的故事演绎为“直躬救父”，使故事更加曲折，后面也载孔子评论。主旨意在证明“信而不当理”之害，认为这是乱天下之道。文中说：“楚有直躬者，其父窃羊而谒之上，上执而将诛之。直躬请代之。将诛矣，告吏曰：‘父窃羊而谒之，不亦信乎？父诛而代之，不亦孝乎？信且孝而诛之，国将有不诛者乎？’荆王闻之，乃不诛也。孔子闻之曰：‘异哉！直躬之为信也，一父而载（通“再”——笔者注）取两名焉’故直躬之信，不如无信。”

这里的“两名”指忠信与孝顺。故事中，直躬以纵横家的口才，使忠、孝两全，但仍为孔子所讥。

《韩非子·五蠹》在引用这个故事时，说楚国令尹因“直躬证父”杀了直躬，导致楚国人的犯罪行为无人告发了（“故令尹诛而楚奸不上闻”），令尹的行为有利私德却有害公德。其重点并不在评论“直躬证父”行为本身，而是要说明君主和臣民存在着利益矛盾，“上下之利，若是其异也”。文中说：“楚之有直躬，其父窃羊而谒之吏。令尹曰：‘杀之！’以为直于君而曲于父，报而罪之。以是观之，夫君之直臣，父之暴子也。”

从先秦诸子对直躬故事的引用，我们知道各家多否定“直躬证父”的行为，并不是儒家或孔子一个人这样做；这则故事重点在说明国与家，忠直与孝道，公德与私德之间有时存在矛盾，那么孔子及后来的儒家是如何看待这个问题的呢？它关系到“父为子隐，子为父隐”的本义。

大道之行也，天下为公。有一点是明确的，孔子和我们中国老百姓千百年来的普遍心态一样，主张法治公正，社会清明，赞扬大公无私，大义灭亲。

对于晋国大夫叔向不包庇、袒护自己犯罪的弟弟叔鱼的行为，孔子曾大力赞扬其“治国制刑，不隐于亲”行为，称赞说这是古代流传下来的正直作风。《左传·昭公十四年》载孔子言曰：“叔向，古之遗直也。治国制刑，不隐于亲，三数叔鱼之恶，不为末减（末，薄也。末减意思是从轻论罪——笔者注）。曰义也夫，可谓直矣。”

同样是“亲亲不相隐”，为何孔子反对“直躬证父”，又赞扬叔向

“不隐于亲”呢？这不是自相矛盾吗？

这是因为二者行为的性质，或者说社会危害不同，反对“直躬证父”是孔子及后世儒家“赦小过”，以法治国刚柔相济思想的反映。

对于偷鸡摸狗这类小罪过，东周儒家主张容隐，何况直躬告发的是自己的父亲，当然会遭到孔子的反对。但对于大的犯罪行为，儒家明确反对“父为子隐，子为父隐”，主张在实现社会公德的前提下，尽量保有私德，真正做到“父为子隐，子为父隐，直在其中矣”，公私兼顾，忠孝两全。

《论语》有孔子论“赦小过”的故事：仲弓做了季氏的家臣，问孔子如何治国理政。孔子说：“先责成手下负责具体事务的官吏，让他们各负其责，赦免他们的小过失，选拔贤才来任职。”《论语·子路篇》记载：“仲弓为季氏宰，问政。子曰：‘先有司，赦小过，举贤才。’”

后世儒家对孔子“赦小过”思想论述甚详。在近几十年两次出土的子思学派核心经典《五行》中，我们能够看到儒家这一重要的治国理念。在刑事政策上，儒家主张轻轻而重重，和战国法家不同，后者处乱世，主张重其轻者，轻罪重罚。《五行》作者认为：

“不简选（大罪），就不能施行；不能有所隐匿（小罪），就不能明察于（人）道。有大罪者判以重刑，就是简；有小罪的能够赦免，就是匿。如果有大罪而不用重刑，就行不通；有小罪而不加以赦免，就不能明察于（人）道。简就是要选择衡量，是加之大而少的犯罪；匿说起来就是隐匿小而多的罪过。简是实现义的方法，匿是实现仁的方法，刚是实现义的方法，柔是实现仁的方法。诗经上说：‘既不竞争也不急求，既不太刚也不太柔。’就是讲的这个道理。”（原文：不简，不行；不匿，不辨于道。有大罪而大诛之，简也；有小罪而赦之，匿也。有大罪而弗大诛也，不行也；有小罪而弗赦也，不辨于道也。简之为言，犹练也，大而罕者也。匿之为言也，犹匿匿也，小而轸者也。简，义之方也；匿，仁之方也。刚，义之方；柔，仁之方也。“不竞不絿，不刚不柔。”此之谓也。）

在国与家，忠直与孝道，公德与私德一旦发生冲击的情况下，儒家主张忠孝两全，既“亲亲相隐”，又“直在其中”。历史上一个著名的典故就是“石奢徇法”。

石奢是楚昭王的丞相。他坚毅正直，廉明清正，从不徇私情和畏避权势。一天他巡行到所主管的县，路上遇到一个杀人的人，石奢就追捕这名罪犯，后来发现罪犯竟是自己的父亲。他放走了他的父亲，回来用绳索绑住自己。让别人把这事报告楚昭王，说：“杀人的罪犯是我的父亲。以惩办犯法的父亲来确立为政之道，这是不孝；废弃法律放纵罪犯，这又是不忠；我的罪行应当处死。”楚昭王说：“你追赶罪犯却没有追上，不应当承担罪名，还是继续去处理自己的事吧。”石奢说：“不偏爱自己的父亲，不是孝子；不奉行国君的法律，不是忠臣。大王赦免了我的罪行，这是国君的恩惠；让自己被执行死刑，这是我的职责。”于是不接受国君的命令，自己用刀刎颈而死。《史记·循吏列传》记载：“石奢者，楚昭王相也。坚直廉正，无所阿避。行县，道有杀人者，相追之，乃其父也。纵其父而还自系焉。使人言之王曰：‘杀人者，臣之父也。夫以父立政，不孝也；废法纵罪，非忠也。臣罪当死。’王曰：‘追而不及，不当伏罪，子其治事矣。’石奢曰：‘不私其父，非孝子也；不奉主法，非忠臣也。王赦其罪，上惠也；伏诛而死，臣职也。’遂不受令，自刎而死。”

《韩诗外传·卷二》和《吕氏春秋·当务》皆载此事，内容大体相同。但两书相关篇章作者对此事的评述很能说明问题。《吕氏春秋·当务》的评述是从石奢忠孝两全的角度。文中说："正法枉必死，父犯法而不忍，王赦之而不肯，石渚（即石奢——笔者注）之为人臣也，可谓忠且孝矣。"

《韩诗外传》的作者是汉初名儒韩婴，他引经据典称赞石奢遵守法律，是执法正直的人。文中说："君子闻之曰：'贞夫法哉！石先生乎！'孔子曰：'子为父隐，父为子隐，直在其中矣。'诗曰：'彼已之子，邦之司直。'石先生之谓也。"

这里，《韩诗外传·卷二》引用了孔子对"直躬证父"的评述，而在"石奢徇法"事件中，石奢已经将父亲杀人的事大白于天下。石奢出于孝敬，没有亲自去逮捕父亲，但并没有"子为父隐"，隐匿他杀人的事，这更能说明"子为父隐，父为子隐，直在其中矣"只能适用于小过，不适用于刑事犯罪。韩婴借用此语，显然意在说明石奢已经尽了孝道。

综上所述，孔子及早期儒家对"父为子隐，子为父隐"，亲亲相隐原则的适用范围很清楚：只适用于社会危害性不大的小过，和当今的民事案件类似，遵循不告不理的原则。它基本不适用于社会危害性大的刑事犯罪。

3. 建议及反思

在目前"亲亲相隐"入刑事法律还没有造成严重危害的情况下，应该在下次修订刑事诉讼法时，将《中华人民共和国刑事诉讼法》第一百八十八条"但是被告人的配偶、父母、子女除外"一段删除。

从济南中院对薄熙来案的审理过程我们看到，真系亲属不出庭作证，间接利用现代媒体手段出庭很难达到维系家庭道德关系的目的，且还将影响被告人的对质权。诚如陈林先生在《新刑诉法下对我国亲属证人出庭作证制度的思考》中所说的："证人出庭作证有力地保障了被告方的对质权。但是新刑诉中将亲属证人排除在强制出庭作证证人的范围，即在亲属证人作证的案件中，亲属证人可以不出庭作证而法庭只对亲属证言作书面审理，这将严重影响被告人的对质权。"[①]

删除这段话，将"亲亲相隐"排除在刑事法律法规之外，不是说中国的法律应游离道德基础。相反，笔者认为，目前中国法律条文和法治实践中，对法家"法生德，德固法"的原则贯彻得远远不够。

中国不同于西方国家，没有强大的宗教力量维系公私道德，所以以法立德，用法律手段支撑道德实践十分必要。[②]我们不能照抄西方，也不能西方有"亲属证人作证豁免制度"，我们也要有，这类邯郸学步的做法，有百害而无一益。

西周以来，中华法系中就有"法生德，德固法"的诸多实践，这是中国文化的宝贵财富，要系统研究，慎重运用。不错，随着汉以后儒家逐步取得独尊地位，中国法律的儒家化，不同朝代对"亲亲相隐"有不同的法律规定，这方面我们也要从理论源头到历史实践展开系统研究，在建设社会主义法治国家的今天，不可随意将之引入刑事法律法规。

其次，我们做学问，一定要有高度的社会责任感。文章千古事，绝对不能断章取义以立己说，这是极其不严肃的。

本来，《论语》是汉代儿童学完字书后，专门读经前学习的课本，对于了解一般的日常人伦很好，但不适合学人作为理论研究的

---

① 陈林：《新刑诉法下对我国亲属证人出庭作证制度的思考》.《法制与社会》2013年第36期。

② 翟玉忠：《道法中国：二十一世纪中华文明的复兴》.中央编译出版社.2008年，第1版，第198~203页。

基础文本。

宋代以后，《论语》才被当作经。我们去圣遥远，《论语》又是语录体，若学人把它当成经类文献研究，很容易弄成“心灵鸡汤”之类的文化快餐，或子虚乌有的高深理论——就如同许多学者对“父为子隐，子为父隐”的理解一样。

依笔者的浅见，研读《论语》，最好的办法是将它还原到当时的语境中去，如果找到前言后语，语录的完整信息就能清楚显示出来，能在很大程度上消除断章取义之弊。做到这一点，就要经经相参，经子相参，经史相参。如果有些语录实在找不到相关参证材料，学界分歧又较大，不妨将这些歧义并列出来，供读者参考。

最后笔者想说的是，中国文化极为博大精深，立法者、为政者吸收传统思想资源，要广泛征求不同专家意见，不能一个教授在背后鼓动个提案，就作为法律通过，这种做法危害是极大的。想一想，如果将来在某位“大师”的推动下，“亲亲相隐”精神被贯彻到底，亲属证人作证的豁免权引入刑事诉讼法，将会对我们的社会公德和社会安定带来多大危害，将增加多少司法成本啊！

因为在中国，有关部门侦查案件已经习惯于以询问配偶、子女等为突破口。如果亲属证人有作证豁免权，将给这些权力机关的工作带来巨大的、不必要的麻烦。韩非子说的“令尹诛而楚奸不上闻”的现象值得警惕。

——为学者，敢不慎哉！为政者，敢不慎哉！

八、不失根本，方能容纳万流

目前最值得担心的危险是什么？

不是中美之间一波三折的贸易战，不是台湾挟洋自重的分裂势力，也不是需要特别警惕的转基因食品……

真正的危险在内部，是政治经济与教育文化的对立——政教分裂！中国政治经济基于本土历史和现实，蓬勃发展，一路向东；中国教育文化引入、尊崇西方学术概念和范式，脱离本土历史与现实，一路向西。二者南辕北辙，背道而驰。

中国高度世俗化社会与西方一神教社会最大的不同在于：前者没有独立于政权的教化手段——宗教，也没有形成独立的宗教势力，当然没有出现过西方惨烈的政教冲突。在中国文化中，政治与教化统一。学而优则仕，仕而优则学，内圣外王相互贯通，相互依存，相互促进。内养外用，修齐治平一以贯之。

中国社会政教一统，国家不仅承担政治经济责任，也承担教化民众的责任，作为国家权力象征的最高领袖，既“作之君”，又“作之师”。政府不仅是政治经济管理机器，还是教化中枢。

改革开放四十多年来，我国经济实力取得了举世瞩目的成绩，但教育文化却走上了西化的不归路。依托体制性现代大学，大量不了解本土现实的西方留学生回国，直接进入大学课堂教育青年；大量与中国现实无关的西方书籍成为中国大学的教科书；大量碎片化、鸡汤化的西方意识形态被引入，包括西方情报机构努力灌输给国人的文化糟粕。

结果，教育文化与中国政治经济现实相背离甚至冲突，西式政治、经济、社会理论（文化）不能解释和指导现实，导致执政党的政权合法性受到西化公知的公开质疑。因为它不符合西方多党竞争，选票政治标准，特别是美国式三权分立，两党政治；而许多人赞同的“威权主义”（Authoritarianism）是个贬义词，怎能用来描述我国的政治体制，自我抹黑；中国“特色论”具有重要的时代意义，但内涵变化快且不确定，难以满足社会各阶层长远的理论需求。

改革开放惊人经济成就成为世界之谜。因为在西方经济学经典教科书里，特别是自由主义学派，认为政府干预经济是不合理的，会导致资源配置的扭曲。今天，中国产业政策已成为美国政界的攻击目标，但中国学者自己也说不清，政府为何要制定产业政策，推进产业升级，需要时立刻干预市场。

生活中道德缺位，社会诚信普遍丧失。建基于社会自然分层，社会职责之上的道德，千百年来维系着中国社会，随着社会主义道德体系在“文革”之后的隐退，国人失去了道德标准，利益成为唯一标准。于是，各种触目惊心的公共安全事件频发。加上学界拒绝回归中华法系，西式法律起不到支撑道德底线的作用（法生德），形成道德缺位与社会失序的恶性循环！

是我们回归灵魂家园的时刻了！西方理论救不了中国！思想文化、意识形态领域也要自力更生，法天自强。中国学界必须明白——

从尧舜禹汤到孙中山、毛泽东，建立超越特殊利益集团的强大中央政府，“建中立极”、天下为公的政治理念是一贯的。靠亚里士多德、卢梭、罗尔斯，以及美国畅销书作家解决不了中国政治合理性、合法性问题。

从汉武帝时代的桑弘羊，到社会主义革命和建设时期的陈云，政府参与市场的经济逻辑是一贯的。靠亚当·斯密、李嘉图、萨缪尔森，以及哈佛大学经济学教授解决不了中国改革开放四十多年来的理论和现实问题。

从春秋时代到近代初期，根据社会名位，完成社会责任，一直是中国道德的基础所在，这种道德不是来自上帝，而是来自人间秩序（人伦）。国学家们不能再假装成上帝，将儒学打扮成儒教，向全世界一会儿宣传仁义礼智，一会儿宣讲自由民主。左右逢源，八面玲珑。貌似圣贤，实为小丑。

不失根本，方能容纳万流；失去根本，会被万流淹没！目前，我们必须回归中国本土的政治、经济、社会理论，返此基础，开新局面——脱离社会现实的文化思想是一钱不值的文字游戏，也是瓦解中国本土学术的毒药。

学人可以引进罗尔斯的《正义论》，但不能忘记《尚书·洪范》和《黄帝四经》，后者才是我们走向未来的基础；

学人可以引进萨缪尔森的《经济学》，但不能忘记《管子》轻重术和《盐铁论》，后者才是我们走向未来的基础；

学人可以引进西方的伦理学，但不能忘记中华礼义及内圣（业）修行，后者才是我们走向未来的基础；

学人可以引进西方逻辑学，但不能忘记中国政教的根本名学，后者才是我们走向未来的基础；

学人可以引进大陆法系，但不能忘记中华法系，后者才是我们走向未来的基础；

……

社会如人，政教分裂相当于精神与肉体的分裂，极其危险。若我们跟在知识分子后面，坚持西化的教育文化路线，中国政治、经济、文化等方面都会失去合理性和合法性，政教分裂会越来越严重。

政教一统的正确道路是返本开新。在政治、经济、文化诸领域大力宣传中国古典政治、经济、文化思想，让这些思想同社会主义革命和建设的成功经验有机结合。

今天，我们可以用压制和赎买（忠诚）的办法，遮蔽诸多西化知识分子的“反国家”本质。但这只是一时手段，不是长久之计。我们需要争取知识界对中国的文化认同，制度认同，道路认同，改变学界的大方向，整体风气；这个大本大源的问题不解决，政教分裂永远是埋在社会深层的炸弹！

未来，一旦经济、社会、政治、军事某个领域出现问题，这颗炸弹会被随时引爆。结果将是灾难性的，其社会破坏性可能远远超过1989年那次！

我们不能对这个问题视而不见。再也不能叶公好龙，空谈中国话语，中国气派，中国风格！

近读南宋诗人林升的名篇《题临安邸》，“山外青山楼外楼，西湖歌舞几时休？暖风熏得游人醉，直把杭州作汴州。”林升对杭州腐朽南宋政权苟且偷安，不思进取的讽刺，让笔者想起今日除了“老子天下第一”，几乎再无一实语的人文学界。

由于包括国学在内的严重西学化，社会主义理论深入中国化的所有道路几乎都被堵死了！

悲夫！有所感，和八百多年前忧国忧民的林升——但愿唤醒更多有识、有志之士。诗云：

千帆舶来主义多，清谈特色若悬河。
西风熏得学人醉，直把中国作美国。

九、国无学不立
——中国学术版图全境沦陷于西学

国无学不立。

学术如灵魂，一个国家没有自己的学术，如同一个人没有灵魂。

多年以来，笔者沟通经子、综合百家，欲重整文化山河——复兴中国古典学术体系。

整合墨家与名家，阐发中国古典逻辑学，作《正名：中国人的逻辑》(2013年)。

整合法家与黄老道家，阐发中国古典政治学，作《道法中国：二十一世纪中华文明的复兴》(2008年)。

整合道家与儒家，阐发中国古典伦理学，作《礼之道：中华礼义之学的重建》(2014年)。

深入黄老道家，阐发中国古典经济学，作《国富策：中国古典经济思想及其三十六计》(2010年第一版，该书韩文版由韩国The SOUP Publishing Co.于同年出版；2018年第二版)。

深入儒家，阐发中国古典智慧之学，作《性命之学：儒门心法新四书阐微》(2014年)。

深入《战国策》《鬼谷子》，阐述内圣外王一以贯之的平天下策纵横之学，作《说服天下：〈鬼谷子〉的中国沟通术》（2018年）。

……

然而，所有这一切，都被大学拒之门外。一些唯西方马首是瞻的教授宣称：只有西方存在系统性学术，中国只有思想碎片——中国无学，唯西学是学！

这些先生们不懂得：中国古典学术源于超越神话信仰的大一统政府，其统一的官方知识体系（王官学）政治经济与社会教化相统一、内在修养与外在功业相统一，自然规律与人生规律相统一——与源于私人学术，主客二元对立，俗圣二元对立，政教二元对立的主流西方知识体系比较，中国古典学术具有高度系统性，哪里是什么“思想碎片”！

中国古典学术体系既十分古老，又高度发展。从政治经济诸领域，至少两千年前就有了诸多现代性特征。这是因为，庞大人口、广大地域的政治共同体产生了高度复杂化的治理方式及相应的学术体系。反观西方，直到近代才走出长期封建割据的局面，民族国家统一的要求催生了更为复杂的政治经济调节机制。

陕西师范大学国际商学院经济学系缐文教授的新著《永远的常平仓：中国粮食储备传统的千年超越》，贯穿古今中外，对常平仓这一逆周期宏观调节政策做了广泛深入的研究。在分析其现代性产生的原因时特别指出：“当传统农业社会的中央和各级政府对经济社会负有公共领域的责任时，其在历史中发展而出的常平仓体系事实上已经具有了‘现代性’，从经济学的视角考察，这样的政策容含着浓厚的宏观经济学味道——国家在努力建立一个有效的干预系统以及与之相适应的制度结构，通过缓冲粜籴等操作‘熨平’因气候变动（若不考虑其他因素）而引发的经济波动。虽然此种波动与现代经济体系波动的原因不尽相同，但其相机行事、逆周期调控的基本政策取向与现代经济学在本质上并无区别。在欧洲，类似的思想与政策即便是在改变欧洲中世纪支离破碎局面的民族国家逐步形成过程中也并未伴随出现，只是到了17—18世纪西欧国家为打破封建割据开始大力推进国内经济一体化和国际贸易时，才产生了国家对经济生活的政策干预体系（典型的如‘重商主义’）。1601年，英国有了近代意义上的《济贫法》，这同中国古代的宏观福利思想与政策实践已相隔甚远。资本主义制度在欧美逐步确立后，古典市场经济模式长期占据主导地位，20世纪20—30年代，西方社会爆发空前大危机，国家逆周期干预经济的理念和宏观福利思想才以系统的理论形式出现在以‘凯恩斯革命’为代表的宏观经济学体系之中。”①

绿文教授甚至分析了常平仓政策产生的哲学基础，专作“常平的经济哲学之源:《管子》的经济世界观”一节，可就是一字不提以《管子》轻重诸篇为基础的中国古典经济学轻重术本身——只见术（树），不见林——因为西式教育体制早已将中国古典学术排除在现代学术视野之外！

不承认本土学术，中国将失去文化主体性。如此，我们和印加人有何区别？印加人并没有被西方殖民者杀光，只是他们的后人多忘记了自己的文化，信仰了天主教！

过去一百年的历史表明，西学救不了中国。即使引入西学，不经过本土化改造，也会沦为本本主义。实事求是的本土派与本本主义的国际派之争，贯穿整个波澜壮阔的近代史——这一过程发人警醒，触目惊心！

今天，西化的人文社科学术之空疏过于宋明。学人不仅不能解释现实，更不能指导未来。举世瞩目的中国经济奇迹不是因为学界的理

① 绿文:《永远的常平仓：中国粮食储备传统的千年超越》. 社会科学文献出版社. 2020年，第1版，第83~84页。

论指导，而是由于各级官员脚踏实地、实事求是地艰苦探索和实践。邓小平同志“不争论，大胆地试，大胆地闯”的思想构成了中国改革开放的起点——道在政、不在学久矣！

宋明理学家还能平时袖手谈心性，现代学人连心性智慧都不谈了，只会空说与现实脱节、调成各式心灵鸡汤的西方话语——结局是我们的话语权旁落，软实力流失。

暑期大雨漫天，彷徨陋室。与友人论及“建立基于中国本位、世界易接受的知识价值体系和文化传播体系”，深感路阻且长。

中国大学满是西方学术体系，学人大体只会以西格中，结果多是“西是中非”。中国数千年来坚持崇德报功，选贤与能的选举制度，只因不同于西方基于党派竞争的自由选举制度，就被骂为威权政治，不民主，专制……

悲夫！1895年甲午战败后，学界目睹奉行“中学为体，西学为用”的洋务运动的破产，痛感中国从科学技术到政治文化一切不如人，将目光投向西学，一路向西，至今不见回头！

一千多年前，唐代司空图（837—908年）感叹河湟地区因长久失陷于吐蕃，人人学胡语，民不思归的境况——作诗云：

一自萧关[①]起战尘，
河湟[②]隔断异乡春[③]。
汉儿尽作胡儿语，
却向城头骂汉人。

---

① 萧关：古关塞名，在今宁夏固原县北。

② 河湟（huáng）：黄河与湟水，指河西、陇右地区。

③ 异乡春：安史之乱时，边防空虚。吐蕃乘机于广德元年（763）侵入大震关，兰州、秦州等河西、陇右地区失陷。贞元六年（790），吐蕃陷北庭都护府，安西阻绝。所以司空图有异乡之叹！

当今中国学术版图全境沦陷于西学。即使中国文化研究本身（国学），不是史学化、（理性）哲学化，就是作为西方学术其他各科的研究对象被任意肢解。经典失去权威性、神圣性，人类历史上罕有的、中国数千年绵延不绝的经史传统被拦腰砍断。经典作为国人安身立命、安邦治国的根本鲜有人系统研习，学人知否？知否！

21世纪中国学林众生相，实同于司空图时代的河湟愚民。真可谓——

一自甲午战败后，
群儒临阵降为奴。
国人尽学西人学，
反骂祖国不民主。

十、贯通诸子，再造中学

最近参加会议，阅读专著，看到许多学者反思“以西释中”造成的严重学术困境，引发我谈这个主题。

周公在中国文化史上具有崇高地位，为什么？从春秋时代，史官就说周公制礼作乐，但对于制礼作乐的本质却所谈不多。一言以蔽之：周公制定了周代的治国理政大法，公元前11世纪中国的“宪法”，用形象化的说法，就是制礼作乐。

当这种以礼乐为标志的社会基本秩序崩溃时，孔子称之为“礼崩乐坏”。我们读《左传》，对当时社会大失序的现实有身临其境之感——甚至让人联想到今天国际秩序的混乱。

传世的周公制礼作乐经典，《周礼》一书十分重要，能看到其中天下为公，依法治国的架构。

据《周礼·天官冢宰第一》，周代大宰为百官之首，其职责是：“掌建邦之六典，以佐王治邦国：一曰治典，以经邦国，以治官府，以纪万民。二曰教典，以安邦国，以教官府，以扰（驯，引申为教化——笔者注）万民。三曰礼典，以和邦国，以统百官，以谐万民。四曰政典，以平邦国，以正百官，以均万民。五曰刑典，以诘邦国，以刑百官，以纠万民。六曰事典，以富邦国，以任百官，以生万民。”

典，也是法。东汉学者郑玄作注说："典，常也，经也，法也。王谓之礼经，常所秉以治天下也；邦国官府谓之礼法，常所守以为法式也。"

中国古代礼法、德刑、政教相统一，以法治国和以德治国是不分的，所以古代仪法、礼法常常并称。一代儒宗叔孙通为汉制定"诸仪法"，功莫大焉。按当时朝仪，"御史执法举不如仪者辄引去"。(《史记·叔孙通传》) 再比如西汉初年的《葬律》，我们很难说它是礼还是法，只能说既是礼又是法。

与西方相比较，它们长期以来政教分立，法治与教化呈两分态势——"上帝的归上帝，凯撒的归凯撒"。

中国礼法不分一直持续到魏晋时期，之后才有了独立的礼仪之书和法律之书。章太炎先生曾敏锐地指出："汉律非专刑书，盖与《周官》《礼经》相邻。汉律之所包络，国典官令无所不具，非独刑法而已矣。汉世乃一切著之于律。后世复以官制仪法与律分治，故晋有《新定仪注》《百官阶次》诸书，而诸书仪杂礼，公私间作。讫唐，有《六典》《开元礼》。由是律始专为刑书，不统宪典之纲矣。"①

所以，我们无法用西方世俗的法律，来理解中国法律思想史，那样会导致文不对题。中国法的内涵，比西方法律的范围大得多。《管子·七法》所说的法，涉及事物的规律、表象、标准、教化、权衡、用心之道和计数多方面，称之为则、象、法、化、决塞、心术、计数；《尹文子·大道上》提出法的表现形态有四种（法有四呈），包括伦理、教化、法律、标准，文中说："一曰不变之法，君臣上下是也。二曰齐俗（统一风俗，引申为教化——笔者注）之法，能鄙（德行表现得好与差——笔者注）同异是也。三曰治众之法，庆赏刑罚是也。

① 章太炎：《章太炎全集》(三). 上海人民出版社. 1985年版，第1版，第438页。

四曰平准之法，律度权衡是也。”

即使与西方法律关系密切的法家，也不能只谈法家。因为在中国文化中，法家本是形名法术之学，治道、法制、名实概念三位一体，不可分割。所涉及的诸学，必然包括黄老（道家）、法家、名家。

受西式大学学术分科和还原论思维方式的影响，我们在研究法家时，不断细分，先分为齐法家、晋法家，再分齐法家的重要组成部分黄老道家为老学和黄学，然后再细致研究每一家。这在某种程度上有利于我们深入细节，却有忽视整体、不识大体之嫌。因为中国学术源于大统一政府的官方学术（王官学），具有“殊途同归”的特点，诸学必然相互贯通。而不是如古希腊学术一样，源自爱琴海周边常常富有的私家学者，那是真正的“百家争鸣”。

最近修订我2013年出版的《正名：中国人的逻辑》一书，读到中国人民大学曹峰教授著的《中国古代“名”的政治思想研究》（上海古籍出版社2017年出版）。他不仅超越以名学比附西方逻辑学的传统，还强调了名学的政治及伦理意义，特别提出了“政论型名家”的概念。

也是通过这本书，我了解到徐复观先生在1966年就指出，中国本无西式逻辑：“自从严复以‘名学’一词作为西方逻辑学的译名以后，便容易引起许多的附会。实则两者的性格并不相同。逻辑是要抽掉经验的具体实事，以发现纯思维的推理形式。而我国名学则是要扣紧经验的具体事实，或扣紧意指的价值要求，以求人的言行一致。逻辑所追求的是思维的世界，而名学所追求的是行为的世界。两者在起步的地方有其关连，例如，语言表达的正确，及在经验事实的认定中，必须有若干推理的作用。但发展下去，便各人走各人的路了。中国文化中所以未曾出现形式逻辑，这不关系于文化发展的程度，而关系于文化的性格及其所追求的方向，即是它主要是追求行为的、实践的方向。”①

曹峰教授对五四前后，刘师培、胡适这些人开创的“以西释中”中国文化研究传统大胆质疑，喊出了“回到文本、回到诸子”的口号，我很受启发。他说：“20世纪以来的诸子研究虽然精彩纷呈，但其实存在一个很大的问题，那就是好用新方法、新观念去肢解诸子，其结果不是贴近了文本，反而是离开文本越来越远，不利于我们客观、完整地发掘、展现那个时代的思想风貌，所以我在这里要呼唤，‘回到诸子去’！”②

我认为“回到诸子去”是一个很好的方向，但光回到诸子文本不行，因为它没有解决20世纪初学人面对西学的窘境，即中国无“学”的问题。甲午战争的惨败让国人痛心疾首，1905年严复反思中国学术最能代表他那代人的观点：“是故西人举一端而号之曰‘学’者，至不苟之事也。必其部居群分，层累枝叶，确乎可证，涣然大同，无一语游移，无一事违反；藏之于心则成理，施之于事则为术；道尾赅备，因应厘然，夫而后得为之学……是故取西学之规矩法戒，以绳吾‘学’，则凡中国之所有，举不得以‘学’名；吾所有者，以彼法观之，特阅历知解积而存焉，如散钱，如委积。”③

如果我们株守《汉书·艺文志》以来以书籍分类的传统，只是回到诸子之书，那么，中国的“学”还是无从建起。只有破除百家界线，融汇贯通诸子，以中国明显本有之学（如名学、心性之学、中国古典政治学等），总摄诸子，方可树立能与西方对话的本土学术体系——一种学术，西学有，中国无者，亦不可民族感情用事，遍寻古

① 徐复观：《公孙龙子讲疏》.台湾学生书局.1966年版，第1版，第7~8页。

② 曹峰：《中国古代“名”的政治思想研究》.上海古籍出版社.2017年版，第1版，第280页。

③ 严复：《救亡决论》《严复集》第一册.中华书局.1986年版，第1版，第52页。

籍，硬去比附，比如基于欧几里得几何学范式、形式逻辑的科学、心理学之类，中国本来无有，何必非要强说有！

为何要贯通诸子。因为诸子一家所研究，一般涉及方方面面。今天我们研究中国古典逻辑学名学，如果不研究墨家的墨辩，名学的推理方法还是隐而不彰，名学依旧是死学问——只知“白马非（不等于）马”，不知“死人非（不等于）人”“切片细胞非（不等于）细胞”……

研究法家也一样，不仅要研究韩非、商鞅这些法家人物的著作，还要研究名家、黄老，否则仍不能看到法家之全体，最多只能如1905年刘师培写《周末学术史序·法律学史序》一样，抽取诸子百家互相矛盾的法律观点，却不见中国古典法律思想之全体，更别说中西法律原理之同异了。[①]所以不可避免地将“道生法”误解为西方自然法——事实上，无论西方基于上帝的神学自然法，还是近代基于社会契约论的古典自然法，都与中国基于自然秩序的“道生法”“道法自然”观念迥异。

过去一百年来，我们整理国故，结果却是肢解国故；我们保存国粹，结果却是埋葬国粹。是反思中国文化研究的学术路线的时刻了！

我们不仅要回归文本，回归诸子，还要进一步贯通诸子，再造中学。唯有如此，才能在一个全球化的时代，面对西方学术席卷全球之势，实现中国古典学术的凤凰涅槃！

（2021年11月20日，2021年中国法律思想史专业委员会年会线上召开，翟玉忠先生应邀出席，以上是其发言内容。原题：《从制礼作乐到形名法术—中国文化本位下的法律思想史研究》）

---

① 刘师培：《国学发微》（外五种）.广陵书社.2013年版，第1版，第51~123页。

十一、超越五四传统，复兴中华政教

2019年是五四运动100周年。

100年前，面临亡国灭种的民族大危机，面对国格的百般侮辱，五四先贤们如同几千年前面对洪水滔天的华夏先民一样，义无反顾地选择了抗争和革命。

犹如任何历史事件一样，五四运动不是完美的。但我敢说，从文字衣饰，到政治经济，当今之中国，没有一个人不受五四运动的影响，没有一个人不得到它的恩惠——决定20世纪中国历史命运的社会主义思想，也是在五四时期大规模传入的。

在此意义上，100年后的我们，必须向五四先贤们致以崇高的敬意！

五四运动高举两杆大旗——民主与科学，它们已深深植入中华文化的基因。

怒其不争，所以五四先贤激烈反对传统；恨其不强，所以五四先贤努力引入西学。

风雨如晦，鸡鸣不已。在千年未有之大变局中，我们别无选择！

100年，弹指一挥间。中国人，这个东方古老的族群比以往任何时代都更了解西方世界。

今天我们知道，民主和科学并不是西方文化的基础，西方文化的基础是基督教。如果说宗教是西方的“形而上”道，那么民主和科学不过是“术”（方法）而已。

我们也知道，西方民主在很大程度上仍是私人垄断资本主导的金主政治，它甚至将政治腐败，以特殊利益集团游说、政商旋转门等形式合法化了；科学方法基本不适用于社会人文领域，因为这些领域没有纯粹的“客体”，研究者与研究对象交互影响，也很难进行定量实验验证。

科学更不能为我们提供道德基础和人生观。地质学家丁文江（1887—1936）一生中曾三次宣布以科学为基础的人生观，皆如空花水月，无果而终。

事实上，西方道德是以宗教为基础的，基于科学的道德只是中国知识分子在西方先进科技阴影下的幻觉。

作为人类文明史上唯一突破神话、神本的文明，中国人的道德建立在社会自然分层基础上，而不是源自上帝的律法。所以五四先贤可以学习西方赛先生（*Mr Science*，科学），借鉴西方的德先生（*Mr democracy*，民主），却无法招来西方的穆姑娘（*Miss Morality*，道德），以提高国人的私德水平。

——这一失误的后果是灾难性的，远远不是五四先贤一代人的悲剧。他们打倒了旧道德，却没有建立起新道德。道德是智慧的基础，如何弥补时代的道德真空，这是我们必须面对的严重问题！

21世纪的中国，已经在物质层面上强大起来，成为工业门类最齐全的全球第二大经济体。在此意义上，五四先贤的历史使命已基本完成。今天我们所做的，是在精神层面，找到自我。

记得社会学家费孝通先生（1910—2005）晚年谈道：我们五四这一代人，已经将中国推向了工业化与现代化的进程上去，我们的基本使命已经完成。我们还剩下一件重要的事，就是如何将中国人带到文化自觉的大课题。

笔者同意费先生对历史大势的判断。我们需要文化精神上的自觉，复兴中华政教——过去500年的历史证明，我们不可能成为一神教信仰的、以神为本的西方社会。

如果说20世纪中国人的历史使命是现代工业化，21世纪中国人的历史使命则是中华政教的复兴！

这是相当困难的工作。

如五四先贤们一样，要完成这一历史使命，需要付出我们的一切——汗水、未来、生命……

复兴中华政教，必须推倒压在中国人头上的三座精神大山。

第一座大山是西方人文社会科学的普世化——西化。过去250年来，西方人对中国形成两大偏见。一是中国历史是封闭的，因为封闭，所以停滞；因为停滞，所以落后；因为落后，所以一切不如别人；因为一切不如别人，所以要全盘西化。二是中国政治是专制的，原因很简单，既然现代西方是民主的，根据西方非白即黑的二元对立逻辑，古代（包括现代）的中国必然是专制的。

中国既不封闭，也不专制。至少从四五千年前开始，中西方的交通已经在横贯欧亚的大草原上展开；中国也不是专制的，即使在帝制时代，西方“朕即国家”“君主不受法律约束”的观念在中国也不存在。

西方人文价值不是普世的。当有一天，中国人懂得了先学中学，再学西学的道理，才意味着西化大山的倒掉！

第二座大山是佛教化的宋明理学——佛化。笔者并不否定佛教对于中国人文精神的重要贡献，但同时也应看到，在极大丰富中国文化的同时，佛教对中国文化也产生了相当负面的影响，特别是宋明理学家暗度陈仓、引佛入儒后，空疏成为中国文化的痼疾。明清两朝太多学者想解决这一问题，都不成功，为什么？

宋明理学所发扬者，主要是心性之学，外王之学全部异端化了。所以笔者过去十几年来，极力整理德行、政事、文学、言语“孔门四科”，让以孔子为代表的中华内圣外王之学成为完璧。

遗憾的是，直到今天，还有学者将孔子所传的政治、言语诸科当作异端。试想，没有政治、经济、外交，光讲经书、德行，何以经世济民？！

第三座大山是将中国文化等同于儒家文化——儒化。东汉经学家郑玄说：“仲尼之门，考以四科。”汉武帝出于中央集权的现实需要，听从董仲舒的建议“罢黜百家，表彰六经”，为儒家独尊开了方便之门。因为儒家所研习者，即是经学（即“文学”），儒家鹊巢鸠占，将自己等同于经学，经过近千年的努力，宋代逐步形成“罢黜百家，独尊儒术”的局面。结果是孔门四科，文学一科独大，其他三科几尽消亡。

儒家化是危险的。因为汉以后，儒家形成了自己独立的政治经济主张，其核心是小农主义的自由政治经济理念。这一理念与土地资本相结合，产生了“与国争利”的士绅地主集团。直到毛泽东领导的社会主义革命，才将这一集团从物质上消灭。扫清了中国工业化的深层障碍，一举改变了宋以后中华国运的千年弱势。

今天，索罗斯这样的垄断私人资本代言人，寄希望于中国信仰儒家的商界及政治精英，目的是通过他们将中国演变为西式“自由社会”。若我们不清楚儒化的灾难，按索罗斯的逻辑支持“中国文化的复兴”，结果将是中国政教体系的崩溃！

警醒啊，善良的人们！

西化、佛化、儒化，是压在中国人头上的三座思想大山，只有推翻了这三座大山，中华政教的复兴，中国人的文化自觉才能实现。

终有一天，中国人会觉悟，知道存在自己的政治学，黄老（法家）；自己的经济学，轻重术；自己的外事理论和技巧，自己修齐治平的生活方式……

那一天，一个人类古老而日新的文明形态，将在世界的东方喷薄而出！

十二、某些大学老师为何背离自己的祖国和人民

2014年11月13日出版的《辽宁日报》A04版刊发了《老师，请不要这样讲中国——致高校哲学社会科学老师的一封公开信》(以下简称《公开信》)，笔者认真读了整版文章，两种久违了的感觉油然而生：敬意和惊叹！

敬意何来？

笔者曾经有十年在报社、杂志社工作的经验，深知采写这样的文章多不容易。

为了一整版文章，《辽宁日报》的记者们在半个月的时间里，竟然去了5座城市，20多所高校，听了近百堂专业课，整理近13万字的笔记，只是为了看到真实的大学课堂，了解“大学课堂上的中国”，这是怎样高强度的工作啊！

我知道，完成这类选题，拿起电话，采访几位教育专家也能搞定，甚至简单写几个EAMIL，约几篇稿子就行了，但《辽宁日报》的记者们没有这样做——他们要的是“掌握全面准确的第一手素材”——这是崇高的媒体从业人员品德！

1.诸多中国学人完全失去了理论创新的能力

因为研究工作的关系，笔者接触到大学学者、教授很多，所以《公开信》上列举的现象都耳熟能详，且对于“留学感”，归国教授学者们那“三板斧”，耳朵都听出了茧子——无论什么场合，见到什么人，这些先生们都要先介绍一下自己从哪国回来，毕业于国外哪所大学，师从于哪位大家或学什么专业——即使自己已归国几十年，还要不时抡出那“三板斧”。

但笔者依然为《公开信》提供的数字感到惊讶：“有80%以上的大学生表示碰到过课堂上‘爱发牢骚’的老师！”

这类老师“呲（斥责）必中国”，《公开信》将之归因于缺乏三个认同：即缺乏理论认同，缺乏政治认同，缺乏情感认同。

笔者对中国文化的研究深深得益于社科领域的专家学者，也有好多自己仰慕的师友，但也深知某些大学老师背离了自己的祖国和人民，且主根子只有一个：学人在过去一百多年思想西化过程中失去了理论创新能力，只会照抄西方！

面对中国飞速发展的现实，他们除了抱怨达不到西方既定的标准之外，根本没有明确的理论认知，更谈不上理论认同。反观那些“抱怨”，不过是说“中国的故宫为什么不是美国的白宫？”“故宫如何变成白宫？”“故宫何时变成白宫？”这类愚蠢问题。

为何人文学者会失去理论创新能力呢？

鸦片战争以来，西方不仅运用军事暴力掠夺中国，更为重要的是用精神暴力来达到长久奴化中国的目的。集中体现为，西方用自己的殖民话语体系取代了中国固有的话语体系，该话语体系植根于以自由主义现代性为基础的欧洲中心论，一切方面都是“西是中非”“呲必中国，赞必西方”。在这一逻辑体系中，中国文化、中国历史和中国经验都失去了“政治正确性”。

——可以研究中国文化，但一定要用西方汉学（中国学）的方法；可以研究佛学，但不可修习佛法，那是神秘主义玄学；可以研究毛泽东的历史问题、私德问题，但不能赞同中国的工业化道路……所有这一切，都是大学学术不变的“潜规则”。

于是，否定中国现实和中国经验，移植西方先进（最新）理论成了人文学术发展的基本范式；反映到教育实践，就是《公开信》中讲的：“在授课过程中，每当结合现实问题，常常会表达出一些消极负面的情绪，谈到好的，都是外国的，不好的，都是中国的，中国成了负面典型的案例库。”

欧洲历史极为独特。因为自一万年前亚洲东西部分别发生农业革命以来，人类文明在整体上是持续发展的，即使一个文明消失了，另一个文明很快会在早期文明的基础上建立起来，唯独欧洲，它在中世纪陷入了长达一千年的严重文明衰落。

16世纪以后，为了重新加入世界文明体系，面对来自印度和中国的强大经济压力，西欧集成东方文明成果，逐步发展出以大机器生产为基础的、以殖民掠夺为特征的工业社会，即资本主义体系，其本质是异化的、物欲的和野蛮的——诚如马克思所描述的那样：从头到脚，每个毛孔都滴着血和肮脏的东西。

就是这样一个社会，西方人用学术和欺骗手段将之打扮成了文明的模样，通过暴力和非暴力手段，让包括中国在内的东方人学习这种“文明”，芝加哥大学国际研究中心主任，美国学者何伟亚（James L. Hevia）形象地称之为“帝国主义教程”。[①]

欧洲中心论认为，既然现代工业文明首先出现于西方，所以西方

---

① 何伟亚：《英国的课业：19世纪中国的帝国主义教程》.社会科学文献出版社.2013年，第1版。

因其各种独特性，是其他文明高高在上的启蒙者，是照耀其他停滞、黑暗社会的唯一光源。

这是历史的无知。历史学家，剑桥大学社会人类学教授杰克·古迪（Jack Goody）不无讥讽地写道："去谈论谁发明了资本主义，不比去探究谁发明了封建主义更具意义。资本主义肯定不是一种突然的重大社会变革的结果，而是一系列事件长期演进的结果，其中的一些事件发生在西欧之外，且出现在文艺复兴时期之前。正是东方世界不断崛起的生产体系的新发展，似乎让我们看到这种情形在当今的再次出现。处于现代化进程中的各色社会，正如百舸争流，相互砥砺，拼搏向前。从更大的时间跨度去看，现代社会的诞生不该归属于任何一个区域。"①

欧洲中心论者忽略了世界史上的一个基本事实：自青铜时代以来，技术以及生产方式在扩散流传过程中发展和成熟——在工业生产方式的扩散过程中，恰恰是东方社会主义开出了近代工业社会的"文明"形态。

先是在苏联，接着是在中国，社会主义革命和实践世界史意义在于：它使工业社会不再建基于野蛮掠夺的基础之上，而是建基于内向型资本积累之上；社会主义国家摆脱"统治——依附"的资本主义世界体系的同时，开出了工业社会的文明发展形态。②

我们还难以看清楚，这种新型的工业文明将如何改变整个世界的政治经济版图，但从中国蓬勃发展的现实经验中，我们看到了人类文明的新希望——如果中国未来不像俄罗斯那样被迫走向去工业化道路，她必将为世界做出难以估量的巨大贡献。

---

① 杰克·古迪：《西方中的东方》.浙江大学出版社.2012年，第1版，第38页。

② 温铁军等：《八次危机：中国的真实经验1949–2009》.东方出版社.2012年，第1版。

2. 宁要西方理论的草，不要中国经验的苗

只有认识过去，才能产生道路自信，才能坚定地走向未来。

目前的中国人文社科领域最大的问题就是：为了满足欧洲中心论的理论前提，为了通过“否定——移植”模式实现学术“进步”，学人不仅要否定数千年中国文化，还要否定改革开放前三十年、否定改革开放后近三十年。因为如果不持续否定中国现实，拾人牙慧，持续移植西方学术就会失去合法性——那些远离中国实际的理论将不再“先进”，最多只具有参考价值。这是怎样可怕的学术怪圈啊！

所以，中国人文知识分子“宁要西方理论的草，不要中国经验的苗”。甚至一些马列主义研究者，也对中国革命和建设的现实经验视而不见，宁可皓首穷经于从理论到理论的“西马”！

笔者曾向一位在国内知名大学研究马列问题的学者建议，一定要深入研究在血与火的斗争中形成的中国本土经济理论，这是毛泽东、陈云、薛暮桥等先贤从抗战时期积累起来的宝贵经验，是人类经济学的大宝贝。

想想吧，哪一个上亿人口的大国实现了持续六十多年的高速经济增长？

想想吧，哪一个近代国家靠自力更生，艰苦奋斗，靠大量劳动力投入实现了工业化？

想想吧，哪一个强大的国家将互利合作，以及无条件的多方位援助放在了国际关系的首要位置？

然而笔者得到的回答却是：现在什么时代了，少搞这些“左”的东西！

这个例子告诉我们：社科领域的大学老师“呲必中国”，不单单

是出于职场上“发牢骚”的心理习性，也不是大学老师不重视职业操守的问题，其中有更为深层次的历史和文化原因——他们普遍缺乏实现理论创新的前提，缺乏基本的现实认同！

在《辽宁日报》的《公开信》发表后，有“政治敏感性”的学者马上断言，如前一阶段整肃“网络大V”一样，这是要整肃大学知识分子的危险信号。

我不这样认为。因为某些社科领域的大学老师“呲必中国”，背离祖国和人民现象的形成背景高度复杂，乃至与欧洲中心论这类当代新蒙昧主义密切相关。解决这个问题需要知识分子自身、学术机构、媒体和政府有关方面协同努力，单靠法律和宣传是远远不够的……

十三、方方女士，面对民族大义，您必须站出来

方方女士，在亚马逊网站上看到您《武汉日记》在海外即将出版的消息，注意到有人正利用它攻击您的父母之邦，并把您说成一个反体制的“准不同政见者”，依然感到吃惊——某些人又要制造中国的反对派了！

亚马逊网站上对《武汉日记》的两段介绍，令我不安。

2020年4月11日看到一篇对您的采访，其中您提到“我跟国家之间没有张力，我的书只会给国家以帮助”。但白纸墨字，铁的事实是：您的书正在成为某些人的工具，攻击中国为“极权主义”国家、中国政府利用信息技术专制独裁。

此时此刻，难道您不应站出来澄清自己的立场吗？难道您甘愿成为别人的意识形态工具吗？

我们不能要求现代知识分子做到“文以载道”，但一个社会人至少应该知道：不仅要讲言论自由，也要讲言论责任啊！若世界上只有言论自由，就没有美国“罗斯福”号航母舰长克罗泽被解职、斯诺登被美国政府指控为“极其重大的刑事犯罪”的事了。

我没有资格评价您疫情期间的日记，因为看了不过四五篇。没有持续学习您的日记，因为我认为不能只凭“医生朋友”的电话，就随

意下结论，发感慨——这样容易误导读者，特别是在疫情期间。

我知道一些人很爱看您的文章，他们同您一样反对极左，强调言路畅通的意义。不过其中一些人也认同：在一个缺乏体制性宗教，政治和教化相统一的国家，中国的言论政策应与西方基督教世界不同。

我同您一样反对极左，也不喜欢那些只会“讲坏美国故事，讲好中国故事”的左派，仿佛中国是“全能救世主”“天下完人”似的，那些人不和二十四史《佞幸篇》中以谄媚而受宠的奸臣一个德性吗？

与您不同，我认为中国的极左和极右本质一样，总是怨天尤人，从政治到经济都提不出什么可行的建设性建议。二者都是从某些抽象的概念出发，否定过去40年中国改革开放举世瞩目的成绩，否定人类政治科学和人文科学的进步，否定人类文化和政治形态的多样性。只不过极左抓住计划经济时代的中国不放，喜欢背诵毛主席语录；极右抓住美式多党竞争的民主不放，喜欢背诵丘吉尔语录——民主是最不坏的政治制度。

方方女士，爱民族、爱家国是人类最普遍的情感之一，连两千五百多年前的孔子都“不轼降民”。

孔子时代，手扶车轼表示敬意。楚国攻打陈国时，孔子乘车经过陈国都城的西门，看到投降的陈国民众为楚人修建城门，孔子鄙视这些人，不下车，也不手扶车轼行礼。《韩诗外传·卷一》记载：“荆伐陈，陈西门坏，因其降民使修之，孔子过而不轼。子贡执辔而问曰：‘礼，过三人则下，二人则轼，今陈之修门者众矣，夫子不为轼，何也？’孔子曰：‘国亡而不知，不智也；智而不争，非忠也；亡而不死，非勇也。修门者虽众，不能行一于此，吾故弗轼也。’”

古今中外，所有抛弃民族大义，家国大义的人都要受到历史的谴责和惩罚——因为这类人既不智，又不忠，更非勇。

方方女士，采访中您说外文版翻译的文字都要交您最后审定。那么，当一些人将疫情政治化，借您的作品贬低您的祖国，攻击您父母之邦政府的时刻，您就有责任站出来，勇敢地说：

——不！

我理解，在国外出书是一种荣誉，外国朋友也翻译过我的著作和文章。因为将自己认为有益的思想介绍给其他国家的人民，本身就意味着服务更多的人。

但我们不能以牺牲自己国家利益为代价换取荣耀。否则，无论您将来在国外得到什么样的奖赏，这个经历了太多挫折和苦难，刚从此次大疫中复苏的民族，都不会因为卖国求荣原谅您！

十四、恳请有关部门更正中国是“礼仪之邦”的错误提法

雄鸡一唱，天地和之。

2017鸡年新春佳节期间，一则消息引起了热爱中华文化人士的广泛关注。

1月25日，新华社公布了中共中央办公厅、国务院办公厅印发的《关于实施中华优秀传统文化传承发展工程的意见》（以下简称《意见》），[①]可以说，这是多年来国家从政策方面支持传统文化最为全面、权威的文件之一，从目标到具体政策，面面俱到，足见政府对本土文化的重视，令人鼓舞！

在“重点任务”部分，《意见》将“加大宣传教育力度”列为重要工作，指出：“加强国民礼仪教育。加大对国家重要礼仪的普及教育与宣传力度，在国家重大节庆活动中体现仪式感、庄重感、荣誉感，彰显中华传统礼仪文化的时代价值，树立文明古国、礼仪之邦的良好形象。研究提出承接传统习俗、符合现代文明要求的社会礼仪、服装服饰、文明用语规范，建立健全各类公共场所和网络公共空间的

① 网址：http://news.xinhuanet.com/politics/2017-01/25/c_1120383155.htm，访问日期：2017年1月30日。

礼仪、礼节、礼貌规范，推动形成良好的言行举止和礼让宽容的社会风尚。”

加强国民礼仪教育重要。问题是《意见》几乎没有提到几千年来规范调节国人数千年社会生活的礼义（礼之义），却将礼仪（礼之仪）放在第一位，还称中国是“礼仪之邦”，这种颠倒本末的提法会导致严重的后果。

为何这样说？

因为这将使中国文化失去特殊性、时代性和普世性，将其最核心的元素剥离。

中国文化之所以特殊，在于她和西方一神教宗教文化不同，是一种因人情节人欲的礼义文化。钱穆先生指出：“在西方语言中没有‘礼’的同义词。它是整个中国人世界里一切习俗行为的准则，标志着中国的特殊性。”①

礼主要包括礼的本质（礼义）和礼的仪节（礼仪）两大方面。前者是本，后者是末，二者相辅相成。春秋时代以来，先贤在这方面没有太多疑义。《礼记·郊特牲第十一》中说：“礼之所尊，尊其义也。失其义，陈其数，祝史之事也。”

所以，中国人从公元4世纪就正式称自己是“礼义之邦”（不是“礼仪之邦”）。事实上，“礼仪之邦”这个提法明末第一次出现时，强调的是朝鲜这些属国与我们的习俗相类。直到民国年间，用“礼仪之邦”指称“中国”才逐渐流行起来，大体是以讹传讹结果。中国社会科学院历史研究所研究员林存阳曾做过详细考证。感兴趣的朋友也可参阅林先生的《“礼仪之邦”抑或“礼义之邦”考论》一文。②

---

① 邓尔麟：《钱穆与七房桥世界》.社会科学文献出版社.1998年3月，第1版，第8页。

② 林存阳：《“礼仪之邦”抑或“礼义之邦”考论》.2015年1月21日《光明日报》14版。

环顾当今世界，如果称中国是“礼仪之邦”，将会成为笑话。人类学告诉我们，越是原始的、宗教化的文明，越重视仪式、礼仪。相反，中国这种高度世俗化、理性化的社会，礼仪会越来越简洁方便——考察研究西方或中东的一神教文化，走进教堂，不难发现他们比中国人在日常生活中更重礼仪，甚至在首都国际机场的偏僻角落，我们都能看到按时礼拜的教徒——人家才是真正的“礼仪之邦”。

诚如《意见》所言，中华民族能够“尊时守位、知常达变”。

礼中有因时代而变者，包括礼器、礼仪诸方面；礼中又有恒常少变者，即礼中义理，礼之义。

现在社会上和大学中一些人，颠倒本末，根本不讲礼义，将恢复古礼，演习古礼作为礼学教育的重点——这种人似乎真的要将中国建成“礼仪之邦”！

礼因时因地而制，今天的礼仪怎能等同于古礼！《礼记·礼器第十》中讲“礼，时为大”，“先王之立礼也，有本有文。忠信，礼之本也；义理，礼之文也。无本不立，无文不行。礼也者，合于天时，设于地财，顺于鬼神，合于人心，理万物者也”。制礼一定要符合时代现实和具体情境，不可守株待兔，刻舟求剑。我们研究礼学，要做到《意见》中提倡的“与时俱进”“实事求是”。

为何因人情节人欲的礼义有恒常少变的特点？因为它基于人类的天然本性及社会基础秩序。《礼记·乐记第十九》谈到制礼时说，人性本来清静，这是人的天性。受到外物的影响才产生各种冲动，这是由人性产生的欲求。外物的影响使人产生了不同的感觉，喜好和厌恶的情绪就出来了。人们对好的事物不会主动拒绝，外界美好事物持续存在，不断诱惑人，若不能反省自己，就会沉溺其中难以自拔，这样就会丧失人的天性。外物对人影响诱惑种类繁多无穷无尽，如果人的好恶之情没有节制，在外物的影响下，就会被某一外物所诱惑而深陷其中，成为外在事物的俘虏。人变成外在事物的俘虏，失去人的天性，执着于欲望，就会有悖逆之心，虚伪之心，就会做纵欲放荡，为非作歹的事情。文中说："人生而静，天之性也。感于物而动，性之欲也。物至知知，然后好恶形焉。好恶无节于内，知诱于外，不能反躬，天理灭矣。夫物之感人无穷，而人之好恶无节，则是物至而人化物也。人化物也者，灭天理而穷人欲者也。于是有悖逆诈伪之心，有淫佚作乱之事。"

人类社会的基础秩序，指任何复杂社会都分层为上下级（古代用君臣代表）、夫妇和父子三重关系（六位），对应这六个名位的是六种社会责任和六种道德律令，即六职和六德。郭店楚简《六德》中说："生民斯必有夫妇、父子、君臣，此六位也。有率人者，有从人者；有使人者，有事人者；有教者，有受者；此六职也。既有夫六位也，以任此六职也。六职既分，以裕六德。"有生民以来就必然有夫妇、父子、君臣。这就是"六位"。有率领人的，有服从人的，有役使人的，有服侍人的，有教导人的，有接受于人的。这就是"六职"。有了"六位"，分别担当此"六职"。"六职"已分，用来升华自己的德行——"六德"分别是圣、智、仁、义、忠、信。

如果说西方一神教社会的道德基础是上帝启示的摩西十诫，那么中华礼义文明的道德基础是基于人类自然本性和社会自然分层的诸德行。这是《意见》中提到的"道法自然，天人合一"思想在日常生活中的具体体现。

21世纪，随着科学技术的进步，全球市场的深化，过去五百年来人类世俗化、理性化将会加速发展。在这一大趋势下，建基于人类天然本性和社会基础秩序的中华礼义文明应当发挥更大的作用。中华礼义文明的特殊性、时代性、普世性也会凸显——这是作为"礼义之邦"的中国对全世界的极大贡献。

所以，笔者恳请有关部门更正中国是“礼仪之邦”的错误提法。因为中国是非宗教的礼义之邦，而非自吹自擂的“礼仪之邦”。

礼义之邦，这种表达会让中华传统文化的“实”合乎中华文化的“名”。否则，必将以名害实。孔子云：“名不正则言不顺，言不顺则事不成。”

在关乎传统文化根脉的问题上——执政者慎之！

十五、疫情要求我们补足治国体系和治国能力的短板

多难兴邦。

四千年前，全球气候急剧变化，面对大洪水等灾难，欧亚大陆诸多古王国陆沉。当许多民族认为自己有罪，并将生存希望寄托于神的时候，只有中华民族，逆势崛起，没有向灾难低头！大禹治水，不仅奠定了中华民族“大道之行，天下为公”的大公无私人文精神，也奠定了超越党派竞争、代表社会各阶层整体（社稷）、拥有强有力中央政府的政教制度基础。

据说源自大禹治国理论的《尚书·洪范》写道：“无偏无党，王道荡荡；无党无偏，王道平平。”

在霸凌主义行径、私人垄断资本横行的时代，中华治道如同此次战“疫”大显身手的中医一样，不仅没有过时，还显得特别宝贵！

大疫时期，除了医治不幸被病毒感染的同胞，还要“医国”。在充分汲取古今中外经验的基础上，补足我们治国体系和治国能力的短板。

目前有太多工作要做——

基层组织是“国之本”。这次席卷全国的疫情，凸显了社区（村）

以下基层建设的缺失，我们需要恢复以家庭为基础、守望相助的社会组织，不能将中国施行几千年的什伍、保甲乡党制度核心精神丢弃。如果只重科层，忽视基层组织，基层管理只能通过科层，层层下达，最基层将承受极大压力，结果将事倍功半——特别是在长期战争和阻击疫情这种特殊情况下。有报道说，某些基层为填表每天就要浪费几个小时。

疫情要求我们执行“轻其重者”的刑事政策。根据《刑法》和相关法律解释，在新型冠状病毒疫情防控期间，可能触犯多达39个罪名，其中多项罪名可以判处死刑。我们要在理论上讲清楚，只有对轻罪施以重罚，才能同时实现教化和惩罚的双重目的，使“轻者不至，重者不来”（《商君书·靳令》），最大限度减少犯罪，维护正常公共秩序。

阻击疫情，防疫物资是生命线。防疫物资的短缺，深层上是过去几十年来我们迷信西方政治经济学的必然结果。西方政治经济学植根于西方思维方式，缺乏整体观念，只重生产和消费，不重储备。中国古典政治经济学将储备作为治国理念的核心，《管子·牧民第一》开篇就说：“凡有地牧民者，务在四时，守在仓廪。”《管子·国蓄》篇专讲储备在市场经济中的重要性。只有拥有充足的储备，经济学才能立“中”，国家才能利用储备，随时随地稳定、平衡市场；疫情过后，财政、货币手段可以刺激经济，但增加储备同样可以刺激经济——且少通货膨胀风险！

无情的疫情，让世人认清了太多真相。过去有人主张将私恩置于公道之上，站在道德制高点大谈“亲亲相隐”。此次大战“疫”中，有不少子女为双亲健康，举报父母聚众打牌等不当行为——网友不仅不批判这些人不讲亲情，几乎一致赞扬。《礼记·丧服四制》上说：“门外之治，义断恩。”面对公共安全，当以公义断绝私恩，这才是大公无私，才是真正的中华礼义大道!

在21世纪“新战国时代”，列国虎争，世界失序。无论是大战役，还是大战“疫”，都要求我们对言论实施管理，对社交媒体的审查和封禁更是全世界通行的做法。一个人，特别是知识分子，不仅要讲言论自由，更要讲言论责任。

可是，中国诸多人文知识分子不是这样。看到宪法中有“言论自由”的字样，就将一切言论、舆论上的管控措施称为违反宪法，呼吁言论自由。

可敬的李文亮医生去世后，武汉十位教授立刻发表了一个呼吁书，并明确提出三点要求。

这些教授的要求，竟和一些港独分子、反华势力的公开信、呼吁书没有多大区别!

为何这样？不是说教授们就是港独分子或反华势力，而是因为这些人接受西方教育，不知道中国政治和教化是统一的，我们没有经历过资产阶级的崛起过程，从孔子时代就强调言论责任。东汉政论家，建安七子之一的徐干认为，杀一个人使一人受害，而错误言论可以对整个社会造成巨大危害，远大于杀一个人。(《中论·考伪第十一》)

那些教授们不懂得，疫情开始时世人对其理解很不充分，不仅是政界，医学专家也是一样。那时不当行政行为发生原因是多方面的，怎能因此断定中国“限制言论自由”呢？再说，国家监委已派调查组赴武汉，相信一切实情都会水落石出，并对相关责任人严肃处理。

假如“言论自由”“自由民主”这些抽象概念能帮我们抗击疫情，那么美国就不应出现流感的大规模爆发：据美国疾病控制与预防中心2020年1月底公告，2019—2020年美国流感季导致1900万人感染，至少1万人死亡——美国不是“言论自由”“自由民主”的样板吗？

人文社科界的诸多专家教授们，你们在国家最需要建言的时刻沉默也就罢了，别在国难当头之时贩卖你们的“美国梦”了。

终有一天，浴火重生的中国人民，会看透某些人的丑恶嘴脸。

——将时事记下，让历史照亮未来！

十六、让疫情魔鬼无处藏匿，为网格化管理建立长效制度基础

疫情阻击战是一场人人参与其中的人民战争，社会基层组织是疫情防控的大堤，其重要性不言而喻。

近日，中央赴湖北指导组充分肯定了武汉一些农村和城乡基层社区的防控工作，特别是一些好的做法，比如每个居民配备“五个一”，即一支体温计、一个口罩、一个表格、一支笔、一份宣传册，进行网格化、地毯式管理。①

如何实行“网格化、地毯式管理”？笔者发现，各地方还是基于科层式管理思维，上层组织发动，派大量干部员工入户开展网格化、地毯式走访排查。

当务之急，这种措施是必要的，说明了我们垂直科层管理的高效性。尽管极大增加了广大基层干部的工作量、极大增加了他们被传染的风险。为了大家，干部牺牲了小家！多少夫妻长期不能团聚，多少父母长期不能见孩子一面……

难怪英国广播公司BBC对中国政府雷厉风行的措施感叹：“幸亏

---

① 《中央赴湖北指导组：进一步降低病死率 加强农村和社区防控》，央视网2020-01-31。网址：https://news.ifeng.com/c/7th77CpYd2v，访问日期2020年2月1日。

疫情发生在中国……”

同时，我们还应看到目前社会横向基层管理不足。比如，在我工作的北京，小区之下根本看不到组织；在我的河北农村老家，村委会大喇叭之下农村基层组织普遍缺失。干部、工作人员进行网格化、地毯式走访排查，只能事倍功半，甚至流于走过场，因为不可能实时监控每个人的身体状况变化——真正了解疫情动态。

数千年来，经历无数大灾、大难、大疫，中华民族早有“守望相助，疾病相扶持”的传统，也有相应的乡党制度，[①]通过基层自治，将民众组织起来，让人人负起相应的责任。历史上主要是周代以前的井田制度和周以后的什伍、保甲制度——一种基于连带责任的高效基层组织制度。[②]

据《孟子·滕文公上》，井田制八家为一井，共同耕种一里见方的土地，这不仅是一种政治经济管理制度，更是一种社会组织制度，目的是：“乡田同井，出入相友，守望相助，疾病相扶持，则百姓亲睦。”共有井田的各家，平时交往互相友爱，有盗贼时互相帮助察奸，有了疾病互相扶持。

秦国商鞅变法时，一个重要举措就是以户为单位，“令民为什伍，而相牧司连坐”(《史记·商君列传》)，这里的“牧司”为监督举报之义，与“守望相助”意义大体相同。

商鞅变法，不仅建立了第一个超越家族血缘、非人格化的科层管理体制，也建立起了基于家庭血缘、人情社会的基层管理体制。遗憾的是，受德国学者马克斯·韦伯科层制（又称官僚制）理论的影响，现代学者多重视前者的伟大历史贡献，而忽视后者。美国政治学者弗

① ［唐］杜佑：《通典·食货三·乡党》。

② 张维迎，邓峰：《信息、激励与连带责任——对中国古代连坐、保甲制度的法和经济学解释》，载《中国社会科学》2003年第3期。

朗西斯·福山甚至认为："中国西部的秦孝公和谋臣商鞅，奠基了世界上第一个真正现代的国家。"[①]

有了井田、什伍制度，以家庭为基础，将城乡居民纳入制度化，公共化管理，联通了科层管理与基层管理，极大降低了管理成本，提高了管理效率——这是为什么，数千年来中国社会一直保持相对"小政府"状态的重要原因。

面对此次严重的疫情，不仅要利用本土先进的医学中医，还要充分利用本土先进的治国理念。我们建议：以户为单元，以一幢楼或一组村民为基本单位，建立基层组织，让每家每户将家庭成员的身体状态，随时随地上报楼长、组长；楼长、组长再将相关情况及时汇报上级，对于知情不报者，要承担相应的法律责任。这样就可以将守土责任明确到每一个公民，奖惩明确到每一个公民，真正在制度上实现网格化、地毯式管理，真正做到群防群治——这才是事半功倍之策！

人有情，而疫无情。

打赢此次疫情防控阻击战，我们不仅要有战斗在第一线医生那样的自我牺牲精神，还要建立起严厉，不容半点私情的制度。只有这样，我们才能让疫情魔鬼无处藏匿！

---

① 弗朗西斯·福山：《政治秩序的起源：从前人类时代到法国大革命》，广西师范大学出版社，2014年，第95页。

十七、完善疫情防控体系机制，打赢总体战须用重典

“世轻世重”的刑事政策原则出自《尚书·吕刑》，周穆王对吕侯的训词中提到：“轻重诸罚有权，刑罚世轻世重。”

《周礼·秋官司寇》论大司寇的职责，更详尽指出：“一曰，刑新国用轻典；二曰，刑平国用中典；三曰，刑乱国用重典。”

“乱世用重典”出自此。

中国古典政治学黄老道家核心经典《管子》指出，刑事政策的轻重要根据时代不同而改变，在人民急躁而行为邪僻的时代，一定要用重刑。上面说：“故古之所谓明君者，非一君也。其设赏有薄有厚，其立禁有轻有重，迹行不必同，非故相反也，皆随时而变，因俗而动。夫民躁而行僻，则赏不可以不厚，禁不可以不重。故圣人设厚赏，非侈也；立重禁，非戾也。赏薄则民不利，禁轻则邪人不畏。”（《管子·正世第四十七》）

春秋战国时代和当代有相似之处：列国大争，天下纷乱，各国积极变法图强，多用重典。商鞅学派两千多年前从理论上论证了西方奉行“轻轻重重”刑事政策的弱点，指出那样只会使社会混乱，国家削弱。认为使用刑罚，对民众犯的轻罪施行重的刑罚，那轻微的犯罪就

不会发生，严重的犯罪更不能出现了，这叫使国家安定的方法。使用刑罚，犯重罪的重罚，犯轻罪的轻罚，那轻微的犯罪不能制止，严重的犯罪更无法制止了，这叫使民众动乱的方法。所以轻罪重罚，刑罚能除掉事情也能办成，国家就会强大；使用刑罚对重罪重判，轻罪轻判，那刑罚虽然用了，犯罪的事仍多有发生，国家也会被削弱。《商君书·说民第五》说："故行刑，重其轻者，轻者不生，则重者无从至矣，此谓治之于其治者。行刑，重其重者，轻其轻者，轻者不止，则重者无从止矣，此谓治之于其乱也。故重轻则刑去事成，国强；重重而轻轻，则刑至而事生，国削。"

《司马法》成书于战国初期，记载了从殷周到春秋战国的作战原则，其中同样强调重其轻者的刑事政策，与《商君书》一脉相承。作者指出：作战必须巩固军心，明辨利害，治理纷乱，进止有节，服膺正义，激发廉耻，简约法令，少用刑罚。小罪就要严厉制止，犯小罪的如果得逞，犯大罪的也就跟着来了。《司马法·定爵第三》说："凡战，固众，相利，治乱，进止服正，成耻，约法，省罚。小罪乃杀，小罪胜，大罪因。"

湖北睡虎地秦墓出土的秦律中，我们能看到"重其轻者"的法律条文，它告诉我们秦汉犯罪率极低是如何实现的。

《睡虎地秦墓竹简·法律答问》：有人偷摘别人的桑叶，赃值不到一钱，如何论处？罚服徭役三十天。（原文：或盗采人桑叶，臧不盈一钱，何论？赀徭三旬。）

《睡虎地秦墓竹简·法律答问》：甲盗窃，赃值一千钱，乙知道甲盗窃，分赃不满一钱，问乙应如何论处？与甲同样论处。（原文：甲盗，臧值千钱，乙知其，受分臧不盈一钱，问乙何论？同论。）

在国人已将防盗窗安上六楼、人心浮燥的时代，还有人盲目称赞西方轻轻重重的刑事政策，称之为"公平、正义"——我们不能说中国重其轻者的刑事政策是“恶法”，西方轻轻重重的刑事政策才是“恶法”，它是今天西方社会犯罪率居高不下的原因之一！

刑事政策的轻重如阴阳，乱世当用重典——轻罪重判；太平之世当用轻典——重罪轻判。在这个民族国家分立、世界失序的“新战国时代”，完善疫情防控体系机制、打赢总体战必须用重典！

十八、中国迅速取得抗疫效果的制度基础

人类历史与瘟疫息息相关。美国史学家威廉·麦克尼尔（William Hardy McNeill）著有《瘟疫与人》[①]，专题探讨这个大历史问题。“与疫共存”的漫长历史，给了人类抗击疫情的宝贵经验。其中最为主要的就是隔离——用关闭病毒源头的方法，减缓乃至阻断疫病传播。

面对疫情，中国人两千年前就采取了隔离措施。公元2年爆发疫情，政府命令疫区腾空住宅，用作隔离病房，并派人集中治疗。《汉书·平帝纪》载：“元始二年，旱蝗，民疾疫者，舍空邸第，为置医药。”

在欧洲，1377年拉古萨共和国（今罗马尼亚南部）制定了隔离法，设置隔离区，用以对付当时肆虐欧洲鼠疫，取得了良好效果。后人评价说：“这个隔离法令是中世纪医学最高成就之一。”

但隔离更多的不是医学问题，而是政治社会问题。隔离效果的好坏，检验着一个政体的效能。

面对2020年初大规模爆发的新冠肺炎疫情，在没有特效药和疫苗的情况下，全世界普遍采用了人类最古老，也证明最有效的抗疫方

① 威廉·麦克尼尔：《瘟疫与人》. 中国环境科学出版社. 2010年，第1版。

式——隔离。其中，引人注目、效果明显的是中国政府在春节前后采取的隔离措施。

奇怪的是，世人多对这一治理奇迹视而不见。西方国家，宁可让更多的人失去生命，也不愿正视中国政府公正高效的隔离措施——尽管隔离是人类数千年抗击疫情的基本常识。

生命无价，病毒无界。

为何西方人没有实施更高效的隔离措施呢？难道只是自由价值、文化背景这类模棱两可的原因吗？

显然不是，没有一个现代的政治家会公开拿生命开玩笑。原因很简单，西方的政治组织无法深入基层，他们没有一套如臂使指，公正、高效、统一的政治体制，中国先哲称其为大一统的王道政治。它超越党派，吸纳各阶层贤能以法治国，对人民承担无限的责任。大一统以政治中枢（“皇极”）为核心，主要包括军政、社政、政经、政教的统一。

军政一统，军事统一于政治，党指挥枪。此次抗击疫情的过程中，中国军人再次体现了人民子弟兵的本色，听党指控，闻令而动。在武汉封城之时，从运输物资到疫病防治，都起了中坚作用。

社政一统，社会组织与政治组织相统一。与西方传统的社会与政府对立不同，中国人强调社会与政治的统一，君民一体，社稷第一，所以中国没有西方民族国家上升时期典型的“君主第一”的君主专制。孟子总结说：“民为贵，社稷次之，君为轻。”请注意，这不是孟子一个人的观点，而是中国传统政治学的常识。此次抗疫，由于党的领导能够深入社会最基层，基层社会组织发挥了重要作用，从基层党员到普通社区工作者，他们成了最值得尊敬的逆行者之一。

政经一统，政治与经济的统一。中国古典经济学轻重术认为，市场不能自动均衡，需要强大的国有资本培育、稳定、平衡市场。此次抗疫，诸多国有企业以社会效率为第一位，在防疫物资的生产过程中发挥了重要作用。这种公私相分，国有资本参与其中的市场经济，是中国社会主义市场经济的本质特征，与西方以自由企业为基础的市场经济体制不同。

政教一统，政治价值与社会教化的统一。在中国这样没有体制性宗教承担社会教化职能的社会，教化是超越宗教的，由政治组织来承担的。所以古代君主不仅要“为之君”，更要“为之师”。此次抗疫过程中，尽管14亿人众志成城，显示了中国民众对政府的高度信任。但也让我们清醒地意识到，学校西式教育思想与中国现实之间的巨大鸿沟。

诸多西方学人将中国政体称为极权主义，独裁专制，中国经济称为“准资本主义”和“国家资本主义”。诸多中国学人对基于深厚历史文化的中国现实认识不清，连篇累牍地用“集中力量办大事”“高效动员力、组织力、协调力”等概念来描述中国特色社会主义制度，他们甚至不清楚这一体制与同样能集中力量办大事的法西斯主义、西方资本主义国家战时状态有何不同。更有些西化学者，同西方别有用心的政治家一道，胡说中国隐瞒了疫情，将疫情的爆发归因于现有政治体制，随时准备在政治上或经济上“清算”——尽管太多证据表明，中国政府的反应速度并不比后来的美、英等西方国家慢，并没有刻意隐瞒疫情。

据新华社伦敦4月21日电，最新一期权威医学杂志《柳叶刀》发表社论说，新冠疫情在中国得到迅速遏制令人印象深刻，“为其他国家树立了鼓舞人心的榜样”。[①]

在没有特效药和疫苗的情况下，抗疫效果主要源自于公正高效的

---

① 网址：https://news.ifeng.com/c/7vsKknB8ktc，访问日期：2020年4月24日。

隔离措施，而公正高效的隔离措施源自公正高效的政治体制。中国抗疫的成绩靠的数千年大一统的王道政治传统，以及基于这一传统的中国特色社会主义制度。

我们不能再否定或忽视中国抗疫的宝贵经验，不能对西方自由主义政治之外的一切其他政治体制都视而不见。铁的事实证明：无论在经济发展速度、政治信任程度，以及抵抗灾难的效率上，中国特色社会主义制度都是一个有着强健生命力的制度。从党的组织到国有企业制度，中国特色社会主义既不同于苏联的社会主义，也不同于西方资本主义——它从中国数千年的治道中走来，走向21世纪的全球化时代……

终有一天，人类会逐渐意识到：超越党派，天下为公，迥异于西式民主政治的大一统中华治道不仅是治疗大疫的“良药”，也是解决人类诸多政治、经济、社会问题的“良药”。因为它植根于宇宙人生的基本法则——天下为公的大道！

如同音乐是超越民族国家的，大道也是超越民族国家的，它是这个宇宙中最为深沉、悠远、生生不息的乐章。

两千五百年前，先哲孔子激昂地宣讲道：“大道之行也，天下为公。选贤与能，讲信修睦。故人不独亲其亲，不独子其子，使老有所终，壮有所用，幼有所长，矜、寡、孤、独、废疾者皆有所养，男有分，女有归……”

不幸的是，今天，还有太多人迷信资本主义体制及其意识形态、学术体系。只有少数人不怀偏见地研究人类文明（包括政治文明）的多样性，深入西方文明之外的文明体系。

比瘟疫更可怕的是偏见与迷信。因为偏见和迷信助长了瘟疫的蔓延——现在是北京时间2020年4月24日15点10分，根据最新数据：全球已经有270万人感染了新冠病毒，超过19万人死亡。在过去24

小时内，仅美国就有至少3176人死亡，使美国因疫情死亡的人数高达5万人。①

这一死亡数字是美国9·11恐袭中死亡人数的16倍，朝鲜战争中美军士兵死亡人数的1.5倍。

死神面前，所有华而不实的学术概念、政治口号和意识形态宣传都显得过于苍白——是我们正视人类抗疫基本常识的时刻了！

面对逝去的灵魂——醒醒吧，善良的人们……

---

① https://www.aljazeera.com/news/2020/04/coronavirus-pushes-jobless-depression-level-live-updates-200423232410238.html，访问日期：2020年4月24日。

下编

天下事

全球化时代强大起来的中国，需要用自己的眼睛看世界。国人睁眼看世界的前提是：我们必须以敬意、平等、客观的心态看待自身及其他文明。

中华文化是人类文明数万年沉淀的结晶——如果不了解世界文化，我们就不可能了解中国文化。全球化时代，必须认识世界意义上的中国！这是我们必须树立的中国观和世界观：一个世界的中国，一个包含中国的世界。

面对亘古罕见的大变革，人类需要新的方向。

从世俗生活到政治经济，中华文化植根于一种迥异于西方的世界观念、思维方式、学术体系。未来世界需要从西方文化为主导过渡到以中华文化为主导，这是人类文明史上最本质的变革之一——一场真正的文化和社会革命！

一、阴谋论流行背后真正的悲剧

18世纪80年代，英格兰伯明翰。

每到满月，一群影响世界历史进程的精英都要聚会——这就是操纵了现代社会形成的月光社（the Lunar Society）。

月光社成员包括：瓦特（蒸汽机的发明者）、达尔文的祖父伊拉斯谟·达尔文及其外祖父乔赛亚·韦奇伍德（工业革命领袖、英国陶瓷之父）、本杰明·富兰克林（美国之父），等等。

这些人在满月聚会是为了汲取更多的宇宙能量；他们在科学、政治、工业、人文领域安插自己的门生，今天仍决定着世界大势——从智能算法到美国政治……

大家读上面文字，可能以为月光社是共济会这类“兄弟会”之外的一个阴谋组织，甚至可能比共济会更厉害。因为月光社不仅有人文及科学领域的顶尖人物，他们还汲取宇宙能量，没准与外星生命有关。

事实上，这只是笔者用历史资料“编造”的“阴谋论”而已，月光社满月晚上聚会是因为当时没有路灯，便于参会者趁着月色回家；参会者确是世界名流，他们也影响了世界，但月光社并没有操纵世界，这个组织1813年就解散了。

笔者为什么要“编造”这个阴谋论呢？（如果我想，完全可以写一本厚厚的著作）是因为我亲自看到了与罗斯柴尔德家族、共济会相关的阴谋论在中国流行的过程，也看到了它们对中国人文精神的严重伤害。

1.《货币战争》引入了阴谋论

十多年前，在联合国中文处退休的董叙霖老师成立了一家非赢利性出版公司——千里草文化，目的是超越西方对中国的宣传，引入有益于中国发展的思想文化。

这种想法与我不谋而合，所以我很快就入职该公司。董叙霖老师长期在美国生活，公司日常工作由我负责。

2007年左右，一个偶然的机会，我看到了宋鸿兵的博客，上面登了很多有关罗斯柴尔德家族与金融的文章，引起了我极大的兴趣。尽管对于内容半信半疑，还是决定帮宋鸿兵出版这本书，并同他取得了联系。理由很简单：这类书会引起国人对金融安全的重视。

后来我将自己的想法同董老师做了交流，没想到，他笑了起来。他说：“玉忠，你不知道，在美国这类书很多的，属于‘阴谋论’（我当时第一次听到这个词），宋鸿兵就是到处抄袭拼凑各类阴谋论，你不信，我可以将那些不靠谱的资料给你找出来……”

接着，董老师给我讲了一些美国流行的阴谋论，比如地球开裂、末日来临等。当时暗想：美国人真幼稚，他们竟相信，这方面还是中国人聪明，较务实；董老师讲得对，如果谈近代世界史，也要从意大利佛罗伦萨著名的美第奇家族谈起，罗斯柴尔德家族对世界的影响比前者要小多了。

没想到，很快，2007年6月中信出版社就出版了宋鸿兵的《货币战争》，这本书是在其博客内容基础上加工而成。书一上市，就卖到了洛阳纸贵的程度。

我当时仍认为，这本书不会产生持久的影响，一小撮阴谋家操纵地球，谁会相信这种故事！世界复杂，难道操纵世界走势比操纵股票市场还容易？

2.“共济会”使阴谋论呈燎原之势

宋鸿兵似乎没有想到阴谋论会在中国有这么大市场，他再接再厉，在2008年就断言，真正统治世界，掌握全球经济命脉的幕后黑手是共济会——这让中国一位著名学人“顿悟”了天机，此人就是何新。

何新接过了宋鸿兵的阴谋论大旗，开始以“学者+预言家”的自信大肆宣传共济会。

何新在大陆出版的第一本有关共济会的著作是《统治世界：神秘共济会揭密》，由中国书籍出版社2011年初出版。

第一次看到《统治世界：神秘共济会揭密》是该书出版后不久，在王府井的北京饭店——因为一些私事，我去那里拜访廖子光先生（Henry C.Liu），廖先生曾任洛克菲勒公司投资顾问，是纽约廖氏投资咨询公司总裁。由于从廖仲恺那代人起廖氏家族与中国的特殊因缘，廖子光先生对于中国和美国的政界都十分了解，我特别爱听他讲中国革命和改革时期一些鲜为人知的历史故事。

当时，廖子光先生客厅的茶几上放着《统治世界：神秘共济会揭密》。这立刻引起了我的兴趣，我不禁问：“廖先生，你怎么看这种书？”他淡淡地回答：“是何新先生刚刚送我的。”

我追问：“你怎么看共济会的作用？”

他当时语重心长地告诉我："小翟啊，你想想看，假如你是一位美国人，要写一本三青团中央与中国政治的书，不是也能用"铁的事实"发现，三青团中央在秘密操纵中国政治！现实是这样吗？！"

事实证明，如廖子光先生那样智慧的人很少。今天，有太多的人相信了共济会操纵世界的事实——从普通民众到党内重要官员——何新的"共济会"使阴谋论在中国呈燎原之势。

今天，从边境对峙到转基因问题，到处可以看到情绪化的阴谋论影子——至于转基因涉及的科学和法律问题，反而很少有严肃的研究，别说转基因对中国食品安全影响的全面、深入调查了。

共济会当给何新颁发个一吨重的金质奖章，何新的宣传成果太大了。

3."为消灭共济会而奋斗"

如同宋鸿兵玩"罗斯柴尔德家族"不过瘾，还是玩"共济会"一样，何新先生玩"共济会"都不过瘾，还要玩"希腊伪史"之类更惊天的阴谋——简直是惊天地，动鬼神。

后来有机构找到我家里，要求我"为消灭共济会而奋斗"贡献力量。第一件事是请我去做一场关于共济会的讲演。

当我说自己不是共济会成员，也不知道共济会实情时，找我的两位先生惊讶得下巴差点掉下来，异口同声地质问：

"翟先生，你竟然不懂共济会！"

听他们这样一讲，反而提起了我对他们这个反共济会"秘密"组织的兴趣。

一顿饭工夫我获得的主要信息如下：这两位先生一位还是大学老师，他们的机构和北大一个学院有关，声讨共济会的会议也在北大举行，钱则来自于国内一家有佛教背景的基金会。

他们最大的法宝不是佛，而是他们的“师傅”，一位神通广大的道士。但这个道士很倒霉，不断地被何新的共济会暗杀。最惊险的一次是，共济会派了一位女士“摸”了这位道士，可怜而伟大的道士差点死去。

为了保护自己，目前地球上少有的（如果不是唯一的）这个反共济会组织仍处于半保密状态——因为大家都要防止被暗杀。

我们所在的饭店没有后门，如果有，一定要让两位先生从后门走……

4. 阴谋论流行背后真正的悲剧

笔者目睹了阴谋论在中国的兴起，所以对与阴谋论有关的消息特别感兴趣，常常同海内外朋友讨论相关问题。阴谋论使中国学人不再去研究现实问题，而将一切都简单地归因于阴谋，这是灾难性的——马克思在著作中也曾多次提到共济会，但这并不影响他研究政治经济学啊！

我曾质问国内学者，你们明明知道那些阴谋论的制造者在胡说八道，为什么不站起来说话，用自己的专业知识反驳阴谋论。他们几乎一致地回答：不值得反驳。

不过，也有学者出于良心站出来。清华大学国际关系研究院院长阎学通先生在接受采访时明确表示：“在美国和在中国一样，以‘阴谋论’为分析方法的人在同行中都比较孤立，原因是‘阴谋论’可以骗外行，骗不了内行。破除‘阴谋论’的好处是我们的主观认识与客观事实相接近，深入我们对国际关系内在规律的理解和认识。用‘阴谋论’的方法分析问题，不过是掩盖解答不了疑问的知识缺陷。”①

今天，国人几乎已经不去思考如何站在中国角度看世界了，很少有人研究美国情报机构对其他民族文化的渗透，更少有人潜心研究新时代的政治经济走势。倒是每隔一段时间，都会有各种阴谋论段子出来，通过微信等社交媒体到处流传。在不断“揭露阴谋”的过程中，中国人逐步失去了自信（有时表现为其反面盲目自信），迷失了自我，迷失了方向……

——这是阴谋论流行背后真正的悲剧！

① 阎学通：《中国怎么可能用经济实力摆平一切？！》.来源：参考消息网2017-06-20，网址：http://ihl.cankaoxiaoxi.com/2017/0620/2135187_2.shtml。

二、信息时代的蒙昧主义——“伪史论”批判

笔者撰文反对阴谋论，立刻有人声称要去相关部门告我一状。想反对“伪史论”，友人劝我：不要写了，多立少破，这类蒙昧主义流言自然“止于智者”。①

事实证明，友人可能不对。“伪史论”还是要反——有句老话：“扫帚不到，灰尘不跑。”

1.“小心求证”是学者的基本社会责任

今天，“伪史论”早已超出2013年何新出版《希腊伪史考》的时代。伪史论者通过书籍和网络宣称：不仅古希腊史皆伪，古埃及文明根本不存在，从阿富汗到罗马所有希腊化遗迹都是造假；西方历史是假的，只是中国历史是真的，所以中国是人类文明的源头，连英语也来自古汉语，英国人来自大湘西。

“伪史论”发展到如此荒诞的地步，连何新先生都认为这是一种针对“伪史论”的“阴谋论”“高级黑”，西方诸多科技、文化成果不

① 翟玉忠：《阴谋论流行背后真正的悲剧》，网址：http://www.xinfajia.net/15184.html，访问日期：2019年7月3日。

能全盘否定。[①]

如同“阴谋论”有利于人们警惕金融领域斗争的危险性，“伪史论”有利于人们认识西方历史构建的特点。今天学界盲目迷信西方历史（特别是以自由主义现代性为中心构建的全球史）问题很大，但我们不能因此走向另一个极端，对西方历史盲目排斥。

“大胆假设”是一种学术勇气。假设英语与汉语有重要关联值得赞许——我认真研读过周及徐教授广受争议的《汉语印欧语词汇比较》[②]，该书细致探讨了英语与汉语的复杂关系，认为：汉藏语和印欧语同一起源，汉语和英语、希腊语等是一个始祖的分化。

但学者还有“小心求证”的责任！失去了这种基本良知，知识分子同巫婆、神汉没有区别，全社会都应“鸣鼓而攻之”。而“小心求证”正是伪史论者所欠缺的。

当不仅普通百姓，越来越多的学界、政界精英都对“伪史论”大加肯定的时候，笔者意识到：“伪史论”非驳不可。否则，会有更多人陷入信息时代的蒙昧主义。

“信息时代蒙昧主义”产生的原因不是信息稀缺，而是信息泛滥、信息源权威性缺失导致的荒唐见解流传。与其相伴的，是不同意见社会群体的严重分化。伪史论者主要通过巧妙、模棱两可地编排从各种渠道、特别是网上得来的信息，愚弄公众。

本来，“伪史论”多能折腾也没关系，只要我们去埃及、希腊、小亚细亚考察一番，眼见为实，一切都会真相大白。我相信：考察者也会如赞叹中国文明的成就一样，赞叹古希腊的惊人成就。

从某种意义上说，地中海文明是幸运的，当地有极其丰富的大理

---

① 何新：《高级黑：一切文明起源于中国？！》. 网址http://blog.sina.com.cn/s/blog_4b712d230102yafw.html，访问日期：2019年7月3日。

② 周及徐：《汉语印欧语词汇比较》. 四川民族出版社. 2002年，第1版。

石资源，它们的石制建筑比中国诸多土木结构建筑更能历经风雨——我还记得2019年6月9日参观土耳其以弗所古城走过巨石高墙的感受：这简直是巨人的城市！

以弗所是古希腊人在小亚细亚建立的一座大城市，从罗马共和国开始，它是亚细亚省（小亚细亚西部）省会，被誉为“亚洲最大的大都会”。

但我知道，能花费大量时间、金钱，进行这种考察的人总是少数。

所以，2019年6月2日至6月17日，笔者去爱琴海地区考察西方文化后，决定撰文批判“伪史论”。

2.特洛伊古城岂是虚幻

学术是一个求实的过程，没有绝对真理。在同西方学人的交流过程中，笔者深刻感到：西方学人和中国学人一样，总在不断地探索，接近实相。这与足不出户，坐在电脑旁边编造“宏大理论”的伪史论者不同。

反驳“伪史论”最大的困难是他们天马行空且逻辑混乱。以我早就读过的何新《希腊伪史考》为例，他说“希腊”是一个文化范畴，不是指现在的希腊共和国——这本是常识。但何新又多次强调：希腊文化遗迹及希腊哲人多不在今天的希腊共和国境界，所以西方人在制造伪史。

比如位于土耳其境内的特洛伊古城，何新就用一个貌似合理的逻辑诡辩道：“如果中国人可以同意一个远隔大海千里之外的异国土耳其地区的特洛伊古城，竟然属于异国古希腊历史并且是希腊雅典历史的起源这种荒谬说法可以成立，那么对于韩国人所说孔子是韩国人之类的说法也就完全没有必要惊讶和反对了。”[1]

古希腊文化主要是以爱琴海为中心发展起来的，特洛伊古城所在的土耳其小亚细亚地区是古希腊文化的核心区域，怎么成为“远隔大海千里之外的异国土耳其”？小亚细亚历史与古希腊历史紧密相联，两国的恩恩怨怨一直持续到21世纪，连现代土耳其之父凯末尔都出生在希腊的萨塞洛尼基。古代土耳其与希腊属同一文化圈。但何新却断言：“特洛伊古城与古希腊无关系！”[2]

何新在那里空想的时刻，过去一百多年来，西方考古学界长期坚持对特洛伊进行考古挖掘，挖掘本身已成为人类文化史上的传奇。目前主持发掘的是土耳其恰纳卡莱三一八大学的考古学家吕斯特穆·阿斯兰。

吕斯特穆·阿斯兰指出：青铜时代晚期，公元前1300—1180年，即考古学上的特洛伊Ⅵ和特洛伊Ⅶ，最有可能是荷马所指称的特洛伊。他写道：“如果我们试图从考古学的角度来确认特洛伊战争爆发的地点城市，我们可以放心地说，这一时期的定居点应该是最接近的地点了。”[3]

但在何新眼里，这个联合国教科文组织的世界遗产成了虚无缥缈的存在，特洛伊可能远在英国——谢天谢地，何新没有考证出：同样被联合国教科文组织列入《世界遗产名录》的长城也是造假！

3. 古希腊不缺乏书写材料

每当谈“伪史论”的荒唐，常有人反问：何新提出的一个证据无

---

① 何新：《希腊伪史考》. 同心出版社. 2013年，第1版，第61页。

② 同①，第60页。

③ 吕斯特穆·阿斯兰：《特洛伊：神话与考古之都》. 伊斯坦布尔钢铁冶金工业公司出版. 2018年，第1版，第29~30页。

法反驳，古希腊没有那么多纸莎草纸和羊皮纸书写材料，古希腊数以百万字的经典当然是伪造的。[①]

所以这次去爱琴海地区考察，参观每个博物馆时都注意书写载体。我甚至去了羊皮纸的发祥地土耳其帕加马古城（Pergamum）。两千多年前，帕加马图书馆是地中海东部地区第二大图书馆，藏书达20万卷。第一大图书馆是埃及的亚历山大图书馆，藏书约70万卷。

欧迈尼斯二世（Eumenes Ⅱ，公元前197—160年）统治期间，帕加马图书馆是斯多葛学派的中心之一，其藏书量增长如此之快，埃及托勒密六世害怕帕加马图书馆的藏书超过亚历山大图书馆，竟然对出口帕加马的纸莎草禁运，这刺激了小亚细亚羊皮纸的发展。后来“帕加马”成为羊皮纸的称谓——拉丁语pergamenum、法文parchemin、英语parchment。

事实上，羊皮纸（也用小牛皮做）是一种比纸莎草纸更适合的书写材料。它不仅可以两面书写，还能装订成现代图书的形式，比纸莎草纸卷更适合阅读。

直到公元1世纪，羊皮卷才取代纸莎草，成为广泛使用的写书载体。到13世纪，它又被中国人发明的纸取代。[②]

无论纸莎草纸还是羊皮纸，在古代都十分廉价。纸莎草在古代埃及三角洲到处都是，原料几乎是无限的。《世界文明史》的作者这样感叹纸莎草对西方文明的贡献：“天幸有了纸莎草这种在尼罗河三角洲地带遍地都是的植物（纸莎草在下埃及十分丰产，以致在象形文字中纸莎草的图形符号表示‘下埃及’），埃及人有了一种廉价的可用以书写的廉价原料。把这种草压平晒干，其斜条就可用来记录象形文

① 何新：《希腊伪史考》.同心出版社．2013年，第1版，第66~69页。

② Struggle against time, Conservation of antiquities in the Museum of Byzantine Culture, Museum of Byzantine Culture, Thessaloniki, 2015, p.109.

字，然后可把它们卷成筒状储存起来或传送出去。与在泥板上书写相比，在纸莎草上书写的好处在于纸草卷使用起来方便些，分量也轻得多，因而它们不仅成了埃及的通用书写材料，而且通过埃及人的传播为古希腊和罗马的各个文明采用。（罗马帝国能够用泥版文书建立其庞大的管理体系吗？这值得怀疑。）”①

但何新却断言：“纸莎草纸工艺复杂，制作成本高昂，不可能形成大规模制作生产的工业。因此，这种书写品在古埃及被称为‘法老的财产’，产品基本上被法老垄断——成为特供品。”②这话从何说起？现在纸莎草纸贵，是因为重新研制出的纸莎草纸用于旅游纪念品制作，当然贵——现在竹简做的书也好贵！

因为没有印刷术，所以东西方古代书籍都较贵。但很难说书写材料——纸莎草纸和羊皮纸比中国古代的竹简更昂贵。从41岁开始，汉代司马迁能在有生之年写出50多万字的《史记》，为何亚历山大大帝的老师亚里士多德一生写不出百万字的作品？获得亚历山大大帝支持的亚里士多德不会没有钱买纸莎草纸！

当然，我们并不是说亚里士多德流传下来的作品都是“真的”（他自己写的）。西方学界多年来做了细致的辨伪工作，取得了相当丰富的成果。以前归为亚里士多德的约20部著作被认定为伪书。③

4. 圣贤经典化为灰

在土耳其和希腊旅行，每遇到古代大型图书馆遗迹和珍贵的纸

---

① 菲利普·李·拉尔夫、罗伯特·E·勒纳、斯坦迪什·米查姆、爱德华·伯恩斯:《世界文明史》[上].商务印书馆.2001年，第1版，第95~96页。

② 何新:《希腊伪史考》.同心出版社.2013年，第1版，第66页。

③ Konstantinos Sismanidis, Ancient Stageira,Birthplace of Aristotle, Archaeological Receipts Fund, 2003, p.83.

莎草纸、羊皮纸资料，我总是流连许久，不愿离开。读《汉书·艺文志》，笔者曾感叹大量古籍的失传之痛。在西方，我再次深感圣贤经典化为灰之痛。

就算没有伪史论者对其他文明的无端否定，古代文献的保存也着实不易。公元前41年，帕加马图书馆20万卷书被罗马巨头安东尼赠给埃及王后克娄巴特拉，以补充公元前47年亚历山大被围时亚历山大图书馆损失的大量图书。不幸的是，这些书中一部分在安东尼与屋大维争夺王位的战争中也被焚毁了。后来，宣布基督教为国教的罗马皇帝狄奥多西（Theodosius，约346—395年）在禁止异教的运动中又焚毁了一部分。公元7世纪穆斯林占领埃及时，他们又摧毁了剩下的一小部分。[①]

最后，帕加马图书馆留下的古代作品少之又少。今天，我们只能通过图书馆废墟墙壁上支撑书架的孔洞，遥想当年哲人们在此研讨的盛况！

作为中国文化研究者，我深知以西方现代性为中心，西方主导的现代史学怎样贬低、屏蔽包括中国在内的其他伟大文明。但我们没有理由用狭隘的自我中心视野看世界，如伪史论者一样，一味否定或贬低西方——这种趋势连“伪史论”的始作俑者何新先生都难以阻止！

全球化时代强大起来的中国，需要用自己的眼睛看世界。国人睁眼看世界的前提是：我们必须以敬意、平等、客观的心态看待其他文明，绝不能罔顾事实，轻易否定别人。

若任由伪史论者胡编乱造，将使中华民族重陷19世纪士大夫那样的蒙昧之中。在21世纪的全球化时代，基于特定族群的文化优越论只会遭到世人的鄙视——文化优越论带给我们的不是文化自信，而

① Kazim Selcuk Tuzcuoglu, Pergamon, Past and Present, Istanbul: Duru Publications, p.21.

是狭隘的民族主义。

我们一定要知道：中华复兴还有相当漫长、艰辛的路要走，今日之西方文明仍然具有强大的政治、经济、军事、科技、文化实力。我们不能再盲目学习西方，但我们不能不认真研究西方！

三、主权货币——全球化时代的基本国家利权

先是2019年7月2日，美国众议院金融服务委员会（*House Financial Services Committee*）要求Facebook及其合作伙伴立即中止数字货币Libra及其钱包Calibra的任何活动，Facebook创始人扎克伯格野心勃勃的数字计划被叫停，一直没有重启。

然后是2020年11月3日，据说可以作为“人类历史上最大规模的IPO”的蚂蚁集团，在已完成认购抽签这一步后被暂停上市。蚂蚁集团实际控制人马云此前在上海金融峰会上要求放松相关金融监管的论调，遭到普遍质疑。

没有人怀疑区块链和大数据等信息技术推动的金融创新，但马云和扎克伯格这类业内领军人物为何都会在金融创新上丢盔弃甲，狼狈而归？

原因只有一个：这次，马云和扎克伯格撞上了同一块天花板。

在民族国家居主体地位的全球化时代，网络应用巨头推动了全球化，却忽视了全球化的基础——民族国家。当他们携科技力量大步向前的时候，由于直接触碰了国家利权，金融业的基础国家信用，结果被撞得头破血流。

金融的基础是国家信用，货币的本质是国家主权货币。

中国古典政治经济学经典《管子》称之为“君币”，由代表国家主权的君主垄断货币铸造之权，利出一孔，这是国家利权的基础，也是国家管理经济活动的重要工具之一，与商品物资管理相并列。《管子・国蓄第七十三》明确指出：“五谷食米，民之司命也；黄金刀币，民之通施（即通货——笔者注）也。故善者执其通施以御其司命，故民力可得而尽也。”接着，作者论述了“人君铸钱立币”，调节经济平衡的原则。

在重金属货币时代，国家垄断货币发行权的主要方法是通过严格管理铜矿等资源的开发，达到维护货币主权和国家信用的目的。诚如《管子・山至数七十六》所说“君有山，山有金，以立币”。

中国古典政治经济学形成于两千多年前的春秋战国时代，是对数千年市场经济经验的总结，其理论基础性地位直到今天仍坚如磐石。比如认为市场不会自动均衡，不受干涉的市场会在正反馈机制的作用下走向崩溃，这正是信息时代“复杂经济学”的基本观点。感兴趣的朋友可以参阅著名经济学家布莱恩・阿瑟（W.Brian Arthur）的《复杂经济学：经济思想的新框架》一书，该书由浙江人民出版社2018年5月出版。

再比如《管子》和西方早期经济学传统一样，强调经济学的政治属性，即经济学的本来面目是政治经济学，市场经济的背后力量是主权国家。只要我们看看近几年美国一系列对外经济政策就很容易明白这一点。为了维护自身的金融及商业垄断利润，美国政府真是“无所不用其极”——甚至不惜动用殖民主义时代的治外法权，“绑架”中国公司高管！

没人否认，马云和扎克伯格是时代弄潮儿，他们真正改变了我们的世界。无论是阿里巴巴还是Facebook，超越历史上任何帝国臣民数量，拥有庞大得惊人的基础用户。Facebook全球活跃用户高达27

亿，大致相当世界上每三个人当中就有一人是Facebook用户！

当扎克伯格决定发行与美元同起同坐的基础货币的时候，当马云用可以高达百倍的杠杆率放贷的时候，这些科技巨头实际掌握了货币发行权，直接威胁到了基于民族国家信用的货币发行——其必然挫败！

如同没有人能阻止太阳的日出日落一样，没有人能阻挡数字技术的进步以及技术进步对金融业的影响。目前许多国家看到这一大趋势，在紧锣密鼓地研究央行数字货币（Central bank digital currencies，简称CBDC）。根据国际清算银行最新报告，截至2019年初，70%的央行都在从事CBDC研究。由于新型冠状病毒的大流行，创建数字货币的工作会不断加速。①

数字货币必须发行，但数字货币不能由私人公司发行，这是东西方经济实践的基本经验之一——也是马云和扎克伯格真正需要上的一课。

遗憾的是，纯粹技术思维误导了太多的人。

世人已经习惯于用技术概念描述我们的时代：信息化时代、大数据时代、人工智能时代、算法时代……我们不应忘记，只有当技术服务于人类整体福利时，这些技术才有意义。

过去一百年来，与技术领域日新月异的发展相比较，人文领域还处在19世纪工业革命时代的框架之中。如何让人文学术和教育跟上科技发展的步伐，需要人文学者加倍努力！

我们的任务急迫而艰巨。因为技术是把双刃剑，没有人文的指导，技术必将伤害人类自身。

童子操刀，其伤实多——这句古训值得三思！！！

---

① Alex Koma：《我们为什么需要央行数字货币》，网址：https://new.qq.com/rain/a/20201108A0301T00，访问日期：2020年11月10日。

四、美总统国家安全事务助理公开承认“和平演变”破产

最近，美国总统国家安全事务助理罗伯特·奥布莱恩（Robert Charles O'Brien）一篇针对中国的演说，在海内外各大媒体上流传，美国驻华大使馆和领事馆官网公布了讲演的主要内容。①

这篇2020年6月24日奥布莱恩在亚利桑纳州对二十多名企业高管的讲话，与其说是美国对华政策的新宣言，不如说它是一篇霸权主义的“自白书”，它告诉包括美国人民在内的整个世界——

冷战以来，过去七十年美国对中国的遏制战略已经破产，对华政策将从和平演变到全面对抗！

中国人民，面对美国从思想文化到政治军事全方位的围追堵截，必须先打扫干净自家房屋，铲除美国针对世界人民的种种霸凌行径，粉碎美国霸权主义！

面对百年未有，关系国家生死存亡的大变局，我们除了胜利，没有选择！

奥布莱恩何许人也？

---

① 罗伯特·奥布莱恩演说全文，网址：https://china.usembassy-china.org.cn/zh/the-chinese-communist-partys-ideology-and-global-ambitions-zh-com/

此君生于1966年，是美国职业律师，2019年9月18日特朗普任命其为总统国家安全事务助理。

奥布莱恩是美国右翼保守派的代表人物。2016年出版《沉睡的美国：危局中恢复美国领导地位》（*While America Slept: Restoring American Leadership to a World in Crisis*），该书集中表达了作者的主张，深深影响了特朗普政府的外交政策。

国际事务战略家丹尼尔·伦德（Daniel Runde）在《外交政策》的一篇评论文章中总结了欧布莱恩的观点："深信美国例外论，和平来自实力（*peace comes through strength*），美国与盟国合作时更强，因为对盟国而言美国是一个可信赖的朋友。美国的伟大来自于尊重传统和法治的人民——我们是好人，但外部有一些坏家伙。"

弄清奥布莱恩的基本信念，我们就不难理解6月24日奥布莱恩霸权主义的自白了。

首先，奥布莱恩概括了过去几十年来，美国试图通过经济变革诱发政治变色，和平演变中国战略的失败。他对此简直痛心疾首，认为"这种错误的估计已成为20世纪30年代以来美国对外政策最大的败笔"。

奥布莱恩说："数十年来，美国各政党、工商界、学术界、媒体等方面的普遍看法认为，促进中国的自由化只是时间问题，首先是经济领域，然后是政治领域。按照这种思维，我们向中国进一步开放我们的市场，我们在中国投入更多的资本，为中华人民共和国的官员、科学家、工程师，甚至军事官员提供更多的训练，中国就能变得像我们一样。"

请大家注意这里不打自招的两个细节。

一是美国战略终极目的是要"中国就能变得像我们一样"。这个"一样"，不是说中国要如美国一样，拥有强大的经济科技实力、军事政治实力，而是说中国要听美国的话，使“中国能变得像我们说的一样”——大体就是美国人软实力外交的老生常谈，自由民主，自由选举，自由人权之类。

简而言之，中国要如美国一样拥抱各类自由主义——包括染上新冠病毒的自由——但绝不允许中国人民选择自己政治制度、生活方式、价值观念的自由！

奥布莱恩“自白书”的另一个细节更为重要。他承认，除了“天真”引导中国经济变革，美国还试图影响中国精英的思想。“为中华人民共和国的官员、科学家、工程师，甚至军事官员提供更多的训练”。

我们必须警醒：过去几十年来，美国在中国培养了大量“和美国一样”的人，这些人主要活跃在中国的政界和学界！

对这些人，我们不能视而不见，养虎为患！只有先打扫干净自家房屋，才谈得上应对强敌！诚如《淮南子·诠言》所说：“故用兵者，先为不可胜，以待敌之可胜也；治国者，先为不可夺，以待敌之可夺也。”

一个国家如何做到自己不被别人战胜，自己不被别人夺取，必须首先清除内部的敌人，只有这样，才能粉碎外部的敌人！

看看今日之中国，有多少人公开或暗地里宣称——要用儒家代替社会主义（以儒代马），要用西方自由主义代替社会主义……

看看今日之中国，我们在经济、军事等领域强大了，但软实力仍是最大的短板，除了好看不中用的西马，中国特色社会主义的理论研究仍需大力推进……

看看今日之中国，多少大学被西方受过训的学者垄断，多少课堂教的都是西方译来的教科书……

在奥布莱恩眼中，中国就是国际社会的“坏家伙”（*bad guys*），已经如空气一样渗透到美国人民生活的方方面面，从高科技领域到个人私生活（信息）。

这简直是信口雌黄。只要上上美国的网站，或走进美国的书店、大学看一看，就知道中国文化、思想对西方的影响，相对于美国对中国的影响，是完全不对称的——美国的意识形态宣传才如空气一样，渗透到了中国社会的方方面面！

同胞们，醒醒吧，不要再视而不见了——最坚固的堡垒总是从内部被攻破！

奥布莱恩批判先前美国对华政策的“天真”，宣称“美国被动和天真对待中华人民共和国的时代结束了！”

我倒认为，美国新一轮对华政策“被动和天真”的时代刚刚开始！

这是因为，如奥布莱恩一样，美国精英在制定外交政策时，不是出于对中国历史和现实的全面了解，而是出于无知和意识形态偏见。

奥布莱恩引用澳大利亚官员约翰·加诺特(John Garnaut)的话：“中国共产党是最后一个从未脱离过斯大林的共产主义执政党，只有北韩属于部分例外。”任何一个研究过国际共运史的人都知道，中国共产党之所以从胜利走向胜利，一个重要的原因就是坚持独立自主，实事求是的内外政策——历史上，中国没有在苏联的指挥棒下求发展，未来，中国也不会在美国的指挥棒下求发展！

奥布莱恩“自白”了新一轮美国对华政策，全面对抗战略已实施的部分内容，包括：对华为公司的禁令、美国国务院将九家中国官媒列为外国使团、针对压迫新疆人权的二十一个中国政府实体及十六个中国公司发出出口禁令、因世卫受中国控制而终结与世卫的关系、限制解放军背景的学生签证、暂停美联邦退休基金对中国股票投资计划以及由美国国防部列出多家被“解放军操控的公司清单”。

当然，这些措施只是表面上的，就在奥布莱恩讲演的同一天，美国联邦调查局局长克里斯托弗·雷（Christopher Wray）透露：美国动用巨大资源在调查2000多起与中国政府有联系的案件，目前平均每10个小时便启动一项调查。

够了，美国这种近乎疯狂的外交政策终将如“和平演变”战略一样破产。奥布莱恩也唤不醒美国，只会加速美国的衰落。

中国不是苏联，中国不是东欧，中国也不是中东……

过去五千年的历史表明，无论是外敌入侵，还是内部纷争，都无法阻挡生生不息的中华民族以海纳百川的气派发展和强大。

如同过去美国无法遏制中国，未来美国也无法战胜中国。

——只要美国政客抛不开美国例外论，他们就无法知道如何与他国人民共同生活、共同繁荣。

五、“以人为本”与西方民主人权观念不搭界

如同狼面对羊群一样，总欲吞之而后快。

从20世纪初的保存国粹者和整理国故者，到21世纪的文化研究者和国学家，有太多人希望通过“以西释中”的方式“以西化中”，将中国文化替换掉，掩盖住，消解掉。

这些人打着红旗反红旗，以复兴中国文化为幌子，千方百计消解中国文化。表面上他们道貌岸然，实际干着断人慧根，腰斩大道的勾当。这些人欺骗性强且手段无耻，占据中国西式大学课堂和宣传舆论阵地，无所不用其极。

越是在这种情况下，我们越要有足够的定力，坚守圣贤大道，为天地守孤学——特别是对于中国政教的核心部分！

最近，有人将中国文化的“以人为本”，同西方民主、乃至人权观念联系起来，用来证明中国文化的“早熟”与“先进性”。

这种偷梁换柱的做法，不是宣传了中国文化，而是将中国文化变成西方文化的附庸。因为在中国文化中，“以人为本”与西方民主人权观念本不搭界，它是中国古典政治观念的核心。

“以人为本”的观念在商周时就已出现，明确阐述是在《管子》有关王霸术、平天下的内容中，表达中国外事理论的一个基本原则：

先内而后外。即外事（外交）成功的前提是内部的巩固与强大。

“以人为本”这个词最早出现在《管子·霸言》，强调中国古典政治经济理论的核心，建立一个超越阶级、党派的强大中央政府的意义，即《尚书·洪范》中的“建中立极”。全文如下：

“使天下两天子，天下不可理也；一国而两君，一国不可理也；一家而两父，一家不可理也。夫令，不高不行，不抟（同“专”）不听。尧舜之人，非生而理也；桀纣之人，非生而乱也，故理乱在上也。夫霸王之所始也，以人为本。本理则国固，本乱则国危。故上明则下敬，政平则人安，士教和则兵胜敌，使能则百事理，亲仁则上不危，任贤则诸侯服。”

这里的“以人为本”，说的是以“人之治”为本——若一个社会整体上不安定富强，何来个人的安居乐业？！在此意义上，中国古典政治学的“以人为本”才抓到了本质。

如何做到社会治理？“人之治”？关键是奉行孔子在《礼记·礼运》中说的：“大道之行也，天下为公，选贤与能，讲信修睦。”儒、道两家在平天下，治理社会的核心思想上没有根本区别，只有侧重点的不同——儒主教育，重教化；道主政治，重法术。

中国政治数千年的核心问题一直是：如何选出道德与能力合格的“民之主”，即决策者，而不是将决策权力虚伪地赋予普通公众——迷信公众的“多数决”，实际上是将精英（圣贤之士）的作用给抹杀了，不仅不符合政治经济决策的一般规律，还会造成整个决策的短视。

今天，为了迎合选民的一时品味，西方民主制在很大程度上陷入民粹主义泥潭，不得不说与西方政治理论的混乱有关。西方社会心理学强调在群体状态下个人决策的危险，其政治理论却大谈人民民主决策权力，将之作为“政治正确”的基础——这种矛盾是根本性的！

试想，若决策人的数量能代表决策的质量。那么全民公决就是最好的决策机制。今天，即使西方民主社会也不会轻易进行全民公决——在高度发展的信息时代，公决成本可以变得极低的情况下仍是这样。

受西方民主观念的影响，一些人公开放弃政党的先进性，要做跟在群众屁股后面的“守夜人”，放弃了精英的社会责任，“为人民服务”也将成为空谈。特别是在中国这样一个没有宗教教化传统，政教一统的社会里。执政者除了要“作之君”，还要“作之师”。如果我们教化责任与决策责任都尽可能地放弃，结果将不堪设想。

中华道统内圣外王高度统一，修齐治平一以贯之。个人修养是为了成圣成贤，相应的，社会治理要选贤与能，以达到抱法处势，无为而治的境界。

道者，君人南面之术也。中华大道源于数千年行政管理经验，大道即治道。有中国文化研究者，受印欧民族离世修行观念的影响，主张不管公共事务，专注内在修养，认为那才是修道，才能得道——真是不通大道！

中国古典政治重选举“民之主”，重实现“人之治”，不是以忽略个人的权益为代价的。

《管子·霸言》有一则管仲与齐桓公的对话，管仲指出，若想成就王霸大业，一平天下，就必须抓住根本（本事），那什么是“本”呢？管子说：“齐国百姓，公之本也。人甚忧饥，而税敛重；人甚惧死，而刑政险；人甚伤劳，而上举事不时。公轻其税敛，则人不忧饥；缓其刑政，则人不惧死；举事以时，则人不伤劳。”

管仲是说，齐国之民（人）是根本。百姓很怕饥饿，而当前收税很重；百姓很怕死罪，而当前刑政严酷；百姓很怕劳顿，而国家劳役没有适当时间。您若能轻征赋税，百姓就不愁饥饿；宽缓刑政，百姓就不怕死罪；劳役时间适当，百姓就不苦于劳顿了。

这告诉我们，只有将以人为本落实到具体政策中，才会有真正的个人权力、权益，否则，“以人为本”将成空中楼阁。

“以人为本”并不排斥公众参与政治。《尚书·洪范》讲决策者若有重大疑难，首先要自己先做谋虑，然后与卿士官员商量，再与庶民商量，最后再与卜筮者商量。上面说“汝则有大疑，谋及乃心，谋及卿士，谋及庶人，谋及卜筮。”

在决策时要特别注重普通百姓的想法。当精英与百姓意见相左，要听从百姓的意见。决策时庶民赞同，龟卜赞同，蓍筮赞同，君主反对，卿士反对，这时行事也会吉利。上面说：“庶民从，龟从，筮从，汝则逆，卿士逆，吉。”当然，最好是精英与民众都赞同，“汝则从，龟从，筮从，卿士从，庶民从，是之谓大同。”

另据《周礼·秋官司寇第五·小司寇》，小司寇有征求百姓、百官意见的职责。其中，只有在国有大事时才咨询公众，所谓大事指国家有危难的时候、国家要迁都的时候、国家需选立嗣君的时候。上面说：“小司寇之职，掌外朝之政，以致万民而询焉。一曰询国危，二曰询国迁，三曰询立君。”

总之，中国古典政治较好地处理了精英与公众的关系，既没有跌入迎合民意的民粹主义泥潭，也没有走向中世纪西欧的君主专制，这是中国古典政治特别值得今人学习的地方。

天下为公，选贤与能，是中国古典政治的核心，是超越时空，内外不二的天下大道。一个国家站在某个阶级（阶层）的立场上治理国家，无论这个阶层是工人、农民、商人，还是官僚，都违背天下为公原则，不利于社会团结和长治久安。

保持社会流动性，让各个阶层都有平等机会成为精英的可能，并用看得见、摸得着的德行、事功来衡量精英——这种制度设计才能真正实现“天下为公，选贤与能”，才能保证社会的长期活力。

那是生生之大道在社会公共事务中的具体体现！

（2018年5月26日下午，新法家网站第八次编辑例会的陶然亭公园举行，以上是笔者的发言稿）

六、名学视野下的党大／法大、民主／专制之辩

当代中国，“权大于法”这类现象早就引起了执政党的警觉，因为对法律的不恰当行政干预会弱化法律权威，导致某些组织或个人逍遥法外。

不知从何时起，“权大于法”被某些人“活学活用”，提出了“党大还是法大”这个尖锐的问题。2015年初，在省部级主要领导干部“学习贯彻十八届四中全会精神全面推进依法治国专题研讨班”上，它成了重要话题之一。

事实上，“党大还是法大”是错误的逻辑推理形式。在中国古典逻辑名学中，推理要“以类行”，《墨子·大取篇》说：“夫辞以类行者也，立辞而不明于其类，则必困矣。”在“党大还是法大”这个论题中，党是一种政治组织，法是一种行为规则，二者属不同类，是不能随意比较的。

进而言之，这类错误属“异类不比”，即不同类的事物因为量度的不同，根本就无可比性可言。用《墨子·经下》的话说：“异类不吡（通比），说在量。”《墨子·经说下》举例说：“木与夜孰长？智与粟孰多？爵、亲、行、贾，四者孰贵？麋与霍孰霍？（虫刃）与瑟孰瑟？”这段话的意思是说：由于物类量度的不同，木和夜不比长短；

智和粟不比多少；爵和亲、行和价，不比贵贱；麋和鹤不可比色；埙和瑟不可比声。

“异类相比”，有时推理显得极其荒诞，所以容易为一般人所识别。令人遗憾的是：对于名实混乱，中国各色理论家们早就习以为常，他们有时也想解决名实不副导致的理论弱化或缺失问题，但往往陷入进一步的逻辑混乱。

比如民主、专制之辩。

“民主”“专制”本来是西方政治、学术话语强加在中国政治体制上的两个概念，属于二元对立的“两末之议”，结果必然是“积辩累辞，离理失术”（《韩非子·难势第四十》），但中国学人由于不知道西方普遍性、习惯性的逻辑错误，过去一百多年来竟将它们完全照搬了过来。

结果是可怕的逻辑混乱。

首先，从两千多年前的秦汉一直到今天，尽管有辛亥革命推翻帝制、新中国成立建设社会主义国家这类剧烈变革，中国政治体制整体上从未背离“选贤与能”、贤能政治之实。它既不是西方民主的，也不是专制的。在具体运行上，轻“从众”，重“从贤”，其选举也主要指贤能的培养、选拔机制，所以中国政治体制表面上更类似西方的专制观念，本质上二者风马牛不相及。

古老的《尚书·洪范篇》谈到决策时就说：“汝则有大疑，谋及乃心，谋及卿士，谋及庶人，谋及卜筮。”请注意，这里的“谋及卿士”（从贤）和“谋及庶人”（从众）不是二元对立的，而是阴阳互系，是轻重、主次的关系。

于是，在西方人和唯西方马首是瞻的人心中，中国传统政治体制就成西式“专制”了；因为“专制”，就要改革，向哪里改革呢？理所当然是“专制”的对立面——西方民主——三权分立、总统大选云云！

逻辑上是这样，在现实利益面前，此一逻辑的局限性马上凸显出来，所以中国政治理论家干脆宣称：中国的政治体制根本就不是专制的，而是民主，是“有中国特色的民主政治”！

问题是，实际经验中的中国政治体制主要是“中国特色”，即贤能政治，而非“民主”。给民主这个主词加上修饰语模糊了中国政治的本质特征——从贤而不从众！

诸多理论家偏爱“中国特色”这类修饰语，但它对理论建设的负作用显而易见，因为理论客观上要求清晰的表述。

也有个别学者看到西方流行话语本身潜藏着“逻辑”陷阱，想“发明”新词来取代“民主”“专制”这类概念。比如张维为教授就从西方的字典里拈出了“良政（Good Governance）”和“劣政（Bad Governance）”，并自信地认为，这两个更加含混的二元对立概念比“民主”“专制”好。如果笔者没有理解错的话，张教授肯定不反对中国人马上给自己贴上“良政”的标签，一如以前美国捷足先登，给自己贴上了“民主”标签，好让别人充当民主对立面、“专制”的角色。[①]

从一个“两末之议”到另一个更为模糊的“两末之议”，被西式教育洗脑的学人尽乎失去了摆脱西方话语和逻辑的能力；笔者不怀疑张维为教授的正直与博学，其逻辑混乱主要是他长期浸淫于西方学术的结果。

本来，中国传统政教皆本于“刑（通形）名之学”——名学不仅为人类提供了一种超越西方抽象语词（即从名到名），从名、实维度正确推理的复杂逻辑，还可以通过循名责实、慎赏明罚，直接应用于

① 参阅张维为教授的演讲《在全球比较中看“中国模式”》，网址：http://www.guancha.cn/video/2015_02_05_308677.shtml#，访问日期：2015年2月10日。

政治诸领域，[1]令人扼腕的是，这样伟大的知识体系国人早已不知为何物了。

名学成了诡辩之术的代名词；法家成了严刑峻法的代名词。儒家三权分立（政治儒学）、儒家宪政（自由主义儒家），这类逻辑混乱，有名无实的向壁虚造反而大行其道。

名能害实。在严重的、已经影响到现实的逻辑混乱中，是回归中国文化的时刻了！今日的中国现实是数千年历史因、革、损、益的结果，最适合描述它的话语肯定在中国文化中，这是我们在引入西方思想资源时需要特别加以注意的！

---

① 翟玉忠：《正名：中国人的逻辑》.中央编译出版社.2013年，第1版。

七、西方正在为自己的傲慢付出血的代价

作为14亿人口的大国，面对席卷世界的新冠肺炎疫情，中国首当其冲，其抗疫效果有目共睹——目前基本阻断了疫情的传播。

本来，中国经验有利于西方国家更早地准备、更有效地阻击疫情，但事实完全不是这样。他们很大程度上漠视中国经验，开始时有政客甚至天真地认为，只有黄种人会感染新冠肺炎，后来干脆要清算中国“隐瞒”疫情的责任，以一百多年前老牌殖民帝国的强盗逻辑，要中国赔款。

即使在全球疫情大爆发的今天，西方主流社会仍对中国卓有成效的抗疫经验视而不见——他们正在为自己的傲慢付出血的代价！

抗击疫病远非只是卫生医疗问题。此次中国初步控制疫情的成功经验主要包括两个方面：首要的是社会治理层面，中国政府能够深入基层，全国一盘棋，依靠强大的教育、法治手段“关紧水龙头”，从城市到乡村，严格管控人员流动，有效阻止了病毒的人际传播。

用中央指导组副组长陈一新的话说：“水龙头不关，拖地板再起劲也是徒劳！”

西方学界和政界许多人如何看待中国政府的高效行政能力呢？他们称之为威权主义、专制政治，并明确指出自由民主的欧美国

家不能学习这种模式。2020年4月2日，意大利驻美大使威力奇欧（Armando Varricchio）在美国梅瑞迪恩国际中心（Meridian International Center）举办的一场网络研讨会上表示："我们（意大利）并不天真，我们清楚得很。是的，中国政府和中国企业正提供意大利亟需的医疗器材，但同时，我们完全了解，我们不该接受中国借由所谓'软实力'公众外交，试图输出的那一套论述。"

从公元前21世纪的大禹时代到公元21世纪的共产党执政时代，我们持续积累了四千年的国家治理经验，建立了一种天下为公，以民为本，超越党派，贤能共治的大一统政治体系，怎么到了西方人和西化的中国学者嘴里都成了威权和专制政治。中国是有君主，但他并不是西方民族国家形成时那种"朕即国家"的专制君主，中国元首服从社会的整体利益（君死社稷），更要服从国家法律。

中国古典政治学法家代表人物商鞅强调，君主绝不能让私心、私欲左右法律，否则必然导致社会混乱失序，君主只有最后的拍板、"独断"之权。他说："国之所以治者三：一曰法，二曰信，三曰权。法者，君臣之所共操也；信者，君臣之所共立也；权者，君之所独制也。人主失守则危。君释法任私必乱。"（《商君书・修权》）

20世纪初废除君主制度后，中国共产党人通过民主集中制的组织原则，激活、发展了中华治道——消灭了控制基层的士绅地主阶层，政权再次深入基层——代表人民整体利益的党组织直接管理人民，从食品到健康，国家对人民承担无限责任。这些特点在此次抗疫过程中显得十分突出。

中国特色社会主义是中国历史文化特色的社会主义，中国特色民主政治是中华治道与马克思列宁主义的有机结合。大疫当前，西方国家应该以开放包容的心态对待不同于自己的政治文明体系，不能让个人自由成为传播病毒，损害公共利益的理由。"关紧水龙头"就必须实现有效的基层管理。人命关天，生命是最宝贵的，还有比这更重要的人权吗？！

除了“关紧水龙头”，中国抗击疫情的另一个重要经验是如何“拖地板”，如何用医疗手段防治疫情。这方面公认的经验是中西医结合。

中医有高度成熟的系统理论，如同中华政教一样，持续发展了数千年。不能因为其理论体系与西方基于还原论、对抗疗法的医学体系不同，就贬低、甚至否定中医。

疫情当前，人类较彻底地认识新冠肺炎病毒、研制出特效药和疫苗需要一定的时间，这时，中医的优势就显露了出来。在不能消灭病原体的情况下，中医能多点出击，迅速建立起一条阻击病毒的长城。所以，此次抗击疫情的过程中，无论是在轻症转重症、重病治疗，还是在防止复阳方面，中医都发挥了重要作用。

中医是中华文化体系的核心组成部分，是生生之具，为中国人的健康保驾护航了数千年。它上通道德心性，下达政治经济，显示出了中华知识体系的系统性和圆融性——对于西方碎片化的知识体系来说，其统一性特点特别值得信息化时代的现代人重视。

过去五百年西方文明征服全球所带来的傲慢，正让其付出惨痛的代价。他们不仅失去了团结，也失去了理性。忽视别人有效的、积累了数千年的社会治理、医学实践经验，这是目前其确诊人数和死亡率居高不下的重要原因！

需要强调的是，除了西方主流社会的文明傲慢，西方人不愿深入学习中国抗疫经验，也与中国诸多学人放弃自己的社会责任有关——他们不能向世界说明中华政教和文化的本质。

今天，中西方之间的交流严重不对称。中国引进翻译的西方学术著作汗牛充栋，西方引进翻译的中国学术著作凤毛麟角。中国很少学人系统研究本土知识体系，多用西方翻译过来的概念，模棱两可地描述中国现实。有的国学家主要关心的，是如何从孔老夫子那里开出西方自由民主来——这使中国抗疫经验模糊不清，甚至成了威权专制的罪证。

此次抗击疫情中，西方主流媒体最为关注合乎自己口味的方方日记！可怜的是，方方日记无论从权威性还是建设性方面，都乏善可陈！

中国的经验也不是完美的。中国对疫情的反应速度尽管比一般西方国家并不慢，还有许多可以改进的地方；尽管我们政权深入到了基层社区，但仍然不能以家庭为单位组织基层，实现基层自治，以至于不得不用“干部下沉”等方法，将科层治理发挥到极限。

另外，西方的国情、文化背景与中国不同，我们不是要将自己的政治经济体系，医学观念强加给别人。但中国人有责任将自己好的经验，有理、有据地介绍给全世界——这与不同的人文价值观念、政治制度认同无关，目前关键是如何通过更有效的社会治理，更有效的治疗措施，“关紧水龙头，拖干净地板”，将病毒扫地出门，挽救更多人的生命。

人命关天！人命关天！人命关天！

希望西方社会少些对其他文明的傲慢，希望中国人更多了解自己的文化和现实。历史给我们的一个重要启示是：互相学习、交融是人类文明发展的最强大动力之一。

在大疫流行的全球化时代，践行这一点尤其紧迫！

八、中美之争归根结底是文明之争

2019年5月16日是中美贸易争端的重要节点。当天，美国政府将中国华为公司列入“实体清单”，禁止美企向华为出售、转让相关技术和产品。这件事刺激了全体中国人的神经。

经典自由市场经济理论、美国民主开放国家形象，以及全球化时代一切美丽幻想，都在此刻轰然倒地，我们仿佛一夜间回到了百年前民族国家群雄逐鹿的时代。

打打停停之间，中美关系再也回不到从前。两大国之争必将引发人类文明范式的整体变革——这是“百年未有之大变局”。

精神制高点，战略高度决定未来。从战略高度理解中美贸易摩擦，经济上快速崛起的中国与长期处于世界领导地位的美国的争端，表层是经贸之争，深层是道路之争，本质则是文明之争！

经贸之争，主要表现为随着中国产品在世界范围内所占份额的快速增长，美国对中国产品大幅度增加进口关税，对华企业禁运，目前已延伸到教育等多个领域。其目的是直接削弱中国企业，特别是华为之类高科技企业的竞争力。

道路之争，则是这次中美贸易谈判阶段性失败的根本原因。美国对中国政府领导经济的方式指手画脚，已经踩到了我们的底线。

在经贸之争和道路之争的背后，文明之争才是此次中美之争的本质。

此次文明之争不是如亨廷顿所说的那样，是中华文明与西方基督教文明之间的冲突，而是天下为公的大道与天下为私的邪道，以德服人的王道与以力欺人的霸道，“因人情节人欲”的礼义之道与“因人情纵人欲”的大乱之道间的冲突。

基于《旧约》的西方一神教同样主张对内节制欲望，对外节制资本。在此意义上，此次中美之争是私人资本霸权文化与人类文明基础的冲突——不仅基督教文明是我们的盟友，所有反对私人资本霸权行径的美国人民也是我们的盟友！

包括美国国务院高官在内西方政客也讲中美“文明冲突”，他们将自己放在西方基督教文明领导者的地位，企图拉拢包括俄国在内的东正教国家反对中国。这显然不会成功，因为太多国家受够了美国霸权主义欺凌，深知不受节制资本的掠夺性和破坏性，没有多少国家愿意将自己绑在美国的战车上！

21世纪的美国不同于19世纪以前清教徒建立的美国。清教徒勤俭、节制、纯洁的美德早已被现代美国主流抛弃，代之以反基督教，反人类文明的放纵、贪婪和物欲。在私人垄断资本的推动下，从“因人情、节人欲”的礼义大道滑向“因人情、纵人欲”的野蛮大乱之道，这才是今天美国如罗马帝国一样堕落的本质。

美国人看不到这一点，将自己的衰落归因于包括中国在内的其他国家的竞争，在“美国优先”的原则下，放弃了大国责任和国际公道，四处点火，这是当代一切战争、动乱和灾难的总根源——从香港街头骚乱一直到波斯湾上空密布的战争阴云。这使我们想起来列宁的论断：帝国主义是现代战争的根源。而金融垄断资本是全球化时代一切矛盾、冲突、邪恶的总根源。

以私有制为基础的金融垄断资本作为当代最腐朽的力量，其嗜利本性与世界大多数人民追求幸福生活的愿望存在本质的矛盾，这其中既包括美国人民，更包括在中国共产党领导下具有5000年文明历史和生存智慧的14亿中国人民。同时，我们需要从战略上清楚：中华民族的伟大复兴必然以中华文化的复兴为基础。中华民族的伟大复兴依靠自身的勤劳和智慧，不以威胁其他国家为手段。而外向的掠夺的金融资本绝不会坐视中华民族崛起，因为中华民族的崛起挡住了他们以各种方式掠夺世界的贪婪之欲，金融资本力量更不愿意西方人民通过中华民族复兴的事实认识其治理体系的强大优势，从而全面瓦解金融资本的国内统治基础。中华民族有与各种力量合作共赢的意愿，但当代金融垄断资本已将崛起的中华民族视为死敌，视为金融垄断资本文明的敌人。

对此必须提高警惕！因为我们已被金融垄断资本定义为死敌，文明之敌，要么我们投降，要么我们灭亡，否则金融垄断资本的亡我之心永远不死，亡我之行无所不用其极。

长期以来，中国高科技领域受“缺芯”之痛，大量高性能芯片都依赖从美国进口。很少人意识到，中国最大的问题不是“缺芯”，而是“缺心”——我们的知识体系差不多全是从西方进口的，几乎没有自己的政治学、经济学、伦理学、逻辑学……

中国近现代知识体系几乎全面西化，采纳西方资产阶级学术话语，中国优秀传统文化作为西方学术体系肢解的对象而生气全无。

西方国家通过思想文化征服中国，不战而屈人之兵的战略，既要防备中国学习西方先进科技，又想以西方资产阶级文化对中国知识界进行洗脑。这也是为何美国为中国人文学者访美大开绿灯，却对理科学者闭关锁国的终极原因。而大量中国人文社会科学界人士纷纷前往美国，笔者不相信那些前往西方国家访学进修的人对美国文化充满无限的向往，倒是我们的管理者们需要深思反省，不具备西方学习访学经历不能评定高级职称等类似的规定，为西方国家的文化征服提供了便利——中国文化“缺心”知识界有责任，知识界的决策者、管理者也有责任。

大家想一想，自然科学领域有高低，社会人文领域哪有高低之分。我们盲目学习西方，只会导致国家软实力的不断流失，最后连“缺心”都感觉不到——已经麻木了！

中国文化包含一个丰富、系统的知识体系。马一浮先生说，国学“不是零碎断片的知识，是有体系的，不可当成杂货”。（《泰和宜山会语·论治国学先须辨明四点》）中国有自己的政治学黄老之学、自己的经济学轻重术，自己的伦理学儒学、自己的逻辑学名学……那是中华治道的基石！

过去一百多年来，中国人只能持续地、谦逊地向西方老师学习，风气所及，从西方镀金回来的留学生，即使对中国现实一无所知，也被认为高人一等的“人才”——哪怕他们满脑子是自由市场经济、自由民主政治、个人主义生活方式 、非彼即此的二元对立思维，也会得到重用。

因此，我们一直无法逃脱西方老师打中国学生的厄运。我们学习西方，还要挨西方打——原因很简单，你没按西方老师教你的去做：没有搞自由市场经济，国家仍然参与到了市场的培育、稳定和发展中去；没有搞自由民主政治，没有竞争性的投票选举；没有个人自由，所以你是警察国家，尽管中国的治安超过了绝大多数西方国家；在二元对立思维指导下，西方是民主中国就是专制，西方是现代中国就是落后……

于是，我们不仅要面对西方政府的压力，更要面对国内西化知识分子的压力——未来中国最大的危险不在西方霸权主义，而在内部，在西化的中国学术——警惕啊！同胞们！

那么，我们应该如何复兴中华文化，直面人类文明史上注定影响深远的此次文明之争呢?

当务之急，建议着力点放在以下三个方面，即：

培育中华文化的自觉性；树立中华文化的主体性；阐明中华文化的时代性。

自觉性是一种价值观念。目前对中华文化价值的认同还基本停留在艺术和道德层面，模糊地认识到相信中华文化在改变社会风气，移风易俗中的作用。对于中华文化的根本价值在政治经济领域，中华文化是历经数千年完整的政教体系，仍缺乏最基本的自觉。

政治、教化相统一，使中华文化超越一切基于神话的宗教，内圣外王一贯的大道横空出世。我们的政教原则在古老文献《尚书》那里就奠定了，持续到21世纪。学习西方宗教与政治二元的政教体系，我们学不来，因为中国不是一神教社会。

对中华政教体系的自觉才是真正的文化自觉，这是我们要着力培育的。

光有文化自觉性，对中华文化价值的认可还不行，还要树立中华文化的主体性。

我们是社会主义国家，马克思主义是我们的指导思想。所以总有人担心，中华文化的主体性会侵蚀、甚至冲击马克思主义的指导地位，这种二元对立观念要不得。细致考察中国共产党领导的革命和建设经验不难发现：正是马克思主义的中国化，才是中国革命得以胜利，中国取得如此辉煌的经济建设成就的根本原因。北京大学国家发展研究院姚洋教授明确指出：“在未来的历史学家眼中，邓小平的最大功绩恐怕是引领中国共产党回归中国。这首先体现在对‘阶级斗争’的重新定位上…… 阶级斗争不再是主要矛盾，社会改造的任务已经完成，不能依靠教条式的马克思主义理论指导今后党的实践。邓小平带领党从社会改造转向经济建设，指导其实践的是中国的务实主义哲学传统。”①

如果说宋以后印度佛教激活了中国部分内圣之学（心性儒学），那么20世纪西方马克思主义主要激活了中国外王政治体系。

众所周知，西方经典马克思主义理论没有涉及像中国这样一个落后的农业大国，如何建立社会主义的问题。毛泽东领导的第一代中国共产党人，创造性地解决了这个问题，依靠什么？就是对数千年来农民革命成败经验的总结，从游击战术到农村包围城市的战略，都是这样。

同中国革命一样，中国社会主义建设的道路同样充满了艰难曲折。但有一条基本经验，我们没有盲目学习其他社会主义国家的经验，也没有盲目学习西方资本主义国家的经验。如果总结中国社会主义经济建设的经验，我们的指导思想暗合于中国古典经济学轻重术，那是一种国家参与其中的市场经济。

这次中美贸易争端，美国要求中国政府不要参与到市场经济中去。表面上这是道路之争，实际上还是文化问题。我们有自己对市场本质和经济管理的看法，与西方基于私人资本的自由主义经济学不同——很可惜，目前研究轻重术的学者太少，以至于无法从文化和经济理论上将中国现实说清楚。反过来，这也说明树立中华文化主体性的紧迫性及中华文化的时代性。

我们树立中华文化的主体性，不是盲目排斥西学。大学可以讲西方经济学，也可以讲东、西经济思想比较，但我们还要讲中国自己的经济学轻重术；我们可以讲西方政治学，也可以讲东、西政治思想比

① 姚洋:《马克思主义中国化与现代中华文明的建构》.《文化纵横》2021年第3期。

较，但我们还要讲中国自己的政治学黄老之学；我们可以讲西方伦理学、宗教学，也可以进行东、西伦理及教化的比较，但还要讲礼义、讲《大学》《中庸》，因为后者才是我们安身立命的根本——西方一神教不是！

文化没有高低上下之分，也没有古今新旧之别，文化会演化，甚至消失，但不会过时。中华文化发展到今天，其高度的世俗性、纯粹性的智慧形态，以及非凡的包容性、统一性，是身处全球化、智能化和世俗化的现代人急需的。

遗憾的是，在阐明中华文明的时代性方面，我们做的还远远不够。按照西方二元对立逻辑，现代与古代两分，社会上仍普遍认为中华文化属古代，已经过时；诸多学人鼓吹“六经皆史”，却不知“六经皆魂”，包括诸子百家在内的经典是中华民族的不朽灵魂。

笔者由于宣传中国文化的时代性，竟被一位知名杂志编辑笑为“过去的翟玉忠”！

我们要改变世人对中国文化的错误认知，恢复中华文化的主体性，唤醒国人的文化自觉还有漫长的路要走——即使从宋以后儒家斥诸子为异端算起，中华内圣外王的大道隐而不彰也已经太久，这增加了我们复兴中华文化的困难。

在霸道横行的时代，面对资本垄断霸权肆无忌惮的掠夺和破坏，我们没有选择。那些西化学者即使将美国哈佛、英国牛津都搬到中国来，也无法从根本上解决中国的问题，中国也逃脱不了被西方老师打的命运。我们只有在灵魂上站起来，中华民族才能最终屹立于世界民族之林！

（2019年7月14日上午，新法家网站第九次编辑例会在北京北芦草园胡同两宜书院举行，这是笔者在会上所作的主旨发言）

九、注意近年海内外涌动的“评儒批法”暗流

中国制造业雄居世界第一位，对美国的冲击越来越明显，一些原属于西方国家的市场被中国产品占领，中美之间的经济冲突是结构性的、长期的。

于是，许多人认为美国最怕中国经济发展，近年来中美间的经济战就是最好的证明。

思想文化既是中华文明的灵魂，也是中华民族最根本的国家实力。美国的确担心制造业的衰落，但这从不是美国最害怕的。

美国，尤其是美国的大资产阶级如同19世纪欧洲的资产阶级一样，最怕马克思主义。而马克思主义如佛教一样，扎根中华大地与文化，成为完全中国化的马克思主义——这种马克思主义不仅是中国共产党的信仰，也是先进的中国人民的信仰，已经成为中国文化的有机组成部分。中国化的马克思主义，即使马克思主义在其诞生地西方势微的情况下，依旧生机勃勃——正像历史上中国化的佛教一样，在印度次大陆佛教消亡后，继续在中华大地发扬光大。

“强大的中国经济军事硬实力+强大的中国思想文化软实力”，这不仅是美国的恶梦，也是整个嗜利如命的资本主义体系的恶梦。

所以，冷战初期美国外交政策的主要制定者，时任美国国务卿在

杜勒斯（John Foster Dulles），1958年12月4日在加利福尼亚州商会的演说中明确指出："我们远东政策所追求的一个要点是不让中国共产党人得到同中国文化联系在一起的威望，作为完全为他们自己服务的工具。这种威望是非常大的。"[①]

今天，美国国务卿迈克·蓬佩奥则将中美之间的对抗看成"与一个完全不同的文明作战"；2019年4月29日，美国国务院政策规划事务主任，毕业于哈佛大学的历史学家基伦·斯金纳（Kiron Skinner）指出：贸易并不是美国对华关系中最重要的问题，谈到中美之间的争端，斯金纳认为："这是一场与一种完全不同的文明和不同的意识形态的斗争，这是美国以前从未经历过的。"[②]

得道多助，失道寡助。中华文明、中国化的马克思主义是天下为公的文明，以美国为代表的资本主义体系是天下为私的文明，其本质上是反文明的（*anticulture*）。[③]天下为公的文明之光令一些资本主义国家极为恐惧，故他们未雨绸缪，将追求天下大同的中国思想文化和中国化的马克思主义视为敌人，更担心二者联系在一起。具体说，就是社会主义政治经济学马克思主义与中国古典政治经济学黄老道家/法家的结合。

为了阻断二者的有机融合，近年西方某些势力掀起了一股"评儒批法"浪潮，他们揭批"法家的黑暗与邪恶"的同时，政治上支持"愿意保存儒家传统的商界及政治精英"。

支持"愿意保存儒家传统的商界及政治精英"，是国际上一位擅长颠覆别国政府的金融大鳄，2019年1月在达沃斯世界经济论坛上

---

① 《杜勒斯在加利福尼亚州商会的演说》，收入辛灿主编，《西方政界要人谈和平演变》，新华出版社1989年版。

② 参考消息网2019-05-06，网址：http://www.cankaoxiaoxi.com/china/20190506/2379253.shtml，访问日期：2019年1月17日。

③ Patrick J. Deneen: Why Liberalism Failed, Yale University Pres, 2018, pp.64~90.

提出的。

难道这位金融大鳄通过所谓“普世价值”颠覆中国政府不成后，“改邪归正”，要支持中国文化复兴了？

大鳄总要吃人。他要用儒家意识形态取代马克思主义。这招儿实在是厉害，因为宋以后儒家将法家、道家异端化，支持今天继承宋明理学衣钵的儒家，不仅可以对抗马克思主义，还可以对抗中国古典政治经济学法家。

包括儒家在内的诸子百家不同于西方传统私人学术，前者源自西周官方学术，按不同社会功用分类。一个人，搞政治就是法家，搞教育就是儒家，大儒孔子治鲁，也要行法家，“杀少正卯”立信，结果鲁国大治；法家著名人物韩非子被西汉刘向称为“名儒”。先秦大儒都通乎百家之学，否则荀子何以能教出李斯、韩非那样著名的法家人物。

宋明理学家表面上反佛，实则明修栈道，暗度陈仓。一方面，将儒家之外的诸子百家视为异端，包括法家、纵横家在内的外王之术被异端化，乃至妖魔化，中国外王之学大坏，中央集权政府治国理政能力被削弱，士绅地主阶级大肆兼并土地，吞噬国家财富；另一方面，理学家以佛家观念，特别是禅宗的“悟后起修”思想解释儒家内圣之学，由人间起修，积善成德的儒门心法被颠倒本末，从明德开始达到至善，中国内圣之学大坏，使得积善成德的积善堕落为空疏的“敬、净、静”，士绅地主阶级用“敬、净、静”的心法来逃避他们上抗中央、下欺百姓的罪恶所带来的良心谴责。

中国文化精髓，内圣外王之学两失，是宋以后中国走向衰弱的根本原因。直到马克思主义进入中国，激活了天下为公的中华治道——精神上崇尚大公无私，经济上崇尚国有经济，中国才扭转了千年弱势。

最近一位将自己的祖国称为“地狱”的海外华人写了篇长文，起因是中国国家领导人间接引用了法家商鞅的名言“国皆有法，而无使法必行之法”。这位“恨国者”的推理是：

某人引用商鞅的话就是崇拜商鞅，

商鞅的法很坏，

所以某人很坏。

揭批“法家的黑暗与邪恶”，商鞅的法很坏，理由何在？按这位“恨国者”的说法，因为它是“专门对付老百姓的严刑峻法”，商鞅行法的目的是弱民、胜民、辱民。“弱民”就是要“人民必须卑弱”，为了证明自己的说法，他还大量引用秦晖和鲍鹏山的“研究成果”。

商鞅的法是“专门对付老百姓的严刑峻法”吗？请看商鞅之法施行十年后的效果：“秦民大悦，道不拾遗，山无盗贼，家给人足。”(《史记·商君列传》)

即使没有看过《商君书》、没有看过《史记秦本纪》和《史记商君列传》，只要知道秦国在西周以后又一次实现了中国的大统一，就不会相信商鞅之法是“专门对付老百姓的严刑峻法”，因为人类历史上从没有发生过处于严刑峻法下的边疆政权能够具有统一全国的力量，如果让人民处于严刑峻法之下，这个政权不但不能实现统一，反而会被人民抛弃。如果商鞅的法是“严刑峻法”，也是用来对付割据贵族势力的，不是对待人民的。

那么，商鞅为何要弱民、胜民呢？幸亏有商鞅学派的核心经典《商君书》在，我们知道“弱民”是让人民遵守法令，能为国家建设所用，是让民“化一己之私”而为“利天下之公”——看看当今世界的寡头政治之害，就知道“弱民”多么重要，寡头们甚至纵容鼓励本国人民吸食毒品以达到弱民的目的。

商鞅研究名著，蒋礼鸿先生1945年出版的《商君书锥指》总论

《去强》篇写道："此说与《说民》《弱民》二篇义指并同，去强者，国有民而不可用，是民之强也。故当去其强，非谓欲民之无力也，欲其制于我、用于我耳。"[①]

长期以来，学界对"弱民"的本意并无太多分歧，因为《商君书·去强》专门就此详述，且有《说民》《弱民》两篇为之作注。蒙文通先生的堂弟和学生，史学家蒙季甫先生曾专门作《〈商君书〉〈说民〉〈弱民〉篇为解说〈去强〉篇刊正记》，[②]将三篇经注合为一篇，从中能清楚看到"弱民"的本意，感兴趣的朋友可以参看。

但到了一些别有用心的学者那里，"弱民"竟然成了压迫、愚弄、弱化人民。为何这些人指鹿为马呢？不是要反对两千年前的商鞅，而是反对今天的马克思主义。那位"恨国者"断言："商鞅提出了一种早熟的法西斯主义和共产主义，比马克思和希特勒早了差不多两千年。"

这里，狐狸尾巴终于露了出来——无论是"评儒"还是"批法"，最终目的是批中国共产党带领人民实现复兴大业的指导思想——马克思列宁主义！

用异化的宋明儒学取代先秦儒家、诸子百家的同时，将中国古典政治经济学法家异端化、妖魔化，才能将马克思主义与中国文化隔离——这是近年海内外"评儒批法"的本质。

鉴于美国过去一百多年来执行国家战略的长期性和坚韧性。可以预见，随着大量金钱涌入儒家研究和宣传领域，"评儒批法"可能成为中国文化研究的巨流——这对于马克思主义的中国化进程是灾难性的。

---

① 蒋礼鸿：《商君书锥指》. 中华书局. 1986年第1版，第27页。

② 蒙季甫：《〈商君书〉〈说民〉〈弱民〉篇为解说〈去强〉篇刊正记》，收入蒋礼鸿：《商君书锥指》，中华书局1986年版。

必须为中国文化正本清源，返本开新！否则，我们很容易跌入美国的战略陷阱——自以为坚持文化自信，复兴中国文化，实际是给他人作嫁衣裳，为别人的战略目标服务！

醒来吧，文化上昏沉千年的东方睡狮！

十、生态文明是人类文明范式大革命

当代世界大势可以概括为《黄帝内经·素问》中的八个字：“嗜欲无穷，忧患不止。”

在宏观经济领域，人类忘记了资源的有限性和人性的本质弱点。以“消费刺激生产”为中心，构筑了当代世界生产和生活方式，包括两个基本点：

一是对内膨胀欲望，二是对外膨胀资本。

从课堂上的经典经济学理论到生活中无所不在的广告，我们周遭的一切都为刺激欲望、膨胀欲望而设。我们忘记了人性本静，生命在于追求心灵的安定，而非无休止的欲望满足——这是物质丰富的现代社会我们没有获得相应幸福的总根源。

21世纪，资本力量如此强大，不仅体现在全球范围内远远大于实体经济的资本规模，虚拟经济膨胀，更表现为资本对全世界的野蛮掠夺以及层出不穷的环境灾难。当代资本的运作如此巧妙，它可以通过高价药物剥夺人的生存权而不受惩罚，它可以通过不断提高房屋等必需品价格，提高每个人的生活成本，自己赚得盆满钵满。

以西方现代性为基础的生产、生活方式，将数千年来东西方文明的基础——对内节制欲望、对外节制资本——无情地抛弃了。

无论西方的一神教文明还是中国世俗化的大道文明，都讲“因人情、节人欲”的礼义之道。现代西方文明本质上是“因为情，纵人欲”，即使在美国这样的发达资本主义国家，其立国基础——节俭、勤劳、洁净的清教精神也成为明日黄花。

在此意义上，超越现代西方文明，生态文明是人类文明的重建，它意味着人类文明范式大革命。

过去半个世纪的历史表明，光靠私人道德、改善生活环境、某些国家出台的种种措施，都不是生态问题的根本解决之道。

因为在全球化时代，生产过程全球化了。20世纪80年代的时候，国际贸易总量70%左右是成品贸易，到2010年，世界总贸易额60%的贸易量是零部件、原材料各种中间品贸易，成品贸易只占40%。产业链的全球化，使西方国家轻而易举地将生态灾难转移到产业链低端的国家。

那些大型跨国公司，常常不顾环境成本，努力拉低服装等商品的价格。在西方社会享受廉价商品的同时，将社会贫困和环境灾难留给出卖资源和劳力的国家。

不是说，环境教育以及环境政策没有作用，而是说，这些都不是根本的解决之道。我们需要改变以西方现代性为主导的文明范式，建立一种新的文明形态。我相信，持续发展五千年的中华文化会为人类的可持续发展做出巨大的贡献。

中华文化给我们的重大启示包括：

1. 从以资为本到以人为本（济民）的经济发展

以西方现代性为基础的当代文明本质是以资为本，资本主义成为主流。今天，只有极少数有识之士认识到资本主义独霸世界的危险。

2008年金融危机后，日本企业家稻盛和夫曾一针见血地指出："危机的直接原因似乎是金融衍生产品使用过了头，但事情的本质是，人们为了满足自己的欲望，不择手段地追求利润的最大化，是失控的资本主义的暴走狂奔。从这个意义上讲，这次金融危机，正是上天为我们人类敲响的警钟……人类现在必须思考一个问题，我们怎样来和这个地球共生共存，这就必须从爱、慈悲、同情以及利他之心出发，而不是无止境地追求基于欲望和利己心之上的所谓经济增长。"①

遗憾的是，今天无论是资本主义国家的民众还是社会主义国家的民众，都没有很好地意识到"以资为本"的危害，更不能很好地回到东西方"以人为本"的经济发展正常轨道上去。

历史学家钱穆先生在《中国文化史导论》中曾指出：国家控制经济，节制资本是历史上中国没有陷入资本主义的原因。

"大道之行也，天下为公"，现在学界谈"公"色变，"私有神圣"深入人心。一谈国家控制经济，公有制就是"政治不正确"，此种错误认识急需改变。

事实上，西方一神教也讲节制资本，无论中世纪西欧农村的传教士还是伊斯兰教律法，都重视节制资本——只是现代资本主义让资本脱离了人文的轨道。这是东西方需要共同解决的最紧迫问题。

中国数千年来天下为公、以义制利，经世济民的经济思想值得现代人认真研究、汲取。

2. 从以消费为基础的市场经济到以储备为基础的市场经济

"以消费刺激生产"的经济学逻辑自凯恩斯时代以来不断被强化，

① 稻盛和夫、梅原猛：《拯救人类的哲学》. 曹岫云译. 中国人民大学出版社，2009年，第1版，第4~5页。

今天已成为经济学界及政策制定者深入骨髓的观念。

在微观经济学领域，对一个厂商来说，这个逻辑是有效的。因为广告做得越多，公众消费得越多，企业利润就越高。但对一个国家来说，若一味追求消费，那么最大的消费就是战争，这也是资本主义从诞生一刻起就留下了嗜血和战争胎记的原因。

健康的经济不应以消费为基础，当以储备为基础。因为只有充足的储备才能保证市场的均衡、社会的平衡和产品的持续供给。中国古典经济学轻重术集中于《管子》十六篇中，其中最重要的、讲基础理论的一篇叫做《国蓄第七十三》，可见公共储备在经济生活中的核心作用。

这里的储备指的国家储备，而不是私人资本为追求暴利囤积居奇。由于私人资本的贪欲，私人资本的垄断性储备只会增加市场波动，增加人们的生活成本。大家应记得前些年大蒜等生活必需品的疯涨，背后就是私人资本操纵的结果。

《管子·国蓄第七十三》将商品和货币称为“司命”“通施”，足见其对储备的重视。近来中美经贸争端告诉我们，在高科技硬件和软件随时都可能成为强权威胁工具的时代，现代社会技术储备同样重要，它同货币主权一样，决定国家之命运！

3. 从以经济增长为目标到以经济均衡为目标

天下为公，以储备为基础的市场经济要求我们改变以增长为中心的发展战略，从以经济增长为目标到以经济均衡为目标。因为古代和现代的经济发展史都表明，只有平衡的增长才是最快、最健康的增长。

在考虑经济增长时，一定要将资源储备、生态因素纳入发展战略。要从产品消费端开始，制定生态友好的战略、法规。

这是从周代开始中国人生态管理的重要经验。资源的开采必须有节制，绝对不能将矿产等社会公共资源转让给私人资本经营；什么样的商品能进入市场，什么样的商品不能进入市场，都应以生态的可持续发展为标准。

生态文明建设，需要改变人类文明的基本范式，需要人类政治经济、社会文化、生活方式等方面的根本性变革——这是过去几十年环保运动给我们的最重要启迪。

回归“因人情、节人欲”的礼义文明生生大道，走上符合人性的可持续发展之路，这是21世纪人类必然的、也是唯一的选择！

（2019年5月28日，“自然国学与生态文明研讨会”在重庆市南岸区乐和书院举行，此次会议由中华炎黄文化研究会与北京地球村环境教育中心联合举办。本文依据笔者在会上的讲演整理而成）

十一、生生之道是关系人类命运的大问题

五千年绵延不绝的中华文化，生生之道是其生生不息的原动力，也是宇宙人生的普遍规律。

刚才北京中医药大学段晓华老师讲《周易》，从“一阴一阳谓之道”讲到“生生之谓易”，《老子·四十二章》讲的与此异曲同工。上面说：“道生一,一生二,二生三,三生万物。万物负阴而抱阳，冲气以为和。”

中国文化中数字具有哲学意义。我们看东汉许慎的《说文解字》，就知道 一、二、三的哲学内涵。“三生万物”，宇宙中所有事物是由“三”生出来的，这个“三”指什么?

汉以前，先哲几乎一致认为，“三”指中和之气。

跟西方人二元对立的思维方法不同，先贤认为，宇宙中除了阴气、阳气，还有中和之气。“生”的力量全赖此气——独阴和独阳都不能生物!

中华治道主“生”的中和之气包括两个方面，一是建中，一是执中。建中，是说建立中和之气，起到事物稳定、平衡发展的作用。

孔子为什么要整理六经？西汉刘向说其目的是“明王道”。什么是王道？就是大中之道，政治经济体系的“中和之气”。这是夏、商、

周三代治国理念的基础。

《尚书·洪范》讲三代一以贯之的治国大法，内容是按洛书排布的，居中的第五叫“建用皇极”，是最为重要的治国原则，就是建立大中——建立一个超越党派，吸纳各种利益集团，强有力的中央政府。上面说：“无偏无党，王道荡荡；无党无偏，王道平平；无反无侧，王道正直。”

宋明理学家将“皇极”不再解释为大中。“皇”解释为人君，“极”解释为人君修身以确立道德标准——正是宋明理学将皇极解释为人君内在修养，导致中华治道沉沦至今！

直到21世纪的今天，在霸权主义横行，霸凌行径充斥的时代，中华治道仍鲜为世人知——这不仅是中国人的悲剧，也是全人类的悲剧！

更有甚者，中国共产党人激活了天下为公的王道政治，却被西方某些政治势力称之为威权主义、专制主义！

建中不仅体现在政治上，还体现在经济上，“中”要求存在庞大的国有资本。比如古人为了避免饥荒、调节市场，建立了常平仓制度。建立常平仓就是建“中”——荒年，市场上粮价过高时，就放出常平仓里的粮食平抑物价；丰年，谷贱伤农，则反向调节。

除了“建中”，还要“执中”，就是如何用中——这是智慧之学，儒家的《中庸》，专门讲如何成就“执中”的智慧。

大家注意，《老子》讲无为，就是中庸。我们理解无为，不能只读《老子》，它是格言体，太简单，今人的智慧很难理解。要了解无为，一定要读《淮南子·修务训》，它用数千字解释何为无为，讲得特别清楚。

无为包括两个层次，一是内心要大公无私，不为私欲所蔽；二是行事要不先物而为，因物之所为而为，顺势而为，事事合宜，就是中。《淮南子·修务训》上说，“无为”指个人私欲不掺杂到公道之中，个人嗜欲不干扰正确判断。做事遵循事理——根据实际情况，权衡自然之势，不巧伪奸诈。事情成功了也不夸耀，功业树立了不执为己有。作者写道：“若吾所谓‘无为’者，私志不得入公道，嗜欲不得枉正术；循理而举事，因资而立，权自然之势，而曲故不得容者。事成而身弗伐，功立而名弗有。”

古人能够认识到建中、执中的重要性。我们去故宫外朝三大殿：太和殿、中和殿、保和殿。太和殿的匾额“建极绥猷”，中和殿的匾额“允执厥中”，保和殿的匾额“皇建有极”，皆为乾隆御笔，都是讲大中之道，强调生生不息的中和之气。

——这是中华民族生生不息、持续发展的基础！

中和之气，生生大道，在未来社会变得更为重要。信息化时代的经济是平台化的，以前生产和消费在经济中最重要，现在平台变得重要了。未来人工智能时代是智慧流行的时代——知识成为免费产品之后，如何执中，如何应用知识才是根本问题。

在座有多位中医专家，医学治病救人，是仁心仁术，所以《汉书·艺文志》称之为“生生之具”。但请注意，“天地以万物为刍狗”，有阴就有阳，除了生生之道，宇宙中还有“毁灭之道”，中国古典政治经济学经典《黄帝四经》就讲，当一个东西当灭当亡的时候，必须要消灭它。

当代主导的西方现代性以自由主义哲学为基础，主张对内膨胀欲望，对外膨胀资本。这离因人情、节人欲，对内节制欲望，对外节制资本的礼义王道相差太远。长此下去，人类必将走向斗争，甚至毁灭——这也是今天，为了人类的可持续发展，我们研究生生之道的现实意义！

《吕氏春秋》说：“夫治身与治国，一理之术也。”治身讲生生之道，治国也要讲生生之道，希望大家切莫轻视这个问题，这是关系人类命运的大问题，怎么强调都不为过。

（2019年12月16日上午，北京古观象台晷影堂，中国中医科学院中医基础理论研究所“古医籍中生生理论研究”课题组举办“生生之道与中华文化命脉”研讨会，翟玉忠先生应邀讲演，以上是讲演文字整理稿）

十二、别错解“天下观”——“平天下”三原则简论

近年来，“天下观”再度引起世人关注。一些学者用“王者无外”“普天之下，莫非王土”等观念来说明其实质。

在中国文化中，“平天下”不是指消灭所有对手，“平”是均平之义，指不同政治、社会实体的均衡共处、共生。但“王者无外”的天下观不是如一些学者所说的，天下大同，不区分“内”和“外”。影响中国历史两千多年的夷夏之辨，主要就是分别内、外。

中国文化的核心理论不是某个哲学家突然想出来的，而是中华文明在数千年历史进程中探索出来的，是经过无数血泪、失败教训总结出来的，不能凭知识分子的幼稚想象，随便解释天下观。

“平天下”思想不仅来自儒家，黄老道家经典《管子》也有类似的阐述。比如《管子》说：“始于为身，中于为国，成于为天下”，就是《大学》“修身、治国、平天下”的意思。修齐治平是诸子百家共通的价值取向——纵横家也有“平天下”的精神。

中国外事理论有三个基本点，其核心是《尚书·洪范》中的“建中立极”。这个原则在四千多年前的大禹时代就有明确阐述，传承顺序是：夏（大禹）——商（箕子）——周（武王），夏商周三代，此

原则一以贯之，奠定了中华文化的初基——从夏商周三代到毛泽东，一直遵循这个原则。

再过两千年，这个原则也不会变！“道生一,一生二,二生三,三生万物，万物负阴而抱阳，冲（中）气以为和。”无论做企业，还是做学术，都要靠“中气”持续发展。所以，中国外事理论第一点就是“先内而后外”。《管子·大匡》提出“内政不修，外举事不济”这个道理，在多次用兵失败的情况下，齐桓公才醒悟过来。

考古学家韩建业对早期文化研究十分细致，他指出，文化上的早期中国形成于公元前四千年前后的庙底沟时代。“庙底沟时代的这个三层次的文化共同体，与商代政治地理的三层次结构竟有惊人的相似之处。该共同体无论在地理上还是文化上，都为夏商乃至于秦汉以后的中国奠定了基础，因此，可称为最早的‘早期中国文化圈’，标志着文化上的‘早期中国’或‘早期中国’的正式形成。”[①]从最早的“文化中国”，到今天政治、经济、社会、文化统一的中国，六千多年来，“建中立极”的政治原则成为中国生生不息的原动力，使中国如滚雪球般不断发展壮大。它指导着我们政治生活的方方面面，这个原则一定要坚持！

好大喜功是灾难！张文木教授有句话：“大国崛起于地区性守成，消失于世界性扩张”。其实就是《老子》强调的“大国者，下流也”“知其雄，守其雌”的外事思想。

第二个原则是“先近而后远”。秦国打天下的时候，实行“远交近攻”战略，实际是结交远处的国家，先吞并近处的国家，逻辑上也是“先近而后远”。

今天，我们周边国际环境相当复杂严峻，需要警惕。葛剑雄教

① 韩建业:《略论文化上“早期中国”的起源、形成和发展》.《江汉考古》.2015年3期。

授怀着强烈的社会责任感指出，历史上的“丝绸之路”不是中国建立的，“丝绸之路”的原动力来自中亚——我们的一带一路建设要积极吸收历史经验。[①]

第三个原则是“先文而后武”。这一原则对现代而言非常重要。20世纪，随着大众媒体的崛起，意识形态、思想文化的斗争更为激烈，软实力的战略地位凸显。“文德”建设是知识分子的重要使命，我们还有大量工作要做。

时间差不多了，我就汇报到这里，谢谢!

（2018年8月20日，应邀参加河北承德“儒家文化与中华民族共同体建设”学术研讨会，本文是笔者在会上的即席讲演；关于平天下策的具体内容，感兴趣的读者可以参阅《平天下——〈管子〉古典外事理论三原则》一文，收入抽著《智慧简史：从旧石器到人工智能》，华龄出版社2021年第1版）

① 葛剑雄:《被误读的一带一路》.网址：http://cul.qq.com/a/20150419/012113.htm，访问时间：2018年10月30日。

十三、改造我们的中国观和世界观

公元前496年，鲁定公十四年，山东曲阜。

一位老人开始了中国文化史上最著名的远征。

此去故国，孔子要用生命去实践他重回王道，平治天下的理想——老骥伏枥，志在千里，这是怎样伟大的雄心啊！他不像21世纪的学人那样，在温室里鼓吹和平，他要用生命恢复东亚大陆久已陆沉的世界秩序！

孔子没有实现他的理想。在长达14年漫长艰苦的旅途中，他几次险些丧命。但这次远征却锁定了中国人的生活方式和价值观念。既尊敬鬼神，又远离鬼神，“敬鬼神而远之”。作为唯一超越神话和宗教的文明体系，修身、齐家、治国、平天下——内在修养（内圣）与社会事业（外王）一以贯之，从而实现自我超越和生命升华，这是人类精神史上最为伟大的突破之一！

那注定是一个清冷的早晨。孔子天刚亮就起来，佩上白玉，踏上车马，和颜回、子贡、子路、子夏诸弟子，依依不舍、风尘仆仆地上路了。

“古之君子必佩玉，君子无故，玉不离身”，所以孔子佩玉。

孔子做过鲁国的司寇，是大夫之位。“以吾从大夫之后，不可徒行也”，所以孔子坐车。

当时，没有人为失意的孔子师徒送别。天地间只有漫道、古树、微风、晨曦。唯一的响动，是车马的銮铃和佩玉的清音，它们在鲁国大道上汇成和谐的交响，永远地定格在人类文明史上！

孔子以博学著称。

孔子不会想到，他乘的车马最早出现在欧亚大陆西部，直到商代，车马才沿欧亚大草原引入中原。

同旧大陆上几乎所有青铜时代的社会上层一样，孔子也珍视马车。古埃及贵族将乘战车作战视为荣誉和地位的象征，它常常是埃及墓室壁画的重要主题。

周游列国回鲁的第二年，孔子最喜爱的学生颜回英年早逝。孔子如此伤心，撕心裂肺地大呼："这是老天爷要我的命呀！这是老天爷要我的命呀！"

弟子们认为孔子动情太过，他扔下一句："我不为这样的人伤心，还为什么人伤心！"

当颜回的家人请求孔子卖掉车子，替颜回置办外椁时，他一口回绝。因为孔子和古埃及的贵族一样，认为车子是地位的象征，不能卖掉徒步而行。

孔子更不会想到，佩玉的传统竟然来自西伯利亚贝加尔湖流域。早在两万四千年前的旧石器时代晚期，贝加尔湖流域的马尔他人已经用软玉制作装饰物，因为那里是重要的白色软玉产地。从马尔他到中国东北部的小南山、双塔、兴隆洼诸遗址，从北到南有一条万年之久的玉石之路。

直到青铜时代，贝加尔湖地区仍然是欧亚大陆玉文化传播中心。邓聪教授供职于香港中文大学中国考古艺术研究中心，长期从事玉文化研究。他从玉料、器形和加工技术等多方面证明：四五千年前，以欧亚大草原为纽带，在欧亚大陆东西万千米的广大土地上，存在着一条白玉文化带，白玉环是其典型器物。

中国的用玉、崇玉传统可以上溯到八千年前内蒙古自治区赤峰市的兴隆洼遗址。我们必须将这个遗址放在整个东北亚、从旧石器到新石器时代的大时空中，才能明了其文化背景和文化内涵。

八千年前兴隆洼发达的真玉文化横空出世，对世界及中国影响巨大。到5500~5000年前的红山文化时代，中国已经形成明确的用玉制度，玉也成为主人身份、等级的象征；在距今6500~7000 年间的俄罗斯滨海边疆区鬼门洞遗址，距今约6500年的日本福井县桑野遗址（Kuwano Site），出土了与兴隆洼相似玉器器形、玉器组合，且制作技术也相似，当为三地跨海洋和陆地频繁交流的结果。

谈到兴隆洼玉文化的起源，邓聪教授注意到它与东北亚史前萨满文化，特别是贝加尔湖附近马尔他旧石器时代遗址的关系。在《东北亚史前萨满教的发展》一文中，他写道："兴隆洼文化玉器几乎全部以软玉制作，其中玦、匕形器、管状饰和弯条形器，都沿袭东北亚晚期旧石器时代的饰物，只是在载体材质上彻底从动物骨角改变为软玉。马尔他人喜欢在手臂上穿戴环状饰物，而兴隆洼居民则穿戴于耳垂上。新石器时代骨制匕形器、管状器一直盛行不衰。弯条形器也可能是模仿动物獠牙或犬齿而制作。因此，从兴隆洼真玉文化显示从动物骨角转化为软玉的过程，已彻底完成。此外，特别受瞩目的是马尔他小孩墓的一串项饰上，一些猛犸象牙制类似双联璧像护身符的装饰，表面有6到8处锥点围成的圆圈。同样，兴隆沟遗址22号房址出土的璧形蚌饰，其上也同样有十处锥点装饰。这反映两地原始宗教信仰中的传承关系。"[①]

孔子不知道马车技术的起源，也不知道玉文化国际性特点。不

① 吉平、邓聪主编:《哈民玉器研究》.中华书局. 2018年，第1版，第403页。

能苛求先圣，在波澜壮阔的欧亚大陆轴心时代，孔子有自己的时代使命——在某种意义上，他们达到了我们难以企及的人文高度。直到今天，轴心时代的精神成果仍是人类每一次跨越性前进的终极动力！

应用考古学及其他新科技手段，我们知道中国玉文化是人类文明数万年沉淀的结晶——如果不了解世界文化，我们就不可能了解中国文化。全球化时代，必须认识世界意义上的中国！

这是我们必须树立的中国观和世界观：一个世界中的中国，一个包含中国的世界。过去数万年来，中国一直是欧亚文明东部的核心，也是人类文明重要的、持续的创新中心之一。

没有一个发达文明是孤立发展的，中国也不例外。世界不应以西方现代性为归依，“和实生物，同则不继”，包括中国在内的文明多样性是人类前进的基础。当现代只有西方一种知识体系、教育体系和价值体系的时候——世界范围内人文精神的衰落终成必然！

最近经社科院易华研究员推荐，有幸读到邓聪教授主编的《哈民玉器研究》（中华书局，2018）和《牙璋与国家起源》（科学出版社，2018）两书。极其细致的研究，极度精美的图片，艺术与科学能够如此紧密地结合在一起！笔者捧读，爱不释手。

对邓聪教授由微知著，通过一件小器物深入大历史的方法，笔者深表赞同。想来他多年奔走于海内外，亦付出了太多的艰辛，体会到太多发现的乐趣。

“一阴一阳之谓道”，过去七八年来，笔者在全世界范围内研究阴阳的符号太极图和道的符号蹲踞式人形，写成了《人类文明的基因：人类二元观念与世界文化的分野》（中央编译出版社，2017年）和《智慧简史——从史前到21世纪》（华龄出版社，2021年），身心收获很大。学术探索过程比美国大片还丰富曲折、激动人心，其中苦乐，难以为外人道也。

十四、中体中用，中西互济

我们生活在一个亘古罕见的大变革时代。

称为“大”变革，因为我们遇到了两个历史巨潮的叠加。

一个巨潮是中国自身的变革。清末重臣李鸿章敏感地意识到，这是“三千年未有之大变局”。但这个变局究竟是什么样的？一百多年后的今天，我们比李鸿章看得更清楚。

从道德体系到君主制度，从教育体系到选举制度，过去一百多年来经历了翻天覆地的变革。

另一个巨潮是全球性的变革。随着经济的全球化，西方古老的一神教传统受到了普遍的冲击，社会愈发世俗化，资本对世界的统治不断加强。

先进的信息技术改变了从教育到生产的一切，也使资本对世界的掠夺更加隐蔽和阴险。在金融市场上，资本可以轻而易举地摧毁一个国家和这个国家的中产阶层。脱缰的资本造成了巨大的贫富鸿沟，不仅撕裂了这个世界，也撕裂了资本主义国家本身。

在这样一个大变革的时代，作为东方大国，一个发展了人类道统的地方，中国如何自处，是一个无法回避的问题。

过去一百多年来，由于阅历、利益等诸多因素的不同，人们对这个问题给出了迥然不同的回答，同时给现代中国留下了深深的烙印。归结起来，大体是如下几种主张。

1. 中学为体，西学为用

至19世纪中叶，西方工业革命取得了非凡的成果。但相对于中国发达的、适应本土市场的手工业，西方商品并没有明显的竞争优势。在这一历史大背景下，西方开始以坚船利炮为手段，通过鸦片贸易和签订不平等的条约，不断获取市场竞争优势。①

1860年以后，面对西方列强的步步紧逼，洋务运动兴起。张之洞、李鸿章这些体制内改革派企图在不改变当时儒家治国理念的基础上，引入西方自然科学，以及商务、教育、外贸、国际法等社会科学，以补中国原有外王体系的不足。这就是有名的“中学为体，西学为用”。

我曾经认真考察过洋务运动中兴建的重要企业，从我老家唐山的开滦煤矿，至上海的江南造船厂，再到福建的马尾船政，我想任何一个有良知的人，都会为洋务运动的艰辛、业绩所感动。

洋务运动创造了太多中国工业和商业的第一，其成绩有目共睹。以至于日本人对中国工业化的发展恐慌万分，这也是他们下决心发动甲午战争的重要原因。②

洋务运动具有先天性不足，关键是儒家的“体”不能支撑西学的

---

① 鸦片战争的根本目的是要确立卑鄙的鸦片贸易的合法性，而不是打破“不正常”的贸易形式，中国知识分子不能再做西方帝国主义的“廉价”辩护士了。参阅[日]陈舜臣：《鸦片战争实录》. 中国友谊出版公司. 1985年3月第1版，第127~129页。

② 见1887年日本陆军参谋本部第一局局长小川又次《清国征讨方略》“趣旨”“彼我形势”部分。网址：http://www.xinfajia.net/12520.html。访问日期：2016年11月25日。

“用”。在中国，现代大工业发展的瓶颈是资本积累。儒家士大夫，士绅地主掌握了大量资源，却没有强大动力将资本投入到大工业中去。只有共产党领导的革命，消灭了地主阶级，将土地分给农民后，大规模的资本积累才成为可能，中国的全面工业化进程开始步入正轨。

精神层面，宋明理学主导的儒家视重外王的诸子为异端，注定走向空疏心性，在全球大争时代显得不合时宜——20世纪对儒家（乃至孔子）的激烈批判、否定有其历史原因。

2.洗心革面，全盘西化

1895年，甲午战争的失败宣告了“中学为体，西学为用”战略的破产，全盘西化成为势不可挡的潮流。

过去一百多年来，全盘西化的两个条件是相辅相成的。一是对中国自身的否定，二是对西方文明的肯定。因为只有中国“归零”，才能洗心革面，全盘西化——这是全盘西化者的根本逻辑，是现代学术的逻辑起点。

问题是，人类最具持续性发展特征的中华文明过于富有生命力，很难“斩草除根”——这令西化知识精英痛苦不堪。现代大学体制引入了，西方教科书也翻译过来，就是西方文明不能落地。

这些人不懂得，西方文明的基础并不在中国留学生生活过的现代大学，而在一神教教堂。既然一神教不能引入春秋战国时已高度世俗化的中国，那么西方文明的全面引入近乎不可能。进而言之，西方文明之“体”我们无法全面引入！

比如20世纪初，看到西方主要大国都是联邦制，中国近乎所有党派都主张改掉秦始皇以来的郡县制，实行“联省自治”之类的联邦制。但残酷的现实总是毁掉中国西化知识分子的“玫瑰梦”，直到今天，中国国家结构仍以郡县制为基础。

再比如民主选举，从北洋军阀到现代教授，对此都不持异议，甚至不惜“抛头颅，洒热血”，走上街头，走上战场。但中国的选举制度基础依旧是孔老夫子主张的选贤与能，贤能政治。这令中国知识分子又怨天，又骂娘，就是改变不了现实。

至于取消汉字，改用拼音文字之类，已成为闹剧，今天连最激进主张全盘西化的人都不再提及。

“全盘西化”是灾难性的，导致中国人文知识分子普遍的身心分裂（吃饭在中国，脑袋在西方），以及社会价值共识塌陷。

笔者认为，解决这一问题的关键是返中国文化之本，开人类文化之新。因为只有中国人文知识分子先正名，让名实相副，“选贤与能”这类选举原则才具有合法性。否则，中国永远是西方学术的小白鼠——由于其文化的异质性，注定是一只“政治永远不正确”的小白鼠。

3. 中体中用，中西互济

事实证明，无论是洋务运动时期的“中学为体，西学为用”，还是20世纪流行的“洗心革面，全盘西化”，都行不通。

何以故？因为任何现实都必须建基于文化历史的基础之上。在现实层面上，体、用是无法分开的，即体即用，即用即体。所以我们主张“中体中用，中西互济”。

比如政治上，不能轻易放弃中国实践了数千年的选贤与能，贤能政治原则——这就是“中体中用”；清代以前多数决的民主投票中国人很陌生，但我们已因地制宜地引入了这一选举方法，尽管自由民主并没有融入我们的价值体系——这就是“中西互济”。

前不久，在一次讲演中我提到“中体中用，中西互济”时，一位中国中医科学院的老师大为感动。因为作为中医工作者，他们深知：中医理论本来具足，不能用西医理论肢解中医，否则中医只会进一步滑向目前这种不中不西，日趋衰落的境地。

当然，不是说西医就不能引入，西医院也不要了。而是要在发展中医的基础上，实现中西医相须为用，中西互济。中西医是两种异质的体系，可以互相参证，但不可能随便结合。就如同血型不同的两个人，是不能随意输血的，否则会有生命危险。

有人问，中国共产党领导全国人民实现了工业化，共产党人信仰的马克思主义难道不是西方的？又何来中体中用？

如果我们考察中共党史，就会发现中国共产党的发展历程同样是马克思主义中国化的历程，与马克思、恩格斯当初的理论设想有很大区别。中国革命之所以成功，恰恰是在保有西方反体制的、异质的马克思主义革命性的同时，马克思主义实事求是地中国化。如前所述，中国目前的国家结构和选举制度仍坚持两千多年前的基本原则——二者是马克思预想不到的。

中国目前已成为世界上少有的坚持社会主义制度的国家，马克思主义已经在极大程度上中国化了，马克思主义已经融入了中国的价值体系。笔者认为，未来马克思主义也将如汉以后的佛教一样（佛教也在自己的文明体系中显示出极大的异质性），会有机融入中国本土文化。今天，世人谈中国文化，已经习惯于儒、释、道并称了。

过去一百年多来的实践告诉我们，西方马克思主义已经较好地转化为中国的“体”，但自由民主制度、资本主义体制如印度种姓制度和印度教一样，很难融入中国文化体系。

中体中用，中西互济二者是有机联系的，西方某些文明因素（绝非全部）可以通过本土化，转化为中国的体，丰富中国的体，进而成就中国的用。

中体中用，中西互济意味着我们对中西方文明更为理性、深入、系统地吸收应用。“中体中用”将迫使我们正视本土的政治经济思想资源，尤其是（黄老）道家、法家这些外王资源；“中西互济”让我们对西方文明成果更加审慎地选择，一如先辈历经劫难选择马克思主义一样。

前事不忘，后事之师。无论是亦步亦趋、邯郸学步，还是守株待兔、故步自封，两个极端都将使我们付出惨痛的代价。

——这是现代史告诉我们的最宝贵教训！

（2016年12月17日，新法家网站第二次编辑例会在北京中国农科院众创空间举行。这是笔者的主旨发言）

十五、人类文明需要新方向

在各地讲学、与各界朋友交流，常常遇到同一个问题：新法家“新”在哪？

答曰：新法家基于以黄老之学为代表的内圣外王大道，集成百家，返本开新，欲使道法文明流行人间。

上述回答有时不能令闻者满意。因为现代人深受西方中心论和进化论的影响，认为非西方，非当代的皆为守旧、落后，何有“新”在焉？

谈完老子、商鞅，不与外国的马基雅维利、海德格尔套套近乎，还叫“现代人”吗？成何体统……

于是我们总能听到这样一种回馈：他们钻进故纸堆里出不来！

而我们亦感叹：这些朋友从来没有真正进过“故纸堆”！

《周易》讲到宇宙万物变化的基本原则，包括不易、变易、简易三点。

“变易”“简易”，现代人耳熟能详。对于“不易”，就不知所云了。事实上，包括原始民族在内，世界上几乎所有文明都有以神话、宗教或文化经典等形态存在的“经”。比如西方一神教民族崇拜的《旧约》，历经两千多年，仍规范着几十亿人的世界观念和生活理念，这就是“不变”——那是一个文化的根脉，一个文明的活水源头，一个族群的不朽灵魂。

《文心雕龙·宗经第三》开篇用精练的语言解释道：“经也者，恒久之至道，不刊之鸿教也。”作者强调经的恒久性、崇高性和不可随便改易的特点。

过去一百年来，在西方文明的强大冲击下，中华经典失去了神圣性，这对国人伤害巨大。我们成了无根的文化、无源的文明、无魂的族群。导致人文知识分子对历史失去了理解力，对现实失去了解释力，对未来失去了引领力——因为他们知今而不知古，知变而不知常，知权（变）而不知经！

面对道术分裂，经典沦落，国魂不振的现实，新法家于是乎出——究天人之际，通古今之变，明东西之分。念兹在兹，上下求索，不舍昼夜！

与世界上其他学派相比较，新法家明显具有以下三个重要特点：革命性、普世性和根本性。

革命性：今天，人类需要文明范式的根本变革，未来不是基于对现代西方文化的修修补补。

现代西方文明有两个重要的支柱，一是排他性的一神宗教，二是竞争性的世俗生活。排他性，使它不适合于一个全球化的时代。不同族群具有完全不同的心智特点，例如中国，比西方启蒙运动早两千多年就发展成为成熟的世俗化社会，整体上不可能回到以神话为基础的宗教体系；西方社会的竞争性与资本主义的兴起同步，19世纪达尔文主义流行，其获得了稳固的社会基础。竞争性使西方不能维持一个稳定的社会和世界秩序，只能在掠夺和冲突中挣扎。社会不断动荡，霸权不断更迭，这是过去五百年西方历史的真实写照。

而中国世俗化的道法文明不是这样，她包容一切宗教，没有发生过大的宗教战争；她政治经济上追求中正均平，如天地般覆载万物，从而形成一个王者无外、衣养万物、引领未来的天下秩序——这正是全球化时代的人类所需要的。

从世俗生活到政治经济，中华文化植根于一种迥异于西方的世界观念、思维方式、学术体系。未来世界需要从西方文化为主导过渡到以中华文化为主导，这是人类文明史上最本质性的变革之一——一场真正的文化革命！

普世性：内圣外王大道不是地方性知识，是东西文化的结晶。

中华文化从来不是孤立存在的，她是东西方文化大碰撞的结果。四五千年前，以青藏高原为自然分界，沿天山大陆桥和欧亚大草原，东西方曾经发生过一次文明大碰撞。它以青铜冶金技术的东传为标志，包括马拉战车、小麦种植、牛羊牧养在内的大量西亚和欧洲文明成果传入，加大了西面面向内陆的大陆文化与东面面向海洋的海洋文化之间的张力，傅斯年先生提出的“夷夏东西说”，就是这种张力的外在形式。从黄帝战蚩尤，到夏与商之争，再到秦汉换代，中国大陆东、西部之间在不断碰撞、融汇中，结晶成了内圣外王一以贯之的大道。

西方文化因子的进入，特别是需要大规模合作的青铜冶炼技术的引入，如治水一样推进中国社会走向巨型的人口-经济文明体，其面积和统一程度在两千多年前就已经超过了今天的欧盟！建立这样巨大的文明统一体需要克服血缘（种族）、地方信仰、语言文字、交通等诸多障碍，在大规模文明重建的过程中——管理整个文明统一体的君人南面之术，（黄老）道家的道法文明之花盛开！

在内圣方面，从人道起修，由人道及天道，其路线最为直接、安稳；外王方面，它主张天下为分，允执其中，以超越党派、贤能政治的中央政府作为稳定的基石，其政治组织形态最为稳定、绵延四千年，历经风雨，至今生生不息。

在此意义上，内圣外王大道是东西方文化的结晶，从诞生那一刻起，它就留下了超越不同文明、不同族群、不同信仰的胎记——这是一种真正的普世价值！

根本性：经典是文化之源、文明之魂，失本则乱。

著名考古学家苏秉琦先生说，中国人是两百万年的土著。

一个族群无数代人积累的文明经验，历经时间的凝练成为经典——无论这些经典以口头还是以书面的形式存在。

如果将雄居东亚的中华巨型文明体比作一条宽广的大河，那么经典就是它的活水源头。中华经典除了五经，还包括五经演化形成的、以社会问题为导向“务为治”的诸子百家。

《尚书·尧典》开篇讲述四千多年前尧帝的功德，说他修身恭敬节俭，道德纯备，温和宽厚；他齐家能够使家族亲密和睦，然后治国平天下，“百姓昭明，协和万邦”。很难想象，尧帝修齐治平的功德，竟在以后四千年中，经孔子及其弟子，成为中国人普遍的人生理想——这就是经典的力量。

在《尚书·洪范》中，阐明了传自四千年前夏禹的大中（皇极）政治原则：贤能政治，超越党派，“无偏无党，王道荡荡；无党无偏，王道平平”。在21世纪的中国，帝制已经退出历史舞台一百多年，但这一根本政治原则仍为中国共产党人坚守——这就是经典的力量。

1840年以来，我们遭遇了东西方文明第二次大碰撞。可怕的是，这次大碰撞不仅包括（工业）技术的流入，还有思想、制度及整个西式大学学术建制的引入，中国的经典被西方思维方法、学术概念和学术范式野蛮肢解——今天的国学热，太多心智模式西化的国学专家们在吃经典“最后的晚餐”！

经典是中国政治、经济、生活方式合理性的基石，若失去这个经典，中华文明大河必将走向枯竭。我们有自己的政治理论（道家）、经济理论（轻重术）、逻辑理论（名学）、伦理修身之学（儒学）……承载它们的经典是我们的灵魂！

一个民族领土被征服，她可以浴血奋战，将其夺回——八年不行，就八十年；但当一个民族的精神被征服了，文化经典被抛弃，再恢复就困难了。因为在这个族群眼里，不是历史文化的沉淀和来自现实的经验，他者审视的目光才是唯一的真实和真理——今天中国精英普遍的状况是：在所有外国文字、所有外国文字写成的经典面前都要下跪。

物极必反。

是时候了——中国需要文化上的大解放！

是时候了——人类文明需要新方向！

（本文根据2017年9月23日下午，笔者在新法家网站第五次编辑例会上的讲话整理而成）

文脉寻根——重新发现中国文化

醉春秋

翟玉忠　著

感谢福建蓝田书院理事长余云辉博士的长期真诚支持！

华龄出版社
HUALING PRESS

自　序

黄钟大吕玉音发，华夏文明百世夸。
尧舜禹汤千德路，经史子集万宝洼。
抚琴按戟思秦汉，舞剑闻香看梅花。
以法立德真国士，中兴册上椽笔刷。

这是2018年2月，《人民日报》记者刘海天先生赠我的诗。读罢不禁感叹：“海天，知我者！”

记得2017年8月13日，我应邀去甘肃嘉峪关，参加嘉峪关市与甘肃省马家窑文化研究会联合举办的“丝绸之路彩陶与嘉峪关历史文化研讨会”。没想到，会上遇到了时任《人民日报》甘肃分社记者的海天。他当时采访我，要我献计甘肃，如何发展文化产业。他说甘肃有好多好地方，文化发达却鲜为人知。大家一定要让世人更多地知道甘肃——他那种深切的爱国、爱岗情怀，会感染所有人。

第二天发表在人民网-甘肃频道的专稿上，海天这样介绍我：“北京大学中国与世界中心研究员、国学专家翟玉忠，是本次受邀与会的专家学者之一。他主要研究的学科范围，是秦汉文化尤其是法家文化。在传统法家理论的基础上，他提出了新法家的概念，以顺应当今时代贡献当今社会。为了传播新法家理论思想，翟玉忠于多年前筹建了新法家网站，在网站主编的岗位上追寻着法治中国的理想信念。近年，党中央提出‘全面依法治国’战略布局，使他深受鼓舞。”①

海天真正理解我们建立新法家网站的初衷！面对文化过度西化，“反认他乡是故乡”的现实，2005年，笔者与同道怀经世济民之宏愿，从黄老、法家入手，复兴中华传统文化。念兹在兹，十几年如一日，忍辱负重，多少人误解我们——当有人提出，尽管法家经世济民，以法生德，但这个词过去两千多年有太多贬义，希望网站不再叫“新法家”。我们宣布：“为古圣先贤背恶名，夫复何憾！”

人生得一知己足矣！

幸运的是，在近二十年研习中国传统文化的过程中，我得到了太多知己、知音。南怀瑾先生、余云辉博士、马宏达先生、李慈雄先生、陆寿筠先生、付金才老师、毛凌云先生、徐光宇先生、徐光梅女士、段志辉先生、潘维教授、周本初教授……

我无法一一列举他们的名字，但他们的菩萨救世之心，始终是我前进的动力！

美国休斯敦大学周本初教授让我懂得了君子忧道不忧贫，得道多助的道理。

2008年初是新法家网站最为困难的时候，出版事业遇到挫折，经济上难以为继。那年2月27日，到清华大学开会的周教授找到我，语重心长地对我说：“不用担心经济问题，世界上最值钱的东西就是思想，担心什么钱！记住，得道多助！”

当时，周教授将打算捐给“百年一遇的南方大雪”的钱款转给了我。我不想要。他说：你们拿着，你们比雪灾更需要“雪中送炭”！

---

① 《学者献计甘肃：用“战狼”精神发展文化产业》，网址：http://m.people.cn/n4/2017/0814/c1280-9700905.html，访问日期2021年7月14日。

我感动得一时语塞……

作为杰出的高温超导材料科学家和业余书法家，周本初教授将一生献给了他深爱的祖国和人民。20世纪70年代，为维护祖国领土完整，他一腔热血投入在美华人保钓运动。20世纪90年代起，他不遗余力地为祖国农村贫困儿童受教育贡献全部精力，后来又回到吉林大学教书育人，甚至将自己的工资拿出来捐助吉大贫困生——这是怎样无私无我的伟大啊！

记得有一次周教授对我说，自己没有多余的钱了，已将存款全部捐了出去。

“登高不以艰险而止，积善不以穷否而怨”，这是周教授一生的真实写照！

2021年5月17日，周本初教授在美国加州与世长辞，享年85岁。

周教授离开了我们，但他曾经支持的事业、伟大的圣贤之道会永远传递下去！

可以告慰周先生的是，我们正在发起大《六经》工程，复活中华文化之根。

大《六经》工程是孔子以后，对中华文化核心经典《六经》的最大规模整理工作。

最初因缘是2021年2月，笔者看了央视一套播出的《典籍里的中国》第一集《尚书》，感叹这么权威的媒体，竟然“谈《书》而不知《书》”，古今文《尚书》不分，只重今文《尚书》，忽视《逸周书》《清华简尚书》。

于是私下在微信群里开玩笑，待我老迈解甲归田之时，一定要重新整理《六经》。

没想到，老朋友余云辉博士劝我：“现在不做，老了哪里还能整理《六经》？”

言下大悟。笔者近期写了《〈六经〉是人类走向未来的灯塔——大〈六经〉工程纲要》等系列文章，具体阐述大《六经》工程的意义，及整理步骤、原则。

大《六经》工程得到了各界朋友的响应，有的出钱，有的出力，目前正为唱戏“搭台子”，制作大《六经》工程网站。

没想到，它引起了一些学者的不满，说我乱经、乱华、罪魁、祸首。甚至认为此举“害我国家罪其大焉”。比如某先生就明确表示：“劝君就此罢手，否则便是祸首。经学岂是儿戏？乱经便是乱华。如能悬崖勒马，我们仍是朋友。”

我常跟合作者们讲，这事“风险”很大，但不得不做，因为《六经》是中华文化的初基，文化家底都摸不清、不牢靠，何谈文化自觉与自信？何谈软实力和世界责任？我们道德、能力不行，所以可能失败。问题是其他人满足于经学目前的僵尸状态，复活经学没有其他人做，所以只能赶鸭子上架，先承担起来。哪怕失败了，浪费十多年的大好年华，后来者也会从我们这里汲取教训。

好友马宏达先生特别告诉我，大《六经》工程总编辑一职应空置，以待高明，我说行；可上手一做才知道，如果没有主事之人，学者们讨论会乱成一锅粥，事情很难推进下去——所以我非干不可。

即使这样，也不能得到一些朋友的理解。当年我用马克思主义研究中国文化，河北儒学研究界便有朋友和我绝交；现在搞大《六经》，某先生又要与我绝交——人生百年亦苦短，春秋寂寥几人识！

故作诗答某先生，并说明大《六经》工程诸因缘。

不忍文脉失本根，[①]

① 本根：指中华文化的六大基石：诗、书、礼、乐、易、春秋《六经》，那是我们重建斯文，收拾文化山河的起点——返本才能开新，这是东西方文化复兴的基本规律。

秃笔[①]拿来撑古今。

舍身填海意如何？

病树沉舟满畔春！[②]

《六经》是超越宗教、内养外用一以贯之大道的初基。两千多年来成为利禄之途，科举制解体后，终致“失魂落魄”。不复活《六经》，何以重整中华文化山河——遵循生生不息的大道实现人类的可持续发展与持久和平！

吾辈不为，实在愧对先圣、愧对时代！

千载之后，于此初心——尚存知音否？

翟玉忠

2021年8月5日星期四

① 秃笔：没有笔尖儿的毛笔，比喻不高明的写作能力。作者以此自况，说明不得已领衔大《六经》工程，欲复活《经学》的统一性、人民性、实用性。

② 病树沉舟满畔春：化自唐代刘禹锡的《酬乐天扬州初逢席上见赠》诗句：“沉舟侧畔千帆过，病树前头万木春。”

上编

美文

“仗剑需交天下士，黄金多买百城书”，我喜欢南怀瑾先生这句话，也喜欢这样做人、做事。

行走人间做学问，结识太多的人，遇到太多的事。或怒、或骂、或喜、或忧……让我深切体验到中华文化的伟大，大道智慧的艰深圆融。

最大的收获（幸运）是，我不仅看到了过去和现在，更看到了未来——现代文明的危机是体系性的，不是靠缝缝补补西方文明能够拯救的！

人类需要一种新的文明体系替代现有的植根于西方历史经验的文明体系。中华文化在人类文明的转型过程中，具有无可比拟的独特价值。因为历史上很少有文化如中华文化这样，在过去数千年里，厚德载物，生生不息，至今散发着日久弥新的光芒——从医学到政治经济领域都是这样！

一、南怀瑾先生为何是一代圣贤
——写在南师辞世八周年之际

又是一年中秋日，斯人何世再相逢。

日月如梭，到2020年9月29日，南怀瑾先生离开我们已经8年了。

有人的地方就有江湖——太多的物是人非，太多的人走茶凉，太多的恩恩怨怨。

对于我，不变的，是对南师的思念。不知怎的，越久，这种思念越强烈。

走进大的图书卖场，看到专门存放南师著作的书架，也要轻轻举手滑过那些书——这几乎成了我的习惯。

面对人生事业的艰难选择，总要注视书房里南师的像。此时，南师仿佛也在注视你，审视你，鼓励你……

困境中，你才深深感受到：身边永远失去了一位慈悲的友人、坚定的支持者和千年少遇的一代圣贤！

是的，南怀瑾先生是一代圣贤。

记得有一次，我在北京大学同师长聊天。这位知名教授冷不丁问："你为何总说南怀瑾是一代圣贤，他有什么了不起？"

一时语塞，我竟不知如何作答。

论学术成就，有太多值得我们尊敬的大师。

论财富地位，南师不过两袖清风的一介布衣。

论事业成就，南师是带着无限的遗憾离开我们的。

……

看过那些走马灯般过往的高官巨富，才子佳人，我仍然要说：南师是一代圣贤！

因为他真正做到了无我，将一生都献给了这个浊乱的世界。面对中国文化大厦之将倾，人类精神之陆沉，他逆行一生，海内海外，颠沛流离，未尝休息——用他晚年的秘书马宏达先生的话说，南师哪有什么养生，简直是在耗自己，日夜不息地耗尽自己，照亮别人，照亮世界。

这种无我，不是佛家所说的“虚空粉碎，大地平沉”，而是一种比个人体悟更大的“无我”，将全部生命融入整个世界，奉献给整个世界，是黄老道家讲的“无执也，无处也，无为也，无私也”（《黄帝四经·道法第一》），是“执道者”的大公无私境界！

也因此，他无可无不可，想人之所不能想，行人之所不能行。

他是一位公认的佛学大师，却要为国家购买军火。

他深通老庄要旨，却为祖国和平统一不辞辛苦诽谤。

他轻财重义，布施一生，却一直关心家乡的经济建设，民族富强……

纵横于三教九流，出入于古今学问，不着一物，不染一尘——千年以来，多少豪杰，有几人能够如此？

无论生前还是身后，我们都不能说南师功成名就，他是带着太多的忧患走的，用他自己所说，“生于忧患，死于忧患”。但他仍如孔子一样，知其不可为而为之！

反者，道之动——这就是圣贤之行。也因此，他们的事业，死而不已！

的确，想到南师，我常常想到孔子和他的弟子们。

孔子一生不得志。游说天下，四处碰壁，成为屡败屡战的“典型”，天下人都知道——连看门人都知道了。一次子路在鲁国都城的外门过夜。早上遇到开城门的人，问他来自何方，子路说自己是孔子的学生。那个看门人不禁问，“是知其不可而为之”的那个孔子吗？（《论语·宪问》）

我以为，很少有人像勇而有礼的子路那样理解孔子之道。有一次，孔子、子路师徒二人走散了。子路遇到一位躬耕的隐者，向他打听老师的去处。隐者嘲笑孔子“四体不勤，五谷不分”，不能行大事。子路听了并不生气，而是拱手恭敬地站在一旁。隐者见子路如此，便让子路住下，好菜好饭招待他。子路后来见到孔子，评价这位出世隐者：“不做官有失君臣之义，长幼关系不可废弃，君臣间的关系怎能废弃？想要自身清洁，却破坏了根本的君臣伦理。君子做官，是为了行君臣之义。至于自己的政治理想难以实现，我早就知道了。”《论语·微子》记述说：“不仕无义。长幼之节，不可废也，君臣之义，如之何其废之？欲洁其身，而乱大伦。君子之仕也，行其义也。道之不行，已知之矣。”

知其不可为而为之，而不是“知其不可为而避之”，正是中国文化与印度-希伯来宗教文化的分野所在，前者重社会人伦、入世修养，后者否定红尘，重出世修行。

不废人伦，不论成败，大道直行，正是中华文化的根本所在。

——“从事于道者同于道”，南师可谓得中华文化真精神。

南师去世这8年来，世界发生了翻天覆地的变化。国际法横遭践踏，霸权主义横行，世界失序，东西方精神普遍迷茫和贫困，全球新战国时代已经来临!

8年了，太湖大学堂的“人民公社食堂”也已曲终人散，回忆当年，座上南师音容宛在。看他！谈笑间，法财布施无算！而席间那些附庸风雅者，争名逐利者，或已化为尘埃，或仍随浪浮沉。

对先人最好的继承，不是继承他的巨额财产，而是继承他的艰辛志业。

多年以来，我们新法家同仁所做的，就是努力研习、阐扬中国文化，让它在21世纪的全球化时代复活、复兴，造福全人类——这是对往圣先贤最好的告慰!

南师从没有离开我们，他每时每刻都在加持我们——他融入了中华道脉。

或许未来我们要面对更黑的夜。夜越深沉，星越明亮——南师早已化为不朽的星辰，指引后来者前行。

大道不朽！圣贤不朽！南师不朽!

二、栖栖一代中——纪念南怀瑾先生诞辰百年

每每读南师的书，或与台湾、大陆的朋友谈南师旧事，总感慨南师一生之不易。

南师比任何人都清楚：大道智慧、文化命脉乃家国复兴的基础。所以，他逆时代之大潮，毅然肩负起了复兴中国文化的重任——海内海外，两岸三地，多少事，从来急。他的一生，可以一言以蔽之：

栖栖一代中！

南师为复兴中国文化的志愿，行走近七十年，太多的时间在忙碌不安中度过——用他自己的话说，“生于忧患，死于忧患”。

南师生在中国大动荡的时代，其变局之大，今日尚未停息。面对国家残破，文化凋零，大道沉沦，他先是投笔从戎，再又弃武从文，为天地守孤学，为万民立心——鞠躬尽瘁，死而后已。

不，不是死而后已，而是死而不已，直到今天南师仍然在时时刻刻加持我们！

我觉得有两首诗很好地表达了南师一生。一首是他年轻时戍边大小凉山时写的：

东风骄日九州忧，
一局残棋尚未收。
云散澜沧江岭上，
有人跃马拭吴钩。

这是南师一生爱国爱家的写照。无论他从武还是从文，都是这样——他以天纯的心去实践着自己的万丈豪情，也给他带来了太多太多的误解和麻烦——甚至不得不去国离乡！

今天，我无法想象南师去国，行路迟迟的身影。对于一个热爱中华文化如此深沉，并发愿一生献给这一惊天地、动鬼神伟大事业的人来说，这是怎样的痛苦和无奈！

另一首诗不是南师写的，他晚年曾与诸生吟诵过，那是唐代张九龄的《感遇》十二首中的一首：

孤鸿海上来，池潢不敢顾。
侧见双翠鸟，巢在三珠树。
矫矫珍木巅，得无金丸惧。
美服患人指，高明逼神恶。
今我游冥冥，弋者何所慕。

我看过这段吟诵录像，诗由宏忍法师领唱，南师表情严肃——我不知道当时南师在想什么，我认为，这代表了南师晚年的某种心境。学界不会完全理解他，宗教界更不会完全理解他，世人也不会完全理解他……在相当长的时期内，对南师的误解、批判，甚至诽谤都不会停止。

但我始终坚信：世界上最耀眼的星辰都会有黑子，却没有人能阻止它普照天下!

这里我想说，南师理解我们新法家在做什么，他是以菩萨心，菩萨愿，菩萨行支持我们，一直到他老人家逝去之前。

与学界，或与基金会有过合作的人都知道，无论什么机构，个人的支持，都有严格的前提条件，除了要符合个别人难以拿捏的“口味”，立项审查、财务等都相当严格，尽管结果常常是虎头蛇尾。事实上，许多项目连“蛇尾”都没有，钱花完了，研究也就完了，和做买卖没有什么区别。

八年前，南师开始支持我们的时候，他竟然嘱咐学生不要干涉我们的研究，要我们坚持中立不倚，学术自由！我听后大为惊讶，当时心想：

真高人也！吾必一生不负此公!

八年来，内圣外王，方方面面，日日夜夜，念兹在兹，我和我的团队一直在为中国文化的复兴而努力。

或许我们做得不够理想。但我可以在这里大胆地说：我们无愧于古圣先贤，无愧于天地鬼神!

过去十几年来，新法家修习、宣传内圣外王道统的事业已经远远超越了书籍出版和网站运营两个方面，我们在探索智慧之学的传播形式，开办了道法学行班，以古代会讲的形式激发参与者的智慧——无论是学者，还是商人，无论是无神论者，还是信徒，当他们感谢道法学行班，为他们解决了生活、信仰中长期困惑的时候，我真正感到了圣贤智慧之学的伟力。

智慧就是力量——这是我们最深刻的体会。

今天，由于国家的提倡，传统文化的发展可谓如火如荼。但越是在这种情况下，我们越要头脑冷静——所谓的国学热可能是“虚热”!

全国开办了那么多书院，正常运作的凤毛麟角，许多书院都成了旅游景点和私人会所，真是修身传道的机构少之又少。

全国有那多么国学专家，这些人多以西方思维方式、学术概念、理念体系肢解中国文化。他们以西式大学为中心，用体制化的力量推广以中国文化为研究对象的西学，这种“挂羊头，卖狗肉”的行为我们要特别警惕——它可能成为压垮中国文化的最后一根稻草。

全国有五花八门的国学运动。以狭隘、极端、绝对化的眼光，以宗教或社会运动的方式宣传中国文化是危险的。这些人从风水到《弟子规》，什么都讲，就是不讲内圣外王一以贯之的大道，甚至以为背诵经典就“自动”可以成圣成贤，岂不是荒唐——我们四五十岁了，还在到处参学，不断用功——按照那些人的逻辑，所有计算机应该都是圣人，它们最能储存知识！

中国文化也不是闲云野鹤，月下清谈。今天，我们必须认真汲取过去一千年来中国文化“脱实向虚”，亡国受辱的惨痛教训。否则，在21世纪飞速发展的人工智能时代，中国文化的命运真会如《红楼梦》里，史湘云和林黛玉所说的“寒塘渡鹤影，冷月葬花魂”。

中国文化如世界上一切伟大的文化和宗教体系一样，她的核心是智慧之学，主要是从道和术两个方面解决现实问题——从人生烦恼到社会治理。司马谈《六家要指》中说：“夫阴阳、儒、墨、名、法、道德，此务为治者也。”《淮南子·氾论训》也说：“百川异源而皆归于海，百家殊业而皆务于治。”

现代西方学术是以理性知识为基础的，主要在术上发展，整体上不能由博返约，回归“执大象，天下往”，超越名相的道这个层次。现在中国文化已经不是两千多年前庄子慨叹的“道术为天下裂”，而是有学、乏术、无道——以知识代替智慧，以物欲代替幸福，以竞争代替和谐。

如果研究中国文化，不知社会、政治、经济、军事、国际事务，“务于治”岂不成了空谈，“事功”岂不成了空谈？哪里还有什么真正的“儒、墨、名、法、道德”诸子百家？道术沉沦是必然的结果！

所以大家要将中国文化的研究、传播、应用做实，否则它早晚会如某些太极拳“大师”一样，被人一拳打倒！

人人用手机，是因为人人都需要这个方便的通信工具；智慧远比手机更具普世性，为什么很少人去研习？这方面我们不能怨天尤人，首先要看到自身的不足。

中国文化复兴的路还很长，大家不能为眼前的“一点春色”冲昏头脑。千里之行，始于足下——我们要沿着南师为我们开辟的道路坚定走下去！也要像他老人家一样知行合一，自利利他，不死不休，这才是大修行人。只有这样，我们才无愧于南师的在天之灵！

南师在注视着我们，古今圣贤在注视着我们，历史在注视着我们……

（2018年二月初六，西历3月22日，是南怀瑾先生诞辰一百周年纪念日。本文是为“纪念南怀瑾先生诞辰百年征文”而作，首发于南怀瑾学术研究会网站）

三、在“大哉南师——南怀瑾先生百年诞辰纪念会”上的讲话

首先感谢诸位朋友的到来，我想此时此刻大家都怀着一颗同样的心，就是对南师的敬仰和对中国文化的热爱。最初我们只想搞一个内部会议，表达对南师的怀念。当我说出自己的想法，没想到有海内外那么多朋友希望共同纪念南师诞辰百年。

想想百年前，在那个风雨如晦、国运飘摇的时代，南师逆时代之大潮，几十年坚守中国文化，这是多么了不起的壮举！

这里要特别感谢大相藏茶的李娟女士，她为我们提供了会场。我还要感谢所有无私参与组织本会的朋友们，包括赵海涛先生，主持人孟鑫先生，以及做了很多文案工作的王越小姐。

我和南师的最初交往是在2010年，当时写了一篇有关中国古典经济学轻重术的长文，发表在王小强先生主编的《香港传真》上，一个偶然的机会，南师读到了这篇文章，十分感慨。然后让自己的秘书马宏达先生了解我工作和学习的情况。

这件事说起来很有意思。由于缺乏资金，当时我们新法家网站和我的个人研究都陷入困境，到了难以为继的地步。但那时新法家网站已经有了一点影响力，于是有人提出愿意收购这个网站，并且向我保

证说，如果那个网站交给他，宣传西方的法律政治制度，那我的后半生就不用担心钱的问题。

当时在场的还有在座的徐光宇先生，他是新法家网站的站长。我们很明确拒绝了那位先生。所以当马宏达先生在北京约我见面的时候，我表示愿意把这个网站无偿捐献给南师——因为他在真心宣传中国文化，且不是以西学肢解中学。

记得马宏达先生听了我一席话，当时表示我们不用捐献网站，他会帮我们筹集经费。后来我听说，广众之中，当南师介绍新法家网站的时候，无一人愿意支持，因为人家不了解我们。南师当场就表示，他会用稿费来支持我们，并且不允许任何人干涉我们的研究。

我只提到网站难以为继，没有想到，南师除了要支持网站的运营经费，还要支持我的个人研究。现在想起来真令人感动，我自己没有想到的事，他都为我想到了——南师就是这样的慈悲。

南师2010年对我们的帮助真是雪中送炭，因为那时我已经到了住地下室，每天吃炒饼维生的地步。

第一次见到南师是2012年4月26日，在江苏太湖大学堂。晚宴现场很多人，可谓高朋满座。南老师为了方便同我说话，特意让我坐在他对面。

刚一落座，南师开门见山，嘱咐了三件事：一是希望我能到太湖大学堂，利用他的藏书研究学问。二是嘱咐自己的学生将来支持我的学术研究。三是要求我做学问——“中立而不倚”。

直到几个月后，南师去世的消息传到北京，我才明白那是南师对我最后的嘱托。当时他老人家的身体已不太好了——南师就是这样关心提携后学，死而后已！

我们没有忘记南师的嘱托，坚持做到了：做学问“中立而不倚”！

“中立而不倚”，这句话来自《礼记·中庸》，子路问孔子什么是真正的坚强、强大。孔子回答：“故君子和而不流，强哉矫。中立而不倚，强哉矫。”

现实中，面对很多诱惑的时候，真得很难做到“中立而不倚”。多少次，我们拒绝了将中国文化进一步儒学化、佛学化和西学化——为了做到这一点，我们可以不入名牌大学教书，可以损失好多金钱，可以失去太多成名的机会。

儒学只是孔子开创的传经之学——文学。除了文学科，还有政事、言语（逻辑和外交）、德行诸科学问。如果我们将中国文化等同于儒学，会导致中国文化的空疏、外王体系的崩溃。2008年8月初，南师在“中国传统身心性命内修外用之学的传习班”上就说过：“有些人提到中国文化就说儒家，我说不对，儒家只是其中的一部分。还有些学佛的人认为要想国家太平，除非用佛法来统治，我说那也不对，释迦牟尼佛讲过政治吗？他讲十善业道、因果报应，假使用佛家思想搞政治，那这个国家完了。要使国家社会能够平安有序，不但需要儒家、佛家、道家，诸子百家的学问都同样重要。”

过去十几年，为了阐述内圣外王一以贯之的中华大道，我出版了十多本书，将孔门四科的基本架构搭建了起来，目的就是让世人看到，孔子除了上承三代王官学——五经，还开创了以诸子百家为代表的四科之学——后来儒墨道法、诸子百家的著名人物，事实上很多是孔子的再传弟子，如兵家兼法家的吴起、道家的田子方、墨家的禽滑釐等。这在《史记·儒林列传》中记载得清清楚楚。

汉以后罢黜百家，表彰六经，将经、子对立起来，实际将孔子发展的内圣外王大道拦腰砍断——只重中华大道之源五经，忽视了中华大道之流诸子百家。这为后世中国文化进一步佛学化和西学化打开了大门，中华大道不绝如缕，直至今日。

如果说，东周先哲“从经入子”，是中国文化的大发展，那么西汉诸儒“从子入经”，则是中国文化的大倒退！

中国文化不能只传播五经，还有她的2.0版，有机构成孔门四科的诸子百家。只有这样，我们才能看到中华文化“茫茫九派流中国”的磅礴气象！

我们也拒绝学宋明儒家将儒家之外的诸子百家异端化，将中国文化佛学化的倾向。他们不知即道即法，法外无道，体用不二，道术（法）合一的道理。他们也不真正了解佛教，只强调“色不异空”，忽视“空不异色”；只强调离“我相、人相、众生相、寿者相”，忽视“修一切善法”。

宋明诸儒，为了与佛、道抗衡，想恢复孔门德行科，但由于文献不足，只能参照佛家解释儒家，以佛释儒，结果将中国文化佛家化，把《大学》三纲解释成禅宗的“悟后起修”。宋明儒者末流皆流为禅宗，不是偶然的，有其内在的必然性。

中国文化的西学化，则是在中华大道儒学化和佛家化基础上，进一步消解中国文化。一百年前，五四运动时期有些人“整理国故”，使中国文化成了西学的附庸。

目前有人不满足这些，他们以复兴中国文化，振兴国学为口号，要在思维方式，价值体系和政治经济等方方面面，都将中国变成西方的附庸——我们坚决不能答应！

大家不要以为有些人整理国故、大搞国学就是为了中国文化的复兴；我们看到，今天的“国学热”很可能成为21世纪版的“整理国故”运动，大家要警惕啊！

恢复孔门四科，使中华大道内圣、外王诸学，再成完璧，这是过去十几年来我们全部的努力——这里，谨以告慰南师的在天之灵！

过去一万年中来，至今没有断流的原生复杂文明，只有中华文化。而中华文化生生不息的背后，是其不绝如缕、内圣外王一以贯之的生生大道——它内修外用高度发展，又高度融合，是人类可持续发展的重要思想资源！

是南师的鼓励，让我们咬紧牙关，冲破万难，“中立而不倚”地奋斗下去。因为，我们知道，南师并没有离开我们，他每时每刻都在慈悲地加持我们。

——这是我们前进的永恒动力，谢谢大家！

（2018年3月22日是南怀瑾先生诞辰一百周年纪念日。2018年3月17日，“大哉南师——南怀瑾先生百年诞辰纪念会暨‘我读南师’大讲堂启动仪式”在京举行，以上是笔者在会上的致辞）

四、从南怀瑾先生感叹“中国文化后继有人”谈起

2010年11月29日，笔者去苏州参加以“中国文化的现代思考”为主题的文化论坛。除了讲课，还想去聆听寒山寺千年不绝的钟声，重温儿时朗读《枫桥夜泊》时的悠悠情怀。

然而，此行给我印象最深的却不是枫桥和寒山寺，也不是南园宾馆旁边精巧的网师园，更不是三塘街上安静的老店，而是南怀瑾先生的一句话。

1.南怀瑾：“中国文化后继有人！”

29日下午一到会场，就遇到当地记者的采访。我毫无准备，好在记者们问的问题都是我所熟知的，所以采访时间很轻松就过去了。

在贵宾室，我听到背后有人问：“翟玉忠先生来了没有？”“翟玉忠先生来了没有？”

我忙回过头去，看到问话的是一位戴眼镜的文质彬彬的男士。他自我介绍说：“我是太湖大学堂的马宏达，是我邀请您来的。”

在我们接下来的交流中，马先生给我讲了这样一件事：

作为南怀瑾先生的秘书，他曾给南师读我的《中国古典经济学及其三原则》一文，南怀瑾先生听后感叹道：“中国文化后继有人！”

我听了很是感动，因为恐怕这是一位视中国文化为自己生命的长者对后学的最高评价了。我告诉马先生：《中国古典经济学及其三原则》一文已经收录在《道法中国：二十一世纪中华文明的复兴》一书中（中央编译出版社2008年出版）。另外我专门论述中国古典经济学的《国富策：中国古典经济思想及其三十六计》一书已经由中国友谊出版公司出版，正在翻译为韩文版——我会将中国古典政治经济思想继续研究下去。

南怀瑾先生的《南禅七日》曾引导我走上修行之路，今天能通中国文化的学者，除南先生之外尚有几人——中国文化的复兴之路多么艰难啊！

吾辈只能苦斗而已。只有这样，我们才不负先贤！

2.与阎立市长谈公私相分

29日的晚宴在金鸡湖畔的子曰会馆举行，湖光美景，尽收眼底。在座的，除了苏州市市长阎立、副市长朱建胜，还有主办方中国移动苏州分公司和承办方金诚传媒的诸多高级经理。

阎立市长就坐在我旁边，他可能知道我研究法家，所以给我讲起了公私相分。他谈了这样一件事，令人回味无穷：

不久前，他访问新加坡，遇到新加坡副总理，这位副总理说几天前他刚从苏州回来。阎立市长愣了，心想自己是市长，怎会不知道他来过。这位新加坡高级政要说，他是以私人身份去度假的，不是以国家首脑的身份，当然没有人会知道。

阎立市长说，你看，还是公私分明好；现在我们怕出所谓的裸官，到一定级别，官员因私出国限制就很严了。

我说现在限制出国是治末而不治本，所以只能用堵的办法，救一时之急。据《荀子·强国篇》，秦时官员就曾做到“出于其门，入于公门；出于公门，归于其家，无有私事也”，现在我们反而做不到了。已经很少有学者研究我们积累了几千年的治国经验，这些宝贵财富被贴上“封建专制”的标签扔进了历史垃圾堆。

席间，朱建胜副市长以东道主的身份向我敬酒。他告诉我，自己曾就于丹的《论语心得》一书请教南怀瑾先生。

我说：“南先生如何评价？”

朱市长说：“南先生说‘能讲出来就好’。”

我说：“必有其他评语，您说……”

朱市长说：“不说了。”

我说：“必有下文，以南先生的学识，不可能没有，说出来无妨。”

良久，朱市长说：“南先生还说了第二句，说‘她很有勇气’。”

我们相视大笑！

南师用言之妙，不禁让人拍案叫绝！

3. 人类只能回归中华文明的礼义之道

晚宴一直持续到晚上八点，回到有“姑苏第一馆”之称的南园宾馆已经很累了。

突然想起答应和《扬子晚报》的记者王晔先生（笔名老鉴）交流的事，赶快打电话给他，好在他家离南园不是很远，二十多分钟后，他已经坐在了我的房间里。

一见面，他就情不自禁地握住了我的手，对我说：“今天听您的讲演，有如醍醐灌顶，好多问题都解开了。人类的欲望是无穷的，而可消费的资源永远是有限的，要使二者平衡，人类只能回归中华文明的礼义之道——舍此之外，别无他途。原来《荀子·礼论》中有了那么明晰的表述，中国人真是将自己伟大的文化忘记了。”

我说：“是啊，在生态危机、经济危机频发的今天，我们应该看到西方的生产生活方式不能持续下去，只有在个人生活和社会制度层面保证物与欲的平衡，人类才能实现可持续发展，这是五千年中华文明绵延不绝的文化基因。我们复兴中华文明，同时也是救世啊！”

他完全同意我的见解，还问我研究中国文化应读哪些书……

不知不觉中，我们谈到了半夜。

临走前，他将他的处女作《鸣钟人》（文汇出版社2010年出版）赠给我，还说他要将中华文化以文学艺术的形式传给更多的人。

4.“剑气禅心”还是“禅心剑气”

以前没有到过苏州，所以30日给自己放假一天，游览当地名胜。首先当然要去看心仪已久的寒山寺了。

寒山寺本没有山，看来名实不副确实会误导人。因为在我的印象中，寒山寺当在直上青天的崎岖山路尽头，一定有山。

苏州不大，看完寒山寺，打个车，又看了很多地方。在所有的景物中，给我最大震撼的当属虎丘申公祠内的“剑气禅心”四字匾额。

虎丘申公祠位于虎丘山顶云岩寺塔下方，阖闾墓藏有诸剑的剑池上方，原为明代苏州状元申时行的祠堂，现改为“虎丘历史名人馆”。馆内“剑气禅心”匾额由原《人民日报》总编辑、中国社会科学院研究生院博士生导师范敬宜题写，据说用以表达申时行一生凛然正气的大学士风范，以及保持禅心，超然外物的淡定。

范敬宜先生或许没有想到，“剑气禅心”四字正好与虎丘云岩寺塔和剑池两个景点的内涵相应，而且也与中国文化内圣外王的本质相应，只不过将这四字颠倒一下，改为“禅心剑气”似更贴切，中国人讲修、齐、治、平，修身为根本。《大学》有云：“自天子以至于庶人，壹是皆以修身为本。”

一个景物足以概括中国文化的整体，恐怕只有苏州虎丘了。

苏州文风之盛，千载不衰。人杰地灵，此言不虚！

五、参加104岁张至顺老道长《字里藏道》讲座想到的

长恨此生无仙骨。

但在聆听104岁张至顺老道长言大道及修道后，我却被深深地震撼了。

2015年7月4日至5日，应敦和基金会的邀请，笔者赴杭州参加由正安文化与敦和基金会联合主办的“道·医生命科学峰会”，会址在西子湖畔的汪庄西子宾馆。

背对雷峰塔，面朝西湖。晨起，无论阳光初照，还是细雨蒙蒙，于微涛拍岸，鸟语莺声之间，打坐，打拳，好不自在……

早就听说过张至顺道长，也知道他的八部金刚功。基本印象是：张道长少年入道，已过百岁，修行多年。总之，一切都是模糊的，也不想进一步了解，可能是自己欲隐红尘，素无愿力入山清修的原因吧。

看到会议手册上有张道长的讲座，便下决心去听——这个面对面的学习机会不可错过。

好事多磨，张道长的讲座是在5日下午，会议的最后。题目是：《字里藏道》。

题目好怪，不会如那些骗子学者的拆字游戏吧！心里暗想。

讲座开始，面色红润的老道长一开口，我就不得不竖起了耳朵。原因是老道长的河南口音，我这个河北佬有点不适应，还好能听懂大概意思。

开场白，当老道长谈到今天大道沉沦，在座诸君当努力挽回时——竟然一时哽咽！

我的心顿时凝固了！

一位历尽沧桑的百岁老人，还为中华道统的不彰哭诉，还在为人类文明的迷失叹息——那是一种怎样的、发自本心的呼唤与呐喊啊！

令人惊叹的是，老人家在长达一两个钟头的讲座中，坚持站立着讲，在主持人梁冬的劝说下他才坐一会儿，最后甚至要亲自表演八部金刚功。别忘了，这是一位生于1912年的老人啊！积八九十年德行，老人家有修有证，真了不起。

老道长讲“谷”“火”等字，是从道教修行的角度论述的，我不能完全听明白；每当老人家提到，自己用了二十年才悟到这一点，前两年才明白这一点时。我就感到什么才是真正的学！什么才是真正的修！学人，真要死而后矣，才能有些许成就——老道长就是学人的好榜样！

整个讲座，张道长强调的两点让我终生难忘。

一是他慈悲地告诉我们，不能盲目地修道，“不能乱动”，否则会出大问题。

因为东汉以后，先秦老庄道家与神仙方技等中国文化要素合流，流变为道教，发展得极为庞大博杂，既为我们保存了大量文化瑰宝，也使道教的修行次第十分复杂。先秦道家那种由人道达及天道，由修身而治国，圆融不二的修法消失了。这一修法的核心内容保存在战国成书的《管子》心术诸篇中。

有与会者认为：既然张道长说不能盲目修道，那我们就不用修了，好好做人就是。老道长不是说吗，有德早晚成道。

依我个人的见解，我们还是要以《管子》心术诸篇为基础，恢复道家心法。因为这种心法在治事治国中用功，没有大小周天，炼精化气，炼气化神之类次第，不会出现什么偏差。在商品经济高度发达，越发世俗化的今天，这种“不离世间觉”的道家心法当会造福更多的人。

其次，老道长讲的一则故事让我深有所感：多年前，一位高中刚毕业的学生注了本《道德经》，拿去让老道长提意见。老道长看过后，告诉年轻人：你这样的书，流传到社会上，要害多少人，你知道吗？这位年轻人听后不胜惭愧，满脸大汗。

老道长的意思是说，我们要“宗经”，圣贤之言，不容乱注乱解。

对此，我深有同感。

过去，我常对那些用多维空间解释大道，将老子说成爱因斯坦的人感到无可奈何。他们通过“以西释中”不忘达到“以西灭中”的后果，名为宣扬国学，实际在埋葬国学，是“亡天下”之举。而这种伪科学和伪学术，竟成为当代国学研究的主流——真让人痛心！

对于这类东周科学家和外太空鬼怪之说，我尽力听从朋友的再三劝说，坚定自己的研修道路，对那类人采取听而不闻，视而不见的态度。因为他们还要利用圣贤经典将自己打扮成圣贤，他们还要吃饭，还要活着——但愿他们少骗些人吧。

不过这次，我却在深深地反省自己。

过去十年，我出版了十本书，内容主要是对中国文化原典，圣贤之言的编辑、整理和发扬，自己会不会也同那位高中生一样不知天高地厚呢？

自己一直坚持经经合参，经子合参，经史合参的修学方式，希望不要离圣人本意太远。我出版这些书，除了为自己提高，还要向世人证明：中国文化是我们不可或缺的空气，是我们安身立命的基础，不是任人解剖的文明僵尸，不是发表（西式）学术论文的素材。

幸运的是，过去十年中，自己得到了太多师友的鼓励和支持，至少我没有让他们太多的失望，哪怕他们只有一点收获——就如一位参会的朋友讲的，我看不懂你的书，但我看到了你对中国文化的信心。

或许这种“心”是更重要的，她是孕育文化生命的种子！

会上，我拉着道长的手——他的手软绵绵的，轻暖暖的——那是一种直接传递到心里的、难以名状的温暖。

有人说，道不言寿，因为大道是永恒的。

听到一位年过百岁的老人在为天地大道声嘶力竭地鼓与呼，我突然明白：肉体会成住坏空，道统却绵绵不绝。她会一时隐身，但她终会复兴！

——我相信这一点。

“我们愿牺牲自己，作圣贤木铎，唤醒21世纪迷失的人类！”[①]

我们一直为此努力着……

① 翟玉忠：《新法家网站2014/2015年度工作报告》. 网址：http：//www.xinfajia.net/12584.html访问日期：2015年7月7日。

六、丹心写汗青——撒拉族作家韩庆功《情定循化》序

清风明月催人老，总有心事向桃园。

魂牵梦绕之中，那是一个鲜为人知的世外桃园——被称为“高原小江南”的青海省循化撒拉族自治县。我曾想在此买“忘老”庐，面朝黄河，读圣贤书。

循化在哪?

如果将中国的母亲河——黄河看作一条弯成几字，蓄势欲起的巨龙，那么循化就是“几”字起笔拐弯的地方。

不知如何描述它红色的山，绿色的水，蓝蓝的天构成的美景，还是将之付诸孟达天池的宁静、骆驼泉的纯洁、丹斗寺的庄严……而我，只能重复人们常说的那句话：这里是青藏高原上的江南!

如果说，它与真正的江南有何不同，就是循化没有江南的暑气和柔弱，代替它们的是青藏高原的凉爽和积石山的雄浑。

有斯土而有斯民。

想想吧，八百年前，一队追寻美好生活的穆斯林，经中亚撒马尔罕，用白骆驼驮着他们祖传的手抄本《古兰经》，带着他们的信仰与梦想，走过沙漠与草原，走过酷暑与严寒，向东，向东，向东……最

后落脚循化——黄河拐弯的地方。

八百年来，坚韧、豪爽、智慧的撒拉人与当地汉、藏、回等民族互鉴互融，形成了今天拥有13万人口的撒拉族。

这是一个怎样值得关注的族群啊！

不错，他们同所有族群一样，有自己独特的语言、衣饰和风俗。但更为重要的是他们对自己文化的那份珍爱，以及厚重、纯朴的人文精神——这是笔者2018年7月，在循化避暑时最深刻的感受。

地灵则人杰。

就是那时，通过撒拉族收藏家马林义(达悟德)先生介绍，我有幸认识撒拉族作家韩庆功老师。

我们碰面的地方——积石峡，据说是大禹治水之处。方正的面庞、文静的举止，不快不慢的语速，一位老诚持重的中年人，这是他给我的第一印象。

晚上，我回去读他的散文，被他形象有力，赤子纯真的语言感动了。我一遍又一遍读着《母亲的最后时光》[①]，想到老家年迈的双亲，眼里充满了泪水。

人类可能有不同的宗教、语言、习俗，却有同样一种爱，一种超越生死与时空的爱——那是人类生生不息的原动力，从伟大的母爱到我们对父母的挚爱！

马林义先生告诉我，韩老师有个很大的写作计划，要用文学的形式，将撒拉族的历史留给世人。直到我读完《黄河从这里拐弯》第一、二部，才相信在21世纪的今天，亦文亦史，文史不分仍有可能。韩老师在用生命铸就自己民族的历史——丹心写汗青！

2019年9月在西宁举行《黄河从这里拐弯》首发仪式，我因故

---

① 韩庆功：《边缘上的思考》，青海人民出版社2017年第1版。

没有参加，只能写信表达敬意："韩庆功老师是撒拉族人的骄傲，是撒拉族人的良心——所有中国人都应感谢他为记录这个伟大民族历史和文化所做的卓越贡献。"

过去三年读了韩老师不少作品。不知怎的，作为一位中国文化研究者，我总有一种难言的惭愧感。因为和撒拉族同胞相比，我们有些中国文化研究者眼光过于狭隘。

不！中国文化不只是中原汉族人创造的文化，也不仅是汉族人创造的儒家文化，更不仅是儒家文化中的宋明理学。中国文化是人类诸多文化成果的结晶，除了经史子集这类中原文化，还包括当代最具革命性的社会主义文化、西藏的佛教文化、撒拉等族的伊斯兰文化……

如果将中国文化比作一座大花园，中华大地上不同族群，或不同族群共同创造的文化点缀了这座大花园的美丽和伟大！

关于中华文化与源自中亚异域的撒拉文化的关系，我完全同意韩老师的论断：二者是源与流、根与叶、母与子的关系。

在《黄河从这里拐弯》首发仪式上，韩老师这样表达自己的心声："八百年前，积石山下、黄河岸边的这块热土开怀接纳了撒拉族先民，撒拉族也以自己的忠诚投入到中华民族的温暖怀抱，成为最早完成中国化的少数民族之一，始终与中华民族同呼吸、共命运。通过这部作品我想告诉人们，从撒拉族先民踏上华夏大地的那一刻起，无论在文化情感上，还是在精神心灵上，对伟大祖国的依恋是纯洁无瑕的，对中华文化的归属是毫无保留的。"

今天，东西方诸多文化习俗、宗教信仰、技术浪潮，都已经中国化，融入中华文化大熔炉之中。中国文化的伟大正在于她包容世界，海纳百川的胸怀与气势。中华文化是世界的中华文化，是中华文化将不同宗教信仰、不同血缘族群、不同文化习俗凝结成一个政教整体——她的名字叫中国！

习近平总书记说：“中华文明是在中国大地上产生的文明，也是同其他文明不断交流借鉴而形成的文明。”[①]文化上狭隘的民族主义表面上爱国，实际是作茧自缚、自毁长城——这是我从韩老师那里得到的巨大启迪。

我不是文学家，承蒙韩老师不弃，为他的文集《情定循化》作序。这部书远远超过文学范畴，还包括一位少数民族基层干部工作学习的总结和心得，具有重要的文献、学术及文学价值——该书特别值得一线基层干部、民族工作者及文学爱好者品读。

文化是一个时代，一个族群的元气。韩老师充满温度与力量的文字，已升华为永恒，激励着我们走向光明、博大与未来！

感谢韩庆功先生！

---

① 《习近平谈治国理政》第一卷.外文出版社.2018年，第1版，第260页。

七、一本久违了的经济学著作
——余云辉《美国需要什么样的中国？》

当理论与现实各说各话的时候，理论就走入了终点。

近些年来，特别是2008年金融危机以来，人们更清楚地看到，经济学早已走入数理逻辑的烦琐哲学中不能自拔——它逻辑上完美，现实中却无用，理论和现实成为两张皮。2008年诺贝尔经济学奖得主保罗·克鲁格曼（Paul Krugman）尽乎愤怒地指责过去几十年流行的宏观经济理论："说轻点，是绣花枕头中看不中用；说重点，就是误人误国！"

经济学中有太多从概念到概念，形式完美逻辑自恰的理论。因为它们太"无用"，以至引发了大学里经济学系学生的公开抗议，近些年广为世人关注的"经济学改革国际运动"即导源于此。

面对至今余波未平的金融危机，以往在大众媒体上光鲜亮相，口若悬河的诸多经济学明星突然变得哑口无言，或者像街头老太太一样喋喋不休地抱怨华尔街的自私与贪婪。

英国女皇伊丽莎白二世为经济学家没有预测到经济危机的到来深感失望，坚信市场具有自我修正能力长期执掌美联储的格林斯潘陷入了"震惊不敢置信"的状态，财富被注入市场的大量货币无情稀释的群众愤而走上街头……

然而问题依旧！

学界期待新的经济学——这种经济学当从现实中来，并回归现实，而不是从理论到理论的文字游戏。

本书，著名经济学家余云辉教授的《美国需要什么样的中国——美国“魔鬼三角阵”下的中国》（武汉大学出版社2013年出版），在某种意义上可谓这样一本久违了的经济学著作。

余云辉博士，1986年毕业于吉林大学经济管理学院，拥有15年的证券从业经历，曾担任海通证券投资银行部高级项目经理、投资银行部副总经理、交易总部总经理兼战略合作与并购部总经理、德邦证券常务副总裁、总裁等职务。在风起云涌的金融市场上摸爬滚打的经历，锻炼了他对现实敏锐的洞察力，成为本书不竭的智慧源泉。

也因此，在全球资本和政治的博弈中，作者注意到：美国不仅擅长于运用政治文化、工业军事这样的软、硬实力，它更擅长于运用“巧实力”，即：借助美元地位以及全球金融与商品市场的定价权进行巧取豪夺，“巧实力”创造了美国70%以上的国民生产总值。这种鲜为人知的力量包括——

（1）以美元为核心的全球货币体系的塑造能力和控制能力；

（2）美元利率政策、汇率政策的主导权以及对其他国家利率政策和汇率政策的控制能力；

（3）石油、粮食以及其他各类大宗商品的全球定价能力、全球股票市场和期货市场的操纵能力；

（4）通过美元霸权、利率定价权、汇率定价权，以及金融与商品市场定价能力，向其他国家和地区输出通货膨胀和转移国内经济危机的能力；

（5）不受外国资本控制，由银行、证券、保险、信托、基金等金融企业所组成的遍布全球的金融机构体系。

美国的“巧实力”“软实力”和“硬实力”三者有机组合，构成了一个个战略围剿的目标指向明确的“力量三角形”。这是过去几十年来美国打击战略对手屡试不爽的“魔鬼三角阵”。

通过大量事实，余云辉博士警告国人：“美国针对中国的围剿战略早完成了‘美国魔鬼三角阵’的布局，并走过了文化侵蚀阶段、政治渗透阶段，目前已进入了经济控制、财富掠夺、经济制裁阶段。可以预见，中国遭遇美国的军事打击已经为期不远。”

针锋相对，他提出了六大对策——

对策一：以增进国家安全为基本目标，重塑世界新秩序。

对策二：坚持正确的工业化道路和国防现代化道路，增强国际竞争的硬实力。

对策三：旗帜鲜明地发展国家资本，鼓励和扶持民营资本，节制甚至限制海外资本。

对策四：以符合规律的经济政策和组织模式，发展农业、发展农村、发展农民，夯实中国发展的经济基础和社会基础。

对策五：构筑坚实的“经济金融拦鲨网”，积极防御美国“巧实力”的巧取豪夺与攻击围剿，维护国家产业安全和金融安全。

对策六：建设强大的国家“软实力”，抗衡美国的“软实力”围剿。

关于每一项对策，余云辉博士都从全球大视野，高屋建瓴地展开论述，相信读者在阅读过程中能更深切体会作者博大而深邃的思想。

不过作者并没有只是从现实论及现实，陷入肤浅的经验主义泥潭。余云辉博士创造性地提出了建设“社会主义有组织的市场经济制度”等一系列发人深思的理论，它定会引发学界、政界、商界广泛的讨论。

为何这样说?

当格林斯潘梦想中的市场自我修正能力极有限时，组织就变得必须了；当资本的力量不断侵蚀社会公正和社会公德的时候，不需要种种社会整体力量（包括国家资本）来节制资本吗？我们需要市场，但市场的边界究竟在哪里，本书让我们重新思考经济与政治，经济与道德（义与利）的关系——似乎经济学正在回归它东西方的原点，即政治学、伦理学与经济学不分家的状态。

总之，本书在许多方面都是开创性的，还有太多引人深思，可圈可点之处。读者当自有公断。

八、金声玉振，中国出东方
——读易华《夷夏先后说》

过去十几年来，随着对中国文化研习的深入，一个巨大的问号长期萦绕在我的脑际：中国文化为何如此特殊？为何如此高度发展？

名学、轻重术、法家（黄老）、各家心术（法）……这些智慧为什么历久弥新？精深到这样的程度，以至于现代学人即使不再将之贴上“落后”“迷信”的标签，要么将之神秘化或泛道德化，要么用西方各色概念、理论肢解它们——因为中国文化由形上之道，到形下之法，再到贯通上下的名，实在让人难以理解。

我曾猜想，过去几千年来，先贤一定集成了人类文明的最先进成果，中华文化是人类文明大熔炉里炼成的宝贵“合金”。

证据何在？

直到五年前，偶然看到中国社会科学院民族学与人类学研究所易华教授的《夷夏先后说》（民族出版社2012年出版），我才知道，自己的猜想有着坚实的实证基础。只是因为同国内许多学者一样，将中国文化的研究聚焦于中国，才忽略了“世界的中国”的存在！

简单说，易华教授运用考古学、历史学、体质人类学与语言学等多学科方法，论证了中华文化内在的双螺旋二元结构，一方面是源自西方的以青铜（金）为代表的夏文化因子，另一方面是源自东方本土的以玉为代表的夷文化因子。约四千年前，二者的交汇融合形成了夏商周三代的主流，奠定了中华文化的初基——易华教授形象地用“金声玉振”形容这一波澜壮阔的文明塑造过程。

中华文明并不是单纯本土起源的定居农业文明，也不是纯粹外来的青铜游牧文明，而是千锤百炼因而独具特色且绵延不绝的复合文明。易华教授以激昂的笔调论述道：“本土起源的猪、狗、鸡和外来的牛、马、羊组成了六畜，外来的麦与本土的稻、粟、黍、豆构成了五谷。牛耕姗姗来迟，耒耜或锄头一直是基本的生产工具，犁耕与锄耕互补形成了东亚农业传统。丝绸西传，毛毯东播，丝毯是东西文化交织的象征。舟船源自中国，车马来自中亚，舟船车马在中原交汇。夯筑是本土起源，秦砖或周砖源自西亚，夯土城墙外砌砖边是东西合璧。土葬是东亚文化特色，火葬源自中亚，土葬火葬并行不悖。礼乐文化源于新石器时代，好战风尚来自中亚，祀与戎均成国之大事。玉文化源于新石器时代，金崇拜始于青铜时代，金声玉振集大成。祭祖是东方特色，拜天是中亚传统，敬天法祖两不误。上述十个方面综合比较研究均可证明三代文化的‘双螺旋’特性：新石器时代文化是本土起源，以定居农业为特色，是中国文化的基础；青铜时代游牧文化来自西方，影响了整个中国文化，特别是中国上层文化；两者有机结合形成了独特的三代文化。”①

易华教授并不是发现中国文化包含双层结构的第一个人。众所周知，早在1933年，傅斯年先生就提出了影响极为深远的“夷夏东西说”，认为夏为西方帝国或联盟，商为东方帝国。

当代著名考古学家苏秉琦先生在《关于考古学文化的区系类型问

① 易华：《夷夏先后说》，民族出版社出版，2015年，第1版，第269~270页。

题》一文中也曾提到，中国文化实际上包括“面向内陆和面向海洋两部分”，他说：

“至于河套地区（包括晋西北与陕东北沿黄河一带），如果从出土的青铜器看，它既有与中原青铜文化相似之处，也与西伯利亚的青铜文化（如斯基泰文化）有联系，它正处于南北的通道上。

“在南方地区，有段石器的分布地域可以延伸到南太平洋、新西兰；而几何印纹陶的分布地域则遍及整个东南亚地区。有趣的是，如果我们把我国的版图分为面向内陆和面向海洋两部分的话，那么还可以看到这样一种情况：面向内陆的部分，多出彩陶和细石器；面向海洋的部分则主要是黑陶、几何印纹陶，有段和有肩石器的分布区域，民俗方面还有拔牙的习俗。当然，要强调指出的是，在这广大的地域内，古代劳动人民从很早的时候起就有着交往活动，越往后这种交往活动就越密切。”[①]

遗憾的是，由于学科和时代发展条件等多方面原因，这些先生都没有对中国文化的双层结构展开更为深入细致的论证——而易华教授的《夷夏先后说》，则将这些论述建立在了多学科、多视角实证的坚实基础之上，其理论贡献是历史性的。

易教授清楚地告诉世人：早在四千年前，中国先人融汇了东西方最先进的文化成果，经过持续数千年的发展酝酿，产生了光耀世界的中华文化——金声玉振，中国出东方！

易华教授的研究令我茅塞顿开。我买了很多本《夷夏先后说》，将它作为礼物送给研究中国文化的同道，希望他们能从人类文明的整体角度看中国文化。我相信：只有在人类文明的浩瀚星空中，才能看到中华文明的灿烂！

---

① 苏秉琦：《关于考古学文化的区系类型问题》.《文物》1981年第5期。

我喜欢中国考古学先驱李济先生的那句话："中国历史是人类全部历史最光荣的一面。只有把它放在全体人类的背景上看，它的光辉才更显得鲜明。把它关在一间老屋子内孤芳自赏的日子已经过去了"。[①]

——这句话，易华教授将它放在了《夷夏先后说》一书的扉页上。

睹其书而思其人。2014年9月，在一次国际学术会议上我竟然见到了易华教授，我们的学术友谊就这样开始了。

过去几年，无论是一起参加学术会议，还是一同学术考察，我都深深为易华教授热情严谨的治学精神所感动。为了研究，他常常自费考察学习，这比那些为经费而研究的"项目专家"高尚多少倍啊——因为对于大多数学者来说，项目完成学术即亡。而真正的知识智慧，需要投入一生的精力去寻索！

君子和而不同。需要说明的是，我并不赞成易华教授《夷夏先后说》一书所提出的全部观点，包括他重视的"青铜时代世界体系"理论。我认为，将现代政治经济学概念应用到四千年前潜藏着太多理论风险，可能使人对东西方文化因子的交流产生误读。其实，5000年前，西亚及其附近地区并没有对欧洲和东亚起到重要的支配作用，当时的文明互动和殖民时代的东西方完全不同！

中国人从史前时代起，就擅长融合其他文明因子，并将其转化为自己文明的有机组成部分。过去三十多年来，欧亚大陆的考古学证据也明确显示：青铜技术传播到中国并不是西方青铜文化的自然延伸。在这一过程中，除了欧亚大陆西部青铜武器的引入，更主要的是商周青铜礼器的崛起——这成为中华文化的主要特色之一。

我们同样不能否认数千年前西方青铜游牧文化对中国文化的巨大

① 李济：《再谈中国上古史的重建问题》，收入《李济考古学论文选集》.文物出版社.1990年，第1版。

冲击力，甚至中国古典经济思想轻重术中关于财税问题也用“乘马”来表述，集中在《管子·乘马第五》《管子·巨乘马第六十八》《管子·乘马数第六十九》诸篇——今天学界公认，构成冷兵器时代国家核心竞争力的骑乘和马拉战车技术源自西方。

对于中国文化的演进史，我个人更愿借用中国科学院院士、古人类学家吴新智教授对中国旧石器时代人类演化的描述：“连续进化附带杂交”。[①]从旧石器时代晚期迄今，以中国为中心的东亚地区文明一方面不断接受源自西方的文明成果，另一方面又总能保持、恢复旧物，返本开新——这才是中华文明令人惊异的生命力所在！

我坚信，不仅过去是这样，未来也会是这样……

① 吴新智：《从中国晚期智人颅牙特征看中国现代人起源》，《人类学学报》17卷第4期，1998年。

九、五鬼纵论中国文化实录

天赐因缘，笔者常遇奇人奇事。

2019年夏天的一件事，久久萦绕在脑际，不吐不快。

事情是这样的：酷暑难耐，友人约我去北京昌平休息几天。他的介绍让我兴趣大增：书院胜地，不仅师资雄厚，且营利颇丰，豪华气派；依山傍水，不仅风水好，且凉爽宜人。

如今遍地开花的书院，不是挂羊头卖狗肉，就是烧钱的文化事业，岂能营利颇丰？我要探个究竟！

从城里开车四十多分钟，过一小河石桥，只见青山下一堵灰瓦白色高墙，墙前是一片红墙黄瓦的古典建筑群，格外显眼——这就是令我心仪的那家书院。

宾主落座，书院主人一讲，我立马明白了其“成功”的奥秘。

原来，灰瓦白色高墙后面有大片墓地，书院资金源于墓地利润。由于地处京郊，墓地价格高、供不应求，所以书院一直“不差钱”。主人亦用心，不惜重金请学术专家、名流授课。若这些专家学者与书院签订长期合作合同，还能免费得到一块墓地——二十几年来，许多学人长眠于此。

想来，“以墓养学”是书院主人的精明之处。人家热爱中国文化，为实现梦想，不偷不抢，服务大众，有何不可。

和书院主人交谈甚欢，晚上我住庭院北房。此处不用空调都比城里凉快。加上一天参观浏览，一着床，就睡着了。

正睡着，不知怎的，房门吱呀一声自己开了，庭中亮如白昼——我大惊，这不是晚上吗，来人了？难道是初十五大月亮天？

细看，才发现白昼中有五个人影，环形朝向我。正中一个人看得最清楚：他没有身子，只有头，身体部分是一摞书，可谓“著作等身”。我看到那些书名都与中国文化有关，包括《中国经学史》一至十卷、《中国经学》一至十卷。

正纳闷，那头竟开口说话了——

我是世界公认的经学史专家。“经学已死，经学史当立”，我一生致力于消灭经学，研究经学史。如今，阎王判我“化经为史，破坏道本”，让我成为孤魂野鬼，流浪人间。

经学是中国之魂，我将其史学化，目的是消解经学的权威性，提升西学的权威性，实现西式现代化。今天国学热，我摇身一变，让出版社将拙著《中国经学史》标题减去一字，改为《中国经学》再度出版——再领时代潮流！有多少史学家神不知鬼不觉地变成国学家，难道是我一个人这样吗？

阎王老子这样对待经学研究大师，真是千古奇冤！无人能将经学现代化，在轰轰烈烈的国学热中，让全部中国文化成为历史的僵尸吧，我喜欢与僵尸同眠！

“经学鬼”右边站着一人，穿着怪异。满身都是外文字母，胸部画个圆圈，中间写个“玄”字，让人想起清末的士兵。

不用说，这是玄学家。但玄学家怎么满身外文，我正在纳闷。“玄学鬼”说话了——

从小我就成绩优异，大学毕业后为去国外留学，家里东拆西借，才凑足路费。我也争气，学得五门外语，获得双博士。回国进入名牌大学，当教授、博士生导师，一生致力于东西方文化的结合，桃李满天下，荣誉数不清。

可恶的阎王老子，竟然判我“以西释中，以学杀人”，如今住十九层地狱。学术讲客观，不讲道德，就是断人慧根，以学杀人吗？我在国外那么多年，怎么有眼无珠，忘了西方有宗教行教化之责，中国没有！

怎么我教的西方当代人文学术都成了与中国现实无关的玄学，只允许佛学、马克思主义进中国，就不许罗尔斯、哈耶克进中国吗？我是名教授，名博导——中国文化才是玄学，我活着时，都不知中国还有自己的政治学（黄老法家）、经济学（轻重术）、逻辑学（名学）……认为只有西方人有学术系统，所以要“以西释中”，让中学成为西学的研究材料——上帝啊，还我荣誉，救救我吧！

“玄学鬼”再右边有一人，满脸堆笑，穿着似佛、似儒，又似道，但既不是佛衣，也不是道袍，更不是儒服。

这是何许人？没想到那人自报姓名——

我是“忽悠鬼”，从20世纪80年代街头给人看手相，到后来的易学大师，我整整骗人三十多年，可谓骗遍天下无敌手。

忽悠人的法门就一个：到处宣传儒、释、道、耶、回五位一体。上帝即是道、道即是空、空即是佛。就是不管五者异同，乱说一气，反正无人验证。中华教化超越宗教，重德行；中华政治超越党派，明治道——这些宇宙大道，鬼才知道。

没想到，阎王爷真让我入了鬼道，判我“贩卖圣贤，遮蔽大道”。

我也如狐仙、蛇仙，给人们排忧解难啊，怎么能说我贩卖圣贤呢？不赚钱，我怎么吃饭讨老婆！

紧挨“经学鬼”左边，站立一鬼，身着长袍，须发飘飘，抱一古琴，背背一剑，仙风道骨——这样的人怎同那些小鬼混在一起？

似乎鬼有读心术，我一有疑问，鬼就开始发言——

我乃“仙人鬼”，表面是仙，实际是鬼。我会舞剑、会弹琴，征服女人无数。我随这些女粉丝在全世界宣传中国文化，连外国总统都接见我，被称为“文化大使”，享誉海内外。

但到了阎王老子这里，却判我“以术代道，弃典忘祖”。难道古琴不是中国文化？不含大道？也怪我，将中华文化娱乐化，只为满足西方人的猎奇心，多搞金钱女人——修仙不成，反成小鬼。

“仙人鬼”的话还没有说完，旁边的“儒家鬼”就怒了。“儒家鬼”穿着儒服，满脸严肃。他大喝——

你们四个家伙，将蕴含普世宇宙大道（天道）的中国文化史学化、西学化、娱乐化、庸俗化，还怨天尤人，简直愚昧无耻！

我是现代儒家，直承佛教化的宋明理学，为从中国文化中开出自由民主、三权分立，努力了一辈子。从国内的爱国官员到美国的敌对势力，全都给我们钱，可谓左右逢源。嘿嘿，好爽！如今阎王判我“异化孔儒，背离治道”。

先秦包含百家的大儒已成了明日黄花，我们儒家要在21世纪更加独尊，还要诸子百家干什么？我们宁要自由民主、自由市场的霸道，也不要贤能政治、超越党派的治道，因为前者代表现代性——我们是现代新儒家啊！

自由儒学万岁！儒家宪政万岁！阎王不民主，不仁道，我要上诉——我要向美国总统，向玉皇大帝上诉！

“儒家鬼”话音刚落，一道闪电劈下，照亮整个天空。一时间，五鬼踪迹全无，门外漆黑死寂。

不知什么时候，我又睡着了。

第二天醒来，已是日上三竿。只觉得浑身乏力，强行坐起，才发现汗已湿透衣衫。

十、第一次参加辟谷实践的几点感想

2013年11月26日至12月1日，我随缘在美丽的太湖之滨参加了为期五天的辟谷班。

这个班由“武当道生”举办，地点位于江苏省吴江市七都镇庙港的江村市隐——南师怀瑾先生创办的太湖大学堂旁边。

以前没有参加过辟谷，但去了也没有太多担忧，心想辟谷食气自古以来有那么多人实践过，肯定饿不死人，怕什么？怀着这种简单的心态，11月26日中午，由上海虹桥机场出发，经过江南水乡间一个多小时的轻快车程，我和一位友人入住了江村市隐。顾名思义，这里朴素、整洁、清净，不愧为闹中取静的休闲、修行之地。室内装潢极具古典人文色彩，足见主人用心良苦、别具匠心。

没有想到，五天的辟谷实践让我的心身发生了巨大的改变，更使我充分体会到中国文化的博大精微之处。

首先，辟谷完全不同于西方断食，它让人体内本来具有的能量充分发挥作用，进而提升潜能。辟谷本身就是入道的“前行”，用我们的老师云鹤道长的话说就是“身空则气行，心死则识生”。只有身空了，气机才能充分发动。气机真发动了，就极少需要食物了，这也是五天中诸位同修只喝姜红糖水，不吃饭，仍能坚持打坐、练功、听课，精神焕发的原因。

这里不妨引用辟谷班“邀请函”上的一段话：“辟谷，可使细胞处于‘缺食夺气’的状态，使人体内外气相通，产生天人合一功效，加速细胞与外界物质和能量的交换，夺取大自然的宇宙真气（灵能），同时使人更易放松入静，大脑潜能得以开发，启智开慧，是修为层次提高的捷径。”

笔者亲切感受到：此语真实不虚！

辟谷期间，我感受到了真气的运行，气机冲击病灶亦十分明显——这是我从未体验过的。以前自己甚至错误地认为中医中的“气”根本没有经验和现实基础，只是中国哲学或玄学的概念。

每天学习武当五行丹功，我悟到中国功夫的“本”在气，而西方体育的“本”在身，二者不同。尽管前者表面看来也是身体的运动，西方体育还达不到气这个层次，就如同它的世俗文化达不到道这个层次一样——今人迷信西方文化及生活方式，何其愚蠢！

一些西方体育健将常常短寿，这恐怕与他们只知锻炼身体，将身体机能发挥到极致有关。因为天下事无不物极必反，更快、更高、更强必然会伤身。西方讲这种奥林匹克口号，难道中国非得跟着讲才是“现代”，才意味着“政治正确”吗？难道我们融入世界，追随所谓的“全球化”就必须要放弃自己宝贵的历史经验和先进的悠久文化吗？

至少从我个人此次的体验看，更快、更高、更强的体育精神远不如中国功夫追求自然、和谐、圆融的理念更于身体有益，对于身心修养也更有效！

其次，笔者充分认识到“食色，非性也”，饮食、男女这两个大欲也由心生，并不总是必须的，它们只不过是人的习气而已，只是最根深蒂固罢了。先贤讲“饮食男女，人之大欲存焉。死亡贫苦，人之大恶存焉”（《礼记·礼运第九》），是在讲日常的社会人情，而非究竟意义上说的。因为随着食欲的减少，我体验到性欲也随之降低了。

师傅们说，武当山几十天辟谷，三年不食的人亦不少，看来这是真的。在12月1日辟谷结束后，我一点饥饿感都没有，也没有一点累的感觉，甚至想去武当山参加为期十四天的辟谷。因为听玄辉道长（武当山玄武派第十四代道医传人，师从一代道医宗师祝华英道长）说，辟谷七天到十四天效果才最明显。

再次，笔者深切感到，我们中华文化有太多宝贝东西不为世人所知。现在城市里大街小巷都有瑜伽班，可对身体健康如此重要的辟谷简直成了旁门左道。辟谷不仅减肥，降低血压（在此次辟谷中，受这类益处的朋友不少），它是身与心的整体净化啊！世界上哪里还有如此一种轻快、直接的方法呢？

结束辟谷当天我回到了上海。12月2日早上，当我和友人向酒店餐厅的服务员阿姨解释我们为何只喝米汤时，那位好心阿姨劝我们："你们千万不要搞那个玩意了，人不吃饭怎么行，一顿不吃饿得慌，我小时候挨饿时，山芋发霉了也得吃。如果饿坏了怎么办？你们的爸爸妈妈不知道你们辟谷吧！知道了，他们多担心啊！"顿时弄得我们哑口无言。

据我这几天观察，这位阿姨的观点代表了许多人对辟谷的误解。之所以造成这种情况，首先是我们这些中国文化研究者的责任，更是每一位中国人的责任。我们对自己的文化太缺乏基本认知和基本自信了——真希望辟谷将来能如瑜伽一样走向世界！

记得辟谷班结束，12月1日下午总结发言的时候，在场的十几位学员都很激动，几乎所有人都没想到辟谷对于清理身体和心灵如此重要，如此殊胜。一位企业家学员当场表示：如果需要，自己愿意为辟谷的传播做点什么。

最后，我想通过本文再次表达我对武当山云鹤道长、玄辉道长、云了道长的敬意，还有那三位教我们武当养生功的小师傅，他们如此认真教大家，讲解那么透彻，让我这个最不擅长肢体动作的人都学会了站桩和复杂的五行丹功。

目前我仍按“丹道辟谷后进食安排表”，进行半辟谷，感觉很好，也坚持练习站桩和五行丹功。唯一感到疲惫是12月3日早上，因为我的飞机是12月2日的，当天中午回京后马上投入了积压已久的工作，所以起床时感到特别无力，八九点钟出去练功，才慢慢恢复了过来。

短短五天的辟谷班，我学到了太多的东西，从养眼方法到服炁方法，从修身到修心，真是一言难尽——我坚信，此次辟谷会使我一生受益无穷。

再次感谢各位道长和武当道生的工作人员，谢谢你们！

你们的慈悲、热情、谦逊让我终生难忘！

希望未来有机缘再度同修！

十一、新儒家千万不要毁灭儒学

前不久，友人推荐了旅美学者、中国儒教网站长慕朵生先生的《复兴儒学，中国的第三条道路》一文（作者2014年1月17日新浪博客），该文可贵之处在于，它总结了当代儒家左、中、右三个面向与进路，分别以康晓光、蒋庆、陈明为代表人物，这些先生们长期以来坚持复兴儒学，其精神可嘉。但诸多儒家学者思想之狭隘，逻辑之错误以及践行之浅薄，触目惊心。笔者认为，这样的“新儒家”不仅难以复兴儒学，甚至会毁灭儒学。

为何说这些学者思想极其狭隘呢？他们不都是大学学者，学贯中西的饱学之士吗？有何狭隘之有？！

正因为他们长期处在大学环境中，受西方专业分科及儒术独尊历史惯性的影响，才目光如豆，不知中国文化的基本特点不是百家争鸣，而是百家和合共通。

比如礼义之学，其基础是名学。因为只有社会分层，建立名位（即夫、妇、父、子、君、臣），名实相副，才有其实职分；德以配位，才因此有了仁、义、忠、信、智、圣诸德目；若不懂名学，空谈诸德目，习惯于“穷理”的现代人更难以接受礼义之道了。[①]

但在这些先生们看来，除了儒学那几本传世经典外，其他百家可以略而不谈。他们不知道，若无诸子百家，作为百家之一的儒家必成无源之水，无本之木，因为中国文化是个有机整体，将儒家从诸子中分裂出来其结果不是复兴儒学，而是毁灭儒学！诚如生生摘下活人的重要器官一样！

要知道，从《汉书·艺文志》到清代《四库全书总目提要》，先贤的基本共识是儒家只是诸子之一——将儒家等同于中国文化本身，简直是以管窥天，何以见中国文化之大！

为何说这些学者的理论多建立在错误逻辑基础之上呢？他们的文章不是为众多学者关注吗？若逻辑都不清楚，哪能公开发表？！

从西方逻辑的角度来讲，这些先生们的逻辑基本没有错误，但从中国古典逻辑学名学的角度，则其逻辑错误。因为他们的理论构架本质上是“中国儒家”“西方学术”“思想”三者共举，鼓吹“儒家宪政”（思想）之类。如《公孙龙子·坚白论》所述，坚、白、石三者共举是错误的，实际所感只有坚石、或白石，而没有坚白石。

举个更简单的例子吧，我们可以说“婚礼一事（物）”，“月球一事（物）”，但却不能随意就讲“月球婚礼一事（物）”，因为在月球上举行婚礼是有诸多条件的，至少在短期看来，这是痴人说梦——可以有其名，但无其实。

蒋先生主张“中体中用”“以中解中”，但他的制度设计不过是披着西方三权分立马甲的政治儒学而已，精神内核还是一种不伦不类的“中西学术”——其中想象多于现实，甚至世袭制也被蒋先生抬了出来，除了王莽式的复古，真不知蒋先生的理由何在。

---

① 翟玉忠：《礼之道：中华礼义之学的重建》，中央编译出版社，2014年，第1版。

也难怪，当代儒家在学理上不能超越汉、宋，结果只有与西学结合一途。不幸的是，东、西学术思维方法、逻辑体系、学术概念完全不同，所以新儒家只能将“儒家思想”与“宪政思想”杂交，搞“儒家宪政”这类逻辑错误的文字游戏了。

为何说当代新儒家缺乏实践呢？他们不是在搞祭孔大典、到处讲学吗？这难道不是实践？

实践指儒家内圣外王的实践，而不是各种社会活动。

先说外王之学，不是因为科举制的消亡儒学才“游魂无归”。从孔子的孙子子思以后，儒家的政治一路就逐步形成了法家，所以几千年来的中国政治一直是外儒内法。道术为天下裂久矣，长期以来儒家一味反对法家，却不知法家与儒家的学术亲缘关系。试看，历史上几乎所有的法家都有儒者师！

抛弃法家讲外王，政治儒学近乎成为空谈。宋以后一直到今天，儒家空疏之弊，根本原因就在这里。

再说内圣之学。宋以后儒家最伟大的贡献就是“退五经，尊四书”，复兴内圣之学，但他们资料先天不足，不得已拈出了四书，再参考佛道。问题是，宋明儒者连儒家从人道向天道修行的路线都弄不清楚，所以其内圣之学不是流于狂就是失之疏，如王阳明那样的大儒不多见。

北宋时多由儒入禅者，现在多儒家入宗教者，这有其势所必至之处——我们不能苛责宋以后的儒家，实在是“文献不足故也”。笔者也是通过出土文献，了解先秦儒家性命之学修行路线的。①

多年以来，笔者有幸见到佛家和道家修行很好的学人，但在儒家中却未见到一个真正的行者——或许是笔者孤陋寡闻之故吧！不管怎

① 翟玉忠：《性命之学：儒门心法新四书阐微》. 中央编译出版社. 2014年，第1版。

样，大家一定要好好用功，不能到处跑项目、跑资金、跑人脉，那样读经也不得力啊！最多只能多明白些事理，于人于己很难受用。

两千多年前孔子慨叹："古之学者为己，今之学者为人。"（《论语·宪问》）今天新儒家整体上还是忽略"为己之学"，让人无语……

由于历史诸多机缘，新儒家对于"国学热"的兴起可谓功不可没。但光有"热"是不够的，必须将中国文化内圣外王一以贯之的特点搞清楚，在此基础之上我们才谈得上"复兴儒学"。门户之见、名实混乱，言行不一的结果只有一个——毁灭儒学！

有志复兴儒学者——思之，思之，再思之！

十二、“洋左派”、立宪派与新儒家

过去几年来，中国社会思潮发生了很大变化。这些思潮与我们的工作息息相关，所以大家都要重视——我们一再强调，新法家不是一家中立的网络平台，我们的目的只有一个：宣传道法，内圣外王一以贯之的道统。

我们网站的根本宗旨（打破垄断资本的全球霸权，建立道法文明的清静世界）决定我们不能随波逐流，我们要为天地守孤学，做天道的中流砥柱！

这些年社会思潮的变化可以总结为三句话：“洋左派”兴起，立宪派潜沉和新儒家抬头。

1. 我们不能跟“洋左”风

“洋左”是我发明的一个词，不是为标新立异，而是没有其他词将当今流行的左派力量同过去以北京为中心的老左派、新左派区别开来。“洋左派”中心在上海，整体上不再如老左派一样株守马列经典，也不如新左派一样具有愤世嫉俗的反体制特征。“洋左”整体上是支持体制的，他们或居住在西方或有很深的西化学术、生活背景，面对中国的崛起，他们试图用西方的概念、理论框架解释现实，乃至历史。其大本营是观察者网。

俗话说，外来的和尚会念经，在中国文化深陷殖民地情结的今天，“洋左派”异军突起有其必然性——面对中国经济高速发展的现实，“洋左派”企图用西方人文学术的概念去理解中国现实，大体只关注，或只能解释最近这三十年的发展。由于理论基础模糊不清，所以现实的指导意义并不强。

比如“洋左”的代表人物张维为将中国的崛起用“综合创新”来解释，他还以高铁为喻，说明现实是学习世界诸国之长的结果。这些人忘记了，中国不是他国文明的大杂烩，中国改革开放的成绩源自于返本开新，在坚持中国数千年政治经济体制的前提下，不断融汇东西方文明成果。

在国家体制上，中国大统一的政治体制，坚决反对联邦制等任何可能导致分裂的行为；政治上，她建设统一的能够均衡各方利益的强大中央，打击特殊利益集团，不搞党派分立；经济上，她重视国有资本组织生产要素、平衡经济发展、为国理财的作用，不搞“神圣”私有制——这是我们的千年国本，动摇不得！

最近，国资委主任肖亚庆在《学习时报》上发表了一篇文章，核心就是：“国有企业特别是中央管理企业，在关系国家安全和国民经济命脉的主要行业和关键领域占据支配地位，是国民经济的重要支柱，在我们党执政和我国社会主义国家政权的经济基础中也是起支柱作用的，必须搞好。”他提供的一组数据同样重要：“目前国资监管系统企业资产总额达到144.1万亿元，上缴税费约占全国财政收入的1/5，增加值约占全国GDP的1/7，2016年进入世界500强的国有企业有83家。我国的基础设施建设、能源资源保障、国防军工和战略性新兴产业大都主要集中在国有企业。”[1]

请注意，由国务院国资委代表中央人民政府直接管理的企业只是国有企业的一部分，甚至不包括保监会、银监会、证监会直接管理的金融央企和地方监管的诸多国有企业。

中国的经济体制不同于西方政治经济学理论和现实，只能用公私相分、公共资本为国理财等中国古典经济学轻重术理论去解释——这要求我们返本开新，将经济理念建立在轻重术的基础上；用西方概念体系解释不了现实，因为西方什么都讲二元对立，公私更是对立，只有私有制才“政治正确”，国有企业合法性都没有坚实的理论基础，哪里还谈什么“支柱作用”！

所以，诸位一定要先研究中国古典经济理论轻重术，再研究西方经济学。不是说西方政治经济理论不值得学，但我们要知道本末、先后，否则连中国政治、经济的合法性都解释不了，还谈什么理论指导实践！

我们不是反对“洋左”，个人觉得他们提出的很多观念都有启发作用，有些提法就是轻重术的现代版。但我们要懂得这些人的局限性，要警惕陷入经验主义的泥潭——理论的力量不仅在于解释过去，更在于指导未来！所以大家不能如墙上芦苇随风倒，跟“洋左”的风。

2. 中华自有制度，道法自有制度

2017年6月上旬，新法家网上刊登了一篇有“立宪派”倾向的文章，引起网友剧烈的反应，被批得厉害——由微见著，这反映了“立宪派”潜沉下去的趋势。

---

① 肖亚庆：《深化国企国资改革做强做优做大国有企业》. 人民网 http：//theory.people.com.cn/n1/2017/0616/c40531-29342991.html，访问时间：2017年6月20日。

“立宪派”是由改革开放以来的自由民主派演化过来的，或者说是自由民主派的“21世纪版”，其表现形式多样，从维权到“国粉”（国民党的粉丝）。表面上，他们主张依法治国，一切依宪，和法家主张“一断于法”没有什么区别。本质上，“立宪派”的根本目的是改变中国的政治经济体制。我们都有些国际关系的常识，甚至有过一些经验，在这个大是大非的问题上，大家一定要清楚。

这个世界上，连最邪恶的家伙都会发明一套理论，证明自己的高尚——但立宪派不同于社会上品行不端的人，它们有深厚的理论基础，这些理论不容忽视——特别是民主与法治，民主与专制的问题。

现在不少人认为，只有自由民主才能救中国出治乱循环，最终解决“法大”还是“君大”的问题。你看资本主义的发展史和人类历史，总会有治乱兴衰，这是自然规律。即使佛出世，也解决不了这个问题——怎么“自由民主”比上帝还要厉害，这不符合事物发展的普遍规律。

另外，在“法大”还是“君大”的问题上，中国古典政治学早就解决了这个问题：法大于君。

《黄帝四经》讲“道生法”，国家首脑也要守法，这是没有任何疑义的，我们大家读法家的书很多，这方面的论述应很熟悉。“法大”还是“君大”的问题并不一定要依靠西方民主制度解决。中国皇帝不仅要受本朝法律本身的制约，还要受到礼的制约。最早进入明末宫廷的西方人利玛窦（1552—1610年）发现，中国的政体不是专制的君主制，在一定程度上还是贵族政体。

他说：“虽然我们已经说过中国的政府形式是君主制，但从前面所述应该已很明显，而且下面还要说得更清楚，它还在一定程度上是贵族政体。虽然所有由大臣制定的法规必须经皇帝在呈交给他的奏折上加以书面批准，但是如没有与大臣磋商或考虑他们的意见，皇帝本人对国家大事就不能做出最后的决定。如果一个平民偶然有事呈奏皇帝——这种事很少发生，因为所有这类文件都必须先由大臣审阅然后呈交皇帝——如果皇帝愿意亲自考虑这个请求，他就在奏折上做如下批示：着该部详核此项请求，并呈覆最好的措施。我已做过彻底的调查研究，可以肯定下述情况是确凿无疑的，那就是：皇帝无权封任何人的官或增加对任何人的赐钱，或增大其权利，除非根据某个大臣提出的要求这样做。”①

谈到法律与皇权的关系，利玛窦写道：“在中国，没有像我们的《十二铜表法》和《凯撒法典》那类可以永远治理国家的古代法典。凡是成功地取得王位的人，不管他的家世如何，都按他自己的思想方法制定新的法律。继位的人必须执行他作为王朝创业人所颁布的法律，这些法律不得无故加以修改。今天治理中国人的法律都不早于洪武，所有这些法律或是由他亲自制定的，或是从他的前人那里接受过来的。”②

18世纪以前，欧洲知识界的心里中国政体是开明君主制的形象，是西方哲学王理想的东方投影。中国变成专制和不自由的象征，是出于19世纪以后西方殖民主义的想象。随着20世纪西方学术体系的全球化，这些观念深深扎根于知识分子的心中。它们犹如计算机系统中的乱码，时时会以各种形式爆发出来，大家要特别警惕。

名实混乱导致的西化幼稚病，中国左派和右派没有本质的区别，只是表现形式不同！

历史证明，法治与民主不存在互为依存的关系，而是如潘维教授所论证的那样，法治是民主的前提。③与其说法治与民主互为依存，

---

① 利玛窦、金尼阁：《利玛窦中国札记》.中华书局.1983年，第1版，第48页。

② 同①，第46页。

③ 潘维：《法治与“民主迷信”：一个法治主义者眼中的中国现代化和世界秩序》，香港社会科学出版有限公司，2003年。

不如说法治与权威互为依存——大家想想，一个社会缺乏了权威，缺乏了对法制权威的基本认同，民主不仅不能带来法治，还会带来混乱——所以中国先贤将法与道联系起来，西方人将法律与宗教联系起来，是有道理的！众所周知，美国总统在履行宪法所赋予的职责前，是要将手按在《圣经》上宣誓的。

法治与民主是相互影响的。在互联网时代，这种特征更为明显。比如2003年的孙志刚事件，是民意影响法治的一个例证；但民主也需要法律的制约，否则有可能破坏公平正义。我去云南玉溪考察学习，遇到当地妇联同志。她们告诉我，当地民主制定的村规民约中有一些歧视女性的内容，比如女性不能分得土地——是她们依法纠正了这些错误做法。

事实上，中国文化中的“民主”是“民之主”，选举的目的是选出合格的领导者，这与西方的民主，“民作主”有很大差别。现代国家不同于古希腊小国寡民城邦，不能实现“民作主”，只能是选举中国式的“民之主”。比如西方的代议体系，就是要选出“民之主”。西方的民主是没有实的，这与他们自柏拉图以来将现象与本质两分，轻现象而重本质的传统有关——我们中国人讲名实相副，这方面不必亦步亦趋西方。

我们要综核名实，研究东西方世界选举“民之主”的成败经验，既要防止资本垄断选举，又要防止腐败官僚专权；既要防止无序民主的混乱，又要防止下情不能上达。关键是，我们不能陷在漂亮的政治概念中不能自拔，在民主与专制，西方民主、东方专制这类基于殖民主义想象的“两末之议”中迷失自我！

法家自古以来就有精公无私，为民请命的精神，我们要继承这种精神，老老实实地去研究东西古今的政治经验。个人认为，不去研究社会功勋制（功次制度），而去研究自由民主制，是舍近求远的方法——因为在人类选举制度史上，只有社会功勋制比较好地实现了政治忠诚与治理能力的统一，“又红又专”不仅是中国共产党人的政治理想，也是全世界所有政治组织的选举理想。

一句话，中华自有制度，道法（法家）自有制度。若只知民主宪政，自由市场，偷梁换柱，会使法家空壳化，只剩下“一断于法”之类的口号——这和儒家过去两千年来将自己空壳化没有本质区别！

3.反伪儒、立真儒

这些年，我们写了一些关于儒家心法的文章，我自己还出了几本关于儒家的书。除了2009年翻译的陈焕章的《孔门理财学》（*The Economic Principles of Confucius and His School*），还有2014年出版的《礼之道：中华礼义之学的重建》和《性命之学：儒门心法新四书阐微》。

于是，有人说我从法家立场变成了儒家立场。这些人不懂得，新法家宣传道法、中华道统、宣传儒家也是应有之义。问题是：新法家要不要反儒。我们的回答是明确的：

要反！

但我们不是为反儒而反儒，而是要反伪儒，立真儒。

西汉迄今两千多年来，儒家大致经历了三个阶段。由汉至唐不妨称汉儒阶段，从那时起儒家就变质了。董仲舒开始反子学，这相当于断六艺的手臂，到唐代，子学整体上已经凋零。汉以后谶纬儒学与烦琐儒学兴起，《汉书·艺文志》上说“说五经之文，至于二三万言”，讲的就是烦琐儒学。

这一时期儒家对《五经》整理注释的功劳很大，唐代孔颖达（574—648年）主持编纂的《五经正义》集汉至唐以前经学之大成，居功甚伟。

——我们反汉儒，就要复兴子学。

由宋至清不妨称宋儒阶段。子学被进一步异端化，儒家开始引佛入儒，结果成了不儒不佛的“理学”。重内轻外，空疏之弊，影响所及，直至今日。理学杀人，杀人如草。汉人柔弱不武，中原大地屡遭外敌入侵，血流漂杵。

约二十年前，我在老家教书，闲时读史发现——儒家会弱化社会组织，对家国社会的危害极大。于是下决心要反儒兴法——这一初心，多年来没有改变过。

宋明理学意在恢复儒家心法，由于文献不足的原因，看不清由人道至天道的修行路线。尽管有周敦颐、王阳明、曾国藩这些人，亦难挽中华文化整体上的颓势——至20世纪初，在国家生死存亡的关键时刻，儒家不能有效组织民众抗击西方的入侵，也不能为工业化提供足够的思想资源，终于演化成反儒反孔、“打倒孔家店”的历史洪流。真可谓儒家城门失火，殃及经学孔学——这个历史教训太深刻了，儒家必须汲取！

其实这种趋势从曾国藩时代已经开始，余英时敏锐地观察道：“19世纪中叶以来，传统的制度开始崩溃。比较敏感的人便不免把制度运作的失灵归咎于儒学，例如太平天国时代的汪士铎，其人为曾国藩、胡林翼所器重的谋士，而曾、胡都是所谓‘理学名臣’。但他在《悔翁日记》中便屡次痛斥儒学，不但骂程、朱理学，而且也鄙薄孔、孟。他是一个讲功利的人，思想上倾向法家，在学术思想史上，汪士铎自然占不到重要地位，然而他反儒学的激烈态度却是一个信号。更可注意的是他并没有接触到‘西学’，他是从传统内部来反儒学的人。”①

① 余英时：《现代儒学论》.上海人民出版社.1998年，第1版，第231页。

——我们反宋儒，要复兴内外兼修的心性儒学。

20世纪兴起的新儒家尽管有保存国故的雄心，但大体延续宋明儒学之弊，又披着西式大学学术的皮，儒家西方哲学化不可避免。近年来，由于中国大陆西化学者的加入，以西释中已经成为国学（儒学成为其代名词）研究的主流。

因为汉宋儒家还能固守四书、五经，现在连这些经典都被西方理论肢解了。目前有太多所谓的“新儒家”以复兴儒家的名义消灭中国文化——断我文脉，灭我道统！

更凶险的是，一部分大陆新儒家以“政治儒学”“儒家宪政”“混合中西”的名义搞三权分立，自由主义，全盘西化，什么公羊春秋、哈耶克，公民社会，全混在一起骗人——他们中有些人不仅大搞文化种族主义，反对一切西方的文化，还想“以儒代马”，以儒家取代社会主义国家指导思想——这方面，大家要长一双火眼金睛。

今天，在资讯极为发达的全球化时代，我们不仅要让国人知道东西方的相同点，还要国人知道二者不同的文化品格，这样才能不再受新儒家的学术欺骗——白马非（不等于）马，以中国文化为研究对象的西学（汉学）或西学化的国学不是国学！

——我们反西化儒家，非站在全球的角度，复兴内圣外王大道不可。

有朋友提出：“在儒教分子甚嚣尘上的今天，新法家决不能走通儒、融儒的道路，即便不在网站、微信上明确反儒，至少也不要或尽量少发正面肯定儒教、儒学的文章。儒法异途，儒法斗争是客观存在，这个是无法回避的。至少在现阶段新法家想包容儒家是不可能的。唯有挫其锐、灭其嚣张气焰而后才可能谈借鉴与融合。”

我完全理解朋友们的心情。我们没有必要对汉以来那些伪儒妥协，退让，但也要历史性地看待儒法斗争。西汉以前，道术未为天下裂时，儒法本来不分家，孔子兄事法家子产，荀子两位弟子韩非、李斯都是法家。西汉以后就不一样了，道术皆隐，伪儒大兴。

我们凭什么，不是凭暴力或权力，而是凭大道——大道集成百家、内养外用、内圣外王一以贯之。

所以在对待儒家的问题上，我们要仔细研究，果断行事。战略上要弄清楚反什么？用什么反？如何反？战术上要有立有破，多立少破，以立代破，这样才事半功倍。大树下野草长不起来——关键是我们要成长为参天古木，这样就不怕新儒家乱折腾了。

诸位同道，我们继承先辈遗志，改变一个族群和整个现代世界的文化品格极其困难，是精神长征——希望大家苦练内功，从我做起，扎扎实实地围绕新法家网站的宗旨，立言立行。我们不要主张一大堆冠冕堂皇、假大空的东西——那表面上挺热闹，吸取眼球，实际上不利于自己成长，让读者头脑混乱，害人害己！

最后我想说明的是，我们宣传大道不能高高在上，我们要帮助从无神论到宗教徒的所有人。即使是那些伪儒，也要从帮助他们的角度出发；道无所不在，须臾不可离，人家不接受我们，是因为我们的德行不够，不能怨天尤人。只有这样，我们才能不断进步，大道也会慢慢流行起来。

有志者事竟成，况有志且有道者——诸君努力！

（本文是2017年7月9日，笔者与同事的谈话内容纪要，公开发表时略有修改）

十三、中华道德体系的起源和时代发展

到国外旅行，我们会看到世界上两大文化截然有别：一种是地平线上高耸教堂尖顶或宣礼塔尖塔的文化，一种是地平线上没有耸立尖顶、尖塔的文化。前者是基督教世界和伊斯兰世界的一神教文化，后者是以中华文化为核心的大道智慧文化。前者围绕着神构建，后者围绕着人构建——前者是神本，后者是人本。所以《左传·桓公六年》说："夫民，神之主也。"而一神教文化反过来说："夫神，民之主也。"

我们从人类大历史的角度看，中华文化是地球上唯一超越神话、神本的文明体系！不是有些人描述的"野蛮"异教徒文化。

当代人类道德体系分为两大类型：一是以西方以《旧约》为基础的一神教道德体系（摩西十诫），二是中华世界以社会自然秩序（名位）为基础的道德。

东、西方早期道德伦理与礼俗紧密联系在一起，那时还没有形成独立的道德体系。神话、习俗、礼节约束人们生活的方方面面。

这个时期，宗教、神话信仰与道德伦理相分离。具体表现为神并不具备完美的道德，神同普通人一样，具有一切普通人所具有的道德缺点。比如希腊神话中的人物，常常缺乏基本道德，它们贪婪、好色、残酷……

两千多年前，西方一神教实现了宗教信仰与伦理道德的统一，这是文明的巨大进步。因为神是完美的、全能的，所以神吩咐的道德也是完美的，是道德的标杆。在一神教中，道德是通过对神的敬畏来维系的。

《旧约·出埃及记》的“摩西十诫”在一神教世界十分重要，内容兼具神性与世俗性，前四条讲神性，后六条讲世俗道德。后者与我们的伦理道德有相通之处，只是其道德基础是对上帝的信仰。它们是：

第五诫、当孝敬父母。

第六诫、不可杀人。

第七诫、不可奸淫。

第八诫、不可偷盗。

第九诫、不可作假见证陷害人。

第十诫、不可贪邻居的房屋，也不可贪邻居的妻子、仆婢、牛驴，和他一切所有的。

中国人的道德体系不是基于神，而是基于最基本的社会秩序，自然分层，是一种基于名位的道德体系。

名和位是中国古典逻辑学名学的基本概念。名位简单说就是一个人在不同社会环境中的不同社会角色，比如一位男士，在家中可以是妻子的丈夫，也可以是孩子的父亲或父亲的孩子。在社会中，他或处于上级（君位），或处于下级（臣位），根据环境不同而改变。

基于一个人的社会角色名位，每个人都要承担不同的责任和义务。这种责任和义务叫职分。完成职分对应的道德要求，就是仁、义、忠、信之类的德目。由名位而职分而德目，中华道德体系由是生焉！

1993年10月，在湖北省荆门市郭店村，郭店一号战国楚墓发掘出804枚竹简，被鉴定为国家一级文物。其中有《六德》系统论述了中华道德体系，主要内容是六（名）位、六职（分），六德（目）及其相互间的关系。

为使读者对中华道德体系一目了然，我们依据《六德》，列表如下：

六位	夫	妇	父	子	君	臣
六职	夫之率人	妇之从人	父之教人	子之受人	君之使人	臣之事人
六德	夫之智	妇之信	父之圣	子之仁	君之义	臣之忠

请注意，中华道德体系的主轴是职分。现代一些父母，只知爱孩子，却不知道要完成教育孩子（父之教人）的职分，不仅使孩子陷于溺爱，还导致诸多家庭、社会问题——这需要特别警惕。

汉代学者编辑大小戴《礼记》的时候，已经将中华道德体系细化了，当然其基础还是六位，即两两相对的三纲，包括上下、父子、夫妇。我曾辑出《礼记》中有利于现代社会伦理建设的部分，收入《礼之道：中华礼义之学的重建》一书，该书由中央编译出版社2014年出版，感兴趣的朋友可以参阅。

如果我们将社会生活（人生）比作道路，那么伦理道德就是交通常识。要在人生道路上行走，就不能不懂基本的交通常识，否则会出大事故，后悔莫及。一如“绿灯行、红灯停”，所有复杂社会的基本人伦（六位）不变，其相应的职分和德目也有连续性和持久性。

所以，过去一百多年来有人将中华传统道德称为“旧道德”，显然有失偏颇。伦理道德是文化的基础，不可能一夜之间建立起来。历史证明，如果一神教道德体系不能整体引入中国，而基于“自然科学”的道德体系不过是西化知识分子一厢情愿的幼稚幻想，那我们就不能抛弃基于社会自然分层——名位的中华道德体系。

在世俗化越来越明显的现代世界，中华道德体系可能发挥更大的作用——因为任何社会都有自然分层，都需要相应的社会秩序。在此意义上，中华道德体系更具有普世性，是通行于所有复杂社会的人间大道。

古人说“礼乐不可斯须去身”，是说伦理道德是人生道路的交通法规，时刻都要遵守。我们依道德行事，不是在做“好人好事”，而是为了使自己，也为他人的人生之路顺利平安，道德学问是一种真正的“为己”之学。

在以利害，而非对错判断一切的现代中国社会，我们亟需恢复道德之学，包括对名学（涉及名位概念）、心性之学的研究宣传。作为知识分子，不能将自己打扮成圣人的模样，到处大谈人心不古、仁义道德，连中华道德体系本身都搞不清楚——这样何以教人！

更有甚者，一些人将东汉、宋明极端化、绝对化的道德作为中华美德，到处宣传，这有害无益。现代社会不适合再讲“埋儿奉母”之类的孝道和“夫死不嫁”之类的贞洁——将埋孩子的图画画在学校墙上宣传孝道，实在有些过分！

还有搞传统教育的女士，大谈女德，说什么家庭出了问题，责任全在女性。我听了大为惊讶——难道男士就不会出问题了？

中华道德体系的演进是一个复杂的历史过程，要在了解其内在逻辑体系及演变进程的基础上，取其精华，去其糟粕，创立21世纪适合于全球化时代的道德体系、人伦规范——这才是正确的返本开新之道。

（2019年5月27日，“社会工作与传统文化培训班”在重庆市南岸区乐和书院举行，此次会议由重庆市南岸区民政局与北京地球村环境教育中心等机构联合举办。本文依据笔者在会上的讲演整理而成）

十四、建立道法文明的清静世界

今天，大家从全国各地聚集在一起，参加新法家网站第一次编辑例会，这对新法家来说具有重大历史意义。我们为什么要花很大精力来开这个会呢?

根本目的就是提高我们的编辑水平，以便更好地阐述和宣传人类最为高度发展的文明成就——内圣外王一以贯之的道统，这是中国文化的精髓和特色所在。

道统是中国文化的精髓。因为包括儒家、法家、兵家等在内的诸子百家，都是围绕内圣外王之道展开的，并在战国西汉时期集成为黄老之学。黄老思想成为西汉治国理念的中心，造就了辉煌的文景之治，也为中国文化过去两千年的发展打下了精神和物质基础。有两句话很流行，中国文化外儒内法、王霸杂之，这在某种程度上反映了黄老在中国文化中的根脉作用。

道统是中国文化的特色。不是说西方一神教文化无道，包括佛教在内的印度文化无道，特别是佛教，也探求无形之大道。但由于历史诸因缘，包括地理和气候条件的不同，在印度没有开出发达的外王系统来，阿育王在这方面做过努力，基本上是昙花一现；西方现代有发达的极具攻击性的外王系统，但又脱离大道，甚至在政治经济方面完全去道德化了，导致它内圣和外王的割裂越来越厉害。

我们不是这样，中国文化内圣外王是一个有机的整体。所以司马迁写《史记》，谈到韩非和申子这些法家人物，都说他们归本于黄老，换言之侧重于外王的法家也合乎大道。儒家主教化，但你看好多法家、兵家人物的老师都是大儒。为什么，就是重内圣的儒家也是合于道的。

进而言之，在中国文化中，内圣之道与外王之法是一个东西的两面，是一而二，二而一的。这就涉及我要谈的第一个问题：新法家的"法"究竟在讲什么？

1. 我们是谁——新法家的"法"是道法之法

过去十多年来，新法家给人的第一印象就是鼓吹法家。

不错，我们新法家花了很大力气为法家正名，但不要忘了，我们也在不断为名家、纵横家，甚至儒家正名。

为什么这样做？就是想把道、名、法一以贯之的道统呈现给这个世界。大道永远存在，却有显隐之别。自黄老在汉代沉沦后，以黄老为最高发展形态的道统一直呈现为隐的状态。20世纪到了不绝如缕的程度。然而天道循环，物极必反，现在也到了她复兴的时代。

所以说，新法家的法不单指法律、法令、法家之法，更是指道法之法——内养外用，形上形下，兼而有之——内业修行上，中国文化从日常人伦的人道之善起修，达及天道之德。事业功德上，中国文化的方方面面都植根大道，不离道义，归诸大道。

进而言之，在中国文化中，无论是抱法处势无为而治的政治理想，还是内静外敬清静无为的修身原则，从清静心到清静世界，都是天道的体现。

《管子·七法》中法包括一切形而下的范畴，道之用，万事万物几乎无所不包，甚至用心之道心术都包括在内。这七法分别是则、象、法、化、决塞、心术、计数。

所以真正的法家都是通才，比如商鞅，不仅是法家，还是兵家，也是纵横家和农家，从移风易俗的角度说，他也是儒家。“大道不器”，在汉以前道术未为天下裂的时代真是这样啊！现代不仅道术（法）分裂，连“术”本身也因西式大学教育高度专业化而碎片化了——在这样的时代，我们研究道法显得更为重要！

2. 我们的宗旨——建立道法文明的清静世界

“打破垄断资本的全球霸权，建立道法文明的清静世界”，这是新法家网站的宗旨，写在网站最显著位置。

这是我们的总纲领。

如果说现代社会最显著的特征是什么，就是资本的垄断统治。资本即使在漫长的农业社会也存在。不过在所有古代社会，资本都不像现代社会这样垄断一切，导致个人道德、社会公正、世界和平、生态系统被严重侵蚀。这近乎成为全世界所有有识之士的共识，并不是只有共产主义者才反对资本的垄断，梵蒂冈教皇同样反对它。

2012年历史学家许倬云先生出版的《现代文明的成坏》讲道：“在政治方面，无论是民主国家或集权国家，都发生了金钱和权力的结合，也就是金钱腐蚀了政权。民主制度本来有自我监督的功能，可以靠法律和选票来矫正贪污腐败的现象。但现在的病象似乎已深入膏肓，在舆论媒体也被金钱收买以后，民主政治选民的自觉性相对地减弱，使民主政治几乎失去了自我矫正的机制。集权国家当然也有同样的问题：权力集中在少数人的手里，不管是军人或是政团，可能更容易受金钱的引诱而受腐蚀。”[①]

早在两千多年前，先贤就注意到这类问题。《管子·七法》中有句话叫“货上流，则官徒毁”，讲商业腐蚀政权的危险；大家注意，我们反对资本垄断，不要走入非黑即白的二元对立思维，消灭资本，消灭商业，消灭商人，这同样不符合中国文化中道原则——在中国文化中，商人是国家的基础之一，与士农工并列。

只有打破垄断资本的全球霸权，才可能建立多维平衡的清静社会。《黄帝四经·道法篇》说：“应化之道，平衡而止。”否则资本独大，这样下去只会物欲横流、社会各类危机不断。

一个道法清静的世界，必然是统一的、必然是均平的、必然是可持续的。所以新法家要促进世界文化的统一、加强同世界不同地域文明的交流。

千里之行，始于足下。我们首要任务是让中华文化道统的火炬照亮中国，照亮世界。如果中国文化全盘西化了，人类道统的复兴之路将会更加漫长……

3. 我们凭什么——内圣外王一以贯之的道统

我们没有雄厚的资本，没有什么政治资源。我们凭什么为往圣守孤学，为世界筑大同呢？

答案是：人类道统。

必须强调，尽管道统存在最为高度发展的形态：黄老思想体系，但她本身却是世界性的，为何这样说？

基于以下三点：

---

① 许倬云：《许倬云说历史：现代文明的成坏》. 上海文化出版社. 2012年，第1版，第206页。

一是道统建基于天道，万物之自然的基础之上。《黄帝四经·道法篇》开篇就讲“道生法”。前面说了，这个法指形而下的一切，这个道指万物生生不息的“看不见的手”，政治经济、人伦道德、生活方式都应植根天道，而非违背天道。具体说吧，天之道损有余补不足，若一个社会不能按天道运行，一味讲自由市场、自由政治、自由主义，结果就会产生“马太效应”，损不足而补有余，使贫者愈贫，富者愈富，社会分裂乃至崩溃。

二是中国的道德体系也是普世性的，合乎宇宙自然秩序。西方道德源自《旧约》中的十诫，那是与上帝签订的不可违背的契约。中国的道德体系来自自然的社会分层，它将社会分为三个两两相对的层次，分别为夫妇、父子、君臣（上下），每个层次又有相应的职分和道德，这些道德是仁、义、忠、智、信、圣六德（后来演变为仁义礼智信诸德目）。郭店楚简《六德》的地位等于“中国十诫”，也是全人类的十诫。大家想想，哪个社会没有夫妇、父子和上下级关系啊——所以中国的道德体系是普世性的。

三是从起源上说，中国所在的东亚地区是持续数万年的文明沉积带，它从萨满文化一直持续发展到道统，欧亚古大陆的诸多文明成果凝结沉淀在了这里。李泽厚先生讲中国文化的巫史传统，就是讲这个问题，可惜他没有深入研究下去。

因为中国文化的普世性特点，所以中国文化的精髓内圣外王大道属于全人类。我们要向全世界宣布这一宇宙的最强音！

作为向全世界阐述、宣讲道统的唯一一家专业机构，新法家网站犹如一艘超越时空的文明巨舰，在21世纪的万丈朝霞中向人类驶来——愚昧者被她的巨大辉煌惊呆了，开始暗地里嘲笑她，并徒劳地阻止她前进；迷信者被迫低头祈祷，采用鸵鸟策略忽视她，让我们原谅这些人，因为真理的阳光会伤害他们久已适应灰暗的眼睛。只有智慧的勇士奔向未来地平线，张开双臂欢迎我们的到来！

见证新法家网站第一次编辑例会的同道们、朋友们，此时此刻，沐浴在时代和真理的阳光下，站在人类不可摧毁的文明之舟甲板上，让我们乘风破浪，勇往直前！

（2016年10月23日，新法家网站第一次编辑例会在中国农业科学院众创空间召开，本文是笔者所作的会议主旨发言）

十五、宋儒对《大学》的解释是颠倒本末

宋以后儒家受禅宗影响，错解《大学》，误人千载。

从《大学》文本内证。宋儒在解释“三纲”的时候，本末倒置，认为大学之道，从“明明德”开始，然后去治国，去亲民，最后达到最高“善”的境界。

这显然是不对的。在《大学》文本中，“在”这个词和“先”这个词，存在互换关系。请看《大学》文本中论述八目之文：

> “古之欲明明德于天下者，先治其国；欲治其国者，先齐其家。欲齐其家者，先修其身。欲修其身者，先正其心。欲正其心者，先诚其意。欲诚其意者，先致其知。致知在格物。”

上面文字中前面用“先”，最后是“致知在格物”。若按前面句式，最后一句可以写成“欲致其知者，先格物”。可见二字存在互换关系。虽然互换，表达的含义相同。

《大学》详细解释这“八目”的时候，常常不用“先”，而是用“在”。比如说，解释“欲修其身者，先正其心”时，就变成了“所谓修身在正其心者”。对此解释之后，最后结语又说“此谓修身在正

其心”。再比如，下文的“所谓齐其家在修其身者”，用的也是“在”。对此解释之后，最后的结论部分说“此谓身不修，不可以齐其家”，又转换为“不……不可以”了，就是说，后面的“修身”是“齐家”基础。“治国”部分更有意思，“所谓治国必先齐其家者”，用的是“必先”一词，特意强调了一下“先”。同理，后面的“齐家”是“治国”的基础。

搞清楚了“先”与“在”的转换关系，我们再来看“大学之道，在明明德，在亲民，在止于至善”。修习大学之道，你不可以不“明明德”；你要“明明德”，不可以不“亲民”；你要“亲民”，不可以不“止于至善”；即后一纲是前一纲次第基础。所以，修习次第就是先“止于至善”，再“亲民”，然后再“明明德”——由此看出宋儒对《大学》的解释是颠倒本末！

日本东北大学浅野裕一教授曾写过《〈大学〉篇之著作意图——“大学之道”再考》一文[①]，对《大学》文本作了细致的分析。他说：，

“如果将‘大学之道’理解为至高、最高的学问，那么，此为学问的完成状态之一。但是，在‘止于至善’之下，又有止、定、静、安、虑、得相续的次第阶梯，据此，“止于至善”又不过是出发点而已……”

其实，浅野裕一不主张将“大学之道”理解为至高、最高的学问。他在结论部分指出：

“《大学》反复论述和沿用由近、小至远、大逐渐扩大的思

① 浅野裕一：《〈大学〉篇之著作意图——“大学之道”再考》，收录在陈致主编：《简帛·经典·古史》，上海古籍出版社，2013年。

考模式，‘大学之道’当是‘扩大学问之道’，即从浅近的阶段，向高远的阶段不断扩大学问的阶梯、途径（逐级学习）之义。”

他又引述了《礼记·学记》来论证“大学之道”是“扩大学问之道”：

“一年视离经辨志，三年视敬业乐群，五年视博习亲师，七年视论学取友，谓之小成。九年知类通达，强立而不返，谓之大成。夫然后足以化民成俗，近者说服而远者怀之，此大学之道也。《记》曰：‘蛾子时术之’，其此之谓乎！”

几年来，我们在《大学》研究方面做了一些工作，写了多篇文章阐述《大学》。我们不是想要凸显先贤之误，标新立异，而是要世人把握中华文明的根本特点：从人道起修，由人道至天道——强调入世修行，而不是如印欧语文明那样强调出世修行。

如果按照朱熹禅宗化观点来解释，很容易把中华文化在“人道中起修”这一特点抹杀掉，变成了追求心地上的成功，乃至内圣外王的断裂。

地球上的文明体系，目前只存留下两个。这里的“存留”，不是指人种，而是指有独立的政治经济体系、社会文化体系等方面。这两个文明体系，一个是诞生于东亚的华夏文明体系，另外一个是最早诞生于南俄大草原的印欧文明体系。五千年来这两个体系是互动的，互相促进。印欧体系有几次大的扩张，包括公元前4000年开始，从起源地的扩张。还有1492年，哥伦布“发现”美洲，印欧体系更加急速扩张，一直持续到今天。

在印欧语族群的扩张过程中，佛教传播到中国，改变了中国文化的方方面面。不仅影响了普通百姓，也影响了精英阶层。正是佛教禅宗影响了精英阶层对《大学》等元典的理解。在印欧体系中，从印度的丛林到希腊的岛屿，都强调出世修行。美国汉学家安乐哲（Roger T.Ames）的《儒家角色伦理学：一套特色伦理学词汇》（山东人民出版社2017年出版）一书，谈到古希腊圣人、哲人观念的内涵，和我们中国的观念完全不同。他引用了安靖如（Steve Angle）论述：

> “古希腊的圣人概念往往与神性理念绑在一起，神性是个全善、尽美境界，在人世之外。只有神才具有真正智慧，而人只可以、应该去努力追求智慧（sophia）：这样做的人才是‘爱智’，称为‘哲学家’。由于这些个体人热爱和追求的东西是与有限之人的知识根本不同。希腊理论家基本都认为，有这种追求，须与日常生活相分离，他们主张应通过精神修炼，越发以一种吸引力量接近神性智慧，达到对他们生命的塑造。对很多哲人来说，最美好的生活（快乐的生活称为eudaimonia）便是冥思（theorie）。”

安乐哲还举了其他的例子，比如说，柏拉图就认为“禁欲是必须的”。在古希腊哲学中，有很多关于禁欲问题的讨论。他们认为禁情欲，才能够得到纯净的智慧。早期的西方哲学，离世修行的特点非常明显。在我们的时代，哲学在某种程度上成为一种抽象及理论的活动，脱离了日常生活。古希腊时期的哲学不是这样，西方哲学是如何演变为纯粹抽象和思辨的活动？这个问题，西方学界存在不同的观点。可以肯定的是，至晚的时间节点应在中世纪以后——以宗教的形式实现教化、维系伦理，西方哲学才有可能从现实中“脱离”出来。

佛教、印度教也强调离世修行，基督教的修行也有这样的特点。并不是说所有印欧语族宗教全部讲出世，事实上任何宗教都离不开现世。宗教，毕竟是人的宗教，肯定涉及对现实生活的指导，基督教有这方面的内容，伊斯兰教更为明显——伊斯兰教对于教徒间互相扶助的制度设计相当高明、人性化。

但从整体上说，在西方一神教信仰体系中，人-神之间是断裂的。这种断裂在两河文明时期就开始了。人不可以成神，在这种人-神关系影响下，基督教成为国教以后，基督教徒便有了普遍的厌世心理，人活着的目的是为了死后进入天堂。

16世纪，宗教改革和新教运动崛起，马丁·路德强调“因信称义”，只要信仰上帝，就可以得救。但新教运动并不是马丁路德完成的，加尔文的贡献十分重要。新教实质上把人的地位提高了，人可以在心灵上与上帝接近。对人类而言，这是一种觉醒。

加尔文发展了西方的“内圣外王”的结构，极大影响了现代西方历史进程。凡加尔文主义影响巨大的国家，都是强国！像美国、加拿大、德国、荷兰、英国等。为什么呢？我觉得这与精神基因有关。加尔文重新定义了善功，把现实生活神圣化了。加尔文支持马丁·路德“因信称义”的观点，只要信仰上帝，就可以得救。但是，你怎么知道自己是否得救？除了内在信仰之外，加尔文进一步提出“善功”的重要意义。加尔文所强调的“善功”不是教会腐化时期专门用来赎罪的“善功”，而是指日常工作和世俗劳作，你只需敬业地做好你的日常工作，坚持家庭美德，勤奋节俭，清洁简朴，这就是被上帝所拣选的外在确证。反之，你若好逸恶劳、腐化堕落，那么，就是被上帝抛弃的人。

某种程度上加尔文把西方内圣与外王的断裂重新链接起来。从中国文化的角度看，加尔文只是初步链接了内圣与外王，没有衍生出内圣外王完备的知识体系。但是，加尔文的工作非常了不起，影响深远——对一个国家的发展而言，那是强大的动力！

《大学》从人道起修，修齐治平一以贯之，是研究内圣外王的经典文献。我们绝不能学宋儒，以印欧语族群出世的宗教观念消解它！

我们不能只走遁世隐修的路线。当然，人的特点不同，有人适合遁世隐修。但对整个社会来说，需要正确理解《大学》所开示的内圣外王生命境界——近年来，我们顶着很大压力，着力研究《大学》，也是基于这样的目的。

（2018年5月26日下午，新法家网站第八次编辑例会上，付金才做了《〈大学〉说什么》的发言。这是翟玉忠先生的补充发言，由齐子通整理）

十六、连带责任原则是社会正义的法律支撑

久不写批判文章了，因为关心我的朋友多次劝说：君时间宝贵，与其破，不如立；与其批判别人，不如阐扬圣学！

深以为然。

惭愧的是，笔者达不到“八风吹不动”的境界。

近日读到于建嵘先生微博上的《连坐的新时代》一文，还是决定写点什么。因为他不像有些人那样，简单地将法家归为“魔鬼”，并胡说法家讲性恶论，是西方基督教性恶论的“中国版”；于建嵘先生则不同，他能摆出一些事实，大讲错误道理。

于建嵘是中国社会科学院农村发展研究所社会问题研究中心主任，中国社会科学院教授。

《连坐的新时代》一文，我也并非全盘反对。相反，我认为有些现象特别值得注意，包括对中国古典政治智慧的乱用。比如他开篇讲的那个例子：

“一位著名经济学家，退休后参加了某一合法的民间研究机构。最近，原单位以保持意识形态的纯洁性，要求他退出这一民间研究机构，否则，就不让原单位进入某项工程，原单位几百名工作人员的收入受到严重影响。这位老先生为了不影响原同事们的经济收入，被逼

无奈，只得退出。”

关于那位经济学家的事，作者语焉不详。但有关部门的做法确实有问题，假如那位经济学家犯了罪，依法判处就是；若违反了组织原则，依规处罚就是。最后有关部门却以“不让原单位进入某项工程”的方法逼迫他，这就是乱用连带责任原则了。

在这一事件中，原单位的几百名工作人员是不应当受连带责任的，倒是那个单位的相关领导，要接受处罚，因为这些领导没有尽到领导之责。

上下级间的连坐制度在中国产生极早。比如秦律就规定，每年对耕牛饲养情况进行考核时，成绩优秀的，赏赐田啬夫酒一壶，干肉十条，免除饲牛者一次更役，赏赐牛长资劳三十天；成绩低劣的，申斥田啬夫，罚饲牛者资劳两个月。(《睡虎地秦墓竹简·秦律十八种·厩苑律》原文：以四月、七月、十月、正月肤田牛。卒岁，以正月大课之，最，赐田啬夫壶酒束脯，为皂者除一更，赐牛长日三旬；殿者，谇田啬夫，罚冗皂者二月)

赏罚不仅涉及当事人，还涉及主事者、领导者——使整个社会形成一个充满活力的有机整体，这也是秦国强大的重要原因之一。

但在于建嵘先生眼里，一切都是中华法系连带责任原则的过错，基于此的连坐制度本身就是坏的。如同某君偶然看到一个烂苹果，他就断言天下的苹果都不可以吃——何其愚蠢！

紧接着，于建嵘先生引用了那位经济学家的话，开始大批中国文化了。他写道：“堂堂正正的国家级研究单位，全是一些顶级的教授或研究员，却使出了如此下流的连坐做法，还如此理直气壮，不知廉耻，这是什么时代啊？！ ”

连坐下流！行连坐不知廉耻！

于建嵘先生开始发挥他的学者特长，引经据典地抨击他心目中的

“连坐制度”，因为连坐制度早该“被扫进历史垃圾堆”。

他引用司马迁《史记·商君列传》，用以证明“恶政”连坐制度起源之早，“民为什伍，而相牧司连坐。不告奸者腰斩，告奸者与斩敌首者同赏，匿奸者与降敌者同罚”。

太史公行文，惜墨如金，所以从中我们不知道商鞅施行连坐的详细情况，比如在什么情况下“不告奸者腰斩”，司马迁没有说。通过上20世纪70年代出土的《睡虎地秦墓竹简》我们知道，连带责任的实施有严格条件，根本就不是无原则地乱杀无辜，充分体现“慎刑”原则。

《睡虎地秦墓竹简·法律答问》中就有好多条涉及连坐是否该施行。比如甲盗钱用以买丝，把丝寄存在乙处，乙收受了，如果乙不了解盗窃的事，它就不应论罪。(原文：甲盗钱以买丝，寄乙，乙受，弗知，乙论何也？毋论)

再比如，丈夫盗窃一千钱，在其妻处藏匿了三百，妻如知道丈夫盗窃而藏钱，应按盗窃三百论处；若不知道，就不追究。(《睡虎地秦墓竹简·法律答问》原文：夫盗千钱，妻所匿三百，何以论妻？妻知夫盗而匿之，当以三百论为盗；不知，为收)

于建嵘先生引用的第二段经典出自《韩非子·制分第五十五》，引文当是这样的(他原引文很乱)：“盖里相坐而已。禁尚有连于己者，理不得[不]相窥，唯恐不得免。有奸心者不令得忘，窥者多也。如此，则慎己而窥彼，发奸之密。告过者免罪受赏，失奸者必诛连刑。如此，则奸类发矣。奸不容细，私告任坐使然也。”

按于建嵘先生的理解，“这种将与犯罪分子有一定社会关系的人列为惩治对象的连坐制度，不符合现代文明。它作为基层社会的控制形式，让人人自危，户户自保，最终相互袒护。”

于先生不会不知道，这段引文是对韩非子下面一段设问的回答：

“是故夫至治之国，善以止奸为务。是何也？其法通乎人情，关乎治理也。然则去微奸之道奈何？其务令之相窥其情者也。则使相窥奈何？曰……”

建立在连带责任原则上的连坐制度是防止犯罪的重要手段，是实现社会公义、发扬社会公德的法律支撑，怎么会“人人自危，户户自保”？难道看别人犯罪、杀人，危害社会，一个正常、正直的人不能挺身而出，站出来揭发举报吗？

一些知识分子最怕的一个“公”字！从公有，到公正，再到公德，一切姓“公”的东西都让他们恐惧；他们要的是一个“私”字，从私欲到私有，都被他们在自由的旗帜下无条件地“圣化”了——在自由的名义下，这些人干了多少坏事啊！

行文到此，于建嵘先生终于要回归西方法系的伊甸园了，即消灭中华法系无所不在的连带责任原则，实现西方责任自负原则，“一人犯法一人当”。

就这样，通过以偏概全，断章取义“戏法”，于建嵘教授从“落后”的现实中国回到了“现代”的天国西方。

现实永远扎根于历史文化传统。所以抨击完中国传统文化，于教授还不忘“连坐”当代社会制度。他说：“我原来总将这些各种奇葩的连坐式规定，归结为基层干部素质不高等原因。现在看来，并不尽然。除了已经根植于国民精神之中的思想观念之外，某种统治结构的需要更应是主要原因。”

这是什么样的“统治结构”？作者语焉不详——心虚的人永远害怕说出真话！我想，在于建嵘先生的字典里，除了“极权、专制、封建”“不民主、不宪政、不自由”之外，也没有太多新花样了……

世人喜欢重复一句老话：一百多年前，是西方炮舰轰开了中国的大门，让中国人睁开眼睛看世界。

一百年后的今天，笔者真心希望一些西化学者能够睁开眼睛看中国！中国不是西方的倒影，不能什么都“西是中非”——遥望西方天空的同时，不要忘记自己脚下的土地和祖宗，中国的历史、文化和现实……

十七、中国古典政治理论法家究竟是什么

最近，一位编辑朋友寄来2008年5月10日秦晖在《中国的人心与文化》出版座谈会上的发言，题目是《中国的人心与法家、儒家》，我满怀兴趣地看了，看完后，怒不可遏。

一个识汉字的学者，有幸站在清华大学的讲堂上，怎么能这样信口雌黄！误导公众！良心何在！

冷静下来，决定写点东西。依法表达言论是一个社会健康发展的基础，本文欲让公众明白中国古典政治理论法家究竟是什么。

1.法家不主张性恶论

秦晖认为法家和西方都讲性恶论，但法家依性恶论设计制度是为了制约老百姓，防止百姓侵害皇权，而西方依性恶论设计制度是为了限制皇权，保障民权。

西方文化传统中有性恶论，中国当然就应该有，法家是也，这就是秦晖的逻辑！请问，秦晖先生，法家什么时候讲性恶论了，从《逸周书》到《韩非子》，中国古典政治不都是讲人皆趋利避害的人情论吗？西方有的东西，中国就要有，美国有密西西比河，中国就不准有

黄河——西方有奴隶社会，中国就要有奴隶社会，西方有性恶论，中国也要有性恶论，哪有这个道理！

在人情论的基础上，先贤建立了符合本土特点的政治法律体系。《韩非子》将因人趋利避害之性而行赏罚称为“二柄”，认为代表国家整体的首脑依法赏罚是正常政治秩序的保证，假如赏罚权力被人任意使用，会造成人治和社会秩序的混乱。

明君用来节制臣下的，不过是两种权柄罢了。两种权柄就是刑和德。什么叫刑、德？杀戮叫做刑，奖赏叫做德。做臣子的害怕刑罚而贪图奖赏，所以君主亲自掌握刑赏权力，群臣就会害怕他的威势而追求他的奖励。而现在的奸臣却不是这样。他们对所憎恶的人，能够从君主那里取得权力予以惩罚；对所喜爱的人，能够从君主那里取得权力予以奖赏。假如君主不让赏罚的威严和利益掌握在自己手里，而是听任他的臣下去施行赏罚，那么全国的人就都会害怕权臣而轻视君主，就都会归附权臣而背离君主了。这是君主失去刑赏大权的祸害。《韩非子·二柄第七》中说：“明主之所导制其臣者，二柄而已矣。二柄者，刑德也。何谓刑德？曰：杀戮之谓刑，庆赏之谓德。为人臣者畏诛罚而利庆赏，故人主自用其刑德，则群臣畏其威而归其利矣。故世之奸臣则不然，所恶，则能得之其主而罪之；所爱，则能得之其主而赏之。今人主非使赏罚之威利出于己也，听其臣而行其赏罚，则一国之人皆畏其臣而易其君，归其臣而去其君矣。此人主失刑德之患也。”

17世纪法国思想家伏尔泰对中国建立在人情论基础之上的法律制度高度赞美，因为中华法系不仅因人避害用以惩恶，还因人趋利而奖善，而西方国家的法律以及中国西化的法律体系直到今天还没有建立起完整的奖善制度。伏尔泰写道：

“在别的国家，法律用以治罪，而在中国，其作用更大，用以褒奖善行。若是出现一桩罕见的高尚行为，那便会有口皆碑，传及全省。官员必须奏报皇帝，皇帝便给应受褒奖者立牌挂匾。前些时候，一个名叫石桂（译音）的老实巴交的农民拾到旅行者遗失的一个装有金币的钱包，他来到这个旅行者的省份，把钱包交给了知府，不取任何报酬。对此类事知府都必须上报京师大理院，否则要受到革职处分；大理院又必须奏禀皇帝。于是这个农民被赐给五品官；因为朝廷为品德高尚的农民和在农业方面有成绩的人设有官职。”①

在同一书中，伏尔泰也和同时代的魁奈一样，抨击了孟德斯鸠《论法的精神》中关于中国社会是专制社会的论断，他认为孟氏只看到了表面现象，伏尔泰说：

“看到一些人跪拜，便认为他们是奴隶，而接受人们跪拜的那个人必定是1.5亿人生命财产的绝对主宰，他一人的旨意便是法律。可实际情况并非如此，而这正是我们将要讨论的。这里我们只须指出：在帝国最早时代，便允许人们在皇宫中一张长桌上写下他们认为朝政中应受谴责之事，这个规定在公元前2世纪汉文帝时已经实行。”②

法国重农主义学派代表人物魁奈将专制君主分为合法的专制君主和为所欲为（不合法）的专制君主，前者指执行法定绝对权力的统治者，后者指篡夺专制权力的统治者，执政不论好坏，其政府都不受基

① 伏尔泰：《风俗论》，商务印书馆，2006年，第251页。
② 同①，第249页。

本法则的保护。他认为："中国的制度系建立于明智和确定不移的法律之上。皇帝执行这些法律，而他自己也审慎地遵守这些法律。"[①]

2."弱民"不是"强迫所有人都作恶"

孟德斯鸠还能根据表面现象作出自己的判断，而甲午战争以后太多学者只能根据西方人贬低中国的观点作判断了，人云亦云似乎代表了学术上的"政治正确"。到了秦晖那里，法家政治不再是成就千年辉煌的伟大制度，却成了"强迫所有人都作恶"的制度。首先是皇权绝对专制，没有任何制约。

前面我们说过，中国的政治哲学基础是趋利避害的人情论，皇帝是国家权力的象征，政府首脑。他也是人，也趋利避害，当然希望将国家治理好。如果我们把权力比作筷子，筷子插进喉咙可以致死，为什么秦晖还用筷子吃饭呢？因为秦晖也是人（黄皮白瓤"香蕉人"），也要遵守趋利避害的人情论。

韩非子指出，只要依法行使公共权力，社会就会治理得好，如果等待尧舜那样的贤者圣人出现再去治理国家，千年也遇不到一个，而像桀纣那样随意破坏法制的人，也是千年遇不到一个，所以法治之国只需要中等水平的人就能治理好。韩非子反复强调中主抱法处势而治的政治思想：

放弃法术而凭主观办事，就是尧也不能治理好一个国家；不要规矩而胡乱猜测，就是奚仲也不能做好一个轮子；废弃尺寸而比较长短，就是王尔也不能做到半数符合标准。假如中等才能的君主遵循法术，笨拙的匠人掌握规矩尺寸，就会万无一失。做君主的能去掉贤

---

① 弗朗斯瓦·魁奈：《中华帝国的专制制度》.商务印书馆.1992年，第1版，第24页。

人、巧匠也办不成事情的做法，奉行中主、拙匠都万无一失的做法，人们就会竭尽全力，自己功成名就。(《韩非子·用人第二十七》上说："释法术而心治，尧不能正一国，去规矩而妄意度，奚仲不能成一轮；废尺寸而差短长，王尔（古巧匠名——笔者注）不能半中。使中主守法术，拙匠守规矩尺寸，则万不失矣。君人者能去贤巧之所不能，守中拙之所万不失，则人力尽而功名立。"

掌握法度、据有权势就可以天下太平，背离法度、丢掉权势就会天下混乱。假如废弃权势、背离法度，专等尧、舜出现才使国家太平，就会一千世混乱然后才有一世太平。掌握法度、据有权势，等待桀、纣出现才使国家混乱，就会一千世太平然后才有一世混乱。依此而论，太平一千世才有一世混乱，与混乱一千世才有一世太平相比，就像骑着千里马背道而驰，相去是非常远的。《韩非子·难势第四十》上说："抱法处势则治，背法去势则乱。今废势背法而待尧舜，尧舜至乃治，是千世乱而一治也。抱法处势而待桀纣，桀纣至乃乱，是千世治而一乱也。且夫治千而乱一，与治一而乱千也，是犹乘骥、駬而分驰也，相去亦远矣。"

不是说建立在人情论基础上的中国古典政治制度完美无缺。秦国、西汉长期都是法治社会，还是出了秦二世、汉元帝这样"将筷子插进喉咙"的首脑。秦二世更改了秦律，在督责之术指导下使秦法成了暴法；汉元帝将儒家人治引入，结果真如他父亲汉宣帝所预言的那样汉家逐步败亡。

笔者认为，西方民主制度给我们的最大启迪就是，在取消落后的政治世袭制的同时，制度上实现了对国家首脑的有效制衡，很难想象美国总统会像秦二世、汉元帝那样随意更改国家的宪法；但西方现代民主制度也有不足，就是他们的权力制衡是建立在一个阶层之内，而不像中国古典政治一样建立在社会不同阶层的平衡之上。这应与东西方的思维方式有关，中医和中国古典政治经济学都主张动态平衡，在先贤人心目中，一个阶层垄断政权，无论是“民主”和“君主”，都是危险的。

一位华盛顿的政客曾私下对我的朋友说，总统年年换，我们这些人却是铁打的营盘——资本垄断政治权力，这是现代西方资本主义的痼疾，我们不能照抄！

为了实现不同阶层的平衡，法家提出“弱民”主张。秦晖在这个问题上简直是“学术愤青”。他甚至解释说：“所谓善治国者，必强国弱民，要使老百姓变得非常糟糕，这种状态才是很好的东西。如果你是坏人，那么你帮皇上为虎作伥，欺负老百姓，法家当然觉得好。如果你是好人，不帮皇上这样欺压老百姓，也不行。”我们怀疑，秦晖是否读过法家“弱民”的相关论述，否则秦晖不应这样胡说八道。

“弱民”是使社会所有阶层都依法行事，防止一个阶层垄断国家政权（公元前81年西汉盐铁会议上桑弘羊所谓“绝兼并”是也），真正实现“用必加于功，赏必尽其劳”的社会功勋制，按社会贡献的大小分配资源。法家经典《商君书》对这个问题论述甚详：

人民不敢抗拒法律，国家就强，人民敢于触犯法律，国家力量就弱，所以治理得法的国家一定使人民不敢抗拒法令。人民质朴，就不敢触犯法律；民众放纵就敢于恣意妄为。不敢触犯法律就会守法。人民守法，就听从役使；任意而行就不受控制。《商君书·弱民第二十》上说：“民弱国强，国强民弱。故有道之国务在弱民。朴则强，淫则弱。弱则轨，淫则越志。弱则有用，越志则强。”

《商君书》还认为，农民、商人、官吏各个阶层要为整个社会服务，而不是寄生于社会或绑架整个社会。正是古典政治百姓均平的思想，使中国长期以来没有像现代西方国家一样陷入政治上的军国主义和经济上的殖民主义，军事工业集团和商业金融力量在中国历史上几乎没有垄断过国家政权。

农民、商人、官吏，这三种人是国家有经常职业的人。农民开垦土地，商人贩卖货物，官吏治理人民……农民有了太多剩余的粮食，于是成年安逸享乐。商人获致了太大的利润，贩卖华丽、好玩的物品，不利于日用必需物品的生产。官吏虽然设置了，而不肯为国家出力，思想行为成为国家和人民的病害。《商君书·弱民第二十》上说："农、商、官三者国之常食官也。农辟地，商致物，官法民……农有余食，则薄燕于岁；商有淫利有美好，伤器；官设而不用，志行为卒。"

《商君书》认为只有依法行政，赏罚分明，使人民与国家同心同德，才能实现国家的真正强大。这里不再赘述

3. 萧何是"好人"还是"坏人"

萧何自晦，是秦晖举的法家弱民"逼良为娼"的典型案例。事情发生在西汉初年，大汉政权尚不稳固，百废待兴。萧何自晦事是明哲保身之举，其自晦的手段，其"恶"是用低价、赊借等手段买百姓的田，在当时的阶层制衡体制下，政治纠错能力比纠正美国总统误导公众军事打击伊拉克并不慢。

丞相干了坏事，百姓告发；皇帝决策，官员纠正；丞相职责一方面对皇帝负责，另一方面治理百官。其中国家首脑、官员（包括卫尉和相国）、百姓间的制衡关系演绎得淋漓尽致——真实的历史远远不是秦晖所描述的情况。为正视听，我们不防引述《史记·萧相国世家》中的记载：

汉十二年（前195年）秋天，黥布反叛，高祖亲自率军征讨，期间多次派人来询问萧相国在做什么。萧相国因为皇上在军中，就在后

方安抚勉励百姓，把自己的家财全都捐助军队，和讨伐陈豨时一样。有一个门客劝告萧相国说：“您灭族的日子不远了。您位居相国，功劳数第一，还能够再加功吗？您当初进入关中就深得民心，至今十多年了，民众都亲附您，您还那么勤勉地做事，与百姓关系和谐，受到爱戴。皇上之所以屡次询问您的情况，是害怕您震撼关中。如今何不多买田地，采取低价、赊借等手段来败坏自己的声誉？这样，皇上的心才会安定。”于是萧相国听从了他的计谋，高祖才非常高兴。高祖征罢黥布军队回来，民众拦路上书，说相国低价强买百姓田地房屋数量极多。高祖回到京城，相国进见。高祖笑着说：“你这个相国竟是这样‘利民’！”高祖把民众的上书都交给相国，说：“你自己向百姓们谢罪吧。”相国趁这个机会为民众请求说：“长安一带土地狭窄，上林苑中有很多空地，已经废弃荒芜，希望让百姓们进去耕种打粮，留下禾秆作为禽兽的饲料。”高祖大怒说：“相国你大量地接受了商人的财物，然后就为他们请求占用我的上林苑！”于是就把相国交给廷尉，拘禁了他。几天以后，一个姓王的卫尉侍奉高祖时，上前问道：“相国犯了什么弥天大罪，陛下把他拘禁？”高祖说：“我听说李斯辅佐秦始皇时，有了成绩归于主上，出了差错自己承担。如今相国大量地收受奸商钱财而为他们请求占用我的苑林，以此向民众讨好，所以把他铐起来治罪。”王卫尉说：“在自己职责范围内，如果有利于百姓而为他们请求，这确是宰相分内的事，陛下怎么怀疑相国收受商人钱财呢？况且陛下抗拒楚军数年，陈豨、黥布反叛时，又亲自带兵前往平叛，当时相国留守关中，他只动一动脚，那么函谷关以西的地盘就不归陛下所有了。相国不趁着这个时机为己谋利，现在却贪图商人的钱财吗？再说秦始皇正因为听不到自己的过错而失去天下，李斯分担过错，又哪里值得效法呢？陛下为何怀疑宰相到如此浅薄的地步？”高祖听后不太高兴。当天，就派人持节释放了相国。

话说回来，假如法家真是“强迫所有人都作恶”的制度，那上承秦制的西汉可能没有谁比萧何干的坏事更多。秦晖可能是这样想的，但数千年来，上至皇族下至普通百姓都对萧何充满敬仰，千年祭奠不衰。明朝中期湖南官吏刘威曾写下《谒萧何墓》一诗：“半世悠悠刀笔场，偶持文墨事高皇。入关独解收秦籍，略地先能绝楚粮。指示功勋高一代，定来法律胜三章。临终更笃曹参代，万古忠心日月光。”

我们不能忘记那些为中华文明做出杰出贡献的伟大政治家、思想家们，他们已经融入我们的文化血液之中。在此，让我们穿越悠悠千载红尘，遥祭依秦律制定汉律的萧何，是他奠定了强汉的国魂——将中华法系和中华文明推向了历史的峰巅！

读罢秦晖的文章，到处都是千年历史积累的谎言和迷信西方产生的无知。事实上在汉以前，秦汉法家制度为世人所称赞，今天我们读《战国策》《荀子》《韩非子》等典籍还能清楚看到这一点。当时的政治观察家普遍认为是法家实现了社会大治，路不拾遗，而不是如秦晖所说“强迫所有人作恶”。汉代儒家为了垄断学术才刻意攻击法家及其他诸子百家，秦晖只不过拾人牙慧而已！

秦晖这类人在讨论中国哲学、政治、经济、文化时大体用原始（朴素）、专制、落后、愚昧来概括，反之，谈西方时则眉飞色舞，全变成了现代（有时用“后现代”）、民主、自由之类。不要再让这种充满偏见的、非理性的态度污染学林了！

十八、驳萨姆·克兰：我们没为民族主义歪曲中国历史和哲学

2005年，新法家网站刚刚开通的时候，有学者善意地指出：法家被骂了两千年，有沉重的历史包袱，不好去掉，要准备好挨骂；四年过去了，国内该骂我们的差不多都骂了，这下该国际了。

最近，美国友人寄来马萨诸塞州威廉斯姆学院（Williams College）教授Sam Crane（萨姆·克兰）的文章，题目为《新法家：为了民族主义歪曲中国历史和哲学》（*The New Legalists: Distorting Chinese History and Chinese Philosophy for Nationalist Ends*），笔者读后如鲠在喉，不吐不快。

萨姆·克兰教授不仅是一位汉学家，还是一位伟大的父亲。他著有《艾丹之路》（Aidan's Way: The Story of a Boy's Life and a Father's Journey；2004年东方出版社引入该书的中文版），任何读过该书的人都会为之动容。萨姆·克兰用伟大的父爱和道家的智慧养育自己的孩子——集聋、哑、盲、傻于一身的艾丹——那是人道的胜利、父爱的成就、生命的凯歌！

一位具有博大爱心的人并不意味着拥有无偏见的理智。在其对新法家的评论中，充满着根深蒂固的偏见。这些偏见一部分是史上儒家

对法家的歪曲产生的，还有一部分源自过去百年来西方学者对中国及其他非西方世界的偏见。

作者首先给新法家戴上了一顶西方学术的大帽子“民族主义”。文章开篇写道：

> “看来它是由具有相当寻常的民族主义、反全球化和反西化思想的人办的，他们不仅探寻批判的新基础，也探索建立中国全球新形象的独特非西方文化基础。我说这是寻常的，因为它有20世纪90年代‘说不’的民族主义特色。的确，它内含的文化焦虑可以追溯到19世纪，担心西方知识与中国‘义理’间的平衡，古老的体用之别。”
>
> “它新，是因为他们不是诉诸儒家思想作为新的、独特的中国文化基础，这些人诉诸法家思想。”

新法家的宗旨清清楚楚地写在其主页上：“打破垄断资本的全球霸权，建立道法文明的清静世界”。她不是要建立一个以法家为意识形态的中国，更不要强大后的中国去侵略别国。中国古典外交理论讲“大国下流”——越强大的国家越当守雌、行谦下无为之道。萨姆·克兰教授认为新法家拉上道家同样是为民族主义服务，他是否知道，道家和法家如同一个硬币的两面。所以司马迁说韩非子、申不害这些法家人物归本于黄老。

民族主义对传统中国人来说十分陌生。中国不像四分五裂中的欧洲国家那样持续受到外部侵略的压力，她们习惯于以整个天下为政治考量的起点。这种大战略西方人难以理解，西方人老是国家利益、国家利益，打着“国家利益”的旗帜为一切恶行辩护。所以萨姆·克兰说：“盗用民族主义是最危险的，因为他们能将战争和杀戮合法化，这是民族主义者要做的，无论他们是美国人、中国人或塞尔维亚人……”这句话完全适用于西方，却完全不适用于新法家和中国古典外交理论。

中国古典外交理论以“义”为中心，而不是以“利”为中心。西方宗教中有类似“义”的概念，不过他们还不能将之延伸到国际关系领域。对于什么时候打仗，他们就有一条准则：鼠目寸光的国家利益！

还有，萨姆·克兰可能想破脑袋也不明白，数千年来，为何中国对外贸易老做赔本买卖。而英国和美国却杀人如草、掠夺全世界的人力和物力资源——西方经济学永远解释不清楚这种国际贸易，稍微懂一点国际事务的人都知道，即使西方国家所谓的国际援助也常是自欺欺人。

够了，萨姆·克兰先生，收回您的“民族主义”大帽子吧！放回西方去！

新法家的确说了“不”，她对西方学术的迷信说不，她向失去独立学术人格的中国知识分子说不，她向这个将更多的资源用于战争杀戮而不是福利的世界体系说不……

新法家的确要“反”，她要反对资本对环境和资源肆无忌惮的掠夺，她要反对西方国家对话语权的垄断，她要反对中国知识界对本土文明野蛮的挥刀自宫……

新法家的目的就是建立百年学术老店！让全世界看到一个崭新的东方文明形态——那里不再鼓励贪欲，而是倡导清静；世界不再画地为牢，人们可以随遇而安地移民；给资本加上锁链，让人类重获自由……

对于“焚书坑儒”这类老调重弹、“秦本质上消灭了墨家”这类苍白论断，笔者不想多说。至于“秦朝的短命最好说明了法家的本质残暴”这句千年谎言，我们倒是要问这位西方汉学家：秦国六世行法家而强盛，怎么是短命？西汉文景之治后面是什么，就是与法家紧密相关的黄老道家思想，西汉怎么是短命呢？

我看今天美国实行单边主义才会短命，《老子》上说“上善若水”“强梁者不得其死”，美国人真要学学大道了。当他们在国际上大书特书、念念有词“自由、民主、人权”时——这些东西成了路人皆知、只有少数中国知识分子相信的“口头禅”！新法家却要将这些概念变成现实。

萨姆·克兰先生还说法家摧毁了美和艺术，并以其亲眼所见的文物为例；我也去过陕西省博物馆，是的，秦代的青铜器不如西周的华美，但是萨姆·克兰先生知道吗，就是在那些不华美的青铜器后面，有着先进的现代化管理理念。从“物勒主名”到“物勒工名”，那是怎样伟大的工业管理革命啊！

——大秦帝国在那个时代就实现了美国当代汽车工业的标准化，这超出想象！

是的，秦代的青铜器不如西方的华美，但萨姆·克兰先生能感觉到都江堰、秦直道、秦俑军团和万里长城的惊心动魄吗——这才是大秦永恒的丰碑，它们矗立于人类文明史的峰巅！

今天这么多中国人在学习西周的华美，钱都用来盖大楼、捧歌星了。萨姆·克兰先生，您认为中国进步了吧！您满意了吧！可您知道吗，美国导弹正在向中国步步逼进，每个核弹头上面都用人血写着“和平”二字！

说到这里，您对新法家《关于我们》中下面这段话茫然了：

“中华文明是人类历史上唯一一个不是靠枪炮征服和殖民扩张，而是靠不同种族自由通婚和自由迁徙，靠血与土地的统一发展壮大的族群。她曾经强大过，但她从来就不是一个帝国，而是一个文明有机体。直到今天，中华文明产生的核心区域陕西仍与中国版图东南西北四方的距离大致相等，那是中化文明自然发展的有力证明！”

您说这是纯粹的胡说八道（This is unadulterated rubbish）。并以汉朝和明朝为例说明中国侵略过别人。萨姆·克兰先生，您知道当时中国是靠什么维持和平吗？当时不仅要送商品，还要送女人，这叫“和亲政策”。如果中国不进行战略反击，匈奴还不是像今天的美国这样对中国进行层层战略包围。

萨姆·克兰先生，最后笔者想说的是：在这个星球上，除了西方学术体系，还存在一种文明，将您那种对孩子至爱延伸到了政治经济体系中，那是以道家哲学为基础的政治经济学，您心中最残暴的学说——法家；我梦想，当您真正理解了法家的时候，您将在自己的家门之外，找到那种无边的大爱！

但愿如此！

附　萨姆·克兰原文

The New Legalists: Distorting Chinese History and Chinese Philosophy for Nationalist Ends

I have stumbled upon a website, The New Legalist, (Chinese version here: http://www.xinfajia.net/index.page, with much more stuff) and am dismayed at the distortions I find there.

It seems to be the product of people with a fairly unremarkable nationalist, anti-globalization, anti-Westernization mindset. They are searching not only for a new basis for critique but also for a distinct non-Western cultural foundation upon which to build a new global presence for China. I say this is unremarkable because it has traces of the Say No nationalists of the 1990s. Indeed, its underlying cultural anxiety traces back to the 19th century and the worries then about the balance between Western knowledge and Chinese "essence", the old ti/yong distinction.

It is novel, however, in that, instead of the usual reach for Confucianism as the new and distinctively Chinese cultural foundation, these guys go for the Legalism.

Let me say right up front that I absolutely believe that ancient Chinese thought can provide novel and important insights to modern life. It is something I think and write about almost every day. China today, of course, is vastly different from ancient China; indeed, contemporary China is more similar to contemporary America than it is to ancient China. The past really is a different country, one that is very far away. Yet even in our fraught modern times, ancient thought is useful and interesting. Americans, as well as contemporary Chinese, can learn much about themselves and their world from the ancient texts.

When nationalism enters the picture, however, when the past is put to work to legitimize the political interests of contemporary ruling groups and states, serious problems arise. Perhaps we are always doomed to misinterpret or misuse the past, but nationalist appropriations are almost always the most dangerous, because they can be invoked to rationalize war and killing; that is what nationalists tend to do, whether American or Chinese or Serbian or whatever...

The New Legalists are nationalists who have seized upon and distorted the most brutish features of "Chinese culture" : Legalism. It is true, of course, that Legalist thought has long been a central element of Chinese statecraft. It is the intellectual apparatus that defined the centralized bureaucratic state that proved so resilient over the long stretch of history. But we must always keep in mind the human cost of the consolidation and reproduction of that state. Quite simply, Legalist rulers were quite willing to kill untold numbers of Chinese people to maintain and continue their autocratic hold on power. They also oversaw the destruction of significant amounts of Chinese culture in their obsessions to hold on to power. Just ask the Mohists (which we cannot because the Qin essentially wiped them out as an intellectual force). What might China have been if the Mohists had survived and thrived?

The fundamental inhumanity of Legalism is best illustrated by the brevity of the Qin dynasty, which lasted only about 15 years, a fleeting moment in Chinese history. The extreme brutality of Legalist rule, in its purest Qin form, was unsustainable. It was only after the Han dynasty emerged and backed off Qin's totalitarianism (though keeping a good dose of Legalist statecraft) that the centralized bureaucratic state could find its bearings.

As to the aesthetic destructiveness of the Legalist Qin one of the best demonstrations is to be found in the Shanxi Provincial History Museum in Xian. When I was there a couple of years ago I was amazed at the extraordinary Zhou bronzes. Beautiful, detailed work; supreme craftsmanship. But when I reached the end of the long case of Zhou artwork, I turned to look for the next part of the permanent exhibit and there, across the hall, was a display of flat, crude pots and cups huddled up against an array of weaponry. It was Qin, the time when all art was turned to the megalomaniacal purposes of the power-crazed ruler, when all craftsmen were forced to build a fantasy underground army to protect Qin in the next life. Thousands upon thousands of people were sacrificed to the ersatz glory of the ruler. Beauty was trampled under power. And the people soon rose up and overthrew him.

That is the history that the New Legalists want us to embrace; but that is not quite how they tell it. Here is there take on Qin's extermination of intellectual life:

> "The First Emperor of Qin is said to have burned Confucian books and buried alive Confucian scholars (It's not true according to famous Chinese history book Shih-chi by Ssu-ma Ch'ien)."

Perhaps they mean to suggest that only the burying of scholars alive did not happen. But careful scholarship tells us that (see Baumler comment here), while the actual burying of scholars alive is in doubt, the fact of extensive persecution of intellectuals and destruction of texts is certain. We can quibble over whether the corpses of the scholars were cold or not but we cannot deny Qin's assault on Chinese culture. The New Legalists are trying to prettify an ugly history.

Here's another example:

> "Throughout human history, the Chinese civilization is the only one which has not flourished by force of gunboat conquest and colonial expansion but through free interracial marriages and free migration, i.e., through the unity of blood and land. It has

been powerful at times, but never an empire—it has been a highly-civilized organic social body. A convincing evidence of the natural development of the Chinese civilization is the fact that so far the distances between Shaanxi, the location of its origin, and China's current borders in all directions are roughly equal."

This is unadulterated rubbish. Of course, the centralized Chinese state conquered and expanded by means of military force. The Han did it; the Ming did it; the Qing (who I guess, since they were Manchu and not Chinese, don't count for the New Legalists) did it. "Free interracial marriages and free migration." Yeah, sure. Ask the Uighurs or the Tibetans. All one big happy Chinese family. And, additionally, the notion that "Chinese civilization" sprung up, fully formed, in Shaanxi, and then expanded outward, is fiction. Someone needs to tell these guys to read what the archeologist's and historians have to say about the ancient Chinese interaction sphere.

I do not mean to suggest that Chinese civilization is somehow bad or different than others. Quite to the contrary, I would argue that Chinese civilization, while it has its own unique features and inventions, was similar to other large-scale political formations in its use of both military force and cultural hegemony to secure compliance to the state within a given territory. There is no need to white-wash that reality.

But that is what the New Legalists are doing. It is rather strange, really. They take the most brutal element of China's vast intellectual legacy and try to gussy it up. They are obviously drawn to Legalism's political realism, but they want to divert our attention away from precisely that same thing.

There are certain philosohical distortions as well. The use of Legalism, which is staunchly anti-traditionalist, as the foundation for neo-traditionalist state legitimation strikes me as contradictory. And then the enlistment of Taoism, and especially the Tao Te Ching, in this same project. Wow. That opens them up to all sorts of trouble: making Taoism serve nationalist ends. But it's getting late - maybe I'll expand on those ideas tomorrow....

February 27, 2008

十九、人工智能时代是大道智慧流行的时代

很荣幸来到美丽苏州。平静如画的金鸡湖，高耸云宵的东方之门，让人流连忘返。

“果然睛点”，“一个基于人工智能时代所对应的、内养外用的大道智慧学习社群”，诸位洞悉人工智能催生德行智慧，人工智能时代是一个大道智慧流行的时代，很了不起!

今天，我们面临一万年前农业革命以来生产力的历史性巨变——可谓“万年未有之大变局”。

四五千年前农业时代的畜力能源革命、两百多年前工业时代的化石能源革命，将人类从繁重的体力劳动中解放出来。而21世纪人工智能革命，将人类从复杂的脑力劳动中解放出来，知识的创造、储存和传承模式发生了根本性改变。

从采集时代的萨满到20世纪的大学教授，知识一直被少数人垄断着。人工智能打破了这种垄断，知识冲破大学围墙，成为免费的公共产品。随着知识的无限丰富以及知识获取的充分自由，身处信息大爆炸时代的我们，知识的选择、创造、应用变得最为重要——这必然引发智慧之学取代理性知识，成为学习的主体。

智慧之学的目标不是成为专家博士、不是庸俗的成功学，而是要

在人生中战胜一切困难、烦恼，达到通达无碍的安乐境界——这是超越穷达、贫富、生死的！所以孔子说："君子之学，非为通也，为穷（困窘）而不困、忧（忧患）而意不衰（恐惧、慌乱）也，知祸福终始而心不惑也。"（《荀子·宥坐篇》）

人工智能改变了生产者与生产资料的关系。过去一万年来，人类一直深入生产过程。狩猎采集时代的人们从自然界直接获取生活资料。从农业时代开始，通过选种和灌溉等技术革新，人类开始干预植物的自然生长过程。工业时代，人对生产过程的干预越发深入，新能源得到开发，新技术层出不穷，产业链越来越长，今天飞机等复杂产品的产业链已覆盖全球。

人工智能改变了上述趋势。随着大量无人工厂、智慧工厂的产生，人类开始远离生产过程，社会经济、就业结构发生根本性改变，影响现实中的每一个人——不仅影响传统的体力劳动者，亦影响脑力劳动者。

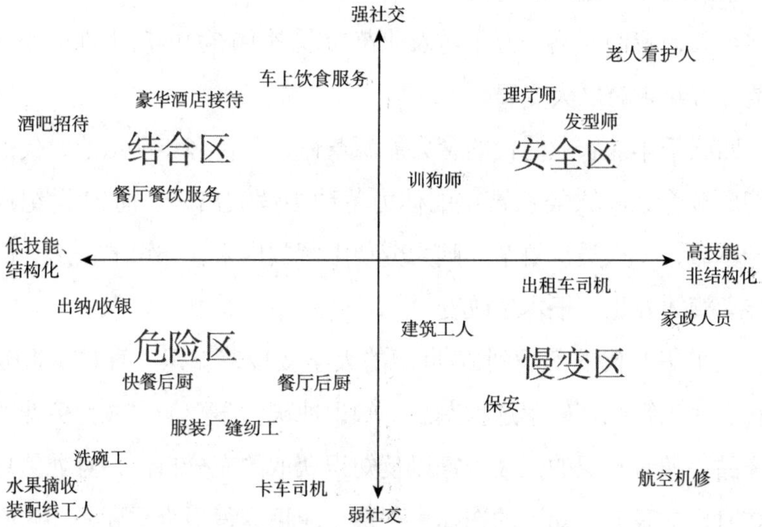

就业风险评估图——体力劳动

（来源：李开复：《AI·未来》，浙江人民出版社2018年出版，第182页）

人工智能在多大程度上取代人类工作，专家对此有十分不同的观点。不过有一点是肯定的：人工智能会对不同职业造成巨大冲击，那些强社交领域将有更多工作机会。请看李开复博士提供的人工智能时代就业风险评估图，明确显示社交能力在人工智能时代的重要价值。要求更强社交能力的职业处在“安全区”内，不大可能失业。而处于“危险区”的职业会在不久的将来消失。

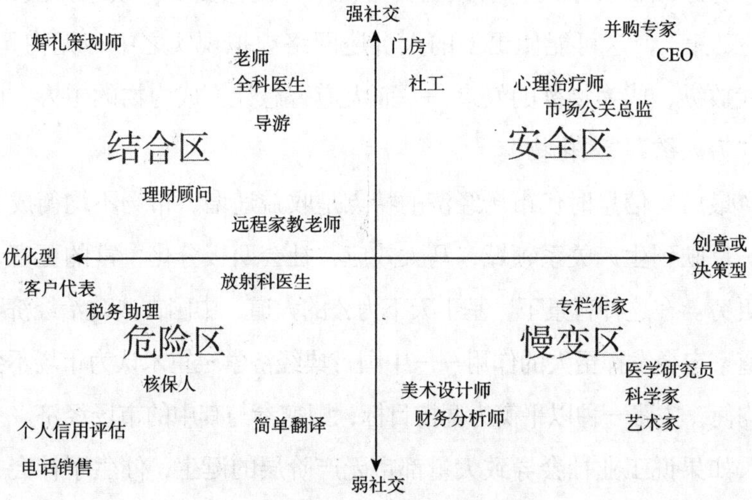

就业风险评估图——脑力劳动

（来源：李开复：《AI·未来》，浙江人民出版社2018年出版，第182页）

人工智能与人类最大的不同是前者没有自我意识和情感，后者拥有自我意识和情感。2017年5月，阿尔法狗3比0完胜柯杰时，柯杰哭了，但阿法狗并没有胜利的喜悦——心理学的研究表明，情感是人类复杂决策所必须的。机器可以有强大的理性决策能力，却没有基于情感的德行智慧，后者可能成为未来人与机器共存的基础。

郭店楚简《性自命出》说：“道始于情，情生于性。”人工智能的短板——社交技能的培养来自人世间的自然秩序，人伦道德情感，

“德成智出”，这使得世俗化的中国大道智慧在人工智能时代变得尤其重要。

同时，人工智能取代人类脑力和体力劳动，人们将有更多闲暇时间干自己喜欢的事。生产过程的原始化导致社会的原始化，其特点类似人类学家所谓的“原初丰裕社会”。当时人们用极少的时间工作，主要时间用于交流和娱乐。

与原始社会不同，虚拟现实等技术将提供更多的娱乐方式，“五色令人盲”，这可能使更多的人沉迷网络虚拟现实之中，无拘无束，自我放纵，成为物欲的奴隶——而大道智慧让人成为物的主人，而不是“穷人欲”“人化物”。

最后，信息时代市场经济的特点是收益递增，市场不均衡成为常态。反映到生产关系领域，马太效应，社会两极分化，富的更富，穷的更穷。在这种背景下，基于天下为公的大道，中国古典政治经济学黄老道家定会发挥更大的作用——中国古典经济学轻重术认为市场不会自动均衡，主张一种以平衡为调控目标，国家参与其中的市场经济。

如果说工业社会导致大量都市无产阶层的诞生，催生了社会主义学说。那么21世纪人工智能会导致大量“无用阶级”的诞生，如尤瓦尔·赫拉利《未来简史》所言：这一群人没有任何经济、政治或艺术价值，对社会的繁荣、力量和荣耀也没有任何贡献。

在这种情况下，中国古典政治经济学“百姓均平”“不患寡而患不均”“富之教之”的思想，会成为阻止无用阶级出现的关键力量。

总之，中国文化中蕴含的大道智慧内外不二，道术不二，政教不二，强调“民为神主”“道在帝先”“敬鬼神而远之”“万物并育而不相害，道并行而不相悖”，中国文化作为人类文明中唯一超越排他性宗教信仰的智慧之学体系，在未来不可避免的全球化、智能化、世俗化时代，将为人类做出重大贡献。

在此意义上，“果然睛点”文化社群平台的开通是一件大事。它将为人工智能时代提供“社会软件系统”——大道智慧。

如同任何新生事物一样，大道智慧时代的成长总会充满曲折。但没有人能阻止人工智能时代的来临，没有人能阻止大道智慧时代的来临。

作为智人的我们，将因大道智慧变得名实相副——智慧之人！

让我们站在时代的潮头，为造就人工智能时代的智慧之人，而努力奋斗！

（2019年12月1日，“‘果然睛点’2019智库风暴暨股东筹备会议”在美丽的苏州金鸡湖畔，悦禧丽庭酒店举行。本文是笔者在会上的讲演）

二十、轩辕学宫发起书

环顾当今世界，面对炫目科技发明背后的精神堕落，面对发达物质文明背后的普遍贫困，可以用一句话概括文艺复兴以来人类文明的本质：

对内摧残人类清静之本性，对外破坏自然社会之和谐。

穿越漫长的世界历史，我们发现：人类从来没有如近代一样频繁地发动战争，从来没有陷入过这样深重的精神危机，从来没有将自身置于灭绝的恐怖之中……

当不受约束的物欲从宗教的魔瓶中喷涌而出，当适者生存的竞争成为社会丛林法则，当急功近利和焦虑不安成为现代生活常态的时候，我们有充分的理由说：

现代文明的危机是体系性的，不是靠缝缝补补西方文明能够拯救的！

进而言之，人类需要一种新的文明体系替代现有的植根于西方历史经验的文明体系。中华文化在人类文明的转型过程中，具有无可比拟的独特价值。因为历史上很少有文化如中华文化这样，在过去数千年里，厚德载物，生生不息，至今散发着日久弥新的光芒——从医学到政治经济领域都是这样！

因此，在西式大学已成为现代性主要支柱和现代文化传播中心的今天，我们发起成立轩辕学官——从改变每个人的心性始，达到改造人类社会的终极目标。

兹就轩辕学宫的基本特点、教育目标与内容、未来展望分述如下：

1.轩辕学宫的基本特点

何谓学宫？不仅因为它与现代大学不同，在历史观念和知识体系上完全摆脱了殖民时代欧洲中心论的影响，更是因为它有超越理性，以情感为基础的智慧体系，内圣、外王一以贯之。

与过去五百年来人类对西方理性越来越深的迷信不同，我们的先贤认为，人类思辨本身不完备，它会受到各种各样已知、偏见的影响，为了摆脱这样的影响（《荀子》所说的“解蔽”），我们心性上的修行是必须的，是智慧的必经之路。所以孟子说：“学问之道无他，求其放心而已矣。”《孟子·告子上》西汉扬雄说：“学者，所以修性也。”（《扬子法言·学行第一》）

古德教人，必先内圣而后外王，此为学术之本，《大学》云：“自天子以至于庶人，壹是皆以修身为本。”郭店楚简《性自命出》云：“教，所以生德于中者也。”现代大学教育舍本而逐末，愚人之深，害人之深，诚可痛也！

所以，轩辕学宫首先要恢复内圣之学教育。道不远人，真正的大道永远不是神秘的——由读经入道可，由打坐入道可；以武入道可，以艺入道可；由佛入道可，由儒入道可；由出世入道可，由入世入道可……

由内圣而外王，中国文化一以贯之。具体表现为战国秦汉间黄老学集成百家，将中国文化从西周王官学推向了一个新的峰巅——百家和合，相须为用，成为中国文化的重要特点。

黄老者，“黄”指轩辕黄帝，这也是我们命名学宫为“轩辕学宫”的初衷。

2.轩辕学宫的教育目标与内容

现代西方教育将有灵性智慧的人培养成为工业社会的机器零件，轩辕学宫则要恢复人的教育，以培养能修身、齐家、治国、平天下的“成人”“大人”为目标。

在中国文化中，生理上的成熟并不是“成人”的主要标尺，成人意味着内圣外王的成就，既要掌握天道，又要践行人道，道术一统，本末合一，圆融无碍。孔子德行科的著名弟子颜回曾问孔子什么叫成人，孔子回答说：“成人之行，达乎性情之理，通乎物类之变，知幽明之故，睹游气之源，若此而可谓成人。既知天道，行躬以仁义，饬身以礼乐。夫仁义礼乐，成人之行也。穷神知化，德之盛也。”（《说苑·辨物》）

轩辕学宫的目标决定了它必然是一种圣贤教育。

轩辕学宫的内容决定了它必然是一种通人教育。

轩辕学宫的特点决定了它必然是一种终身教育。

摆脱西方教育理念并不意味着抛弃西方知识体系，相反，我们在坚持中国主体性的同时，要包容西方知识体系，有容乃大，所以轩辕学官——

在教授中国意象科学（如中医）的同时，亦选择教授西方自然科学；

在教授中国古典逻辑名学的同时，亦选择教授西方逻辑学；

在教授中国古典政治理论黄老（法家）的同时，亦选择教授西方政治学；

在教授中国古典经济学轻重术的同时，亦选择教授西方经济学；

在教授中国内圣之学、礼义之道的同时，亦选择教授西方心理学、宗教学；

在教授中国武术（导引）的同时，亦选择教授西方体育；

在教授中国雅乐的同时，亦选择教授西方音乐；

……

这种新型教育对师资提出了更高的要求——幸运的是，经过多年的积累，我们已经同海内外诸多大德硕学建立起了合作的桥梁，这是我们最可宝贵的资源。

3. 轩辕学官的未来展望

与现代西式大学不同，轩辕学官不再讲授以欧洲中心论为核心的记问之学，主要修习身心智慧之学！

与近来蜂起的各种书院私塾不同，轩辕学官的主要目的不是教孩子读经，而是造就内圣外王之士，拯救人类的精英！

与遍布世界各地的孔子学院不同，轩辕学官不是以语言和艺术教育为中心，而是以修身、齐家、治国、平天下为宗旨！

它意味着，轩辕学官不会成为另一所哈佛，另一家书院，另一类孔子学院。它点燃了人类新文明的火炬，将使人类摆脱文艺复兴以来的“伪人文主义”“新蒙昧主义”，让大道重新回归人类文明的中心！

那是人类新千年的历史拐点，是人类文明的重新塑造！

为此，我们不懈努力着……

让所有关心自身命运、关心人类文明的有识之士，行动起来。因为只有我们的能量集中起来，才会重新点燃中华古典文明的万丈光芒。

我们期待您的参与！

（2014年秋，友人黄拓医生发愿，为往圣继绝学，为万世开太平，创建高等国学研究、宣讲机构“轩辕学宫”，嘱我作《轩辕学宫发起书》。兹经黄医生同意，公开发表。“嘤其鸣矣，求其友声。”道术为天下裂，大道隐而不彰久矣——吾辈欲复兴之，没后而止！）

中编

对答

“如切如磋，如琢如磨。”

做学问，最忌独学无友。面壁空想，不是钻入学问的牛角尖，就是变得自高自大或六神无主。

学问可以润身，也可以害人，这是学人必须注意的。

玉忠研究中国文化近二十年，是在与同志者的切磋，讨论中进步的。特别是对于指出错误的朋友，我总是充满感激之情，有的甚至与其成为好朋友，比如石家庄学院的付金才老师。

如果说，过去二十年有什么心得的话，就是对海内外友人的感恩，以及对千古圣贤的敬仰。

中国文化不是太古老、太朴素，而是高度复杂，高度发展，所以今人不易理解她。笔者通过学习经典，将所得编辑成书，总感觉是圣贤在帮助我、加持我——那一座座思想高峰是不朽的！

一、千古圣贤仍在，大道几时通
（答仲大军）

北京知名学者仲大军先生古道热肠，多年来乐于提携后学。

最近，仲先生给我留言，谈及儒家与法家，及德法并用的治国理念。感念先辈学者教之谆谆，嘱之殷殷，做此文，向仲老师汇报。仲老师说：

“千万别把儒家与法家分开，孔子执政，相鲁，就是文武之道，一张一驰。一文一武，相辅相成。孔子杀少正卯，杀齐国优倡侏儒，是典型的法家手段，决无心慈手软。

“法家是晚起的学说，是战国时期的产物，它从儒家分离出来，偏重于法的作用，像商鞅就走向了极端，这是特殊历史时期的现象。一旦天下稳定下来，法的作用就减少了，儒就唱主角了。所以，用儒还是用法，用文还是用武，是根据时代而定的，并不能一味强调哪一面。中国要是打起仗来，就没法完全靠思想教育了，就要使用严刑峻法，强调纪律和法纪。

“你们做学问定不要偏于一端，盲目强调某一方的作用，必须有综合的知识和方法。在今天搞什么新儒家、新法家，都是学识偏于一隅的表现。”

仲老师的确高明，因为他看到了孔子法家的一面，光这一点，就超过了太多学者。孔子于内政外交，用刑法对治巧言令色以立信，与商鞅徙木立信，无二无别。民无信不立，立信是治国的基础。

读《史记·孔子世家》，就知道身处全面失序的春秋晚期，乱世用重典。孔子行政风格刚狠，势所必然。

孔子三个月能使鲁国大治，不是依靠苦口婆心，诀窍是敢下猛药，以严刑峻法，得其中道。以至于邻国齐人担心“孔子为政必霸”！

想一想，若孔子之政行于鲁国，也如商鞅之法行于秦国一样，长达六世之久，鲁国岂非东方之秦国乎？——统一天下者必非秦也，鲁也！

仲大军老师引用《孔子家语·贤君》齐景公问政于孔子一段，说明德法并用，才是真正的文武之道。光提“依法治国”和“以德治国”都是片面的。

《孔子家语·贤君》引文在《史记·孔子世家》中也有，但从中只看到孔子称赞秦国“选贤与能”这一面，看不到其“法令必行”的一方面。所以前者更好。

孔子认为，“秦穆公之国如此小，又地处偏远，称霸天下”的原因是：“其国虽然小，理想却很大。地方虽偏僻，施政却处处合宜。他行动果断，策划事情尽量整合大家的意见。执法没有偏私，能够令行禁止。第一次提拔五张羊皮换来的百里奚，就授予他大夫爵位。和他长谈三天，就把政事交给他。能这样做，可以称王，称霸还显得小呢！”《孔子家语·贤君》上说：“其国虽小，其志大，其处虽僻，而其政中，其举也果，其谋也和，法无私而令不偷。首拔五羖，爵之大夫，与语三日而授之以政。以此取之，虽王可，其霸少矣。”

仲老师，您说法家分离自儒家，也有道理。因为法家和儒家一样，都是从西周官方学术体系王官学而来，儒家教授王官学，法家师从儒家就不奇怪了。如同我们今天上大学，都要师从教授一样。但不可将法家看成儒家分支，从汉朝至清朝长达两千年的时间里，中国学术分类都将法家和儒家并列为诸子之一。

法家偏重于制度、法律法规，但不能说商鞅这些人就走了极端。参照孔子施政于鲁，孔子岂不更极端？您说“用儒还是用法，用文还是用武，是根据时代而定的，并不能一味强调哪一面”。个人浅见，我们不能透过西方学术特点看待诸子百家。

中国学术与古希腊学术传统、学术形态迥异。中国古典学术出自王官学，而不如古希腊哲人一样属私人学术。法家源于主司法的理官，归本于黄老道家，儒家源于主思想教化的司徒之官，二者相互补充，相须为用，构成中华政教的主体。怎么能一会要政，一会要教呢——这如同我们解散司法部，只留教育部一样不可思议吧。

古人讲道德教化与政治法律的关系特别清楚，以法生德，以德固法。礼乐刑政，缺一不可！

换言之，一个人执政，领导社会必须用黄老法家；搞教育，必须用儒家；搞外交，就要用纵横家以及王霸术……

专门研习法家、儒家，是因为专业兴趣的不同，不能说今天的新儒家、新法家是“学识偏于一隅的表现”。那研究中医之术，岂不更偏于一隅了？须知专业流派只是了解或应用中华文化的一个“工具包”，只要不存成见，终将百虑一致，殊途同归。

中华文化是罕见的系统化知识体系，是内圣外王一以贯之的圆融有机整体。诸子百家各有所长，各有所用。

中华文化源远流长，也导致其变异。举例说，先秦、汉唐，宋明儒学简直是三个儒学。我们反对儒家，是反对宋明两代佛教化、代表士绅地主阶级利益的理学，宋明理学使内圣之学玄学化，外王之学全面沉沦，国运衰弱。我们不是反对孔子、反对孟子、反对荀子……

我出版的儒家类书籍包括：《礼之道：中华礼义之学的重建》（2014年）、《性命之学：儒门心法新四书阐微》（2014年），我还最早翻译了康有为弟子陈焕章的《孔门理财学》（*The Economic Principles of Confucius and His School*，2009年），原书由美国哥伦比亚大学1911年出版——这是中国学者在西方刊行的第一本经济学著作，也是影响极大（如果不是最大的话）的一部。

另外，目前我们正在撰写《道不可离》一书，目的是揭露程朱等理学家师心自用、援佛入儒，颠倒本末，将先秦儒学异化为宋明理学的真相。

仲老师，12年前，您还曾为我的《国富策：中国古典经济思想及其三十六计》写序。该书目前包括韩文版和音频版在内，已经有四个版本，在海内外都产生了较大影响——这是与您的大力推介分不开的。

如果说，我过去20年的学术道路有什么心得的话，就是对您这类长辈的感恩，以及对千古圣贤的敬仰。

中国文化不是太古老、太朴素，而是高度复杂，高度发展，所以今人不易理解她。我通过学习经典，将所得编辑成书，总感觉是圣贤在帮助我、加持我——那一座座思想高峰是不朽的！

然而，目前世人对中国文化的误解很大，诸多大学学者不知中国古典政治学在黄老道家、法家中。部委正式文件将中国称为“礼仪之邦”，而非“礼义之邦”——恐怕一些西方宗教国家和一些狩猎采集民族比我们更讲礼仪吧！

复兴中华文化，唤醒中华魂，还有漫长的路要走。

千古圣贤仍在，大道几时通？

中国先贤几千年前就阐述了可持续发展，持久和平的奥秘，生生大道是中华文明生生不息五千年的文化基因，对21世纪全球化时代和平与发展，是重要的思想资源。在最近出版的《智慧简史：从旧石器到人工智能》（华龄出版社2021年1月出版）一书中，我竭力阐释这一点。

何日携百侣，让中华政教传万国？

大家一起努力！！！

（2021年1月30日）

二、六合之外少闲言，琉璃世界亦好看（答友人）

天下一大乐事——与人言六合内外，出世入世，形上形下的不二大道，畅快淋漓，不带泥水，而能心心相印！2021年2月1日上午坐火车回家过年，有客与我论道法。觉得有益学人，经友人同意，录在这里。其中“主”指笔者，“客”指网名“宇宙爱子”的友人。

客：君常言“以法生德，以德固法”，谁的法？

主：道生法。

客：然后呢？

主：天下为公，世法无数。

客：对，然后呢？

主：研习基于天下公道的经济学轻重术，政治学黄老、法家，中医……看你自己的专业兴趣，再贯通西方及天下学术。不可虚行，坐而论道。

客：对，然后呢？

主：道终于行。

客：然后呢？

主：六合之外少闲言，琉璃世界[1]亦好看！

客：对，继续，然后呢？

主：行至于不可言者——行生明，明生慧！

客：太好了！然后呢？

主：知天冷与暖，只得付寒鸭。身心皆廓然，万法皆安家。

客：继续，然后呢？

主：打赏！

客：棋逢对手人生幸事，天降知己知足矣。二月第一天，如此恩典，谢天谢地！

（2021年2月2日）

① 东方琉璃世界是药师佛的净土，药师佛是药师琉璃光如来佛的简称。据佛经记载，药师佛手持药钵，医治一切众生之病源——无明痼疾。药师佛的十二大愿中，最令人瞩目的就是“除一切众生病，令身心得安乐”。

三、不断百烦恼，智慧日日长（答网友）

刘兄：

谢谢你的信任——能将心事、困境告知我，十分感激！

男儿重在立志，你能由内而外，追求内圣外王的宇宙大道，很了不起。你那位学长将学问定义为“内圣”，并将“没有烦恼忧愁”“自在喜乐”作为学问的境界，这是当代学人的通病。那也不是真的“生命关怀”，就是照顾自身，修身养性之类吧！

一个真正有成就的人不仅“不断百思想”，也“不断百烦恼”，那样才会“菩提（智慧）日日长”。且功德越大“烦恼”越多。不仅马云是这样，据我个人观察，孔子、南怀瑾先生都是这样，毛泽东也是这样。但这种烦恼不是为了一己私利，而是为天下苍生的慧命、福祉。

虚云大师是当代大成就者，他晚年经历了多少困苦——他和孔子一样，早就功成名就了，何必自找麻烦，这是生生大道的关键所在，要细参啊！

佛的名号之一叫“两足尊”，也叫“明行足”，是说他老人家的智慧与福德圆满无缺。若缺乏德行，是成不了佛的，也不会有真正的智慧。《管子·枢言第十二》也说：“信之者，仁也。不可欺者，智也。

既智且仁，是谓成人。”上面还说：“彼欲利，我利之，人谓我仁。”

你看，没有世俗的德行、爱行，是成不了大道的。

真正的大道，真正的学问，不是小资的温馨，不在避世的禅堂。宇宙大道内圣外王一贯，即法即道，即道即法，法外无道，道外无法，是生命与现实冲撞中迸发出的、不灭的智慧火花。

在书商和少数学者的推动下，目前王阳明火了起来，你的学长就让你读《传习录》。我也读过《传习录》，这书当然值得研习，但还是难脱宋以后儒家“以佛释儒”的老路子，容易走向空疏。王阳明后学入禅家，有其因缘，你在读时要注意。

一些人手拿佛经，以一副悲天悯人的姿态给我们开出摆脱烦恼的药方：开始要我们不再关心天下、国家，接着连社会、家庭也不要了，最后放弃包括谋食在内一切担当和责任，进入“空境”——这不是大道，是“死人之道”！

刘兄，你发菩萨愿，开始“为天心民命而忧，为文脉国运而愁”，这是了不起的大进步啊！怎说是“读书人的习气”？！我遇到过一些有权、有钱的人，多无愿力、大志，心量与村夫村妇无别，只是没有村夫村妇的率直和纯朴——你要超过那些人许多！

有了真正的志向（不是空话、知识），必然会去实践它，因为知行本来是合一的，你分都分不开——除非是假知识，“没有烦恼”的所谓“学问”。

记住，古今中西，一切圣贤之学都是智慧之学，无论以宗教还是以世俗的形式，无论重行为外铄，还是重自醒内发。整天乐呵呵，或整天傻乎乎，皆非大道——那是温室里的花，经不过风吹雨打！

关键是，我们要有足够的智慧、善巧去行道。不要像某些放生者一样，从市场上买几万块钱鱼虾一起放入池塘，不懂生物学，唯恐鱼死得不快些，环境污染不大些——这就是没有智慧的表现。

现实与理想（志）总会有矛盾。不要以为你进了周学长的“文教行业”，就没有麻烦，只会麻烦、烦恼更大，那是透彻骨髓的痛——你会亲眼看到以“孔门四科之学”为代表的宇宙大道，两千年来如何被片面化、佛家化、西学化。在国学热中，如何通过“捧杀”孔子，根除中华文化及其中蕴含的宇宙大道。

从你的信判断，我不建议你近期转行，特别不要进入周学长的公司，因为你的学长可以玩“自在喜乐”，他几乎不会让你也玩，这是上下级关系的常识。另外，你目前有那么开明的领导，也难得——心静下来，或许你能将手头的工作干好！

我没见过你们的董事长，但听过她讲演，感觉她是个有大担当，大定力的人——不是那种轻浅的“自在喜乐”的人，她也不会“没有烦恼忧愁”吧，你说呢？

践行宇宙大道，可以有多种方式。比如我们爱护妻子，培养自己孩子的德行，又不让他们走向避世灵修，这不是行大道吗？你鼓励我们，信任我们，这也是善行，也是行道啊——只是希望我们不辜负您！

待时机成熟时，君再谨慎考虑转行，也不迟——目前要忍，忍本身就是大修行。

礼尚往来。借这个机会，也谈谈自己，向你交交心。

因为家境的原因，我19岁（1992年）已经从师范学校毕业当中学教师。我明白自己打心底不擅长、不喜欢教师这个工作，所以一上班，就让人写了两句诗，挂在床头。那是周恩来总理《无题》中的两句：“面壁十年图破壁，难酬蹈海亦英雄。”

我准备了十年，2002年来到北京。当时实在不知道自己在家乡做教师有什么意义，不断问：“我是谁？”

那时我已结婚生子，父母都是农民，家庭负担特别重。老婆不希望我抛弃“铁饭碗”来京，闹离婚，天翻地覆，奶都不给孩子吃。好在，我当时拼命写稿，在北京赚的钱比做教师多好几倍，所以妻子很快回来了。

最初来京，我可能还不如你，不知自己天命所在，本性兴趣所在。开始在报社当记者，接触各界学者多，发现那些学者对西方的了解比对中国还多；外国回来的学者，只知留学所在国的一点经验，就将之当成普遍真理，到处鼓吹。于是，我决定搞中国的学问。

2005年，我和徐光宇先生建立了新法家网站，慢慢知道中国文化中有内圣外王不二的宇宙大道——在人道中行天道，也知道了如何尽自己的性（不是佛家空性，是特点、特长），自己的天命所系。

但困难、烦恼也逐渐更多了——因为我现在不能只考虑自己和家人吃饭问题，还要考虑如何将事业进行下去，如何在海内外宣讲大道，如何让人在工作生活中行大道——让政治家和学者都行道。

老兄啊，我现在比你还困难。组织架构问题，研究经费问题，人才理论问题……都面临发展瓶颈——真有“邃密群科济世穷”之感。

怎么办？都没什么了不起——我已经做好最坏打算，就是打道回府，回唐山老家，编辑新法家，在那里积聚力量再出发。

但心里是光明的。我用了十四年时间，基本恢复了“孔门四科”之学，从本质上超越了汉、宋之学，让学人践行宇宙、人生大道有着手处，死而无憾了——尽管好多事都没完成，因为比较完整地阐发“孔门四科”，从德行，到政事，到言语，再到传经的“文学”儒家，中国文化十分庞杂，至少需要二十年时间。

现在，我只有一个心念，鞠躬尽瘁，死而无憾，也想不了那么多了！

再次感谢你的来信，可能说得不对——对你有所启发就好！

（2018年2月10日）

附刘先生原信：

玉忠老师：

您好！我是后学小刘，1984年生，家乡正是出土睡虎地秦简的云梦。我毕业于中部一所重点院校，专业是网络信息管理，目前就职于一家大型制造型企业，在研发部门从事技术调研工作。今天找到老师，是想请您帮我解惑。

不久前，我争取到一个难得的机会，去见一位老校友，我称他为周学长。他是母校文学院20世纪80年代的毕业生，在传统文化方面有相当修为。可是我此次前去的本意不是向他请教学问的，而是希望能在他那里谋一个职。这位学长是本地最大民办教育机构的一把手，其名下有公办、民办学校十多所。我为什么要找他想在文教行业谋职？简单来说，就是我遭遇了“男怕入错行”的尴尬和“行业壁垒”的当代困境。他知道我前去的目的，也听说我爱好传统文化，于是提前对我讲，不是面试，只跟我随便聊聊。我准备多时，信心满满，应约去见学长。没想到两个多小时后，我走出学长办公室时人都有些懵了，直到第二天才缓过劲来。那次会谈对我冲击太大了，我深受启发，也疑情蜂起——这便是我求教于老师的缘起之一。

先向您介绍我读书自学的经历。

我出生于一个农村大家庭，上有多位姐姐，家道较一般邻里更为艰难，幸得父母姐姐们仁善，众人亲爱，齐心共度。成年以后，生活抛给我的问号，似乎比同龄人更多更大一些，以至我在大学本科期间，一直不忘四处寻书找答案。终于在临近毕业的2008年4月，淘到了南怀瑾先生的《老子他说》，书读到一半时，我豁然明了此老正是我苦苦寻觅的学问大家，决心一门深入。读研期间，我将大部分空闲时间投入其中，从《论语别裁》开始，以儒、释、道、杂家为次序，将当时市面上南老的所有著述集齐通读了一遍。那时购书读书的欣喜与满足，真到了无以复加的地步！

在校期间，我虽初窥门径，便已东风压倒西风，一个几乎快成型的当代高校理科生，竟然回转头来，成为固有文化的忠实粉丝，当然也成了大学教育中的“异数”和同学眼中的“异人”——从中我已初步体会到文化观念对人思维言行的微妙影响，以及东西方文化之迥然不同。

2011年我参加工作，2012年南师辞世，2013年习近平总书记主政。在那一年多的时间里，我经历了停顿、反思和奋起。我认识到自己缺少社会历练和善行，根器不够又偏爱内圣性命之学，容易误入歧途；而新政已显治世佳兆，当积极应世才对。于是振作精神，努力投身于工作和家庭，并调整求知方向，重点关注经世济民的外王之道。

我从习近平总书记的治国理政开始，逐渐深入到社稷民生、内政外交、国际风云等，直面那广泛而持久的激荡与冲突，层出不穷的危机、动乱、贫困和绝望。亿万民众的家园、无数人的生命、动物植物、地球资源、生态环境……都遭到无情的摧残、破坏和毁灭。人类失去了清静的本性，自然和社会也失去了本有的和谐，仿佛一切都被绑上失控的列车，极速狂奔，全然不顾前面的万丈悬崖。我心中倍感无奈和痛苦，不断问自己：我辈读书求学为的什么？学问才干该如何用？加之彼时自己在工作上也遇到瓶颈，在内外忧患的刺激下，我渐生大勇猛心，立志要探究根源，寻求出路，并在接下来的三四年之间，为之倾费心力。先借助互联网广闻博览，摘其要者，再购阅相关论著加以深入。其间因父母和家人频遭老病之苦，我于2015年同步开始自学中医，并意外大受启发。由于是业余自学，我没有选择专精严肃的学术路子，代之以广搜精选，以求知解惑，激励人生。

上面说过，我读研期间，就受南师著作影响。所以，不甘心继续在高校当马仔混文凭，说服妻子（我大学同学），双双毅然放弃读博机会。在工作选择上，我们也有意回避互联网和金融等行业，决定去实体行业中干。于是携手来到一家大型制造企业，供职于技术研发部门，从事技术方面的调研与分析工作。只是，我和妻子进入岗位后，才慢慢发现困难之处，尤其身处核心技术研发部门的我。一来无专业知识基础，却整天要和技术文档打交道，倍感吃力；二来公司在核心技术上坚持自主攻关，极少与外界合作，我能够发挥的空间非常小，相应地公司也无资源投入；三来因专业和岗位缘故，我在职称评定及奖励资金方面的申报渠道，几乎被全部堵死，地位边缘，处境尴尬。

工作三年后，我2014年至2015年间才意识到上述问题，为此多次找到部门领导。甚至在一次调薪中被无视后，不顾风险，直接找到公司负责人事的高层领导和董事长本人。那次上访虽为我们争取到部分涨薪，但却无力改变更多。一直以来，公司中本岗位的同事们人心难稳，离职换岗多有发生。至于我本人，当时并没有决心换工作。一来所在部门领导优秀开明，确有追随他助力中国制造之心；二是我刚刚成家并购房，借款加上房贷，经济压力骤升，急需一份稳定收入维持；三是自己受古书影响，忠诚之道德观念比较重，不到万不得已，也不好意思易主。虽然如此，我势必无法再全身心投入到工作中，于是便有了借助互联网了解天下大势，探索历史，把握未来的想法了。我随后将大部分业余时间都放在这方面的探索上了，刚开始在新闻门户网站、佛教类网站、儒学类网站上费了不少功夫，然后逐渐接触到一些当代学术研究类网站；再后来亲近毛泽东思想和红色爱国网站，颇受冲击，感到有点方向了；而真正的转折点，则是找到了新法家网站。大概在2016年左右，模糊记得第一次看到时，感觉这个网站太特别了，黑底白字，无任何广告，却矗立一头威武狮型巨兽，宣扬“打破垄断资本的全球霸权，建立道法文明的清静世界”。初读其中几篇文章，发现均颇有分量！——我也并非一见倾心，而是经过长期了解和对比之后才认定新法家网站的价值。此外，随着微信的异军突起，我留意到民间智慧的宝贵，也精心挑选了若干公众号。我的购书活动，就是在那之后才重新开始的。由于早些年买过许多令人失望后悔的书，所以对购书一事格外谨慎。此前有过两波购书潮：一是将与南师相关的著作和他推荐书目全部搜罗齐全；二是自学中医时尊李可老中医所倡导的古中医学派医术，购相关医书达四五十本之多。而这一次，因有意侧重经世济民之术，故而也购齐了您的全部著作，同时对新法家网站主要撰稿人的著作，以及网站刊文中所提及的重要图书，我都予以关注并选择购买，两年下来，购书亦近五十本。

多年探索，由博返约，我最终依止于中华圣智大道，自认为在纷杂的现实中顽强地树立起较为正确的三观。不过，这时问题也来了。当发现自己慢慢染上读书人的习气，开始为天心民命而忧、为文脉国运而愁时，我意识到该重新选择今后的道路了。时间越久，这种心愿就越强烈。可是，时隔多年，当我再次审视工作后，下决心离开时，形势与环境与我而言并无松动，反而最为严峻。一是家中添了一个活泼的小朋友，加上为此贷款购车，经济压力并未减轻；二是岁数渐长，而行业壁垒愈发坚固，我一个学历与工作经验上“门外汉”，要想转入文教行业，几乎不可能；三是近年来各地房价连年窜升，令我辈画地为牢，难以动弹，无法举家搬迁。我此前也曾数次奋然欲起，终难冲破现实之壁垒，方才深刻体会到那两句规训——大丈夫立身处世，不可妄动；求人须求大丈夫，济人须济急时无。无奈之下，我才寄希望于校友会，设法联系上周学长的。

再回到那次会谈，它为何对我冲击那样大？

周学长看了我的简历后，立马就问我除了南怀瑾先生外，你还读过哪些作者的书？我知道麻烦来了，因为我以前曾自书“自从一读先生后，不看人间糟粕书”以抒怀，无意也没有时间去“研究”历史上的学术流派。只能照实回答他说，在传统文化方面没研读历史上的名家著作，只读过当代个别学者的书，如张尚德、翟玉忠等，更多的是从网络中求知。他表示没听说过张尚德老师和您，对我上网搞学问的做法也颇感惊奇。当此窘迫之时，我真觉得自己就是一个门外汉，不配去搞文化事业。

他看到我如此劳思费神去关心时政，关注世情、国情，并为各类危机、风险陷入忧患痛苦，就问我这是怎么回事？我当时被他第一波问话搞得有些昏了，心里一直担心谋职之事，之后的应答就很不自然了，直接回曰为了外王之学，学长听了莫名其妙。我语言也变得啰嗦混乱，但还是表达出，了解现实忧患所在是为学者所必须的意思。其间学长也问了下我对时政社情的一些看法，最后他说没错！但是你看你现在这个样子，把自己搞得整天烦恼忧愁不断，何谈学问？我无语以对，反省自己的确是走极端了。我此前曾听过这位学长的讲座，他认为中华文化的精髓在于生命关怀，目的是教人如何活得自在喜乐。

但我还是坦陈自己的实际体会，认为事不了，则心难安。从小处讲，如今我惦记转行一事已多时，并将人生志向寄托其上，之前又频遭挫折，此事悬而未决，势必难以轻松度日；从大处讲，当今全球大争，我国虽发展迅猛，但仍看到许多内忧外患，感到无法置身事外，自然为之忧虑。学长答曰：非也！并对我讲道，人的快乐与否与他从事的职业无关，他举自己曾参访的师傅们的事例，说他们当中有许多人从事最平凡甚至是低贱的工作，但心中淡泊宁静，故能从容度日，甘之如饴。关于国家大事，学长认为国运自有其兴衰大势，非你我普通民众所能左右。他问我，难道习近平不上台主政，你就一直焦虑烦恼下去，不好好过日子吗？ 我再次沉默。

后来学长又问我，你转入文教行业，真心想干些什么事？我回答说想推动真正的中华精华文化，以培养全球化时代的人才。学长当然想听听我的见解，我的观点基本上来源于您的著作和文章，只是口头表达上差许多。其间也谈了些秦汉法治，至东汉后道法文明“儒化”后渐趋狭隘的问题，还没来得及说近代的“西化”，学长便批评我说：你所说的那些只是知识而已，不是学问，没有用的！的确，那是我在您那里学来的知识，所以也没做辩解。只是心里面，实在难以接受那些是没用的东西啊！

会谈到最后，周学长给我布置了一道作业，让我回家去看王阳明的《传习录》，半年后再去找他，并说就专看《传习录》，不用急着看别的……

那天走进学长的办公室时，我完全没预料到那将是我第一次跟一位前辈面对面“谈学论道”。其间，我多次感到意外、震惊、不解、惶恐。现在想来，都不知该如何形容，是小鬼遇真神、门外汉遇行家——原形毕露？还是布衣遇大夫倍显尴尬？或者只是我走群众路线，学长走精英路线，相互沟通困难而已。不管怎样，那次谈话对我产生了巨大的冲击，也颇受启迪——

第一，我意识到师友同道对求学的重要性。我自接触南师学问，至今已有十年，由于身边鲜有志同道合之人，完全是一个人在那里盲修瞎练，习以为常。可是经历了学长的质问，我才猛然发觉问题太大。不仅是我修学的路子，更重要的是缺少师友的交流激励，一个人关起门来搞，身上的不足难以察觉，还易存在方向不明、动力不足等问题。回顾前路，真是不胜感慨，不仅辜负南师的大学问，也枉费了自己的好时光。因此之故，我才鼓起勇气，联系上了老师您。

第二，受学长问难启发，我反省自己人近中年，依然没有真正的人生观，到现在还不清楚今后到底要走哪条路，如何去走。

第三，学长批评我将知识与学问脱节，将学问与生活脱节，诚为事实。我虽有心圣贤学问，但多年来，自己常被现实所困，陷入身心疲惫、忧心忡忡的狼狈境地。

第四，检点自己，生性顽劣，毛病太多，无法尽述。有改之不及，不知如何下手之感，亦有白过此生之忧。

第五，当下，我该如何做？是收心回来，专注做好自己的工作，超越入对行与入错行之分，以追求心中安宁，还是保持文化志向，设法继续向前？实不相瞒，我现在并不甘心，仍想着能通过学长第二次考验，先进入文教行业，再从长计议。

此外，对于学长用意，我也把握不准。刚开始读《传习录》，初步认为学长望我修习阳明先生处困善静，精一之功，多从心地上下功夫。只是我此前正是从内圣之学走向外王之道的啊！南师在佛法讲述中展示的心地功夫精深通透，我正是受其启发，怕自己也成了“佛油子”“书呆子”“神棍子”，才决定转向关注现实，从心忧天下、患难磨砺中修那内圣之学的。当然，我的确是漏洞百出，内外两头都没修好。不管怎样，现在不宜枉自揣测，还须好好读完《传习录》才行。

第一次给翟老师写信，难免繁杂啰唆了些，请您评点指教！不必限于我所提出的疑惑，对信中所述任一事情，老师均可批评、指点。

临近春节，想必老师异常繁忙，给您添麻烦了！

祝您身体健康，平安！

小刘

2018年2月6日

四、我们引入西方人文学术为何不成功（答付金才）

付兄好：

您6月24日的信现在才静心下来回复，见谅。

特别感谢您出于我个人方面的考量，建议不公开我的新作《二十一世纪的人类为何要接续中华道统》一文。但我还是决定将它尽早发布出去，因为仅凭一己之私利，就不去堂堂正正地宣传中华大道，我的心会更加不安。

《二十一世纪的人类为何要接续中华道统》只是想告诉世人：现代西方文明的基本路径在文艺复兴时代就锁定了，其目前出现的问题是本质上的，不是靠修修补补就能解决的，必须从古老的东方引入思想资源。只有这样，未来才能建立在更坚实可靠的基础之上——这个思想资源就是以黄老哲学为核心，内圣外王一以贯之的中华道统。

无疑，这篇文章会刺痛很多人，但也会使一些人觉悟——仅凭后一点，我感觉发布它就是应该的。否则，我们常说“牺牲自己，作圣贤木铎，唤醒21世纪迷失在现代性中的人类”，岂不成了空谈！

另外，对您信中所说“先生不同于我等凡夫”这类话，真让我心怀恐惧。多年以来，我一直都希望自己能做到“三不”，即不为人师，不当圣贤，不做名人。只希望自己成学人、凡人、好人，这对我来说已经极难做到了。

为什么不为人师呢？简单说就是没有这个资本——道德、学问两方面都不行。为人师，一定要教人内圣之学（内业、心术），德成智出，然后方可授人以渔，教之以学问。我也修行，但比起自己看到的圣贤、师长，相差太远。处江湖之间，甚至于声色上亦常常动心——每每念及此，皆惭愧难当，感到愧对教自己心法的上师，各方面大力提携自己的圣贤，又何以为人师呢？我去大学、社会上讲课，只是为同人家交流自己的心得。向我问学者，我亦以兄弟相称，常常从人家那里学到好多东西，这是真心话。

所以说我只是个凡夫，和大家没有任何区别。若说我与很多学人的极大不同，就是在21世纪的今天，敢于逆潮流而动，喜读古今圣贤之书，有所心得，必记下，集腋成裘——在出版界朋友的慈悲帮助下，过去十年竟然出了近十本书。但学术上亦不少犯错误，只能孜孜以求，死而后矣！

我还怕自己成名。一位近百岁的老部长曾告诉我，人间最不可要之事，就是图虚名，受实祸。不是说成名不好，有了名声，也是资本，可以为社会做更大的贡献。问题是现代社会上的名人，大多是作为物欲和财色的楷模在表演，而不是作为道德和智慧的人生榜样，这是很可怕的。如果成功的标尺就是物质上的成功，是十分靠不住的，也是虚假的，“德不配位，必有灾殃”，这不是闹着玩的。你看看，那些大富大贵的人，多少人能得善终啊！

我不想从政，不想从商，只想为学，想让圣贤之学发扬光大。所以只做学人、凡人、好人就够了。还好，除了个别很极端的先生，朋友们大都说我是好人，这已经足够了……

下面，我想谈谈您在信中提到的两个重要学术问题。

先说移植西学的问题。这里要分两个层次讨论。首先是科学技术上的引进，除了科学主义使中医这类本土科学范式非法化以外，从整体上讲是成功的。其成功主要原由，除鸦片战争以后国人学习西方科技的巨大热情之外，还有科学本身需要实验验证，名与实相差不会太远，否则怎么讲理论都意义不大。事实上，中国人物质生活中的一切几乎都受惠于西方现代科技的引入。

但在人文领域，我们引入西学十分不成功，导致今天可叹、可怕、可悲的新蒙昧主义。人文学者不仅不能为国人提供安身立命的道德信仰基础，还对中国现实缺乏基本的解释力。过去一百多年来，通过“否定—移植”的形式，即否定中国现实，移植西方理论，学人几乎将西方所有的主要理论都引入进来，除马克思主义外，对现实影响都十分有限，甚至有害，最后还得靠“摸着石头过河”，实事求是。为何会这样？个人以为以下三方面的原因是重要的。

一是现代西方学术名实脱节现象已经很严重，很多学科只能自说自话。比如政治学和经济学就是这样，它们几乎成了经济学家和政治学家手中“逻辑自恰玩物”，缺乏对现实解释力和现实效用。这与西方重抽象方法、重二元对立、重形式逻辑的思维方式有关，尽管西方学界还没有充分认识到这一点——这是因为他们在“庐山之中”，若你有时间读读美国经济学家托马斯·索维尔（Thomas Sowell）的《知识分子与社会》一书，再参之与中国学术，就会将西方学术的本质弱点看清楚。

二是西方人宣传自己的文化时，出于地缘战略考量，除了吸引留学生以培养亲善自己的后备力量，其传播的知识本身有选择性。他们常常编造对自己有利的理论并精心向外推销，以此来迷惑其他国家，特别是发展中国家的学者——从政治学到经济学都是这样。中国学者在引入西方学术时，往往囫囵吞枣，能标新立异就行。中国社会科学院一位知名学者前些年对我报怨，20世纪80年代研究什么都能成名，只要是西方过来的就行；现在不行了，市场行情变了，没有人知道他是研究罗尔斯的专家了——听完他的诉说，我哑口无言——难道中国人文学者一点主体性、独立性、创新性都没有了，难道说这种话不辱斯文吗？

三是中国学人在引入西学时，采取上面说的“否定—移植”形式，不仅要否定过去五千年的传统文化，还要否定过去一百五十年，过去六十年，甚至过去三十年的中国现实经验，导致学人在建立自己的理论框架时，只能与国际接轨，而不能同中国现实接轨。表面上这种论述实现了与现代的对话，实际上却是不接地气的空中楼阁。因为移植是有前提条件的，只有现实环境相似，理论的引入才有意义，而中国的社会现实常常与西方迥异。多年前，一位研究私有化的知名学者骄傲告诉我，他应邀去美国一所著名大学讲学（记得是哥伦比亚大学），美国学生、教授们听完他的讲演后，大惑不解，说你讲的怎么和我们说的一样——我现在还认为那是美国人在笑他鹦鹉学舌，可这位知名学者却认为自己的学识达到了国际理论水平！

为何先贤引入佛教特别成功，甚至将世界佛教的中心都移到了中国？从学理上讲，除了佛教似近代科学，要真修实证外。还与组织上采用译场形式有关，这种集体主义的学术组织尽管不同于西方私人学术传统，却是极度严谨，极为成功。想一想，上千人，至少几十人在一起翻译一本书，细致分工，反复精细推敲，持续近千年的佛经翻译，这是对人类精神文化怎样的敬意和投入啊——难道我们不能有西方以外的学术范式和组织形式吗？

我也翻译过书，知道译书比写书还不容易，也看到很多“西方名著”译得那么差，真让人伤心。一些人为了赚钱、出名乱译，真是造孽，难道他的子孙不会再读书了吗？有一位商界朋友曾发心要如译场一样重新翻译外国经典，我敬佩他，但做起来实际上很难，需要国家组织、大量人力、物力的投入，要持续上百年的努力才行。现代人那么短视，那么浮躁，谁搞一种到死都不能完成的事业？我希望，大家做学问，也要有一颗有道德的心，就是老百姓说的“良心”！

我同意您对《中庸》首章“莫见乎隐，莫显乎微”一句的理解。昨天我还专门去国家图书馆复印了《中庸集说》吕大临的解说部分，在那么多注疏中，他解得可以说相当好。你说东汉后内圣之学（内业）失传是有道理的，但韩愈他们的初衷也是要恢复道学，接续道统，就是时运不济，只能阴取佛道，这很成问题。为何包括我自己在内，解释这句话时会有很大偏颇，也是受“以佛释儒”的影响。“以佛释儒”有优点，特别是对道体的证悟上，但对于儒家自身修行路线，却模糊掉了，这有极大的问题，我自己深有体会。

您说“隐微就是中”，这太好了，抓住了关键，是对《中庸》解释革命性贡献。我想专门写一篇小文论述“莫见乎隐，莫显乎微”的本义，要“窃取”你很多观点，干脆你亲自写，我再补充如何？关键就是要将“鬼神之为德”那段作为“道也者不可须臾离也，可离非道也。是故君子戒慎乎其所不睹，恐惧乎其所不闻。莫见乎隐，莫显乎微，故君子慎其独也”的“说”。我发现，吕大临也注意到这一点，他只是没有明确指出。标题就叫《〈中庸〉首章“莫见乎隐，莫显乎微”本义考》如何？

至于您建议说写“一个《新三字经》的注释和讲义”，看机缘吧，我现在还腾不出时间来。

再次感谢您的来信，同您的交流让我受益匪浅！

（2014年6月26日）

附付金才先生信件原文：

翟先生：

邮件收到，感谢您对《通俗解》的认可，更感谢您的信任，把刚完成的大作发给我。

您所提的“莫见乎隐，莫显乎微，故君子慎其独也”的这句话。我又阅读了《中庸集说》的相关部分。此书中关于《中庸》的解释，窃以为蓝田吕氏最佳。《中庸集说》（漓江出版社，2011年）第23页引蓝田吕氏曰“隐微之间，不可求之于耳目，不可道之于言语，然有所谓昭昭而不可欺、感之而能应者，正惟虚心以求之，则庶乎见之，故曰‘莫见乎隐，莫显乎微’然所以慎独者，苟不见此，则何戒慎恐惧之有哉？此诚不可掩也。”此书第141页引蓝田吕氏曰：“故君子之道，莫大乎孝，孝之本，莫大乎顺父母。”所以我对这句话的诠释确有不合适的地方。“大”是形容词，君子之道最重要的就是孝，孝最重要的是顺亲。我没有将见和显理解为形容词，而是将其作为动词。若理解为形容词，大意便是所有最易见最易闻的都源于隐和微，所以君子要慎独，慎独就可以见到隐和微。隐微就是中，让中升华变成现实就是见和显。我的解释可能是受禅修过程中每个次第都要十分清晰之特点的影响，还有就是我的自以为是，不过还是觉得将隐和微解释为别人见不到的是个人私密时空不合适，道学气太浓厚。儒家内业之学，东汉之后失传，郑玄等大儒应该没有心性修炼，只能从说教的层次去理解隐微和慎独。

近代学术的引进，从根上毁了中华文化。中国文化如果沿着近代大师们设计的道路走下去，亡国亡天下。如果中华文明复兴，蔡元培、胡适极有可能会遭到文化审判，被判定为文化二鬼子、文化带路党。看一看《高僧传》域内外的高僧在引进佛教时，花费了多大的功夫，态度做法多么严谨。同样是在战乱和动荡中，同样是中国的精英，古今的差距怎么就这么大呢。

您的大作提到韩愈，韩愈的《原道》一文影响虽大，《原道》文章开始还没啥，到后面杀气越来越重，君不为君，臣不为臣，都无所谓。到了老百姓不交税，韩愈就说要诛之。所以极为厌恶韩愈，典型的御用文人。豪宅的看家犬都有狗证，好多人没有狗证，自告奋勇当看家犬。或许韩愈便是之一。

我赞同先生的观点，尤其文艺复兴以后的西方文化。在大学时候，因为上世界史的课，老师提到卜伽丘的书，便买了《十日谈》，本以为此书至少应该像《伊索寓言》一样会有不少极为智慧的故事，结果尽是中国北方老百姓所讲的高粱地里面发生的故事，有个学中文的同学想看这本书，便顺水推舟，将祸水送人了。又看了文艺复兴时期的绘画雕塑，为什么都是裸体，男性倒也罢了，女性哪怕是天使、女神也要裸体。原因可能有二，一是地中海的银行家们、土豪们的审美水平仅此而已，如同现在的土豪只会找女明星。二是先生所说，为鼓励纵欲，解放阴暗心理，为银行家、土豪们扩大市场需求。

您提到有的朋友希望先生的大作晚些公开，朋友们的建议您应该考虑一下。先生的观点正确且鲜明，提出技术主义、消费主义对人类前途的危害，可能会引起某些人的警觉。朋友们的担心是对先生的保护，也是出于对弘扬新法家思想事业的负责。先生不同于我等凡夫，无人注意，技术和消费目前正是政府鼓励的。我也建议先生谨慎。我的建议纯属臆测，不妥之处，望先生见谅。

再有，先生《道法中国》附录中的《新三字经》极佳，是否可以作一个《新三字经》的注释和讲义，结合民间和中小学的读经活动，将其作为读诵材料。新法家思想之弘扬，中华民族伟大复兴是千秋大业，先生及我等凡夫仅仅是铺路石，若儿童自幼便通过《新三字经》，了解中国文化的核心内容，将黄老之学作为思维判断的基础，先生功德无量。

祝好

石家庄学院　付金才

2014年6月24日

五、诸子同出一源（答付金才）

金才兄：

7月14日信收阅。

《中庸》中的隐、微当然不是鬼神，所以唐代孔颖达疏也说："中庸之道与鬼神之道相似，亦从微至著，不言而自诚也。"古注家似没有人将隐微混同于鬼神。

你将"鬼神一章作为说明论证隐微变化为见显的比喻和事例"也未尝不可，但从"视之而弗见，听之而弗闻，体物而不可遗""洋洋乎！如在其上，如在其左右""夫微之显，诚之不可掩如此夫"这几句看，显然是对《中庸》首章核心部分"道也者，不可须臾离也，可离非道也，是故君子戒慎乎其所不睹，恐惧乎其所不闻。莫见乎隐，莫显乎微，故君子慎其独也"的解释，而不仅仅是阐发其中"莫见乎隐，莫显乎微"一句。

你说"后世儒家强调日常修行的重要性时，过分强调警惕自己的灰色和阴暗心理，忽略了发现人心性中光明的一面"，其实这亦有其精妙处在焉。除去"自己的灰色和阴暗心理"，不就是"心性中光明的一面"吗？还去发现个什么？若再摆弄闲家具，岂不是画蛇添足！

另外，儒家的历史演进过程极为复杂，是诸多因缘相互作用的结果，“儒家篡改中华文化元典”也不是在某个“大原则”指导下进行的；后世乡愿盛行，与儒学心法、礼学不彰关系很大，我们抓住这个根本，当有利于世风改变。现在有人在媒体上大谈经学复兴、儒学现代化，恐易流于口耳之学，学人难得真正受用——还是要先返本，再开新，您说是不是这样？

百家是相须为用的，所谓百家争鸣只是表面现象。《易经》说：“天下一致而百虑，同归而殊途。”在这方面，不可看到西方学术发展呈碎片化趋势，各家学术争鸣的特点，就人云亦云，断言中国百家亦截然对立，那是不识大体！

当然，即使在内圣这个层面，诸家修行路线也有不同之处。比如黄老道家主要讲政治经济，为人君南面之术，所以其心法强调无为；而儒家重教化，对象侧重于普通人，所以其心法是从日常人伦下手，由人道始，再达及天道。但诸子百家都同归大道——这就是大体！

儒家少讲道法，重教化，与其源流相关，不一定是刻意为之。《汉书·艺文志》上就说：“儒家者流，盖出于司徒之官，助人君顺阴阳明教化者也。”

但儒家独尊，宋以后百家之学被斥为异端，道法之学沉沦的负面影响仍然巨大。至清末，中国社会动员能力越来越弱，成了一盘散沙。以孙中山、毛泽东为代表的时贤，引入西方民族主义及马克思主义思想资源，才一时解决了这个问题——那付出了多少血和泪的代价啊，不是一般书斋中的知识分子所能想象的！

文章千古事，吾辈敢不慎重！

最后，关于赠书一事，我是有些经验的。还是随缘吧，否则赠书与人常常是浪费金钱、纸张——古人说“书非借不能读也”，今天我们可以说“书非买不能读也”——我深深体会到，赠书效果并不是特别好。

再说，庙堂高远，人生何必求一时通达。孔子云：“为不为者，人也；遇不遇者，时也。”

诸君努力就是！

（2014年7月15日）

附付金才先生信件原文：

玉忠你好，

分别之后，便阅读余云辉博士的大作和你的《正名》，没有登录邮箱，未能及时回复，见谅、见谅。

这样翻译可以，我赞成。“莫见乎隐，莫显乎微”，我觉得重点是强调可见可显的事物无不源于内在的不可见闻的心性，源于到达独的境界之后所发现的隐和微。独的境界是天道，显现之后是人道，确实如君所曰：儒家心法周旋于天道与人道之间。我将“莫”释为“不”，在经典文献中找不到文字学的证据，有师心自用之嫌。隐和微两字在命名上属于君在《正名》中指出的无形而有名之类。后世儒家忽略了隐微本为内在心性的状态，在诠释隐微时，主要从个人独处等生活细节的原因可能有两点：一是受《大学》中“十目所视、十手所指”的影响。二是不了解儒家内业之学。其实这两者是不矛盾的，只有在日常生活中时时觉照，才能见到自己的隐和微。赵州禅师不也说自己二六时中，未尝杂用心吗。只是后世儒家强调日常修行的重要性时，过分强调警惕自己的灰色和阴暗心理，忽略了发现人心性中光明的一面。所以我赞成你从两个方面诠释隐和微，一是内在心性的层面，二是日常生活层面。关于鬼神一章，如果微之显的隐和微，和鬼神结合起来，那就等于说隐微就是鬼神，这样解释明显不合适。我倒觉得把鬼神一章作为说明论证隐微变化为见显的比喻和事例如何？

君在《斯文在兹》一书中，明确提出后世儒家篡改中华文化元典的方法，而关于后世儒家篡改元典的原则有些语焉不详，如果以后有机会此书再版，盼君能够明确指出其篡改经典的原则。国家和社会治理需要综合方法，儒家只重仁义，忽略道法。所以他们希望所有的圣王都是仁义之君，而没有道名法做支撑的仁义之人，是妇人之仁，是乡愿。孔圣是十分重视虚仁假义的，故曰："乡愿，德之贼。"而后世儒家真的走向了孔圣最担忧的境地，将儒学变成了德之贼。

还有，玉忠，中华文化复兴、黄老大道复兴、本土学术复兴需要多层面的努力，能否将你的书、余博士的书、河清先生的书、边芹女士的书，以免费赠送的方式送达中国高层手中。如果这些著作能走入决策层的视野，将会在一定程度上影响中国的决策。

祝君安好!

石家庄学院　付金才

2014年7月14日

六、答中国文化青年初学者（答时秉乾）

秉乾先生：

您能从新法家网站和拙作中受益，真是件令人高兴的事。

总以为，让一位年轻学子受用，比得到大学教授的认可重要得多——因为中国文化的生命力不在教室里，而是在现实生活中。普通人的受用，是中国文化被重新激活并传递下去的燎原之火。

您千万不要自称“晚辈”，也不可称我为“导师”。这不仅是因为我不配做人师，还因为真真切切地看到：那些导师常常越来越傲慢，逐渐会变成“大师”，最后都不知到哪里去了——还是做一个普通学人好，草间偷活，倒也自在。

虽然这样，我仍要将自己学习中国文化的心得向您汇报一下，或许点滴经验能使您少走一些弯路。

首先要知道，中国文化是必须亲证的文化。

什么是亲证的学问呢？

中国文化不是为炫学问、写论文、拿文凭、搞金钱，而是要修之于身心，用之于社会。这是中国学术与西方重思辨的人文学术迥异之处；形象一点说吧，中国文化=西方大学+西方宗教，其中安身立命，经世济民，修道、进德都包括。

所以，你若学习中国文化真上了路，每天都要做内圣、外王的功夫。

在内圣方面，不可心外求法，要苦耕心田，时时反省：诚，无妄之心做到了没有？要这样“三省吾身”；在外王方面，要为家庭、为社会、为天下人尽心尽力，鞠躬尽瘁，不能让一天虚度。

如此修习下去，你就会发现烦恼慢慢少了，智慧慢慢增加了——生活工作中，无论做什么都安乐自在，圆融无碍。

这就是大神通，其他任何神通之事皆不可求——即使《易经》研究也要如孔子，但得其义理而已。知一些义理，也不能拿着《易经》到处说事，和“半仙”一样！

若以为穿上汉服，出几本书，口诵《论语》，当个教授，那才叫学习中国文化，就离中国文化十万八千里了——这样，不仅自己不受用，还要害许多不明真相的人。断人慧根之事，永远不能做！

平常心是道。不要学习了中国文化，路也不照常走了，服也不照常穿了，脸色都不好看了。整天孤芳自赏，弄得神不神鬼不鬼的——那不是中道。

其次要知道，中国文化是一种高级的文化。

与西方学术不同，中国文化不是建立在抽象概念和人为假设之上的静态理论体系，她建立在联通主体与客体的大道之上。重心术、以阴阳“大象”推演智慧之学——道术合一，体用不二，内养外用一以贯之。

比较起来，近代西方学术过于注重外在客观世界，所以自然科学发达，甚至连心理学也是这样——将人心对象化了。

由于西方各学科之间的概念体系和理论体系迥异，使其学科与学科之间几乎没有共通性，以邻为壑；随着学术专业性的增强，西方学术的碎片化越来越严重——有些专业成了少数学者垄断的概念游戏。

而中国文化不是这样。诸子百家殊途同归，相须为用。

“一阴一阳谓之道”，道生阴阳，道、术并重。中医多称阴阳，兵家多称奇正，纵横家多称捭阖，轻重家多称轻重，但它们的理论原则都是一样的，都是从道的化用、一阴一阳无穷变化上展开论说。这就避免了学术的碎片化，能够由博返约。

所以我们研究一门中国文化，要熟读专门探讨阴阳概念的章节，直到能够应用之妙，存乎一心。比如研究中医，一定要精读《黄帝内经·素问》中的《阴阳应象大论篇》；研究兵家，一定要精读银雀山汉简《孙膑兵法·奇正》；研究纵横家，一定要精读《鬼谷子·捭阖第一》。

在研究理论的同时，还要参之以事（象），如医家的医案、兵家的战例，纵横家的游说范例（如《战国策》），并行之于实践，以期逐步达到理事无碍的境界。

《礼记·中庸》说：“博学之，审问之，慎思之，明辨之，笃行之。”可以说将中国文化的修习道尽了。

一内外兼顾，高度统一，一重外轻内，高度散裂，这里东方智慧之学与西方理论之学高下立判——我不是说西方学术不能学，但要在学习东方智慧之学的基础上再去学西方学术，前者是本，后者是末，是术。现在大学里西方学术近乎垄断一切，在“现代”的名义下宣传蒙昧主义，让人痛心！还大谈什么“知识就是力量”，智慧才是力量啊。知识多了，没有智慧，必如童子操刀，所伤实多！

《易·系辞上》引孔子云：“子曰：书不尽言，言不尽意。然则圣人之意，其不可见乎？子曰：圣人立象以尽意……”不要听人家说中国学术概念无定义，理论不明确就动摇。这些人不懂，中国学术是智慧之学，从文字到理论，不是如西方学术那样以言表意（拼音文字和对物理学至关重要的数学都是一种言），而是“立象以尽意”，“象”

不仅指阴阳、五行这样的“大象”，举事物说明道理也是立象。这样是为达到“道不自器，与之圆方”的智慧境界——相同的问题，圣人会给出迥然不同的答案，因为所教化的对象不同，不是圣人道理不明。

再说中国学术概念的定义、分类在字书中已经确定下来，就不需要再在专门学科（术业）中定义了。研读《尔雅》《说文解字》就会明白这一点——一些人按“西是中非”的思维惯性，用西方学术的特点、甚至弱点对中国学术妄加评判，实在无知！

最后要知道，中国文化是人类亟需的文化。

过去五百多年来，发端于西欧的资本主义生产生活方式席卷全球。其主要特点是：将私欲合法化了，将消费主义合法化了，将人与人之间、组织与组织之间、国家与国家之间的斗争合法化了。这违背人类清静本性、背离大道——是当代世界各类危机的总根源。

先贤早在两千多年前就对现代社会的上述现象做了彻底的批判。我常引用《礼记·乐记》中的这段话提醒世人，要回归礼义大道。沉沦物欲，迷失自我，不仅是个人的悲剧，也是社会的悲剧，整个世界必将因此陷入动荡不安的境地。《礼记·乐记》的作者写道：“人生而静，天之性也。感于物而动，性之欲也。物至知（此“知”通智）知，然后好恶形焉。好恶无节于内，知诱于外，不能反躬，天理灭矣。夫物之感人无穷，而人之好恶无节，则是物至而人化物也。人化物也者，灭天理而穷人欲者也。于是有悖逆诈伪之心，有淫泆作乱之事。是故，强者胁弱，众者暴寡，知者诈愚，勇者苦怯，疾病不养，老幼孤独不得其所，此大乱之道也。是故先王之制礼乐，人为之节。”

人类只有回归中华礼义之道，让自身行为有所节制才行，否则死路一条。

不是说西方没有节制人欲，近于礼义，合乎大道的文明机制，她们主要是靠宗教维系人心，就是印度教中的“信瑜珈”。只不过经历文艺复兴运动，西方文明在一切领域去道德化，宗教在理性的侵蚀下被不断地弱化——理性大兴，世俗化不断加强，带来了科学技术的进步和物质繁荣，却失去了人类安身立命的基础——文明基础的失衡是灾难性的……

而中国文化早就脱去了宗教信仰的外衣，两千年前就建基于理性基础之上。所以中国文化对于当代世俗化世界最当机，是当今人类所亟需的。

我们研究文化，不仅是为我们自己，也不仅是为了我们的国家，更是为了救人类啊！

你来信，发心要“为中华文化的振兴而奋斗”——这很了不起，也很不容易啊！因为复兴中国文化会改变过去五百年整个人类文明的进程，是惊天地、动鬼神的大事！

曾子云：“士不可以不弘毅，任重而道远。仁以为己任，不亦重乎？死而后已，不亦远乎？”与君共勉！

（2015年7月29日）

附时秉乾同学信件原文：

尊敬的翟玉忠先生：

您好！

三年前，晚辈初次接触了新法家的网站，并拜读了您的大作《道法中国》，对中华文化的认知焕然一新，感觉像是来到了一个新天地。三年来，我一直在关注着新法家，认真学习您和其他前辈学者的文章，受益实多，对中华文化的理解与认识提升了不止一个层次。在我心里，您就是我最尊敬和感激的导师。

晚辈极其热爱中华文化，对其有一种发自心底的从根本上的认同感。我真的可以说，如果有来世我还愿做中国人。相信您能理解我的这份热爱。但周围的绝大多数人却是不理解的，所以多年来我的内心一直是孤独的。直到我遇见新法家，如找到了失散多年的同胞——文化意义上的同胞。

晚辈诚挚希望能和先生做更深入的接触，交流对于文化的理解，以提升自己的认识，将来可能还会有幸共同为中华文化的振兴而奋斗。

希望先生能原谅我的冒昧。

敬祝

身体康泰　事业顺利

时秉乾

2015年7月26日

七、文化不是文人“玩”出来的（答时秉乾）

秉乾：

接到君2月24日来信，获知你现在就读于北京知名学府，感到十分高兴。你能够“常常阅读中国传统典籍，努力思考和践行中华文化修身养性之道，也常常思考中国和中华文明的未来”，这很了不起，也是大福报。

同时，我担心大学的人文环境会消解掉一颗追求智慧、美德、快乐的心。目前中国文化热中有太多的陷阱，会屏蔽数万年来人类积累的最优秀成果，所以决定写信给你，提醒你注意这些陷阱的所在。

首先要清楚，文化不是文人“玩”出来的东西。不可将自己弄成整天舞文弄墨、无病呻吟的文人。

文化是一个族群数千年生活经验的沉淀，其核心是内圣外王之道，不是外在的艺术形式。琴棋书画这些精致艺术也属于中国文化，深入研习大有益于身心，但它们不构成中国文化的核心。换言之，一个人可以不学习琴棋书画，却不能不修习内圣外王之道。

多年来，我去过许多所谓的中国文化“道场”，发现这类场所（会所）大多是一小撮传统文人玩弄风雅、几个没有文化的老总附庸风雅之地。这些人内圣不修，外王不讲——最多，不过是在这滚滚红尘中，浪费金钱打造了一方“净土”。若长期这样，不仅误人、误己，亦误国啊！

当然，中国传统文化发展成目前“文弱”的形态也不是一天的事，是经历上千年演进形成的，这种趋势不易改变。所以研习中国文化，就要“推倒一世之智勇，开拓万古之心胸”，再因循下去，文人还逃不出“平时袖手谈心性，临危一死报君王”的宿命！

客观地说，这首诗对旧文人有过誉之嫌。因为每当国难当头之际，太多文人都率先投降，只有少数人能“一死报君王”。

所以希望你在大学里，不仅要学文，还要练武，锻炼强壮的身体；不仅要学习专业知识，业余时间亦可多看看历史、兵法，这些对提高自己十分有益。

其次要清楚，国学不等于“国学院”的学术。不要以为自己读了人文社科的博士，当了教授，就成了半圣，乃至半仙。

大学国学院老师多是过去人文学科的教授或这些教授的学生，他们满脑袋都是如何用西方概念、理论肢解内圣外王之道，肢解得越像西方汉学越好。他们表面上是宣传中国文化，实际上搞的是以中国文化为研究对象的西学。

比如说，他们将孔子说成是教育家、哲学家、政治家。问题是，孔子完全不同于西方文化中的“教育家”“哲学家”和“政治家”，他讲的教育以修身为本，是内圣功夫，不同于西方教育强调知识和技能的培养。那些“国学大师”们讲起孔子的教育思想来，能够写好多论文，好多书，但对于孔子的内圣功夫，几乎“语焉不详”。

他们有时拼命反对西方文化，以示自己多么热爱中国文化，“国学”修养多么纯粹——事实上这类人大体既不通西学，也不通中学。

这类“国学专家”最大的本事就是用“琴棋书画”骗外国人，宣称这是中国的“国粹”，花大笔钱在各国搞“学院”——我看早晚得将内圣外王集大成的孔老夫子气死！

记住，研习中国文化不是一门职业，而是身心性命、经世济民之学——你千万不要做肢解中国文化的“国学专家”，造孽啊！

最后要清楚，研习中国传统文化不可亦步亦趋西方汉学。西方汉学有助于我们从外部视角反观自身。但过去一个世纪以来学人一切以西学马首是瞻，导致传统文化研究中“西方汉学”化严重——用汉学家向西方人介绍中国文化的方法，将中国本土学术哲学化、史学化和专科化。

从意大利耶稣会传教利玛窦（1552—1610年）明末来华算起，中西近距离交流已有四百多年的历史。不错，西方汉学家为西方理解中国，以及世界文化的交流做出了巨大贡献，但我们也应该看到，由于中西文化差异过大，直到今天，西方人还是很难理解中华内圣外王的本质——他们无法理解内圣是一切宗教的核心，一神教只是内圣之学的一种形式。

另外，西方汉学整体上受“东方主义”影响太深，汉学家习惯于将中国文化当作次一级的存在，最高级当然是西方的。事实上，文化是一个民族生存经验的总结，本质上不存在高低之分。即使比较起来，也不能证明《孙子兵法》低于《战争论》，轻重术低于经济学，中医低于西医——因为中国是高度发展的文化，其文化的厚度远在西方文化之上，甚至超过了西方学人的想象力，以至于中国文化在两千多年前就显示出诸多“早熟”特征。

我不反对西学，相反，希望年轻朋友多学两门外语。一方面可以将西方新近的、有益国人的研究成果介绍进来，另一方面可以在世界范围内宣传中国文化——这两方面都是艰巨的任务，我自己也在与相关机构合作，积极推动。

学习西学，最忌囫囵吞枣。20世纪，西方科学技术一时领先，诸多中国知识分子就认为西方一切先进，这是何其愚蠢！事实上在人文社科领域西方学术并没有任何先进性可言，他们将自然科学方法平移到人文领域，让资本最终垄断一切学术；排他式的东方主义，使西方人文学术陷入狭隘、偏见和失效之中，近乎不能自拔。

秉乾，希望你能认清我所说的“学术陷阱”，牢牢记在心，时刻提醒自己。若真掉下去，慧根都会被断掉，更别谈什么“究天人之际，通古今之变”，成圣成贤了。

精神蒙昧、精神奴役、精神贫困更持久，也更可怕。

——警惕啊！警惕啊！警惕啊！

（2016年3月8日）

八、学无新旧、古今（答彭鑫）

彭鑫老弟：

看到你7月13日的来信，本欲约君详谈一次。最后还是决定写信给你，这样能够把相关问题讲得更清楚——它们涉及内圣外王，大本大源，很有讨论的必要。

1.“时中”之圣孔子

首先，《中庸》首章“道也者，不可须臾离也，可离非道也”这句话告诉我们道于大化之中，无所不在，所以后面以鬼神为喻解释说：“洋洋乎，如在其上，如在其左右。”

作者本意是要我们时时刻刻反省自己，做好诚的功夫。因为源于本心、处于隐微的诚发之于外最明显。所以作者才说：“道也者，不可须臾离也，可离非道也，是故君子戒慎乎其所不睹，恐惧乎其所不闻。莫见乎隐，莫显乎微，故君子慎其独也。”这段话的意思是说，道是不能片刻离身的，如果能片刻离身，就不称之为道了，所以说君子对于人所看不见的、听不到的心性和独居行为要始终保持戒慎恐惧；但凡最易见、最易闻的都发端于隐微的大道（天性），所以君子要做好慎独功夫，时时处处反省自己。

两千年来，学人解释这段话时产生了很多混乱，一个极大的原因是没有看到《中庸》有相对应的“说”，其阐释说明性文字就是《中庸》“鬼神之为德”那段，孔子以同样“视之而弗见，听之而弗闻”的鬼神为喻，说明道无所不在，诚以行道，功用显著，不可隐藏的道理。上面引用孔子的话说“鬼神之为德，其盛矣乎！视之而弗见，听之而弗闻，体物而不可遗。使天下之人，齐明盛服，以承祭祀。洋洋乎！如在其上，如在其左右。《诗》曰：‘神之格思，不可度思，矧可射思。’夫微之显，诚之不可掩如此夫！”这段话是说，鬼神所表现的德行真伟大啊！看它也看不见，听它也听不到，但却体现在万物之中，不可轻视它的存在。天下的人都斋戒净心，穿着庄重整齐的衣饰去祭祀它，它们无所不在啊！好像就在你的头上，好像就在你左右。《诗经》说：“神降临的时刻，不可揣测，岂敢怠慢不敬！”形象隐微却功用显著，诚就是这样不可隐藏！

君将“道也者，不可须臾离也，可离非道也”移用于历史现象，未尝不可，道固委蛇，世有盛衰，这是不以人类的意志为转移的。关键是我们自己——具有能动性，可以“为、不为”的人如何做。若于人事，侈谈“中庸”“非中庸”皆是道，那实际是糊涂账，离圣贤大道远矣。

君说孔子昧于历史变迁，春秋大道，“不识时”恐怕亦不恰当。孔子一生推崇周礼，但未曾株守周礼；孔子对于中国政治思想影响直至今天（如大同、小康），不可谓其失败。孔子厄于陈蔡，命悬一线，察其言行，玉忠知其得道深矣，可谓“识时者”。

公元前489年，年迈的孔子怀着经济天下的理想，应楚昭王之邀南行。陈国和蔡国的大夫认为孔子若为楚所用，则两国危矣，所以将孔子及其弟子围于旷野，绝粮达七日之久，弟子多病者。而孔子仍与弟子“读诗书，习礼乐不休”。在生死关头，君子固穷，这种定力是一般人难以达到的！

孔子累德积义，孜孜行道，却困窘如此，当时甚至子路也对圣贤之道产生了怀疑。他直接质询孔子：“我听说：‘行善的人，上天会让他幸福；作恶的人，上天会降灾祸给他。’现在先生长期积累功德、不断奉行道义、心怀各种美德，行善的日子很久了，为何处境却变得这样窘迫呢？”（《荀子·宥坐第二十八》原文：子路进问之曰：“由闻之：‘为善者，天报之以福；为不善者，天报之以祸。’今夫子累德、积义、怀美，行之日久矣，奚居之隐也？”）

孔子的答语成了一代圣贤对后世的伟大教诲——因为孔子揭开了性命之学的根本所在：修身以俟命！何谓（人）材？何谓（天）时？何谓命？何谓学……

学人若仅以为孔子不能用于当世，不能通达显赫于当时，以成败论英雄，认为他是失败者，则误人误己多矣。要清楚，一个人修习大道，不是为了功成名就啊，而是为了做到“穷而不困、忧而意不衰也，知祸福终始而心不惑也”，这才是真定力！

我们生于斯世，修学、行事是有本末的——现代大学教育竟以为有了知识、得了文凭就是学习，赚了钱、有了权就是成功，简直愚不可及——面对那些涉世不深的青年，是可忍，孰不可忍！

孔子在生存危机中的教诲发自肺腑，字字玑珠。穿越2500年的时空，我们能听到如下的教诲，何其幸也：

“仲由啊，你还不懂！我告诉你：你认为有才智的人一定会被任用吗？王子比干不是被剖腹挖心了吗？你认为忠诚的人一定会被任用的？关龙逄不是被杀了吗？你认为劝谏的人一定会被重用吗？伍子胥不是在姑苏城东门之外被碎尸了吗？得不得赏识任用，这要靠时机；有德才还是没有德才，这就是各人的素质了。君子博学多识、深谋远虑却碰不到时机的多着呢！由此看来，不被社会赏识的人很多，哪里只是我孔丘一人？再说白芷、兰草长在深山老林之中，并非因为没有人赏识就不香了。君子学习，并不是为了显贵一时，而是为在不得志的时候不至于束手无策，在忧患的时候也能意志不衰，懂得祸福死生的道理而心里不迷惑。有德才还是没有德才，在于素质；是做还是不做，在于人；是得到赏识还是得不到赏识，在于时机；是死还是生，在于命运。现在有人生不逢时，即使贤能，他能有所作为吗？如果碰到了好的时运，那还有什么困难呢？所以君子就要广博地学习、深入地谋划、修养身心、端正品行来等待时机。”（《荀子·宥坐第二十八》原文：“由不识，吾语女。女以知者为必用邪？王子比干不见剖心乎！女以忠者为必用邪？关龙逢不见刑乎！女以谏者为必用邪？伍子胥不磔姑苏东门外乎！夫遇不遇者，时也；贤不肖者，材也；君子博学深谋不遇时者多矣！由是观之，不遇世者众矣！何独丘也哉？且夫芷兰生于深林，非以无人而不芳。君子之学，非为通也，为穷而不困，忧而意不衰也，知祸福终始而心不惑也。夫贤不肖者，材也；为不为者，人也；遇不遇者，时也；死生者，命也。今有其人不遇其时，虽贤，其能行乎？苟遇其时，何难之有？故君子博学、深谋、修身、端行以俟其时。”）

彭蠡老弟，真希望你能三复斯言，行之于身，当得大受用。

风物还需放眼量，孔子生前在政治上没有功成名就，但完全不是“不识时”。我常常想，是否正因为孔子在政治上的不得意，才造就了他“万世师”的道德精神境界，他对大同、小康的追求也成了国人执着千载的价值理想——若孔子安然至楚，吾辈何处听此金玉之言！

世间机缘，多不可思议之处。日用之间，吾辈凡夫俗子所努力者，亦不过“博学、深谋、修身、端行以俟其时”而已，岂敢有他心！

谋事在人，成事在天——吾信之！吾信之！

2. 学无新旧、古今

当代著名学者爱新觉罗·毓鋆（1906—2011年）说过："中国文化没有古今、新旧，只有先后，看你能不能做到先时。古人的智慧，讲就够了，思想还有新旧之分？会用，都是新的，不会用，都是旧的。"①

一种学问，是古是今，是新是旧，区分的标准不是产生的时间，而是是否有效用。现代学术的发展，各种思想观点可以说是目不暇接。遗憾的是，其中多数都是学人师心自用，闭门造车，没有太大用处。我看那种学术，都是"古的""旧的"，尽管它们也产生于当代。

这里说明一下自己作学问的基本理路：研读圣贤之书，修习圣贤之道。

十多年前，当我注意到社会现实不是凭空产生的，而是大时空尺度下的因革损益过程时，就以一个简单的逻辑开始自己的研究：欲复兴中华，必先复兴中华文化；欲复兴中华文化，必先读通古今圣贤书。

随着研究的深入，我才发现圣贤书中有大道在焉。中华文化不仅是中国的灵魂，更是解决当代世界问题所急需的——五年前，我写作《中国拯救世界：应对人类危机的中国文化》一书（中央编译出版社2010年5月出版）——已经有了这种明确的认识。

为何我不断地要学人注意"道术未为天下裂"时的圣贤之道——特别是黄老之学呢？因为世上有超载时空的"经"在焉！我希望学人

① 邵延枫：《大隐》.《北京青年报》，2014年6月29日。

能先守经，再达权；先返本，再开新。不要一下回到与中国迥异的古希腊，言必称之，这是极其危险的“穿越”！

以中医为例吧。

中医有好多经，比如《黄帝内经》有两千年以上的历史了，但它仍然是新的，为何？因为它奠定了一种医学范式的基础，所有好中医都会仔细研读；还有很多方子，方子是术层面的东西，也有一两千年的历史，现代中医还要用呢！医生会根据病人的实际情况，对方子“因革损益”。比如我抱怨煎好的药有点苦，慈悲的黄医生给我加了好多大枣在里面，味道就得到了改善。我对黄医生说，你太迁就我了。他说不是，首先大枣本身就补血补气，另外我的药要吃几个月，若味道很不好，会影响整体疗效。

为何举中医为例呢？因为中医人们仍在用。而轻重术、黄老学、名学、礼学、性命之学，这些早就不为一般学人所知了。我曾问过中国著名经济学家，他们连轻重术这个名字都没有听说过。所以我就到处宣传这些经。或许正是因此之故，可能会发生“古为蔽”的现象，甚至囿于“古经古法”，一如沉迷于现代性中的世人“今为蔽”——这是我要警惕的！

我不反对以现代为对象的研究，亦努力支持过一些朋友关于现代政治经济模式的研究——这你是知道的。当然希望朋友们兼通古今，结果大体是失望。有人研究了日本模式就困在日本了，言必称日本！

我深刻体会到：再回到清代经学不行了。孔子学术归本于西周王官学，以诗、书、礼、乐教人，到清代已经扩充为十三经。同西方接触几百年的经验告诉我们，株守经学没办法为现代化提供足够坚实的思想资源，所以我注重战国、秦汉时集百家之大成的黄老之学。当然，我们也要重新整理阐述诸经，但没必要走注疏的老路。

在保持中学独立性的同时，要注重中西对比。我们不仅要学会从西学角度看中学，还要学会从中学的角度看西学，后者尤其困难——“五四”后学人很少能“以中格西”，不知中学亦有其“先进性”的一面。

君说“内圣之业可以循古多求证，外王之业则必通于时世，合于变数”，这是将道与术割裂了。内圣之业有那么多圣贤作榜样，有那么多经验值得我们学习，外王之业有那么多术、那么多“方子”就不值得我们学了？岂不怪哉！

学不是照搬，还要有权变。政府反恐学习了法家的连带责任制度，重其轻者的刑事原则；反恐是新问题，涉及民族主义、地缘政治诸方面，这是古圣贤没有遇到过的，需要当代人的智慧——这里就有经有权，缺一不可！

上午我去河北老家的白羊峪长城游玩，因历数百年无人修缮，这段明代长城残破不堪，却依然雄姿依旧。那么大的工程，要有怎样的社会组织动员能力啊！以当时的技术条件计，远超过当代高速公路、高速铁路的建设吧！明代前期的中国似乎并未成一盘散沙。

悠然漫步在长城脚下，在当地人黑红的面庞上，我努力寻找当年守城将士敏锐侦敌的眼神，但我看不到一点痕迹。因为地缘政治形势变了，长城早已失去了它的本来存在意义——防御功能。

学问不是长城，它是北极星——那些伟大的圣贤之道永远高悬在历史的天空，指引着迷失的人——这是我学习圣贤之学最深刻的体会！

3.“道路”的力量

君能于历史规律中拈出“道路”一词，了不起！本来法无定法，由于因缘不同，历史进程必将迥异。且“道路”让我们关注复杂系统的路径锁定现象，最初的文明范式可能成为一个文明发展的基因——一些人谈论中国问题，一切以西方，特别是一时最为强大的美国为标杆，何其愚蠢！

现在庙堂之上亦注重中国道路，强调道路自信。问题是：脱离中国文化土壤的知识界已经不能用他们头脑中的西方概念解释中国道路了，因为他们不知事物之“起始”，就难以说明“方向”，更别谈什么“纲纪”！

西方人不熟悉轻重术用公共财富为国理财，林毅夫教授最近强调“有效的市场，有为的政府”，就已经让我念几天阿弥陀佛了！毕竟他的理论里边还有中国现实，不像一般经济学家那样天马行空——不是骂垄断就是骂专制，老是着急中国为何不成美国，故宫为何不变白宫！①

道路并不是说智愚、顺逆全不讲了。比如在公私的问题上，现代西方社会重个人权利、个人产权，中国传统社会讲无私、公理，重社会整体的和谐富强，二者具有完全不同的价值取向和历史道路。

在西方个人主义膨胀产生诸多问题的今天，我们是不是要向世界推荐中国的历史和现实经验呢，一如西方宣传自己的“普世价值”——“普世价值”被一些人不恰当地利用了，但放在西方历史中，一些“普世价值”不能不说有进步意义——只不过这种“进步”大体只适用于西方。

事实上内圣与外王，道与术是一以贯之的，修养身心与经世济民不能一分为二，不能内圣重古，外王重今。学人常常讲无私无我，舍己为人，这与《礼记·礼运篇》讲的大同之世不是直接相通吗？

“大道之行也，天下为公，选贤与能，讲信修睦。故人不独亲其

---

① 林毅夫：《为什么主流理论指导政策很失败？》，http://www.cssn.cn/jjx/jjx_gd/201407/t20140711_1250207.shtm，访问日期2014年7月16日。

亲，不独子其子，使老有所终，壮有所用，幼有所长，鳏、寡、孤、独、废疾者皆有所养，男有分，女有归。货恶其弃于地也，不必藏于己；力恶其不出于身也，不必为己。是故谋闭而不兴，盗窃乱贼而不作，故外户而不闭，是谓大同。”

今年年初，我在河南灵宝的介子推祠前（在函谷关附近）为大学生领读这段话，真真切切感觉到为何它吸引一代又一代中国人——其植根于人类本性、宇宙大道之中！

道路，包括中国道路，是不能脱离文化和历史传统而存在的。学人要归本希腊，这不是好不好的问题，根本是不可能的问题！二十世纪中国知识分子几乎鼓吹、移植过西方的全部主张，但现在的国家组织形式和政治组织形式还是不似美国和欧洲诸国，更似秦汉——大统一的郡县制，官僚主导的、代表整体利益的强大中央政府……

联省自治可以占领整个思想界，自由民主可以占领青年的头脑，但现实就是现实，书本不是现实——这就是“道路”的力量，从两千年的历史一直延伸到全球化时代的今天！

毛泽东主席七律《人民解放军占领南京》云：“天若有情天亦老，人间正道是沧桑。”

正道尚如此，况非正道乎——君其慎哉！

（2014年7月16日）

附彭蠡信件原文：

翟哥：

“道也者，不可须臾离也，可离非道也。”诚哉斯言！

所谓不可须臾离也，非尽是一己践行须循道而为，更是大化流行，道在其中。

文人好执着而不自知，动辄大非时世，以“世风日下，人心不古”为遁词，标榜清高愤世嫉俗。实则昧于大道，不知“世风日下”亦是大道，否则能断然而弃之乎？为什么秦以降会有数番王朝更替，难道一姓天下万世不替为大道昭彰而王朝更替有悖大道？有上有下，有兴有衰，有陵有夷，大道皆然。有中庸也有非中庸，亦如是！因此，我以为孔子昧于春秋大道嬗变矣，是谓“不识时”而非“不机遇”！

兄发宏愿，明大经、宣大道，其志让人钦佩不已。与兄交，受益匪浅，诚可谓“良师益友”也。但近来，一念愈来强烈，颇觉兄似有囿于“古经古法”之嫌，而昧于时世大道。此中之意，非不解兄溯源正本必在古史，而是取法旨、奉古贤过甚。大道在于流变，非流变则无须寻大道；大经在于合时世，非时世则行知一体岂不谬乎？故内圣之业可以循古多求证，外王之业则必通于时世，合于变数。

弟行年三十有几，常有感昧于大道之耻，切于众说中思之，于实事中求之，于历史中证之。中国兴衰治乱，最为宏富。东西文明隆替，最为鲜明。拈来“道路”一词，始觉能解，天下众说莫能在肯切方面超过此词。道路，无论是一己之思智愚，还是一国之行顺逆，皆不是关键，关键在于方向、在于起始、在于纲纪，最终是势蓄而道成。所谓“大道惟真，不涉利害”最能诠释其旨。

历事有限，求道也浅，上述之言虽胡乱无绪，却是诚言真语，愿兄思之。错谬之处，敬请不吝赐教，拨我之乱，反我之正。

彭蠡

2014年7月13日

九、关于孔子、孔门四科、儒家的再认识（答友人）

过去十多年，我对孔子的认识不断深入，大体如您所说，“先抑后扬”。

为什么会这样？因为长期以来，囿于千百年来的观念，我将儒学等同于孔学，认为孔子文弱不武，只是上承王官学，整理“五经”，没有看到他培养德行、政事、言语（外交）、文学（儒家）精英，开启了孔门四科及诸子百家之学。

汉武帝时代罢黜百家，表彰六经。将孔子之学片面化，大体只留下“文学”一科。随着将孔子矮化为儒家，中国文化本身也跌入“经学陷阱”，两千年来不能自拔；宋儒以“四书”谈心性，欲恢复孔门“德行”科，同佛家抗衡，怎奈引佛入儒，儒家佛家化，颠倒本末，诚可叹也。

“五经”本是王官学，周代礼乐制度崩溃，其学难以适应时代发展，诸子兴焉。加上更加空疏的“四书”，导致儒家“无用”之学膨胀。在民国初年“整理国故”运动中，“乱七八糟”且“无用”的中国文化，只能成为西方学术的研究对象和西方文化的附庸。

当代，许多学人无法从汉、宋儒家的阴影中走出来，变本加厉，一谈中国文化，即是儒家文化。甚至不再满足于文化上成为西方附庸，还要在政治上、生活方式等方面都成为西方的附庸——人家有宗教，我们也要有；人家搞三权分立，我们也要搞……在今天的国学热中，在所谓的“反西方保守主义”背后，这种思潮盛行！

孔子是内圣外王皆有大成就的一代圣贤，能文能武，能佛能魔，至随心所欲、“无可无不可”的境界。“至诚之道，可以前知”，据《史记·仲尼弟子列传》记载，孔子曾预言商瞿四十岁后会有五个儿子。

孔子在传播宇宙大道伟业中具有革命性地位。整体上，东西方内圣外王一贯的大道是“密法”，其精髓只传给少数人，如宗教领袖的少数弟子或贵族子弟。孔子的最大贡献在于，他将大道世俗化了，让所有人都可以在生活中行道——这是开天辟地的创举！

孔子集大成，师事重道的老子，兄事重法的子产，学宗道法，道器兼备，弟子三千，桃李满天下。所以尽管孔子没有诸侯之位，太史公仍为他写“世家”。唐代张守节《史记正义》解释说：“孔子无侯伯之位，而称世家者，太史公以孔子布衣传十余世，学者宗之，自天子王侯，中国言六艺者宗于夫子，可谓至圣，故为世家。”

孔子说自己能够“仁且忍，辩且讷，勇且怯”（《淮南子·人间训》），就是这样一位大成至圣先师，却被后世儒者随意打扮，成了柔弱不武，只知仁义道德，毫无刚猛之气的小儒！这种“反孔灭道”的做法影响至今。比如郭沫若在《十批判书·孔墨的批判》中，说孔子“是文士，关于军事也没有学过”；张岱年《孔子与中国文化》中说孔子把“礼乐与军旅对立起来”。殊不知，孔子时代文武尚未分为两途，军礼本为诸礼之一，何来对立？！

孔子用兵，能达到“抡刀上阵不动心”的境界。据《史记·孔子世家》，公元前484年，冉有为鲁国执政的季康子统率军队，在郎地同齐国作战，打败齐国。季康子问冉求：“您的军事才能，是学来的还是天生的？”冉有回答：“是从孔子那里学来的。”季康子追问：“孔子是怎样的人？”冉有回答：“任用他要符合名分，他的学说不论是传布到百姓中，还是对质于鬼神前，都没什么缺憾。我按照老师的原则行事，虽然有二千五百户人家的封赏，老师也会毫不动心的。”

在内乱和外敌面前，孔子总是奋不顾身，挺身而出，保家卫国。公元前497年，孔子任鲁国大司寇兼摄相事，为了加强君权，派人拆毁三都。面对贵族的反抗，是孔子带人在“武子之台”救出了鲁定公，当时乱兵已经到了定公身边，情况十分危急。《史记·孔子世家》载：“季氏将堕费，公山不狃、叔孙辄率费人袭鲁。公与三子入于季氏之宫，登武子之台。费人攻之，弗克，入及公侧。孔子命申句须、乐颀下伐之，费人北。”

在齐国即将入侵鲁国的关键时刻，孔子知人善任，派出子贡，拯救了父母之邦。这次纵横外交十分成功。据《史记·仲尼弟子列传》：“故子贡一出，存鲁，乱齐，破吴，强晋而霸越。子贡一使，使势相破，十年之中，五国各有变。”我们熟悉的吴越争霸、卧薪尝胆的故事，都以此为背景——孔子学团改变了春秋时代的战略大格局！

传统兵学，“孙吴”并称。孙指孙武，吴指吴起。吴起是孔子的再传弟子，孔子弟子子夏的高徒。

您看，孔子所行，和传习经典（文学）的儒家有很大不同，后世儒家将孔子之学等同于儒家之学，从文化到政治经济，对中国的伤害真是“罄竹难书”。因为这样做，不仅使中国文化的外王之学边缘化和异端化，还使儒家同士绅豪族形成政治联盟，不知摧毁了多少家国，那是经济上的“世卿世禄制”，会导致土地兼并，公权力弱化，整个社会系统的失衡。

宗法社会秩序的核心是以血缘为基础的世卿世禄制。孔子教育实践本身就是对这一制度的最大冲击，它使仕途向一般民众打开。

孔门德行科，也意味着能够从政。和后世空谈仁义道德，不问世事，不知经济的儒生不同。仲弓和颜回一样，列德行科，孔子认为冉雍（字仲弓）有德行，说他可以治国理政。因为冉雍出身低贱，孔子就说："耕牛产下的牛犊长着红毛，角也长得整齐端正，人们虽想不用它做祭品，但山川之神难道会舍弃它吗？"《史记·仲尼弟子列传》上说："孔子以仲弓为有德行，曰：'雍也可使南面。'仲弓父，贱人。孔子曰：'犁牛之子骍（赤色的马和牛——笔者注。）且角，虽欲勿用，山川其舍诸？'"

——很明显，孔子反对宗法社会世卿世禄制度，主张选贤与能。

孔子也讲"法生德"。他五十六岁执国政，先诛杀当时"乱政"的大名人少正卯，然后才有了执政三个月路不拾遗的大治。这与商鞅徙木立信，曹操任洛阳北都尉，悬五色棒于城门没有区别，只是孔子行事刚猛非凡——鲁国国政混乱久矣，恐不得不然！

四科之学由孔子阐发，孔门弟子发扬，最后至战国汇为诸子百家这一东方文化巨流。

我不是否定三代王官学，史官所传道法在中国文化中的根脉地位，只是强调孔子承上启下，继往开来的作用。孔门道术传承直至荀子（韩非、李斯皆出荀门），荀门传诸经、一天下，这个功劳是孟子及其后学所不能比的——对中国文化影响至今。

研究孔荀之道，孔门四科之学，是中国文化研究的命门所在。否则，政教两分——德行、文学（传经）科与政事、言语（外交）科两分——单讲政治上的道法，或单讲德行教化，都不能收拾贯通天地人，内圣外王不二的大道。

我们不能只重孔子"承上""继往"方面，忽视其"启下""开来"的一面。不能只讲"四书五经"，避而不谈孔门四科、诸子百家——春秋战国"由经入子"是进步，汉代"由子入经"则有诸多弊端。

最后一个问题，就是如何翻译“儒家”，肯定不能再将之译成“孔子的主义”（*Confucianism*），因为儒家只代表了孔门传习经典的“文学”科，那只是修习大道的起点，还要安人，安天下，方能得大成就；但“儒家”具体如何译，还要认真考量，似乎没有现成答案——中国文化基本观念、概念混乱，谬种流传太久了，需要我们下大力气正名。

（2018年3月1日）

十、法家乃天地大法（答钱锦宇博士）

钱先生：

您2月18日寄来的两篇学术论文《法家思想的批判性继承与中国现代民族精神的塑造》（原载《南通大学学报》2015年第四期）、《中国国家治理的现代性建构与法家思想的现代性转换》（原载《法学论坛》2015年第三期）已收到，并转载到了新法家网站中文版——谢谢您的支持。

您渊博的学识和对时局的洞察给了我深刻的印象。在这样一个人心浮躁的时代，有社会责任心并潜心研究学术的学者罕见！

因为过去十多年主持新法家网站的编辑工作，浸淫其中，所以对法家有些十分肤浅的理解。尽管不能像您一样做到执古御今，也想把自己的点滴理解贡献出来，供您参考。

首先，法家不单单指中国古代的法治思想，法家之“法”乃天地大法，包括经世济民，一切应世的方面，这是中国法家与西方法学的极大不同之处。

实际上较早提到“法”及“法家”的，是成书于战国时期的《管子》一书，其中一篇叫作《七法》，它讲的“法”，甚至包括用心之道——心术。

根据《管子·七法第六》，“七法”包括则、象、法、化、决塞、心术、计数七个方面，并定义说：“根天地之气，寒暑之和，水土之性，百姓、鸟兽、草木之生，物虽不甚多，皆均有焉，而未尝变也，谓之‘则’。义也、名也、时也、似也、类也、比也、状也，谓之‘象’。尺寸也、绳墨也、规矩也、衡石也、斗斛也、角量也，谓之‘法’。渐也、顺也、靡（通磨，意为磨炼—笔者注）也、久（通灸，意为薰陶—笔者注）也、服也、习也，谓之‘化’。予夺也、险易也、利害也、难易也、开闭也、杀生也，谓之‘决塞’。实也、诚也、厚也、施也、度也、恕也，谓之‘心术’。刚柔也、轻重也、大小也、实虚也、远近也、多少也，谓之‘计数’。”

当然，法家主张一断于法，重依法治国，《管子》多用“法”这个概念指法律规章，反对“枉其法”，但不能依此将中国法家等同于西方法治思想。

《管子》提到“法家”，是在中国古典经济思想“轻重术”的专论中。《管子·山至数第七十六》记载说，一个叫“特”的人建议齐桓公施行消费主义的经济政策，管子批评特“非法家也”，这里的“法家”显然是针对“特”不懂经济来说的。

为何许多人将法家与西方法学思想混同呢？这可能与汉人对法家的描述有关。《汉书·艺文志》说：“法家者流，盖出于理官，信赏必罚，以辅礼制。”理官指治狱之官，于是后人多将法家限定在法律或政治领域。

事实是，《汉书·艺文志》是按书目分类，比如法家代表人物商鞅的作品，不仅列入法家，还入兵家（《汉书·艺文志》有“《公孙鞅》二十七篇”），商鞅本人亦知轻重术，有纵横之风，只是没留下专著罢了。

中国学术出于王官，与西方私学传统不同。中国文化中各门学问相须为用，不是壁垒分明。所以今天我们研究法家，切不可局限于法治思想，经济、外交、政治、军事、法律等方方面面都要研究，通达经世济民之术——因为一切事务本来就是一体的、互相联系的。

当然，您关于法家法治思想现实意义的研究是重要的，特别是21世纪全球性大争时代、“新战国时代”。法家思想根本一条就是实用，所以一定要扎下心来，做实、做细、做通。不仅要研究法家经典，还要深入研究从秦到清的法律条文，乃至典章制度、大臣奏章，这样就会懂得法家的“软件”是如何在社会系统中运行的。

千万不能总是停留在大原则上，为学术而学术！“新法家”思想复起近百年了，为什么还是不兴，这是一个重要原因。

比如中国与西方社会最大不同就是没有一神教的宗教观念，早已摆脱了神话阶段，所以其道德的维系不是靠坚固的宗教信仰，而是靠教化和法律。“以法生德、以德固法”，是法家的核心思想。

20世纪，中国学人引入了西方法律制度，却引不进西方宗教信仰，所以社会道德就失去了硬性支撑，只能“世风日下”了。

我们还要坚持以法生德，并将这一原则贯彻到全部法律制度中去——这没有选择，除非将“上帝”请来。

再比如，现代网络时代犯罪成本那么低，金融诈骗按几个键就行，这时要不要施行“重其轻者，以刑去刑”的刑事原则？

真正要“立公弃私”，让社会公义大于个人私利，是不是要讲连带责任制度，可以亲亲相隐吗？孔子曾大力赞扬“治国制刑，不隐于亲”的行为，《左传·昭公十四年》载孔子言曰：

“叔向，古之遗直也。治国制刑，不隐于亲，三数叔鱼之恶，不为末减（末，薄也。末减意思是从轻论罪——笔者注）。曰义也夫，可谓直矣。”怎么现代有些所谓的“新儒家”，竟然将“亲亲相隐”原则渗透进了《中华人民共和国刑事诉讼法》！

这些都是现实大问题！

还有法制精神的培养，非要跟在西方屁股后面讲契约精神吗，我看那样早晚是邯郸学步，匍匐而归。为何？因为西方宗教重契约精神，中国的教化传统则重诚信。有了诚，契约精神自然就有了，不需要非信仰上帝不可。再说，如果不讲诚，我们如何在日常生活中修习孔子之道，如何得孔颜之乐，如何成就大智慧——难道中国知识分子都要走进教堂吗？

您是法学博士，且研究方向是政治哲学和国家治理。君若能将西方法律，与中国的文化传统和社会现实结合起来，不再迷信西方，将会为社会做出怎样的贡献啊——任重而道远！这担子不比商鞅变法轻啊！

真希望像您这样的年轻朋友有理想，有使命，有担当！

想想，单独恢复中国传统法制“以法生德”“重其轻者”“连带责任”原则，就要多少法律法规要修改啊——要有多少反对力量啊。

最后，我想就您《中国国家治理的现代性建构与法家思想的现代性转换》一文第二部分，“21世纪法家思想复兴必需的创造性转换”简单谈谈自己的看法。

对于法家思想文化在21世纪的复兴，您认为应当推动三个理念的转换。

首先是由“先秦法家的‘弱民’转换为现代政治的‘强民’”。

我认为您的确误解了法家的“愚民”“弱民”“胜民”思想。年初北京大学国际关系学院叶自成教授写了一篇小文，题为《商鞅思想遗产的真精神是什么？》，专门提到这个问题。这些概念实际上是针对以法治国的理论框架提出的，不能望文生义。他说：“商鞅之‘愚民’，与‘弱民’‘强民’‘制民’等概念，都与是否守法相关，守法即是愚民弱民，不守法就是强民。守法的‘愚民’并非是今天我们说的那种唯官是从的奴才，愚民一方面在守法，另一方面也能依法自治，避祸就福，与官吏矛盾时，他们依法抗争，让吏不得非法挠民。”

我也不赞成现代还用“愚民”这类概念，但不能用现代的、西方的概念来理解法家思想，否则必然导致对法家思想的曲解——综核名实永远重要，我们再也不能用西方概念肢解中国文化和现实，一如今天，我们不能用西方供给学派的政策主张硬套中国政府的“供给侧改革”一样。

其次，是将“先秦法家的‘君主立法’转换为现代政治的民主立法、以宪护法”。

中国政治的一贯观念是“社稷”大于“君主”，当然，历史那么长，有“愚忠”之人，也有“专制”之君，那是个别现象。事实上，在中国文化中“专制”是贬义词，哪个民族会不断地将贬义的理念作为基本原则呢？

比如鲍叔在向齐桓公推荐管仲时，一直强调管仲不为公子纠而死，是为了齐国社稷，不是为了哪个国君。《管子·大匡第十八》引鲍叔言说：“夫夷吾之不死纠也，为欲定齐国之社稷也。”

中国古典政治国家是一个有机体，如同大脑不反对四肢一样，政府首脑与普通民众应是一体的，二者只是社会分工的不同。《管子·君臣上第三十》中说：“上之人明其道，下之人守其职，上下之分不同任，而复合为一体。”

中国文化的核心是道生法，不是“君主立法”。法出于道，道不变，法亦不能随易改变。《黄帝四经·道法》开篇说：“道生法。法者，引得失以绳，而明曲直者也。故执道者，生法而弗敢犯也，法立而弗敢废也。”

中国人是如此守旧法，变法在任何时代都会产生巨大的阻力，即使皇帝本人推动也是这样。钱穆先生在《中国历代政治得失》一书中对此有过阐发，不防找来看看。

最后，是将“先秦法家的‘天道’转换为现代政治的人权”。

中国文化中“道”的确有规律、规则之意，但它又指与法（术）相对、相融的内在修养。实际上人类文化都是道的不同形态，基督教也有漫长的修道主义传统，只不过包含在一神信仰的外衣下罢了。

现代西方学术主要是知识的积累与创新，不再讲大道、智慧的修习，在工具理性流行的现代社会尤其是这样。这使得以西方学术为宗的现代学人根本不知智慧为何物。

古人育人，都是内圣外王同修。比如法家经典《管子》中的心术四篇，集中讲心法；纵横家经典《鬼谷子》中的本经阴符七术，也是讲心法。诸多现代学人不理解心地功夫，更不肯用功了——修道一不能成名，二不能得利，这些学者小脑瓜可“聪明”了，他们对于修身的根本不要，只追求知识技能，真是舍本逐末！何其愚蠢！

理解了道，我们就明白不能将“道”随意转换为人权——不是说行道就不要西方人权了，而是说人权和大道分属两个文明体系，不能随意互换。反之，若非要这样做，很可能将道的内涵消解。

——那可真是捡了芝麻，丢了西瓜。

以上，是我读完您两篇大作产生的一点感想，希望对您的学术研究，乃至安身立命有所启发。

您在来信中还说：“感谢‘新法家’对先秦法家思想的大力倡导、弘扬和发展。这是中华民族文化自信的根本要求！也是中华民族实现伟大历史复兴的根本要求。吾辈有义务共同推进此项事业，使法家思想成为中国政治文明发展的源动力。”

谢谢您的鼓励，我们将坚定不移地做下去，让这一植根于天道的伟大学派贡献于中国富强，贡献于世界和平。

内圣外王之道，如日如月，纵满天乌云密布，亦不能夺其光辉。

——同志努力！

（2016年2月23日）

十一、起来，不愿做西方精神奴隶的人们（答景鸿鑫教授）

景兄好：

您问："在面对西方时，我总觉得我们大多数人常常既不知己又不知彼，以至于很容易无限上纲西方人的东西。台湾太小，只能随波逐流，但大陆是中华文化的主体，何以也会如此？"

君之问，引起了我太多的思考。

今天，中国最需要的是像您这样学贯中西，能够西为中用。既不自卑仰视，又不狂妄自大，能够平视西方的学者。

过去一百多年是西方垄断资本横行的时代，伴随着资本扩张，西方文化成为全球主流文化。近代以来，中国也被裹挟进西方文化中。新中国站起来了，富起来了，今天已经强起来了。但许多人，尤其是大多数知识分子，并没有从西方文化的阴霾中走出来——知识分子还没有站起来，仍像一百多年前那样，自卑自弃，仰视西方——他们抛弃了本土文化。

这点上，台湾与大陆知识界并无本质不同，都被植入了20世纪初反对自身传统的强大基因。这就是为什么，海峡两岸主流皆随西学之波，逐西方之流的原因。

与过去20年台湾停滞之象不同，改革开放以来，大陆经济迅猛发展，已经成为世界第二大经济体，在诸多精尖科技领域与美国并驾齐驱。此时，由于没有世界大视野的支撑，激发出一种狭隘狂热的民族主义，有人到处讲“好”中国故事，讲“坏”美国故事。极端者竟认为中国是世界文明之源，不仅计算机时代的二进制是伏羲开创，连英语也植根于汉语。

这些人表面自信满满，实际上如同穷困半生，一夜暴富的煤老板一样，背后还是自卑心理作怪。

所谓中国文化热也一直是“虚热”，国学专家成为“打马虎眼”专家，国学几乎成为越学越糊涂之学。前些年一位认真搞学问的教授出了本回归王道的小书，旁征博引，包罗中外，就是不谈王道超越党派、代表社会整体（社稷）、强有力中央政府这些本质特征。要知道：

大谈“政治儒学”的学者是不研究中国古典政治经济体系黄老法家的；自己既然属于儒学，还研究黄老法家干什么？他们不明白参政的儒生就是法家，搞教化的法家就是儒者。

大谈名正言顺的学者不知道中国古典逻辑体系名学的存在；他们不知名学是一切学问的基础，儒家叫名教，法家也叫刑名法术之学。

大谈仁义道德的学者很少有人研究建立在普遍人伦基础上的礼义之学；他们的感召力远不如农村老大娘，后者谈仁义发自心底，感人之心。

……

无论“自卑仰视”西方文化者，还是“狂妄自大”中国文化者，表面上他们没有否定中国文化，但其终极目标却惊人一致——通过否定本土完整的学术体系，将中国文化腰斩打碎，再用西方学术体系包裹起来贩卖。进而达到雪藏中国，斩断中华文明之根的目的。

这些人心中的小算盘是：如果肯定中国拥有政教统一的完整学术体系，他们从西方引入的学术体系就会贬值，乃至因为水土不服被抛弃。所以大家要超越左、右分歧，盘踞中国大学，一起骗14亿中国人，能骗多久，就骗多久！

如果将中国文化放在人类文明璀璨的星空中，我们就能看到她的伟大。这也是为什么多年来王忠愈挫愈奋，发愿为中国文化鞠躬尽瘁，死而不已的动力。

打开被隐藏百年的中国文化，穿越数千年时空，你会在其中发现人类文明的瑰宝。中国文化是石器时代智人走出非洲以来，这个地球上唯一没有中断，生生不息，发展至今的复杂原生文明——这是怎样的奇迹啊！

想一想，欧亚大陆四大古代原生文明，古埃及文明、古代两河文明、古印度文明、古代中国文明，除了古代中国文明，其他三大文明早已埋在历史黄沙之下。只是通过考古学家的艰苦发掘和细致研究，我们才得知她们的存在，解读她们的文字。遗憾的是，古印度哈拉巴文字直到今天都没有被成功释读。

想一想，面对雄伟的埃及金字塔和罗马神殿的废墟，假如这两个文明没有消亡，一直延续到了21世纪人工智能时代会是什么样子？而中国竟然从一万年前散落于东亚的无数小村庄，发展为今天拥有14亿人的泱泱大国，雄立世界的东方！

知识分子和国学专家们从来就没有想过，历史悠久、地大物博、人口众多、文明卓越的中国为什么能行？他们决不会认同中国之所以能行，是因为中华文化的根基是道法文明，中国政治的核心是自远古以来一以贯之的中央集中领导。

今天海内外学者异口同声：中国人是没有信仰的族群。于是，那些国学家们急得如热锅上的蚂蚁，他们要建立孔教，孔子成教主，自己不装扮成圣人，也要装扮成贤者，以便分得死人一杯羹。

专家们怎么就不想一想，中国人并不信仰至上神、唯一神，不将人生和文明的大本大源问题归结到神灵身上——中国人靠的是自己。就像《国际歌》所言："要创造人类的幸福，全靠我们自己。"

中国文化是数万年来唯一超越神话和神之信仰的文明体系。她以道为核心，主张敬鬼神而远之、道在帝先、人为神本；西方文明则与此相反，主张帝在道先，以神为本，"敬鬼神而近之"。

抛弃顽固的、以现代性为基础的西方中心论，东西方文明的分野应划在地理分界线青藏高原。青藏高原以东，是以中华大道为主体的文化；青藏高原以西，是以神话和神之信仰为基础的文化，这种分野从四五千年前一直持续至今。

以人为本的中华大道智慧，因为其包容性、世俗性以及系统性，将会为全球化、世俗化以及智能化的21世纪做出巨大贡献。这是值得排他性一神教关注的大趋势——怎么能说中国人没有信仰，甚至说中国人是异教徒呢？！

我们拥有文明史上最为系统的知识体系。今天却被诸多学者说成：中国文化只有碎片化思想，没有西方那样的完整学术体系。

这种论断20世纪初西学全面引入的时候就开始了。胡适等人以此为理由，将活生生的中国文化体系史学化为博物馆中的古董——文化是国人安身立命、安邦治国的基础，就这样弃如敝履！

当然，中国文化沉沦的原因不能全部归罪于五四一代知识分子。宋以后，文化内圣外王，修齐治平一以贯之的大道已经被高度印欧化的佛学肢解——除了儒家，诸子百家等外王之学成了异端，宋明儒家又将内在修养之法佛家化了——宋以后文化转入空疏，国运衰弱成必然之势。

其实西方学术才是碎片化的，因为它起源于私人学术。不同于中国王官学，中央政府运行天然具体统一性。西方私人学术经现代大学融汇，仍然不能建立起内外一贯的学术体系。21世纪雄心勃勃的大历史学派，只是想把外在的物质、人文知识统一起来，并没有统一宗教智慧与理性学术。

中国文化不是这样，诸子百家皆源于西周官方学术，按政府设置，社会不同功用分类，各安其用。每家都有适用于其社会功用的心法，进而形成一个做人与做事、内养与外用、政治与教化统一的体系——这么完备的文明体系怎能是思想碎片！

是的，那些寄居在统治全球的西式大学里，被经费快要淹死的学者们害怕这一伟大学术体系的存在。如同鼹鼠害怕阳光一样，这些学者经历宇宙大道的阳光照射，中枢神经很快会混乱，器官失调。因为他们已经习惯于碎片化西方学术带来的混乱与昏暗！

经历七十年的建设，中国大陆各个领域都开始走向“新常态”。这种情况下，只有中国文化中蕴含的知识体系，才能解释清楚现实政治体制、经济体系和生活方式——不要再用西方五花八门的思潮稀释马克思主义，马克思主义中国化才是历史大趋势！

因为缺乏对中国大陆政治、经济、社会价值理念的认同，香港、台湾独立势力兴风作浪，已经严重影响到国家安全和领土完整。难道我们还不反思自己吗？还将头埋在沙子里大骂美国中央情报局吗？忽视内因，只重外因，这样永远无法从根本上解决问题。

同胞们，学者们，是我们挣脱西方精神枷锁的时候了——起来，不愿做西方精神奴隶的人们！！！

景教授，感谢您送给我杰森·布伦南（Jason Brennan）的《反民主：选票失能、理性失调，反思最神圣制度的狂乱与神话！》一书。希望这本严谨的政治学著作大陆能早日引进——让更多中国人走出西方迷信，深入理解现代西方政治。

也感谢您的长期鼓励和支持，我们一起努力！

（2019年11月3日）

十二、反对文艺复兴以来兴起的新蒙昧主义（答赵永刚）

赵永刚先生好：

您6月28日及7月4日的信已阅。

您对时间的理解是正确的。有限空间和线性时间观念是现代西方社会核心观念之一，这种观念对当代世界的影响可谓无所不在。典型的如进化论，以及与之相关的社会进步论；一个十四岁的初中生曾当面质问我：“叔叔，你还研究传统文化做什么，那是过去的，不是落后了吗？！”

中国人的时空观念不是这样。先贤认为空间是无限的，时间本质上也不具有方向性，《淮南子·齐俗训》所谓：“往古今来谓之宙，四方上下谓之宇。”所以国人看待世间诸象时，注意变化，而不是进化，行静因之道，不重生存斗争；在空间上，国人习惯于从整体上看待事物，这决定了本土的意象科学范式和以天下为中心的政治理念。

西方的时空观念不是一成不变的，比如进化观念，是过去几个世纪逐步发展起来的，这种由工业革命的乐观主义催生的观念具有历史必然性，也有巨大的负面作用。比如它人为造成了人与自然，历史与现代的对立，这在盲从西方的今日中国表现得相当严重，典型的是对本土文化的全盘否定和自然环境的急剧恶化。

赵先生，您思考的问题很深，很有见地，很了不起。希望能坚持下去。

文艺复兴之后，新蒙昧主义像思想瘟疫一样逐步蔓延开来。随着现代工业文明在全球范围内推进，这种新蒙昧主义也从欧洲扩展到了全世界。它集中表现为对内破坏人性，对外破坏自然——后者只是到19世纪才表现了出来，到20世纪变成了灾难。

为什么说西方文化破坏人性呢？因为人性本静，而文艺复兴以来西方人鼓吹人的解放，实际上就是人欲的放纵，这种违背人类本性的理念催生了享乐主义和消费主义，从今天还在持续的金融危机中，我们能够清楚看到消费主义给社会生活带来的灾难。放纵欲望的结果只能使人成为物的奴隶。试观当代世界，几个文明没有被这种思想瘟疫传染！

所以我们要恢复中国的礼义之道，要世人过因人情节人欲的生活，回归自己的本性。这方面，光背诵几句“子曰”是不行的，要实实在在地做“克念作圣”的功夫。对我们这些凡夫来说，这不仅是大学问，更是大福气，能得大安乐。

为什么说西方文化破坏自然呢？欲望的放纵必然导致对物质财富的无休止寻求，结果是对自然的掠夺以及大自然对人类的报复，这是当代世界生态危机的总根源。中国传统文化中通过复杂方式调节自然有限资源与人类无穷欲望间的关系，除了社会各阶层的平衡，还包括对财政平衡和自然平衡的孜孜以求等。

西方文化不管这些，他们看到了人与自然的矛盾后，就简单地转嫁这种矛盾到其他非西方国家。美国人不在美国本土砍伐森林，却通过产业链条到中俄边境开采原始森林。现代西方国家的环境得到了保护，世界其他地方的环境却在恶化，资源正在枯竭。所以西方文化是不可持续的，必须改弦更张才行——我们没有选择！

不是反对科技进步，我们反对的是过去几个世纪以来与科技进步相伴而生的新蒙昧主义。我们要将科技进步建立在道义的基础上，而不是建立在新蒙昧主义的基础上。当一种物质力量脱离了道义的钢轨，它就会转化为巨大的破坏力量，从军事武器到金融产品都是这样——这是历史给我们的巨大启迪！

总之，反对文艺复兴以来兴起的新蒙昧主义，在工业化时代重建中国古典文明体系，还有太多的工作要作，希望你能加入到这一伟大事业中来。

人类需要重新认识世界，需要新的生活方式，需要新的政治经济学范式——在这方面，包括法家在内的、大道一贯的中国传统文化中蕴藏着最为宝贵的思想资源，需要我们将之淘洗提炼出来，贡献给21世纪的人类。

我们的事业是伟大的，我们的事业也是艰巨的。

同志努力！

（2012年7月13日）

十三、开采中华文明金矿，当一辈子矿工都值！（答王鑫同学）

王鑫同学：

本来，在《道法中国》一书中要加入《礼——二十一世纪的人类精神革命》一章，但当时陕西师范大学的《中和学刊》决定刊出这个长文，所以就没有并入书稿。下次《道法中国》再版时，一定会加入这一重要的章节！

您说得很好，儒家倡导的礼义传统是“复兴中华文明必不可少的部分”“对人自身的不断进步有一定的意义”。我个人认为，礼义不仅是中华文明的一部分，还是核心所在。

最近注意到日本人在培育自己的高级人才时（比如富士伦理学苑的企业高级主管研修班），其内容完全是以礼为核心的——当然他们不知道自己在做什么，称“实践伦理”什么的，但做的却是礼。

儒家对礼的贡献很大，不过也要看到不足。比如宋儒以前对“内静”强调不够，宋儒想补充，没有办法，就用佛道了；引入佛道后，把因人情节人欲的礼义精神也不要了，改为存天理灭人欲，结果到处是贞节牌坊。

孔子曾向老子学礼，史上记载很多，礼还在道家中，这方面研究太少。传统上说道家反对礼，怎么会，那是乱解读。中国没有一家是反对礼的——礼是国人生活方式的基础。

从信中得知您是学历史专业的，每当想到史学背景的人，我都感到害怕，因为他们总是拿着西方学术的大刀到处乱砍，希望您不要这样。怎么叫乱砍呢？大致有以下几种方式。

一是挥刀自宫。中国有自己的哲学（中医中还应用的那种思维方法）、伦理学（更精确地说是代表国人生活方式和价值体系的礼）、政治学（道家、法家）、经济学（轻重之术）。为了切断我们的文明之根，人文学者将它们全部变为“哲学史”“礼学史”“政治史”“经济史”，以便对这些学术本身说“bye-bye”。

这要不得。中国本土的学术都成了“历史”或“传统”了，那现实中不全都成了所谓“现代西学”的天下了。学术是一个民族安身立命的基础，没有自己的学术，头脑都变成别人的了，这不就是精神上的挥刀自宫吗？

假如西方人文科学是中立的，我想挥刀自宫的伤害可能会小些。问题是从冷战开始，西方就将学术作为战略工具，比如今天中国过度的市场化，就与西方某些经济学家的“谆谆教诲”有关。现在国家有关部门要求媒体不要将西方某些学者、政客神化，我想这是理性的态度。

二是削足适履。什么叫“削足适履”呢？就是西方有的，中国也必须有。比如说吧，西方有奴隶制，那中国定要有一个才行。没有怎么办，就由学者们胡造一个中国奴隶社会。

中国少讲阶级矛盾，讲社会分层。但西方人讲阶级，怎么办，就给中国古人划成分。当然现在这种事少了，不过你们山东20世纪90年代的出版物中还在为一个古人的阶级成分争论。

西方由于宗教传统的原因，性恶论居主流。中国当然也就要有性恶论了，于是法家成了“坏典型”。

这方面例子太多，不再举了。

三是两面三刀。“两面三刀”最初是西方学者为证明自己文明优越性发明的方法，后来成为中国学者贬低自我的核心学术方法，目的是让西方学术永远高高在上。这个东西不好识别，危害特大，会使中国知识分子完全丧失创造力。

这里引用美国汉学家包华石（Martin Powers）先生的话，说明西方是如何贬低中国文明的，他称之为“五十步笑百步的诡辩术”。他说：

> “几年前，我参加了一次研讨会，在会上，我的美国同事说：‘辛亥革命时期，中国人举行了第一次选举。不过，妇女还是不许参加！’当然啦，1911年的时候，无论英国、美国还是中国，妇女都不允许参加选举（在20世纪50年代以前的美国，美籍华人男女一样都不许投票）。同样的，有个介绍西方之外的世界的艺术史的课本，其中指出，虽然中国早就有讨论艺术杰作的专著（即南北朝时代的《古画品录》），不过作者记录的大师都是男性，在此，课本暗示，相当开明的西方人不会如此。实情是，在《古画品录》问世的年代，欧洲压根儿没有任何关于艺术史的专著。实际上，令人惊叹的应该是，4至5世纪的时候中国就已经有艺术史的著作了！在那样的条件下，不提及女性画家，也是不足为奇。到了宋、元时期，画著或书画题跋中都有对女性画家的记载，而在17世纪以后，讨论绘画的专著中也出现有对女性画家的描述。反过来，对欧洲来说，瓦萨里在其16世纪的著作中有关于一位女性画家的记录，不过，直到20世纪晚期以前，欧美艺术史专著中对女性画家的记载，正和中国的情况一样，

一直很少。据此，我们可以推断，该课本强调《古画品录》缺乏女性画家的记录，不是偶然的，而是借机贬低中国人在此一领域的成果。”①

前些天我去西安讲演，路上读一本关于礼的专著。这位中国社会科学院的学者注意到礼在社会不平等的现实情况下会实现等级和谐，与西方“正义”的概念有相通之处，但由于中国没有自由民主，所以还是要向西方学习自由平等博爱。他不懂“惟齐非齐”，只有从不平等才会实现平等，西方罗尔斯等人的政治哲学还没有达到这样的高度。

说得太多了，我的专业不是历史，得益历史学特多，却对史学做这样批判，似乎不应该。好在居庐山之外，可能这些话对于学历史专业的人会有点借鉴作用。

中国学术的复兴，还有好多工作要做，希望您坚持不懈地做下去——那是个文明金矿，积累了七八千年，正等着我们去开采啊！当一辈子矿工都值!

（2009年6月4日）

附对《道法中国》的一点想法（曲阜师范大学王鑫）

翟先生您好：

近日拜读您的著作《道法中国》，颇受启发。作为一名历史专业的学生，在敬佩您见地深刻的同时也深感自身不足。

---

① 包华石:《逆读西方辨术》，http://www.xinfajia.net/content/view/5892.page，访问日期2009年6月3日。

可以肯定的是，通过阅读您的著作，我对中华文明的再崛起与复兴充满信心。但身处儒家圣地曲阜，我认为对儒家思想应该更客观、理性地看待，对于修史，“重义理”与“春秋笔法”切不可取，可是细究儒家倡导的“仁”，以及孔孟曾荀对于个人自身修养、择友、人际交往方面的论述，确有很多可取之处，在我看来，这些也是复兴中华文明必不可少的部分，对现代社会的发展，尤其对人自身的不断进步有一定的意义，不能完全否定它们。

不知您对这个问题有什么看法，望不吝赐教。

王鑫

2009年6月1日

下编

诗作

“诗为江山添颜色，人为天地拓心胸。”

人生天地之间，敢爱敢恨，慷慨抒怀，一遇知音，醉饮浊酒，遗忘春秋，何其庆快！

又多谈内养外用一以贯之之大道，苦口婆心，诸君会否？

中华文化与基督教、佛教修行的最大不同点：前者重人道中修行，基督教、佛教重出世修行。所以后者始终存在着入世与出世，神圣与世俗的巨大张力。诚如六世达赖仓央嘉措所说：“曾虑多情损梵行，入山又恐别倾城。”“世间安得两全法，不负如来不负卿。”

在此意义上，中华文化是真正的两全兼顾之法——出世入世不二，内圣外王不二，世俗与神圣不二（人人皆可为尧舜），政治与教化不二。由小我而大我，直入至公大道。

生而为人，生在中国，听闻大道，何其幸也！

一、咏《荀子》·每读诗书总心惊

笔者研读《荀子》，深感荀门广大，还有孔门融汇经子、囊括百家的气魄，与汉以后只重五经或四书的文学（经学）小儒迥然不同。并作《“孔门四科”的绝响——最后的大儒荀子》一文。

秦皇，汉武，老子，孔子，皆以建立中性的、强大统一的政府为目的，本是一个鼻孔出气。汉以后文学小儒与土地资本结合起来，反对孔子，反对大道，去公立私，削弱中央政府，成为阻碍中国前进的士绅地主阶层。直到社会主义革命，才将这一阶层扫入了历史垃圾堆，一举扭转千年弱势的亡国之运。

新中国在政治经济、社会文化多方面，去私立公，使中华政教大道重光！

近些年，视诸子为异端的文学小儒又卷土重来。在国内外大资本的支持下，以儒学为遮羞布，讲什么“政治儒学”，大搞自由宪政。

两千年中国屡遭外敌入侵的血泪史，乃前车之鉴，不可忘记！中国目前最大的危险同两千年前一样，是自由主义与私人资本的结合，无论过去儒家同土地资本的结合，还是工业时代儒家（自由主义）与金融资本的结合，其本质都是一样的。

——警惕啊，不要被一些人口头上的仁义道德欺骗！

荀卿之后无大儒，吞吐百家同殊途。
修齐治平匹夫事[①]，秦皇孔老竞风流。
代代士绅亡家国，儒家资本合成魔。
反孔灭道若有情，每读诗书总心惊[②]。

---

① 修齐治平匹夫事：在中华文化中，修身、齐家、治国、平天下是一种人文理想，但凡社会公共事务，皆属治平的范畴，非专指王侯国事言。

② 每读诗书总心惊：汉武帝时期，以利禄为黏合剂，将以《诗》《书》为代表的五经同儒家牢牢地绑定在一起，本欲夯实国家大一统的理论基础，结果却为后世儒家与土地资本相结合，削弱中央打开了大门——经子断裂，大道分崩之害，令人心惊——直到今天，我们恢复中华政教体系还十分困难。

二、堂下喜闻斫轮声
——和仓央嘉措诗[①]并赠张君

中华文化与基督教、佛教修行的最大不同点：前者重人道中修行，基督教、佛教重出世修行。所以后者始终存在着入世与出世，神

① 仓央嘉措（1683—1706年）诗原文：

美人不是母胎生，应是桃花树长成，
已恨桃花容易落，落花比汝尚多情。
静时修止动修观，历历情人挂目前，
若将此心以学道，即生成佛有何难？
结尽同心缔尽缘，此生虽短意缠绵，
与卿再世相逢日，玉树临风一少年。
不观生灭与无常，但逐轮回向死亡，
绝顶聪明矜世智，叹他于此总茫茫。
山头野马性难驯，机陷犹堪制彼身，
自叹神通空具足，不能调伏枕边人，
欲倚绿窗伴卿卿，颇悔今生误道行。
有心持钵丛林去，又负美人一片情。
静坐修观法眼开，祈求三宝降灵台，
观中诸圣何曾见？不请情人却自来。
入山投谒得道僧，求教上师说因明，
争奈相思无拘检，意马心猿到卿卿。
曾虑多情损梵行，入山又恐别倾城，
世间安得两全法，不负如来不负卿。

圣与世俗的巨大张力。诚如六世达赖仓央嘉措所说：“有心持钵丛林去，又负美人一片情。”“曾虑多情损梵行，入山又恐别倾城。”“世间安得两全法，不负如来不负卿。”

在此意义上，中华文化是真正的两全兼顾之法——出世入世不二，内圣外王不二，世俗与神圣不二（人人皆可为尧舜），政治与教化不二。由小我而大我，直入至公大道。

中华文化以人间世俗为大道场。与西式现代教育重理性、偏思辨不同，先贤认为学行本来不二，从认识到实践，再从实践到认识，是一个圆融的过程。学习知识，必至躬身入局方得真知。南宋陆放翁诗云：“纸上得来终觉浅，绝知此事要躬行。”（陆游《冬夜读书示子聿》《荀子·儒效》云：“学至于行之而止矣。行之，明也。明之，为圣人。”

先贤论知行，极为平实。《中庸》将其归纳为：“博学之，审问之，慎思之，明辨之，笃行之。”据《孔子家语·哀公问政第十七》和《荀子·宥坐第二十八》，可知这句话当来自孔子，《荀子·宥坐第二十八》孔子言人生大道：“故君子博学、深谋、修身、端行以俟其时。”另外《荀子·劝学第一》专论学习之道，其中也说：“君子博学而日参省（参省意为检查省察）乎己，则知明而行无过矣。”“君子之学也，入乎耳，著（意为附着）乎心，布乎四体，形乎动静。”

宋明理学家引佛入儒，不顾先秦儒家文献本义，用佛教道教思想解释性、道、理、气。将性、道、理和现实生活割裂开来，混淆知行关系，造成中华文化的进一步玄学化、空疏化。理学代表士绅阶层，面对中央层面的治国理政，他们高喊自由主义；面对社会对改革的呼吁，他们又坚持保守主义。他们编造了一个脱离社会现实的思辨和修行方法，表面上诱导和鼓励幼稚的学人掉进这个玄学黑洞，皓首穷理，骨子里视理学为挡箭牌，大肆贪腐和剥削。宋明理学如同当代西方的自由民主和人权，人们对西方普世价值的虚伪性认识十分清晰，却一直坚信理学就是儒学，理学是中国优秀传统文化，直至今天，依然如此——悲夫！

这里，我们不得不提毛泽东主席的《实践论》，其副标题是“论认识和实践的关系——知和行的关系”。这篇作于1937年7月的文章，一扫宋明理学脱离具体历史和实践的知行关系论调，明确指出：“我们的结论是主观和客观、理论和实践、知和行的具体的历史的统一，反对一切离开具体历史的‘左’的或右的错误思想。”“通过实践而发现真理，又通过实践而证实真理和发展真理。从感性认识而能动地发展到理性认识，又从理性认识而能动地指导革命实践，改造主观世界和客观世界。实践、认识、再实践、再认识，这种形式，循环往复以至无穷，而实践和认识之每一循环的内容，都比较地进到了高一级的程度。这就是辩证唯物论的全部认识论，这就是辩证唯物论的知行统一观。”①

《实践论》不仅丰富和发展了马克思主义认识论，也是对中国先贤知行关系理论的回归和现代化，特别值得我们重视。

张君好学深思，聪慧幽默。我们讨论学（知）与行的关系，很受启发。与其谈笔者“独立不倚作学问，潇潇洒洒过生活”的人生理想，若遇知己——作诗以示之。

“不负如来不负卿”，不若红尘学且行。

寒云万里磨利剑，老眼抬望满天星②。

---

① 《毛泽东选集》第一卷，人民出版社，1991年，第296~297页。

② 人间修行力量极大，亦不容易。学人当发服务天下人、造福天下人的大愿，鞠躬尽瘁，死而不已。如此，我们的未来即是星辰大海。宋代大慧宗杲（音gǎo）禅师（1089—1163年）说：“在家修行比出家得力二十倍。”

千古圣贤成枯骨，堂下喜闻斫轮声①。
不入九天②意何如？把酒与君唱《大风》③。

① 这两句化用《庄子·天地》的一则故事，用以说明"名者实之宾"(《庄子·逍遥游》)，实践真知、超越言语的默会知识(tacit knowledge)的重要性。故事说：齐桓公读书，轮扁在堂下砍削车轮，他放下手头的工具走上朝堂问齐桓公："请问，您所读的书说的是什么？"齐桓公说："圣人的话。"轮扁说："圣人还在世吗？"齐桓公说："已经死了。"轮扁说："那国君所读的书全是古人的糟粕啊！"齐桓公说："寡人读书，轮人怎敢妄加评议！有何道理说出来尚可原谅，没理可说就处死。"轮扁说："我从自己做的事悟到这个道理。砍削车轮，动作慢了松缓而不坚固，快了涩滞而不入木。不慢不快，手上顺利而且应合于心，口里虽不能言说，却有技巧存在其间。我不能用来使我的儿子明白其中的奥妙，我的儿子也不能从我这儿接受这一技巧，所以我老了还在砍削车轮。古人跟他们不可言传的道理一块儿死了，那国君所读的书，不就是古人的糟粕嘛！"(原文：桓公读书于堂上。轮扁斲轮于堂下，释椎凿而上，问桓公曰："敢问，公之所读者何言邪？"公曰："圣人之言也。"曰："圣人在乎？"公曰："已死矣。"曰："然则君之所读者，古人之糟魄已夫！"桓公曰："寡人读书，轮人安得议乎！有说则可，无说则死。"轮扁曰："臣也以臣之事观之。斲轮，徐则甘而不可，疾则苦而不入。不徐不疾，得之于手而应于心，口不能言，有数存焉于其间。臣不能以喻臣之子，臣之子亦不能受之于臣，是以行年七十而老斲轮。古之人与其不可传也死矣，然则君之所读者，古人之糟魄已夫！")

② 这里"九天"兼指成仙成佛、出仕做官。唐王维《和贾舍人早朝大明宫之作》有："九天阊阖开宫殿，万国衣冠拜冕旒。"

③ 公元前196年，淮南王英布起兵反叛。刘邦亲征击败英布，得胜还军途中回到自己的故乡沛县，宴请故人。酒席间击筑即兴创作《大风歌》："大风起兮云飞扬，威加海内兮归故乡，安得猛士兮守四方！"高祖老当益壮，一平天下之志溢于言表。

三、梦遇南怀瑾大士

古今圣贤，天地鬼神，皆吾师也！

2017年1月16日，夜梦中遇南怀瑾大士。见大士游行人间，与晚年形神皆极不同——但心知是先生！

大士手托一大钵，坐仅能容身的薄席之上，瘦骨嶙峋，宛若古佛。嘱我：离一切欲，方能成就；又示我钵内食云：当得足够营养，方好修行。

大士还让我看一篇文章，是关于世事的，读来多新知，醒来竟不得其内容。当时只是惊叹："老师处宝贝真多！"先生一笑。

到2017年中秋，南师去逝已五载——五年来，努力不忘先生教诲，仍多有愧于心者。

年年岁岁，月圆之时，花雨满天。古今东西，千圣万圣，其心一也——先生又何尝离开我们！

有感于斯，作诗云：

一席一钵一古佛，
三千处处活泼泼。
南北生死一大道，
何需起心问阎罗。

四、读南怀瑾先生《自题照影》

夜读南师怀瑾先生作于1947年的《自题照影》，深感老人家大慈大悲济世之心，内外不二的生命境界。诗云：“不二门中我亦僧，聪明绝顶是无能。此身不上如来座。收拾河山亦要人。”

叹当今天下，太多自吹“天下第一”的才子佳人，什么都懂、狗屁不通的修行者，就是少有人修习道法（器）一贯，内外不二的大道；中华文化空疏之弊，千年无解，这才是南师“不上如来座”的真正原因吧——过去十五年来，我们恢复“孔门四科”[1]，以接继中华文化断层。提倡道、名、法、德兼修，以防学人将修、齐、治、平口号化。中立不倚，风雨前行——有感，作此诗。

南师本在不二门[2]，

① 孔门四科：孔子以诗、书、礼、乐，西周王官学教人，其弟子按才能分为四科，即德行、政事、言语、文学。经孔子再传弟子，“孔门四科”流为诸子百家。汉代罢黜百家，表彰六经，导致经子断裂。过去十五年来，我们融汇经子，折中百家，恢复孔门四科之学，欲接继中华文化断层，复兴中华文化蕴含的、内外不二的宇宙大道。

② 不二门：指内养与外用不二，自利与利他不二，容纳万流的宇宙大道。

琴棋释老埋死人[①]。
今君已上如来座，
神州与谁扫空魔[②]。

① 琴棋释老埋死人：琴棋书画可以入道，道家佛家可以入道。物极必反，今天它们大体成了文人雅士的玩物，厌世避世的清新摆设，其外用之义已鲜有人知。那些人多空谈仁义、心性，仿佛自己是发布道德律法的上帝——死在其中而不知。

② 空魔：指文化空疏导致的国家衰弱。宋以后儒家在“平时袖手谈心性”之后，尚有“临危一死报君王”者。而那些所谓的“隐者”，即使不屈膝阿权，临危时，要么先作鸟兽散，要么盘腿伸颈以待白刃——这难道是千古圣贤追求的大智慧吗？

五、南公怀瑾先生九八诞辰感怀

为纪念南公怀瑾先生九八诞辰（南公生于1918年3月18日），上海恒南书院李慈雄先生邀请我参加2015年3月20日晚上的追思活动；想到南师仙逝已经三载，时光荏苒，岁月蹉跎——至夜不能寐，作此诗以记之：

斯人驾鹤去，
慈云还复来。
大道尚未行，
花雨片片情。

六、纪念刘雨虹先生

刘雨虹先生，1921年6月26日生于河南封丘县，幼承庭训，早慧卓异。父亲刘绍庭先生，字孝斋，曾为河南省参议员、封丘县议长。

1938年，先生于省立开封女子中学高中肄业，参加抗（日）敌宣传队。后就读中共陕北公学栒邑分校、延安本校。1939年春赴西安疗牙疾，随父回乡。继而随同学赴巴蜀辗转求学，先后就读于西昌国立西康技艺专科学校，江津白沙教育部国立先修班，成都国立四川大学农学院蚕桑系和金陵大学农学院园艺系专修班。1947年在南京金陵大学毕业。

1943年与陕北公学同学袁行知先生结婚 。1948年底入台，先后任华侨通讯社记者，美军顾问团翻译十数载，阅尽沧桑巨变，看惯世态炎凉。

1969年始，追随南怀瑾先生，参与创办《人文世界》杂志和老古出版社，记录整理出版南师数十部著作，自谓“南师永远的义工”。南怀瑾先生则称其为“自己的总编辑”，两者“亦师亦友”“半师半友”。

于南师归真后，出版南师及相关著述繁简体共五十余种。自著

《禅、风水及其他》《禅门内外》《袁晓园的故事》《〈禅海蠡测〉语译》《东拉西扯》《说南道北》《谈天说地》《怀师的四十八本书》，编著《怀师——我们的南老师》《我是怎样学起佛来》《云深不知处》《南师所讲呼吸法门精要》《跟着南师打禅七》《南怀瑾与杨管北》《怀师之师》《百年南师》《怀师的四十三封信》，英译《Grass Mountain》等著作。

刘雨虹先生于2021年9月11日中午12时50分，在苏州吴江庙港安详辞世，享年101岁。

以下是翟玉忠先生的纪念诗文，发表于南怀瑾学术研究会网站。

诗祭刘雨虹先生

大德仙逝，天人同悲。

座下传语，舍君其谁。

花雨满天，普施亿民。

菩萨好走，秋雨惜惜！

挽联之一

八字善断，只行菩萨行。

忘我著述，乃悟究竟空。

挽联之二

争名逐利，广厦间间皆腐朽。

从事于道，大千处处般若香。

七、诗赠David Bartosch教授夫妇·海外存知己

2018年1月12日上午，“探索人类不同文化的自然分野——《人类文明的基因》新书发布会”在北京国际展览中心举行，北京外国语大学国际关系学院David Bartosch（大卫·巴拓识）教授应邀出席，会上大卫教授做了热情洋溢的演说。他谈道：本书是研究世界文化的一个重要新起点，似乎深知我欲摆脱西方殖民主义世界观念，书写世界春秋的宏愿。

13日，大卫发微信，在微信中他说：“昨天，我的好友翟玉忠展示了他十分重要的新著《人类文明的基因》，对于理解欧亚与非欧亚文明之根和古代交流网络，本书使人大开眼界，是未来研究的重要起点。作者深入阐释了一些人类最为古老且普遍的符号——阴阳符号太极图是中国与西方共有的——这是他多年学术研究和在不同国家考察的硕果。本书是一本必读之书！我和太太应邀参加该书新书发布会，感到十分荣幸。伟大之书，玉忠！”[1]

---

[1] 大卫微信原文：“Yesterday, my good friend Zhai Yuzhong（翟玉忠）presented his new and very important book The Genes of Mankind's Civilizations（人类文明的基因）. The book is an eye-opener and an important starting point for future research which aims at understanding the roots and the ancient network of Eurasian and non-Eurasian civilizations. The author sheds a completely new light on some of the most ancient – and common – symbolisms of mankind. The origin of the Yinyang-symbolism is shared between China and the West. A great result of years of academic research and field work in many different countries. A must-read! Bei and I were very honored to be invited to participate in the book presentation at 2018 Beijing Book Fair. Great book, Yuzhong!”

大卫还说，对于古今欧亚文明和世界历史感兴趣的所有人来说，都应读一读翟先生的新著《人类文明的基因》；回想起来，这项研究被几个机构斥为无用之物甚至笑谈，遭到拒绝。最后，克服诸多困难、历尽千辛万苦才得以完成——如大卫教授那样理解本书的，更是少之又少。

大卫掌握多种欧洲文字，常常同我讨论人类文明，特别是欧亚大陆诸多文化的内在有机联系，使我受益多多。

古人说“海内存知己”，同大卫教授交往，深感“海外存知己”。

作小诗，赠大卫夫妇。

海外存知己，乘风可浮槎。①
古今英雄事，野鹤伴人家。②
大道行天地，菩提即是花。③
心心澄宇内，东西雨如麻。④

---

① 乘风可浮槎：槎，音chá，木筏；转用《论语·公冶长》孔子“道不行，乘桴浮于海”一语——道在海外乎？！

② 野鹤伴人家：承上句，比喻行道人间者，常有的孤独境界。

③ 大道行天地，菩提即是花：大道无所不在，超越时空，出世入世，本来无二无别。“菩提即是花”，用灵山会上佛拈花示众，唯迦叶尊者破颜微笑典故。

④ 心心澄宇内，东西雨如麻：上半句是双关语，一指志定心清的境界，二指作者平天下的愿力。下半句用“雨如麻”比喻身处今日大变局中，东西方世界的太多社会、思想乱象。

八、咏井陉秦皇古道

2021年4月13日下午，从石家庄出发，与张红霞女士驱车赴井陉（意为山脉中断的地方），参观秦皇古道。

井陉自古便有“太行八陉之第五陉，天下九塞之第六塞”之称，作为太行山脉的“燕晋通衢”，是历代兵家必争之地。公元前204年，汉将韩信率3万士兵，背水一战，在此打败赵将陈余20万大军；1900年，山西大同总兵刘光才在此修筑“庚子长城”，阻击德法联军进攻长达5个月，是清廷抗击八国联军唯一一场取得胜利的战役。

深入山岩尺余深的古道旁，有秦始皇歇灵台。传说公元前210年，秦始皇第五次出巡病死沙丘（今河北邢台境内），死后归咸阳，曾停灵于此。

东天门古城楼旁有陈余庙，内有一联“身甘殉赵难，义不屈韩兵”，表达了燕赵儿女对自己英雄的敬意。天地沧桑，不变的是中国人深沉的家国情怀——我们当慎重评论古今人物，更不可以成败论英雄。

偌大的景区，参观者竟然只有我和红霞。夕阳将古道染成了金黄色，时空瞬间化为超越古今的梦幻；笔者一人独自在歇灵台前，凭吊逝去的英雄。念及超越党派，深入基层的中央集权体制——《春秋》

大一统政制仍是2019年末以来中国抗疫成功的最关键因素之一，不禁感慨万端。

宋人就说《春秋》“难读”，今日学者言必称西方，言必称党派竞争西式民主，中华治道隐而不彰久矣。二战后确立的国际秩序面临崩溃的危险，重建疫情后失序的世界，更需中国大一统的天下观。

吾辈道阻且长——尚待苍天抖擞降雄才！

千年古道向咸阳，忠魂血泪染太行。
秦皇伟业依旧在，诗人独吊歇灵台。
抗疫独赖大一统，苍蝇能把真理埋？
《春秋》长缨今在手，重整天下待雄才。

九、悼石家庄张红霞女士三首

呜呼——天夺英物！

2021年10月15日晚11时，历经近半年与肺癌的抗争，石家庄张红霞女士留下尚需照顾的女儿、父母、家人，永远离开了我们，享年45岁！

她心美，人美。得知她患了不治之症，我要去看她，她还说不要来，恐招待不周。后来一直不允许朋友们去，因为怕大家看到她脱相的病体伤心。

在我的记忆中，没有人比她更乐观、更爱笑。她曾经告诉我，有一次上班路上，自己不禁笑了起来。遇到的同事问她为何笑。她说：就想笑！

在我的记忆中，没有人比她更健康、活泼。她仿佛有用不完的精力。以至于，当邻居听说她检查出癌症，并且已是晚期时，劝她一定要再检查一遍，医院很可能弄错了。

在我的记忆中，没有人比她更愿意助人，即使一事之缘，她有时也送人不薄的礼物。红霞做中学老师，收入不算高。但还是发心支持中国文化，年初说要支持我们研究成果的出版。

就是这样一个人，竟然英年早逝！悲夫……

司马迁感叹伯夷、叔齐之命运："天之报施善人，其何如哉？"吾信之矣！

天命无常，吾信之矣！

10月16日一早得到红霞去逝的消息，我正在岳阳参加学术会议，竟然不能送她一程。登岳阳楼，过小乔墓，看到苏东坡手迹"遥想公谨当年，小乔初嫁了，雄姿英发"，好不伤感。

后又去广西龙脊梯田，见云海之上天上人间之美景，又思红霞矣！

回程路过石家庄，朋友将我送至高速路口。若红霞在，必然开车来接我。与友人相聚，又不见红霞。忆想今年4月初她驾车带我去井陉白皮关，黄昏中，我们漫步于千年秦皇古道，谈古论今——不胜悲痛！

如今天人两隔，只能以诗相赠。

至诚可通灵——红霞能知！红霞能知！

之一

才登岳阳楼，又过小乔墓。

凭栏洞庭恨失君，唯与君成梦中游。

之二

云海之上有梯田，遗忘此间是人间。

寻寻觅觅不见君，秋风冷雨落高云。

之三

今日入石市，不见君容颜。

长忆井陉塞，黄昏共徘徊。

十、怀秦始皇帝·为除天下苦

为除天下苦，①

栖栖落骂名。②

古今清谈客，

君心肉长成？③

---

① 公元前221年，丞相王绾主张重置诸侯王，复封建，时任廷尉的李斯坚决反对，秦始皇同意李斯不封侯王的主张，他当时说："天下共苦，战斗不休，以有侯王。赖宗庙，天下初定，又复立国，是树兵也，而求其宁息，岂不难哉？廷尉议是。"（《史记·秦始皇本纪》）两千多年前，包括秦始皇帝在内的先贤为天下百姓福祉计，建立起了大统一的集权国家；西方现代国家仍处在不如西周政治系统复杂的联邦制阶段，导致天下分治，大国争雄，战斗不息，生民涂炭——凭什么说中国古典政治是落后的？凭什么说中国封建专制两千年？

② 栖栖：忙碌不安的样子。秦始皇帝一生勤政，死也死在出巡路上。这一切却成了他专制的"证据"——秦始皇帝没有在办公室中喝茶的福分！

③ 清谈误国，以一种抽象的、绝对的价值标准评价历史和现实，是古今中外清谈家的不二法门。秦始皇没有后世儒家代表大资本、主张小政府的所谓"仁政"，没有华盛顿的奴隶庄园和民主精神，这成了他永恒的"罪恶"；俗语说"人心都是肉长的"，清谈家的心难道不也是肉长的吗？

十一、游正定临济寺·松下问老僧

临济寺坐落于河北省正定县城内，唐大中八年（854年），义玄禅师在此弘扬禅法，开临济宗风，因其机峰峻峭而闻名于世。临济寺澄灵塔始建于唐咸通八年（867年），是为收藏义玄禅师的衣钵而建。

2017年7月29日，吾与诸君同游临济寺。一进山门，见澄灵塔旁一比丘师父盘腿松荫下，解答围坐居士提出的诸多问题，师父开示既苦口婆心，又多善巧。禁不住也坐下，与其谈天地鬼神，佛门内外之事，深为赞叹——师父主张佛法亦当实事求是，随时代变化而变化。他说现代社会佛弟子亦当敞开山门，广纳众缘，尤其令我印象深刻——作诗二首以记之。

之一

松下问老僧，智慧如转蓬。
独对澄灵塔，若闻棒喝声。

之二

山门大敞开，纳入众缘来。
世间多疾苦，何忍卧高台？

十二、珠海联合国际学院（UIC）讲学二首

2017年5月6—7日，在珠海参加北京师范大学一香港浸会大学联合国际学院（UIC）国情国学教学研讨会。其间接触多位新朋高士，又对那些以西方哲学肢解中国圣贤之学的教授感到悲伤，这些人表面上学贯中西，实则浪享虚名，糟糠满腹，招摇过市，害己害人；晨起，鸟语花香，无限青山，天地盎然，作诗二首以记之——

之一

朽骨[①]披皮论九霄，图表[②]执一[③]岂大道？

① 朽骨：此处喻口耳之学。《史记·老子韩非列传》老子批评孔子说："子所言者，其人与骨皆已朽矣，独其言在耳。且君子得其时则驾，不得其时则蓬累而行。吾闻之，良贾深藏若虚，君子盛德，容貌若愚。去子之骄气与多欲，态色与淫志，是皆无益于子之身。吾所以告子，若是而已。"

② 图表：有人列出图表，解析儒释道三教异同。貌似精致入微，实则不通大道，以管窥天。

③ 执一：在中华文化中，执一有两种截然不同的意思。在内圣中，执一指心不散乱。比如《管子·心术下》有："专于意，一于心……执一之君子，执一而不失，能君万物。"执一用于外王，指偏离中道，执守一端，现代大学专业化知识分子多如此。《孟子·尽心上》云："杨子取为我，拔一毛而利天下，不为也。墨子兼爱，摩顶放踵利天下，为之。子莫执中，执中为近之。执中无权，犹执一也。所恶执一者，为其贼道也，举一而废百也。"行者当细参两个"执一"的内涵。前者首在立志（发愿），后者要在权变，二者又是相通的。《管子·心术下》中说："一气能变曰精，一事能变曰智。"智慧之学为东西古今一切圣学之本，诸君谨记！！！

仁慈祸害实比邻[①]，子路牵牛[②]笑尔曹！

之二

心安何处不青山[③]，花间鸟语对君谈。

一朝上坐如来殿，笑观曾驻此世间。

① 仁慈祸害实比邻："慈悲多祸害，方便出下流"，无智慧而行善者，多如此！

② 子路牵牛：君子言行，当知大体，和光同尘，春风化雨，自利自他——清高亦害人。据《吕氏春秋·先识览·察微篇》，鲁国立法，鲁国人在外国见到同胞沦为奴隶，若能把人赎回来，可从国家获得补偿和奖励。有一次，子贡把鲁国人从外国赎回来，却不领补偿。孔子因此批评了子贡！孔子说真有大智慧的人做事，其着眼点在于移风易俗，化导社会，而非只考虑自己。换言之，行为要考虑对社会的影响，考虑社会因果，不能任性妄为。现在鲁国富人少穷人多，国家有此制度，就鼓励了人们救助同胞。你子贡有钱，领不领补偿和奖励无所谓，不领似乎还树立了道德高标杆，可是以后鲁国恐怕就没人赎同胞了，谁还好意思去领补偿和奖励呢？尤其穷人，就更不可能赎人了，因为赎人要赔钱的。而子路救起一名溺水者，收下了一头牛（作为谢礼），孔子就很肯定他，且高兴地说：鲁国人从此一定会勇于救溺水者了。（此处参考了马宏达先生的意解；原文："鲁国之法，鲁人为人臣妾于诸侯，有能赎之者，取其金于府。子贡赎鲁人于诸侯，来而让，不取其金。孔子曰：'赐失之矣。自今以往，鲁人不赎人矣。'取其金，则无损于行；不取其金，则不复赎人矣。子路拯溺者，其人拜之以牛，子路受之。孔子曰：'鲁人必拯溺者矣。'"）

③ 心安何处不青山：化用程颢《秋日偶成》"万物静观皆自得"。全诗为："闲来无事不从容，睡觉东窗日已红；万物静观皆自得，四时佳兴与人同。道通天地有形外，思入风云变态中；富贵不淫贫贱乐，男儿到此是豪雄。"

十三、半言歌·德大吉祥

多年前，去苏州太湖大学堂拜访南怀瑾先生，向他请教：古今中外，一切宗教文化，共通之处在哪里？

南师答：要人行善。

我听后，大不以为然。小时候父母即告诉我这些，有何奥秘可言？

这些年，在人文、社会科学领域，看到太多“正确的废话”；在宗教界、社会上，看到太多“善良的愚蠢”。始知行善之难，需具大智慧和真愿力。若无智慧和愿力，行善或半途而废、或沦为下流、空疏。

“慈悲生祸害”的原因，大体是这些人忽视基本现实。在修行中，忽视人道之善。其实，人在人伦事业中修行，最为方便稳当。积小善成天德，德成智出，达到无私无我的圣贤境界——这是中华文化的不二法门。

一些学佛者，不明此中道理。将儒家说成为不能了生死的天人乘，自己才是菩萨乘；将基督教等一神教说成人家信上帝，有主宰，不究竟，不知“神即道”的精义——《金刚经》上说：“一切贤圣，皆以无为法而有差别。”法无高下，圣无高下，教无高下，不同族群、文化入道之门不同而已。

作《半言歌》，给世间所有追求大道智慧的“人”！

罗浮炼丹[①]，
崆峒升天[②]。
茅山驱鬼[③]，
蜀山修仙[④]。
不明人事，
多成玄谈[⑤]。
步步存善，
大道眼前[⑥]。
水大舟渡，
德大吉祥[⑦]。
修我半言，
冲破万难[⑧]。

---

① 罗浮炼丹：晋成帝咸和六年（331年），葛洪到广东省博罗县罗浮山，与其妻针灸名医鲍姑炼丹、传道、行医。葛洪为道教南宗灵宝派之祖。

② 崆峒升天：崆峒山位于甘肃省平凉市。传说黄帝在此问道广成子，后升天而去。

③ 茅山驱鬼：茅山位于江苏省镇江市句容市，是道教名山；茅山术，一种神秘道术，用纸符施咒之后驱鬼。

④ 蜀山修仙：蜀地多佛道神山，修道处——非指一山。

⑤ 不明人事，多成玄谈：知常曰明，乱常者凶。修佛道者，多不研究政治经济、名分伦理、修齐治平的礼义大道。忽视人事，离世修行，易落入神秘空言。

⑥ 步步存善，大道眼前：中华文化从人道中修行，积人道之善，成天道之德；止于至善，神于一好，此最难。由于无智慧，善心生祸害者极多。

⑦ 水大舟渡，德大吉祥：水大好舟渡，德大人吉祥。这里的德不是指道德口号，更指事功，德行。

⑧ 修我半言，冲破万难：智慧的基础是德行，德成智出，功德到了，必入圆融无碍，事事合宜的圣人境界。

即中即和①，

即公即空②。

即生即死③。

即仙即佛④。

---

① 即中即和：《中庸》中讲的“中”与“和”为体用关系。即体即用，心中情之发中节，致中和，即能参赞天地之化育，“天地位焉，万物育焉”。

② 即公即空：空者，无执也。公者，明也，明天道的大圣，必然无执、无私。这是（黄老）道家修行的基本原理。《黄帝四经　道法第一》中说：“故执道者之观于天下也，无执也，无处也，无为也，无私也。是故天下有事，无不自为形名声号矣。形名已立，声号已建，则无所逃迹匿正矣。公者明，至明者有功。至正者静，至静者圣。无私者智，至智者为天下稽。”作者告诉我们，有道的人认知天下万事万物，无所执着，功成不居，相时而动，公正无私。因此国家便可以在形名确立、名实相符的情况下自然而然地大治。形和名都已经确立，种种官职名号已建置，万事万物各当其位，各得其宜。精公无私的人智慧清明，这样的人总能建功立业。总居正位而行的人能达到静的境界，至静的人就是圣人。大公无私的人睿智，他们可以成为天下人的榜样。

③ 即生即死：大公无私的人才会真无我，超越生死的界线。古今舍生取义之士，皆能达到无私、无我的境界。张三丰祖师说：“自古忠贞节烈，杀身成仁之时，便有七返还丹（“七返还丹”为道家炼丹之法，其先以红投黑而生药。既有药，然后进火，炼黑入红而成丹——笔者注）景象。当其一心不动，一志不分，浩然之气立其中而生其正，任他刀锯鼎镬，都视为妖魔试我，毫不动摇，我只收留义气，聚而不散，凝而至坚。火候至此，则英雄之光气亘万年而不灭也。仙家入室临炉，就要有此手段。”（张三丰《水石闲谈》）

④ 即仙即佛：仙、佛、人、精……万物于大道之中，岂有二哉？终归于智慧成就！

十四、十五载复兴孔子开创的学术体系感怀

2018年7月，中国书籍出版社出版了拙著《说服天下：〈鬼谷子〉的中国沟通术》，标志着过去15年，我和同道复兴孔子开创的学术体系，孔门德行、政事、言语、文学“四科”的庞大工程，告一段落。想起2004年以来，经历的种种困苦，实在难以言表——在2010年没得到南师怀瑾先生资助以前，我们几乎没有一分钱经费，何其艰难！

南师仙逝已经5年，当今世界，恐怕很少人理解我们的努力了——只能以“孤僧守祖庭”之心，坚守大道，死而后已！

有学佛者要我们只管打坐去，有学儒者要我们如上帝般宣讲仁义，有学马列者要我们依现代性裁剪中国“精华”，有学西方者要我们大搞法家版宪政……

我们明确回答：NO！

大道体系，如人之身，是有机的整体，生生不已。内外不二，道术（法）不二，政教统一，德法统一，岂能任意宰割！

多有所感，作诗以明志——

身居陈蔡常绝粮，不肯降志事武王[①]。
总怒鬼神乱知见，侠骨寸寸皆金刚。
孔门四科耀十方，岂敢凭空论短长[②]。
德政言文行忠信[③]，修己安人大道光。

---

① 身居陈蔡常绝粮，不肯降志事武王：作者以伯夷、叔齐自比，表达了即使处境再艰难，哪怕如孔子被困陈、蔡两国之间，面临饿死，也要坚守大道的决心。伯夷、叔齐是商末孤竹君的两个儿子，周武王伐纣，二人扣马谏阻。武王灭商后，他们不食周粟，采薇而食，最后饿死于首阳山。孔子云："不降其志，不辱其身，伯夷、叔齐乎？"（《史记·孔子世家》）

② 孔门四科耀十方，岂敢凭空论短长：学习圣贤大道，当以宗经为本，离经言道，师心自用，不通经子，不通百家，实为当代学人之通病。读完四书，老庄，就成了"国学大师"，到处招摇撞骗，今天这样的人太多了。

③ 德政言文行忠信：这是"孔门四科"德行、政事、言语、文学，与孔子教育入手的四个方面，"文，行，忠，信"的合称。据《史记·孔子世家》："孔子以四教：文，行，忠，信。"文，指学问；行，实践行事；忠，忠恕；信，信义。

十五、三尺剑一袍风
——读《芦荻谈陪读毛主席往事》

读澎湃新闻上孟繁之先生整理的《芦荻谈陪读毛主席往事》(网址：https：//www.thepaper.cn/newsDetail_forward_1326719)，其中提及："有一次她陪主席读书时，主席突然不说话，要她仔细听，她不知听什么，主席问她有没有听到外面风吹树叶的声音。之后主席突然放声恸哭。这是她第一次见到主席哭，顿时手足无措，不知怎样安慰好。"

又，毛泽东晚年爱吟南北朝诗人庾信的《枯树赋》，其中有："昔年种柳，依依汉南。今看摇落，凄怆江潭。树犹如此，人何以堪！"

壮士垂暮之年，悲心大愿如此。

不禁感慨万端，作诗二首。

作为中国共产党，中国人民解放军和中华人民共和国的主要缔造者，毛泽东从早年读《水浒传》，这本"农民起义的教科书"，萌生"替天行道"的农民革命思想，到晚年将《水浒传》作为投降主义的"反面教材"，一正一反之间，多少沉浮血泪，几人知之。

西风更劲，斯人已去。在深入反思"文革"时，我们应特别、特别珍惜毛泽东晚年的宝贵政治遗产。

——“批水浒”，是毛泽东最后一搏。

英雄可以失败而死，但英雄终究是英雄。

之一

开天健儿哭清风，
运去尧舜对众生。
一生沉浮一《水浒》，
唤起英雄缚苍龙！

之二

莫忆枯树汉南来，
总有新芽自天栽。
倚剑昆仑观长虹，
千秋伟业一袍风。

十六、百侣携来唱凯歌·诗赠陆寿筠先生

听闻中华文化内圣外王，形上形下不二大道者，见智慧安乐之所在，必然义无反顾，知而起行。于大道的修习宣传，鞠躬尽瘁，死而不已——因为大道是超越人我、穷达、生死的。

道不虚行，道以人行。旅居美国的新法家网站英文版主编陆寿筠先生诚斯人也！几十年，风雨无阻，上下求索，融汇中西，得大成就。年近八旬，有微恙，病中仍心忧天下事，力行不辍。他感叹：“西方人反思自由主义，自由民主，也很深入了；西方有些左派比中国的某些左派立场还要坚定，观点还要鲜明。可惜现在难以充分享受拜读这些大作的乐趣了。”

作此诗，赠老友，祝君早日康复！

起立人间欲缚虎，
风雷扫地走龙蛇。
大道自古多歧路，
百侣携来唱凯歌。

十七、曹洞祖庭小住五首

和唐代青林师虔禅师偈之一

2018年5月10日、11日，小住曹洞宗祖庭，江西宜春洞山普利禅寺。午后独自散步寺外，遇著名的“洞山罗汉松”，驻树下良久——思千古佛门圣贤，松下无数过客！

据《指月录》，该松是曹洞宗开山祖师良价禅师弟子青林师虔所植。植松时，青林师虔作一偈语：“长长三尺余，郁郁覆青草。不知何代人，得见此松老。”

2005年，这株罗汉松被风吹倒，寺内僧人从外边移来一株罗汉松栽在原处。不料想，老松又出新枝，且长得极快，今已有九尺余——只好将移来的树栽到对面。大道不死，树亦有感乎！

被风吹倒的老松就在旁边的棚子里。枯木横卧，千载之后，得见古松老态，不禁作诗，和青林师虔禅师。

老松风吹去，
新松九尺高。
百代松下客，
何事未曾老？

斥蝶之二

洞山普利禅寺周边山上多桐树，五月间花开满树，微风吹过，白色桐花纷纷落下，如百千白蝶飞舞，美不胜收！

此时白蝶飞过，让人难分桐花与蝴蝶，不禁挥手斥逐——此时白蝶亦成了多余的闲家具。

当今天下，群魔乱舞，难得此闲情，作诗以记之。

挥手斥白蝶，
挡我桐花山。
谁解曹洞意，
心心云水间。

拜良价祖师灵塔归途之三

普利禅寺寺宇巍峨，横卧山谷，山上白色桐树花开，真有“东风夜放花千树”之美！

良价祖师塔直到20世纪80年代才被文物工作者从地下挖出，世人始知曹洞宗祖庭之所在。出寺后门，拜洞山良价祖师灵塔，读《曹洞宗法脉源流简介》，法脉断断续续，令人感叹。绕塔三匝，久久不愿离去。

满径桐花不忍归，
潺潺流水绿自肥。
堂堂蚁军拦我路，
叶上小虫弄风情。

觅方竹之四

天下竹皆圆，而宜春有方竹。5月11日下午，出洞山普利禅寺，沿潺潺溪水寻找。入山林深处，拾阶而上，不期而遇夜合山塔林。见满身青苔的石塔十余座，清静庄严非常，若见古佛，肃然起敬。

徘徊其间，想到自己行走红尘，十多年潜修中华文化，欲挽内圣外王大道于既倒，为天地守孤学，若孤僧守祖庭，谁人能知？质诸鬼神，亦苦中有乐，悲欣交集——所喜者，先贤典籍多在，有成圣门径。所悲者，学人不能知类通达，多死在句下；作此诗，以付佛门先圣！

穷理尽性有大静，普度众生岂空空。
无心老藤拥灵塔，暮鼓晨钟一道通。

“只管打坐去”之五

5月12日一早，离宜春回京前，与熊敏华女士在洞山普利禅寺禅堂打坐。出禅堂，见门前对联横批上曹洞宗“只管打坐去”的千年古训。想到宋以后儒家亦多主张静坐者，在人心浮燥的当代，打坐收心，实为治人心的一剂大药。

今生恐无缘出世修行矣，但愿此生“不负曹洞一炷香”。

“只管打坐去”，
狮吼动人天。
静中有大药，
对治当世愚。

十八、生死何劳入道山——中年读《诗》《书》

二十年前读《诗经》《尚书》，若食鸡肋，难读难解，又有弃之可惜之感。

近一两年，再读《诗》《书》，方知中华文化内圣外王一贯，把握阴阳大道，皆缘于夏商周三代政教——《诗》《书》是不二宇宙大道的源头。

“大道之行也，天下为公”，要理解当代中国政治、经济、文化诸方面，亦不得不读《诗》《书》，那是中国人生活方式、政教体系的模板。学人多不知此，天下昏昏。当返本开新，融汇中西，让中华文化蕴含的宇宙大道造福全人类！

当今人人异说，个个大师，鲜有谈内圣外王一贯大道者。一谈内在修养，就是各种心灵鸡汤，最高不过佛教化的心灵鸡汤。佛教本是普度众生，为人民服务，重悟性而不失理性，绝非不要理性；一谈外在事业，就是竞争成功，有权有势，最好如网红一夜成名，一夜暴富。对内放纵物欲，对外放纵资本，人类文明的根本精神，因人情，节人欲的大道被现代化屏蔽了——悲夫！

修齐治平相继，内圣外王不二，方是大道。心灵鸡汤，成功学多了，不是以“business”为遮羞布，肆无忌惮，无恶不作，就是抛家弃子，推卸社会责任，入深山“修行”。真太可怕！

吾生一大幸运，就是能读到中国圣贤书，识得不二大道，且有机缘亲近诸圣贤——此真三生之幸也！

大道不朽。若生死不离大道，何劳入道山，苦求长生、解脱乎？！

再读《诗》《书》知道源，
群鸦[①]聒噪总枉然。
内修外用实不二，
生死何劳入道山[②]。

① 群鸦：指社会上那些西化的教授、学者、网红，以及以西释中的国学家们。

② 生死何劳入道山：道山，虚指有道家仙气的山，旧时称人死为“归道山”。大道一贯，出处无二，生死无二。立自觉觉人，普度众生，为人民服务的大愿宏志，于日常生活中磨炼，自然圆成大道，本不需绕一个大圈，走个大弯路，先出世、再入世磨炼——西方和印度文明常走这个路线，所以修道院制度发达。在现代全球化、商业化、世俗化社会，中华文化修、齐、治、平的修行路线更为当机，也更稳当。

十九、“华夏正源在西北”诗两首

2018年7月25日至8月6日，蒙青海省海东市循化撒拉族自治县马林义先生邀请，笔者赴甘青地区访学。

从兰州至西宁，从临夏至循化，盘旋于雄伟的积石山下，往来于浩荡的黄河两岸，结合考古、历史、民族学等资料，笔者越发相信：奠定中华文化基础的夏商周三代，初始的夏文化直接源头当在青藏高原东北边缘地带的甘肃、青海，在时间和空间上属齐家文化（距今4300~3500年）分布范围。

青铜时代，在欧亚大陆深度开发畜力能源的生产力大革命中（考古学家谢拉特所说的“次级产品革命”），夏文化兴起于西北，繁盛于中原——华夏正源在西北！夏商周三代皆兴起于东西方交流大通道北方草原的南部地区，东西文明交汇处的黄河流域。

作为东亚大陆进入青铜时代的标志性文化，齐家文化具有融汇中西，囊括夷夏、包容万流的特点。中华文化是四千多年前，在世界文明大变迁，东西文明大碰撞，东亚文明大危机（除了晋南、豫西，长江、黄河中下流地区新石器时代文明的普遍衰落）中产生的，她绵延至今，生生不息。

今天，中国人文社会科学界，狭隘的汉族中心主义，狭隘的中原中心主义，狭隘的中国中心主义盛行，已经到了威胁民族团结、文化自信、发展战略的地步。为中华文化正本清源，成为知识分子的当务之急。

因为，不失根本，方可开拓未来。过去一百多年来，诸多学人忽中忽西，忽左忽右，忽俄忽美，不断在思想上“翻烧饼”（我的朋友，社会学家黄纪苏先生语），仿佛成了只会接受别人刺激的低等动物——在此次中美贸易战中，中国知识界几乎集体失语，看到的多是些浅薄的时评，乃至谩骂美国总统特朗普非理性。

只有返本，才能开新——将博大精深的中华文化等同于四书五经九个本本、仁义道德两个科目，叶公好龙式地对待中华文化，“中国特色”“中国话语”“中国气派”只会变成空文！

此次访学，有十天时间同马林义先生及其家人住在一起——他们都是虔诚信仰伊斯兰教的撒拉族——撒拉族无书面文字，撒拉语属阿尔泰语系，突厥语族西匈奴语支。元初，他们的祖先用白骆驼驮着《古兰经》，穿越戈壁沙漠，从遥远的中亚迁徙到青海积石山下，在有“青藏高原小江南”之称的循化（县城位于积石镇）繁演生息，安居乐业，直至今天。

大家有不同的信仰，不同的语言，不同的习惯，却亲如一家。我真正感受到了撒拉族同胞的热情好客、宽广包容，信仰纯洁。感谢马林义先生及其家人。马林义先生的母亲已年过八旬，头上包着黑色的纱巾，和蔼慈祥，吃饭时，不时用刚能听懂的一两句汉语劝我吃好——此情此景，深入心扉，如在目前！

我永远忘不了，雨后，黄河上升起的如梦如幻的雾，

我永远忘不了，撒拉女孩纯真、清彻、深沉的眼睛，

我永远忘不了，暗夜，山后孟达天池反射远方的闪电，照亮群山和云层的奇景，

……

作诗，赠马林义先生和他的家人，以及此次访学过程中遇到的汉、藏、回、撒拉各族专家、同胞。

游青海循化积石峡之一

大禹劈积石，
三代开文明。①
黄河流不尽，
夏羌古今情。②

参观甘肃广河齐家文化博物馆之二

南海与西亚，
九派流中华③。
百年一弹指，
始觉有齐家④。

---

① 地处青海循化的黄河积石峡地区，包括相邻的甘肃临夏积石山县，多大禹传说。《尚书·禹贡》也记载大禹曾“导河积石，至于龙门”。

② 甘青地区为羌人故地，大禹属西夷，故有“戎禹”之称。《史记·六国年表序》有：“禹兴于西羌。”齐家文化的腹地，甘青地区无论在时间上，还是在空间上，都与大禹龙兴相关——大禹足迹遍及黄河、长江流域，所以古人亦称中华文明的核心区域为“禹迹”。

③ 7月26日，在甘肃省齐家文化研究会秘书长唐士乾先生陪同下，参观甘肃广河县齐家文化博物馆，看到从西亚传过来的青铜文化，南海印度洋地区的海贝，中国新疆地区的和田玉，中国江浙沿海地区的玉器类型，深有所感，为中华文化包容并蓄而惊叹。

④ 自1924年瑞典考古学家安特生在广河齐家坪发现齐家文化遗址，几近百年。然而齐家文化的重要意义，直到近年来才引起世人的广泛关注。唐士乾先生为此做了很多工作，摩顶放踵，不惜余力。

华夏正源在西北之三

华夏正源在西北，
建中立极天下和[①]。
洛阳铲，史公书，
积石山下禹王歌[②]。

① 地处西北，与齐家文化有重要关系的陕西省神木县石峁古城，距今4300~4000年，面积约425万平方米，是中国发现的史前时期规模最大的城址，与同时期的陶寺遗址一样，都是三代兴起的大型政治中心，这和建立以人为本的强大中性政府，中国古典政治的“建中立极”理念相符合——三生万物，那是政治稳定发展的基础。

② 洛阳铲，史公书，禹王歌，分别代指考古、历史、民族学三个领域，足以证实夏文化出于西北，盛于中原。

二十、谁说刘邦无赖汉
（答洁予居士）

网文《世道变坏，是从刘邦嘲笑项羽开始的》，作者认为楚汉之争，项羽虽败为君子，刘邦虽胜为小人。秦汉之际，“项羽所代表的君子精神已经没落，不讲廉耻的纵横家早已经胜过了讲廉耻的儒家，当然刘邦也比较容易胜过项羽”。

洁予居士读后很感慨，作小诗云：“君子慕项王，身败名不伤。可怜无赖汉，冠冕坐朝堂。”

我们研究历史，评价历史人物，不能仅从人性的诸多优缺点评价一个人，关键是看其所代表的阶级力量及其战略选择。经济学家仲大军先生说：“刘邦与项羽之争，也可以看作是一场平民与贵族智慧的博弈，底层平民战胜了高贵的贵族，打破了传统的封建等级，这在历史上有进步作用。”可谓卓见！

刘邦采用先进的治国理论，以集诸子百家之大成的黄老道家治世，所用重臣，如张良、萧何等亦多修习黄老——这是其取胜的根本原因。

后学不识中国古典政治学、经济学的伟大，不知强汉之所以强的内在机理。浑浑噩噩，至于今日——在私有神圣，私欲神圣的当代，何日天下为公、建中立极的中华政教才能光耀天下！

身处资讯高度发达的21世纪，我们再不能埋没千古圣王的智慧、功业；作诗，答洁予居士。

谁说刘邦无赖汉，
黄老道家自在王。
大汉英名至今传，
怎奈不识其主张！

二十一、希腊圣托里尼观沧海

2019年6月3日至16日，在爱琴海地区考察西方文化。12日、13日游基克拉底群岛著名旅游目的地圣托里尼。13日晨，独自一人去海边散步。

圣托里尼岛古名希拉（Thera），3500年前曾有一次巨大的火山爆发，到处都是火山喷发的痕迹，显得十分荒凉。海浪猛烈拍打着巨石，惊起了石上休憩的海鸥。

极目天际，无边无沿，四海之间，仿佛吾一人而已。地球上的水体本是一个大海，四大洋也是人为划分。东西古今有不同，亦多相通之处，世人不知此，见异忘同，将东西方，古今对立起来——西是中非，今是昔非的观点成为思维定式。西方民主，东方专制；现代先进，古代落后……这离内圣外王，天下为公的大道远矣。

西方这种线性的、自我中心的史观何时才能改变？东西方文化的结晶，内圣外王大道何时才能流行于世——地球上几乎人人都在讲、天天都在讲：私有财产神圣，个人主义独尊！有感于此，作此诗。

古道难传今再来，
东西万里独徘徊。
浪拍暖岸惊鸥起，
知否寰球一沧海！

二十二、游夜西湖访奇士

2017年12月18日，赴福建讲学途中，于杭州小住，与黄拓兄游夜西湖。闲来无事，转入陋巷，拜访黄兄故人，住在西湖边精于数术的李先生。

李先生年望花甲，着装简朴。独居陋室冷屋，十几平米之地旧物杂陈。落座，先生谈起两年前，读拙文《参加104岁张至顺老道长〈字里藏道〉讲座想到的》，至"当老道长谈到今天大道沉沦，在座诸君当努力挽回时——竟然一时哽咽"，断言道长将不久于人世。

闻之大惊，因为张道长当时看起来很健康，他是在我发表此文两个多月后去逝的。便好奇地追问：君何以知之？

先生答：按中医，流泪乃肝气欲绝之象，肝主生气——另外见到黄拓兄拍到的，张道长俯身吃瓜的照片，即知此人将不久于人世。

古医家精于数术者，能预知死生，卜家亦然。医卜相通，皆精微，真是这样啊！

从李先生家出来，看到断桥对面的漫山灯火，想到自己修习、宣传中华文化多年，志大而才疏，愧对师友多矣。感慨万端——

不期西湖遇西子，
偏于陋巷遇奇士。

读余小文决生死，
方知医卜亦精微。
总欲随龙[①]归大道，
身是愚氓训阿谁[②]？
断桥难继风流事[③]，
漫山灯火竞光辉。

① 龙：古人多以龙喻圣贤。

② 阿谁：唐宋时期口头语言，也是禅林语，意思是谁。

③ 西湖断桥，民间爱情传说《白蛇传》的故事发生于此，传说白娘子与许仙在断桥相会；风流事，喻内圣外王的大道，孔子的志业。

二十三、热河文庙祭孔·全心全意为人民

2018年8月20日，参加河北承德“儒家文化与中华民族共同体建设”学术研讨会，并于热河文庙祭孔。热河文庙建成于1779年，其规模宏大，仅次于曲阜孔庙。

今日言孔孟者，许多人不研究中华文化两千多年经子学术之变迁，不研究过去千年国家之衰弱耻辱，不研究过去一百年社会主义革命和建设的成败经验。割裂古今，坑杀大道，甚至有主张反中国革命而行之，恢复儒家乡绅地主集团；反人民民主而行之，在中国实现垄断资本主导的宪政。

不研究中国革命的苦难辉煌，何以理解儒家的实质？不研究解放后中国共产党人对治国道路的艰辛探索，何以理解中国古典政治经济学法家与依法治国、人民民主的重要关系？

中国人还要在国家治理道路上探索多久，经历多少挫折，方能将中国古典政治学与社会主义实现有机结合！

倚门大成开宫殿[①]，

① 倚门大成开宫殿：指庄重打开厚重的文庙大成殿殿门；暗指一些人借孔子欺世盗名。

玉佩金声拜圣颜。
塞外西风渺无际，
旧苑[1]今又走龙鱼。
或为乡绅招魂灵，
或捧宪政媚芳邻。
谁解孔门仁圣事，
全心全意为人民[2]。

① 旧苑：指满清行宫避暑山庄。

② 谁解孔门仁圣事，全心全意为人民：《论语》中“仁”出现一百多次，孔子却独赞叹拯救中华文化于水火的管仲：“如其仁，如其仁！”孔子眼中“仁”，既指全心全意为人民服务的精神，更指让人民享小康奔大同的德行。而“仁者爱人”之类的浅鲜生动之语，只是孔子对弟子们的随机教化。《论语·雍也》记载：“子贡曰：‘如有博施于民而能济众，何如？可谓仁乎？’子曰：‘何事于仁，必也圣乎！尧舜其犹病（意为做不到——笔者注）诸。夫仁者，己欲立而立人，己欲达而达人。’”

二十四、致古今“玄学家”

中华文化，从教之儒与为政之道，本来平平实实。修身、齐家、治国、平天下，以无我之公心，直入不二法门，自然圆融。怎奈汉以后，道家流为“独任清虚可以为治”的道教，儒者流为空谈道德心性的道学，玄学鼎盛，名法（术）不彰，道术分裂，大道沉沦！

进入科学昌明，物质丰富，全球化的21世纪，有人误解圣贤以科学为中介，汇通中西的本意，将“以西释中”推至极端，混淆名实，用科学名词错会歪曲大道，甚至有“神棍”，让人坐在椅子上体验量子纠缠的境界，骗钱骗物，何其荒唐！

又多数国学家从研究西方哲学来个“亮丽转身”，以肢解中华文化为能事。念一经典，解一经典，即化成国学“专家”。师心自用，写一本或《论语》、或《老子》、或《管子》、或《易经》的书，为稻粱谋，贩卖先贤，这些人与神话《弟子规》《三字经》的读经者有何不同！

古语有云：释迦之罪人，和尚也；老庄之罪认，道士也；孔颜之罪人，儒生也。我们也只能感叹：优秀传统文化之罪人，国学专家也。

道之所在，虽千万人吾往矣——

大道岂在科并玄[①]，
不二门中[②]入道山[③]。
心心修齐与治平[④]，
青枝绿叶鸟儿鸣。

① “科并玄”，科学加上玄学，前者研究外在物质世界的规律，后者如数术之类，研究形上世界的规律，二者属于不同知识体系，学人不可随意混淆名实，徒增玄妙，离心言道。

② 不二门中：中华文化主体在政、教，分别以道、儒两家为代表，皆言修齐治平的大道。主要特点是在人世间修行，去私立公，为最究竟法。六祖大师云：“佛法在世间，不离世间觉，离世觅菩提，恰如求兔角。”不知者，将其视为没有宗教信仰，只重世俗伦理。不知其高妙处，实为参赞天地运行，超越死生的大道。

③ 道山：泛指有道家仙气的山。

④ 心心修齐与治平：若言“善用其心于修身、齐家、治国、平天下”。一般学人囿于门户之见，只知儒家讲修齐治平，正心诚意的道理，不知（黄老）道家也讲这些，只不过从治国理政的角度讲，有时先言威势，最后言得智慧。《礼记·大学》论修行次第说：“知止而后有定，定而后能静，静而后能安，安而后能虑，虑而后能得。”道家核心经典《黄帝四经·经法·论第六》则有：“强生威，威生惠，惠生正，正生静；静则平，平则宁，宁则素，素则精，精则神。”二者相通。

二十五、与毛凌云、余云辉游李氏宗祠家庙

福建省古田县杉洋镇李氏宗祠是座文物内涵丰富，保护完好的祠堂。它坐落在杉洋镇西南凤林山麓下，始建于唐天祐二年（905年），是古田县重点文物保护单位。祠后层峦叠翠，祠前秀水回漩。祠为宫殿式建筑，高阔敞亮，宏伟壮观，总建筑面积2000多平方米。三向围以风火墙，前为檐牙风雨墙。

祠正门两侧石鼓一对，大门上有匾额“李氏宗祠”。门联“俎豆千秋垂庙貌，簪缨万世仰宗风”，乃民国福建省省长兼督军李厚基撰书。

进入祠门，是走廊和天井，走廊横槛雕梁画栋，两侧油柱漆户；天井培植盆花，左有百年丹桂，右有丛生蜡梅；中有功名石。回首则见“尚书事”金字直匾。

举步前座，左右两侧分别是宋元两代古碑石两块，左是宋绍定四年（1231年）立的“李氏祠堂记”碑刻，右为元代至治元年（1321年）立的“李氏重建祠堂记”碑刻。由于年代久远，碑石风化剥蚀，碑面字迹难以辨认。

移步中座，“状元及第”鎏金直匾悬于正中，顶为工艺精湛、风格别致的藻井。梁间悬有“科名登第”“文臣武职”“清廉官宦”等牌

匾。正中墙前是入闽始祖李诲及夫人彩塑，左右神龛供奉历代列祖灵牌。两庑设“像贤”“名宦”“褒功”“节孝”四堂，祀其香位，纪其功勋。

后座大柱楹联有名家撰书，其中朱熹墨迹尤多，如壁上的“忠、孝、廉、节”，条幅墨宝：“春报南桥川叠翠，香飞翰苑野图新，雪堂养浩凝清气，月窟观空静我神”，道出了朱子在此创办书院的愉悦心境。第二柱联句“柱史编经传道德，天潢著望绍簪缨”，记载了杉洋李氏宗祖的功德。

杉洋李氏始祖为唐代状元李诲，唐僖宗广明元年（880年）为避黄巢起义，先迁浙江处州龙泉桥下村。次年李诲与兄李话家入闽，择古田杉洋定居，迄今已有1000余年，传40余代，子孙繁衍遍及闽省，支分浙广及港台。世代人旺族兴，人才辈出。一世祖李诲宦居唐福建观察使；四世祖李灞授闽国大丞相、录尚书事之职；五世祖李晓、李托分别为闽国兵部尚书，闽国刑部郎中；七世祖李倚、十二世祖李文广均为宋朝通议大夫，二十七世祖李夔隆为清霸州都督、居庸关总兵。近代有民国海军将领李世甲等。

2013年10月30日，吾与毛凌云、余云辉二先生同游李氏宗祠，见其旁家庙清静无比，可作好修行处，又生贪心矣——作诗以记之。

黄金心地亦当抛，
步步屧空总逍遥。
怎奈又欲成野老，
翩跹出入李家庙。

二十六、叹“国学专家”·半仙半鬼之人

研读纵横家经典《鬼谷子》，感到圣贤之学如此艰深，如此精微，不禁慨叹当世所谓的国学专家，不知中国学术乃宇宙人生大道之所在，身心智慧之所系，生民立命之所本。乃至以大道为（西方）哲学，以儒学为国学，以礼仪为礼义。能学乾嘉诸老，皓首穷经，训诂考据者亦罕见；这些所谓“国学专家”，读几本旧书，有一二心得，便或正襟危坐，或招摇过市，上窜下跳，骗吃骗喝，既可怜，又可笑——怜其于内圣外王的大道，不得真受用；笑其坐井底观世界，而狂鸣不止。

今天是2015年的六一儿童节，一时童心再现，将那些国学专家的“皇帝新装”揭了，博诸君一笑。

半仙半鬼之人，
庙堂[①]社会游魂。
圣人典籍俱在，
骗人能骗几春！

① 庙堂：太庙的明堂，是古代帝王祭祀、议事的地方，这里代指政府。一些国学专家，特别是那些自命的儒者（于国学圈混这么多年，笔者悟出一个潜规则：似乎先要将自己打扮成“儒家”模样，才能得到“国学专家”入场券），为得到政府的认可，把吃奶的劲儿都使了出来，用以曲解圣贤经典，胡说八道，但仍难以同现实结合起来。所以自清代科举制度消亡后，他们仍为游魂——上不足以治国，下不足以治身——多厕身西式大学，欲中西逢源、左右逢源，难！难！难！

二十七、日用大道活泼泼

近读北京外国语大学王炎教授的《思想走出去才是正道》一文（载2015年7月10日出版的《北京青年报》），深感目前“国学热”背后的“国学危机”。国学家不是在激活传统，让其进入主流社会和主流学术界，而是肢解她、神化她、背离她——这样如何复兴中华文化？如何让世界从中华文化中受益？！

文中对国学专家的批评需要特别注意：“严谨者喜欢做墨守师法的章句训诂，宁愿当卫道的守陵人，盯住古代思想不让其复活；放纵者则驰骋心志，狂禅臆说，要么把儒道贬低成养生之术，要么抬高为治国安邦的神道。业余者最赶时髦，搞国学典籍大数据、文化节、外国人讲中文大赛之类，到处推销中国符号。”

但王炎先生过于迷信国外汉学家了。自利玛窦神父（1552—1610年）以来，西方汉学理解中华文化大多是浮光掠影，甚至以肢解中国学术为能事，将活生生的中华文化变成了西学干枯的研究材料——400多年来，西方汉学对中华文化的破坏作用亦不小！

总之，只有回归现实生活，让大众受用，中华文化才会真正复兴。否则，她必然成为少数知识分子精雕细琢的玩物，如同橱窗中的模特，好看却没有生命力。

有感于“国学热”中的诸多乱象，作诗以记之。

书院类私人会所，
道士儒生比仙佛[①]。
闹市穿行行大道[②]，
德成智出活泼泼[③]。

① 前两句言国学热中的乱象——有人以书院名义建私人别墅；一些道士儒生，则喜欢高推圣境，自命大师，到处招摇撞骗。

② 大道不在天地外，此句意为在世俗生活，不著不妄，处处成直心道场。六祖大师说：“佛法在世间，不离世间觉。离世觅菩提，恰如觅兔角。”

③ 智慧是道德成就，不是知识的积累。只有道德成就才会使身心安泰，应变无方，活泼泼的智慧自然流出。《管子·内业第四十九》云：“是故此气也，不可止以力，而可安以德；不可呼以声，而可迎以意。敬守勿失，是谓成德，德成而智出，万物毕得。”

二十八、研习纵横术述怀

写作《说服天下：〈鬼谷子〉的中国沟通术》一书（该书已由中国书籍出版社2018年7月出版），深感纵横家圣学精微，道术不传之痛。

想到多年来，笔者研习刑名法术之学，为世人所讥笑谩骂多矣，今又研习纵横学经典《鬼谷子》，岂不是贻人口实，“骂上加骂”吗？处此大争之世，这些蒙污千载的学问实为当代所亟需——孟子云：“道之所在，虽千万人吾往矣。”

我作“坏”学问，
申韩与苏张[1]。
苍生需道术，
哪容多思量。
圣学蒙污久[2]，

① 申韩，法家代表人物申不害和韩非的并称，后世以“申韩”代表法家；苏张，指纵横家代表人物苏秦、张仪，后世以“苏张”代表纵横家。

② 据《汉书·武帝纪第六》，建元元年(公元前140年)武帝继位后，丞相卫绾奏言：“所举贤良，或治申、商、韩非、苏秦、张仪之言，乱国政，请皆罢。”汉武帝“奏可”。这堵塞了法家及纵横家的仕进之路，从此以后，两家横遭世人诋毁，其学近于泯灭。算来，至今已两千多年矣——真千古奇冤！

岂吾独受谤！
不作青莲[①]狂，
不随屈子[②]殇[③]。
愿付此微躯，
大光耀十方[④]。

---

① 青莲，青莲居士李白，一生恃才傲物，被后人誉为“诗仙”。

② 屈子：楚国大夫屈原，性高洁，谗而被疏，见国家衰败不可收拾，投汨罗江而死。

③ 殇，音shāng，指未成年而死，这里指屈原为国而死，不得善终。

④ 十方：指东、南、西、北、东南、西南、东北、西北、上、下。佛经中说每一方都有无量无边的佛国世界，泛指遍虚空界，尽一切世界。

二十九、学人叹·流水无根随深浅

2016年春节假期，观学人于网上议论实事，发现纵然知名机构的学者，亦多街头巷议的轻浅之论。心理学家研究表明，大猩猩的随机选择比偏执专业的“专家”预测水平更高，[①]吾始信之！

---

① 20世纪80年代初，加州大学伯克利分校的心理学家菲利普·泰洛克（Philip Tetlock）挑选了284个以“评论政治经济现状，预测政治经济趋势，为政策制定提供建议”的专家，让他们对一系列未来事件做出预测。他问了一长串敏感问题，包括乔治·布什会再次当选吗？南非的种族隔离问题会和平解决吗？魁北克会脱离加拿大吗？互联网泡沫会破灭吗？

在每种情况下，专家们被要求评定几种结果发生的可能性。泰洛克然后询问了专家们的思考过程，以便能更好地了解他们是如何做决定的。研究结束时，泰洛克得到了82361个不同的量化预测数据。

泰洛克最后发现：专家们的预测显然失败了。尽管他们凭借敏锐的时事洞察力获得报酬，但其表现还不如随机猜测。泰洛克的大多数问题有三个可能的答案，平均而言，专家们选择正确答案的比例低于33%。换句话说，一只黑猩猩随便选一个答案，也会打败绝大多数专家。泰洛克还发现，他的研究中名气最大的专家往往预测最不准确，都显得狂妄自大和过度自信。（参阅乔纳·莱勒：《为什么大猩猩比专家高明——如何让大脑帮你做出正确的选择》，丁丹译，东方出版社，2010年，第151~153页）

过去500年来，西方学界抛弃圣贤智慧之学，其灾难性结果就是“反智”。在瞬息万变的信息时代，植根经验、深入直觉的智慧之学更为重要了。现代学人切不可再以西方学术为基础，有知识的积累而无智慧的修持。当博学之、审问之、慎思之、明辨之、笃行之，内圣外王兼修，以达到道法圆融，内外不二的境界。纵不能成圣成贤，亦不虚掷此生矣——诸君勉哉！

古人为学，“究天人之际，通古今之变”，不离朗朗乾坤大道，不离历史现实经验，故能成其大；现代人文学者，多拿西方现成理论硬套中国零星现实，编织郑永年先生所说的“假知识”，骗人骗己，乃至骗财骗色，良可叹也！

暗夜无友，陋室彷徨，作诗以言志：

人间总是是非多，
嚼烂舌根日蹉跎。
流水无根随深浅，
群峰雄峙自高低。
劝君暂莫开尊口，
躬自入局知若何？
身心百般历艰苦，
金刚不坏乃我佛！①

① 此处以佛性喻智慧——佛家至其极处，总归智慧之学。

三十、六祖慧能圣诞日诗作二首

2016年3月17日（农历二月初九），六祖慧能圣诞日，有幸陪上海友人游北京琉璃厂。在西街一古玩店内，女居士店主赠我们《金刚经》。吾顶礼受之，随念“阿弥陀佛”。

居士问：“何谓佛？”

我答：“心为佛。”

居士问：“什么心？”

我答：“无心。”

居士问：“无心岂不断灭？”

我问：“什么心？”

居士答：“慈悲心！”

于大都市井之间，不乏卓见者，令人赞叹。

又近日尘缘不断，流连忘返。感岁月蹉跎，作诗二首以记之——

之一

曾闻六祖应无住，
又习人间王霸术。
直心处处皆道场，

且随高士补穷庐。

之二

尘缘去来又何妨，
大化流行自在王。
内外有道悬日月，
万世一念走黄粱。

三十一、青海德令哈寄哈局·与子同袍

德令哈位于柴达木盆地东北部，炎炎夏日如过春秋，可谓“西北凉都”，它崭新、干净、宽敞。

2016年6月24日早，我和德令哈市民宗局哈斯秦格力局长一行去怀头他拉乡沙柳沟考察岩画。怀头他拉比德令哈市海拔高近千米，极为寒冷。荒凉的山谷间，穿过低矮的草丛，我们的裤腿湿透了。艰难跋涉到岩画地点，我拿相机的手都颤抖起来。

哈局长见此，立刻将自己的厚夹克脱下来给我穿上，自己上衣只剩下短袖衬衫。我说这怎么行，他说：“你穿上，我们蒙古人习惯了，不怕冷。”——我不知如何表达自己的感激之情，不禁想起《诗经·秦风·无衣》中的诗句：“岂曰无衣？与子同袍……岂曰无衣？与子同裳。”

哈局学识渊博，才艺俱佳。晚上在茶室同我们笑谈古今，人生哲理，其乐融融，大家深夜忘归。

在德令哈四五天，他的关心帮助令我终生难忘。兹我将离德令哈赴拉萨，哈局又已去深圳开会，东西万里凉热不同，作此诗寄之。

雪域广寒凉鬼神，
脱下夹衣衣我身。

君言蒙人习此境，
灵存草木岂无情。
小阁谈禅惊四座，
千里相知若比邻。
东西空花水月事，
磨取乾坤一片心。

三十二、晨起小坐有感·燃尽佛前一盏灯

受印欧文化世俗与神圣二元对立，否定现世，出世修行精神的千年影响，许多人认为自身修养，修行，就要看破红尘，抛弃人间事物，走入深山古刹，那才是修行。

殊不知，这只是佛教僧侣和基督教修道士的一般修行方法。他们中的大成就者，也要在出世之际，孜孜行善，服务大众，方得大智慧。

中国人的自身修养是从红尘中入手，不废人伦，在修身、齐家、治国、平天下中，超越自我，达到至公大道。

公生明，明生慧，这最为稳当。也是在这个世俗化的世界，最为当机的修养方法。

数年前，晨起无事，佛龛前小坐。有念头来，随手记之。

不入山林不为僧，
空空岂是道业成？
若问此心归何处，
燃尽佛前一盏灯！

三十三、旧诗五首·午夜读《商君书》

二十多年前，在河北唐山老家任教中小学，繁忙教学之余，嗜读诗书，喜交天下志士。

当时读书感怀、赠送友人之作，今天读来，别有一番滋味在心头；总欲对年轻朋友说：莫负少年时！

午夜读《商君书》

黑发兢兢[①]读《商子》[②]，
黑夜凄凄待鸡啼。
可叹长亭白发客，
江河独异哭《黍离》[③]。

日暮读书偶记

《行草章法》太好，

① 兢兢：形容小心谨慎。

② 《商子》：《商君书》，是法家核心经典。

③ 《黍离》：《诗经》中的诗；据说两千多年前的一个夏天，周大夫行役路过镐京，看到埋没在荒草中的宗庙遗址，有感于周室的被颠覆，悲伤而作《黍离》。

天晚停电欲读。
移近窗边夕阳，
夕阳沉入山冈。

读史

酒醉人疲读史书，
万夫入梦涌干戈。
一阵清风人忽醒，
正随吴起战西河！

京城风雨夜与《当代思潮》社友人纵论时世

放眼人间总苍茫，
漫天风雨读华章。
剑生笔端三千丈，
席卷红尘万里扬。
真理大戟依群力，
谁言吾辈为楚狂。

歌行[①]·崎岖山海间

崎岖山海间，独步人寰[②]。千载识君一笑难，况孤竹[③]古地，燕赵镝声寒。

长江远，红尘烈，正少年，举烛江山万卷！待从头，重聚首，执龙泉！

---

① 歌行：又叫“行”，源于汉魏乐府，是其名曲之一。篇幅较长，句式灵活，平仄不拘，用韵富于变化，可多次换韵。歌、行、引（还有曲、吟、谣等）本来是古代歌曲的三种形式，它源于汉魏乐府，是乐府曲名之一，后来成为古代诗歌中的一种体裁。

② 人寰：人间，人世。

③ 孤竹：唐山属孤竹国故地。

跋：通与真，翟玉忠先生学术思想体系之我见

【按】出版三卷本文集《文脉寻根》，学界友人多有高度评价。我总觉得那是诸位师友对自己的鼓励，恐言过其实。但对那些未谋面普通学人的评论，我却特别在意。天下谁人不识君，感觉过去三十年（1992~2022年）的艰苦奋斗值得！

蔡青是一位青年学者，家居珠海。过去七年几乎将我的著作、文章全部读完，写下《通与真，翟玉忠先生学术思想体系之我见》一文。读之，若遇南海知音。吾赠其诗云：“人生最幸知己多，慧剑高擎斩群魔。京华足堪容落破，时代潮头起豪歌。”

但愿中华文化早日成为时代强音！那时天下会有更多如蔡先生这样的知音者——经先生同意，以其文为跋，亦笔者之一大幸也！

第一次读到翟玉忠先生的文章，是2015年从“新法家”网站开始的。“新法家”是一家学术网站，很特别，门面简朴得略显寒微，其内容却丰饶得近乎奢华。网站众多刊文中，以先生的文章最为瞩目，阅之，如饮甘露纯酿，令人目明心开，振奋畅快。

在读书这件事上，我的作风是见好就跟，绝不收手。我用了近一年时间将先生的著作通读一遍，当时已正式出版十多本；近年来他精

进如故，佳作不断，我也一路追随。

过去二十年，先生以孔门四科为主线，系统整理古代经典，目前已经出版的主要著述如下：

德行科：《性命之学：儒门心法新四书阐微》（2014年），《礼之道：中华礼义之学的重建》（2014年）。

政事科：《国富策：中国古典经济思想及其三十六计》（2010年），《国富新论》（2013年），《中国拯救世界：应对人类危机的中国文化》（2010年），《道法中国：二十一世纪中华文明的复兴》（2008年）。

言语科：《正名：中国人的逻辑》（2013年），《说服天下：〈鬼谷子〉的中国沟通术》（2018年）。

文学科：《斯文在兹：中华文化的源与流》（2014年），《人类文明的基因：人类二元观念与世界文化的分野（图文版）》（2017年），《智慧简史：从史前到21世纪（图文版）》（2021年）

此外，还有即将面市的50万字文集《文脉寻根：重新发现中国文化》。面对这些煌煌大作，我学力不足，无法全面评价，在此仅分享个人浅见："通"与"真"，是先生学问著作的两大特点。

一、通：沟通经子，综合百家，完整复兴中国古典学术体系

翟先生所整理之经典，多为先秦文献，文字简古，义理深奥，比较晦涩难懂。而先生的译文，辞句流畅优美，内容清晰明白，令读者豁然开朗。入乎其内，出乎其外，在妙解文本的基础上，先生融会贯通，对经文义理展开精彩阐发，并验之于中外历史与现实，理事并进，通达无碍。

通群经方能通一经，先生悬解经典，如此透彻鲜活，别具一格，

缘于他贯通诸子、融通群经的功力。二十载学术远征，整合墨家与名家，阐发中国古典逻辑学；整合法家与黄老道家，阐发中国古典政治学；整合道家与儒家，阐发中国古典伦理学；深入黄老道家，阐发中国古典经济学；深入儒家，阐发中国古典智慧之学；深入《战国策》、《鬼谷子》，阐述内圣外王一以贯之的平天下策纵横之学……先生做学问的气魄非常大，沟通经学与子学，综合诸子百家之学，几乎以一己之力，复兴了完备的中国古典学术体系！

这里有一个问题：古代中国有自己的学术体系吗？许多学人认为学术体系乃西学之特长专利，中国古代只有些“思想碎片”。国故经典割裂蒙冤千百年，终得先生昭雪。我们惊奇地发现，原来先贤早在两千多年前就已建立了中国本土学术体系，且有着高度的统一性：政治经济与社会教化相统一、内在修养与外在功业相统一、自然规律与人生规律相统一；而西方主流知识体系源于私人学术，缺乏统一，主客二元对立，俗圣二元对立，政教二元对立。相比而言，中国学术体系更为完备成熟，诸子百家相辅相成，相须为用，具有历久弥新的生命力；而西学则无力调和内在矛盾，致使各学科间的联系断裂，不可避免地滑入碎片化陷阱。

先生学问的通达，还体现在他贯通经史，对历史文化演变有着深刻的洞见。首先，他准确把握住中国文化的来源，即超越神话信仰的大政府，本质是王官学，王道——中央政府的知识学术体系。其次，子学源于经学，在公元前800年-公元前200年的轴心时代，由西周王官学六经衍生出诸子百家。经与子，是源与流的关系，二者不可分割！第三，政教统一是历史与文化演变互动，社会治乱兴替的关键。影响最深远之举措，莫过于汉武帝“罢黜百家，表彰六经“——贬斥百家，以孔子整理的六经作为国家指导思想。这一政策在凝聚民心，塑造文化认同的同时，亦导致儒家独大，经子断裂，流弊千年——先生可谓独具慧眼，于纷繁迷雾中洞悉历史文化的病根所在。最后辨证施治，精准开方，即上承西周王官，下开诸子百家的孔子之学，并通过恢复孔门言语、德行、政事、文学四科学问，重新找回内圣外王高度发展、高度融合的中华大道！

二、真：真学人，真学问，真实不虚的伟力

早年读先生文，便赞叹其文辞俊美，学识过人；后于2018年因事向先生求教，得以识其人，更敬佩其发心真切，宏大无私。

先生少年时期喜读古文经典，19岁便立下宏愿，刻苦自修十年，29岁毅然辞去老家稳定工作，只身前往京城，不为稻粱谋，只为探索宇宙人生大道。“面壁十年图破壁，难酬蹈海亦英雄”，周恩来总理的这两句诗，是先生年轻时的座右铭，也是他早年发心用功的真实写照。

20年浪迹京华，先生倍尝艰辛，然初心不改，上下求索，如今虽已著作等身，却越发精进，舍不得给自己放一次假，不曾空过一日……翟玉忠先生乃真学人也！

江山如此多娇，引无数英雄竞折腰！以先生之大才，又是什么引得他忘我奋斗，义无反顾呢？是光芒万丈的中华原生文明，历久弥新的先贤学问智慧，照耀古今宇宙人生大道——是中华大道，中国人安身立命、安邦定国的根基！

提到“中华大道”，许多人或感到陌生，或产生误解，这里简单介绍一下中华文化的演变史。中华文明源远流长，至夏商周三代，中央政府总结治国理政经验而成王官学，即经学；春秋战国时期，东周中央政权衰微，诸侯群起，经学演生出诸子百家之学。子学是经学的升级版而不是替代版，它的兴起标志着中国文化走向成熟。历史机缘

不可思议，汉武帝“罢黜百家，表彰六经”意外割裂经学与子学间的联系，导致经学、子学双双受挫。经学走向僵化空疏，子学除儒家畸形生长外，其余均湮没不彰；汉唐之际，佛学东来，起初被本土文化吸纳改造，但到宋明时期反客为主，中华文化佛教化，成为理学。宋明理学的出现使中华文化失主体性沉沦，经世济民、富国强兵的王道沦为心性之学，无怪乎宋以后国运衰弱，屡遭外族入侵；及至近代，西方文明随坚船利炮涌入，而我中华文化积千年流弊，早已面目全非，虚弱不堪，毫无招架之力。一百多年来，西方学术垄断中国大学，并全面渗透到国民教育的方方面面。时至今日，“西是中非”成为学人的思维定式，“以西释中”成为学术的路径依赖，中国文化进一步支离破碎。悲夫，所谓中华文化演变史，实则为原生文明异化沦落的血泪史！

每思及此，我都会忍不住感叹：翟玉忠先生真学人中的异数！他不仅冲破当代密不透风的西学牢笼，而且拨开厚重的历史迷雾，纠正了宋明理学对中华文化的歪曲矮化，弥合了两汉经学对经子源流的割裂，直达2500年前轴心时代中华原文明的高峰，将圆融统一、生生不息的中华大道清晰明了、系统完整地呈现在世人面前。继往圣之绝学，开万世之太平，先生所作乃真学问也！

执其一者而御众有，执其要者而万事成。先生牢牢把握住由经学和子学构成的中华政教这一核心，澄其源而疏其流，融通古今中外，返本开新复兴中国古典学术体系。初读先生著作，便令我大开眼界，茅塞顿开。我们不是有五千年辉煌灿烂的文明吗，为什么又说它封建落后？当代西方国家几乎全是民主联邦制，为什么只有中国坚持数千年大一统集权制？中国人对待宗教信仰的态度为什么与外国人迥异，人要信仰某个神吗？古代中国好像没有经济学，为什么长期遥遥领先世界？中国历史上几乎没有对外侵略战争，是怎样和平地吸纳新国土新人口的？新中国成立70多年，尤其是改革开放40年的经济奇迹震惊中外，无数专家却百思不得其解，它背后的逻辑到底是什么？

曾经困扰我的许多历史与现实问题，均从先生的著作中找到了答案。我可以大胆地说，先生这套学问体系，经得住历史的考验——不仅可以理解我们苦难辉煌的过往，摆脱历史虚无，还可以看清纷繁复杂的当下，坚定信心，指引我们稳步走向光明的未来！

倘若以之对治个人烦恼，则如牛刀割鸡，快刀斩乱麻，好不痛快！用之于家庭经营，工作事业，进退应对，亦高屋建瓴，势如破竹；至于对人生幸福、生命价值的启示与安顿，则如贫子返家，得见衣中宝珠。智慧、安乐、德行三位一体，内养外用不二，修身、齐家、治国、平天下一以贯之，先生诚不欺我！这套学问能活人，能救世，先生功莫大焉。但其真正的伟力，实源自中国古典学术这一宏伟体系，那是先辈们数千年的实践经验，凝结了无数先贤的智慧心血，值得我们倍加珍惜。

古有玄奘法师跋涉千山万水，西行求取佛法。今有玉忠先生翻越西学、理学、汉学三座大山，返本先贤真经，恢复民族元气。男儿远游，英雄远征，初步整理完孔门四科之后，先生又开启大《六经》工程，增续六经，再造中学，重振文化山河——路漫且艰，可有四方弘毅君子，愿投身此千古圣业乎！

蔡　青

2022年5月4日于珠海